ALTA GESTÃO

Coordenação biográfica
Cristiano Lagôas

Liderança da Alta Gestão em Tempos de Crise

FIOS E APRENDIZADOS

Literare Books
INTERNATIONAL
BRASIL · EUROPA · USA · JAPÃO

Liderança da Alta Gestão em Tempos de Crise

DESAFIOS E APRENDIZADOS

Presidente:
Mauricio Sita

Vice-presidente:
Alessandra Ksenhuck

Capa:
Paulo Gallian

Diagramação:
Gabriel Uchima

Revisão:
Rodrigo Rainho

Diretora de projetos:
Gleide Santos

Diretora executiva:
Julyana Rosa

Gerente de marketing e desenvolvimento de negócios:
Horacio Corral

Relacionamento com o cliente:
Claudia Pires

Impressão:
Impressul

Dados Internacionais de Catalogação na Publicação (CIP)
(eDOC BRASIL, Belo Horizonte/MG)

Lagôas, Cristiano.
L177l Liderança da alta gestão em tempos de crise / Coordenação Cristiano Lagôas. – São Paulo, SP: Literare Books International, 2020.
16 x 23 cm

ISBN 978-65-86939-58-3

1. Literatura de não-ficção. 2. Liderança. 3. Administração – Gestão. I. Lagôas, Cristiano. II. Título.
CDD 658.4

Elaborado por Maurício Amormino Júnior – CRB6/2422

Literare Books International Ltda.
Rua Antônio Augusto Covello, 472 – Vila Mariana – São Paulo, SP.
CEP 01550-060
Fone/fax: (0**11) 2659-0968
site: www.literarebooks.com.br
e-mail: contato@literarebooks.com.br

Apresentação e agradecimento

Neste ano, 2020, fomos surpreendidos por um vírus chamado Coronavírus ou a doença COVID-19, que pode ser letal, principalmente ao seu grupo de risco. Expandiu-se em um curto tempo ao redor do mundo, tornando-se uma pandemia, impactando tanto profissionalmente quanto na vida pessoal de todos.

Como a doença chegou de repente e não veio com manual, por segurança, fomos obrigados a ficar de quarentena por muitos meses e as empresas tiveram que se adaptar à nova realidade. A saída para as empresas foi implantar o *home office*, preparar um ambiente mais seguro para os seus colaboradores, sem prejudicar muito a produtividade, e amenizar os impactos gerados.

Com o objetivo de ajudar os líderes e leitores deste livro, criamos uma obra para compartilhar as práticas dos líderes de diversos segmentos, com ações implementadas e como as empresas podem fazer para reduzir as perdas e evitar o aumento repentino de desempregos ou encerramento de suas atividades.

Sabemos que o ocasionamento da crise possui efeitos imediatos e o reaquecimento da economia é feito em médio e longo prazos, mas não podemos ficar presos aos desafios e devemos ir em busca das soluções para a recuperação dos danos. Como em tudo existe um lado positivo, aprendemos a valorizar mais coisas que passavam despercebidas, como o valor da família, generosidade, empatia e resiliência.

Por fim, gostaria de agradecer a todos os autores, equipe, membros e conselheiros da Academia Europeia da Alta Gestão para a produção desta obra, com a qual já alcançamos resultados positivos, como o recorde do livro com o maior número de autores (117).

Dedico-o aos leitores, que eles possam ler com sabedoria a mensagem de cada líder e aplicar o conhecimento em prol do seu crescimento pessoal e profissional.

Esta é uma publicação histórica!

Gratidão e boa leitura!

Cristiano Lagôas
Presidente da Academia Europeia da Alta Gestão
Biógrafo e Jornalista - MTB Nº 36.787

Sumário

LIDERANÇA DA ALTA GESTÃO EM TEMPOS DE CRISE

Desafios e Aprendizados

Adriana Teruya

Empresa:

CYLK Technologing

Cargo/Função:

Diretora de Recursos Humanos

1. Quais foram os principais desafios vivenciados neste momento de crise provocados pela COVID-19?

A maior preocupação, e foco, em especial por estar à frente do RH, foi com o bem-estar das pessoas. Dessa forma, disponibilizamos a todos informativos e orientações sobre a Covid-19 e seus cuidados, fizemos uma higienização reforçada em todos os ambientes e tomamos todos os cuidados com os nossos colaboradores.

Um outro grande desafio foi o de manter o ritmo dos negócios, garantindo a continuidade das operações. Por sermos uma empresa de tecnologia, nossas aplicações estão todas em nuvem, todos os colaboradores possuem *notebook* e celular corporativo, o que facilitou e permitiu colocar todos em *home office* de um dia para o outro.

2. Quais foram as ações implementadas?

Trabalhamos bastante a questão da humanização. Nossa grande preocupação é a questão emocional dos nossos colaboradores e os desafios do *home office*.

Para a questão emocional, o RH conversou com todos os colaboradores individualmente, formamos um canal de comunicação com os times.

Com a ação da conversa individual, identificamos alguns casos de insônia e ansiedade, imediatamente acionamos a área médica e já estão com suas consultas *on-line* com os psicólogos agendadas pelo convênio, que disponibilizou a plataforma.

Identificamos um caso de uma colaboradora que não estava bem de saúde e foi prontamente atendida por telefone pela enfermeira e médico, e em dois dias já estava bem.

Contamos com o apoio para saúde física e mental dos nossos parceiros, estamos acompanhando e monitorando todos os casos de saúde, independentemente de ser Covid-19 ou não.

Estamos apoiando os nossos colaboradores com o *home office*, a empatia está sendo praticada, um dia desses uma mãe do meu time sinalizou que a escola do filho de 4 anos programou dois encontros durante a semana no período da tarde, imediatamente pedi para ela bloquear a agenda nesse período para estar com o filho.

Apoiar o colaborador neste momento é fundamental, todos estamos com desafios pessoais e o respeito é fundamental para o equilíbrio.

A nossa liderança tem sido espetacular, apoiando cada colaborador em questões pessoais e profissionais.
Mantivemos as ações do nosso Programa de Qualidade de Vida, que se chama "praVOCÊ", nome escolhido pelos colaboradores.
Temos ações como o Café da Manhã e Aniversariantes do Mês, seguimos o calendário e nos reunimos mensalmente, compartilhamos o nosso café da manhã com as nossas famílias. Em março, tivemos uma experiência bem legal, foi o nosso primeiro café virtual com os aniversariantes do mês, e era surpresa para os aniversariantes, coordenamos tudo sem que soubessem e, como esse dia era o aniversário do meu pai, 74 anos, como ele mora conosco, surpreendi o time e até ele, preparando um bolo, e na hora dos parabéns chamei-o no vídeo e contei para o time e todos cantamos parabéns.
Neste momento, estamos nos organizando para uma pesquisa, como o tempo está passando, a preocupação aumenta, então queremos saber de cada um como estão e o que podemos fazer por eles.

3. Quais foram os aprendizados para a sua vida nas áreas pessoal e profissional?
Pessoalmente, aprendi que não preciso de tanto, tenho muito e sou grata.
Aprendi como o idoso deve ser respeitado e cuidado, tenho vários idosos na família e cuidar de todos de alguma forma é um gesto de carinho.
Aprendi a praticar mais a empatia. Quando respeito uma colaboradora que precisa parar durante o dia para assistir à aula com o seu filho, quando respeito uma colaboradora que tem desafios em casa para trabalhar em *home office*, que todos precisamos parar no meio do expediente para fazer o almoço. E é encantador quando temos reuniões e um dos participantes está com o filho no colo.
Aprendi que todos somos iguais e temos os mesmos desafios, e o diferencial é o que podemos fazer para apoiar e humanizar as relações.
São pequenos gestos, mas de grande valor humano.
Como empresa, aprendemos muito nesses meses, nosso Comitê Executivo se engajou para a revisão da estratégia, desenhamos um plano de ação e mesmo distantes fisicamente nos aproximamos de todos os times e vimos se unirem de suas casas para manter o ritmo dos negócios, sentimos um time engajado e fortalecido.

4. Qual a sua visão e quais são as suas expectativas para o pós-crise?
Nas conversas com os colaboradores, vi alguns aflitos, outros mais calmos, e sempre faço a reflexão com eles, que mesmo neste momento tão delicado, todos ganhamos, ganhamos em podermos compartilhar o nosso dia a dia com as nossas famílias, que muitas vezes não entendiam a nossa missão. Ganhamos quando podemos cuidar dos nossos pais e, principalmente, ganhamos como um time. E juntos somos mais fortes, sim!
Aprendi que a confiança é a base de toda relação e que a transparência é fundamental.
Dentro da organização, trabalhamos com as Chaves da Excelência, metodologia da *Disney* que aplicamos para que todos tenham: Eficiência, Segurança e Sustentabilidade, e com a crise praticamos as nossas chaves diariamente, e essa prática tem um valor agregado enorme.
O mundo transformou a forma de se relacionar e cada empresa buscou sua identidade, cada indivíduo buscou o seu equilíbrio e com certeza isso fortalecerá as relações futuras.
Tenho a expectativa de sairmos de 2020 mais fortes.

5. Com base no que você vivenciou, quais recomendações e mensagens de esperança gostaria de compartilhar com outros líderes?
Muitas vezes demoramos para tomar decisões pessoais e profissionais, e somos surpreendidos por um vírus que transformou o mundo. Não podemos deixar para amanhã, o amanhã pode ser tarde.
Então, valorize as relações, cuide de você e de todos ao seu redor.
Aprendi com uma grande amiga, em um momento difícil da minha vida, que temos que estar em primeiro lugar, isso não significa não cuidar do outro, mas sim estar fortalecidos para poder cuidar do outro.
Tenham um propósito, mantenham o foco, determinação e coragem para a execução.
Tenho duas palavras que são a minha base, amor e gratidão.
Faça com amor, que o resultado sempre será positivo, e tenha gratidão por tudo e todos que fizeram parte da sua jornada.

LIDERANÇA DA ALTA GESTÃO EM TEMPOS DE CRISE
Desafios e Aprendizados

Alessandra Casaro Cardoso

Empresa:
AllCare Administradora de Benefícios

Cargo/Função:
Superintendente de Operações

1. Quais foram os principais desafios vivenciados neste momento de crise provocados pela COVID-19?

Iniciamos 2020 ouvindo notícias da China, a respeito de um novo vírus, vimos o fechamento total de uma cidade, hospitais sendo erguidos, mas nem imaginávamos a proporção que isso tomaria.

Quando em 11/3/2020 a pandemia foi anunciada, todos nós nos perguntamos: e agora? Aqui no Brasil, começamos a ver o *lockdown* de diversos países e a tragédia fazendo parte dos noticiários, gerando cada vez mais incertezas sobre o futuro e sobre o nosso planejamento.

Até que chegou aqui e, infelizmente, soubemos que o caminho seria o mesmo dos demais países.

Para nós, gestores, surgem alguns questionamentos: "o que faremos? Como manter as áreas de uma empresa em pleno funcionamento, sem afetar os resultados, e principalmente como planejar o futuro, com tanta incerteza sobre o que está por vir?".

Nos primeiros anúncios a respeito da chegada da Covid-19 no Brasil, nós, da *AllCare*, iniciamos nosso plano de ação e começamos a traçar uma estratégia para caso houvesse uma decisão de fechamento. Envolvemos a área de tecnologia para verificar as condições para se colocar o trabalho em *home office*, realizamos os levantamentos necessários, para que tudo fosse feito de forma que garantisse a segurança de todos, e a manutenção de nossas atividades diárias.

Na *AllCare*, nós nunca havíamos realizado trabalho em *home office*, portanto, parecia um desafio ainda maior.

Eu, particularmente, me senti extremamente desafiada, pois sendo responsável pelas áreas de operações e atendimento da empresa, sempre entendi que esses setores necessitavam de olho no olho, presença física, interação contínua e atuação muito próxima, pois são áreas que passam frequentemente por mudanças e exigem flexibilidade nas ações do dia a dia para garantir a entrega com qualidade e dentro do prazo, independentemente das intercorrências do dia a dia.

Alguns dos maiores desafios encontrados são: como manter o capital humano motivado durante o período em que a crise persistir? E por quanto tempo isso irá durar?

Outro ponto importante é como orientar um trabalho e uma rotina que nunca vivemos. Eu e minha equipe de líderes nos reunimos algumas vezes para alinhamento de discursos, para ter muito cuidado e fazer a equipe entender que se tratava de uma ação preventiva e evitar o pânico. Qualquer decisão tomada poderia valer a curto prazo. Nosso desafio era manter a área de operações em pleno funcionamento, garantindo entregas, cumprimento de prazos, atendimento ao cliente – sempre mantendo a equipe motivada.

Quando iniciamos o nosso *home office*, até imaginávamos um retorno em junho e nos preparamos para, ao menos, dois meses.

Agora, chegado o mês de junho, ainda não temos perspectivas e precisamos aperfeiçoar ainda mais a nossa forma de fazer gestão, deixar os colaboradores próximos, mesmo que distantes fisicamente. É preciso mantê-los motivados, mesmo sabendo que não temos uma perspectiva de retorno, mas sabendo que somos uma equipe fantástica e que os resultados até aqui foram sensacionais. E, então, nosso mantra, usado diariamente, dito por Mario Sergio Cortella: "Faça o seu melhor, nas condições que você tem, até que você tenha condições melhores de fazer melhor ainda".

2. Quais foram as ações implementadas?

Diante de tal situação, só nos restava agir.

Decidimos que colocaríamos a empresa 100% em *home office*, inclusive *call center* e operações. Não seria fácil, mas decidimos que o melhor caminho a seguir era garantir o bem-estar e a segurança de todos os nossos colaboradores.

Assim, iniciamos a semana de 16/3/2020 realizando os testes necessários e, com o auxílio da equipe de tecnologia, levantamos os equipamentos necessários para que cada um pudesse realizar sua atividade em casa.

Nas áreas administrativas, realizamos o levantamento de computadores necessários para quem não tem uma máquina exclusiva em casa. Verificamos *internet* e demais condições necessárias para um trabalho em *home office*. Tudo isso em tempo recorde.

Para o *call center*, o desafio era maior, dada a particularidade de telefonia. Dessa maneira, decidimos que todos levariam o computador da empresa, com as ferramentas necessárias instaladas. Sim, nosso *call center*, com 80 colaboradores, iria agora para o trabalho em *home office*.

Garantir a segurança da informação foi fundamental para a empresa. O uso de conexão VPN garantiu a comunicação e o tráfego de informações de forma segura. Para os colaboradores que utilizaram computadores da empresa, a segurança foi mantida pelos *softwares* e configurações já existentes, enquanto que, para aqueles que utilizaram de seu equipamento pessoal, foi liberada somente a conexão remota ao computador da empresa, possibilitando assim que os dados se mantivessem em segurança dentro da empresa e os colaboradores tivessem ainda a mesma experiência de uso do dia a dia.

Orientamos toda a equipe quanto às medidas tomadas pela empresa sobre como faríamos nossa rotina no dia a dia, para garantir esse último contato presencial antes de enviar todos para casa. Eu mesma participei, junto com a minha equipe de liderança, de todas essas conversas e orientações.

Criamos mensagens para subir na URA de atendimento, para orientação aos nossos clientes: uma mensagem informativa sobre a situação, a fim de alertar para um possível aumento no tempo de espera e uma mensagem de parada total, caso algo acontecesse.

Em 17/3/2020, enviamos as primeiras turmas para casa a fim de testar. Surgiram dúvidas, algumas instabilidades, mas, de certa forma, a execução da atividade ocorreu dentro do esperado.

No dia 18/3/2020, decidimos fazer o teste com a maioria das pessoas. A equipe administrativa foi praticamente 100%, e 50% da equipe de *call center*, mantendo um contingente presencial. O objetivo era testar o trabalho remoto, tanto em conectividade simultânea como para entender essa dinâmica de administrar os colaboradores a distância. Eu e toda a minha equipe de líderes, tanto de operações quanto de atendimento, ainda nos mantivemos presencialmente para realizar alterações se fosse necessário.

De forma geral, tivemos sucesso em nossos testes. Assim, nos dias 19 e 20/3/2020, realizamos os ajustes finais e concluímos a 1ª etapa de nosso desafio.

Agora instalados remotamente, podemos dizer que a primeira semana foi para nos encaixar nessa nova realidade. Nossa equipe de líderes cuidou exclusivamente de atender os colaboradores, tirar dúvidas, ficar próxima, para que pudesse sentir o trabalho, como se todos estivéssemos fisicamente juntos.

Falando em gestão, implementei reuniões periódicas para acompanhamento das equipes, definindo estratégias necessárias, de acordo com o que a nova rotina nos proporcionava e, claro, olhando para cada colaborador e suas dificuldades, sejam elas técnicas ou emocionais, tentando fazer com que o dia a dia fosse mais próximo do real.

Preocupada com o bem-estar dos colaboradores e com a falta de interação dentro das equipes, entendi que precisávamos fazer algo mais próximo, algo que atingiria nosso colaborador de forma positiva. Queria fazer algo, para que todos os colaboradores sob a minha gestão pudessem participar. Assim, dividi a ideia com minha equipe de lideranças e juntos criamos o programa "Adote Um Amigo".

Com esse programa, procuro, além de buscar a interação entre todas as áreas, realizar um movimento que garanta esse bem-estar que tanto procuramos, pois observando a tendência mundial de o confinamento levar a uma depressão, crises de ansiedade, entendo que uma atividade diferente, que envolva pessoas das diversas áreas, em que elas tenham liberdade para se expressar, pode ajudá-las a não criar monstros dentro de si e da situação, que já não está fácil para ninguém. Hoje, não podem sair, não podem ter convívio com familiares que não moram na mesma casa, há pessoas que, inclusive, moram sozinhas. Para a grande maioria das pessoas, o peso da solidão, da falta de interação, pode causar transtornos irreversíveis no futuro e, por isso, saindo da preocupação de estratégia, vamos para a preocupação com a vida humana, com nosso brilhante quadro de colaboradores, e com isso, buscamos entender toda a limitação que cada um pode ter e até onde podemos chegar para ajudar. Como essa ação, que visa à interação, criamos uma espécie de amigo secreto, em que será feito o sorteio entre os participantes de cada turma. A pessoa que foi "tirada" receberá mensagens não anônimas durante o período de uma semana. Na conclusão, finalizaremos com um bate-papo com cada turma, contando como foi a experiência da atividade e deixando um debate livre entre eles. Conduziremos com algumas perguntas, a fim de estimular a conversa para falarem sobre a rotina do teletrabalho, dos aprendizados, e quais são suas sugestões para o nosso futuro. Queremos ouvi-los, afinal, tudo que estamos alcançando só é possível porque temos uma equipe sensacional.

Minha principal preocupação é com o bem-estar do colaborador e garantir que nossa empresa, que presencialmente apresenta um clima saudável e leve, permaneça dessa mesma forma.

Outros programas para interação também foram criados em parceria com nosso RH, o que também vem ajudando continuamente no dia a dia.

Falando em acompanhamento de resultados, comitês foram implementados em períodos mais curtos para que pudéssemos acompanhar qualquer desvio e agir rapidamente para resolvê-lo.

Nossa empresa, que atua no mercado de planos de saúde, com venda e administração, ainda não tinha uma estrutura inteiramente digital. Já tínhamos implementado a venda *on-line*, porém, ela não tinha alcançado a maioria, e ainda recebíamos propostas de adesão ao plano de saúde impressas, para as quais o processo todo, desde a venda até o efetivo cadastramento, é bem mais trabalhoso.

Assim, com a parada total, muitas pessoas não tinham como assinar um documento físico e não queriam receber nada em suas casas, dado o risco de contágio pela COVID-19. Com isso, o processo *on-line* de venda foi implementado 100% e ganhamos celeridade, produtividade e eficiência em nossos processos.

Passado o 1º mês e observando que a volta não estaria tão perto, nossas rotinas de reuniões presenciais foram retomadas de forma *on-line*.
Outro ponto importante a ser observado é o nosso crescimento organizacional, mesmo em tempos de pandemia. Nossas contratações foram interrompidas no início da crise, mas pudemos reiniciar os processos seletivos após identificar o sucesso das ações implementadas. Tudo foi feito digitalmente, sempre com foco na saúde de todos.
Instituímos a rotina do treinamento *on-line* e o acompanhamento da equipe na 1ª semana, não só pelos supervisores, mas também pela equipe da área de qualidade. Nossa preocupação com os novos colaboradores, além, claro, de obterem conhecimento para execução da atividade, era garantir que eles entrassem na mesma sinergia dos que já estavam, mesmo sem conhecer nossa rotina presencial.
Ao fim de cada turma de treinamento, fiz um bate-papo para conhecê-los, contar um pouquinho da minha história e eles me contarem as histórias deles. Foram equipes ótimas, extremamente agradecidas pela contratação em meio à pandemia e, sim, pude perceber que se integrariam perfeitamente com nossa equipe, um time de excelência.

3. Quais foram os aprendizados para a sua vida nas áreas pessoal e profissional?
O início desse processo foi muito difícil, com alguns problemas de conectividade, a rotina de trabalho fazia com que eu trabalhasse exclusivamente apagando os incêndios. Assim, eu via e parecia, de fato, que não seria suportável. Cheguei a pensar que não aguentaria nem o primeiro mês dessa rotina.
Passada a 1ª semana, foi possível enxergar que, assim como toda reformulação de processo, aquela semana tinha sido para implementar uma nova cultura, uma nova forma de trabalhar, e que, sim, é possível estar a distância, mas nos sentirmos perto uns dos outros. Esse primeiro mês foi como uma implementação de nova rotina de trabalho, e agora já podemos colher os frutos.

Tivemos um aumento na satisfação de nossos colaboradores, que se sentiram gratos pela maneira que atuamos, sempre definindo a *AllCare* como uma empresa humana. E para a equipe de *call center*, ainda mais, pois essa atividade ficou entre as essenciais no decreto do governo, o que permitiria o trabalho presencial, mas, eu, como líder dessa equipe, e em parceria com meu gestor direto, que me proporciona liberdade total para tomada de decisão, decidimos, mesmo com todo o desafio que relatei, deixá-los também em trabalho remoto. E, claro, como já sabemos, funcionários felizes refletem diretamente na satisfação do cliente, portanto, mesmo no primeiro período em que ainda nos adaptávamos a tudo isso, tivemos um aumento na satisfação de nosso cliente, identificada por meio das pesquisas realizadas ao final de cada atendimento prestado pelos nossos diversos canais.

Nossos canais digitais foram ganhando mais força, pois, apesar de estarmos atendendo normalmente em nosso atendimento telefônico, o nosso beneficiário começou a buscar mais os nossos canais digitais, que antes da pandemia não tinham tanta expressividade. Hoje já representam 30% do nosso volume, isso sem qualquer ação de *marketing* específica.

O que mais pude perceber é como as adversidades nos fazem pessoas mais fortes, nos tornamos ainda mais adaptáveis e resilientes.

Após esse 1º período, eu, pessoalmente, consegui criar rotinas mais efetivas de trabalho, seja no meu rendimento ou no dia a dia com a equipe, sem deixar de lado os valores da empresa, buscando alcançar nossos resultados e nos mantendo sãos.

Retomamos, inclusive, os encontros através de *happy hours*, pois, sim, essa é uma maneira de manter a mente sã e nos deixar mais próximos, algo extremamente necessário em qualquer momento de nossas vidas.

De uma coisa eu não tenho dúvida, o maior aprendizado que tive foi a quebra do paradigma de que *home office* não serve para áreas operacionais e de atendimento. Aprendi que com uma equipe bem formada, com líderes que motivam, que são exemplos, e com um time colaborativo, o resultado acontece. E é evidente que isso não foi construído na mudança para o teletrabalho, mas, sim, já tínhamos essa rotina, essa garra e determinação presencialmente. Isso foi, de fato, sensacional para mim.

Pude perceber ainda uma melhora significativa no trabalho, tanto em relação à rotina quanto à produtividade. Os colaboradores, de forma geral, estão satisfeitos com a nova rotina, por estarem mais próximos de suas famílias, por poderem utilizar o tempo antes gasto em trajeto com outras atividades.

Pessoalmente, eu também pude conviver mais com a minha família, rotinas que antes eram impossíveis de serem feitas, como almoçarmos juntos todos os dias, nos desligar da tecnologia e conversar em família. Claro que a tecnologia é uma grande aliada, que é o que nos permite, em casa, continuar nossas atividades normalmente. Eu, que sou casada e tenho duas filhas em idade escolar, só mantenho essa rotina por meio da tecnologia – ter momentos em que nos desligamos para curtir atividades diferentes, como jogos de tabuleiro ou um filme para a família toda, é algo sensacional.

Hoje, atuando como superintende de operações, tenho uma rotina de trabalho agitada, mas isso não é diferente daquilo que vivenciei ao longo de toda a minha trajetória profissional, iniciada aos 16 anos, quando trabalhei como atendente de uma rede de *fast-food*. Criar rotinas e viver novas experiências têm me propiciado um grande aprendizado.

4. Qual a sua visão e quais as suas expectativas para o pós-crise?

Não parece que o mundo que vamos desembarcar depois da pandemia seja o mesmo de antes.

Sairemos do modo sobrevivência, no qual estamos no momento, e buscaremos o novo, como nos adaptar ao que virá, ainda sem saber ao certo ao que necessariamente teremos que nos adaptar. Por isso, o otimismo é fundamental nessa escalada, tanto agora, durante a pandemia, como no mundo pós-pandemia, e não estou falando de ver tudo belo, mas de buscar cada vez mais a resiliência para o que virá.

Hoje pensamos em como nos veremos em alguns anos: será que nos arrependeremos de nossos atos no mundo pandêmico, deixaremos de ter feito algo, deixamos de aproveitar o momento como deveríamos? Sem dúvida, mesmo com a tal sonhada vacina contra esse vírus, e mesmo que tenhamos o nosso "normal" de volta, nunca mais seremos os mesmos. Vivemos uma experiência trágica, e para que não fosse ainda pior, foi necessário nos adaptar às adversidades, por isso, acredito muito que, de fato, o "novo normal" existirá.

Esse "novo normal" nos mostrará o quanto podemos usar a tecnologia a nosso favor, e como ouvíamos muito e víamos pouco na prática do mundo digital. Então, acredito que com essa transformação, agora acelerada, todos iremos, de fato, para o mundo digital. Todos nós, como pessoas e empresas, nos adaptaremos a essas novas formas de interação, onde não há distância que separe as pessoas, as empresas e seus clientes.

E não estou falando de implementação de *BOTs* que, claro, são essenciais hoje, mas sim de estarmos perto, mesmo que distantes, com o agente humano fazendo a diferença em qualquer lugar em que esteja.

Acho que agora, uma vez implementado o *home office* de forma emergencial, mas com um resultado bastante positivo, principalmente na satisfação de nossos colaboradores, é possível ver que essa é uma maneira eficaz de se trabalhar, acredito que, sim, veio para ficar, sempre respeitando as rotinas de cada empresa.

5. Com base no que você vivenciou, quais recomendações e mensagens de esperança gostaria de compartilhar com outros líderes?

Com tudo isso que vivemos, percebo que acreditar, mudar conceitos, quebrar paradigmas é fundamental para nos adaptar, para que possamos transpor as barreiras que nos limitam e fazer o novo diante das adversidades. É isso que mantém uma equipe de sucesso, e inovando a cada dia, no topo.

LIDERANÇA DA ALTA GESTÃO EM TEMPOS DE CRISE

Desafios e Aprendizados

Alexandre Coelho dos Santos

Empresa:

Allcare Benefícios

Cargo/Função:

Diretor Comercial Nacional

1. Quais foram os principais desafios vivenciados neste momento de crise provocados pela COVID-19?

Enfrentamos nessa pandemia um dos maiores desafios da história humana. Todos nós fomos surpreendidos. A nossa capacidade de nos planejarmos e controlar nossas ações e atividades foi substituída por dúvidas e incertezas.

Um dos principais desafios como profissional e líder comercial de uma grande empresa foi manter as equipes de 14 Estados do país em movimento, sem diminuir sua produtividade e foco. Liderar um time de alta performance é desafiador, seja qual for a esfera. Com a pandemia, esse desafio tem sido ainda maior.

A nossa rotina foi totalmente alterada; em uma área comercial, o fator da presença física para o relacionamento faz toda a diferença e é um ingrediente importante e fundamental no dia a dia de qualquer equipe. As visitas aos parceiros e aos clientes e a realização de eventos deram lugar às videoconferências, *lives* e interação por diversos canais digitais. Uma nova forma de realizar nosso trabalho nos foi apresentada.

No campo pessoal, o maior desafio foi, sem dúvida, levar o escritório para dentro de casa. Manter uma rotina focada no trabalho, conciliar essa atenção com esposa e três filhos, foi algo totalmente inusitado, uma experiência única que está gerando um grande aprendizado.

2. Quais foram as ações implementadas?

A *Allcare Benefícios* é uma empresa com 450 colaboradores e filiais nas principais capitais do país. Em março de 2020, quando a pandemia começou a assolar nosso país, tomamos a decisão de trabalhar em *home office*, visando a segurança e o bem-estar de todos.

Tivemos que agir com rapidez e eficiência, de forma que os nossos processos e atividades continuassem sem interrupções. Foi um momento extremamente desafiador. Assim, colaboradores passaram a trabalhar de suas casas usando os recursos disponibilizados pela *Allcare*. A empresa forneceu suporte a todas as áreas, estruturação dos processos com a área de TI, *notebooks* e centrais telefônicas. Foi um trabalho intenso, mas que fez toda a diferença, principalmente com o apoio de nossas lideranças.

A empresa se mobilizou para manter suas atividades e o nível de atendimento e excelência aos seus clientes.

O departamento de recursos humanos atuou de forma importante, mantendo uma comunicação efetiva, as lideranças ativas, focando sempre no cuidado com os nossos colaboradores e prestando apoio em todos os sentidos.

A *Allcare* tem cuidado de cada colaborador de forma única, fazendo com que todos consigam desenvolver suas atividades. Esse tem sido um diferencial marcante nesta pandemia.

A área comercial, pela qual sou responsável, certamente sofreu o maior impacto, já que trabalhávamos de maneira *off-line* (contrato de vendas físico). Com a pandemia, os mais de 25.000 corretores parceiros se viram impossibilitados de visitar os clientes para concluir as vendas; isso fez com que desenvolvêssemos ferramentas digitais para ajudá-los a vencer essa barreira. E vencemos essa etapa, deu certo! Estamos nos tornando totalmente digitais com as vendas *on-line*. Outra ação importante foi o fato de termos estabelecido uma agenda de *lives*, que se tornou um meio efetivo e eficaz de comunicação, além das reuniões por videoconferência. Em um dado momento, percebemos que a nossa força de vendas em todo o Brasil estava apreensiva e preocupada com os avanços da pandemia, influenciando assim a economia e as negociações.

Pensando nisso, firmamos uma parceria com o filósofo Leandro Karnal. O intuito foi promover um encontro (evento *on-line*) para movimentar todo o mercado de saúde no país; foram mais de 3.000 pessoas impactadas pela palestra, e pelas reflexões e provocações de Karnal. Essa parceria foi providencial naquele momento de transição, trazendo o conceito do "novo normal" aos nossos milhares de parceiros.

Desenvolvemos vídeos e peças de *marketing* direcionadas aos nossos parceiros, focando em novas formas de interagir com o cliente, em parceria com as operadoras de saúde. As mídias sociais e ferramentas digitais passaram a ser nosso foco principal. É importante relatar que neste momento (junho de 2020) ainda permanecemos em *home office*.

3. Quais foram os aprendizados para a sua vida nas áreas pessoal e profissional?

Nesta crise pandêmica, os aprendizados foram inúmeros, porém ficam algumas lições importantes, somos totalmente frágeis e precisamos rever nosso comportamento na vida profissional e pessoal.

Uma dessas lições foi aprender a viver de forma mais equilibrada. Vivendo um dia de cada vez, aprendemos que o simples fato de fazer o nosso horário de almoço é muito importante; pensar mais em você, cuidar da sua saúde, cuidar da sua família, dar a ela um tempo de qualidade e saber que muitas vezes nós não estamos no controle. Isso está mais que comprovado e devemos fazer a nossa parte.

Existem outras formas de desenvolvermos o nosso trabalho e, de fato, essa pandemia comprovou isso. O trabalho em *home office*, que no Brasil era extensamente discutido, acabou sendo uma quebra de paradigma. Vivemos parte dos nossos dias no trânsito, além do tempo nos aviões e aeroportos. Já no *home office* passamos a ser mais produtivos e ganhamos também mais qualidade de vida.

Com a pandemia, tivemos que tirar projetos da "gaveta" e acelerar o futuro. Com isso, desenvolvemos novas formas, ferramentas e tendências, mostrando mais resultados e principalmente diminuindo gastos da empresa.

Na palestra de Leandro Karnal, ouvi frases que me marcaram: "as crises nos fazem mudar", "a crise separa o profissional do amador". Isso me fez ver que uma nova versão de nós mesmos é o maior aprendizado que podemos tirar desta pandemia.

4. Qual a sua visão e quais as suas expectativas para o pós-crise?

O período pós-crise será marcado por grandes transformações em diversos segmentos e mercados do Brasil e do mundo.

As estatísticas nos mostram quedas substanciais no PIB dos principais centros econômicos e potências mundiais, incluindo o Brasil. Os números e tendências não são otimistas. Podemos observar, como reflexo da pandemia, uma notória crise econômica. Empresas deixaram e deixarão de existir. Em contrapartida, novas empresas, produtos e serviços chegarão ao mercado.

Na minha visão, um mundo totalmente digital será uma nova realidade! Nesta pandemia, as pessoas estão vivenciando uma nova experiência de compra, experiência essa que influenciará seu comportamento e decisões futuras, e isso se estenderá por toda uma geração. Agora cabe às empresas inovar e se adaptar a esse novo estilo de vida do comprador.

Outro fator serão as mudanças importantes no setor industrial, com novas formas e frentes de trabalho. As relações entre empregado e empregador também sofrerão mudanças no que tange suas relações de trabalho, envolvendo também a prestação de serviços e terceirização.

Como reflexão, antes da pandemia, qualquer empresa que pensasse em expandir seus negócios, independentemente do seu ramo de atividade, tinha como prioridade focar em sua estrutura física e em formas de atuar fora das suas regiões de domínio.

Com o avanço da tecnologia e criação de novos *softwares*, *apps* e ferramentas digitais, acelerado pela pandemia, tornou-se uma realidade expandir os negócios sem levantar uma "parede" sequer, ampliando a atuação para qualquer lugar do Brasil. Essa também será uma nova realidade em vários mercados.

Neste período, também pudemos ter uma ideia mais esclarecida da importância das redes sociais, que além de ter nos aproximado às pessoas em época de isolamento social, elas acabaram se mostrando ainda mais fundamentais para as vendas e os negócios.

Podemos observar que existem oportunidades diante das dificuldades. Tratando-se de tecnologia, tínhamos um flerte com o futuro e ele foi abreviado pela necessidade atual, tornando-se urgente a nossa necessidade de inovação.

O comportamento de consumo e ritmo de vida das pessoas sofreram impactos importantes, isso influenciará diretamente na nossa economia. As empresas que ainda não se adaptaram precisarão adotar a tecnologia como principal plataforma de mudança e precisarão se adequar ao "novo normal" por questão de sobrevivência.

Como brasileiro, executivo e agente de transformação, acredito de forma otimista que a pandemia e a crise nos fortalecerão.

Quando recorremos à história, podemos ver que nas maiores adversidades surgiram grandes empresas e potências econômicas. No pós-Segunda Guerra, por exemplo, podemos citar a resiliência do Japão, que ficou conhecido como "o milagre econômico japonês". Um país que foi praticamente dizimado tornou-se uma das principais potências tecnológicas e econômicas do mundo.

O Brasil não é o Japão e hoje nossa guerra é diferente, mas os números são similares se lembrarmos das mortes e perdas. Somos 209 milhões de pessoas agraciadas pelo clima, pelas reservas naturais e por um povo capaz de se reinventar. Podemos ir além das expectativas.

Os desafios são reais. Haverá muito trabalho pela frente, onde a criatividade, resiliência e ação nos trarão para uma nova e feliz realidade.

A escalada será árdua, o otimismo aliado à fé de que podemos vencer será o combustível necessário para essa retomada pós-pandemia em todos os setores e em todo o mundo.

5. Com base no que você vivenciou, quais recomendações e mensagens de esperança gostaria de compartilhar com outros líderes?

Existiu um mundo antes da pandemia e outro pós-pandemia (Covid-19). Nossos comportamentos não serão mais os mesmos e nós estamos evoluindo.

Se antes tínhamos o desejo de que o dia tivesse mais que 24 horas para darmos conta de tudo, agora repensaremos a hora de voltar para casa. Trabalhar em *home office*? Sim, isso é uma realidade que tem provado que podemos ser mais produtivos.

A solidariedade e o amor ao próximo afloraram, o ser humano teve um encontro consigo. A relação com Deus passou a ser mais próxima, por isso acredito que uma nova versão de nós surgiu.

Valorizar suas conquistas, sua família e até o simples fato de sentar-se à mesa e compartilhar tornou-se importante!

Ainda mais fortalecidos pelas adversidades, podemos contribuir com uma sociedade mais humana e tornar nossas empresas mais dinâmicas e produtivas. A palavra equilíbrio passou a ser a principal busca do ser humano durante esse processo de confinamento e isolamento social.
Lutar pelos nossos sonhos e vestir a camisa de nossas empresas fazem parte do processo profissional e da caminhada de nossas vidas, porém, podemos harmonizar essa busca.
Acredito que para tudo existe um propósito, e as situações vivenciadas sempre vêm acompanhadas de aprendizado, e podemos reescrever a nossa história daqui em diante com mais sabedoria.
Somos desafiados todos os dias a superar os nossos limites, essa é a rotina de um líder de alta gestão.
Eu me sinto honrado em participar desta obra literária idealizada pela Academia Europeia da Alta Gestão, uma atitude louvável, que marcará nosso tempo e nossas vidas.
Gratidão a Deus pelo fôlego de vida e pelas oportunidades. À minha esposa Lilian Coelho e aos meus filhos, Gustavo Coelho, Davi Alexandre Coelho e Eloisa Coelho, minha dedicação, gratidão e amor.
Agradeço ao meu presidente Farias Sousa e vice-presidente Gian Lucchesi, da *Allcare Benefícios*, por todo apoio e confiança.
Gratidão a toda minha equipe comercial em todo Brasil e a equipe de *marketing*, profissionais que fizeram, fazem e farão a diferença! Vocês me estimulam a melhorar todos os dias.
Desejo dias melhores e de conquistas a todos.

LIDERANÇA DA ALTA GESTÃO EM TEMPOS DE CRISE
Desafios e Aprendizados

Alexandre Faria

Empresa:
AeC

Cargo/Função:
Executivo de RH

1. Quais foram os principais desafios vivenciados neste momento de crise provocados pela Covid-19?

O primeiro grande desafio foi ter que rapidamente gerenciar um aculturamento distante para a nossa realidade ocidental. A nossa sociedade e, especialmente, as gerações Y e Z, que nosso negócio de *contact center* mais contrata, em certa medida não comungam de disciplina rígida e restrição de liberdade. Nesse aspecto, o vírus da Covid-19 contribuiu para uma abrupta adaptação em searas muito sensíveis. No papel de *head* da área de recursos humanos, foi preciso primeiro traduzir em ações que a empresa estava preparada e com muita governança corporativa para o momento. Evidente que esse desafio inicial de "acalmar os ânimos" só foi possível em razão da cultura construída há anos. Temos, hoje, dez princípios inegociáveis na empresa, que norteiam todas as nossas ações, e através deles conseguimos percorrer toda a estratégia para superar quaisquer crises ou desafios. Importante citá-los: 1) Estamos aqui para fazer melhor que todos; 2) Focamos a inovação constantemente; 3) Só acreditamos no simples; 4) Somente entramos no mercado em que podemos fazer uma contribuição significativa; 5) Temos foco; 6) Acreditamos na colaboração mútua dos nossos grupos; 7) Não aceitamos nada que esteja abaixo do nível de excelência; 8) Somos humildes e honestos para admitir nossos erros; 9) Somos corajosos o suficiente para mudar quando necessário; 10) Somos felizes com o que fazemos.

A nossa cultura organizacional é muito forte e, por consequência, tornou os nossos desafios, que não foram poucos, mais racionalizados e muito bem executados com a qualidade exigida.

Superado o grande desafio de gerar segurança em nossas ações para toda a equipe, houve inúmeros outros. De forma prática, tivemos em poucas semanas de sair de nenhuma pessoa da organização trabalhando em regime *home office* para mais de 14.000. E, é claro, não foi fácil. Primeiro, temos as questões dos equipamentos computacionais, periféricos e principalmente rede e *internet*. O nosso setor hoje tem grande relevância no cenário nacional, pois contrata, via de regra, jovens de primeiro emprego e de classes sociais menos privilegiadas. Outro ponto é que também temos uma estratégia de posicionar algumas de nossas unidades em cidades interioranas. Em razão desses fatores, os nossos colaboradores, em sua grande maioria, não possuem computador e rede de *internet* ou aqueles que possuem não tem compatibilidade para os sistemas operacionais que usamos. Ou seja, o nosso desafio no aspecto prático, em caminhar rapidamente para o *home office*, foi superar as barreiras supracitadas, e assim fizemos. De imediato, construímos um processo estruturado de empréstimo de equipamentos e fechamos parcerias com empresas de banda larga para instalação de *internet*. Essa ação, sem dúvida, foi o nosso grande acerto. Por consequência, construímos um enxoval institucional para suportar as principais demandas dos nossos colaboradores, além de criar uma central de suporte técnico, essencial neste momento. O outro grande desafio foi traduzir a importância do papel das nossas lideranças neste momento, de se fazer presentes mesmo a distância e de preservarmos os nossos rituais. Nesse tocante, investimos enormemente em nossa fábrica de conteúdos *e-learning*, mas com uma "roupagem" diferente, com a nossa cara, com o nosso jeito. Fizemos chegar para cada um de nossos líderes exatamente o direcionamento corporativo que entendemos como prioritário: estar próximo mesmo a distância, preservando o cuidado com as pessoas e a nossa sensibilidade própria. Do ponto de vista acadêmico, os nossos treinamentos abordaram temas como: liderança e gestão de equipes remotas, importância do trabalho remoto para as pessoas, empresas e sociedade: como engajar minha equipe remota, como gerenciar o seu tempo e ser mais produtivo, utilização do *feedback* como ferramenta estratégica de gestão, os direitos e deveres do trabalho remoto, produtividade e liderança em tempos de crise e, por fim, o nosso grande trunfo: o Robbyson. Trata-se uma plataforma de inteligência de dados para gestão de pessoas e negócios que utiliza ciência de dados, *machine learning* e gamificação. Sem dúvida, a maioria das empresas do mundo teve muita dificuldade de acompanhar a produtividade, alinhar a estratégia, engajar, reconhecer, desafiar e comunicar aos seus colaboradores a distância, e conosco foi muito diferente! Já tínhamos a plataforma em uso por 100% dos nossos colaboradores e isso foi para lá de bom.

2. Quais foram as ações implementadas?

A nossa primeira ação implementada e que irá perdurar enquanto estivermos em estado de pandemia foi a criação de um comitê especial para a Covid-19, conduzido pelo nosso CEO e que conta com os principais representantes de áreas, não somente *heads*, mas também gestores diretamente ligados aos setores mais demandados. O objetivo do comitê é tomar decisões rápidas e assertivas. As reuniões são diárias e atualmente funcionam no modelo ágil. Importante destacar que, no início de enfrentamento da crise, as reuniões eram no modelo tradicional, ou seja, reuniões mais extensas e com o objetivo de esgotar todas as visões e opiniões. O grande sucesso de comitês de soluções é contar com pessoas da corporação que entendam não somente da estratégia do negócio, mas também da logística operacional. A nossa segunda ação foi criar um protocolo de contingência e comunicação acerca de todas as nossas ações e normas de atuação. Essa ação foi muito importante para direcionar e organizar toda a nossa condução em todas as nossas unidades. A terceira ação foi voltada para a criação de *squads* guardiões, com o objetivo de colocar uma lupa em nossos principais indicadores de sustentação financeira. É importante em tempos de crise manter austeridade em custos e criatividade, para manter receitas e conquistar novos negócios.

3. Quais foram os aprendizados para a sua vida nas áreas pessoal e profissional?

Atravessar uma crise como esta da Covid-19, sem precedentes ao menos em nosso país, que chegou em um momento político, jurídico e legislativo muito delicado, deve, no mínimo, ter um saldo de aprendizado. Tenho por convicção que o maior legado que deixamos nesta vida é a nossa história. Nesse tocante, do ponto de vista pessoal, pude fazer uma reflexão sobre a ordem de priorização dos meus valores e relacionamentos. Do ponto de vista de valores, aprendi a dar mais cor aos meus dias, a valorizar mais cada dia como se fosse o último, afinal de contas, a certeza que todos nós temos é que a vida tem um fim. Então, dar valor a coisas simples tornou-se um hábito. Do ponto de vista de relacionamentos, mais especificamente aqueles que envolvem afeto, pude ter a certeza dos amigos que verdadeiramente quero ao meu lado para toda a vida, e ser mais compreensivo com todos da minha família. Profissionalmente, eu certamente vivi o maior desafio da minha carreira. É um momento que não há muito tempo para se fazer um planejamento completo, que exige uma drástica otimização dos gastos e que demanda uma revisão completa na estratégia da gestão de pessoas da organização. Então, continuar sendo o *core business* da companhia, preservando a cultura e estabelecendo nossos propósitos é e continuará a ser o grande desafio de qualquer executivo da área de recursos humanos. Ademais, é *sine qua non* que todos os executivos, independentemente da área em que atua na organização, estejam atualizados com as novas tendências, tecnologias e melhores experiências já concluídas ou em andamento em outras economias mundiais. Os profissionais que serão destaques nesse novo mundo são exatamente aqueles que possuem competência de antecipação, seja para soluções, novos produtos e negócios, bem como para competência de previsibilidade de custos, despesas e investimentos. Relevante destacar ainda que a competência de aprendizagem continuará muito valorizada. Aprender agora se torna fundamental para que os profissionais tragam conhecimentos e soluções para os negócios. Evidente que as novas formas de aprendizado vêm passando por grandes transformações nos últimos anos e, agora, praticamente se consolida. O ensino a distância, em plataformas *on-line*, será cada vez mais comum, todavia, a inteligência artificial por meio da ciência de dados, *machine learning* e gamificação deixará tudo mais fluido e assertivo. Conteúdos extensos e sem demonstração prática, que já foram experimentados e que possuem resultados consideráveis, serão completamente abandonados. O fator tempo se torna muito preponderante. Os profissionais que conseguirem perceber rápido o melhor caminho para o aprendizado, fazendo a análise correta de viabilidade e adequação do produto, negócio ou solução à sua organização, irão certamente se destacar.

4. Qual é a sua visão e quais são as suas expectativas para o pós-crise?
Vivemos um cenário de incertezas, mas posso seguramente dizer que no pós-crise teremos uma vivência de negócios completamente distinta da atual. Nenhuma organização irá operar como antes, manter a austeridade e preservar a saúde financeira das organizações serão expressões de ordem. Surgirá, ainda, uma nova área na maioria das empresas para enfrentamento de crises e mapeamento constante de riscos. De certa maneira, essa estrutura já existe hoje nas empresas, contudo, de maneira polarizada e sem uma atuação estratégica e direcionada. O grande sucesso das organizações no pós-crise se dará especialmente pela estruturação da área de governança supracitada e pelo saldo de aprendizado da crise para novos negócios. Fortalecer a área de vendas é vital no pós-crise. Essa área deverá se reinventar, manter bons negócios, estudar e viabilizar nossas oportunidades.
Importante ressaltar que a experiência que as organizações promovem para seus colaboradores, usuários, clientes e fornecedores continuará sendo a chave para o sucesso. A qualidade nos serviços passará a ser condição, o custo-benefício será mais valorizado em razão do novo comportamento das pessoas para reservas financeiras, contudo, a experiência vivenciada será o critério de desempate para a decisão das pessoas.
Historicamente, todas as revoluções mundiais trouxeram ganhos incalculáveis para a sociedade. A primeira delas foi a invenção da máquina de vapor, o que transformou a indústria da época, principalmente a têxtil e posteriormente a ferroviária. A segunda foi marcada pela eletricidade, que acelerou o avanço dos motores à combustão e aqueceu a economia. A terceira veio com a advento da informática, da tecnologia da informação e a *internet*. Essa terceira, por mais incrível que pareça, ocorreu há menos de 30 anos e causou uma mudança drástica no mundo, trazendo consigo um avanço e a globalização. A quarta é a chamada "indústria 4.0", ou seja, o amadurecimento das tecnologias com inteligência artificial, robótica, realidade aumentada, *big data*, nanotecnologia e "*internet* das coisas", com equipamentos e objetos conectados por meio da *internet*. Importante res-

gatar esse contexto para imprimir as minhas expectativas para uma nova revolução, que intitulo como a revolução da segurança com o uso de dados. Não é novidade que todas as companhias vão se resguardar e estar cada vez mais protegidas do ponto de vista tecnológico para "invasões cibernéticas", todavia, é fato que o uso da tecnologia e dos dados para gerar governança e segurança para as organizações se tornará condição. E, por consequência, todos os países e organizações utilizarão a inteligência de dados para criarem mecanismos de proteção e segurança na área da saúde. Já observarmos que vários infectologistas renomados relatam que os vírus serão os novos inimigos do mundo e, obviamente, todas as economias mundiais se protegerão nesse aspecto. Entendo que viveremos um avanço enorme da biotecnologia e que os estudos crescerão em escalas exponenciais.

5. Com base no que você vivenciou, quais recomendações e mensagens de esperança gostaria de compartilhar com outros líderes?

A maior virtude de um líder é exatamente a de liderar pelo exemplo. Isso posto, é obrigação de um líder inspirar a sua equipe e conduzi-la para a excelência, em seu sentido mais amplo. Para isso, é preciso se movimentar, ter a coragem e a atitude de sair do lugar comum e ser fonte inesgotável de direcionamento e aprendizado. O mundo mudou, é inquestionável tal afirmativa e serão necessárias lideranças inspiradoras em todos os mercados. É muito importante que você, na posição de líder, faça exatamente esse serviço ao mundo. Aprenda, inspire, dissemine conhecimento e transforme vidas! Costumo dizer em minhas palestras que nós, responsáveis pela área de recursos humanos das empresas, temos um papel mais do que especial, pois somos maestros em conduzir as organizações em todos os sentidos, percorrendo pelos processos, legislação, desenvolvimento e, acima de tudo, pela felicidade das pessoas. Se temos um fator de felicidade alto nas empresas, onde em média as pessoas passam metade do seu dia produtivo, contribuímos para um mundo melhor e mais feliz! É um lema para mim a frase de Walt Disney e sempre a replico no sentido de alcançar e poder causar reflexão na maioria das pessoas: "Descobri que de nada adianta ser luz se não iluminar o caminho dos demais". Seja luz!

A [illegible] virtude de um líder é [illegible] de [illegible] pelo exemplo [illegible] [illegible] de um líder [illegible] sua equipe, a conduzirá para [illegible] e ser [illegible] amplo. [illegible] é preciso [illegible] [illegible] a [illegible] do [illegible] constante [illegible] [illegible] [illegible] [illegible] [illegible] [illegible] [illegible] [illegible] [illegible] [illegible] [illegible] [illegible] [illegible] [illegible] [illegible] [illegible] [illegible] [illegible] mundo. Aprender inglês, dissemine conhecimento e transforme [illegible] [illegible] em muitas pessoas [illegible] [illegible] [illegible] [illegible] [illegible] [illegible] [illegible] [illegible] [illegible] [illegible] [illegible] [illegible] [illegible] [illegible] [illegible] [illegible] [illegible] [illegible] em todos os sentidos [illegible] pelas pessoas [illegible] de sentido de [illegible] [illegible] [illegible] [illegible] [illegible] [illegible] [illegible] de pessoas [illegible] que de nada adianta ser [illegible] [illegible] [illegible] [illegible] [illegible] [illegible] [illegible]"

Alfredo Martins Neto

Empresa:
Dock – Banking as a service

Cargo/Função:
Chief Risk Officer

1. Quais foram os principais desafios vivenciados neste momento de crise provocados pela COVID-19?

Por estarmos inseridos dentro de um segmento que até o momento segue ainda em crescimento no Brasil, e em vários outros países, quando a Covid-19 começou a dar os primeiros sinais de que se tornaria uma pandemia, e todos seríamos seriamente afetados, nos encontrávamos em um ritmo de trabalho intenso com muitos projetos a serem entregues e com uma operação em processo de *ramp-up*. Isso fez com que tivéssemos que nos preocupar mais com as questões internas, como por exemplo a manutenção da produtividade, motivação e saúde física e mental do time, do que com fatores externos à companhia.

Quando falo dessas questões internas, eu divido os desafios em dois grandes grupos: o primeiro, que eu chamaria de material, está basicamente ligado à colocação do time em regime de *home office*. Em se tratando de uma empresa de tecnologia, isso foi feito de forma razoavelmente simples. O segundo, ligado aos fatores humanos e psicológicos, e que veio à tona após algum tempo de isolamento social, foi definitivamente o mais difícil de ser tratado e superado. Além do fato das pessoas não poderem sair de suas casas e, portanto, não conseguir viver suas vidas da forma como sempre fizeram, muitos delas começavam a ver membros de sua família e amigos perdendo seus empregos. Outra questão importante é que grande parte da nossa equipe é muito jovem e muitos desses colaboradores haviam vindo recentemente de outros Estados para trabalhar em nossa sede na Grande São Paulo. Além da normal dificuldade de adaptação por estarem longe de suas famílias, de repente se viram completamente isolados, sem poder confraternizar com os colegas de trabalho, que eram as pessoas que tinham como mais próximas. Em nossa empresa, sempre tivemos o bom hábito de cultivar e incentivar ações de integração dentro do escritório, entre toda a equipe.

2. Quais foram as ações implementadas?

Dada a pouca visibilidade do quão grave e longo seria todo esse processo da pandemia e também observando o início da confusão política e econômica que começava a se desenrolar no Brasil, tivemos que tomar algumas ações cautelares básicas, como a revisão de todos os produtos e serviços contratados, mantendo somente o que realmente importava para o momento, o congelamento de novas contratações de pessoas e fornecedores, como também ajustes no quadro de pessoal através da antecipação do desligamento de pessoas que já vinham com problemas de baixa performance há algum tempo.

Como mencionado, colocar a equipe em *home office* foi um passo relativamente fácil, já que possuíamos, até pelo fato de a empresa estar inserida na indústria financeira, um maduro "*business continuity plan*". A diferença é que sabíamos que o prazo de trabalho remoto poderia ser bastante longo. As pessoas levaram seus equipamentos para suas casas e nós auxiliamos aqueles que tinham uma *internet* de baixa qualidade a ampliar sua banda.

Com o objetivo de garantir uma boa ergonomia na busca de dar o máximo de conforto e saúde postural necessários para o dia a dia do *home office*, entregamos também em suas casas as cadeiras, apoiadores de braço, pernas, ou seja, tudo o que tinham à disposição no escritório e que era possível ser entregue. Infelizmente, para alguns o ambiente residencial nem sempre é o mais adequado pelo fato de viverem em pequenos imóveis, às vezes com muitas pessoas e barulho, consequentemente sem espaço adequado e isolado para execução de suas atividades.

Após o início da operação nesse modelo, observamos, como a grande maioria das empresas do mercado, um expressivo aumento na produtividade da equipe, porém depois de certo tempo o isolamento social começava a dar seus primeiros efeitos negativos e passamos a enfrentar o desafio psicológico que começava a se apresentar.

O que sempre nos favoreceu, e contribuiu para manter o time motivado, foi exatamente o alto volume de trabalho, que trazia um pouco mais a tranquilidade de que as pessoas não ficariam desempregadas, senão por má performance ou comportamento. Enquanto todos estavam se adaptando a trabalhar em casa, vimos as redes sociais serem inundadas por dicas de cursos gratuitos, *webinars* sobre produtividade na quarentena, livros em *pdf* para *download*, *lives* diárias de artistas famosos e de muita solidariedade entre as pessoas. Nessa linha, já que não poderíamos ir além das atividades virtuais, montamos uma programação que tinha como vertentes:

- O aprimoramento do conhecimento por meio de *learning sessions* que iam desde temas mais técnicos relacionados à empresa e à indústria em que está inserida, até temas relacionados ao desenvolvimento pessoal e profissional, como falar em público e técnicas de autoconhecimento.
- Atividades físicas como ginastica funcional, *mat pilates* e ioga.
- Integração por meio de *happy hour*, *lives* próprias e campeonatos de *videogame*.

Posteriormente disponibilizamos um serviço de assistência psicológica. Inicialmente todos tinham uma expectativa de que o *home office* trouxesse mais qualidade de vida, mais tempo livre e menos cansaço físico e mental, mas durante esse período de pandemia isso acabou não sendo uma total verdade, e digo isso em relação ao mercado de forma geral. Um dos motivos, apesar de nossa empresa nunca ter solicitado isso ao time, é a autocobrança por parte das pessoas em serem mais produtivas, talvez até pelo fato de não estarem sendo vistas no dia a dia do escritório. Isso fazia com que, muitas vezes, mal parassem para almoçar, sendo que após algum tempo entendemos que a mudança da rotina de trabalho presencial para a virtual precisava de algumas limitações. Por exemplo, o longo período de exposição à tela, além da exaustão, também pode levar à dor de cabeça, já que a própria luz emitida cansa e pode causar ressecamento e irritação dos olhos. Nesse sentido, sugerimos algumas medidas práticas para que as pessoas tivessem seus momentos de paradas para almoçar, intervalos ao longo do dia, bem como evitar jornadas diárias excessivas.

3. Quais foram os seus principais aprendizados durante essa fase de isolamento?

O isolamento social traz, na minha opinião, um problema que vai além da simples falta de liberdade para poder sair, passear e ver outras pessoas. O meu ponto aqui é que sabemos que somos muito mais do que somente carne e osso e uma inteligência acoplada. Somos energia, como a medicina oriental nos mostrou há milênios, e a cada vez que tocamos em nós mesmos, nos abraçamos ou mesmo nos cumprimentamos, há uma movimentação energética fundamental para o nosso bem-estar e saúde e que, infelizmente, não pode ser realizada de forma virtual.

Em estudos realizados com pacientes terminais a respeito dos seus maiores arrependimentos, aparecem muitos relatos relacionados a não terem durante sua vida expressado de forma profunda os seus sentimentos e convivido mais e melhor com as outras pessoas, principalmente com os mais queridos.

O período de isolamento tem mostrado a importância da presença física nos relacionamentos, pois eu tenho ouvido o quanto as pessoas sentem falta de ter outros ao seu redor, mesmo aqueles que nasceram recentemente e viveram sempre com a tecnologia ao seu dispor e com grande parte do seu dia a dia dentro de um mundo virtual. Obviamente, eu reconheço tudo aquilo que a tecnologia também nos trouxe de ganho, quando inclusive falamos de relacionamentos. Poder encontrar em uma rede social uma pessoa que eu nunca mais tive notícias desde a adolescência é algo simplesmente maravilhoso!

A minha geração aqui no Brasil nunca passou por algo do gênero, já que nosso país não sofre com catástrofes naturais como terremotos, ciclones, e não temos conflitos armados, a não ser a violência das ruas que infelizmente ainda mata mais do que muitas guerras pelo mundo. Sempre pensei em saber como a população se comportaria em meio a uma situação como essa, e como possivelmente ainda não chegamos ao pico da gravidade da pandemia, ainda temos muito a observar em termos de novos comportamentos.

O resultado que eu vejo em relação às atitudes das pessoas perante a pandemia não poderia deixar de ser muito diferente do universo dualista em que vivemos. Por um lado, vemos gente se reunindo espontaneamente em movimentos para poder ajudar quem está precisando. Excelente ver que muitas dessas pessoas nunca se manifestaram nesse sentido, mas a situação as sensibilizou e fez com que agissem.

Porém, por outro lado, infelizmente ainda há um grupo grande de pessoas exatamente na contramão disso. Gente com uma boa condição financeira recebendo o dinheiro que o governo está disponibilizando para os necessitados, além de outras fraudes relacionadas a essa ajuda, como a criação de contas digitais em instituições financeiras e de pagamento com a utilização de documentação falsa.

4. Qual a sua visão e quais as suas expectativas para o pós-crise?

Já temos aí pelo mercado muita gente fazendo suas previsões para aquilo que chamam de o "novo normal", com um vasto material disponível descrevendo tendências e expectativas, sendo que a maioria delas aponta para a mesma direção quando falamos de novas formas de consumo, entretenimento, estilo de vida etc.

Para não ser repetitivo em relação a tudo isso que tem sido apontado, eu vou citar aquilo que vejo de mais concreto e com o qual tenho convivido nos últimos tempos, que é a adaptação das pessoas ao formato de *home office*.

Várias empresas já declararam a adoção desse formato até o final de 2020 e várias outras estudam ou já fizeram sua implantação de forma definitiva. Depois do resultado extremamente positivo que vimos recentemente, levando-se em conta os cuidados mencionados, eu aposto muito em um modelo remoto com algumas atividades presenciais frequentes. Além do ganho na qualidade de vida, as pessoas terão uma boa economia financeira, já que haverá redução de gastos com roupas, restaurantes, automóveis (torna-se atrativo vendê-los e passar a utilizar motorista por aplicativo), mas principalmente poderão aumentar o convívio familiar, uma vez que, como exemplo, será possível ampliar o número de refeições em família e também ter um maior acompanhamento da vida pessoal e educacional dos filhos.

Obviamente, esse ganho também se reflete nas empresas através da redução de custos como aluguel e manutenção, além dos benefícios concedidos como ajuda em transportes e refeições.

5. Com base no que você vivenciou, quais recomendações e mensagens de esperança gostaria de compartilhar com outros líderes?

Eu comentei anteriormente sobre o sentimento de fraternidade que foi despertado em várias pessoas que se mobilizaram para ajudar os que estão sofrendo consequências mais duras desta pandemia. E é exatamente neste ponto que eu acho que nós líderes podemos trabalhar no sentido de amplificar esse sentimento para contagiar quem faz parte de nossas organizações. Isso talvez seja até mais importante do que as próprias doações em dinheiro, pois essas ações podem posteriormente se converter em hábitos que se perpetuarão para o período pós-pandemia.

Cabe a nós líderes, além de trabalhar para que os negócios sempre cresçam, dar o exemplo através de atitudes íntegras, rechaçando comportamentos escusos.

Sou otimista em acreditar que as pessoas logo irão perceber que somos pequenos demais perto do que pode acontecer em nosso planeta, apesar de ver que mesmo diante de crises como as que a história nos mostra, a essência de muita gente não se altera, e essas pessoas ainda mantêm seus interesses pessoais acima de qualquer outra coisa.

Que nós líderes possamos trabalhar no sentido de construir uma sociedade mais colaborativa, sem fronteiras e sem segregação, pois enquanto a vida tiver um sentido, um propósito, não serão as dificuldades que nos farão perder o brilho nos olhos, porque no final das contas estamos aqui para aprender e evoluir.

"Seja a mudança que você quer ver no mundo." **Mahatma Gandhi**

LIDERANÇA DA ALTA GESTÃO EM TEMPOS DE CRISE

Desafios e Aprendizados

Amarildo Maia

Empresa:

Aviva

Cargo/Função:

Head de Experiência de Vendas Direta

1. Quais foram os principais desafios vivenciados neste momento de crise provocados pela COVID-19?

Certamente, um dos principais desafios encontrados neste momento foi mudar o *mindset* das equipes para este "novo normal", fazendo com que sua produtividade e engajamento ao trabalho não fossem afetadas.

Outro desafio superlatente foi desenvolver os líderes para novas habilidades de gestão, sendo estas que englobem todo o processo de acompanhamento do liderado a distância (*home office*) para que o propósito da empresa e/ou da companhia não fosse impactado devido a esse distanciamento obrigatório que foi imposto pelos órgãos de saúde, tal feito provocou toda a revisão dos processos da área em busca do equilíbrio entre cuidados com saúde, produtividade e motivação das equipes.

2. Quais foram as ações implementadas?

Focamos nos três principais pilares da companhia: pessoas, processos e tecnologia.

Implantamos novos modelos de gestão de acompanhamento como *meetings* diários, focando no motivacional das equipes e no potencial coletivo, para contribuir com o propósito da companhia naquele momento, desse modo, conseguimos a cada final de bate-papo estabelecer novas conexões de coletividade e engajamento de todos que compõem o time, fazendo com que os resultados diários fossem atingidos de forma mais efetiva e com consistência pelos envolvidos.

Novas ferramentas de controle e *e-learning* foram também implantadas para que, independentemente de sua atuação dentro das dependências da companhia ou atuando no modelo *home office*, o colaborador possa ter o total acesso aos processos que ele necessita para executar as suas atividades diárias e também possa acompanhar os seus resultados para que, de forma proativa e com mentoria de sua liderança, possa identificar rapidamente os seus pontos de melhoria e atuar neles.

Os líderes passaram por treinamentos que propunham um novo olhar para os seus liderados, de forma que eram provocados a estabelecer uma nova forma de se fazer próximos aos seus times mesmo

a distância, criamos também encontros (*Projeto Tamo Junto & On-line*) motivacionais, meditações, comemoração de aniversariantes do mês e *happy hours*, todos no modelo 100% *on-line*, envolvendo todas as áreas da companhia, para que, mesmo a distância, pudéssemos criar essa conexão e celebrar os resultados atingidos naquela semana.
Os processos operacionais de atendimento ao cliente, que no passado possuíam parcial ou total atuação humana, foram revistos para gerar uma melhora no tempo de resposta ao cliente, que neste momento de pandemia de Covid-19 espera que as empresas o atendam de forma rápida e com flexibilização em suas políticas de cancelamento e/ou remarcações de seus serviços.
A automação (*chatbots*) do atendimento de serviços de baixa complexidade também foi um diferencial para que o cliente, ao acionar a empresa, possa ter a percepção de que a companhia esteja preparada e à disposição a qualquer momento do dia para acolhê-lo e dar as respostas de que precisa, isso eleva o nível de NPS (*Net Promoter Score*) e fidelidade do cliente com a empresa.

3. Quais foram os aprendizados para a sua vida nas áreas pessoal e profissional?

No âmbito pessoal, certamente o maior aprendizado foi dar um novo olhar para a forma que lidamos e lideramos as pessoas, e como somos realmente uma influência para elas no seu dia a dia, de modo que podemos, sim, extrair o melhor delas, mesmo a distância, e conectá-las a um propósito coletivo para que sua *performance* possa ser a cada dia melhorada.
Ressignificação também é algo que por mim foi despertada, a ponto de passar a contribuir ainda mais com as pessoas que estão a minha volta, por meio dos meus conhecimentos, para que juntos possamos fazer uma comunidade mais unida e contribuir também para um país melhor.
Profissionalmente vivemos em constante aprendizado, porém agora em uma velocidade muito acelerada, sendo que a "escuta ativa" deve ser muito mais praticada, para que você consiga ter olhar do todo e possa extrair e despertar o melhor de cada pessoa para que possa contribuir

para o propósito da companhia, e assim fazer com que todos se sintam parte deste momento de travessia, que vai passar, de modo que saiam mais bem capacitados e mais engajados com suas entregas.

4. Qual a sua visão e quais as suas expectativas para o pós-crise?
Tudo passa! E este momento nos traz novas reflexões sobre a forma de como estamos atendendo nossos clientes, e certamente teremos uma aceleração em algumas tecnologias, como IA (Inteligência Artificial), *Internet* das Coisas, Gestão de Dados e Algoritmos, de modo que o cliente possa ter mais liberdade para utilizar os serviços das empresas sem que obrigatoriamente necessite de uma interação humana para que isso ocorra.
Os atendentes passaram a exercer um papel muito mais voltado para ajudar o cliente, promovendo assim a aceleração da "ERA DA ASSISTÊNCIA", que trará um novo modelo de atendimento ao cliente e certamente as empresas que estiverem mais bem preparadas para este momento sairão na frente.

5. Com base no que você vivenciou, quais recomendações e mensagens de esperança gostaria de compartilhar com outros líderes?
Cuide de sua saúde e dos que estão a sua volta! É nosso papel fundamental fazer a nossa parte, como cidadãos e como líderes que influenciam outras pessoas a nos seguirem.
E ter sempre em mente que vivemos todos os dias para "desaprender e aprender". Novas verdades, dessa forma nos permitimos a contribuir sempre com as pessoas que estão a nossa volta, compartilhando com elas o nosso conhecimento e direcionamento, e aprendendo sobre como podemos ser líderes melhores a cada dia.
Tudo passa! E vamos sair deste momento mais fortalecidos e ressignificados para aqueles que se permitam a um novo modelo de atuação.
"O NOVO NORMAL É FAZER DIFERENTE".

LIDERANÇA DA ALTA GESTÃO
EM TEMPOS DE CRISE
Desafios e Aprendizados

Ana Maria Moreira Monteiro

Empresa:
Grupo AM3

Cargo/Função:
Presidente

1. Quais foram os principais desafios vivenciados neste momento de crise provocados pela COVID-19?

O principal desafio do Grupo AM3 e meu, como fundadora, foi sair do *off-line* para o *on-line*, transformar palestras, cursos e consultorias, aplicados há 31 anos, da forma presencial para o virtual, foi necessário quebrar muitos paradigmas e identificar crenças limitantes, como por exemplo o receio de mudar a didática dos treinamentos e perder o carisma, energia e a comunicação assertiva com os clientes. Como seria suportar a ausência de abraços calorosos, plateia aplaudindo, sessão de autógrafos, balançar de cabeças sinalizando que está tudo bem e sem o sorriso largo dos participantes, parecia algo impossível e desafiador. Porém, aceitamos a mudança e acabamos nos convencendo de que sermos digitais não era mais uma opção, mas sim uma necessidade. Apoiar em nosso propósito ajudou muito, descobrimos que impactar a vida das pessoas, identificar e desenvolver talentos com base na psicologia positiva, e realizar quaisquer projetos de consultoria a distância, tudo isso tornou-se realidade e foi absolutamente possível. Que libertador!

2. Quais foram as ações implementadas?

Inovações em TI para ajudar na monitoria da qualidade e na compreensão da jornada, ferramentas analíticas de *assessment* para lideranças e times, reforçando a percepção positiva dos clientes e *prospects* sobre nossa marca AM3, que há 31 anos busca manter a liderança no mercado de relacionamento com o cliente, gestão de talentos, *marketing* e vendas, e faz jus ao nosso slogan, que é inovar na velocidade do conhecimento.

Realizamos visita virtual guiada ao Centro de Treinamento de *Bots*, e com um novo olhar, entendemos as interações humanas por trás dos robôs.

"O trabalho desempenhado pelo time do *CTBots* é muito analítico, pois é necessário identificar em que o *bot* está errando e entender como é possível melhorar. Estamos muito orgulhosos pela criação do Centro de Treinamento de *Bots*, não apenas por representar mais um passo para melhorar a experiência dos nossos clientes, mas também por proporcionar novas oportunidades para a carreira de nossos colaboradores", afirma Fabio Avellar, vice-presidente de Experiência do Cliente da Vivo.

Fizemos parcerias e alianças estratégicas que estabeleceram conexões inimagináveis nesse mundo *VUCA* (Volátil, Incerto, Complexo e Ambíguo), no qual estamos vivenciando há algum tempo.

Trabalhamos um programa com o Mapa de Talentos, levando em consideração o papel da liderança e suas competências para fazer gestão a distância, utilizando *JobCrafting* para ajudar os líderes e seus times a reconstruírem o significado do trabalho, levando em consideração o bem-estar no *home office* e a saúde emocional, que é peça-chave para viver melhor principalmente em tempos de crise. A Associação Nacional de Hospitais Privados estima que desde o início da pandemia a procura por máscaras cirúrgicas cresceu 569%, álcool gel 83%, sabonetes líquidos 56% e desinfetantes 45%, isso demonstra que a prioridade da sociedade mudou, preocupações com saúde ganham importância e vieram para ficar, além disso, percebe-se que a ansiedade e o medo aumentaram substancialmente, por isso, identificar e desenvolver os **pontos fortes** das pessoas passa a ser crucial. No mês de abril/2020, o *LinkedlIn* entrevistou 2.000 profissionais e a conclusão foi que 62% dos brasileiros ficaram mais estressados com o trabalho remoto, mesmo assim a pesquisa da *Robert Half* com 800 pessoas sobre o *home office* concluiu que 86% dos profissionais querem continuar em casa, mesmo trabalhando mais, e 49% dos entrevistados disseram ter melhor equilíbrio entre vida profissional e pessoal sem o deslocamento diário.

Vamos refletir sobre o nosso perfil, Covid-19 e liderança digital. Para facilitar, acabei de criar o acrônimo CESC: Coragem, Empatia, Serenidade e Confiança, juntamente com três competências que a meu ver são fundamentais, principalmente no cenário atual: flexibilidade, adaptabilidade e autogestão, elas não combinam com lideranças centralizadoras, dominadoras e que sentem orgulho de a equipe só trabalhar se estiver por perto fisicamente. Devo informar que esse modelo chegou ao fim, líderes egoicos e autocráticos precisam de um novo olhar para perceberem como é enriquecedor dar espaço aos colaboradores, seja onde estiverem, pois os times com visão ampliada e liberdade enxergam longe e quase sempre diferentes de nós, trazendo florescimento e excelentes ideias de solidariedade, senso de cooperação e colaboração.

Estudos feitos no *ManpowerGroup* já apontavam, antes mesmo da pandemia, as habilidades dos líderes digitais como mandatórias para gestores do futuro.
Acolher os líderes que estão perdidos na forma de como gerir seus times a distância e de modo presencial, mas de maneira reduzida, tem sido nosso exercício diário.
Deixar o atendimento mais humano, mesmo a distância, é uma das ações que estamos realizando, ligar, em vez de mandar mensagens pelo *WhatsApp*, torna diferente e mais intimista o contato.
Outra ação, ainda em andamento, é estudar sobre o que envolve o *marketing digital*, monitorar as redes sociais, criar conteúdo relevante e engajar nossos clientes internos e externos.

3. Quais foram os aprendizados para a sua vida nas áreas pessoal e profissional?
Tanto na vida pessoal quanto na profissional, os verbos mais utilizados têm sido **ressignificar, reinventar e solidarizar**, afinal tivemos que aprender várias coisas da noite para o dia, inovar, planejar, implementar e controlar, tudo ao mesmo tempo, dividindo as tarefas da casa com o marido, contratando *personal trainer*, fazendo cursos EAD que antes eram deixados de lado, entretanto, o mais desafiador de tudo é não poder abraçar a filha médica, porque, por questões óbvias, é o paciente que está sendo priorizado neste momento.
E nos aspectos profissionais, a Academia Europeia da Alta Gestão tem contribuído muito, nos incentivando a fazer *lives*, videoconferências, reuniões virtuais e, acima de tudo, desmistificando a tecnologia, que ainda pode assustar, mas tem sido nossa grande parceira para engajar as pessoas por meio de interação virtual, com isso estamos percebendo que eventos *on-line* possuem diversas vantagens, como por exemplo abrir nossos cursos para mais pessoas, alcançar participantes de diversos locais do mundo, economizar em custos com viagens, deslocamentos e locação de espaços.
Há dez anos, tomei a decisão de sair daquela loucura onde estava localizada nossa empresa, no grande centro de São Paulo, onde ficava horas

no trânsito, sem lugares para estacionar e com todos os consultores cumprindo a sua jornada de trabalho dentro da AM3, passando pelos mesmos problemas. Sabemos que, na questão da mobilidade urbana, o Brasil enfrenta sérios problemas e não consegue satisfazer nem minimamente as necessidades das pessoas nos deslocamentos, precisei fazer uma mudança para melhorar a minha qualidade de vida e de todos aqueles que de alguma forma se relacionavam conosco.

Naquela época, instalei o *home office* e no início foi muito difícil, porque eu valorizava o contato humano e acreditava que a distância seria um gerador de estresse e de baixa produtividade. Eu tive que reinventar e, com a ajuda do meu marido, construímos uma aconchegante casa na árvore, em uma ótima localização, estamos próximos da Granja Viana, em Cotia, em um terreno de 2.000m^2 que encontramos no mesmo condomínio que eu já morava, e tive que aprender a administrar a distância, utilizando as ferramentas disponíveis na época.

Lembro que pensei em manter o meu escritório na rua Augusta, para receber os clientes, mas eles queriam vir aqui, sair das regiões centrais, onde perdiam muito tempo ao estacionar, a comida era muito cara, tudo era mais complicado, inclusive para chegar, em função de todos esses fatos, eles preferiam migrar para a tranquilidade longe dos grandes centros.

Como os clientes gostam muito do espaço, onde podem ter contato com a natureza, com animais silvestres e um atendimento humanizado e diferenciado, houve uma grande demanda, que eu não previa, para transformar a sede em um espaço de eventos corporativos, reuniões de trabalho e *coworking*. Acreditamos que no pós-Covid-19, as empresas que optaram por reduzir o espaço físico, cujo custo do imóvel se torna mais elevado a cada ano, além desse espaço físico ficar ocioso em boa parte do tempo, com horas noturnas, fins de semana e feriados, e ainda assim, no período comercial, enfrentar problemas com falta de salas para reuniões, certamente migrarão para o modelo de espaço "*pay only when using*", em que só se paga pelo período de utilização, portanto, em vez das empresas investirem em grandes escritórios, podem reduzir suas estruturas e contribuir com o bem-estar dos seus colaboradores, contratando o serviço de *coworking*, em espaços equipados como o nosso, tornando o trabalho mais produtivo, pleno e feliz. Acreditamos que essa modalidade de trabalho veio para ficar.

4. Qual a sua visão e quais as suas expectativas para o pós-crise?

Acredito que haverá um crescimento muito acelerado do *coworking*, como mencionamos anteriormente, e também do *marketing* digital, saindo daquela visão que é um diferencial para transformar em algo essencial, conforme a frase "adapte-se ou desapareça". Olhar para as estratégias de conteúdo, não só dos nossos produtos e serviços, mas das questões sociais que envolvem propósito, agora serão muito mais observadas pelas empresas as ações de caridade por trás de suas marcas, e isso será feito independentemente da pandemia.

As marcas não podem deixar de ter um propósito que envolva a comunidade, se você pensar no sentido do seu negócio de forma egoísta e isolada, vai quebrar. A questão local, que todo mundo está falando e valorizando e que dificilmente era visto antes da pandemia, no pós-crise essa atitude de valorizar o pequeno comércio deve ter continuidade, para a própria manutenção da solidariedade.

O foco na experiência do cliente entrará ainda mais em evidência, como os PDVs (pontos de venda), que passarão a ser pontos de experiência. Se eu não tiver uma boa convivência e um atendimento maravilhoso, não vou priorizar isso mais. O *off-line*, para voltar, tem que ser muito bom e relevante. Pensar em todas as etapas e envolvidos no processo de elaboração da experiência é fundamental.

No mundo do relacionamento com o cliente, existem muitas siglas: CS, CX, EX, e as perguntas que não querem calar: para que servem? Qual é a mais importante? Existe uma prioridade? Posso afirmar que o colaborador vem sempre em primeiro lugar, ou seja, o *Employee Experience* (EX) deve ser tão incrível a ponto de contribuir com o *Customer Experience* (CX), para chegarmos ao *Customer Success* (CS), e não podemos negligenciar a jornada, tanto do cliente interno quanto do externo, afinal, precisamos entender como eles sentem, pensam e agem em cada interação que têm com a nossa marca.

Para isso acontecer, é necessário agregar na monitoria da qualidade *analytics* e inteligência artificial, para traçar perfil de uso, e o *behavior score* para medir o estresse, dessa forma as marcas tendem a reconectar com os seus públicos pós-crise.

5. Com base no que você vivenciou, quais recomendações e mensagens de esperança gostaria de compartilhar com outros líderes?

> "Ninguém sabe o que enfrentaremos nas próximas semanas, mas todos sabem o suficiente para entender que a Covid-19 testará nossa capacidade de GENEROSIDADE e de enxergar além de nós mesmos e de nossos próprios interesses."
>
> **Lawrence Bacow, presidente da Universidade de Harvard**

Todo mundo sabe que imprevistos acontecem, mas ninguém estava esperando por uma pandemia global, portanto, nessas horas, é preciso ter a versatilidade como sua aliada, saber administrar bem a mudança para orientar os colaboradores e clientes nesse processo. E, para concluir, acreditamos que EMPATIA e PSICOLOGIA POSITIVA serão fatores determinantes de lealdade.

LIDERANÇA DA ALTA GESTÃO EM TEMPOS DE CRISE

Desafios e Aprendizados

André Machado

Empresa:

Thomas Greg & Sons do Brasil

Cargo/Função:

C.O.O. - Chief Operating Officer

1. Quais foram os principais desafios vivenciados neste momento de crise provocados pela COVID-19?

É preciso ter claro que crises existem e fazem parte do cotidiano, desde os mais antigos relatos da humanidade, ainda que essa crise provocada pelo Covid-19 seja de características bem específicas, com reflexos sociais e econômicos globalizados, a princípio inimagináveis para o século XXI.

Em regra geral, não foi possível evitá-la e certamente sentimos alguns dos seus impactos, o que deixa claro que independentemente de se enfrentar uma crise específica ou uma crise de proporções gigantescas, sempre haverá consequências. A questão crucial é que, ao se estar diante de uma crise, ainda que nossa mente esteja condicionada a pensar que crise é perder, podemos ganhar.

Por isso, perder ou ganhar é uma escolha individual.

Apesar dos mais diversos desafios vivenciados, desde o desabamento nas vendas com aumento de gastos para suportar a operação, ausência de funcionários e prestadores de serviço, falta de apoio governamental efetivo, dificuldade em transportes, aumento da inadimplência – e tudo com consequente reflexo no fluxo de caixa; nenhum desses pontos foi, ou é, o verdadeiro desafio.

O real desafio é transformar as dificuldades em oportunidades!

Podemos agir como vítimas ou como guerreiros, mas o esforço para ambos é o mesmo. O que ocorre é que muitas vezes, ao se tornar vítima, acredita-se que tudo será mais fácil e mais leve, ao se eximir das responsabilidades; no entanto, quem se faz de vítima está na verdade deixando o sucesso e as oportunidades para aqueles que buscam ser fortes.

É hora, neste momento de crise, de mudar as atitudes – por mais que as mudanças sejam difíceis e dolorosas, elas são necessárias, e a maneira que você encarar este momento determinará o tipo de pessoa que você se tornará, até mesmo porque o caráter não é determinado pela forma com que agimos nos dias alegres, mas nos momentos difíceis.

O dramaturgo, romancista, contista, ensaísta e jornalista irlandês George Bernard Shaw, cofundador da *London School of Economics*, disse certa feita: "Não espere a oportunidade, crie a oportunidade".

2. Então, como criar oportunidades neste momento de crise?

Os dicionários em geral definem oportunidade, termo originário do latim *opportunitate*, como ocasião onde algo é favorável, ensejo e conveniência. Ao associar esse termo ao momento atual, tem-se a transformação da crise em algo favorável para as empresas e profissionais.

A princípio, isso soa como absurdo, mas ao refletir sem preconceitos consegue-se observar que criar oportunidades envolve ter planos, já que uma vida sem planos é apenas uma vida de desejos.

Muitos, ao se depararem com esse cenário, passam a sonhar com o dia em que as coisas irão melhorar, porém nada "cai do céu". É preciso tomar atitudes e atuar proativamente para fazer as coisas acontecerem da maneira como se deseja, visto que não se pode viver apenas de desejos e sonhos, pois quando isso ocorre, os sonhos se transformam em pesadelos.

Um elemento fundamental que corrobora a criação de oportunidades é o amor e, agora, com uma dose elevada de paixão. Qualquer estratégia adotada com paixão e entrega será realizada com a maior facilidade.

Abro parênteses aqui: "Se você não é apaixonado pelo que faz, melhor reavaliar suas opções - o sucesso e a alta performance dependem de uma boa dose de paixão!". Amor, paixão e atitude são três dos principais pilares para se criar oportunidades:

- Amor: sentimento de entrega, renúncia, apego e apreço por uma determinada pessoa ou propósito;

- Paixão: intenso sentimento de atração e entrega por uma determinada pessoa ou propósito;

- Atitude: comportamento voltado para uma disposição e conduta de realizar algo.

Esses três elementos, atuando em conjunto, formam uma força motora que impulsiona para a realização de algo maior; afinal, a vida é feita de decisões e até mesmo quando não decidimos nada já estamos decidindo algo.

Decisões bem elaboradas podem mudar o curso da nossa história!

No entanto, para ter esse tipo de decisão, é necessário conquistar maturidade no quesito inteligência emocional que, por sua vez, proporcionará sabedoria diante das controvérsias e adversidades da vida, pois é um fato indiscutível que mais cedo ou mais tarde todos enfrentarão turbulentas tempestades.

3. E como você aplicou isso no dia a dia?
Para encarar essas tempestades, seja no enfrentamento das dificuldades geradas com a Covid-19 ou em outras crises que virão, é necessário se revestir sempre de doses extras de ousadia, comprometimento e trabalho em equipe.

a) **Ousadia** – é preciso ter coragem para ousar ou seremos profissionais "comuns", nivelados por baixo e componentes da base da pirâmide, onde infelizmente encontramos a maior parte dos trabalhadores. O sucesso e a superação da crise dependem da coragem em arriscar e buscar o novo, o diferente, inovar e sair da mesmice.

Recentemente me contaram a seguinte história:

"No passado, durante a guerra, havia duas linhas de combate, donde uma primeira linha guerreava com os inimigos e uma segunda, logo atrás da primeira, carregava os suprimentos para abastecimento, formando uma linha de frente e uma linha de suporte.

Assim, com frequência, ocorria o consumo total dos suprimentos forçando a saída dos responsáveis da batalha para reabastecimento e, consequentemente, a frente de batalha era obrigada a parar de avançar, recobrando o fôlego dos inimigos.

Em determinada ocasião, alguém se perguntou: 'Como não parar de avançar?'

Diante disso surgiu a ideia de arriscar e buscar o novo, o diferente, inovar e sair da mesmice – criou-se uma estratégia na qual a linha de frente avançava sobre as cidades inimigas e pegava os seus suprimentos, consumindo-os e evitando de nunca pararem de avançar. Por muito tempo, essa nação conquistou muitos territórios."

Talvez quem teve essa ideia disruptiva foi considerado ingênuo ou louco, mas a atitude de ousar fez a diferença. Na atualidade, com as devidas proporções, enfrentamos a mesma situação no mundo corporativo, já que o problema atual não é o que nós NÃO SABEMOS... agora o problema de fato é o que nós SABEMOS E NÃO SERVE MAIS.

Existem muitas pessoas ao nosso redor para ajudar no que não sabemos, mas quando sabemos e apoiamo-nos na frase "sempre foi assim" há um problema real – porque o que sempre foi já não serve mais.

A ousadia engloba um ajuste em nossa forma de pensar, porque pensamentos conduzem a oportunidades, oportunidades conduzem a ações e ações conduzem a resultados. É quase impossível criar oportunidades em meio a uma crise sem ousar!

b) Comprometimento – estar comprometido é estar envolvido e empenhado de maneira inafiançável e inalienável com determinada causa.

Para compreendermos isso, imaginemos um barco à deriva com 30 tripulantes, com um risco iminente de afundar e um bote salva-vidas suficiente para apenas dez pessoas. Aqui tem-se uma questão filosófica, em que o capitão do barco é você. Como capitão, você tentará salvar o barco e os demais 29 tripulantes ou será o primeiro a pedir o bote e a embarcar nele?

Muitas decisões, até ousadas, não geram o resultado esperado justamente porque quem as tomou não possui um comprometimento verdadeiro. Nós somos o espelho, e os impactos de qualquer decisão de sucesso necessitam primeiramente refletir através das nossas vidas.

Além disso, o comprometimento sem foco leva a resultados insatisfatórios, bem como que estar comprometido não significa trabalhar muito, mas trabalhar com inteligência, inclusive algo a se pensar é trocar o trabalho duro por um trabalho inteligente.

Vamos nos lembrar da criatividade utilizada na criação da roda há milênios e a dificuldade que nossos antepassados enfrentavam antes dessa invenção. Hoje, isso nos parece algo bem simples, mas com certeza trabalhavam muito e bem duro para realizar transporte de mercadorias. Podemos afirmar que a produtividade era baixa, ainda que, devido às condições necessárias à sobrevivência, havia o compromisso da comunidade.

Principalmente em épocas de crise, o trabalho inteligente, com foco e comprometimento, gera resultados e abre a porta para o aproveitamento das melhores oportunidades.

c) **Ter uma equipe excelente** – para alcançar o sucesso e superar quaisquer crises, devemos sempre escolher pessoas que sejam melhores que nós, para nos ajudar e nos rodear, pessoas essas que nos desafiem diariamente e que nos façam ser um eterno aprendiz.

É fato que as conquistas são obtidas com o suor do rosto e com os próprios méritos, mas ninguém vai até a linha de chegada ou concretiza planos sozinho, visto que existe uma interdependência de outras pessoas no mundo corporativo, que vem através do trabalho em equipe e colaborativo.

Uma equipe é composta por diversos componentes, que juntos trabalham por um propósito comum, com alguém transmitindo diretrizes, cuja denominação é "líder". Esse, por sua vez, para alcançar resultados excepcionais, necessita sempre ter subordinados que o desafiem a ser melhor, possibilitando que ele se reinvente diariamente e saia da "caixa".

Da mesma forma, se um líder não desafia os seus subordinados, eles serão sempre medíocres. É fato que todos querem ter próximos a si funcionários de alta performance, porém para que os colaboradores sejam desenvolvidos até atingir esse nível é necessário que eles sejam constantemente desafiados a se desenvolver.

Inclusive, a experiência demonstra que os líderes que delegam as pessoas chaves, e que possuem perfil para a execução das tarefas, obtêm a excelência, bem como superam os resultados esperados. Por outro lado, líderes que não conseguem abrir mão de tarefas simples para seus subordinados obtêm como consequência não ter resultados.

Liderar é uma habilidade individual, mas também é uma habilidade coletiva e que deve ser compartilhada. Quando os bons líderes pensam e agem dessa forma, extrapolam o óbvio e conseguem em conjunto com seus liderados resultados com excelência e sustentáveis.

Nesse sentido, por vezes, escutei líderes renomados afirmarem que se eu sou a pessoa mais inteligente da mesa, estou na mesa errada. Claro, precisamos compartilhar nossos conhecimentos com as nossas equipes, mas também precisamos nos sentar com aqueles de maior sucesso que nós, para crescermos com as suas experiências.

Uma memorável frase de Steve Jobs, inventor e empresário, cofundador da *Apple*, nos traz uma reflexão importante: "Não faz sentido contratar pessoas inteligentes e dizer a elas o que elas devem fazer; nós contratamos pessoas inteligentes para que elas possam nos dizer o que fazer".

4. Quais foram os aprendizados para a sua vida nas áreas pessoal e profissional?

Não há dúvida de que o maior aprendizado foi APRENDER a APRENDER, do qual decorrem inúmeros outros, como aprender a criar oportunidades, aprender a se redescobrir quando aquilo que sabemos já não serve mais, aprender a ser ousado e não deixar o medo impedir de tomar decisões duras e difíceis, aprender a ajudar a remar o barco em vez de saltar dele, aprender a liderar uma equipe excelente em épocas de crise, aprender a sobreviver quando a esperança é pequena ou não existe mais... e aprender a sair da zona de conforto.

Em resumo, para ser e fazer a diferença, conquistar novos desafios e patamares, vencendo crises, é necessário seguir aprendendo, como diz Sílvia Folster Marafon, conselheira e membro do Comitê Estratégico da *Cianet*.

Quando eu era assistente, busquei ser analista, fui e tive que aprender. Quando eu era analista, busquei ser coordenador, fui e tive que aprender. Quando eu era coordenador, busquei ser supervisor, fui e tive que aprender. Quando eu era supervisor, busquei ser gerente, fui e tive que aprender. Quando eu era gerente, busquei ser diretor, fui e tive que aprender. Agora que sou COO, eu busco ser CEO, tenho que "lutar" e aprender.

Sabe o motivo? Quando vivemos apenas de aprendizados do passado, ficamos estagnados no tempo!

A história demonstra que muitos líderes falharam porque chegaram a um momento de sua vida e entenderam ter absorvido todo o conhecimento possível, deixando de continuar a aprender, mas superar crises e ainda obter sucesso nos momentos de dificuldade dependem em boa parte desse aprendizado contínuo. E, sem dúvida, esses que estagnaram foram superados por outros que continuaram focados em seus propósitos.

Todas as vezes que um objetivo for conquistado, deve-se criar um outro objetivo e ter objetivos claros ajuda a vencer as dificuldades. Por isso, ao conquistar um novo objetivo (ou posição), é necessário aprender tudo novamente. Se entrar na zona de conforto, não haverá novas conquistas e se viverá do passado.

APRENDER, aliado a FOCO e DEDICAÇÃO, é o grande segredo que categoriza os profissionais, colocando cada qual em lados opostos num abismo intransponível.

A nossa jornada começa cedo, muito cedo, antes mesmo de nos sentirmos como seres racionais, logo que chegamos a este mundo e deixamos o ventre de nossas mães. Isso mesmo! A primeira busca é para não morrermos de fome, e com muito foco e dedicação choramos até quase explodir nossos pulmões.

E desde então aprendemos a lutar por aquilo que necessitamos, mas é comum, principalmente diante das dificuldades e crises, o ser humano desanimar e ficar com vontade de desistir de seus sonhos e propósitos.

Desânimo é o estado de quem está desempolgado, desestimulado, com desalento, cabisbaixo, desiludido e derrotado. Por isso, todas as vezes que o desânimo aparecer, precisamos recorrer àquele sentimento de amor e paixão, que acende a chama em nosso peito, e que quando éramos recém-nascidos nos fazia chorar até receber o leite.

O mundo está cheio de pessoas comuns, essas sobram e vivem da frustração de nunca terem alcançado o sucesso. É uma escolha... você pode continuar vivendo na mesmice ou pode mudar a partir de agora. Você pode se entregar ao desânimo consequente dessa crise e resmungar que nunca teve sorte ou pode enfrentar o mundo mau com FOCO e DEDICAÇÃO.

É preciso APRENDER a parar de culpar as pessoas, amigos, familiares, empresas ou gestores e começar a criar oportunidades.

5. Como esse aprendizado foi aplicado na sua organização?

De maneira sintética, iniciamos pela revisão do nosso planejamento anual, revisitando todos os planos e adequando-os à realidade de cada negócio, focando no fluxo de caixa. Essa revisitação teve que ser dinâmica, muitas vezes diária, a fim de estar sendo adequada a cada novo contexto que se apresentava na economia e nas decisões governamentais.

Criamos cenários e os exploramos – diversos cenários de curtíssimo, curto, médio e longo prazos, sendo que para cada um estudamos possibilidades, procurando sempre antever as decisões e visualizar as consequências e os benefícios de cada uma.

Óbvio que não existe "bola de cristal", mas essa criação é importantíssima ao ponto que nos permite realizar exercícios de tentar visualizar o futuro, sendo que quanto mais cenários e opções puderem ser desenhados, mais preparados estaremos para enfrentar as situações concretas, quando da sua ocorrência.

Rever planos requer criatividade para inovar e se reinventar. Sem dúvida foi uma grande oportunidade para revisarmos antigos conceitos e fluxos, gerando modernidade e alcançando soluções que outrora não conseguíamos visualizar. Além de que, em momentos de crise, as atividades essenciais devem ser priorizadas, buscando maximizar aquelas que agregam valor, com aumento de produtividade.

Nesses momentos de mudança, as equipes ficam naturalmente apreensivas e, principalmente nessa hora, é preciso engajá-las, criando instrumentos para que estejam motivadas e alinhadas com a estratégia corporativa.

O líder, que também rema o barco, precisa colocar em prática todas as suas habilidades; no entanto, uma comunicação autêntica, clara e transparente é fundamental para fazer com que todos se sintam parte do time. Não podemos nos esquecer que numa crise, como a gerada pela Covid-19, os colaboradores têm preocupação em "perder" o emprego, além dos aspectos pessoais relacionados à saúde, família e finanças.

Nessa hora, não deixar o medo impedir as tomadas de decisões importantes é fundamental para não se perder o time. Por vezes, a decisão é correta, mas se tomada antes ou depois do momento adequado, em vez de benefícios, colhe-se eventos catastróficos. Mesmo assim, problemas difíceis devem ser gerenciados através da obtenção de dados e informações confiáveis, que sustentem a revisão do planejamento e direcionem para a decisão julgada como adequada. Devemos nos lembrar que é impossível acertar em todas as decisões e que errar faz parte. Apenas erra quem decide! O importante é ter coragem de rever a decisão ou de mudar a trajetória, se os resultados esperados não ocorrerem. Diante de tudo isso, aplicamos a estratégia escolhida, revendo sempre que necessário.

6. Qual mensagem você gostaria de compartilhar com outros líderes?
Vamos acreditar que dias melhores virão, mas não fiquemos apenas esperando que esses dias cheguem – precisamos ser e fazer a diferença em nossa família, empresa e comunidade. Cabe a nós, líderes, sermos o exemplo.

LIDERANÇA DA ALTA GESTÃO EM TEMPOS DE CRISE
Desafios e Aprendizados

André Piovesana

Empresa:

Mundo Verde

Cargo/Função:

Gerente de Projetos e Novos Canais

1. Quais foram os principais desafios vivenciados neste momento de crise provocados pela COVID-19?

O maior desafio imposto pela pandemia tem sido repensar nossos negócios e nossas vidas pois, hoje, vivemos a incerteza do amanhã. Eu me questiono como será o consumo das pessoas quando tudo voltar ao normal. E como será esse normal? Como nossos clientes vão se comportar perante nossas marcas? Como devemos nos relacionar com eles e encantá-los sem o contato físico, sem o olho no olho e sem sorrir quando entrarem na loja? Todas essas questões carregam um ponto crucial: a transformação do mundo, das pessoas e do consumo. Estamos vivendo um período transitório e o futuro certamente não será como é hoje, mas, também, não será como era antes desta pandemia. Então precisamos refletir sobre como nos adaptarmos a esses novos cenários de forma rápida porque, agora, vivemos um quase isolamento, amanhã talvez, um isolamento completo, ou não! Todas essas adversidades nos desafiaram a criar novas fontes de receitas para sustentar minimamente o fluxo de caixa. Ainda que reduções de jornadas e outras ações ajudem a aliviar os custos, novas fontes de faturamento se tornaram essenciais para o sucesso na superação da crise.

O trabalho 100% em casa também passou a ser outra mudança que trouxe desafios e exige uma grande disciplina. Enquanto estamos na empresa, conseguimos acompanhar o dia a dia de nossas equipes e auxiliá-las rapidamente. Agora, em *home office*, essa dinâmica muda drasticamente e precisamos administrar o tempo e as atividades para que a empresa não pare. Dessa maneira, cabe a nós, gestores, controlar o trabalho por projetos e atividades em vez de jornada de trabalho. Isso permite manter a produtividade da equipe e aliá-la à rotina de suas casas, uma vez que o mais importante é ter as atividades concluídas, ao final do dia, para que tudo saia no prazo programado.

2. Quais foram as ações implementadas?

Para esse período, uma estratégia que usei foi montar a matriz Eliminar / Reduzir / Elevar / Criar, citada no livro *A estratégia do oceano azul*. Considerei-a importante porque me ajudou a focar nos diferenciais e nos valores que são relevantes para o momento. Por exemplo, com a redução das receitas foi necessário cortar custos, e para isso, precisávamos eliminar alguns pontos que não impactassem na experiência do cliente. Trazendo um exemplo prático de dentro da empresa: com o fechamento de grande parte das lojas, fez-se necessário aumentar as vendas em outros canais. Com isso, negociei com um dos nossos parceiros, que manteve suas lojas abertas, para aumentar a quantidade de estabelecimentos atendidos, ajustar e ampliar o *mix* de produtos e vendê-los em seu *e-commerce*. Dessa maneira, aumentamos o faturamento do canal em mais de 30% comparado ao trimestre anterior. Além de ações como essa, precisamos nos preparar para um período de grande competitividade e inovar nunca foi tão necessário para sobreviver.

Minha área, por exemplo, passou a ganhar mais importância por ser uma das únicas com capacidade de gerar mais receita em um momento de crise. Passamos a olhar com mais afinco qualquer oportunidade de geração de receitas.

Um dos desafios apresentados acima remete ao trabalho e como acompanhar o dia a dia de nossas equipes. Essa é uma ação que implementei na minha área e entendo que deve ser uma nova dinâmica nas empresas.

Adotada por empresas de tecnologia em geral, os trabalhos por projetos devem ser intensificados. Passamos a fazer a abertura de projetos, desenhando as atividades e delegando as responsabilidades, com isso passamos a ter um controle muito maior do que é desenvolvido por cada um dos colaboradores, trazendo resultados melhores e mais rápidos. Também nos aproximamos de outras empresas e pessoas como forma de trocar experiências sobre o que cada um estava fazendo, para o melhor enfrentamento desta crise. Estreitamos nossos relacionamentos com os colaboradores, lojistas, fornecedores e clientes, sendo mais transparentes sobre tudo que está sendo feito no momento.

3. Quais foram os aprendizados para a sua vida nas áreas pessoal e profissional?

Dentre os aprendizados que a pandemia da Covid-19 trouxe, enxergo que passamos a nos preocupar mais em balancear nossas vidas, dando igual importância aos âmbitos pessoal e profissional. Colocamos nossa saúde e qualidade de vida em primeiro lugar, implementando uma alimentação com o consumo de produtos mais frescos e aumentando a higiene pessoal. Também passamos a nos exercitar mais, mesmo que de maneira improvisada.

Ficando mais tempo em casa, aprendemos que não temos a necessidade de diversas coisas, o que nos leva a um consumo mais consciente - e que, com sorte, deverá permanecer para momentos futuros. Quantos de nós não abrimos o guarda-roupas e pensamos o que fazer com tantos sapatos ou camisas, ainda mais em época de isolamento social?

Tudo isso leva à um "novo normal", onde ressignificamos o papel de nossas casas. Que passa de um mero ambiente para dormir para o centro de nossas vidas, se alternando entre trabalho, descanso, entretenimento e família. Tudo isso contribui com uma reflexão mais apurada sobre como ter uma vida com mais propósito. Aproveitando o gancho, podemos ver que marcas que se preocuparam com seus clientes e funcionários acabam se destacando em momentos de crise como este e, possivelmente, irão colher melhores frutos no curto, médio e longo prazos.

Assim, vemos os aprendizados pessoais e profissionais se entrelaçando, o que aprendemos em um eixo serve para o outro. Podemos destacar que tivemos que evoluir quase que da noite para o dia, pois em um momento estávamos todos juntos no escritório, e no outro em casa, isolados, fazendo reuniões via videoconferência. Ganhamos produtividade trabalhando dessa maneira e isso propiciou replanejar os caminhos da corporação e da área em que atuo. Passamos a desenhar novos modelos de negócio e novas frentes de trabalho. Aquele súbito susto de lojas fechadas passou a ser transformado em oportunidade. Tenho para mim que esse é nosso maior aprendizado: olhar para um momento difícil e reinventar e replanejar tudo, com o intuito de criar novas oportunidades em meio ao caos vivido. Um ponto-chave que se encaixa tanto em nossas vidas pessoais quanto nas profissionais é "esteja sempre preparado até para o improvável". Em um discurso para o TED, Bill Gates já citava as pandemias como um grande problema para humanidade. O conselho final que ele nos deixa é "a necessidade de planejamento de todos os possíveis cenários futuros". Isso irá nos ajudar a superar as crises com mais facilidade.

Um outro ponto importante que aprendi é que tudo tem sempre uma solução, ora simples ora complexa, porém sempre existe. Não cruze os braços e jamais deixe a onda engolir você, nade até emergir e assim poderá respirar, mas lembre-se que essa pode não ser a única onda a vir. Enxergar as oportunidades na crise pode fazer com que você saia dela na frente e isso será seu diferencial.

4. Qual a sua visão e quais as suas expectativas para o pós-crise?

Uma coisa é fato: há hoje um "novo normal" na sociedade. Mas o que seria esse "novo normal"? Ainda há muita incerteza a esse respeito, porém, um resultado indiscutível é que este momento nos fez acordar da corrida dos "ratos" em que vivíamos. Trabalhávamos para ganhar dinheiro, para comprar comida, para ter energia e poder trabalhar mais, para ganhar mais, comprar mais e assim por diante, como uma roda sem fim. Hoje, passamos a refletir se ficar três horas no trânsito é a vida que realmente queremos ou se aquela reunião improdutiva realmente não poderia ser resolvida com um e-mail ou uma ligação? Tudo isso colabora para uma mudança drástica na sociedade e, consequentemente, no modo que as pessoas vivem e consomem.

As empresas precisarão se adaptar a essa nova dinâmica com funcionários em diferentes locais, o que certamente será bom, pois as companhias deixarão de depender de uma localização fixa e abrirão suas portas para ter funcionários no mundo todo. Acredito, também, que o consumo, que hoje é desenfreado, irá se tornar mais consciente e iremos presenciar cada vez mais as pessoas se questionando se realmente necessitam de determinados itens. Tudo isso pode definitivamente mudar todo o jogo de como as empresas pensam seus produtos no varejo e os comunicam. Precisaremos passar a fazer sentido na vida do consumidor e, não apenas, ser um produto inovador. Ouso dizer que a tecnologia será a primeira a experimentar um grande crescimento, tomando cada vez mais espaço nas lojas físicas, *e-commerce* e em nosso dia a dia.

Para um período pós-Covid-19, uma palavra que ganhará grande sentido é o propósito. Precisamos, como empresas e indivíduos, deixar claro como pretendemos contribuir para a humanidade. Somos parte de um todo e nesse sentimento intensificaremos a consciência mais coletiva.

Por fim, acredito também em um mundo com pessoas mais empreendedoras. Em um momento como este, onde muitos perderam seus empregos e se viram obrigados a se reinventar, uma solução foi criar seus próprios negócios informais para manter uma renda, como, por exemplo, vender marmitas, máscaras e tantas outras coisas. Empreender será um dos pilares do pós-pandemia.

5. Com base no que você vivenciou, quais recomendações e mensagens de esperança gostaria de compartilhar com outros líderes?

Essa crise nos propiciou momentos bastante difíceis e muitos vivenciamos níveis de ansiedade elevados, mas isso tem sido importante para transformar nosso modus operandi e nos colocar para refletir sobre como vivíamos e como queremos viver daqui para frente.

Adaptação é o ponto-chave neste processo de superação, tudo está mudando muito rápido e não sabemos como o dia de amanhã será, e para isso precisamos ser criativos, sair de nossas zonas de conforto e fazer mais. Este é o momento de dar o próximo passo! Precisamos focar em propósitos que melhorem a sociedade como um todo, ter mais cuidado com o próximo e conosco.

Observar, planejar, inovar e se adaptar devem passar a ser as ações mais usadas em reuniões de trabalho e reflexões entre amigos. Observar o que acontece ao nosso redor, planejar os cenários possíveis e os caminhos a seguir, inovar para nos manter sempre à frente e nos adaptar a várias circunstâncias e mudanças que possam ocorrer em nossas vidas e nos mercados.

Acredito que veremos um novo mundo daqui para frente: pessoas mais conscientes que colocam a saúde em primeiro lugar, que valorizam mais as pessoas e mais tecnologia presente no dia a dia.

Toda essa mudança gerada pela crise tem sido difícil para a maioria das pessoas e empresas, mas com certeza tem aberto um horizonte grande de novas possibilidades a serem exploradas.

"Criatividade é se permitir cometer erros. Arte é saber quais deles aproveitar."

Scott Adams

LIDERANÇA DA ALTA GESTÃO EM TEMPOS DE CRISE
Desafios e Aprendizados

André Portella Cunha

Empresa:
Triscal

Cargo/Função:
Diretor

1. Quais foram os principais desafios vivenciados neste momento de crise provocados pela COVID-19?

Com os clientes que foram muito impactados, porque seus negócios pararam, o desafio foi renegociar os contratos existentes. Com os clientes que não foram tão afetados, o desafio foi encontrar novas formas de trabalhar e fazer a gestão desses trabalhos num ambiente totalmente remoto.

2. Quais foram as ações implementadas?

A adoção de ferramentas de gestão de projetos, colaboração e comunicação para todas as equipes. Como na nossa empresa todas as soluções estão na nuvem, o impacto foi pequeno. Conseguimos trabalhar de qualquer lugar com acesso à *internet*. Muitos clientes também se adaptaram a esse modo de trabalho, e o resultado tem sido muito bom.

3. Quais foram os aprendizados para a sua vida, nas áreas pessoal e profissional?

Acredito que para a vida pessoal foi valorizar mais o contato e o dia a dia com as pessoas que a quarentena eliminou. Para a vida profissional, foi a mudança de percepção de alguns clientes que não acreditavam em trabalho remoto e passaram a ver que de forma estruturada funciona muito bem.

4. Qual é a sua visão e quais são as expectativas para o pós-crise?

Acredito que essa quarentena mudou a forma das pessoas trabalharem e se comunicar, e de alguma forma isso vai ficar. Não sei se vamos continuar viajando a trabalho para fazer reuniões de uma hora. As reuniões virtuais vieram para ficar. O mundo está enfrentando uma ameaça global e ver os países colaborando em busca de soluções dá esperança de que podemos, sim, trabalhar juntos para construir um mundo melhor.

5. Com base no que você vivenciou, quais recomendações e mensagens de esperança gostaria de compartilhar com outros líderes?

As pessoas foram afetadas de forma diferente, principalmente olhando pelo lado financeiro. Muitos continuaram seus trabalhos normalmente, mas muitos outros perderam a fonte de renda. Surgiram muitos movimentos de solidariedade, a sociedade e muitas empresas entenderam que o bem-estar próprio depende do bem-estar das pessoas que estão ao redor. Tenho esperança de que essa visão permaneça e que os programas implementados continuem para que toda a sociedade mude junto para melhor.

LIDERANÇA DA ALTA GESTÃO EM TEMPOS DE CRISE

Desafios e Aprendizados

Ângelo Guerra Vilela

Empresa:

Grupo Ageas Portugal

Cargo/Função:

Senior Director - Country Head of Digital

1. Quais foram os principais desafios vividos neste momento de crise provocados pela COVID-19?

Pode soar lugar comum, mas embora se trate para a grande maioria de nós de uma situação completamente nova, o que temos de enfrentar são os desafios normais de uma gestão de crise, aplicáveis a uma catástrofe, natural ou provocada pelo homem, ou, neste caso, a uma pandemia: e nesses casos, os desafios são reagir, resistir e preparar o futuro.

O primeiro desafio exige-nos adaptação rápida. É importante assegurar que respondemos de forma segura, tomando as medidas adequadas com base na melhor informação disponível. A resiliência é fundamental enquanto a crise durar, e é essa mesma resiliência que nos garante a serenidade para olhar para a frente e começar a preparar o cenário pós-crise.

Liderança é isso mesmo. Manter a lucidez, a serenidade e uma vontade férrea de recomeçar, melhores e mais fortes. São essas, a meu ver, as chaves para ultrapassar os desafios de qualquer crise, e esta, por única e particular que seja, não é exceção.

2. Quais foram as ações implementadas?

O *Grupo Ageas Portugal*, a cujos quadros pertenço na liderança da respetiva prática digital, tomou medidas imediatas para enfrentar a crise, evidenciando que, para nós, a missão empresarial não é apenas um *statement*, é uma prática diária, que se torna especialmente evidente em momentos de crise. No *Grupo Ageas Portugal*, queremos proporcionar uma experiência relevante e emocional à vida das pessoas. E foi o que fizemos.

Primeiro de tudo, asseguramos a manutenção da operacionalidade, salvaguardando as nossas pessoas. Conseguimos pôr todas as pessoas para trabalhar remotamente e em segurança de um dia para o outro, incluindo os *contact centers*. Em simultâneo, procuramos garantir que os nossos parceiros distribuidores pudessem continuar a interagir conosco normalmente.

Os nossos clientes, por seu lado, beneficiaram-se do forte investimento que temos feito nos nossos ativos digitais, *websites*, *apps* e redes sociais, podendo continuar a usufruir dos nossos serviços sem disrupções. Preocupamo-nos também em tomar medidas no âmbito da responsabilidade social, indo para além do que é a relação normal com os *stakeholders*, através de diversas iniciativas da nossa *Fundação Ageas*. E, pensando desde logo no retorno à normalidade, aceleramos ainda mais o investimento na digitalização, ecossistemas e comércio eletrônico.

3. Quais foram as aprendizagens para a sua vida nas áreas pessoal e profissional?

É nos momentos de crise que se veem os líderes. A nossa cultura faz de nós eternos insatisfeitos. Parece que nunca nada está bem, e que tudo o que conseguimos é apenas a nossa segunda melhor realização, porque a primeira é a que há de vir. Ora, essa crise mostrou que somos bem melhores e mais resilientes que aquilo que pensamos.

4. Qual a sua visão e quais as suas expectativas para o pós-crise?

O futuro vai certamente ser diferente. No *Grupo Ageas Portugal*, estamos a evoluir rapidamente na digitalização, no digital, e em ir para além dos seguros. A digitalização, entendida como eficiência de processos, e o digital, entendido como experiência proporcionada ao usuário final, são irreversíveis, e mudarão a forma como nos relacionamos com distribuidores, clientes e parceiros. Mas não só. A organização do trabalho também vai sofrer alterações muito relevantes. O conceito de *workplace* muda radicalmente, com menos pessoas a frequentar o mesmo espaço, mas que trabalham de um modo mais colaborativo e interativo, com mais liberdade e mais responsabilidade.

O que me parece inquestionável é que, qualquer que seja o horizonte temporal, o que fará a diferença vai ser o modo como vamos ser capazes de incorporar de forma responsável e sustentável a tecnologia, proporcionando experiências relevantes e emocionais na vida das pessoas.

5. Com base no que você vivenciou, quais recomendações e mensagens de esperança gostaria de compartilhar com outros líderes?

Se às crises se espera reação, ao futuro espera-se antecipação. Os líderes constroem o futuro, começando ainda durante a crise.

LIDERANÇA DA ALTA GESTÃO EM TEMPOS DE CRISE

Desafios e Aprendizados

Antonio Donizeti de Oliveira

Empresa:

Empresas Eba

Cargo/Função:

Diretor-Presidente

1. Quais foram os principais desafios vividos neste momento de crise provocados pela COVID-19?

Para responder de forma mais técnica, necessitamos ressaltar alguns pontos sobre a descoberta e chegada da Covid-19 ao Brasil.

Coronavírus é uma família de vírus que causam infecções respiratórias (Covid-19), pois bem, vamos levar este assunto inicialmente para o campo da GESTÃO:

Elementos básicos de gestão e informação, processamento da informação com ajuda de especialistas, onde se define o plano de ação, formação das equipes especializadas, planejamento para implantação das ações/tomadas de decisão, monitoramento/controle e ajustes das ações e tomadas até o acerto final.

Primeiramente, o que se sabia sobre a Covid-19? **Nada ou muito pouco.** Quais informações estavam disponíveis? Nenhuma ou quase nenhuma. Portanto, tivemos que vivenciar os conceitos da gestão do novo e do invisível juntos, e aí, a taxa de complicação se elevou, vejam comigo, a grande maioria dos países tem uma forte estrutura para combater o visível (Exército, Aeronáutica, Marinha etc.), mas não há nação do mundo que esteja preparada para combater o invisível como um novo vírus ou uma bactéria. Como não há experiencia desenvolvida para gerir e combater o invisível, assistimos a um processo de desinformação sobre o assunto (ora podia, ora não podia, ora servia, ora não servia, ora era, ora não era, e no meio de tudo isso surgiram os interesses pessoais), uma falta de planejamento para atacar a situação de frente, por falta de preparo técnico dos integrantes da equipe responsável para gerir e combater o tema Covid-19 no mundo.

Para quem estudou o mínimo de administração, pôde assistir ao desencontro de uma liderança dirigindo (ou pelo menos tentando dirigir) sem sequer aplicar as mínimas técnicas de gerenciamento de projeto e de resolução de problemas, inclusive, depois que passar este momento de pandemia, onde o gerenciamento e combate à Covid–19 têm sido marcados por muitas tentativas de acertos e erros, esse tema poderá ser um grande CASE PARA ESTUDO DE CASO em programas de formação de liderança, será um material rico.

Uma das primeiras providências foi a provocação do isolamento social, sem conhecimento exato da forma de propagação do vírus, as pessoas não deveriam usar máscaras, pois nada adiantaria para proteger o indivíduo, mas lembrando que não foi orientado o uso de máscaras para esse produto não sumir do mercado e faltar para os profissionais de saúde, era necessário o distanciamento social (pelos menos dois metros de distância entre as pessoas), a recomendação era para ficar em casa, mas a maioria das famílias mora em menos de dois metros quadrados por pessoa, a orientação foi para passar álcool em tudo, a fim de eliminar o vírus, porque não sabíamos os seus meios de transmissão, vivemos uma briga de lideranças sobre estratégia de combate e medicamento a ser utilizado, um sistema de informação trabalhando o sensacionalismo emocional das pessoas, causando medo na população, informações para atender a interesses de alguém e um saque nas reservas financeiras do governo federal para atender às vaidades políticas de alguns.

Principais desafios: conviver com o desconhecido; falta de liderança para condução imparcial do tema, ficou evidente que os interesses pessoais não contribuem com uma gestão eficaz da situação; aguardar evolução da pandemia sem uma gestão coesa e sem objetivos comuns, na verdade, não foi comunicado à população que o isolamento era para diminuir a contaminação, e com isso mais estruturas de atendimento seriam construídas para poder atender a um número maior de contaminados ao mesmo tempo; ver lideranças com objetivos individuais e pessoais tratando da resolução de problemas que pouco afetam a eles devido ao acesso a bons hospitais; presenciar a destruição de empregos e geração de fome na população; presenciar o fechamento de muitas empresas; ver a mídia trazendo desinformação, causando medo e doenças emocionais para população, dificultando o entendimento dos profissionais da saúde e o teste de medicamentos e iniciativas locais; e, por último, este momento serve para nortear todos aqueles que estão, ou gostariam de estar, em um cargo de gestão; tomar como direcionamento para que, quando um profissional for assumir uma posição de liderança, pensar em todos os momentos se está preparado para tal responsabilidade e, se não se ver ou não se sentir preparado, não assume a função/responsabilidade.

2. Você gostaria de fazer uma analogia usando a experiência do novo e invisível Covid-19 em uma organização privada? Como seria tratado esse tema na empresa?

Sim, primeiramente uma organização privada é estruturada a partir de uma missão, visão, valores, planejamento estratégico e um robusto plano de ação, com os indicadores bem definidos e sistemas de monitoramento tangíveis e não tangíveis.

São definidos os cargos, os profissionais para cada cargo, são verificadas as aderências de cada profissional periodicamente com os objetivos do cargo.

Uma situação nova e invisível (como a Covid-19) para uma organização privada poderia ser tratada conforme segue abaixo:

Passo I – seleção da equipe.

Seleção de uma equipe muito especializada (com profissionais internos e externos da empresa) para estudar a situação-problema de forma eficaz até descobrir as soluções.

Definição de liderança capaz de conduzir o projeto.

Busca de informações técnicas, científicas e práticas em lugares em que a situação-problema já deixou legado e experiências, isso acontece com visitas, reuniões, estudos etc.

Analisar as variáveis críticas de sucesso regional e os impactos efetivos da ação, uma vez esgotados os estudos, vamos para o plano de ação.

As atividades do "passo I" são importantíssimas para definir as melhores ações e práticas a serem implantadas:

Passo II – elaboração do plano de ação.

Elaboração do plano de ação para combater a situação-problema, necessitamos definir com clareza **as atividades** que vamos implementar, **o objetivo** que queremos alcançar com a atividade, quem vai ser **o responsável** pela condução da ação, **onde** será realizada a atividade, em que **tempo máximo** será implantada a ação, **como será realizada**, que estratégia será utilizada para implantar a atividade com eficácia, **quais os recursos** financeiros necessários para implantar a atividade definida.

Passo III – monitoramento do plano de ação.
O monitoramento deve seguir todos os itens do plano de ação:
A atividade descrita no plano de ação deve ser monitorada frequentemente, pois com o monitoramento você pode ajustar a atividade e colher melhores resultados.
Com relação ao objetivo descrito no plano de ação, deve ser monitorado, você pode ajustar e corrigir possíveis distorções do mesmo.
Um ponto muito importante é o monitoramento do responsável pela condução do plano de ação, no decorrer dos trabalhos pode ser necessário ajustar e apoiar o mesmo, para a correta condução dos trabalhos.
Se estamos falando de uma situação-problema, o tempo para implantação da atividade tem uma importância muito grande, perder tempo para essa atividade pode comprometer os trabalhos.
É necessária muita disciplina para implantar a atividade do plano de ação, o cumprimento correto da estratégia, do como será implantada a atividade, é de extrema importância.
O investimento também é um item de muita necessidade de monitoramento, isso deve ser feito periodicamente para não dificultar os trabalhos.
Não tenho dificuldade para dizer que se uma boa empresa, bem estruturada, tivesse uma situação como a do Covid-19, seria muito mais fácil e ágil a resolução do controle da pandemia.

3. Quais foram as ações implementadas?
Como foi mencionado na questão anterior, muitas ações foram realizadas, seja por tentativa de acerto ou de erro:

- Implantação de hospitais de campanha;
- Ações de higiene pessoal para população em geral;

- Implantação de EPI's para os profissionais da saúde;

- Muitas cidades criaram mais estruturas de UTI;

- Isolamento social para a população;

- Uso de máscara para população;

- Restrição de aglomeração de pessoas;

- Fechamento do comércio e de algumas indústrias, deixando abertas somente as entidades que exerciam atividades essenciais;

- Realização de testes rápidos na população.

4. Quais foram os aprendizados para a sua vida nas áreas pessoal e profissional?

Acho que o maior aprendizado foi que não esperavam que o invisível poderia causar tanto sofrimento e terror à população, todos os países têm um preparo mínimo para o visível, poucos foram os países que temiam um ataque cruel por um vírus, muitas ações serão desencadeadas para outros tipos de proteção da humanidade a partir de agora, o uso da tecnologia e da ciência deverá ser priorizada.

5. Qual a sua visão e quais as suas expectativas para o pós-crise?

Em toda comunidade, há empresas e pessoas mais estruturadas e menos estruturadas, numa situação de crise, há uma seleção natural dos sobreviventes, todos sofrem com a crise, porém, muitos não sobrevivem, fecham as portas e saem do mercado, mas as necessidades pelos produtos e serviços oferecidos pelos que fecharam as portas continuam a existir. Então, nascem muitas oportunidades para outros empreendedores mostrarem seus produtos e serviços. Numa visão otimista, muitas pessoas/empresas vão se reinventar, ganhar espaço e, quem sabe, podem encontrar outros caminhos para o sucesso.

6. Com base no que você vivenciou, quais recomendações e mensagens de esperança gostaria de compartilhar com outros líderes?

Em toda situação nova, quando se tem pouco conhecimento sobre o assunto, seja prudente:

a) Estude o tema com especialistas, esgote o assunto, busque informações na teoria e prática com quem já vivenciou o tema;

b) Visite uma ou mais localidades que vivenciaram a situação-problema;

c) Veja todas as práticas adotadas;

d) Reúna uma equipe e a capacite;

e) Desenvolva um plano de ação consistente, com todas as variáveis e recursos necessários;

f) Planeje a aplicação do plano de ação;

g) Seja disciplinado, siga todos os passos do seu plano de ação, cuidado com a arrogância, você pode ficar sozinho e não conseguir implementar seu plano de ação;

h) Acompanhe fase a fase, corrija as distorções e concentre-se nos fatores críticos;

i) Seja humilde, as respostas para suas perguntas sempre estão perto de você.

Belizia Gaulia Costa

Empresa:
C.O.N. - Oncologia, Hematologia e Centro de Infusão

Cargo/Função:
C.O.O - Chief of Operations Office;
Diretoria de Operações e Comercial

1. Quais foram os principais desafios vividos neste momento de crise provocados pela COVID-19?

A pandemia do novo coronavírus parece ser um raro exemplo de tempestade perfeita, tanto com relação a sua forma de transmissão, quanto de adaptação ao estilo de vida moderno das grandes metrópoles e capacidade de contágio, tão ampla, rápida e efetiva ao estilo de vida moderno; a crise afetou a todos em um momento em que as respostas e saídas deste evento ainda não existiam, devido à falta clara de experiência da comunidade científica. Diante desse cenário de crise pandêmica, houve uma necessidade crescente de adaptabilidade e reinvenção de processos. A integridade dos sistemas produtivos e da prestação de serviços dependeu integralmente da velocidade de adaptação das empresas a essas mudanças. Uma das principais e mais urgentes demandas foi a necessidade de preparação das equipes operacionais, não apenas processualmente, mas também psicologicamente, assim como o enfrentamento da escassez na cadeia de suprimentos, causada pela falta de garantia nas entregas, como a falta de equipamentos, EPI'S e matérias-primas singulares e de alto custo. Além disso, também houve necessidade de mudanças na forma de trabalho, através tanto da reengenharia das jornadas de trabalho in loco obrigatório, quanto na reformulação das estações de trabalho, as quais passariam a ser remotas e adaptadas ao modelo de *home office*. Por fim, o processo de implementação de serviços de plataformas e salas de reuniões *on-line* foi inevitável.

2. Quais foram as ações implementadas?

Devido às urgentes necessidades e surgimento repentino de novas ordens vigentes de trabalho, vigilância sanitária e organização mundial de saúde, as mudanças e inserções nas diretrizes produtivas deveriam ser rápidas e precisas, além de seguir diretamente as novas normas reguladoras. Assim, foram necessárias medidas de ações operacionais e administrativas; estas, atendidas através da criação de um comitê de normas e orientações, a fim de tratar das soluções de questionamentos e criação de novos comandos institucionais de um recém-criado regulamento interno, e aquelas através da criação de um *script* de processos operacionais padrões, a fim de reiniciar rapidamente a produtividade da empresa de forma adaptada à crise.

3. Quais foram os aprendizados para a sua vida nas áreas pessoal e profissional?

Dentro de um viés profissional, creio que diversas mudanças até então temporárias acabem por se tornar usuais e absorvidas pelo sistema, sendo elas muito tangíveis e produtivas ao negócio. Tanto a manutenção dos estoques de capital de giro e fluxo de caixa, como material e medicamento, essenciais para a prestação de serviços de saúde, tornar-se-ão muito mais fluidos e reagirão muito melhor às nuances diretas e indiretas do mercado.

Já no viés pessoal, lidar com as pressões psicológicas, de um mercado já tão assumidamente cheio de incertezas e inexatidões, que desafiam gestores por todo o país, se tornará ainda mais importante para os "*players*" e "*stockholders*" que desejam cuidar de suas saúdes mentais. Outrossim, a meu ver, a prática da empatia e solidariedade já é pulsante por uma parte majoritária e pouco rebelde da sociedade.

4. Qual a sua visão e quais as suas expectativas para o pós-crise?

Na minha visão, esta crise impacta apenas por hora o mercado produtivo brasileiro; sendo um país de proporções continentais e larga população produtiva, e demandante de produtos e serviços, acredito que a crise gera uma acumulada e crescente "fome" de negócios. Durante a retomada da economia, vislumbro um reaquecimento do mercado, com o surgimento de novos nichos e, consequentemente, novos produtos, entrantes e investidores, catalisados ainda mais no ramo específico da saúde.

5. Com base no que você vivenciou, quais recomendações e mensagens de esperança gostaria de compartilhar com outros líderes?

Acredito que existe uma crescente na desesperança e descrença nos métodos científicos tradicionais, o que na minha opinião é um erro. Devemos dar credibilidade aos órgãos competentes, na atualidade, principalmente à OMS e ao Ministério da Saúde, na condução dos processos e soluções racionais, além de ter paciência ao investir em pesquisa e inovação de qualquer ramo, seja ele criativo ou tradicional. Não se deixar levar apenas por "*fake news*" e saber filtrar dados, fatos e opiniões qualificadas e coerentes são atitudes primordiais, o pânico e "efeito manada" são extremamente prejudiciais para qualquer organização, seja ela social, economia ou científica.

Nessa óptica, devemos ser otimistas e entender que ainda há espaço dentro dessa esfera de conhecimento científico a ser explorado, um longo caminho de pesquisa, criação e investimentos. A realidade ainda pulsa por mentes pensantes, as quais não devem enxergar desafios como barreiras, mas sim janelas de oportunidade para a evolução, nossa sociedade está trilhando esse caminho.

Bruno Rey

Empresa:

Olos Tecnologia

Cargo/Função:

CSO

1. Quais foram os principais desafios vividos neste momento de crise provocados pela COVID-19?

Tudo vinha muito bem e um cenário muito positivo se desenhava, roda girando, mercando reagindo bem, economia aquecida. Até que, repentinamente, a Covid-19 chegou e trouxe consigo uma série de desafios, que exigiram decisões e ações rápidas. Sem dúvida alguma, os principais desafios e preocupações estiveram ligados a pessoas, sejam nossos familiares, nossos colaboradores ou os colaboradores dos nossos clientes. Em nossos lares, tivemos que nos adaptar ao novo momento e necessidades, executando não apenas as nossas tarefas profissionais, mas também as atividades diárias de casa, além de dispor de tempo para dar a devida atenção aos nossos filhos. Somos uma empresa de tecnologia e não tivemos dificuldades para migrar rapidamente nossos colaboradores para o *home office*, inclusive alguns deles já atuavam assim anteriormente, mas, naturalmente, surgiu a preocupação com demissões e reduções, o que conseguimos controlar com ações e ajustes apropriados que mantiveram 100% do quadro ativo. Um dos setores mais impactados foi o das empresas de atendimento, *contact centers*, que são os principais demandantes de nossas soluções e, não diferentemente, tivemos um grande desafio, concluído com sucesso, de migrar as operações de atendimento humano para o *home office*, lembrando que, numa operação por exemplo de 1.000 operadores, se considerarmos a média de 3 pessoas por família, estamos falando de 3.000 pessoas que dependem daquele emprego para o sustento, isso sem considerar ainda os outros turnos da operação, ou seja, muito crítico o tema. Por fim, também com a devida importância, levando em consideração que toda a cadeia foi atingida, fizemos ajustes e negociações com nossos clientes e parceiros para que juntos atravessássemos a crise de mãos dadas, e colaboramos em parte na transformação digital daqueles que ainda não haviam se adequado plenamente.

2. Quais foram as ações implementadas?

Primeiramente, assim que surgiu o primeiro caso de Covid-19 no Brasil, tomamos todas as medidas necessárias para garantir a segurança de nossos colaboradores, disponibilizando a eles todos os recursos necessários para higienização pessoal dentro da empresa. Logo em seguida, imediatamente ao momento em que outros casos começaram a aparecer, levamos 100% dos colaboradores para casa, para que estivessem seguros, em regime de *home office*. Focamos então na avaliação diária do fluxo de caixa da empresa, baseado nos recebíveis e nas negociações com clientes e parceiros, com o objetivo de equilibrar e manter 100% do quadro de colaboradores ativo, o que foi alcançado com êxito. Além disso, fizemos ajustes e implementamos a substituição de alguns benefícios mais utilizados em ambiente laboral presencial por benefícios mais utilizados em regime de *home office*. Com novas necessidades que surgiram durante o período de crise, tivemos ainda a oportunidade de criar novos produtos e soluções e, compreendendo o momento difícil, aplicamos condições especiais, algumas delas sem custo inclusive, para que de maneira contributiva e solidária, pudéssemos colaborar com o momento difícil em que o mercado se encontrava.

3. Quais foram os aprendizados para a sua vida nas áreas pessoal e profissional?

Uma crise jamais é algo desejado, algumas delas, alguns especialistas conseguem prever antes mesmo de acontecerem, mas a crise provocada pela Covid-19 foi inesperada, repentina, e fez com que as pessoas tivessem que pensar e agir de maneira imediata, sem ter sequer tempo para pensar no que fazer e como fazer. Esta crise trouxe para mim importantes reflexões e aprendizados, alguns deles já preexistentes, mas que no mínimo foram fortalecidos. Embora pareça um assunto redundante, temos realmente que dar mais valor para algumas coisas, temos que separar tempo para a família, para os amigos, para as diversões, para as viagens, como se fossem realmente reuniões do dia a dia, no sentido de compromisso, ou seja, agenda reservada para tal e ponto final, afinal, você rende muito melhor pessoalmente e profissionalmente quando ambos os setores da vida encontram um equilíbrio pleno, é meio que como se um puxasse o outro e vice-versa. Fortaleci também o entendimento de que não há diferenças numa situação de crise como essa relacionada à saúde, não há raça, não há cor, não há credo e, muitas das vezes, em sua maioria, não há condição financeira que evite contágio ou até mesmo óbito. Por outro lado, foi possível aprender muito quanto às diferenças de comportamento dos seres humanos na adversidade, pessoal e profissionalmente. Esse *home office* "forçado", que na verdade não se trata de um *home office* tradicional, mas sim quase de um regime de reclusão, mostrou que devemos ter muito cuidado com cada um dos colaboradores após aplicar medidas ou regras gerais a todos, pois, principalmente neste momento de pandemia e *home office* forçado, cada um reage de um jeito, dependendo de como estiver o momento psicológico. Vejamos, por exemplo, uma situação real: marido e esposa que trabalham, por motivos óbvios tiveram que dispensar diaristas e estão executando as tarefas de casa do dia a dia ao mesmo tempo, cuidando dos filhos, que talvez estejam estudando de maneira *on-line* e exigem um acompanhamento de perto, o número de reuniões, que aumentou consideravelmente, uma enormidade de mensagens e interações nos aplicativos dos *smartphones*, ou seja, o psicológico desses seres humanos pode ficar bastante abalado e o nível de estresse aumentar. Por isso, foi um grande desafio e aprendizado entender, cuidar, lidar e respeitar o limite de cada um, diante desta nova realidade.

4. Qual a sua visão e quais as suas expectativas para o pós-crise?

Acredito que teremos momentos no mínimo turbulentos em todos os sentidos. Já vejo muitos comentarem e concordo que muitas mudanças acontecerão ou, no mínimo, terão sequência daqui para frente, como o *home office*, por exemplo. O assunto é polêmico e tenho um ponto de vista bastante favorável, com algumas pequenas observações, alguns já falam inclusive em manter o *home office* não somente durante o período de pandemia, mas até o final do ano e, por que não, segui-lo permanentemente. Particularmente, devo concordar que ficou bastante prático, é possível participar de mais reuniões ao longo do dia, otimizando muito o tempo, o distanciamento, e até mesmo viagens, principalmente considerando quem mora em São Paulo e conta com o trânsito da cidade. Por outro lado, acredito que poderá tornar alguns relacionamentos um pouco mais frios, não teremos talvez aquele calor do encontro presencial, aquele famoso "olho no olho", o que é importantíssimo para as relações pessoais e profissionais. Como comentei acima, creio ainda que deveremos ter uma atenção muito especial com todas as pessoas após a crise, não saberemos como será o comportamento e como essas pessoas sairão do período pós-crise, se sairão estafadas, estressadas, abaladas, até mesmo depressivas em alguns casos, portanto, será importantíssimo nos ajudarmos no sentido de trabalhar o psicológico de uma maneira muito positiva e resgatar quem eventualmente encontre dificuldades. Por fim, como em toda crise, também surgem muitas oportunidades, precisamos estar atentos a elas e nós, como responsáveis pela liderança, precisamos engajar os colaboradores e pessoas próximas a pensar de maneira otimista, puxando-os sempre para cima.

5. Com base no que você vivenciou, quais recomendações e mensagens de esperança gostaria de compartilhar com outros líderes?
Otimismo, acho que essa é a palavra. E nós, como líderes, somos os responsáveis por contagiar todos com esse espírito, fazê-los acreditar e ter fé de que tudo isso passará, que um cenário positivo virá e que todos nós seremos responsáveis por fazer esse cenário acontecer, nós temos a obrigação de puxar a fila. Saber dosar e não fazer mudanças abruptas é importante, mas ao mesmo tempo pensar fora da caixa, criar soluções e serviços, criar modelos de negócios e novos modelos de atuação. A crise traz, sim, consigo alguns danos, por outro lado, traz muitas oportunidades também, e tenho certeza de que elevará e muito a nossa capacidade de superação e de reinvenção.

LIDERANÇA DA ALTA GESTÃO EM TEMPOS DE CRISE

Desafios e Aprendizados

Bruno Salgado do Nascimento

Empresa:

Grupo 3F Auditoria e Consultoria Tributária

Cargo/Função:

Empresário

1. Quais foram os principais desafios vivenciados neste momento de crise provocada pela Covid-19 e quais foram as principais ações implementadas em seu ramo para conter os efeitos adversos da pandemia?

Embora lamentável sob o ponto de vista social e empresarial, especialmente com a perda de vidas humanas e o aumento do desemprego e da fome, além da falência de milhares de negócios, a pandemia do novo coronavírus teve um impacto tão profundo na sociedade global e no mundo corporativo que ambos aprenderam importantes lições com este tenebroso processo.

Iniciados gradualmente nas cidades brasileiras, a partir de março de 2020, o isolamento social e a quarentena fizeram a maioria das pessoas abraçar posturas antes só vistas em países asiáticos, como o uso de máscaras de proteção nas ruas. Ao mesmo tempo, uma considerável parcela da população acabou por incorporar uma série de outros hábitos de higiene, como a frequente lavagem das mãos e o uso de álcool gel.

Paralelamente, líderes empresariais de todos os matizes tiveram de rever conceitos e atitudes no relacionamento com clientes e na gestão de recursos humanos, principalmente pela adoção do *home office*, modelo de trabalho remoto que já vinha sendo usado – ainda timidamente e de forma muito pontual – por algumas companhias.

Com dois escritórios, um no Rio de Janeiro e outro em São Paulo, nosso principal desafio foi justamente coordenar todas as pessoas, mantendo o espírito de equipe existente no dia a dia do ambiente de trabalho.

Na contramão da crise socioeconômica, optamos por não demitir e reforçar ainda mais a nossa já robusta teia de relação profissional. Sempre com transparência, que é um dos pilares que construíram a nossa empresa, expusemos as implicações das decisões corporativas que se seguiriam após o início do trabalho em *home office*.

Para garantir a eficiência da equipe, investimos em tecnologia para assegurar que tudo desse certo nesse trabalho a distância, visto que deixaria de ser algo pontual para se tornar, ao menos durante a quarentena, um esquema diário. Cada colaborador recebeu acesso a um sistema que monitora quem está ou não trabalhando, mensurando o caminho percorrido por cada um, avaliando se de fato estão cumprindo as metas e os processos previamente estabelecidos. De outro lado, também redobramos a proteção da nossa base de dados, sempre levando em consideração a nova Lei Geral de Proteção de Dados Pessoais (Lei nº 13.709/2018), a fim de proporcionar o máximo de proteção às informações que nossos clientes nos confiam. Afinal, atendemos grandes empresas nacionais e multinacionais, cuja grandiosidade eleva a complexidade do trabalho com seus dados.

Para se ter uma ideia do alcance dos cuidados tomados, especialmente durante a pandemia, adotamos mecanismos ainda mais seguros, como o acesso restrito a determinadas informações dos clientes. Cada colaborador utilizou apenas o que necessitava para a realização de seu trabalho, que foi desempenhado com extrema responsabilidade.

Outra preocupação do nosso estafe, a segurança da informação, que já norteia o nosso trabalho, também foi item obrigatório no nosso rol de recursos garantidos para o dia a dia.

Como escritório "boutique", atuamos especificamente na esfera administrativa junto a autoridades fiscais, promovendo uma série de auditorias e consultorias tributárias, buscando identificar e apontar as melhores práticas para os nossos clientes, identificando assim desde recolhimentos indevidos de tributos até eventuais riscos que eles estejam correndo.

2. Como esta crise impactou os relacionamentos empresariais?

A pandemia forçou uma radical mudança na cultura do relacionamento com os clientes, levando a uma readequação de paradigmas, especialmente porque, no nosso ramo, reuniões presenciais – "olho no olho" – são essenciais para realizar prospecções, celebração de contratos, reuniões habituais para avaliações e definições de estratégias.

Há trabalhos que só podem ser feitos nas dependências do contratante, em que a interação entre os colaboradores de ambos os lados torna-se fundamental para o sucesso das operações. Tudo é feito dentro de uma sistemática própria nossa, com profissionais treinados.

Tais processos fazem parte de um conjunto de ações que realizamos,

visando proporcionar ao cliente confiabilidade, segurança e conforto. Em um mercado no qual o fechamento de um acordo ou contrato com um grande cliente depende, quase 100%, de uma reunião física, de um aperto de mão e de um olhar direto no olho do interlocutor, a *conference call* mostrou-se um desafio complexo a ser vencido, por mais que ela tenha se consolidado em muitas áreas.
A liderança por nós empreendida neste novo cenário tem sido fundamental para manter sólidas a reputação e a confiança construídas pelo nosso escritório ao longo dos anos. São elas que abrem contínuas janelas de oportunidades, as quais muitas vezes nos chegam por indicações feitas "boca a boca", por presidentes e altos executivos de empresas, satisfeitos com os resultados do atendimento.

3. Quais foram os aprendizados para a sua vida nas áreas pessoal e profissional?

A crise da Covid-19, doença respiratória causada pelo novo agente do coronavírus, trouxe também uma série de aprendizados profissionais e pessoais. Em primeiro lugar, a quarentena em casa nos mostrou que, ao contrário do que se pensava, não é necessário ser um *workaholic*, trabalhando praticamente 24 horas por dia, para cumprir metas.
Mesmo durante a pandemia, confirmamos que as engrenagens continuaram funcionando, inclusive as ações envolvendo a captação de clientes e o atendimento aos que já faziam parte do nosso portfólio.
Confirmarmos ainda que passar mais tempo com a família faz bem para a saúde mental, visto que trabalhar em casa ajudou a melhorar as relações diárias, abrindo espaço para conversar mais com esposas e maridos ou brincar com os filhos.
Este cenário, somado à diminuição do estresse causado pelas horas perdidas no trânsito e pela violência urbana, ajudou, inclusive, a tornar mais harmônico o relacionamento com sócios, advogados e demais colaboradores, porque o isolamento reduz o desgaste natural causado pela convivência diária.

Profissionalmente, uma das principais alterações na cultura corporativa foi a adoção do *home office* na rotina do nosso trabalho. Trouxe consigo novos modelos de interação, a exemplo da maior utilização de videoconferências, a partir de ferramentas que reproduzem um verdadeiro ambiente de trabalho. Decerto, economizamos centenas de horas com deslocamentos para reuniões, situação que fez a diferença no ganho de eficiência nas nossas atividades. Por isso, em consonância com a nova tendência empresarial, resolvemos tornar o trabalho remoto algo habitual após a pandemia, revezando equipes durante a semana.

Embora exista a conhecida pressão do trabalho e do cumprimento de metas, outro diferencial do *home office* é a flexibilidade de horários, o que já era habitual em nossa empresa. Essa modalidade de trabalho será cada vez mais difundida e adotada pelas empresas nos anos pós-pandemia.

4. Qual a sua visão e quais as suas expectativas para o pós-crise?

A liderança não deve basear-se apenas em organizar equipes, cronogramas e atendimentos, mas em estimular os colaboradores com benefícios financeiros condizentes não só com as expectativas projetadas, mas com o volume de trabalho exercido e o sucesso atingido.

Nossa cultura empresarial preza pela total transparência com os nossos advogados e colaboradores. Todo contrato fechado é comunicado em detalhes à equipe. Assim, cada um acaba sabendo exatamente o que pode alcançar com o trabalho que lhe cabe.

Isso se faz necessário porque trabalhamos com uma política agressiva de salários e bônus por desempenho, inclusive proporcionando benefícios extras, como cursos de especialização e de pós-graduação. O sucesso de um cliente se reverte para todo o escritório. Afinal, do que adiantaria somente os sócios ganharem dinheiro sem dividir parte do bolo com todos aqueles que, de alguma forma, ajudaram a atingir tais resultados?

A pandemia fez com que as pessoas dessem mais valor à convivência dentro de casa e no ambiente de trabalho. Durante a quarentena, sentiu-se falta das "conversas no cafezinho", das trocas de ideias entre vizinhos de mesa, enfim, de toda aquela interação comum no dia a dia dos escritórios. Por isso, buscamos ajudar todos, trabalhando continuamente a "cabeça" de cada colaborador, a fim de minimizar os impactos, por exemplo, do nervosismo causado pelo isolamento social, até para passar mais segurança aos clientes. Entre as decisões, garantimos que não haveria demissões, o que por si só já tranquilizou o pessoal, evitando conjecturas e estresse desnecessários. Ao contrário, houve ainda mais engajamento.

A crise econômica trazida a reboque da pandemia do novo coronavírus escancarou, mais uma vez, os problemas tributários a que são submetidas as empresas brasileiras – gastando milhares de horas e recursos anualmente só para atender à burocracia governamental – e que tornarão o nosso mercado um verdadeiro caldeirão efervescente nos próximos anos. Esse é o calo de toda empresa.

Com isso, cabe ao nosso escritório, como tal, se tornar um facilitador de soluções que minimizem ou mesmo blindem o cliente contra perdas, que podem até parecer pequenas, mas conjuntamente colaboram para levar a empresa ao prejuízo e até mesmo ao fechamento.

Em 2019, por exemplo, atendemos a uma multinacional da área de tecnologia que, por ter registrado um ano anterior ruim, planejava a demissão de pelo menos 3.000 colaboradores e os que ficassem não teriam bônus no fim do período fiscal.

Em outubro do mesmo ano, um executivo da empresa pediu para que revisássemos as contas da companhia, à procura de falhas tributárias que pudessem ser revertidas. Após um trabalho incessante, conseguimos fazer a recuperação de R$ 20 milhões recolhidos indevidamente. Assim, o cliente fechou o balanço do ano fiscal no azul, evitou demissões e pagou o bônus aos funcionários. Esse case é uma das grandes vitórias da nossa equipe, mostrando que a liderança está no nosso DNA.

No segundo trimestre de 2020, fechamos um projeto para esse mesmo cliente, em que ele obterá em torno de R$ 50 milhões em créditos tributários, a serem resgatados nos próximos dois anos. Com isso, ganhou fôlego para operar sem atropelos pelos próximos 24 meses, mesmo com o país ainda possivelmente sofrendo os efeitos negativos da pandemia.

Independentemente de qualquer tipo de crise, é a elevada carga tributária que acaba sendo a algoz de muitas empresas. Não raramente, precisam escolher entre recolher determinados impostos ou dispor de recursos para giro de caixa, compra de matéria-prima e pagamento de funcionários ou de fornecedores. E quando atrasam as guias, ainda têm de lidar com pesadas multas e juros.

Outro exemplo emblemático vem de uma conhecida *startup* da área de logística, cliente nossa, que recebeu aporte de R$ 1 bilhão e se transformou em empresa de fato. Com grande volume de dinheiro disponível, começou a crescer velozmente a ponto de passar de 25 para 1,5 mil funcionários em um ano.

Logo no primeiro fechamento de balanço, seus executivos se assustaram ao descobrir um montante de R$ 16 milhões em tributos a pagar. Contratado para apagar o incêndio, o nosso escritório revisou as contas e encontrou R$ 600 mil recolhidos indevidamente, somente no último ano, além de possibilidade de economia de 10% no pagamento de tributos por meio de um planejamento fiscal adequado, valores esses que fizeram uma enorme diferença no resultado da companhia.

Em um país com fome de impostos, são os tributaristas e contadores que acabam ajudando a salvar a vida das empresas, livrando-as de perder dinheiro e, no fim, demitir e até encerrar as atividades. De outro lado, auxiliam essas pessoas jurídicas a crescer de modo estruturado e seguro.

A pandemia da Covid-19 certamente fez o empresário brasileiro entender que hoje só deixa de fazer um colchão financeiro quem realmente não tem condições para isso. Geralmente espremida pela alta carga tributária, a maioria das empresas, infelizmente, não tem caixa para aguentar um mês parada, conforme ficou claro com o agravamento da emergência de saúde pública.

5. Com base no que você vivenciou, quais recomendações e mensagens de esperança gostaria de compartilhar com outros líderes?

Como cada profissional acaba sendo um líder – de muitos ou de si próprio –, é evidente que deve observar uma série de recomendações gerenciais com vistas a minimizar a possibilidade de ocorrência de tal problema no futuro.

Gestores gananciosos e despreocupados com seus "liderados" invariavelmente andam por um caminho dicotômico – ou ganham rios de dinheiro espremendo até a última gota de subordinados pressionados e desmotivados, ou, verdadeiramente, lideram profissionais, reconhecendo a importância de cada um em todos os processos.

É imprescindível ter coragem neste momento e inspirar os outros, precisamos nos desafiar a ser os melhores que podemos ser.

Acredito que esta crise trouxe grandes aprendizados não só para os empreendedores, mas para presidentes, diretores, gerentes, coordenadores de equipes. O modelo de liderança adotado por muitos desses personagens, por exemplo, há muito tempo em uma encruzilhada, novamente foi questionado.

Nos próximos anos, haverá o surgimento de líderes mais transparentes, conscienciosos, abertos a ouvir novas ideias, pensando "fora da caixa", flexíveis em suas decisões, preocupados com o sucesso da corporação e da equipe e não apenas com o próprio êxito, enfim, com todos os requisitos para desempenhar uma ótima liderança.

Outra importante vertente positiva que deve ter um profissional em posição de liderança, independentemente se existe ou não uma crise socioeconômica no país, é aprender a delegar tarefas aos seus subordinados. Precisa ter equilíbrio na hora de dividi-las, evitando despertar sentimentos antagônicos no ambiente de trabalho, ao preterir uma pessoa em função de outra.

Esse processo será fundamental no mundo pós-pandemia, em que a missão e os valores das empresas passarão a ser questionados diuturnamente. Em função deste novo cenário, os gestores atuais deverão realizar uma autoanálise de seu desempenho e, se necessário, promover as mudanças necessárias para exercer a liderança.

Os verdadeiros líderes são talhados para estar à frente dos demais. São organizados e objetivos, detestam as incertezas do improviso, despertam admiração, nunca o medo, prezam o trabalho em equipe, dispensam o individualismo por si só, e não menos importante, manifestam empatia e consideração pelos demais, são incapazes de "puxar o tapete" de colegas e subordinados. Todas as qualidades que um verdadeiro líder deve ter.

Em que pesem todos os estragos causados pela Covid-19, a doença pelo menos deixou um legado positivo: fez o mundo corporativo questionar e repensar profundamente os atuais modelos de liderança adotados nas empresas.

LIDERANÇA DA ALTA GESTÃO
EM TEMPOS DE CRISE
Desafios e Aprendizados

Carla Medrado

Empresa:
Grupo Equatorial Energia

Cargo/Função:
Diretora Corporativa de Gente e Gestão

1. Quais foram os principais desafios vivenciados neste momento de crise provocados pela COVID-19?

Vivemos um grande dilema recheado de muitos desafios. O grande desafio da vontade de se sentir produtivo como antes, e não se abater pelo medo. Mas como não ser indiferente ao que acontece ao nosso redor? Os desafios de cuidar da nossa saúde, seja ela física ou mental, e não só usar máscaras, mas as palavras, o amor e o conforto. Afinal, mente e corpo andam juntos. Os desafios de tentar acalmar a alma e ao mesmo tempo assistir todos os dias às dificuldades enfrentadas no nosso país, tão continental no tamanho, porém micro de estrutura e condições básicas, como o acesso à água potável para a higienização tão necessária ao combate do coronavírus. Os desafios dos profissionais da saúde desrespeitados nas condições precárias de trabalho para o exercício de sua missão, precisando arriscar a sua própria vida para salvar uma mãe, pai ou filho de alguém. O desafio de ouvir "fiquem em casa" quando sabemos que não estamos todos juntos nessa. Os desafios da desigualdade, onde pessoas influentes fazem descaso da vida, e dizem "e daí!". E daí, Sr. Presidente? Cadê os EPI's, respiradores, leitos, UTI's, ambulâncias, testes?... E daí? E daí que tem alguém em casa que chora porque não foi possível fazer um velório digno para o seu pai. Os desafios da quarentena imposta aos milhões de alunos impossibilitados de frequentar a escola, e os desafios dos educadores em todo o mundo a refletir sobre suas próprias crenças, dificuldades e resistências frente ao uso das tecnologias aplicadas à educação e, principalmente, sobre a presente necessidade do ensino. Enquanto o coronavírus continua sua marcha ao redor do mundo, governos lançam mão de medidas de saúde pública, como por exemplo o distanciamento social, para fisicamente impedir o contágio. No entanto, ao assim fazer para a proteção da vida, interrompem o fluxo de mercadorias e pessoas, paralisam a economia que está prestes a uma recessão global. O dilema e o desafio de controlar o contágio econômico que está se espalhando tão rapidamente quanto a doença em si. As medidas de confinamento e o distanciamento social são caras e difíceis de manter por um longo período e, portanto, não são viáveis em médio e longo prazos. O desafio do desconhecido, de não termos a certeza sobre a própria origem desse vírus, nem sobre suas diferentes formas, as populações que ataca, seus graus de nocividade. Mas também estamos passando por uma grande incerteza sobre todas as consequências da epidemia em todas as áreas. E, por fim, o maior dos desafios. O da corrida global para encontrar uma vacina contra o novo coronavírus, a única maneira possível, segundo a Organização Mundial da Saúde (OMS), de voltarmos à normalidade, o desenvolvimento e a distribuição de uma vacina segura e eficaz para interromper completamente a transmissão do vírus. Até o final de julho de 2020, temos notificados mais de 15 milhões de pessoas contaminadas no mundo e mais de 2,4 milhões contaminados no Brasil, sendo mais de 625 mil mortes no mundo, e mais de 87 mil óbitos por Covid-19 no Brasil. Números assustadores e que não refletem a realidade, devido às subnotificações da doença. E, infelizmente, nenhum sinal e saída para estancar as contaminações e mortes. Por enquanto, nenhum tratamento é eficaz para curar doentes graves da Covid-19, que podem sofrer com pneumonia ou acelerações fatais do sistema imunológico. Uma vacinação em massa permitiria imunizar uma alta porcentagem da população, impedindo a circulação do vírus e interrompendo a epidemia. A humanidade precisa de um verdadeiro milagre da ciência, que é mais complexa do que gostaríamos de acreditar.

2. Quais foram as ações implementadas?

O setor de energia é uma atividade essencial, principalmente neste momento de pandemia, onde é vital garantir o fornecimento de energia elétrica a milhares de famílias que precisam ficar em casa, além de hospitais, postos de saúde e supermercados, dentre outros locais.

Compartilho aqui as experiências e ações implementadas e vivenciadas no grupo empresarial onde atuo. Fazem parte do *Grupo Equatorial* as empresas *Equatorial Maranhão, Equatorial Pará, Equatorial Piauí, Equatorial Alagoas, Geramar, Equatorial Transmissão, Intesa, Equatorial Telecom, Sol Energia* e *55 Soluções*. Em torno de 7 mil colaboradores próprios e 9 mil terceirizados atuando nos Estados do Pará, Maranhão, Piauí, Alagoas, Distrito Federal, Bahia, Tocantins e Goiás. O que para nós é um enorme desafio diário, pois as nossas regiões estão muito castigadas com o colapso do sistema de saúde, falta de testes e medicamentos, uma escassez de recursos que dificulta a elaboração de uma estratégia e planos seguros para lidarmos com a pandemia.

O Grupo no final de março tinha uma única certeza, que precisávamos agir rapidamente para preservar vidas. A nossa cultura permitiu ajustes rápidos ao cenário, e a experiência está nos trazendo uma série de aprendizados que podem se transformar, de fato, em uma nova maneira de encarar o ambiente corporativo. Assim, tomamos estas medidas: instauramos o comitê de crise para o monitoramento sistêmico dos cenários e ações planejadas, redirecionamos todos os colaboradores de atividades administrativas para o sistema de *home office*, instituímos férias individuais e banco de horas para compensação futura, reduzimos as equipes operacionais (de campo), porém, garantindo as atividades essenciais e emergenciais, fechamos as agências físicas e redirecionamos o atendimento para nossos canais digitais, nos centros de operações integradas adotamos medidas de distanciamento entre as estações de trabalho, inclusive com separação física de parte da equipe de controladores em outro prédio, ajustamos o *call center* para regime de rodízio e também adotamos medidas de distanciamento entre as estações de trabalho, e providenciamos a criação de um outro ambiente físico de redundância para melhor proteção dos colaboradores e garantia da continuidade do nosso teleatendimento. Reforçamos a higienização do ambiente de trabalho, distribuímos máscaras descartáveis, intensificamos a comunicação interna para orientação e engajamento do time, criamos um Guia de Gente e Gestão, uma espécie de manual com módulos explicativos com orientações para a liderança, abordando temas como relações trabalhistas, saúde e segurança em tempos de Covid-19, entre outros, com o objetivo de preservar a nossa cultura durante esse período de isolamento e distanciamento social, unindo o time e mantendo o senso de normalidade, com vídeos e treinamentos em plataformas, além da comunicação dirigida para a liderança e *webinars* com vários temas relacionados aos processos e gestão de pessoas, elementos muito essenciais para nós. Adicionalmente, a empresa se engajou na causa com a liberação de recursos que foram revertidos em equipamentos médico-hospitalares, alimentos e kits com materiais de higiene, que foram distribuídos às instituições e famílias em ordem de prioridade, demanda e necessidade de atendimento. Destaque para as doações realizadas para contribuir estruturalmente nos sistemas de saúde do Estado do Pará, aplicado na manutenção de quatro hospitais de campanha que estão ativos nas cidades de Belém, Marabá, Santarém e Breves. Juntas, as unidades possuem mais de 700 leitos para atender as pessoas em situação grave. E no Estado de Alagoas, as doações auxiliaram na construção da primeira Unidade de Terapia Intensiva (UTI) Virtual do Estado, chamada de UTI Virtual Covid-19. Até aqui, totalizamos cerca de 10 milhões de reais em doações. No Programa de Eficiência Energética, o Grupo programou a troca de 2.500 geladeiras velhas por outras novas e econômicas para famílias de baixa renda. Apesar disso, sabemos que ainda não é o suficiente. Estamos atentos e monitorando os acontecimentos no cenário mundial e todas as determinações oficiais que estão sendo divulgadas pelos órgãos responsáveis. Destaco o trabalho remoto como uma realidade de muito aprendizado, contudo precisamos equilibrar as demandas que o isolamento provocou, uma rotina pesada para administrar filhos, casa e trabalho. Estamos aprendendo dia a dia a enfrentar essa crise nos âmbitos profissional e pessoal. Nos últimos dois meses, trabalhamos intensamente comprometidos com a contenção da Covid-19 e com a preservação da saúde dos nossos colaboradores e familiares. As incertezas dificultam a projeção de cenários, pois tudo está muito em transição, medidas sendo estruturadas em diversas áreas o tempo todo. Ao longo da nossa trajetória na organização, já enfrentamos grandes desafios, mas o momento que estamos atravessando vai muito além do que já vivenciamos como empresa e, acima de tudo, como pessoas.

3. Quais foram os aprendizados para a sua vida nas áreas pessoal e profissional?

É fato que a pandemia da COVID-19 é um grande mal, contudo não podemos passar em branco as lições que ela nos impõe. Vamos pensar no aspecto pessoal, com destaque para o aprendizado e a grande oportunidade para a humanidade de revisar e questionar todos os âmbitos e esferas da vida. Um encontro com o nosso interior para nos transformar. Será que a nossa rotina precisa ser tão intensa e acelerada? Será que quando estamos em família e com amigos estamos por inteiro? E os cuidados com a nossa saúde, será que de fato estamos atentos? Como está a qualidade do nosso consumo de alimentos? E o que estamos consumindo de informações e notícias? A cada dia, vivendo esse processo, é possível enxergar a vida com um outro olhar. Estamos mergulhando fundo no mundo digital, descobrindo novas capacidades, comportamentos e potencialidades. Uma grande ruptura na forma de trabalhar, estudar e superar as adversidades, aprender com elas e buscar oportunidades. A Covid-19 tem impactado diretamente a vida das pessoas e empresas no Brasil e no mundo. O cenário incerto traz discussões profundas sobre mercado de trabalho e empregabilidade. O processo de mudança nos levou para uma realidade estranha, desconhecida e de difícil domínio. O cotidiano conhecido, repetitivo e sob controle de repente desapareceu. Transformou-se em um sem número de exigências, tarefas, incompreensões, desafios e sentimentos. Nossa vulnerabilidade ficou exposta, visível e indiscutível. Um momento para redescoberta e ressignificado de valores, crenças, identidades, projeto de vida, rotina da casa e relações afetivas. No mundo do trabalho, estamos ressignificando nossos papéis, formas de atuação, engajamento e motivação. Buscando novos propósitos. Estamos vivendo um amplo processo, afetivo, emocional, relacional e profissional. Uma forte consciência de que estamos colocados à prova o tempo todo e que certamente erros podem existir, nos tornando mais toleráveis e compreensíveis com o cenário, nos oportunizando autoconhecimento e autogestão. Certamente uma grande lição de valor à vida, colaboração e empatia.

4. Qual a sua visão e quais as suas expectativas para o pós-crise?

É impossível calcular a real gravidade da crise atual. Um micro-organismo conseguiu parar impérios como os Estados Unidos, França, Alemanha, China e até pequenas sociedades, ilhas isoladas, nada pôde conter a fúria desse micro-organismo. Uma verdadeira guerra biológica. A pandemia escancarou e deixou muito claro como nós somos humanos e muito vulneráveis. Sobretudo no caso do Brasil, deixando evidente a nossa desigualdade social. Estamos aqui vivendo o que se tem chamado de nosso "novo normal". Sabe-se como entramos na pandemia, mas não sabemos exatamente como vamos sair. Existe uma nova normalidade. Empresas tradicionais rompem com seus paradigmas, trocando altos custos como aluguel, estação de trabalho, segurança, água, luz e tudo relacionado ao custo de manutenção de uma atividade presencial, aumentando sua produtividade com as pessoas trabalhando em *home office*. Pequenos e grandes negócios tiveram de se reinventar e estruturar suas operações *on-line*, se digitalizando a força e passando por todo o processo quebrando seus paradigmas, muitos estão performando melhor do que antes. Restaurantes que serviam somente de forma presencial e que pelo contexto se obrigaram a mudar para venda por aplicativos. Todos repensando seus negócios para talvez fechar suas operações físicas e migrar exclusivamente para *delivery*. Profissionais que da noite para o dia, independentemente da idade e geração, passaram a atender por videoconferências e que da mesma forma precisaram se adaptar rapidamente à nova realidade. Então esse "novo normal" está nos levando para um contexto de forte ruptura, o que nos obrigará a buscar por um aprimoramento de competências técnicas, como trabalhar nas diversas plataformas digitais, fazer gestão do time a distância, gerando engajamento e resultados, e ainda competências comportamentais como disciplina, automotivação e proatividade. Assim, para o futuro haverá uma forte seleção natural dos profissionais que se adequam a essa nova normalidade. A pandemia acelerou em muitos anos esse processo. Profissionais e líderes precisam se adaptar urgentemente a essa realidade que veio para ficar. Não mais o futuro, mas sim já podemos afirmar que o presente da Educação, por força da pandemia, que nos impõe o trabalho remoto, suscitando discussões importantes sobre democratização e acesso à tecnologia, e antecipando transformações educacionais que talvez levassem décadas para ocorrer.

5. Com base no que você vivenciou, quais recomendações e mensagens de esperança gostaria de compartilhar com outros líderes?

O aprendizado é sistêmico, onde vemos com destaque a grande importância da pesquisa científica, que ficou fortemente evidenciada nessa pandemia. O mundo acordou. Não existe país rico e país pobre, o mundo é um globo, uno e ao mesmo tempo uma aldeia, onde a globalização nos aproximou no âmbito social, cultural e econômico, contudo deixou muito expostas as implicações das diferenças sociais e o efeito na sustentabilidade global. Palavra bonita e complexa de exemplificação prática e que neste momento se torna tão visível, percebida e vivida por todos. A contaminação inicial da doença, sendo exportada entre países, e posteriormente o fechamento das fronteiras no mundo caracterizaram a necessidade de criar políticas mundiais para o equilíbrio do planeta. Para os países mais ricos, ficou a lição de que não podemos nos separar por muros. Essa definitivamente não é a melhor solução. O aprendizado da importância das relações. Estamos todos voltados para dentro dos nossos lares com nossas famílias, e que pela vida corrida de antes, muitas vezes, poderíamos não dar a devida prioridade ao diálogo e equilíbrio da convivência. No âmbito do trabalho, para a nossa proteção, muitos experimentam o *home office*, onde nossa rotina está dentro do quadrado da tela do computador nas muitas videoconferências, e agora percebemos como nos faz falta o calor humano do ambiente físico da organização. Estamos todos obrigados a encarar as incertezas, mas devemos abraçar a certeza dos fatos que acompanhamos diariamente: o despertar da solidariedade e a oportunidade de reforçar a consciência das verdades humanas que dão sentido à vida: amor, amizade, comunhão e solidariedade. Vamos respirar fundo, aproveitar este momento para repensar nossas relações com o outro, com a alimentação, com o consumo, com nós mesmos. Vai passar, mas a hora de fazer é agora. Afinal, estamos todos juntos nesta jornada.

Fé, coragem e empatia são boas armas para enfrentar essa missão. Fé em Deus de que tudo vai passar, nos fortaleceremos e o mundo será melhor. Muitas lições positivas tiraremos. Coragem para enfrentar os dias difíceis, buscando na nossa força interior o equilíbrio e a automotivação. E empatia, para jamais sermos indiferentes à dor e dificuldade do outro, seja quem for, familiares, amigos ou mesmo um desconhecido. O mundo está doente e precisa de todos para ser curado.

LIDERANÇA DA ALTA GESTÃO EM TEMPOS DE CRISE

Desafios e Aprendizados

Carlos Alberto de Carvalho Caselli

Empresa:

Banco Digio S/A

Cargo/Função:

CIO e COO

1. Quais foram os principais desafios vivenciados neste momento de crise provocados pela COVID-19?

Os desafios foram inúmeros, já que uma pandemia como esta gerou situações antes inimagináveis para a grande maioria da humanidade. Eu os dividirei entre pessoais e profissionais. Entre os pessoais, vale destacar:

* Tensão própria e de pessoas próximas com o risco de contaminação pelo vírus Covid-19.

* Convivência diuturna involuntária com os familiares mais próximos (cônjuges, pais, filhos, irmãos, etc.) e com todos tendo que aprender juntos a lidar com esta nova, peculiar e crítica situação.

* Apreensão com o impacto econômico decorrente da necessidade de isolamento para conter a velocidade de avanço da pandemia.

* Sentimentos mistos de agradecimento pela posição privilegiada na crise, junto com a compaixão por aqueles que estão sofrendo muito, seja pela doença, pela dor da perda ou por seus impactos econômicos intensos na maioria dos setores.

Os desafios profissionais são em sua maioria consequência natural dos desafios individuais vividos por todos aqueles envolvidos com o negócio da empresa, ou seja, familiares, colaboradores, clientes, acionistas e nós mesmos. E os que merecem maior destaque são:

* Necessidade de agir rápido para ao mesmo tempo garantir a segurança dos colaboradores e a continuidade do negócio, ou seja, com o cliente sendo atendido da melhor forma, dadas as restrições.

* Busca pela manutenção da produtividade elevada mesmo com 100% da empresa trabalhando em *home office* e com muitos novos elementos para distrair ou dividir a atenção, como por exemplo risco de doença, risco de desemprego, filhos muitas vezes pequenos exigindo a atenção durante uma jornada de trabalho, entre outros.

* Gestão adequada dos colaboradores, respeitando suas situações próprias e particulares, pois tivemos uma grande diversidade de impactos individuais da crise, como por exemplo colaboradores contaminados, ou com entes queridos contaminados, com familiares sem renda, ou desempregados, crianças pequenas na "sala de reunião do trabalho" e outras situações inusitadas num cenário de normalidade pré-Covid.

2. Quais foram as ações implementadas?

A gestão do banco adotou um conjunto de ações tomadas em ondas, pois tinham que estar ajustadas à realidade de cada momento da quarentena imposta, pois no início não sabíamos nem a duração e nem a intensidade da crise. As principais ações da 1ª onda foram:

* Implementação do *home office* para 100% da empresa em três dias: essa ação foi muito rápida, pois o banco já vivia o modelo de *home office* parcial (um dia por semana para todo o quadro de colaboradores), mas alguns ajustes adicionais foram necessários para a sua viabilidade em formato integral. O cuidado com os colaboradores sempre foi a base das ações.

* Implementação de um modelo de *onboarding* de profissionais totalmente virtual com entrega de equipamento e materiais de trabalho na casa do colaborador, e treinamento remoto, além do próprio *tour* virtual pelo escritório. Isso foi necessário, pois o banco se encontra em crescimento e não podíamos interromper processos de reforço do quadro essenciais para o êxito da estratégia do negócio. No 1º mês de quarentena, mais de dez colaboradores iniciaram os seus trabalhos no *Digio* via *onboarding* virtual.

* Ações de diversas naturezas junto aos clientes, permitindo-lhes melhores condições para mantê-los adimplentes.

A 2ª onda de implementação se concentrou no bem-estar para os colaboradores e suas famílias, já com vários aprendizados das primeiras semanas de quarentena:

* Realização diária de contação de histórias de colaboradores para os filhos dos demais colaboradores. Essa atividade teve um impacto muito positivo no alívio da tensão, além de aproximar e integrar ainda mais os colaboradores do banco.
* Disponibilização de uma psicóloga para atendimento virtual de colaboradores com distintas necessidades fruto da crise em curso.
* Realização de bate-papos periódicos sem tema definido para reduzir a natural tensão do momento. Como desde o início da quarentena notamos um incremento natural na produtividade, porém com um correspondente aumento da tensão média como fruto dos efeitos diversos da própria crise, tivemos que buscar alternativas para reduzir a tensão.
* Disponibilização de vários ciclos de palestras virtuais com especialistas em temas diversos como Economia e Métodos Ágeis, para ao mesmo tempo capacitar os times e criar espaços de alívio de tensão de suas rotinas exigentes em *home office*.

3. Quais foram os aprendizados para a sua vida nas áreas pessoal e profissional?

Do lado pessoal, esta crise me proporcionou muitas lições, a saber:
* Em muito pouco tempo, tudo pode mudar abruptamente. Em um momento, parece que tudo está ótimo na vida, e de repente as coisas viram de cabeça para baixo, e vice-versa. Portanto, é necessário mudar a base da nossa segurança interna. Vivemos buscando a segurança na estabilidade, e talvez tenhamos que buscar a segurança na mudança, que é cada vez mais constante, e que é o que realmente nos faz evoluir mais rápido.
* O isolamento forçado levou a muitas reflexões sobre o ritmo da vida, o que priorizamos, o que é de fato importante e o que não é mas recebe uma atenção excessiva de nós. Enfim, a redução forçada de ritmo,

a convivência em família, a redução das distrações e a reflexão quase inevitável foram muito positivos no sentido de levar a um maior equilíbrio na vida, com mais atenção ao ser humano, desde o cônjuge, o amigo, até os colegas de trabalho. Não há nada mais importante do que passar pela vida e aprender e ensinar com os demais.

Do ponto de vista profissional, a crise também trouxe muitas lições fundamentais que ajudarão na condução do futuro próximo:
* Não basta ter dados, é necessário saber lê-los. A forma como vemos as coisas, e a capacidade de tirar conhecimento da montanha de dados que as empresas dispõem, é fundamental para reagir a crises como esta, assim como nos períodos de navegação em mares tranquilos.
* O mundo cada vez mais percebe um valor diferenciado nas empresas que reconhecem e exercem a sua função social, além da busca exclusiva do lucro, que é fundamental neste mundo capitalista. Aquelas que de alguma maneira colaboraram para ajudar a sociedade neste momento difícil de crise têm colhido os frutos positivos de fazer algo além da sua atividade comercial principal.
* As culturas empresariais que valorizam as pessoas, sejam elas colaboradores, clientes ou acionistas, estão no curso natural das coisas. São aquelas que conseguem se adaptar mais rapidamente, pois seu propósito é atender à necessidade da sociedade em várias dimensões, não somente com seu produto final, o que favorece não somente a sua sobrevivência, mas também o seu crescimento. Quanto mais ampla é a sua atuação no atendimento destas necessidades, maior é a retribuição natural da sociedade nos no sentido do sucesso da companhia.
Alguns aprendizados se aplicam para ambas as dimensões pessoal e profissional. Entre eles, destaco:

* A capacidade de adaptação já era muito relevante antes da crise, mas se tornou simplesmente essencial após. As necessidades de mudança surgiram quase que da noite para o dia, e a capacidade de analisar, tomar decisões e agir rapidamente tem sido o diferencial tanto a nível humano quanto a nível das empresas e instituições.
* As pessoas são o que há de mais valioso no planeta. Apesar de parecer uma afirmação óbvia, não é o que se observa normalmente na sociedade de hoje. Porém, a crise trouxe luz para esta questão, e tanto pessoas começaram a questionar-se sobre sua conduta em relação aos demais, como as empresas em relação a todos os seres humanos. Ou seja, *stakeholders* parecem voltar a ser seres humanos.

4. Qual a sua visão e quais as suas expectativas para o pós-crise?
A necessidade de enfrentamento e superação da crise está levando e ainda levará a mudanças significativas na sociedade, na forma como as pessoas se relacionam, e como as instituições se relacionam com as pessoas. O que já pode ser notado:

* O digital agora deve dar um salto discreto. Aqueles (pessoas e empresas) que por qualquer razão ainda resistiam a essa mudança agora se viram forçados a seguir por esse caminho, e muitos já estão reconhecendo a conveniência, a praticidade e a facilidade de ter o mundo ao alcance das mãos. O físico sempre estará aí, pois os seres humanos comem, vestem-se, gostam de se divertir juntos, de viajar, e muito da satisfação humana só pode vir do físico. Mas aquilo que era físico, mas que tem uma alternativa de experiência mais agradável no digital, agora vem para ficar.
* Com a intensificação do *home office*, ficará mais claro para todos que as empresas não são apenas CNPJ ou escritórios físicos, mas as pessoas que a com-

põem e o objetivo que as move. Ou seja, são pessoas dispersas geograficamente, mas trabalhando por um objetivo comum. E é esse objetivo comum que definirá as empresas. Novamente, pessoas colaborando por um mesmo objetivo darão a cara, a força e o tamanho de uma empresa ou negócio.

O que possivelmente ainda virá a acontecer:

* A crise precipitou a aceleração de processos que já estavam em curso. Empresas com colaboradores dispersos pelo país ou até fora do país, negócios com tendência a desaparecer, e outros que surgirão e ainda não podem ser claramente vislumbrados, mas logo serão. Ou seja, o mundo não está sendo destruído, mas sim levado a uma intensa e acelerada transformação.

* A valorização do tempo com entes queridos. A convivência familiar intensa, se por um lado pode precipitar a ruptura de algumas células familiares, por outro já está gerando saudades em alguns que estão experimentando situações impensáveis até há pouco tempo em grandes centros (café, almoço e jantar todos os dias com a família, apoio *on-line* aos filhos na escola etc.)

* A importância (relativa e limitada) da luta excessiva pelo acúmulo material frente à incapacidade de ter o controle de tudo. A pandemia impactou pessoas de todas as raças, credos e classes sociais indistintamente.

* O aumento da solidariedade em situações diversas. O aumento do entendimento de que estamos todos interconectados e que temos importância uns para os outros.

5. Com base no que você vivenciou, quais recomendações e mensagens de esperança gostaria de compartilhar com outros líderes?

Com tudo o que vivi e observei durante a crise do Covid-19, minhas recomendações para outros líderes são simples:

* Valorize as pessoas. Todas elas. Em uma crise é particularmente notável a diferença entre aqueles que só exigem resultados das pessoas pura e simplesmente e aqueles que entendem que bons resultados são a consequência natural de seres humanos valorizados, não importa qual seja sua função e nem qual a empresa.
* Desapegue-se da segurança baseada na estabilidade. Busque desenvolver cada vez mais sua natural capacidade de adaptação. As mudanças não param de acelerar, e a segurança baseada na certeza da sua capacidade de adaptação gera estados mais constantes de satisfação.
* Tenha um propósito maior, uma razão maior de vida. Trabalhar constantemente por ele faz você passar por períodos de crise ou de bonança com a mesma disposição, por saber que você estará sempre um passo mais próximo desse propósito.
* Tudo passa. Portanto, cabe a cada um de nós aproveitar as lições de sabedoria presentes em todas as situações, e particularmente das crises.

LIDERANÇA DA ALTA GESTÃO EM TEMPOS DE CRISE
Desafios e Aprendizados

Carlos Alberto de Souza

Empresa:
Jabra

Cargo/Função:
Country Manager

1. Quais foram os principais desafios vivenciados neste momento de crise provocados pela COVID-19?

É uma fase muito revolucionária na maneira de trabalhar. Minha empresa já adota o modelo de *home office*, temos todas as ferramentas para tal. Em paralelo, nossos resultados foram e estão sendo bons, pois nossos produtos são essenciais para este momento. Para o mundo corporativo, na parte técnica, foi desafiador para alguns estruturar para que as pessoas pudessem se acomodar e produzir em casa, pois sistemas de comunicação unificada, *links* de *internet*, *laptops*, fones de ouvido. Solucionada esta fase, veio a parte comportamental, a mais dúbia para os gestores, que se questionavam se os funcionários iriam produzir em casa, como no escritório. Solucionada essa fase, vieram as interações, como fazer com que o meu cliente possa me atender por vídeo, ou áudio.

Foram várias fases, mas com ela, muitos aprendizados, o valor de um investimento, o valor de poder produzir em casa, sem estresse de trânsito, ou interrupções, o valor de se comunicar com uma pessoa em outra cidade, Estado ou país, e ter o mesmo resultado. Enfim, acredito que, quase na sua totalidade, as pessoas, pós-pandemia, vão trabalhar alguns dias em casa. Alguns vão ficar permanentemente. Desafio foi técnico e comportamental, mas totalmente vencido.

2. Quais foram as ações implementadas?

Para quem estava preparado, foi muito mais fácil, pois foi somente lidar com o emocional e se preparar para a atividade. Para quem não tinha estrutura ou ferramentas, foi mais difícil, pois teve investimento e, devido à alta demanda, em alguns casos o atraso foi iminente. Esta foi a pior parte, pois uma vez implementadas as ferramentas, o comportamental foi adequado.

3. Quais foram os aprendizados para a sua vida nas áreas pessoal e profissional?
Trabalho não é onde você vai ou está, trabalho é o que você faz. Temos que estar preparados para trabalhar em qualquer lugar, com estrutura simples e compacta. As empresas que não pensavam dessa maneira, achando que a tecnologia é cara, estão passando por momentos difíceis, pois tiveram que dispor de recursos não previstos.

4. Qual a sua visão e quais as suas expectativas para o pós-crise?
A pandemia em algum tempo vai terminar, o caos econômico vai persistir por um período, mas vai melhorar, porém, a maneira de se trabalhar, a maneira de interagir, mesmo que parcialmente, vai permanecer. Tivemos pontos positivos, pois algumas empresas passaram a produzir mais e com menor custo, e isso vai ser mantido.

5. Com base no que você vivenciou, quais recomendações e mensagens de esperança gostaria de compartilhar com outros líderes?
Para meus amigos líderes eu recomendo sempre estar preparados para situações emergenciais, empresas atualizadas tecnologicamente não sofreram com essa transição. Cada qual deve cuidar da sua equipe, preservar a saúde das pessoas, dar suporte emocional e motivacional, principalmente àqueles que estão sozinhos em quarentena.

LIDERANÇA DA ALTA GESTÃO EM TEMPOS DE CRISE

Desafios e Aprendizados

Carlos Eduardo Porsch

Empresa:

Sapien Consultoria em Saúde

Cargo/Função:

CEO / Executivo Médico

1. Quais foram os principais desafios vivenciados neste momento de crise provocados pela COVID-19?

Em novembro de 2019, fui convidado pela Academia Europeia de Alta Gestão para participar da elaboração do livro *Memórias de líderes de alta gestão – um legado para a humanidade*, com lançamento em um evento de gala em Portugal, na cidade de Lisboa, no dia 11/4/2020, no *Hotel Ritz Four Seasons*, seguido de um treinamento em 13/4/2020, no *Hotel Miryad*. Considerando a importância do convite e grandiosidade dos eventos, prontamente confirmei a minha participação e organizei uma viagem com meus familiares para prestigiarem a ocasião, e aproveitei para estender a permanência e conhecer com maior profundidade aquele belíssimo país, origem de alguns de nossos ancestrais e tão importante na história e na cultura brasileira.

A viagem coincidia com o período de comemoração do primeiro aniversário de minha filha, Helena, fato que me levou a programar com antecedência e escolher com esmero cada local que seria visitado.

Entretanto, não contávamos com o surgimento de uma condição catastrófica e de repercussão mundial, que se alastrou pela Europa, com indicativo de progressão e consequente fechamento de várias atrações, museus, escolas e cancelamentos de eventos.

A realidade começou a bater na porta quando recebi a notícia do cancelamento do evento em Lisboa, devido à pandemia da Covid-19. Até esse momento, embora as informações fossem indicativas do agravamento da situação, tínhamos a esperança de que a "epidemia" seria controlada, que surgiria algum tratamento, vacina ou mesmo um arrefecimento natural. Todavia, não foi isso que ocorreu, e uma crise iniciada no outro lado do planeta repentinamente passou a ditar os rumos da vida de todos nós.

Com a viagem cancelada e a abrupta mudança de planos, ainda sem aceitarmos a gravidade da situação, nos aventuramos na busca de realizar outro sonho antigo: morar na beira da praia, na cidade de Balneário Camboriú, em Santa Catarina.

Com as atividades da empresa bem estruturadas e de forma remota, atendendo clientes em vários Estados brasileiros, contratos sólidos renovados e a possibilidade de trabalho *full time* em *home office*, esse sonho se tornou factível.

Começamos a buscar um imóvel com as características que desejávamos e em pouco tempo a proposta feita foi acatada, e assinamos o contrato de compra.

No dia seguinte à assinatura de um dos maiores compromissos já firmados, a realidade nos engoliu de vez e a quarentena se fez obrigatória com o decreto do governo estadual. Comércio fechado, mudanças proibidas, obras suspensas. Viabilizar a mudança para o tão sonhado imóvel se mostrou um desafio imenso.

A partir de então passamos, literalmente, a respirar Covid-19. Meu sogro começou a apresentar sintomas sugestivos da doença e que rapidamente se agravaram. Pensamos que fosse uma gripe. Antes que pudéssemos nos dar conta, todos em nossa casa estavam contaminados. Minha esposa e minha filha, minha sogra e eu, todos desenvolvemos um quadro de broncopneumonia bilateral. Ficamos três semanas isolados em casa, com sintomas moderados. Fizemos os tratamentos recomendados pelas autoridades, seguindo os protocolos clínicos vigentes, e após um grande susto, todos melhoramos.

Os momentos mais difíceis me lembraram das noites mal dormidas nos plantões das emergências, lotados de pacientes graves, sem saber quem atender primeiro ou a quem deveria dedicar maiores cuidados, com o agravante de que os pacientes, agora, eram as pessoas que mais amo.

Como não havia testes disponíveis, sem a confirmação da doença, fizemos o possível para evitar idas aos hospitais, com receio de contrair a doença ou mesmo de espalhá-la, e essa decisão se mostrou correta, pois apenas ao término dos sintomas tivemos acesso aos testes.

Em meio a esse turbilhão, liderar a empresa frente às adversidades que surgiam fez com que esse período fosse ainda mais desafiador.

Uma das primeiras dificuldades na empresa foi a súbita falta de equipamentos de proteção individual (EPI's) para disponibilizar aos nossos profissionais auditores que atuam de forma presencial nos hospitais.

Além disso, alguns profissionais de saúde da equipe ficaram receosos de atuarem presencialmente pelo risco de contaminação, fazendo com que tivéssemos que contratar novos profissionais para essa finalidade e treiná-los em tempo mínimo.

Quanto aos EPI's, acionamos todos os fornecedores possíveis, sem sucesso, e precisamos recorrer aos nossos "estoques pessoais", para conseguir manter a prestação de serviços de forma ininterrupta.

Embora a maior parte dos serviços prestados já estivesse estruturada de forma remota, as equipes de atuação presencial precisaram redesenhar as suas atividades, a fim de otimizar ao máximo a permanência nos prestadores hospitalares, devido ao risco de contaminação da equipe ou mesmo de disseminação da doença.

O segundo grande impacto surgiu quando nossos principais clientes nos acionaram para rediscutir contratos e valores. No portifólio de produtos da empresa, o carro-chefe consiste na auditoria prévia, serviço de apoio à gestão em saúde, em que a equipe médica emite pareceres sobre a pertinência técnica e cobertura contratual das solicitações de procedimentos, materiais e tratamentos, encaminhadas pelos profissionais de saúde às operadoras de planos de saúde.

Com os procedimentos eletivos suspensos pelo Conselho Federal de Medicina e suspensão dos prazos da ANS para garantia de atendimento das solicitações eletivas, houve uma inevitável diminuição de demanda de processos para análise técnica e consequentemente um impacto significativo no faturamento da empresa.

2. Quais foram as ações implementadas?

O infortúnio de sermos todos acometidos pela Covid-19 no início da pandemia acabou se mostrando uma grande dádiva. Felizmente nos recuperamos, sem sequelas, e a partir disso desfrutamos do "passaporte de imunidade". Considerando que vários estudos demonstram a impossibilidade de reinfecção, sairmos imunes a essa doença terrível, após a contaminação inicial, nos proporcionou maior segurança para prosseguir com as nossas atividades.

O trabalho para viabilizar a mudança de cidade foi imenso, uma vez que a maioria dos prestadores de serviços estavam com as atividades suspensas. Certamente não teríamos conseguido evoluir nesse processo, precisando lidar com o isolamento de forma absoluta.

A falta de EPI's nos levou a revisar nossos processos, com otimização do tempo das equipes nas áreas de maior risco, o que tornou possível rever o dimensionamento e consequentemente os valores praticados.

A renegociação com nossos fornecedores também foi necessária e revisamos todos os contratos que continham uma demanda ou remuneração mínima, tornando os nossos principais custos variáveis conforme o faturamento da empresa.

A consolidação do trabalho remoto, que já era realidade, tornou-se um ponto forte para novas prospecções. Alguns clientes que terceirizavam parcialmente os seus processos puderam comparar os custos e resultados entre as equipes próprias e a nossa equipe, terceirizada, durante o período de oscilação de demanda. Isso fomentou uma série de novas propostas de serviços e potencializou a venda cruzada.

O comprometimento das equipes com a qualidade e o esforço para prestar o atendimento durante a pandemia foram fundamentais para fidelizar ainda mais nossos clientes e garantir a manutenção dos contratos.

3. Quais foram os aprendizados para a sua vida nas áreas pessoal e profissional?

Superar um período de dificuldades sem precedentes para a nossa geração nos leva a refletir sobre as prioridades. Embora esse exercício deva ser contínuo, no dia a dia acabamos dedicando a maior parte do nosso tempo para tratar questões de pequena relevância. Ter a plena clareza acerca daquilo que realmente importa é fundamental, sobretudo em períodos de provação.

O segundo ponto que destaco é a importância da flexibilidade. Não adianta ter um planejamento estratégico bem construído e executado sem levar em conta que o imprevisto sobrevém a todos. Por esse motivo, a busca por alternativas deve ser uma constante. A inovação tem papel fundamental em uma empresa, em todos os setores.

4. Qual a sua visão e quais as suas expectativas para o pós-crise?

Certamente a humanidade sairá fortalecida desta crise e as empresas que conseguirem suportar este período serão contempladas com uma significativa recuperação no pós-crise, sobretudo pelos aprendizados e pelas soluções desenvolvidas. A empresa que não inovar será consumida.

No setor em específico da empresa, oportunidades de terceirização e contratos sob demanda ganharão força. As empresas buscam alternativas para diminuírem os seus custos fixos.

A regulamentação da telemedicina irá contribuir com o setor para blindar o exercício da auditoria remota e dar maior abrangência aos profissionais, e certamente trará oportunidades.
Adicionalmente, a consolidação do *home office* como alternativa para os profissionais de saúde que atuam na gestão traz uma perspectiva animadora ao mercado de trabalho para aqueles que se destacarem em termos de qualidade das entregas.

5. Com base no que você vivenciou, quais recomendações e mensagens de esperança gostaria de compartilhar com outros líderes?

"Tempos difíceis tornam os homens fortes. Homens fortes tornam os tempos fáceis. Tempos fáceis tornam os homens fracos. Homens fracos tornam os tempos difíceis..."

Embora de grande simplicidade e de autoria que desconheço, acredito muito naquilo que expressa essa mensagem. Em épocas de dificuldades é que o verdadeiro líder se destaca e faz a diferença.
Certamente esse período atribulado será o fomentador para que a humanidade busque soluções, mude padrões de comportamento, passe a priorizar aquilo que é verdadeiramente importante, que são as pessoas. As decisões e a forma que enfrentamos as provações da atualidade irão determinar como será o futuro das próximas gerações. Espero que nesse futuro, ao olharem para a linha do tempo da história, sejamos lembrados como "homens fortes".

LIDERANÇA DA ALTA GESTÃO EM TEMPOS DE CRISE

Desafios e Aprendizados

Carlos Terra

Empresa:

Orange Business Services

Cargo/Função:

Head of Expertise & Solutions Centre - North America

1. Quais foram os principais desafios vivenciados neste momento de crise provocados pela COVID-19?

Incerteza, insegurança, falta de clareza e imprevisibilidades foram, e ainda estão sendo, alguns dos principais desafios vivenciados com a chegada da Covid-19. De maneira, sem precedentes para a sociedade atual, um novo elemento foi introduzido às relações sociais, desestruturando aquilo que Maslow definiu na sua pirâmide de hierarquias como necessidades básicas. Aspectos relacionados à saúde, bem-estar, segurança, à forma como nos relacionamos e até mesmo nossa liberdade de ir e vir foram desconstruídos, e de certa forma até furtados de grande parte da sociedade. Uma grande névoa de desinformação e ansiedade se instaurou, deixando aos líderes a missão de seguir conduzindo suas organizações em águas totalmente desconhecidas até então.

2. Quais foram as ações implementadas?

Tratando-se de uma multinacional de grande porte, primeiro foi formalizado um comitê de crise, de forma a garantir a tranquilidade e segurança para todos os funcionários na organização, por meio de comunicação clara, transparente e constante. Ainda foram realizadas pesquisas constantes junto aos colaboradores com a finalidade de capturar quais principais questões geravam dúvidas e como utilizar de melhor forma a participação direta dos principais executivos na comunicação sobre o tratamento dessas questões. Se pensarmos em um cenário antes da Covid-19, na maioria das organizações os líderes evitavam compartilhar informações demais por medo de gerar incertezas, falta de comprometimento e desesperança. Contudo, o que aconteceu e ficou evidente com a crise da Covid-19 foi justamente o contrário: a confirmação de que mais transparência aumenta a confiança e inspira a lealdade e espírito de equipe. Nesse sentido, praticamos o reforço de práticas de contato virtual e ações de bem-estar, físico e psicológico, compartilhando de maneira clara as dificuldades de se lidar com o "novo normal" gerado pela Covid-19, dentro de cada realidade. Se o "*working from home*" ou teletrabalho já era realidade para muitos, como lidar com essa possibilidade considerando crianças em casa e a falta de opção para ir ao escritório ou encontro com os demais membros da equipe? Nesse aspecto, a organização foi incansável para suprir essas necessidades iniciais, adequando políticas, provendo os recursos tecnológicos adequados e apresentando métodos, ferramentas e suporte para que cada funcionário fosse capaz de lidar com suas questões pessoais da melhor forma. Os líderes foram o elemento chave e diferencial nesse processo, confirmando que mesmo distante fisicamente é possível se tornar extremamente presente e garantir a proximidade necessária para seguir mantendo o espírito de equipe, colaboração e identificação, assim como o tratamento de qualquer necessidade específica das suas equipes, principalmente cobrindo o aspecto psicológico da crise.

Foram estabelecidos métodos e ações imediatas de forma a garantir a continuidade de serviços essenciais para a organização e nossos clientes, sem comprometer a segurança dos funcionários e compartilhando os entendimentos centrais e locais com todos. Regras centrais abrangentes definidas como regras de ouro (*Golden Rules*) foram elaboradas com simplicidade de modo a ser facilmente comunicadas, a compreendidas e aplicadas por todos, de forma abrangente, levando em consideração possíveis limitações relativas à localidade, cultura e ao momento da crise. Essas regras, combinadas ao empoderamento das lideranças locais para analisar o cenário e necessidade de respostas de maneira dinâmica, estão demonstrando ser as mais efetivas e apresentando sucesso.

3. Quais foram os aprendizados para a sua vida nas áreas pessoal e profissional?

Primeiro o reforço de entendimento de que certas coisas não temos e nem teremos jamais a capacidade de controlar plenamente, e para essas questões, a forma como encaramos o desafio e reagimos faz toda a diferença. Algumas características facilitam esse processo, como foco, disciplina, resiliência, adaptabilidade e atitude positiva. Quando tudo parece desabar a sua volta e você se encontra bombardeado por incertezas, a capacidade de refletir e agir,

com decisões rápidas e efetivas torna-se ainda mais decisiva. Saber que para superar a névoa você precisa estar na velocidade correta, e isso inclui ir mais rápido ou mais devagar, dependendo do momento, o que permite que você exercite a paciência, a determinação, o cuidado com a família e a equipe, a priorização real do que é importante ou urgente, dentre outras questões.
A Covid-19 permitiu também praticarmos a humildade e compartilhar a fragilidade que temos enquanto indivíduos e organizações. Como costumo dizer, você nunca pode dizer que está preparado para correr uma maratona, até que você vá e complete a prova. A preparação com certeza influencia o resultado, mas em provas de longas distâncias, existem tantas variáveis a serem consideradas, que por mais preparado que esteja não é possível garantir com 100% de certeza um resultado positivo. Uma simples pisada em falso ou escorregão nos últimos metros pode impedir que você alcance o resultado almejado e batalhado por quilômetros de prova, além de meses de preparação. Dessa forma, a crise nos permitiu avaliar como foi a nossa preparação enquanto indivíduos e organizações para esse tipo de variável, desconhecida e sem controle, que se vale muito mais da resiliência e inteligência emocional dos seus líderes e equipe do que de processos e ferramentas em si para superação. A capacidade de diálogo constante, aberto e sincero foi também diferencial em todo esse processo.

4. Qual a sua visão e quais as suas expectativas para o pós-crise?

O mundo já mudou, pois mesmo com possíveis ações corretivas, como vacinas e medicamentos, teremos além do tempo necessário para sua implementação a clareza de que novos "Covids" podem e possivelmente irão aparecer. Aliás, essa confirmação vem como decorrência de experiências anteriores, pois práticas de higiene pessoal e controle de aglomerações são fatores que novamente aparecem, e não foram plenamente aplicados em situações como H1N1 etc.
A minha expectativa é que essas questões, principalmente relacionadas ao saneamento básico e higiene, sejam atacadas de maneira mais contundente e

consistente pelas autoridades competentes de forma que todos os indivíduos tenham acesso aos meios e recursos para garantir as melhores práticas nesses aspectos. Que as empresas e organizações tirem lições aprendidas sobre o que está sendo positivo, pois quando colocarmos em perspectiva o que está sendo experimentado será possível fazer o balanço entre produtividade e resultados x escritórios fechados. Será possível avaliar o número de absenteísmo x qualidade de vida dos funcionários e custos operacionais. Que esses canais de comunicação estabelecidos internamente nas organizações e para com os seus clientes sejam mantidos e evoluam, permitindo conversas claras, interações genuínas e benefícios para todos. Adicionalmente, que nesse novo mundo "*low touch*" ou distanciamento social, em que se considera pouco toque ou pouca interação física se comparado a momentos anteriores, que sejamos capazes de dialogar e encontrar o equilíbrio necessário, na certeza de que o ser humano é uma espécie que requer contato e relações sociais presenciais para sua sobrevivência.

5. Com base no que você vivenciou, quais recomendações e mensagens de esperança gostaria de compartilhar com outros líderes?

A palavra crise tem origem no campo da medicina. E se por vezes ela está relacionada a órgãos ou organismos doentes, ela também está relacionada à evolução. Estamos tendo a oportunidade de liderar organizações que terão papel decisivo na superação desses desafios, não somente agora, mas também com a grande responsabilidade de legado para as próximas gerações. As decisões tomadas por nós, líderes, neste momento, servirão de base e referência para novos modelos de relacionamento social e comportamental. A simples aceitação sobre o modelo de "*homeschooling*", que foi extremante confuso no início da sua implementação, pode, como exemplo, permitir investimentos adequados para corrigir a rota de desenvolvimento desse processo, permitindo futuramente que outras gerações tenham acesso a mais informação e conhecimento sem depender de mudanças de cidade, Estado ou país. Isso poderá fomentar novas organizações sociais e um novo equilíbrio urbano.

Que essa crise tenha sido a última forma de nos apresentar um organismo doente, que necessitava de ações e mudanças para um novo modelo, e que as atuais e novas lideranças sejam capazes de liderar suas equipes a enfrentar os desafios com um propósito definido, alinhados a uma atitude positiva, resiliência, paciência e cuidado com o ser humano, os quais consequentemente trarão maiores e melhores resultados para suas organizações e sociedade. O mundo precisa de líderes capazes de lidar com a incerteza, de identificar os melhores caminhos e com a assertividade necessária para uma rápida tomada de decisão, colocando os indivíduos como prioridade dentro das organizações. A confiança será ainda mais relevante nas relações de trabalho e comercial. Pesquisas recentes realizadas em grandes organizações, referências de mercado no quesito inovação como *Google*, mostraram que ter segurança psicológica no ambiente de trabalho pode construir equipes de alta performance. A ausência dessa segurança proporcionada por relações de confiança pode destruir as melhores equipes. No pós-Covid-19, em que inovação, *insights* e atitudes criativas serão extremamente valorizados (por vezes envolvendo a possibilidade de alguns erros), o líder deverá atuar de forma a evitar que a falta de confiança e o medo impeçam que os funcionários compartilhem suas ideias, ofereçam um *feedback* honesto ou falem o que pensam. Conceitos como interdependência, espiritualidade, apreciação do outro, autoconhecimento, resiliência, capacidade de reavaliação, adaptabilidade e aceitação estão sendo debatidos e serão de fundamental importância neste momento de evolução organizacional e social. Parte da crise exposta pela Covid-19 está relacionada a valores e crenças e mais do que nunca os líderes têm a oportunidade de revisitar e refletir sobre essas questões como indivíduos e representantes das suas organizações, gerando transformações positivas e que contribuam para a evolução de toda a sociedade.

Encerro com duas frases do neuropsiquiatra austríaco Viktor Frankl, autor do *best-seller* internacional Em busca de sentido e reconhecido internacionalmente por suas pesquisas em campos de concentração, que dizem: "Quando a circunstância é boa, devemos desfrutá-la, quando não é favorável devemos transformá-la e quando não pode ser transformada, devemos transformar a nós mesmos" e "Quem tem um porquê enfrenta qualquer como".

LIDERANÇA DA ALTA GESTÃO EM TEMPOS DE CRISE

Desafios e Aprendizados

Cassiano Maschio

Empresa:

Inbenta

Cargo/Função:

Diretor Comercial e Marketing

1. Quais foram os principais desafios vivenciados neste momento de crise provocados pela COVID-19?

Neste período de crise, assim como em todos os momentos de crise da história, diversas ações são exigidas dos líderes em todos os âmbitos da sociedade: governamental, social, empresarial e até mesmo familiar. Não foi diferente para o meu entorno profissional.

Conversando com profissionais de outras empresas e indústrias, percebo que alguns desafios são comuns a todos, como a necessidade de adoção do *home office*, mais tranquilo para aquelas que já contavam com essa possibilidade. No entanto, ainda existiam inúmeras companhias com severas restrições para o trabalho remoto, seja por motivos de segurança, *compliance* ou até mesmo desconfiança sobre a produtividade do colaborador. Nesse contexto foi importante aprender a utilizar ferramentas de videoconferência e preparar os lares para agora serem o novo escritório, com todos as suas características especiais, como dividir espaço com a família, *pets*, ruídos de obras e reformas, *internet* instável e por aí vai.

Outro ponto importante neste período foi a necessidade de digitalização. Pode-se afirmar que a maioria das empresas, mesmo as mais tradicionais, já havia abordado em seus planejamentos e estratégias de alguma forma a necessidade de digitalização e modernização de processos, considerando o perfil das novas gerações de clientes e de colaboradores, para garantir a competitividade em cada mercado onde estão inseridos. A pandemia apenas acelerou esse planejamento de médio e longo prazos.

A maior parte dos negócios, senão todos, foi afetada fortemente com essa crise devido à diminuição repentina de ingressos e consequente comprometimento do fluxo de caixa. Com isso, diversas estratégias tentaram minimizar esse problema, com cancelamentos, interrupções temporárias e reduções de contratos com fornecedores. Algumas empresas deram férias para colaboradores, licença não remunerada (para evitar demissões). Entretanto, em alguns casos foi inevitável a demissão em massa, principalmente em negócios decisivamente afetados, como turismo e restaurantes.

No mercado onde atuo, que oferece soluções especialmente importantes para este momento, como assistentes virtuais, *chatbots*, centrais de ajuda *on-line* e buscadores, ou seja, focados em autoatendimento, o desafio foi positivo em termos de negócio. Justamente por esse tipo de solução resolver uma boa parte dos problemas do momento, os contatos de interessados em contratá-las foi muito grande.

Nesse sentido, pessoalmente e com certeza falo pelos profissionais das áreas comerciais das empresas do meu setor, um dos desafios foi atender todos os interessados. A busca por soluções digitais multiplicou e com isso as áreas comerciais, pré-vendas e executivos de vendas acabaram sendo agradavelmente sobrecarregados com interessados em contratar soluções que possibilitem manter ou escalar seus canais digitais. O problema é que, para atender bem cada interessado em soluções de vendas relativamente complexas desse tipo, foi e está sendo necessário se desdobrar.

É a oportunidade de aproveitar o protagonismo, já que as soluções digitais de videoconferência, como o *Zoom*, de *chatbots*, como a *Inbenta*, de colaboração e comunicação, como o *Slack*, estão em evidência e gerando interesse e receita para os seus negócios. É um momento onde esse tipo de empresa pode dar um salto decisivo para o sucesso, uma vez que resolve as principais dores dos clientes.

Apesar de não ter sentido impacto com cancelamentos (!), alguns dos meus clientes fazem parte de indústrias que estão sofrendo muito com a crise, e isso foi motivo de conversas com o intuito de flexibilização de contratos de forma temporária, aumentando prazos de pagamento ou reduzindo a faixa de cobrança. Nesses casos, o fortalecimento da relação com os clientes e empresas é necessário, e planta uma semente de crescimento conjunto em um futuro breve.

Enfim, com isso tudo, algo que este período trouxe de novidade foi a oportunidade de participar de eventos *on-line*, já que os físicos estão temporariamente proibidos. Participei de eventos do meu setor, como tecnologia e inteligência artificial, com um público que raramente falaria, como o de áreas mais operacionais. Foi muito interessante essa interação, pois abriu minha mente para questões que pouco abordava quando conversava com o público-alvo sobre as ações comerciais que costumávamos ter. As dores dos executivos são diferentes das equipes de operações, e em uma oferta é essencial falar com esses dois públicos. Mais um aprendizado desta crise!

2. Quais foram as ações implementadas?

Nesse momento foi essencial tomar medidas rapidamente para adaptação, por um lado ajustar as operações para os problemas e por outro aproveitar as oportunidades da melhor maneira. Para os problemas, algumas ações tomadas:

a) Menos controle dos colaboradores: o trabalho em *home office* obrigou a aumentar a confiança das empresas nos colaboradores e adotar estratégias mais focadas em cobrar resultados do que adotar microgestão sobre as tarefas diárias deles. Algumas ferramentas digitais (vejam elas aí mais uma vez como protagonistas!) ajudam muito a gestão de equipes remotas para os casos onde seja necessário acompanhar cumprimento de carga horária e produtividade mais no detalhe. A boa notícia é que estudos preliminares estão concluindo que de maneira geral a produtividade não caiu com essa nova forma de trabalhar.

b) Rotina de reuniões com as equipes: apesar da boa notícia sobre a produtividade, que não está se mostrando menor no trabalho remoto, existe a preocupação com o fator humano. As pessoas não interagem mais de maneira informal, as brincadeiras e descontração, relações de amizade e até mesmo conflitos que fazem parte dos escritórios físicos e quebram um pouco a rotina de trabalho não mais acontecem. Por isso, buscamos definir um cronograma de reuniões que minimize esse problema e fomente o contato entre as equipes.

c) Estratégia comercial: com o volume significativamente maior de interessados em soluções digitais, foi importante tomar medidas para conseguir atender a todos e ao mesmo tempo aproveitar o momento para uma divulgação mais massiva da marca e soluções. Algumas ações:

- Contratação de consultoria comercial como atalho para ações estratégicas;
- Definição de critérios mais claros para qualificação das oportunidades para evoluir rápido com as mais interessantes e encaminhar da melhor maneira as não relevantes (nunca deixar de atender um *prospect*!);
- Definição de estratégias adaptadas ao momento, com modelos ainda não utilizados de *Try and Buy*, período de testes grátis, produtos menos customizados para rápida implantação;
- Potencialização de canais de divulgação através de *marketing* de conteúdo como *e-books*, blogue com artigos com temas relevantes, *webinars* com clientes e parceiros;
- Aumento da participação em eventos *on-line* e *networking on-line* com eventos temáticos na nossa área de atuação, entrevistas para a imprensa, reuniões de sucesso com clientes, *webinars* públicos com clientes;
- Potencialização das ofertas com a consolidação de parcerias para entregas mais completas;
- Flexibilização de contratos com clientes mais afetados com a crise.

3. Quais foram os aprendizados para a sua vida nas áreas pessoal e profissional?

Um dos maiores aprendizados na crise foi entender a dimensão da mesma e reagir rapidamente. Além de ter uma estrutura flexível para mudar de direção o mais rápido possível, também foi importante ter reservas de caixa para sobreviver por certo período, fechar contratos com cláusulas mais flexíveis, ter fontes de recursos variadas para ser menos dependente. E cada aprendizado desse pode ser adotado nas esferas pessoais e profissionais:

- Estrutura flexível

o Pessoal: ter facilidade de mudança, não possuir uma estrutura de imóveis, carros e posses que fixe você em um local e não permita ajustar-se a momentos como o atual. Não se apaixonar por lugares, objetos e rotinas para que seja mais fácil realizar mudanças;

o Profissional: ter facilidade e disciplina para trabalho remoto e processos que permitam acompanhamento das tarefas, projetos e resultados de maneira eficiente. Contar com profissionais multidisciplinares que consigam executar mais de um tipo de função e consigam se adaptar a mudanças de estratégia ou de estrutura operacional.

• Reserva de caixa:

o Pessoal: disciplina para acumular uma reserva de emergência para garantir o menor impacto possível caso aconteça alguma demissão, redução de ingressos brusca ou mesmo oportunidades excelentes de investimentos;

o Profissional: empresas com caixa saudável contam com mais tranquilidade para tomar as medidas necessárias de ajustes do negócio para a nova realidade. Sofrem menos traumas com demissões, estresse da equipe e medidas desagradáveis.

• Contratos flexíveis:

o Pessoal e profissional: exigir cláusulas de aluguéis, contratação de serviços de fornecedores e pagamentos de compras que permitam negociar mais facilmente descontinuidades e interrupções temporárias.

• Fontes de recursos variadas:

o Pessoal: buscar contar com fontes de ingressos variadas para não ficar dependente apenas do emprego formal (CLT), buscar rendas complementares com investimentos variados, como por exemplo: ações que tragam dividendos e valorização, títulos de renda fixa, imóveis alugados, uma segunda atividade profissional, como uma atividade freelancer ou consultoria na sua área de atuação, um investimento em parte de um negócio. Contar com apenas uma fonte de renda é um grande risco em momentos de crise;

o Profissional: analogamente às questões pessoais, ter apenas um cliente ou foco em apenas uma indústria é pouco recomendado para um negócio. Além disso, contar com apenas um produto/serviço e abordar o mercado de apenas uma região pode ser decisivo para o insucesso. A dica, portanto, é contar com uma carteira de clientes variada, abordar regiões variadas, ter produtos/serviços adaptáveis para diferentes indústrias, obviamente com o cuidado de não perder o foco, devendo existir um ponto ótimo entre flexibilidade e foco nos mercados estratégicos de cada momento.

A crise é um momento importante de mudança e infelizmente quem não está preparado para isso tende a sofrer muito. No caso da empresa que trabalho atualmente, a *Inbenta*, o fato de ser global protege de certa forma de crises locais, no entanto, crises globais como a atual impacta todos. O fator decisivo é a capacidade de entender o momento e agir!

Alguns temas chaves para este momento para tornar uma empresa mais ágil:

• *Lean*: termo que surgiu com o Sistema Toyota de Produção na indústria de automóveis hoje é muito utilizado em todo tipo de indústria, significa ser enxuto, ter o máximo de geração de valor para o cliente com o mínimo de esforço possível, evitando desperdícios (ver *link*: https://www.lean.org.br/o-que-e-lean.aspx).

• *Digital first*: todo tipo de oferta deveria surgir com a ideia de ser digital no maior nível possível. As empresas com maior resultado já fazem isso, ou seja, é um caminho sem volta (ver: https://www.mckinsey.com/business-functions/mckinsey-digital/our-insights/digital-strategy-in-a-time-of-crisis#).

• *Agile/Quick wins*: formas tradicionais de conduzir empresas e projetos têm demonstrado resultados sofríveis, pois tem como características serem demoradas, burocráticas e consideram ciclos econômicos um formato antigo. Com novos métodos de implantação de melhorias ou mesmo de criação de novos produtos/ofertas, se priorizam entregas rápidas com resultados rápidos e, em caso de erro na estratégia, a velocidade para correção é igualmente rápida (ver: https://www.desenvolvimentoagil.com.br/scrum/)

Por fim, gostaria de comentar sobre uma mudança cultural importante neste momento, que é a necessidade de distanciamento social. Alguns reflexos já foram abordados acima, como a utilização mais frequente de *home office* e a menor frequência de reuniões e eventos presenciais, mas existem outros efeitos importantes, como a dificuldade de locomoção entre bairros, cidades e países, que dificultarão alguns tipos de trocas e intercâmbios culturais corporativos.

Outra consequência será uma alteração imediata de um comportamento muito latino, que é a necessidade de contato físico, apertos de mão, abraços, beijos, que torna a nossa forma de relacionamento pessoal e profissional muito específica em comparação a outros países. O desafio é manter nossa essência como sociedade e respeitar as restrições que serão impostas pela nova realidade.

Assim que os sinais de retomada ficarem mais claros, a vida deve começar a retornar ao normal gradativamente, mas o "novo normal", como se está denominando esse período pós-pandemia, deve contar com uma volta parcial às atividades realizadas anteriormente, com mudanças importantes, considerando a insegurança que todos sentirão após esse período traumático de isolamento social:

• Menos calor humano físico: toque, beijos, abraços e até apertos de mão ficarão mais restritos ao círculo de amizade mais próximo e à família. Reuniões presenciais, eventos culturais, como peças de teatro, *shows* musicais e festas serão mais restritivas e menos frequentes.

• Flexibilidade de horários e local de trabalho: em um movimento que já vinha acontecendo, as empresas deverão implementar escalas mais flexíveis, respeitando problemas de transporte, questões pessoais, acessibilidade e necessidade de espaços maiores entre postos de trabalho.

• Percebeu-se nesse período que apesar de, em alguns casos, serem importantes as viagens para reuniões em diferentes cidades e países, são dispensáveis e podem ser substituídas por videoconferência sem significativas perdas de eficiência. Com isso, reduz-se custos, economiza-se tempo de deslocamento, estresse e se aumenta a produtividade.

• Empresas tradicionais tendem a mudar e acelerar os processos de transformação digital. Negócios e processos tradicionais estão em vias de extermínio, salvo exceções onde se reinventaram e consideraram nas suas ofertas a digitalização e a modernização para atender às novas demandas. Alguns exemplos de mudança no comportamento do consumidor em relação a ofertas: compra de automóvel x *Uber*; hotéis x *Airbnb*; seguros anuais de veículos x seguro pago apenas durante a utilização do automóvel; bancos tradicionais x bancos digitais.

Os exemplos são muitos e esse caminho é sem volta.

• Adaptação da tendência da economia colaborativa, comprovada a partir dos exemplos acima. Entretanto, a necessidade de afastamento social também a colocou em xeque. Cuidados e adaptações nos negócios deverão acontecer para garantir a continuidade desse tipo de tendência.

• A crise fez com que muitas pessoas diminuíssem as compras por impulso e fez com que mais consumidores passassem a buscar bens e produtos com propósito e que proporcionem uma experiência encantadora em todo o ciclo. Desde a busca pelo produto/serviço, passando pela experiência de compra, utilização, atendimento, suporte, até o descarte. Como esse consumidor ao mesmo tempo está avançando para uma proporção cada vez mais digital, as experiências devem sempre considerar todos os pontos de contato, mas principalmente os contatos digitais.

4. Com base no que você vivenciou, quais recomendações e mensagens de esperança gostaria de compartilhar com outros líderes?

Essa não foi a primeira nem será a última crise que nosso país e o mundo irão enfrentar, apesar de ser a mais severa das últimas décadas. Então, temos que ficar sempre atentos e mais preparados possível para tomar ações rápidas no sentido de minimizar seus impactos e aproveitar as suas oportunidades, tornando nossos negócios e vidas cada vez mais flexíveis em termos de estratégia, operação, caixa, perfil dos colaboradores e principalmente na capacidade de mudar o rumo dos negócios rapidamente.

Além da necessidade de flexibilidade mencionada acima, eu daria três dicas essenciais, especialmente em momentos de incerteza como o atual:

• Otimismo e equipe: não como clichê e palavra bonita, mas como forma de encarar os desafios. Enfrentar de maneira positiva para tomar decisões e para inspirar as equipes com o senso de urgência, mudando quando necessário e tomando atitudes que ajudem a sair o mais rápido possível do momento ruim. Construir um sentimento de união da equipe;

• *Networking* como atalho: percebi durante a minha carreira que manter uma rede de relacionamento variada e ativa é decisivo para alcançar resultados. O processo consiste em conhecer as pessoas certas para resolver determinados problemas ou para ajudar a encontrar a melhor estratégia. Nenhum líder é conhecedor profundo de todos os temas e, para isso, além de contar com uma equipe competente e motivada, é importante ter contatos que complementem e estejam disponíveis para ajudar quando necessário;

• Dar para receber: essa dica está muito relacionada com a dica acima, onde é importante manter relações genuínas com pessoas que contribuam com o eu crescimento. Porém, em uma relação é importante sempre pensar na via de mão dupla, ao mesmo tempo que se pode precisar da outra pessoa, é importante estar totalmente aberto a contribuir. Extrapolando para relações com liderados, deve-se pensar sempre em como posso ser útil e motivador para o crescimento deles, antes de querer exigir seu empenho nas atividades que se espera. Essa lógica de dar antes é o primeiro passo para receber de volta, mas sem exigir que aconteça esse retorno, é um dos grandes segredos das relações interpessoais em todos os âmbitos e objeto de estudo de Adam Grant, no livro *Dar e receber*. Relações fortes são construídas com fornecimento mútuo de bens, ideias, produtos, conteúdo e informações.

Catia Sueli Moraes Tamanini

Empresa:

Gosoft Informática / Ayní Desenv. Humano e Organizacional

Cargo/Função:

CEO e Sócia / Cofundadora

1. Quais foram os principais desafios vivenciados neste momento de crise provocados pela COVID-19?

Eu me lembro como se fosse hoje: dia 9 de março foi um dia lindo, um dia que escolhemos na empresa para celebrar o Dia Internacional da Mulher. Lá estávamos nós todas as mulheres da *GoSoft* em um bate-papo descontraído sobre "Liberdade Financeira" e todas as liberdades relacionadas ao ser mulher: de escolhas, de decisões, de afetos e desafetos, de plenitude, de ser ou não ser, enfim, LIBERDADE!

Neste momento de reflexões compartilhadas, jamais poderia imaginar que em pouquíssimos dias seríamos obrigados a trocar nossa liberdade pela nossa vida, aqui e em todos os cantos do mundo.

Acompanhando as primeiras notícias, já me preparei para o que seria o primeiro grande desafio que esse pequeno ser invisível estava impondo à minha vida: os outros sócios da empresa precisavam compartilhar a necessidade de mudanças imediatas para preservar a saúde de todos os envolvidos. Era hora de pensar na nossa equipe e suas famílias e de olhar para as nossas com cuidado redobrado. Mesmo acamada (agora penso que meu corpo físico reagiu à sua maneira e me preservou com dores para que eu pudesse parar literalmente e destinar atenção total ao momento que estava vivendo), sentia emergir dentro de mim uma força imensa e uma certeza inabalável de que estava se iniciando um novo caminho, incerto e perigoso, e que seria necessário tomar decisões de uma maneira rápida e profunda. Primeiro desafio vencido, era hora de implementar as mudanças e, em meio a reuniões, verificações, questionamentos, ligações e testes, surgiu nosso plano emergencial alicerçado nos pilares de preservação da vida dos colaboradores e da manutenção da nossa operação em funcionamento, para que continuássemos atendendo todos os clientes sem prejuízo das suas rotinas e, principalmente, preservando também as suas vidas.

Feito isso, era necessário enfrentar outro grande desafio: o de preservar a saúde mental e emocional de toda nossa equipe, dos nossos clientes e a minha própria. Sabia que esse aspecto mereceria um cuidado especial para que tudo desse certo, e outras iniciativas foram implementadas para garantir o equilíbrio de todos.

2. Quais foram as ações implementadas?

A primeira grande ação implementada foi a adoção do *home office* para todos os colaboradores e diretores, e fomos muito bem-sucedidos!

Com relação aos clientes, iniciamos uma força-tarefa para dar o devido apoio, fazendo contato um a um, nos colocando à disposição para passarmos por isso juntos. Para que eles também pudessem adotar a modalidade de *home office* com suas equipes, disponibilizamos no ERP pacotes de funcionalidades importantes e criamos materiais específicos, com conteúdo técnico que os auxiliaram nessa operação. Transformamos todos os eventos presenciais, como treinamentos operacionais, *workshops* e reuniões, em *on-line* – até nosso tradicional cafezinho com o cliente teve que se transformar em virtual, mas não deixou de existir!

Para além de conteúdos técnicos, preparamos também materiais com textos que promovem reflexão, que deixam uma mensagem, que falam de humanidade, numa tentativa de demonstrar empatia na prática.

A nossa preocupação com a equipe sempre foi uma das prioridades, por isso adotamos rapidamente diversas ações: queríamos que todos se sentissem acolhidos e que a distância não fosse um obstáculo para a união e a conexão que tanto valorizamos. Foram ideias simples, mas de alto impacto emocional. Uma delas foi promover um encontro semanal virtual com um terapeuta parceiro para que de alguma forma contribuíssemos com o equilíbrio mental e emocional de todos os colaboradores, com dicas importantes de consciência corporal, hidroterapia embaixo do chuveiro, exercícios de respiração e relaxamento para aliviar a ansiedade e o estresse causados pela pandemia.

Incentivamos também os nossos líderes de equipe a promover o contato constante com seus liderados, não apenas para falar sobre rotinas de trabalho, mas também para ouvir e acolher suas dúvidas e seus medos.

Distribuímos enquetes constantes para receber informações sobre como cada membro da equipe lida com a situação. Essas informações foram muito importantes para nortear as nossas ações.

Na primeira semana com todos em *home office*, durante uma videoconferência com Masé, uma querida integrante da equipe de relacionamentos, ao vê-la toda serelepe usando um chapéu, logo pensei em lançar o concurso *Look* da Semana, como uma maneira descontraída e lúdica de promover a interação de todos. No decorrer da semana, todos enviam fotos dos seus respectivos *looks*, e na sexta-feira acontece uma votação eletrônica. O vencedor é agraciado com pizza e bebida em sua casa para que celebre a vida num *happy hour* familiar.
Outro desafio que lançamos para a equipe foi um concurso de autorretrato: queríamos saber como cada um se enxergava neste momento. Nesse concurso, tivemos inclusive a feliz participação de filhos de nossos colaboradores, confirmando que o isolamento pode ser físico, mas nunca social!

3. Quais foram os aprendizados para a sua vida nas áreas pessoal e profissional?

"Relaxa, nada está sob controle". Esta é uma frase que tenho estampada em minha geladeira e penso que foi o maior de todos os aprendizados que consegui extrair deste período. De uma hora para outra, nos vimos presos, enjaulados, sendo livres, porém sem a possibilidade do ir e vir, sem a possibilidade de estar e conviver com nossos afetos, sem a possibilidade de um abraço apertado e até mesmo de um adeus. Uma realidade jamais vivida, que trouxe à tona muitas reflexões acerca do que realmente estamos fazendo com nossas vidas, do que estamos fazendo com o meio ambiente, do quanto a humanidade de forma geral caminhava num ritmo acelerado para a sua própria destruição.
Apesar de todo o contexto do momento, me vi feliz de certa forma, vivendo algo que nunca vivi com meus filhos, estando juntos 24 horas por dia, compartilhando, dividindo tarefas, angústias e boas risadas. Cozinhar tem sido uma terapia. Fazer as tarefas de casa sem a ajuda que eu costumava ter exigiu um maior esforço físico, mas me trouxe o sentimento do "cuidar". Até nossas cadelinhas Amora e Kiara fazem nossos dias mais felizes.

Além dos desafios e das delícias experimentadas no lar, não podia descuidar da equipe e nem dos projetos que estavam em andamento. Foi necessário encontrar maneiras de dar continuidade, pensar e implantar soluções alternativas com uma velocidade recorde. Essa análise traz à tona a importância de manter estruturas ágeis e flexíveis, capazes de se adaptar rapidamente a qualquer mudança; a importância para toda empresa de mergulhar de vez na transformação digital; a importância de otimizar nosso tempo e dar a ele o real valor, equilibrando todas as áreas da nossa vida; a importância do cuidar do outro, de praticar empatia e colaboração, de saber que todos somos um e interdependentes.

4. Qual a sua visão e quais as suas expectativas para o pós-crise?
Como muito tenho ouvido, teremos um "novo normal".
Soluções que levariam meses ou anos foram encontradas em poucas semanas. Tivemos um avanço digital extraordinário em tão pouco tempo. Foi necessário nos reinventarmos, pensar cada vez mais fora da caixinha. O *home office*, que era uma realidade não tão expressiva na nossa sociedade, se consolidou rapidamente. Em muitas áreas, inclusive, houve um aumento de produtividade. Ou seja, em meio ao caos, é possível extrair transformações profundas e positivas, que farão parte de uma nova realidade.
Por outro lado, a pandemia deixou mais evidentes antigas mazelas, como falta de estrutura do sistema de saúde, a obsolescência do sistema de educação e, principalmente, a desigualdade social. Problemas de um cenário antigo que não podemos mais arrastar para esse "novo normal".
Acredito que sairemos desta pandemia mais fortalecidos, tanto no âmbito pessoal como no profissional, teremos um mundo cada vez mais digital e, ao mesmo tempo, mais humanizado. As relações humanas e com o meio ambiente serão repensadas e valorizadas. Finalmente entenderemos que cada ação individual impacta qualquer outro indivíduo, mesmo no outro canto do planeta; que é fundamental fazer as pazes com a Terra; que a antiga maneira de consumir e fazer negócios já não faz o menor sentido e será necessário o surgimento de uma nova.

5. Com base no que você vivenciou, quais recomendações e mensagens de esperança gostaria de compartilhar com outros líderes?

A humanidade tem enfrentado crises ao longo da sua história. A cada retomada, um novo nível de consciência coletiva e individual se apresenta. Assim evoluímos.

Agora, não será diferente. É uma chance única, uma oportunidade divina o fato de estarmos aqui e agora vivenciando tudo isso juntos. Existe a dor, a angústia, o luto. Mas existe também a fé e a convicção do despertar do novo. Qual e como é esse novo? Isso dependerá de cada um, da sua história e das suas crenças, principalmente, da vontade de viver uma vida com mais significado, onde a simplicidade reine absoluta e a essência seja a grande vencedora.

LIDERANÇA DA ALTA GESTÃO EM TEMPOS DE CRISE

Desafios e Aprendizados

Celso Kleber de Souza

Empresa:

Diretor Executivo

Cargo/Função:

Qintess IT

1. Quais foram os principais desafios vivenciados neste momento de crise provocados pela COVID-19?

Quem poderia imaginar que passaríamos por tudo isso que estamos passando? Certamente ninguém, é claro. Eu, em vez de lamentar e entender o porquê estamos passando por este momento tão difícil, prefiro focar nos aprendizados e oportunidades do futuro. Busco por *insights* em artigos, lives e *podcasts* a todo momento. Tento projetar uma percepção de mercado, ter uma abordagem preditiva do comportamento do mercado. Minhas crenças e reflexões sempre passam pela premissa de que há um lado bom em tudo.

Para contextualizar, eu faço parte de uma das maiores integradoras multinacionais de soluções de TI e nossos clientes são grandes companhias, do setor público e privado, que lideram ou são relevantes em seus segmentos. Bancos, seguradoras, varejistas, empresas de serviços e indústrias são alguns exemplos de indústrias que fazem parte nossa carteira. Atualmente, lidero a unidade de desenvolvimento de aplicações e soluções digitais no Brasil, um time com mais de 1.800 (mil e oitocentos) dedicados e comprometidos colaboradores.

Voltando à pergunta, conforme o mês de março avançava, ficávamos imaginando como nos preparar para o pior cenário. Mas qual seria o pior cenário? Até então uma avalanche de informações díspares chegavam ao nosso conhecimento e o diagnóstico ficava cada vez mais complicado, visto que não havia uma uniformidade nem na imprensa e nem nos governantes, mais precisamente no poder executivo.

Até que no início da segunda semana de março veio a convicção da necessidade de implantar o isolamento e de analisar: como poderíamos continuar nossos serviços de forma remota? Já sabíamos que podíamos operar remotamente, fazíamos isso de forma programada com boa parte do time, mas a dúvida era se continuaríamos sendo eficientes por uma longa duração de tempo.

O primeiro desafio foi com equipamentos e infraestrutura. Enquanto nossa equipe organizava e comunicava os clientes do atendimento remoto, um grupo de heróis se desdobrava para viabilizar tudo que estávamos executando. Nossa equipe de infraestrutura trabalhou em longas jornadas para adquirir, preparar e configurar centenas de *notebooks* em tempo recorde para possibilitar que nossos colaboradores cumprissem seu trabalho em *home office* com a mesma eficiência que em nossos escritórios. Houve, ainda, outras atividades paralelas, como criar VPNs, contratar *links* e outros acrônimos técnicos que não vou detalhar aqui, mas quem trabalha com TI sabe do que estou falando. Apenas cinco dias se passaram e 99% do time estava operando remotamente.

Revisamos com muita precisão nosso *baseline* segurança de informação e conseguimos a recertificação da ISO 27001 em meio à pandemia. Tivemos a aplicação de controles e dispositivos de *software* para garantir o sigilo das informações e a proteção aos dados. A estratégia dos nossos clientes estava preservada e podíamos ter confiança que nosso trabalho seguiria seguro.

Agora era uma questão de adaptabilidade da forma de gestão para garantir a produtividade do time e a qualidade dos nossos serviços.

2. Quais foram as ações implementadas?

Entre decidir que colocaríamos todos em *home office* e planejar foram poucas horas. Instituímos um comitê executivo com dois encontros diários, isso somado a dezenas de agendas específicas dando mais individualidade a cada equipe e cada cliente. Isso se define com a palavra **agilidade**.

Era impossível participar de todos compromissos, mas estava suportado por líderes de reporte direto muito eficientes e organizados.

Para fazer tudo muito rápido e sem erros, eram necessárias outras duas importantes palavras: **comunicação** e **autonomia**. Só havia uma forma de realizar tudo com a urgência que o momento exigia, ter confiança de que o time era totalmente preparado para conduzir as ações de forma adequada.

Disso eu não tinha dúvida, mesmo acreditando que estávamos vivendo um momento único em toda a história. Nós nos preocupamos em comunicar adequadamente nossas diretrizes. Todos deviam saber o que esperávamos e quais eram as prioridades da empresa.

Por óbvio que os colaboradores eram a nossa prioridade. Pensamos na segurança e saúde de todos, alguns tivemos que explicar por que tal ação era necessária. Havia em alguns um sentimento de exagero em toda essa movimentação, mas logo os dias foram passando e ficou comprovado que estávamos no caminho certo. Outro pilar importante foram os nossos clientes, base fundamental de sustentação da empresa. A orientação era que tudo seria feito de forma consensual, sem espaço para o autoritarismo. Se houvesse algum tipo de discordância, o assunto deveria ser escalado no cliente e em nossa organização. Estávamos dispostos a rescindir qualquer tipo de compromisso que colocasse em risco nossos colaboradores.

Felizmente não foi necessário, pois os clientes foram os grandes parceiros nessa jornada. Não houve nenhuma resistência, só mensagens de incentivo e agradecimento. Em alguns casos, nossa decisão acelerou a transformação do cliente, entendendo que ninguém ia desempenhar bem se houvesse um sentimento de insegurança com a exposição saindo de casa.

Fomos percebendo que estávamos cada vez mais produtivos. Os *feedbacks* dos clientes eram muito positivos e poucos ajustes foram necessários. Claro que houve problemas, mas eles não estavam diretamente relacionados ao trabalho remoto. Atuamos e controlamos. Ganhamos tanta confiança que a operação estava sob controle e iniciamos uma profunda reestruturação da área, visando acompanhar a jornada de inovação e transformação da nossa empresa. Saímos de uma estrutura tradicional e hierárquica para um novo modelo de *workstreams*, tribos e capítulos, onde a comunidade ganha destaque e protagonismo.

Começava ali o maior projeto de transformação cultural dos nossos colaboradores.

Com o novo modelo, veio uma nova rotina. Dinâmicas, cerimônias e controles aderentes ao mundo da ágil. Agora a agilidade estava em alta escala, nossa governança em *kanbans*, reunião diária de liderança com o *board* da empresa, nosso CEO não perde uma. Encurtamos a distância da executiva com a comunidade, estamos mais próximos dos nossos colaboradores e isso trouxe mais engajamento. Menos hierarquia e mais liderança.

3. Quais foram os aprendizados para a sua vida nas áreas pessoal e profissional?

Nossa, como a vida nos ensinou?

Quem tem filho pequeno que nem eu, sabe do desafio que foi esse início. As escolas não estavam tecnologicamente preparadas e não sabiam exatamente o que fazer. Dar férias ou partir logo para o ensino a distância? Qual a carga horária ideal? Como prender a atenção de crianças de quatro a oito anos em aulas virtuais?

Enquanto as escolas se descobriam, ficou para os pais explicarem para seus pequenos por que estávamos passando por isso. Claro, a função era nossa mesmo, mas o difícil para mim foi explicar para a Maria Clara de apenas seis anos que o pai estava em casa, mas não podia dar a atenção desejada. Eu sempre procurei preservar meus momentos com ela para termos qualidade de tempo, mas demorou um pouco para ela entender que havia um novo espaço da casa que precisava ser preservado. Depois de muita conversa e algumas aparições em videoconferências, melhorou muito.

Seguimos então para a fase da produtividade. Nossa como estávamos produtivos! As horas passavam muito rápido e vários assuntos rolando em paralelo. Você participa de uma reunião, é acionado por *WhatsApp* e responde *e-mails*, tudo ao mesmo tempo. Diversos dias pulava o café, fazia um lanche no almoço e terminava a jornada de trabalho após a família ter jantado. A sequência frenética de reuniões, uma atrás da outra, só fortaleceu a cultura da pontualidade.

E ela precisaria ser britânica, pois os cinco minutos que, por vezes, são gastos com a conexão entre uma sala e outra fazem falta. Percebemos que era importante respeitarmos um a agenda do outro e que deveríamos manter o equilíbrio da vida profissional com a pessoal.

Evito chamar reuniões no horário do almoço e jantar. Estou sempre disponível, mas se você respeitar esse horário com sua equipe, a tendência é que haja reciprocidade.

Iniciei minha jornada remota tentando fazer as coisas da mesma forma que fazia no escritório. Logo, sem perceber, fui mudando e me adaptando a soluções que funcionavam melhor. As oscilações da *internet* e rede *wi-fi* me incomodavam muito, fiz um *upgrade* no meu plano de dados aumentando muito a velocidade. Senti a necessidade de me comunicar mais com meu time e mudamos nossa ferramenta de videoconferência. O tempo de resposta no *WhatsApp* reduziu e, em alguns momentos, a simples ligação era mais eficiente e importante para se manter a conexão.

Mudamos algumas ferramentas de controle. Preferimos uma solução nativa do *software* que usamos para videoconferências e descobrimos que ele tinha outras funcionalidades de comunicação que melhoravam ainda mais a gestão das atividades. O que eu achava que fazia bem podia ser melhorado. Agora, ficava mais fácil delegar e acompanhar as tarefas chaves da operação. Eu, apaixonado por números como sou, fui buscando identificar se nossos indicadores apontavam para uma melhora. Será que todos estavam mais eficientes? Quais equipes ou quais clientes estavam com melhor desempenho? Tinha as minhas impressões, mas fui buscar a percepção dos nossos clientes. Fiquei muito animado e feliz com que ouvi. Claro que tivemos alguns problemas, mas foram pontuais. Posso dizer que a covid19 veio para potencializar. As equipes que estavam operando bem, de forma madura e organizada, produziram muito mais e melhor. Imagina que temos colaboradores que gastavam quase 4 horas no deslocamento para o trabalho. Consegue imaginar a felicidade e a qualidade de vida que essa pessoa ganhou? Um profissional de TI motivado é muito mais criativo, produtivo e eficiente. E quem não estava operando bem? Vamos ajudar. Vivemos um momento difícil, não sabemos o que as pessoas estão enfrentando em suas casas. Quem me conhece sabe que não sou de flexibilizar prazos e entregas, mas era impossível não ter desvios com tanta mudança na rotina das pessoas. Foi necessário apoiar, motivar, passar segurança e administrar crises. Procurei manter a calma e passar tranquilidade para as pessoas.

Por semanas não tínhamos conhecimento de nenhum colaborador infectado, mas algumas notícias ruins começavam a chegar. Precisávamos entender como apoiar aquele profissional. Tivemos colaboradores com perdas duras na família, fomos rápidos e solidários, como o momento pede para ser. Procuramos reforçar os comunicados que incentivavam o isolamento, as pessoas precisavam se proteger não apenas no horário comercial, mas a todo momento.

Passado algum tempo, com tantas semanas em quarenta e sem uma previsão de fim deste cenário, começamos a nos preocupar com o impacto do momento no psicológico das pessoas. Buscamos uma plataforma *on-line* para cuidar do bem-estar e saúde dos nossos profissionais. Mérito da equipe de capital humano, que logo percebeu que essa solução seria viável e importante ser implementada. A quantidade de acionamentos nos surpreendeu, mas a iniciativa foi muito elogiada, fomos bem assertivos neste tema.

4. Qual a sua visão e quais são as suas expectativas para o pós-crise?

Eu sou um otimista irrecuperável, não tem jeito. Já dizia um grande filósofo que admiro, Mario Sérgio Cortella, o pessimista é um preguiçoso por natureza. Vejo sempre o copo meio cheio e estou sempre atento a eventuais oportunidades geradas em tempos de crise. Fui lendo, estudando e assistindo *lives* para entender como o mercado estava reagindo a tudo isso. O que os principais empresários do país pensavam a respeito? O que o governo estava disposto a fazer? Com base em tudo isso, era possível predizer o futuro?

Estava claro que o mundo que nós vivíamos até então não existiria mais. Não era mais uma questão de tempo, alguns comportamentos seriam abandonados. Teremos o que os especialistas chamam de um "Novo Normal". Enfim, a maioria das pessoas está comprando somente o necessário, mas será que isso se mantém? Como fica o turismo, as pessoas voltarão a viajar? O crescimento arrebatador do comércio eletrônico se sustenta? Teremos um novo modelo do varejo para as lojas físicas? Falando em mobilidade urbana, a solução para tudo era o transporte coletivo. Vai continuar sendo a única solução ou todos vão procurar morar perto do trabalho?

Quem descobrir e se preparar antes para essas respostas estará à frente

de seus concorrentes. Este é um ótimo momento para refletir, planejar e apostar. Ao contrário de crises anteriores, onde a recuperação da economia dependia diretamente de recursos do governo, nesta em específico entendo que o setor privado deverá ser protagonista na recuperação. Claro que haverá apoio do poder executivo, algumas boas medidas provisórias foram publicadas para proteger a empregabilidade e os caixas das empresas. Mas isso isoladamente não seria suficiente.
Comecei a perceber um movimento de colaboração e engajamento empresarial. Bilhares de reais foram doados por grandes empresas e algumas assinaram um manifesto de preservação de empregos. Acredito que tem uma data final, claro, os caixas das empresas são finitos e muitas são sociedades anônimas com capital aberto, ou seja, precisam produzir lucro ao acionista, mas vejo um momento único de união até entre concorrentes diretos (exemplo: bancos).
O capitalismo selvagem abre espaço para o capitalismo sustentável.

5. Com base no que você vivenciou, quais recomendações e mensagens de esperança gostaria de compartilhar com outros líderes?
Com base na minha experiência e humilde aprendizado, espero contribuir com algumas reflexões finais.
"Não há mal que sempre dure ou bem que nunca se acabe", já dizia o provérbio português. Se temos uma certeza neste mundo é que tudo passa. Passaremos por esta crise, infelizmente algumas vidas ficarão pelo caminho, mas passaremos, com certeza. Sinceramente espero que quando essa obra for publicada já tenhamos soluções seguras de tratamento ou de prevenção, como uma vacina por exemplo. Que não haja mais risco de colapso no sistema de saúde e que o *lockdown* não seja mais uma possibilidade. Aliás, temos outra certeza. Minha vó sempre dizia que "só não tem jeito para a morte". Então vamos trabalhar com a solução, vamos evitar a morte. (risos) Falando sério, a reflexão é cuidarmos da saúde. Pessoas seguem morrendo e é verdade que a imensa maioria das pessoas morre de outras doenças, mas há a possibilidade de nos preservarmos? Meu trabalho permite que eu adira à

quarentena? Meu ponto é quem pode colaborar e quem não pode colaborar com o isolamento. Infelizmente, a discussão está em agenda extremamente política, somos obrigados a ter apenas dois pontos de vista: oposição ou situação; direita ou esquerda; independentemente da sua orientação política, com saúde começaremos de novo. É apenas mais uma de várias crises que tivemos neste país, somos brasileiros e não desistimos nunca.

O isolamento também trouxe coisas boas. Sentiremos falta do que conquistamos aqui, como almoçar com a família por exemplo. O silêncio que relaxava, agora incomoda. Como é bom ter todos por perto. A videoconferência atenua a saudade e a família estava interagindo mais.

Eu, particularmente, sentirei falta daquela risada inocente no meio da sala. Terei mais pressa para chegar em casa e menos tolerância ao ficar preso no congestionamento de uma sexta-feira chuvosa às 18h na cidade de São Paulo. Meu tempo terá mais valor e meu trabalho um novo significado. Espero que para você, leitor, também tenha. Fique seguro e vamos reconstruir!

LIDERANÇA DA ALTA GESTÃO EM TEMPOS DE CRISE

Desafios e Aprendizados

Christiane Rodrigues Lacerda

Empresa:

GHS Brasil

Cargo/Função:

Diretora Executiva

1. Quais foram os principais desafios vivenciados neste momento de crise provocados pela COVID-19?

O primeiro e principal desafio foi manter a serenidade, o equilíbrio emocional. Mesmo tendo consciência do que estava acontecendo na China havia três meses e que vinha se alastrando por outros países, ao vivenciar a paralisação das atividades, o primeiro momento foi de susto e apreensão, de medo do que aconteceria ao negócio, às pessoas da família, aos amigos. Em meio ao caos instalado no início da quarentena, decisões importantes que precisavam ser tomadas para a continuidade dos negócios, funcionários pressionando para saber qual posição a empresa adotaria, entre outras, ainda perdi meu avô paterno. Então, manter a estrutura emocional equilibrada e focar nas estratégias necessárias para minimizar o impacto na empresa foram as etapas mais críticas e difíceis.

A pandemia chegou e, com ela, além da paralisação das atividades comerciais, vieram também a paralisação das escolas das crianças e a ausência das ajudantes da casa. Um turbilhão de mudanças e novidades a serem descobertas. Na GHS, precisava alinhar com as equipes como faríamos para manter a operação de forma reduzida, no menor impacto possível ao negócio e, em casa, precisava tranquilizar as crianças sobre todas as mudanças que enfrentaríamos nos próximos meses e como deveríamos lidar com isso juntos. Não ter o apoio dos meus pais foi uma dificuldade a mais, já que, na grande maioria das vezes, eu deixava meus filhos sob os cuidados deles para trabalhar. Já não tinha mais escola, ajudante ou casa dos avós. A empresa demandava um tempo ainda maior de planejamento e organização dos processos críticos. E eu, que nunca fui uma boa "dona de casa", não podia deixar de manter um mínimo de rotina saudável com as crianças, o que incluía, principalmente, as refeições diárias. O curioso nisso tudo é pensar em como criamos algumas barreiras mentais que tornam o processo ainda mais doloroso. Levei algumas semanas até entender que não precisava ser uma supermãe, superprofissional, "dona de casa", super nada! E aceitar que também estava vivendo meus próprios momentos de insegurança e angústia. De repente, eu que sempre tive uma agenda movimentada, com as rotinas do trabalho, visitas a clientes e viagens, me senti como um pássaro preso numa gaiola. Eu que nunca gostei de fazer as compras, agora enxergava a ida ao supermercado como a desculpa perfeita para ver o lado de fora.

E, nesse ínterim de dúvidas e emoções oscilantes, era imprescindível manter o equilíbrio para acalmar a família e as equipes na GHS. Os funcionários começaram a temer serem desligados e precisávamos deixar claro qual seria nossa estratégia para atravessar a pandemia, de forma a mantê-los seguros e produtivos, mesmo nas condições adversas que se apresentavam.

2. Quais foram as ações implementadas?

A GHS tem um processo crítico com relação ao tempo de validade das amostras (pequenas porções de água, ar interior ou efluente que são coletadas para posterior análise laboratorial). Algumas amostras expiram logo nas primeiras 24 horas após a coleta, então, qualquer paralisação pode comprometer o ensaio e gerar um descarte do material coletado. Ocorre que, passado um dia, uma nova amostragem pode não refletir aquela anterior e isso pode gerar um desgaste enorme junto ao cliente final. Sendo assim, nossa primeira preocupação foi manter uma rotina adequada ao laboratório, que possibilitasse finalizar os ensaios nas amostras já coletadas. E, em seguida, orientar toda a operação de campo no cuidado das novas amostragens, deixando o cliente ciente de que poderia haver perda da amostra coletada e necessidade de recoleta. Isso é um ponto crucial em nossa operação e merece cuidado específico.

Outro ponto crítico que muito afetou nossa rotina foi a redução dos voos domésticos. Utilizamos os serviços de carga aérea como parte crucial das atividades e não ter tantas opções desse transporte impactou muito as nossas ações, além do custo com transferência entre os pontos de atendimento sofrer um aumento de quase 6%.

Logo no início da pandemia, boa parte dos nossos contratos foram suspensos ou cancelados. Principalmente os contratos com *shopping centers*, rede de lojas e hotéis. Então, se quiséssemos manter a equipe, precisaríamos mudar a estrutura de atuação, de forma a garantir todos em atividades.

A GHS possui um portfólio amplo nos segmentos em que atua, a saber, tratamento químico e monitoramento analítico de águas, ar e efluentes. Em alguns clientes, como hospitais e algumas fábricas, manter a rotina desses serviços é crucial à operação, então priorizamos o foco nos serviços que poderiam ser executados de forma mais direta, sem demandar tanto envio de amostras e que pudessem garantir trabalho a todos da equipe.

Ainda na primeira semana, reunimos os líderes da empresa e definimos qual seria nosso principal objetivo. De comum acordo, chegamos à conclusão de que nos esforçaríamos para manter todos os postos de trabalho. Mas, para isso, precisaríamos aumentar as vendas dos produtos/serviços dentro dos mercados possíveis. E utilizaríamos também os recursos que o governo viria a oferecer como antecipação de férias e feriados.

Direcionamos ao teletrabalho todas as atividades que não demandavam presença física e reduzimos o efetivo que precisava estar presencial, realizando o rodízio de férias entre os membros das equipes. Criamos uma estrutura para que os que estavam trabalhando presencialmente pudessem ir e vir em carro da empresa, evitando os transportes públicos. E enviamos os computadores para os que estariam em *home office*. Essas opções foram fundamentais para que pudéssemos atravessar a fase mais crítica, os dois primeiros meses. Com o advento da propagação do coronavírus, muitas empresas buscavam soluções para descontaminação em seus ambientes, atividade que a GHS já exercia há anos. Quando começou a pandemia, estudamos dois de nossos principais produtos utilizados até então, para descontaminação de ambientes, e criamos uma nova fórmula, a qual foi devidamente licenciada pela Agência Nacional de Vigilância Sanitária (Anvisa), proporcionando a aplicação em ambientes que precisam ser ocupados logo após a aplicação. Esse novo serviço garantiu a viabilidade de manutenção das equipes, as quais começaram a ver suas demandas ampliadas. Disponibilizamos análises para investigação da presença do Sars-CoV-2 em superfícies e de estanqueidade de máscaras, serviços com demanda elevada nesta época. E intensificamos a divulgação de dois produtos já existentes, mas que agora tiveram suas demandas aumentadas dada a preocupação que todo o mercado está com seus aparelhos condicionadores de ar. Como já possuíamos a estrutura física dos laboratórios e da fábrica, com pequenos ajustes foi possível rapidamente implantar esses novos serviços.

Uma das ações mais importantes foi o investimento em comunicação. Contratamos uma agência focada em estratégias de desenvolvimento de conteúdo, *marketing* digital e assessoria de imprensa. E, já no início da pandemia, remodelamos nossa forma de apresentação nas mídias sociais, o que trouxe um destaque significativo para a marca. Com isso, se por um lado perdíamos alguns contratos, por outro, novos eram alcançados graças à amplitude na divulgação.

3. Quais foram os aprendizados para a sua vida nas áreas pessoal e profissional?

Somos líderes em diversos momentos em nossas vidas. Não necessariamente você precisa estar liderando um grupo profissional para ser um líder. Você pode ser o líder da família, por exemplo. Ou em algum projeto pessoal que participe, como um grupo religioso. O importante é entender que, uma vez sendo exemplo e suporte para outras pessoas, precisa ter em mente que qualquer decisão errada irá comprometer não apenas sua vida, mas a de todos que dependem de você. Num momento crítico como o da pandemia, isso se torna ainda mais aplicável. Precisamos nos respeitar enquanto seres humanos que somos, mas também devemos ter em mente em qual grau as outras pessoas dependem de nós. Nesse sentido, acredito que o principal aprendizado foi buscar meios de manter a serenidade, possibilitando agir com cautela e segurança nas decisões a serem tomadas, ajudando as pessoas que dependem de mim a seguir seus próprios caminhos com menor impacto possível.

Num cenário onde o desespero toma conta, é preciso manter a calma e a harmonia, levando essa consciência a todos ao redor, seja em família, amigos ou equipe do trabalho.

Não dá para ignorar que todo ser humano, no mundo inteiro, passou por períodos de incerteza, medo, angústia e sofrimento. Mas o que podemos fazer, e como podemos fazer, para minimizar o impacto desses sentimentos nos resultados finais é o que define a liderança.

Sempre pensei que não era possível dissociar o lado pessoal do profissional apenas atravessando as portas da empresa. Na verdade, acho engraçado quando alguém fala, levando bem ao pé da letra, que não podemos misturar o lado pessoal com o profissional. Claro que devemos evitar problemas pessoais durante o trabalho e vice-versa. Porém, em alguns casos, é humanamente impossível não se abater quando há algo errado em alguma das duas esferas. Mas o isolamento social trouxe à tona essa questão, de uma forma nunca antes imaginada. Agora, para muitos, a casa (incluindo a família inteira) e o trabalho passaram a ser uma rotina só. E criar acordos de melhor convivência entre os dois mundos passou a ser crucial para que algum resultado pudesse ser produzido.

Tenho dois filhos pequenos ainda, um de 4 e outro de 11 anos. O mais velho, já na segunda semana de isolamento social, iniciou as aulas *on-line*. Achei extremamente precipitado por parte da escola, deveriam ter amadurecido melhor a ideia antes de colocar em ação. Com isso, entre erros e acertos, iniciaram a rotina escolar utilizando sete aplicativos diferentes. Óbvio que, por mais inteirado que pudesse estar com o mundo virtual, meu filho precisou de ajuda. Mas as aulas sempre ocorrem no período da manhã, que é justamente o mais agitado na empresa. E ainda tinha o mais novo, que demanda atenção, embora a escola não tenha tornado obrigatórios os exercícios encaminhados. Por estarem em isolamento, longe dos amigos, o nível de estresse das crianças elevou nos primeiros dias, então precisava dar apoio nas atividades escolares. Questionei a escola se não poderiam flexibilizar a obrigação de seguir os horários e as tarefas, ao qual recebi uma negativa. Expliquei todas as emoções que estávamos vivendo, os horários conflitantes com a empresa, a falta de uma estrutura dedicada a ele, mas não adiantou. Foram irredutíveis. Então percebi o quanto a falta de empatia pode afetar ao próximo.

Foi importante vivenciar esse cenário até para me posicionar no lado oposto e observar o quanto deixo de me colocar no outro em algumas decisões tomadas. E o quanto isso pode afetar além da pessoa em si.

Cabe ressaltar que o tempo é, e sempre será, fator decisivo no posicionamento do negócio. Costumo afirmar que, no tempo infinito, todos são iguais. O que destaca pessoas, profissionais e negócios é a capacidade de realizar primeiro, no tempo mais curto possível. Então, quem saiu na frente nas decisões estratégicas certamente alcançou resultados mais significativos. Precisamos estar atentos ao *timming* do mercado, do negócio. Isso é fundamental.

4. Qual a sua visão e quais as suas expectativas para o pós-crise?

Acredito que o mundo adotará uma visão diferente sobre tudo. O consumidor, antes resistente ao mundo virtual, talvez hoje encontre nesse meio uma oportunidade para ter mais tempo.

O período de isolamento foi essencial também para aproximar as famílias. Passamos a sentir falta de coisas que, antes, não estavam na lista de prioridades. Quantas vezes deixamos de ver pessoas queridas, pois estávamos envolvidos em diversas outras tarefas. Agora, estar com quem amamos passou a ser a questão mais importante. O resgate de valores pessoais foi uma crescente nesse período também. Quem soube buscar alternativas ao negócio, quem conseguiu voltar ao estado de serenidade e controle emocional primeiro, conseguiu sentir menos os impactos da pandemia.

O mercado pós-crise certamente não será o mesmo, pois padrões de consumo foram alterados durante esse período. Entretanto, acredito que a mudança será mais significativa do ponto de vista comportamental do que físico. Muito embora o *home office* seja uma alternativa relevante e já considerada por boa parte das empresas, é o comportamento do profissional que sofrerá essa mudança de forma mais impactante, já que muitos observaram o quanto é possível produzir desde que se esteja comprometido com a tarefa. Não é o meio que nos molda, mas principalmente a nossa vontade de fazê-lo. E profissionais focados, com propósito definido e que se adaptam mais facilmente a mudanças, estarão em destaque nesse novo mercado contratante.

Os valores estão em voga também. O retorno às atividades levantará questões pessoais como nunca visto. Pessoas que se viram produtivas mesmo trabalhando de forma remota, e ainda conseguiram conciliar o trabalho com outras atividades, como exercícios ou acompanhamento das atividades escolares dos filhos, dificilmente se readaptarão à rotina estressante do trânsito das grandes cidades, por exemplo. A liderança será cada vez mais uma condicionante para manter o equilíbrio da equipe em busca de um propósito comum ao grupo, e líderes doutrinadores, autoritários, serão, aos poucos, naturalmente eliminados do mercado. As pessoas cada vez mais buscarão empresas, grupos e líderes em que possam se inspirar e manter o equilíbrio entre a vida pessoal e a profissional.

5. Com base no que você vivenciou, quais recomendações e mensagens de esperança gostaria de compartilhar com outros líderes?

A preparação não acontece da noite para o dia. Deve ser um processo contínuo, de busca pelo conhecimento, por estabelecimento de metas, definição clara e objetiva dos valores essenciais à sua vida e, principalmente, do SEU propósito. Viva o dia a dia mantendo essas premissas, independentemente de estar atravessando um mar calmo, pois, quando chegar a tempestade, você estará mais apto a atravessá-la.

Manter a mente serena é um desafio que deve ser trabalhado diariamente também. Líderes devem ser ponto de equilíbrio aos grupos liderados, então, mais que qualquer outro, precisa manter a calma e a serenidade necessárias para tomar as decisões mais assertivas e conseguir direcionar a equipe ao melhor caminho possível.

Importante nunca esquecer que as equipes são compostas de seres humanos. Sendo assim, é necessário se colocar no lugar de cada um, entender o que se passa, ter empatia. Ótimas oportunidades podem ser desperdiçadas quando não estamos abertos a ouvir o outro.

E mantenha sempre um "plano B" em mente, independentemente se tem o controle da situação ou não. Analisar os riscos do negócio e alternativas possíveis é um exercício que deve ser realizado continuamente. Acredito que ninguém no mundo estava preparado para esse tipo de pandemia que enfrentamos hoje, mas certamente os que tinham alguns modelos de alternativa mapeados conseguiram se reinventar mais rapidamente.

Por fim, tenha em mente que, mesmo em situações graves, você não precisa renunciar a seus valores pessoais. Inclusive, é nos momentos mais críticos que as tentações aumentam de frequência. Cuidado com essas armadilhas para não criar um cenário ainda mais avassalador após o término do período. Tudo na vida passa. Tudo acontece em ciclos. A única certeza que temos é do nascimento e da morte. O meio do percurso, nós construímos conforme nossas escolhas. O legado que deixarmos será fruto do conjunto dessas decisões tomadas ao longo da vida. Então esteja desperto para não ceder às tentações momentâneas. Acredite no seu potencial. Reflita sobre suas escolhas e siga o que sua intuição direcionar. Viva sem medo e agradeça a todas as oportunidades que a vida oferecer.

LIDERANÇA DA ALTA GESTÃO EM TEMPOS DE CRISE

Desafios e Aprendizados

Cineide Jorge

Empresa:

RB

Cargo/Função:

Diretora de Recursos Humanos

1. Quais foram os principais desafios vivenciados neste momento de crise provocados pela COVID-19?

De uma hora para outra, o mundo parou, e tivemos que nos reinventar em ritmo acelerado para lidar com os desafios causados por um inimigo invisível, Covid-19.

Criamos um comitê de contingenciamento composto pelos CEOs e as lideranças da RB, Rede de Benefícios, especializada em Gestão de Benefícios, para planejar ações visando preservar vidas e a operação da empresa. Neste momento, estávamos diante de um imenso desafio, pois tudo era novo para nós.

Aqui registro o nosso agradecimento aos gestores e CEOs que possibilitaram com maestria, união e coragem a construção do plano de contingenciamento. Com um misto de sentimentos, fomos elencando os nossos desafios:

- Orientar os colaboradores sobre as ações que seriam tomadas no intuito de evitar a transmissão do vírus na empresa;
- Colocar 95% do time de 300 colaboradores em *home office*, em cinco dias, e proporcionar a infraestrutura necessária;
- Capacitar a equipe para trabalhar nessa nova modalidade;
- Manter as relações humanizadas, mesmo a distância (modelo *home office*);
- Apoiar emocionalmente os colaboradores;
- Manter a comunicação alinhada e o engajamento da equipe;
- Redefinir a oferta de valor da RB, tendo em vista a situação;
- Manter o negócio e a empregabilidade;
- Cancelar viagens;
- Criar em tempo recorde um "novo normal" corporativo;
- Mudar a cultura da empresa.

2. Quais foram as ações implantadas?

Com o avanço da Covid-19, agimos com rapidez, bom senso e unidos pelo propósito.

Na primeira fase do plano de contingenciamento foram implantadas as ações:

- Orientar os colaboradores sobre a Covid-19 e as prevenções para evitar a transmissão do vírus;

- Intensificar os procedimentos de limpeza e higienização, além dos já executados como rotina;

- Disponibilizar álcool gel em diversos pontos da empresa;

- Reorganizar o *layout* do espaço de trabalho para distanciar as pessoas em suas áreas;

- Realizar reuniões virtuais com nossos clientes.

Tendo em vista o agravamento da situação, passamos à segunda fase do plano de contingenciamento, que foi complexa e em alta velocidade de ações:

- Adotar medidas de trabalho *home office*;

- Comunicar o plano estratégico em combate aos efeitos da Covid-19, visando a garantia e manutenção do emprego e os ajustes necessários em todos os níveis;

- Promover treinamentos específicos por área, visando melhor desempenho nessa nova realidade de trabalho;

- Implantar nova rotina de gestão a distância e acompanhamento de produtividade;

- Realinhar o plano tático de vendas;

- Realizar reuniões virtuais com equipes e clientes;

- Suspender as viagens a trabalho;

- *Happy hour* virtual;

- Solicitar aos nossos prestadores de serviços o plano de ação desenvolvido por eles mediante o cenário atual;

- Comunicar nossos clientes sobre as ações adotadas;

- Monitorar as ações dos órgãos governamentais nas esferas federal, estadual e municipal, relacionadas às atualizações sobre os planos de ação, de modo a nos mantermos em linha com as políticas de combate e prevenção estabelecidas pelo poder público.

3. Quais foram os aprendizados para a sua vida nas áreas pessoal e profissional?

Nos últimos meses, reinventamos nossa forma de trabalhar, consumir, liderar, conviver em sociedade, planejar e ver o mundo.

Diante de um cenário completamente diferente de tudo o que já vimos, aderimos rapidamente a novas formas de fazer as coisas, mesmo com inúmeras dificuldades e incertezas.

Isso acontece em diversos âmbitos, desde o trabalho remoto, educação a distância e responsabilidade social das empresas, até questões mais profundas como sustentabilidade, minimalismo, solidariedade e empatia.

A atual crise está acelerando as mudanças que já eram necessárias, permitindo repensar nossos próprios valores, levando-nos a revisar nossas crenças mais profundas e a reformular tudo o que poderia e deveria ser diferente. Estamos nos reinventando de dentro para fora.

Em meio à evolução da Covid-19, as empresas estão se esforçando para mitigar a interrupção dos negócios e garantir o bem-estar de seus funcionários. Esse novo cenário trouxe um grande desafio para as equipes de Recursos Humanos, por sua atuação estratégica em ações contingenciais, mudanças e administração dos riscos sociais que contribuem para o clima e resultados organizacionais:

- Os impactos e riscos sociais (saúde física, intelectual, emocional e social dos empregados) das atuais mudanças nas organizações;
- A confiança como valor intangível nas novas formas de trabalho;
- Os pilares de sustentação na relação entre liderança e liderados;
- O preparo das lideranças para o novo modelo de gestão de pessoas.

Contudo, se manter sensível e atento às demandas e aos sentimentos que o distanciamento provoca nas pessoas é um exercício que exige empatia.

Agradeço a nossa equipe de Recursos Humanos, que exerce a missão de servir com excelência, transparência e carinho. Tenho a honra de fazer parte desse brilhante time.

Claro que é uma nova forma de se comunicar, mas não podemos perder a gestão humanizada e personalizada que temos como propósito. É uma nova luta em nós mesmos, pois sabemos que não podemos abraçar e apertar as mãos em um momento tão vulnerável para todos. É um exercício fantástico de concentração e humildade, para respeitar a superação de cada um e os nossos próprios limites. O não afastamento dos problemas diários da organização e da vida pessoal também fazem parte desta nova rotina.

Adaptar-se, superar-se e principalmente dar mais valor ao outro são nossas missões. "Juntos somos mais fortes" é a grande lição dessa pandemia, dependemos muito uns dos outros para construir soluções impostas pelo mercado e pela vida.

4. Qual a sua visão e quais as suas expectativas para o pós-crise?

O mundo em pandemia e pós-pandemia será diferente, uma coisa é certa: o mundo não será como antes.

A pandemia antecipa mudanças que já estavam em curso, como o trabalho remoto, a educação a distância, a busca por sustentabilidade e a cobrança, por parte da sociedade, para que as empresas sejam mais responsáveis do ponto de vista social.

Outras mudanças estavam mais embrionárias e talvez não fossem tão perceptíveis ainda, mas agora ganham novo sentido diante da revisão de valores provocada por uma crise sanitária sem precedentes para a nossa geração. Como exemplos, podemos citar o fortalecimento de valores como solidariedade e empatia, assim como o questionamento do modelo de sociedade baseado no consumismo e no lucro a qualquer custo.

As transformações serão inúmeras e passam pela política, economia, modelos de negócios, relações sociais, cultura, lazer, gastronomia, entretenimento, psicologia social e a relação com a cidade e o espaço público, entre outras coisas.

Estamos vendo empresas transformando os seus modelos de negócios e outras enxugando os seus quadros, a fim de sobreviverem à crise causada pela Covid-19, bem como o surgimento de novas profissões, para atender às demandas de mercado. Esse novo mercado de trabalho será suportado 100% pela cultura digital, no qual a inovação muitas vezes oferecerá a liberdade na independência dos colaboradores quanto aos seus locais de trabalho, em troca de maior eficiência nos seus cumprimentos (e superações) de metas. Atividades que ganharam versões *on-line*, supermercado *on-line*, aulas a distância, transmissões ao vivo de artistas em redes sociais, exercícios físicos com acompanhamento de aplicativos, reuniões corporativas por videochamada e atendimento médico *on-line*, entre outros.

Em meio a tudo isso, o protagonismo dos profissionais de Gestão de Pessoas se torna visível no mercado. Coube ao RH se fortalecer para cuidar do bem-estar de seus colaboradores, atuando ativamente na promoção da saúde mental (especialmente por conta dos sentimentos de angústia, tristeza e depressão proporcionados pelo isolamento social) e no desenvolvimento de ações preventivas contra a pandemia. Os profissionais de gestão de pessoas se reinventaram e duas dimensões exigiram atenção especial:

- A primeira delas é garantir a infraestrutura do funcionamento da área típica de RH: os processos, segurança, pagamentos, benefícios, remuneração, treinamento, recrutamento e seleção, cumprimento de legislação trabalhista etc. Essa área terá que funcionar com alta eficiência e utilizar todas as ferramentas e tecnologias já disponíveis para gestão desses processos e geração de informações úteis. Já a segunda dimensão diz respeito a contribuir para a formatação e disseminação da cultura da empresa, que será advinda do enfrentamento dessa crise. O profissional de RH precisará ser mais empático e estratégico do que nunca. As relações de trabalho irão mudar, a dinâmica de líderes e liderados será alterada, será preciso traçar o novo perfil dos profissionais do futuro, dentre outras ações contributivas na transformação cultural que está a caminho.

Haverá uma complexidade maior, pois tudo é novo e ainda não sabemos o que virá. Não existe nenhum "*best case*" para ter uma base. Portanto, a capacidade de solucionar problemas complexos de forma criativa será mandatória.

O *mindset* inovador tende a ser, cada vez mais, uma condição para aqueles que querem manter-se no mercado.

As empresas já estão se adaptando às mudanças de comportamento do consumidor, mas é preciso entender as mudanças de comportamento dos colaboradores e como as transformações impulsionadas pelo novo coronavírus impactaram a rotina de trabalho e o dia a dia dessas pessoas.

Por isso, no "novo normal" o RH deve focar ainda mais no capital humano da empresa, entender os anseios enfrentados neste momento, como conduzir a uma nova realidade, ou a permanência das transformações que já ocorreram.

5. Com base no que você vivenciou, quais recomendações e mensagens de esperança gostaria de compartilhar com outros líderes?

Tenha um propósito claro de vida e tenha fé.

Acredito que somos movidos por esses pilares. Saber aonde se quer chegar – e, sobretudo, dispor da energia necessária, seguindo os ensinamentos da palavra de Deus, a vida tem sentido.

A vida já pregou alguma peça que tirou você da zona de conforto?

Não se assuste! Esses desafios são apenas alguns dos caminhos para elevar o seu amadurecimento e ensinar, através da superação, que você é muito mais forte do que pode imaginar.

Tenha a certeza de que você não é o primeiro e não será o último a passar por isso e que, com força e determinação, você é capaz de superar obstáculos. E lembre-se: não há crise ou problema que dure para sempre.

Está em suas mãos extrair o melhor de cada situação, mesmo as mais difíceis, isso faz parte da sua evolução. Faça de cada experiência uma lição de vida.

Ao lançar um breve e pouco analítico olhar sobre as estatísticas, deparamo-nos com números sem nomes, de pessoas com depressão, outras contaminadas pela Covid-19, outras desempregadas; em alguns casos, os três números são representados por um único ser humano.

É nesse momento que olhamos para o alto e pensamos: nós estamos aqui para cumprir uma missão. Temos um propósito e somos recrutados para manifestá-lo muito além de nossas vidas corriqueiras, aquelas que ficaram para trás e ganharam um novo sentido: o da solidariedade, do significado verdadeiro de empatia – que deixou de ser uma *hashtag* em alta nas redes sociais e passou a integrar as nossas práticas, com legitimidade e profundidade.

Como executiva de Recursos Humanos, posso afirmar que nunca, em tempo algum, dediquei tanto tempo ao próximo, muito além das melhores práticas e de ações corporativas. Um novo tempo para nós, de RH, desenhou-se e, então, fomos presenteados, primeiro com planos de ação que exigiram de nós uma incrível capacidade de olhar para a grande figura e priorizar as grandes linhas – o que nos pareceria inconcebível em outros tempos. Depois, com todos em suas casas (com ou sem estrutura), um olhar pragmático sobre as questões legais, ergonômicas, trabalhistas e práticas, em busca de uma normalidade contingencial. Por último, passamos a olhar individualmente o outro, aquele que é separado de nós pelas fendas sociais que se abriram ainda mais, em distância e profundidade. As diferenças que se acentuaram podem e devem ser minimizadas por nós, que gozamos de condições mais abastadas. Temos voz junto às empresas e a organismos da sociedade que podem apoiar-nos na missão de reconstruir este grande país, mas tal reconstrução precisa beneficiar, da forma mais plena possível, aqueles que ficaram invisíveis, do outro lado do abismo social, aberto por uma crise sanitária que adquiriu proporções inimagináveis e desdobramentos que, por mais assíduos leitores que sejamos, não alcançamos a agudez das condições nas quais vivem os nossos semelhantes nos rincões de terra batida e nos cinturões sem saneamento básico.

Se antes nos preocupávamos com o preço do combustível, com o trânsito que enfrentaríamos até a casa de espetáculos, na qual assistiríamos nosso cantor favorito, ou com os pulgões no jardim, agora, dentro de nós, guardamos preces elevadas, oportunidades ímpares de autoconhecimento, verdadeiras práticas de resiliência e a adoção da empatia como norte fixo em nossa jornada terrena. Se você está lendo estas páginas, é um experiente navegador que sobreviveu a tempestades nunca vividas na contemporaneidade. Então, eleve seus olhos ao Alto, mantenha-se firme em seu propósito e conduza tantos quantos puder ao novo horizonte. E lembre-se:

"Você não pode mudar o vento, mas pode ajustar as velas do barco para chegar aonde quer." **Confúcio**

Clarissa Schmidt da Rocha

Empresa:
Wiz

Cargo/Função:
Administradora – Diretora de Gente e Gestão

1. Quais foram os principais desafios vivenciados neste momento de crise provocados pela COVID-19?

Em um curto espaço de tempo, tivemos que nos reinventar e descobrir novas formas de trabalho, garantindo acima de tudo a segurança e saúde do nosso time. Hoje temos quase 2.400 colaboradores e atuamos em mais de 400 municípios brasileiros. Além do desafio geográfico, possuímos mais de 700 colaboradores em operações de teleatendimento, o que nos acrescentou um desafio ao alocar todo o time em *home office*. Adicionalmente, além do próprio formato do trabalho, mudaram-se as interações, as competências necessárias, as preocupações, a forma de se comunicar. Tivemos que nos reinventar enquanto empresa e enquanto profissionais, encontrar formas de garantir produtividade à saúde financeira da empresa, prezando pelo nosso time. Temos orgulho de ter mantido o nosso quadro de colaboradores, não fazendo desligamentos em virtude da pandemia. Não chegamos a aderir ao movimento "sem demissões", pois precisamos continuar garantindo a alta performance do nosso time, mas o novo coronavírus não nos impactou em reduções de quadro, até agora. Nosso lema durante toda a pandemia é: "Nós cuidamos dos *wizzers*, para que eles cuidem da *Wiz*".

2. Quais foram as ações implementadas?

A estratégia de atuação da *Wiz* para a Covid-19 foi pautada por cinco principais pilares: prevenção e saúde, produtividade, desenvolvimento, transparência e comunicação e responsabilidade social.

Na frente de Prevenção e Saúde, quando começaram os primeiros movimentos de *lockdown*, imediatamente nos preparamos para permitir que nossa operação pudesse atender remotamente. Muito embora as áreas de *staff* e algumas frentes comerciais estivessem mais acostumadas com modelo remoto e foram imediatamente direcionadas para o *home office*, outras operações trabalhavam com *desktops* e outro método de trabalho. Para garantir as configurações necessárias nos computadores de mais de 700 colaboradores (que não usavam *notebook*), formamos o nosso time de gestores nas questões tecnológicas necessárias, como acesso à VPN, configurações de máquinas aos sistemas etc. E, assim, realizamos uma operação de guerra e fomos capazes de colocar todo o time trabalhando de forma remota em menos de cinco dias. Para os colaboradores que não dispunham de computadores pessoais, nós emprestamos *notebooks* da empresa para todos, levando até a casa de cada colaborador o equipamento necessário.

Parte do nosso time precisou ter os contratos suspensos, pois eram pessoas da linha de frente com o público, e além de poderem ter a saúde afetada pelo vírus, pela característica do produto ofertado não fazia sentido continuarmos no atendimento. Ainda assim, garantimos para esse time o pagamento de 135% do valor da remuneração fixa e mantivemos todos os benefícios, para que esses colaboradores tivessem o suporte financeiro mínimo necessário para sua família.

Apenas 2% dos nossos colaboradores precisaram manter suas atividades nos escritórios e, ainda assim, todas as medidas de saúde e higiene foram adotadas, como uso de máscaras, álcool gel, rodizio de colaboradores, distância mínima de 2 metros e higienização dos ambientes, entre outras.

Pela razão de historicamente investirmos em tecnologias em nuvem, além de implementação e criação de *softwares* que tornassem os processos da empresa mais digitais, a migração do físico para o digital foi consideravelmente menos dolorida para a nossa empresa.

No decorrer de todo o período, disponibilizamos informativos incansáveis sobre combate e prevenção à pandemia e informações oficiais, garantindo o conhecimento necessário para nosso time.

Na frente de Produtividade, a nossa preocupação foi em criar o espaço e suporte necessário para minimizar os impactos negativos nas entregas do time que estivesse trabalhando remotamente. Em algumas áreas, a rotina física replicada à virtual foi suficiente, em outras, foi necessário criar mais pontos de contato com os times para garantir a cadência dos processos. Inspirados pelo modelo ágil, que já é bem comum na nossa empresa, adicionamos *Dailys* e *Weeklys* em alguns times comerciais, garantindo esse contato constante, que presencialmente é comum, mas virtualmente passa a ser difícil.

Processos e métodos de governança da empresa, como pontos de controle mensais com o CEO e reuniões de alinhamento, passaram a ocorrer facilmente de forma virtual, pois já tínhamos ferramentas e *softwares* que nos suportavam para isso.

Por último, não deixamos de acompanhar os indicadores de produtividade do time, como NPS, resultado de vendas, completude de *roadmap* previsto a fim de individualmente, se a mudança havia gerado ou não impacto no dia a dia.

Tratando do nosso terceiro pilar, Desenvolvimento, esse assunto não poderia deixar de ser uma frente, pois está no nosso DNA: além de integrar nossa proposta de valor para o time, o Propósito da *Wiz* enquanto empresa é "estimular o desenvolvimento das pessoas para uma sociedade cada vez melhor". Apesar do desenvolvimento dos *wizzers* já fazer parte do nosso dia a dia, não quer dizer que não foi necessário nos adaptar à nova realidade. Primeiro pelo fato de que algumas dessas experiências ocorriam presencialmente, inclusive temos um espaço físico dedicado à nossa Universidade Corporativa, chamada *Wizity*. Ainda que muitos treinamentos fossem virtuais, em virtude da nossa vasta atuação, precisamos reformular todo o *roadmap* para atuar digitalmente. Felizmente, aqui também já contávamos com uma plataforma tecnológica que nos permite acesso a todo o conteúdo e experiencia de forma digital. Além desse fato, adicionamos a necessidade de desenvolvimento de novas competências. Até então, não era prioridade falar de *home office*, como ser produtivo no trabalho remoto, como gerir times remotamente, como dar *feedback*, como manter a saúde mental em tempos de isolamento. Foram muitos os assuntos, nos quais tivemos que mergulhar e preparar nosso time para enfrentar a pandemia da melhor maneira possível. Criamos uma experiência chamada "Em Casa com a *Wizity*", que semanalmente trazia um tema novo, relacionado à pandemia, seja de *hard* ou de *soft skills*.

Transparência e Comunicação, nosso quarto pilar, parece óbvio, e o mínimo necessário para qualquer empresa. Mas em tempos de pandemia, onde as pessoas estão mais inseguras, ansiosas e estressadas, a falta ou dificuldade de acesso à informação potencializa essas angústias. Prezamos por ser transparentes e comunicar em excesso, se fosse o caso, cada passo que a companhia dava em relação ao isolamento e pandemia. Não estando no ambiente do escritório, a informação já não é mais tão rápida e fluida, além disso, não queríamos dar espaço para a "rádio corredor" (virtual, claro), mas sim garantir que qualquer comunicado, mudança ou até mesmo resultado da empresa fossem primeiramente divulgados pelos executivos. Nosso CEO criou a rotina de fazer de dois a três vídeos semanais informando nosso público sobre os principais acontecimentos, passamos a acompanhar cada caso de colaborador infectado por Covid-19 e comunicar ao time os principais números.

Por último, um dos pilares que a *Wiz* valoriza, e tem muito orgulho, é sua atuação social, são vários os projetos que a *Wiz* realiza, para que possa contribuir com a redução da desigualdade no país, e durante a pandemia não seria diferente. Entre algumas de nossas frentes, participamos de um movimento solidário em parceria com um de nossos acionistas que busca gerar renda em municípios de extrema pobreza no país. Como era de se esperar, o município que temos atuado momentaneamente precisou de muitos recursos e a *Wiz* e todos os *wizzers* não deixaram de dar o apoio necessário com ações de arrecadação de cestas básicas para o município de Belágua, no interior do Maranhão. São muitas frentes, mas não pararemos por aí. A pandemia tem nos ensinado muitas coisas e certamente seguiremos nos aperfeiçoando enquanto empresa.

3. Quais foram os aprendizados para a sua vida nas áreas pessoal e profissional?

Se precisássemos resumir em uma palavra o que este período de Covid-19 representa, não tenho a menor dúvida que seria APRENDIZADO.

Profissionalmente falando, aprendi que nós sempre somos capazes de nos adaptar, quando QUEREMOS, não apenas quando PRECISAMOS. Assim como todas as empresas, nós da *Wiz* não estávamos preparados para uma pandemia e foi impressionante ver a dedicação e empenho de todos para fazer essa virada. Tive muito orgulho da nossa empresa e do nosso time, que pouco a pouco foram descobrindo, aceitando e se reinventando para essa nova maneira de trabalhar.

Além disso, eu realmente tinha dúvidas sobre a minha capacidade de ser produtiva e focada em *home office*, e fiquei positivamente surpresa, com a capacidade de concentração e priorização de demandas. Obviamente o fato de (ainda) não ter crianças em casa ajuda, mas alguns hábitos contribuem bastante, principalmente manter a rotina: acordo, tomo banho, café, me arrumo para ir trabalhar no quarto ao lado. Meu espaço é reservado para o trabalho, com tudo o que eu preciso em mãos, para não interromper a concentração. Ainda tenho dificuldade em respeitar alguns horários, pois em casa a sensação é de que ficamos 24 horas no trabalho, mas é algo que me policio para monitorar e percebo já grandes avanços em relação a isso. Foi necessário também observar o mundo ao meu redor com um olhar mais positivo e de esperança. Por mais clichê que pareça, ver as coisas pelo lado meio cheio do copo me ajudou a manter minha sanidade. Antes eu só observava a vista de prédios da minha casa, agora eu observo o céu. Antes eu só me incomodava com a pia de louça para lavar, hoje eu sou grata por ter alimento todos os dias na mesa. Antes eu me incomodava com o excesso de informação todo dia, hoje eu agradeço o fato de poder ter informação em tempo real, que me garante conhecimento e instrução. Mais do que nunca, tive que levar mais a sério a questão da saúde mental e física. Passar por este momento desafiador sem olhar com carinho para essas duas frentes me parece insano, quando falamos de viver uma crise, focando no conceito da palavra, nada mais é do que experienciar uma situação de mudança, que nos tira da nossa constância habitual e naturalmente impacta o equilíbrio emocional. Dessa forma, não cuidar de nós mesmos não é uma opção.

4. Qual a sua visão e quais as suas expectativas para o pós-crise?

Ainda não sabemos até quando esta crise irá durar, os números ainda são muito inconstantes e não há nada definitivo. Contudo, já é possível ver o "novo normal" se instalando. O trabalho remoto passa a ser uma opção para muitas empresas até então "céticas" quanto ao tema, pois o afastamento social mostrou que ele é possível para muitas realidades. Com isso, outras dinâmicas são afetadas: os escritórios, por exemplo, as empresas, além de passarem a avaliar seus espaços garantindo menos proximidade e aglomeração, podem se tornar mais espaços rotativos e de *coworking*, reduzindo custos de aluguéis, luz e energia, por exemplo. Ainda que tenhamos empresas que não adotarão modelos 100% remotos, há ainda a opção de modelos híbridos, que podem garantir ganhos similares. Os colaboradores passam a não precisar necessariamente morar na cidade da sede da empresa, expandindo o leque de talentos que uma companhia pode ter, pois antes havia limitação geográfica, que no modelo remoto não exige mais. Como RH, o digital precisará estar em todos os nossos processos: como contratação, fazemos *onboarding*, desenvolvemos e, principalmente, criamos e fortalecemos a nossa cultura neste novo modelo.

Quanto às organizações, acredito que os executivos irão reinventá-las, identificar outras formas de fazer o mesmo processo, novos negócios que garantam diversificação do portfólio da empresa e, principalmente, como definitivamente colocar a transformação digital como pilar definitivo na dinâmica do negócio.

5. Com base no que você vivenciou, quais recomendações e mensagens de esperança gostaria de compartilhar com outros líderes?

A liderança tem papel fundamental neste momento em que estamos vivendo, ser líder não é uma tarefa fácil e deve ser uma escolha. Nós somos os responsáveis por manter a empresa viva, garantir resultados e ser exemplo de cultura e valores. Muito é exigido de nós diariamente e mais ainda neste momento que estamos passando. Nosso papel é tentar reduzir essa grande crise para o nosso time. Não podemos desistir e não podemos abandonar o barco, assim como um capitão de um navio.

Porém, a recompensa de todo esse esforço acontece a cada desafio alcançado, a cada vibração coletiva por um resultado positivo da empresa e, principalmente, a cada gesto de gratidão que recebemos de um time que se sente protegido, acolhido e protagonista do que estamos criando dentro da nossa empresa.

O que tenho levado comigo durante este período é simples: tenho certeza de que não sairemos deste momento iguais, mas certamente sairemos melhores, só depende de nós.

Daniely Gomiero

Empresa:
Claro e Instituto Claro

Cargo/Função:
Vice-Presidente de Projetos do Instituto Claro
e Diretora de Comunicação Interna
e Responsabilidade Social Corporativa da Claro

1. Quais foram os principais desafios vivenciados neste momento de crise provocados pela COVID-19?

Acredito que os desafios foram muitos. O primeiro deles era compreendermos a gravidade do cenário, todos os seus impactos e todas as suas demandas. Em seguida, nos organizarmos e nos articular rapidamente para encampar ações de enfrentamento à pandemia, dentro e fora de casa. Tudo isso, é claro, sem deixar que os projetos regulares parassem e tendo um olhar ainda mais cuidadoso para o nosso time, as nossas pessoas: a preocupação com a saúde física e mental de nossos colaboradores e de suas famílias, neste momento de riscos, de isolamento, de distanciamento social e de mudança completa na rotina de vida e de trabalho, foi e está sendo fundamental para seguirmos realizando, nos apoiando e vencendo a cada dia, um dia após o outro, com força, fé e resiliência. Desde o primeiro dia, entendemos que somos parte da solução e isso nos fortalece para atravessar o momento e fazer a nossa parte.

2. Quais foram as ações implementadas?

Abrimos diversas frentes de atuação pela Claro e pelo Instituto Claro. Olhando para o cenário nacional, a Claro se uniu às demais operadoras de telecomunicações para informar a sociedade sobre a Covid-19. A ideia era contribuir com serviço de utilidade pública e informação de qualidade em um momento de tanta preocupação e desinformação. A Claro também abriu os canais de cultura e entretenimento para amenizar as dificuldades e o impacto do isolamento social no começo da quarentena, entre outras ações, realizadas por esse pool inédito de concorrentes unidos por uma mesma causa.

A nossa área Claro Empresas criou um *hub on-line* para reunir iniciativas de apoio a pequenas e médias empresas, que tanto vêm sofrendo com os efeitos da pandemia, além de desenvolver a iniciativa "*Push do Bem*": pequenos e médios empreendedores cadastrados em nossa plataforma têm a oportunidade de ter os seus serviços e produtos divulgados por SMS para clientes Claro próximos de seus estabelecimentos. A Claro ainda se uniu à plataforma Descomplica (um curso de preparação pré-vestibular) e incluiu de graça todo o conteúdo dessa plataforma para seus clientes do produto pré-pago, além de permitir que os jovens que precisam se preparar para as provas possam acessar o Descomplica sem consumir tráfego de dados de seu plano de celular – iniciativa fundamental para reduzir a igualdade na Educação em um momento tão decisivo. Além disso, foram transmitidas em nossos canais próprios de TV por Assinatura várias *lives* dos mais renomados artistas brasileiros e do mundo, com objetivo de fazer doações para causas e instituições que estão na luta pelo combate à Covid-19.

Pelo Instituto Claro, decidimos apoiar a CUFA – Central Única das Favelas – na campanha "*Mães da Favela*". Por meio do nosso programa de voluntariado, o Conexão Voluntária, criamos uma campanha de arrecadação de doações em dinheiro para apoiar as mães das comunidades brasileiras que se encontram em situação de vulnerabilidade, com dois auxílios mensais em dinheiro. A ideia é que essas mulheres guerreiras e esteios de suas famílias possam adquirir os itens que estejam faltando em casa para passar por esse momento complexo, em que a maioria não consegue trabalho, de uma forma um pouco mais tranquila. Além, é claro, de fazer a economia girar nessas comunidades, onde os pequenos empreendedores também sofrem com os efeitos da falta de recursos financeiros das pessoas e do isolamento social. A iniciativa Claro Clube, nosso clube de vantagens e de relacionamento com os clientes Claro, abraçou a nossa causa e permitiu que nossos clientes transformassem seus pontos acumulados em dinheiro para fazer a doação para a CUFA. Nossos colaboradores, parceiros, fornecedores, seus amigos e familiares se engajaram, gerando uma grande corrente do bem que vai permitir que mais de 5.800 mães recebam seus auxílios em dinheiro. Nos orgulhamos muito dessa mobilização e da sensibilidade com que todos os nossos *stakeholders* se mobilizaram por essas mulheres. Nós também apoiamos a divulgação de outras campanhas de extrema importância e relevância neste momento, como as do UNICEF e Médicos sem Fronteiras, entre outras instituições.

O portal de conteúdo do Instituto Claro também preparou diversos materiais pedagógicos para apoiar os professores brasileiros neste momento de transição do ensino presencial para o modelo *on-line*. Os desafios dos educadores são muito grandes neste momento e entendemos esse apoio como fundamental dentro do nosso pilar de Educação. Também foram produzidos planos de estudos para os nossos jovens, com o objetivo de apoiá-los nessa transição.

3. Quais foram os aprendizados para a sua vida nas áreas pessoal e profissional?

Todos os dias eu digo essa frase, repito como um mantra para mim e para todos os que convivem comigo: "Nós somos parte da solução". Não há como nos eximir da nossa responsabilidade enquanto cidadãos, enquanto empresas ou organizações da sociedade civil. É imprescindível que todos que estejam na privilegiada posição de poder fazer algo pelo semelhante que o façam. O olhar sensível para a dificuldade e a dor do outro deve nos conduzir a um caminho de ação, de mobilização, que possa mudar a triste realidade dos mais vulneráveis, potencializada neste momento de exceção. Nós podemos mudar realidades, transformar vidas e engajar mais gente em causas que realmente importam.

Outra crença que se fortaleceu neste momento é a de que cuidar das pessoas é fundamental em qualquer organização. São elas que estão na linha de frente e precisam se sentir seguras, apoiadas, respeitadas nas necessidades do isolamento social, ouvidas em suas dificuldades. Esse olhar humanizado para o momento e para todo o nosso time de mais de 40.000 colaboradores fez com que atravessássemos os três primeiros meses de isolamento e de pandemia realizando muito, conectando as pessoas para uma vida mais divertida e produtiva, como diz a nossa missão. E agora, mais do que nunca, nossa missão também é conectar para uma vida mais segura – contribuindo para que a Covid-19 possa ser mais vencida do que vencer a cada dia. Creio que mesmo distantes, nunca estivemos tão juntos. E realizando tanto.

4. Qual a sua visão e expectativas para o pós-crise?

Acredito que os aprendizados estão sendo intensos e diversos. É claro que o cenário é muito, muito triste e cruel, mas precisamos cuidar do agora sem deixar de pensar que teremos desdobramentos positivos em médio e longo prazos. Estaremos mais conectados, vamos valorizar mais as nossas relações pessoais, cuidar mais do meio ambiente, da nossa saúde e ganhar um olhar ainda mais generoso para o outro. Vamos aprender a nos adaptar cada vez mais rapidamente. E, para mim, o principal desses aprendizados é que se um de nós não está bem, nenhum de nós está. A nossa relação de interdependência e uma visão menos autocentrada da vida se mostraram fundamentais para a sobrevivência de todos.

5. Com base no que você vivenciou, quais recomendações e mensagens de esperança gostaria de compartilhar com outros líderes?

Acredite, cuide e valorize suas equipes. A nossa humanidade e o respeito ao próximo é que nos fazem atravessar este momento e qualquer outra dificuldade que venhamos a enfrentar com mais segurança e fé no futuro. A nossa agilidade e o desapego a antigos padrões e conceitos fazem toda a diferença. Sejamos parte da solução. Juntos.

LIDERANÇA DA ALTA GESTÃO EM TEMPOS DE CRISE

Desafios e Aprendizados

Dante Mantovani

Empresa:

DMHD Desenvolvimento Humano

Cargo/Função:

Transformador de Líderes

1. Quais foram os principais desafios vivenciados neste momento de crise provocados pela Covid-19?

Meu primeiro desafio foi e continua sendo a mudança da demanda na minha área de atuação, a aprendizagem corporativa. Recentemente constatou-se um aumento de 63% na procura por cursos *on-line*, segundo estatísticas do *Google*. Sou *coach*, professor e *trainer* e tive de realizar rapidamente a virada de chave para a aprendizagem a distância, para entregar os *workshops* e as aulas de pós-graduação. Porém, isso não foi novidade para mim no que concerne ao *coaching*, pois já o fazia por *Skype*. O lado divertido disso tudo é que também sou "aluno a distância", no programa de doutorado da FEA: experimento os dois lados da cadeira.

O segundo desafio foi gerar mais visibilidade "*on-line*" para minhas atividades e criar oportunidades de trabalho nesses tempos de "*Low Touch Economy*", termo que aprendi recentemente nos excelentes relatórios produzidos pela consultoria *Board of Innovation*. Esse termo refere-se à nova maneira como as empresas em todo o mundo foram forçadas a operar a partir da Covid-19.

O terceiro desafio permeia e transcende os outros dois: lidar com a avalanche de emoções, minhas e dos outros, frente a esse período de incertezas políticas e econômicas, e a preocupação em me manter com boa saúde.

2. Quais foram as ações implementadas?

No começo do ano, planejei com uma cliente a segunda entrega de uma trilha de aprendizagem, prevista para fevereiro: um *workshop* presencial sobre gestão de carreira. Perto da data do evento, veio a solicitação para adiar tudo para depois da pandemia. Depois de alguns dias, passado o choque, entrei novamente em contato com a cliente e argumentei que, se esperássemos muito tempo, as pessoas, que fizeram o primeiro módulo no final do ano passado, sentiriam a perda da continuidade - com o que ela concordou. Então propus: "E se fizéssemos pelo *Zoom* para evitar essa demora?". A ideia foi aceita e assim que nasceu a minha primeira entrega de conteúdo de aprendizagem *on-line,* depois de muita preparação:

fiz excelentes cursos oferecidos pelas escolas de negócio Idea9 e FGV e frequentei os *webinars* oferecidos gratuitamente pela *Harvard Business School* sobre o tema, incluindo o valioso compartilhamento de práticas proporcionado pelo professor Bill Schiano.

Ao final do *workshop*, fiz uma rápida pesquisa e constatei que as pessoas consideraram que o evento *on-line* foi tão bom quanto o presencial, alguns apontaram que foi até melhor. Esse retorno deve ser levado em perspectiva: não se pode deixar de considerar que hoje, em plena pandemia, existe uma maior abertura para o aprendizado a distância, pelo fato de ser praticamente a única alternativa. Ainda assim, me senti confiante e feliz por superar minhas próprias crenças limitantes e preconceitos a respeito dessa forma de aprendizagem.

Em que pese que eu comecei tarde no tema, as atividades de aprendizagem a distância não são nenhuma novidade. Uma pesquisa publicada pela ABTD evidenciou que 29% das atividades de aprendizagem realizadas no Brasil, em 2019, foram na modalidade *on-line*, o restante no formato presencial. A proporção do *on-line* vinha aumentando lentamente, ano a ano, e agora deu um salto. Atualmente, estamos com praticamente 100% das entregas de capacitação na modalidade *on-line* e, quando a Covid-19 passar, acredito que o presencial não voltará aos mesmos patamares de antes da pandemia.

Para endereçar o segundo desafio, precisei sair da zona de conforto proporcionada pela minha natureza introvertida: gasto menos energia para escrever do que para falar e convivo muito bem comigo mesmo sozinho em *home office*. E notei que isso poderia me criar barreiras para me conectar com mais pessoas. Então, passei a ativamente procurar retomar contato com quem não falava há anos. Também comecei a publicar vídeos sobre gestão de pessoas e liderança. Um dos vídeos que postei recentemente no *LinkedIn*, sobre como nos sentimos "diferentes" nesta época, teve mais de 7 mil visualizações em 30 dias. Considerando que o sistema contabiliza como visualização quando a pessoa assiste aos primeiros 3 segundos, não posso dizer que todos tiveram paciência de assistir até o final. De qualquer maneira, fiquei bem animado com os diversos compartilhamentos, comentários positivos e de agradecimento. Essa publicação me ajudou a gerar legitimidade para oferecer *webinars* a lideranças, sobre como lidar com as próprias emoções e com as da equipe, nestes tempos de pandemia. Isso tem sido muito gratificante!

Quanto ao terceiro desafio, estou investindo em prestar mais atenção no que sinto e no que faço a partir disso, em meio a um turbilhão de emoções diárias. Às vezes, me percebo pessimista quanto ao futuro. Outras vezes, esperançoso. Em outro momento, vem uma tristeza pela situação atual. Ou a frustração e raiva por ter meus objetivos do ano todos alterados. Quando me permito sentir essas coisas e aceito o fato de que essas emoções são naturais, elas passam.

3. Quais foram os aprendizados para a sua vida nas áreas pessoal e profissional?

Estou aprendendo a fazer o *reskilling* e o *upskilling*. O *reskilling*, ou requalificação, veio ao adquirir o traquejo para lidar com a aprendizagem no meio digital e com a iniciativa de incluir os canais em vídeo para mostrar conteúdos em redes sociais. Aprendi a fazer o *upskilling* ou aprimoramento ao ajustar a didática andragógica dos cursos presenciais para a modalidade *on-line*. Isso foi e continua sendo revigorante. E, o mais importante de tudo, sinto grande alegria em poder dar continuidade ao que amo fazer: apoiar líderes a ultrapassarem seus limites, se conectarem com pessoas e se tornarem a sua melhor versão.

Para lidar melhor com as minhas emoções, procuro observar os sinais que elas me trazem. Se deixo a raiva dominar, me torno crítico, ríspido, chato. Se tento ignorar a raiva, não a sentir, percebo que aumenta muito minha rinite. Estou aprendendo a aceitar o que sinto, e ao mesmo tempo não me deixar dominar por isso. Gosto da metáfora de comparar as emoções como peixes frescos: quando colocamos embaixo da mesa, para não mais vê-los, eles não vão embora. Ficam lá e começam a cheirar mal.

E todos ao redor percebem que você entrou na sua caverninha, ou que está reagindo de maneira diferente às situações.
À medida que aprimorar a habilidade de nomear as emoções, senti-las, falar sobre elas e deixá-las passar, aumentarei a chamada "agilidade emocional", para rapidamente tirar os peixes de baixo da mesa. E, finalmente, procuro me lembrar sempre de que devo concentrar as energias sempre naquilo que posso mudar em mim ou no que está sob meu controle. Não adianta me consumir com preocupações com o que não posso controlar. Não posso fazer com que o outro escolha usar máscara ou garantir que sempre lave as mãos, mas posso me afastar dessa pessoa, posso lavar as minhas mãos e usar a máscara. Quando me pego preocupado demais com o que não controlo, noto que isso me causa ansiedade e não resolve nada. Procuro então ficar mais no presente e viver dia após dia. Não vou dizer que sou mestre nisso ou que acerto sempre, estou na jornada de criar um hábito.

4. Qual a sua visão e quais as suas expectativas para o pós-crise?
Sem dúvida estamos vivendo um momento histórico! Acredito que estamos mais unidos na luta contra um inimigo comum, a pandemia vem trazendo mais solidariedade. Era inimaginável, há alguns meses, que empresas rivais históricas - como *Bradesco, Itaú* e *Santander* - iriam se unir para doar milhões de testes para a Covid-19, dentre inúmeros outros exemplos de solidariedade no campo empresarial. Alguns críticos dizem que ações como essa não são totalmente desinteressadas, que têm foco em *branding*. Até pode ser, afinal são empresas com acionistas e seus compromissos. Mas o resultado é um benefício para a sociedade e isso é o que estamos precisando no momento.
Depois de passada essa fase de união solidária para o combate a pandemia, como será o tal falado "novo normal" no futuro? Ninguém sabe. É pouco provável que, agora, no meio desse turbilhão, alguém possa ter o necessário olhar neutro e o distanciamento histórico para esse exercício. Ainda assim, o ato de pensar junto sobre isso é estimulante!

Tenho feito, diariamente, o exercício de imaginar como será esse futuro, a partir de alguns sinais que vão aparecendo.
Um desses sinais foi o comentário de um CEO, em uma *live*, surpreso ao constatar que a produtividade dos times não caiu, até havia aumentado depois do *home office*. Notei outros CEOs fazendo o mesmo tipo de observação. As empresas estão descobrindo que, passada a pandemia, não precisam de escritórios tão amplos e arcar com aluguéis tão caros! Algumas até planejam: a volta ao escritório será em regime de exceção, só para quem realmente precisa por algum motivo particular.
Entretanto, é preciso ponderar dois aspectos: o primeiro é que o aumento de produtividade tem seu preço. Converso com pessoas que se sentem sobrecarregadas pela autoimposta obrigação de justificar o fato de continuarem com um emprego. Uma boa parcela desse tão celebrado aumento da produtividade não veio necessariamente por ganho de eficiência, mas sim por um esforço adicional, lastreado pelo medo do futuro, o que obviamente é um lastro frágil, um pilar em terreno arenoso. Isso pode agravar uma série de sintomas que já vinham sendo causados pelo estresse, desde antes da pandemia. Lembro-me de várias conversas com diretores de RH nos últimos anos, preocupados com a quantidade crescente de remédios "tarja preta" que as pessoas vinham consumindo para suportarem sua rotina. Esses fatos não podem passar invisíveis ao olhar de um CEO ou de qualquer nível de liderança.
O segundo aspecto tem relação com a cultura e valores da organização. A cultura organizacional não se fortalece com pessoas isoladas trabalhando a distância. O ser humano precisa de contato para criar campos de inteligência coletiva, produzir conexões emocionais que somente as relações pessoais são capazes de proporcionar e que potencializam a criatividade. O tecido social das empresas em *home office* começará a se esgarçar pela falta dos encontros casuais, dos cafezinhos, do "*small talk*" antes das reuniões, pela falta da porta aberta do líder para ouvir os corações e mentes da equipe, sem hora marcada. Uma cultura organizacional forte e coesa não se sustenta sem o relacionamento presencial.

Urge que se estude o assunto com mais cuidado e com um olhar mais à frente, menos imediatista.

Mark Zuckerberg abordou essa questão do impacto na cultura organizacional em um *townhall* em maio, aberto ao público. O CEO do *Facebook* demonstrou entender que uma cultura leva anos para se formar e se mostra preocupado com os desdobramentos e impactos na cultura por conta destes tempos de *home office*. Ele entende que é necessário encontrar o equilíbrio certo entre o virtual e o presencial. Enquanto isso não é resolvido, algumas empresas brasileiras estão criando formas de convívio virtual provisórias: salas de Zoom permanentemente abertas e sem gravação para as pessoas se encontrarem como se fosse o momento do cafezinho, prática de jogos virtuais em equipes, substituindo a sala de videogame. São paliativos que amenizam a questão, sem dúvida, e apoio sua prática. Mas, se nada for feito além disso, as consequências serão sentidas no médio prazo: aumento do *turnover*, queda de comprometimento, clima organizacional menos favorável e, é claro, piores entregas.

Quando penso em expectativas para o futuro, lembro de uma visão de mundo chamada de Terra Dois. O psicanalista e psiquiatra Jorge Forbes utiliza esse termo, por descrever de forma mais didática o fenômeno da pós-modernidade, expondo o contraste entre nosso mundo atual e a realidade vivida há poucas décadas. Terra Dois se refere a uma revolução na forma de viver, mais rápida e mais importante do que nos últimos 3.000 anos de história. É como se estivéssemos em outra Terra, com a geografia muito parecida com a que conhecemos, mas as semelhanças param por aí. Atualmente nós nascemos, vivemos e envelhecemos de uma maneira radicalmente diferente em relação às gerações anteriores. E veio a pandemia para acelerar ainda mais essas mudanças. Subitamente, o mundo ficou perigoso para se viver, pelo menos até que exista uma vacina acessível à população. Fomos convocados à força para encontrar novas formas de conviver, trabalhar, se relacionar, consumir. O chamado está aí para quem quiser ouvir.

Para citar um exemplo prosaico, recentemente, uma executiva em *home office* revelou-me que estava preocupada com sua imagem profissional diante de uma câmera que mostrava seu filho entrando no meio da reunião ou com o som do latido do cachorro. Depois de conversarmos, ela se deu conta de que isso não era uma particularidade da situação dela e que não prejudica o profissionalismo que ela queria defender. Não é razoável esperar que todos criem do dia para noite um estúdio especial em casa feito sob medida para isolar-se e trabalhar. Quem imaginaria que um CEO sisudo seria visto conduzindo suas reuniões a distância aparecendo sem gravata, de camiseta, brincando com seus *pets*? Ou uma gerente de *marketing* "toureando" os pedidos de atenção de seus gêmeos em meio a planilhas e estratégias? A quebra das fronteiras pessoal e profissional vai ajudar a humanizar as relações, a trazer mais autenticidade e menos máscaras corporativas. Será que essa mistura é um fenômeno circunstancial ou será uma mudança estrutural, característica do mundo Terra Dois? Adoraria ouvir o próprio Jorge Forbes refletindo sobre isso.

Saindo do campo empresarial e pensando sobre as implicações para a sociedade como um todo, o momento sugere novas formas de pensar a gestão pública. Vejo muitas discussões a respeito das mudanças no papel do Estado. O combate à Covid-19 pede uma forte ação dos poderes públicos e isso gera mais legitimidade aos que defendem a linha de pensamento econômico a favor de um Estado mais presente, intervencionista e que cobrará seu preço na forma de impostos ainda mais pesados. Para quem gosta do tema, teremos uma bela batalha conceitual entre as escolas do pensamento econômico sobre o tamanho ideal da máquina do Estado.

O fato é que para manter a economia em movimento durante a paralisia de atividades, o Estado se endividará. Passada a pandemia, teremos um país em fase de reequilíbrio de suas finanças, o que pode significar vários anos com pouco investimento público. Será uma boa oportunidade para o setor privado mostrar sua pujança, para acontecerem novas privatizações e para a entrada de capital estrangeiro, sustentando o crescimento econômico. Tenho esperança de que isso ocorra.

5. Com base no que você vivenciou, quais recomendações e mensagens de esperança gostaria de compartilhar com outros líderes?

O momento é de *stress test*, ninguém tem a fórmula mágica e respostas certas para as incertezas causadas pela pandemia. Isso cria um campo de oportunidades para as pessoas se reinventarem, saírem mais resilientes e mais fortalecidas. Aprenderemos a aprender mais rápido, a reinventar mais rápido. Bem-vindas e bem-vindos à era do *lifelong learning*, aprender pela vida inteira.

Tenho esperança de que o convívio multigeracional nas empresas, agora, possa se tornar uma vantagem competitiva: os mais experientes sabem olhar os problemas sob outros ângulos e podem exercer o importante papel de apoiar as gerações mais jovens – pesquisas mostram que eles têm maior dificuldade de lidar com os próprios medos, frustrações e angústias. Quem já viveu mais tempo pode ajudar seu time a encontrar novos significados e perspectivas para interpretar o momento que estamos vivendo.

Sairemos dessa crise com maior agilidade emocional: a capacidade de reconhecer, nomear, vivenciar os sentimentos e emoções e, conscientemente, fazer melhores escolhas. Já aconteceu com você de se encontrar irritado por algum motivo e escrever uma resposta a um e-mail de forma ríspida? Fazer melhores escolhas significa se dar conta de que enviar esse e-mail não vai trazer o resultado que você espera, apenas um alívio temporário de "descarregar a raiva", normalmente em quem não pode se defender tão bem. Agilidade emocional significa pensar em vez de agir somente por impulso, pois quem age por impulso não faz escolhas. Significa pedir desculpas ao se dar conta de que ficou tão concentrado em bater metas que não deu ouvidos aos sentimentos e necessidades das pessoas das quais depende para entregar essas metas. Ouvir sentimentos não é o mesmo que fazer sessão de terapia coletiva, é liderar com empatia. É saber que as pessoas andarão uma milha a mais por você quando souberem que se importa de verdade com elas. Fazer escolhas significa rever práticas: transformar o bordão "não me venha com problemas, venha com as soluções" para "são problemas novos, ainda não sabemos bem como resolver isso, traga e vamos resolver juntos". A professora da *Universidade de Harvard*, Amy Cuddy, sintetiza o mantra que se faz muito presente hoje: conecte-se, depois lidere.

Encerro trazendo duas certezas: a primeira é que, como dizem os italianos, "*andrà tutto bene*" (tudo vai ficar bem). Pode demorar o quanto for, mas tudo vai ficar bem. A segunda é que "nada do que foi será de novo do jeito que já foi um dia", como canta Lulu Santos. E isso é bom. Acredito que, no fim da guerra ao novo coronavírus, em meio à aceleração da transformação digital, nos tornaremos paradoxalmente mais humanos e pessoas melhores.

LIDERANÇA DA ALTA GESTÃO EM TEMPOS DE CRISE

Desafios e Aprendizados

David da Costa Mota

Empresa:

OLX Portugal

Cargo/Função:

Customer Success Manager

1. Quais foram os principais desafios vivenciados neste momento de crise provocados pela Covid-19?

Os principais desafios que foram e estão a ser vivenciados neste momento de crise são muitos, e para os quais não estávamos preparados: o **distanciamento social** - trouxe-nos a triste realidade de que estar afastado significa que nos preocupamos com os outros. Esta nova medida tornou-se uma norma social que nos obrigou a refletir a importância que damos a pequenos momentos e até mesmo aos outros à nossa volta. De repente, todos sem exceção nos vimos em pé de igualdade, não olhando a religião, classe social ou importância na sociedade. Este distanciamento mostrou-nos também que o mundo empresarial estava bastante desatualizado e, em questão de dois a três meses, várias foram as empresas que evoluíram anos digitalmente por força da necessidade de digitalizar os seus negócios. A Covid-19, para muitas empresas, independentemente do impacto financeiro que tiveram, impulsionou a digitalização delas para que pudessem continuar a prosperar.

A ausência do toque também tem sido um desafio interessante, fazendo-nos sentir que vivemos num momento de tentação e resistência perante quem mais amamos, gostamos ou nutrimos um carinho. Como seres sociais que somos e como mamíferos, o toque é essencial nas nossas relações, mesmo que seja um simples aperto de mão como gesto de cumprimento. Percebemos que a ausência do toque é uma necessidade fisiológica que até mesmo Maslow nunca pensou, e que poderá atualizar essa pirâmide de necessidades do homem. Subitamente percebemos que o risco de tocar em alguém é tão grande que o medo nos priva de sermos nós próprios: humanos. O maior risco que a humanidade corre neste momento é este comportamento prevalecer durante muito tempo e, aos poucos, deixarmo-nos engolir por esta obscura realidade.

O confinamento e a gestão familiar e profissional dentro da nossa casa são outros desafios a que fomos confrontados e que nos obrigou a desempenhar repentinamente várias profissões simultaneamente para além da nossa atual profissão: pais, professores, empregados de limpeza, instrutor de *fitness*, psicólogos, e isso durante o período de trabalho, o que se tornou um desafio gigante para quem enfrenta esta realidade. Muitos estão a ser testados no limite das suas capacidades e estão sendo confrontados com assuntos que nunca tinham refletido antes, e que, por estarem confinados em casa, se tornaram problemas (extras) aos que já existiam. A gestão familiar com a profissional tem sido, diria eu, das mais impactantes nas nossas vidas, pelo fato de termos sido expostos perante os outros com realidades que por vezes escondíamos. Este despimento de privacidade súbito mexeu com a estabilidade emocional de todos nós (uns mais dos que os outros), mas ainda assim obrigou-nos a demonstrar um lado que não queríamos.

Por fim, a gestão da nossa privacidade, que acabou por deixar de ser privada quando fomos obrigados a conectar com os outros através de videoconferência, e tudo o que está à nossa volta e que era o nosso canto, o nosso lar, passou a ser invadido (ainda que virtualmente) por terceiros, que muitas vezes não conhecemos, e com os quais partilhamos um pouco do nosso eu.

Todos estes desafios são transversais às nossas vidas profissionais e pessoais, pois somos a mesma pessoa, e faz-nos refletir sobre a dura realidade que a Covid-19 nos trouxe. As nossas vidas mudaram. Para sempre.

2. Quais foram as ações implementadas?

Em termos profissionais, as pessoas que lideram o *OLX Group* têm sido muito objetivas nas suas prioridades: primeiro as pessoas, depois o negócio. E isso traduz-se em medidas como garantir que os colaboradores fiquem em casa o máximo de tempo possível, resguardando-os. Procuramos manter todos os postos de trabalho e não recorremos ao *lay-off*, e procuramos flexibilizar os horários de trabalho das equipes operacionais, especialmente as que lidam com os clientes, de maneira a dar às nossas equipes o tempo e o espaço necessários para conseguirem gerir a vida nas esferas pessoal e familiar.

Por outro lado, temos um negócio para gerir e mantemos as operações a par do que se passa e qual a atividade financeira da empresa, o que transmite uma sensação de responsabilidade para todos nós, e nos permite perceber qual o nosso papel e objetivo nesta história. Liberdade com responsabilidade é talvez uma das melhores máximas que podemos aplicar a este momento. Dessa forma, tentamos equilibrar pessoas e negócio, pois um sem o outro não sobrevive.

Antes da Covid-19, já era usual o teletrabalho, o que nos permitia ter e dar alguma flexibilidade às equipes e, portanto, esta pandemia não trouxe dificuldades à implementação deste novo sistema de trabalho.

3. Quais foram os aprendizados para a sua vida nas áreas pessoal e profissional?

No nível pessoal, trouxe-me muitas vantagens, que sempre desejei: ver a minha filha crescer e acompanhar sua evolução. Como pai, sempre tive o desejo de estar mais próximo da minha família, e com a ausência física por conta do trabalho, não conseguia. Assim, neste momento, mesmo sentindo que trabalho muito mais, pelo menos consigo olhar e brincar com a minha filha entre as ligações, comer com ela etc. Depois, a proximidade com minha mulher, que enquanto casal reforça os nossos laços afetivos e familiares, permitindo-nos dar à nossa filha o que ela necessita nessa fase da sua vida: amor e afeto. Em plena pandemia, em que o distanciamento social e a ausência do toque são ordens do dia, este contato com a família é algo que não abdico e aproveitarei esta liberdade ao máximo.

Em termos profissionais, percebi que pode e deve existir um equilíbrio maior entre as responsabilidades de trabalhar num escritório e em casa. É possível, embora com algumas condicionantes, e os resultados aparecem. Muitas das nossas crenças foram desmitificadas com a Covid-19 e podemos gerir equipe a distância. Obviamente que necessitamos da gestão presencial para uma facilitação da comunicação e da tomada de decisão, no entanto aprendi que, na minha realidade, a distância não é uma barreira. Noutros negócios, talvez não se aplique tanto, mas também sinto que muitas das realidades foram testadas e lançadas para outros patamares, e que necessitamos perder o medo do desconhecido e seguir em frente percebendo o resultado que nos traz.

4. Qual a sua visão e quais as suas expectativas para o pós-crise?

O mundo não será o mesmo e estamos cientes disso. A minha expetativa é que não se perca a base do ser humano e que possamos voltar a ser quem éramos, embora saiba que esta crise sanitária tenha trazido um medo e desconfiança a todos nós. Espero também uma maior liderança, que até o momento não vejo. Não senti que neste período tenha existido líderes capazes de fazer a diferença nas nossas vidas ou de terem tido a coragem de nos guiar como nação mundial que somos. Exceto alguns líderes religiosos, os restantes, líderes políticos e não governamentais, ficaram aquém dos seus papéis de liderança, numa altura em que se precisava tanto deles. A minha visão é que o mundo seja mais empático e humano e que os nossos laços sociais sejam restabelecidos. O mundo precisa disso.

5. Com base no que você vivenciou, quais recomendações e mensagens de esperança gostaria de compartilhar com outros líderes?

É nestes momentos que quem é líder por si só mais espera que você atue. Você foi eleito, escolhido ou apenas lançado para essa função de liderança por alguma razão, que alguém a entendeu dar a você. Faça valer essa razão perante aqueles que depende de si. E isso é feito de forma simples, como ouvir as pessoas à sua volta, pensar nas soluções para os seus problemas, aconselhar caminhos alternativos, ser empático com cada um deles, ser assertivos nas decisões e, acima de tudo, ser coerente, honesto e transparente a cada momento. Lembre-se de que o papel de um líder é servir aos outros e ajudá-los a desbloquear obstáculos. Faça valer essa posição e use o seu poder em prol dos outros. No final do dia, compreenderá qual a razão de ter sido escolhido.

LIDERANÇA DA ALTA GESTÃO EM TEMPOS DE CRISE
Desafios e Aprendizados

Denis Arroyo Alves

Empresa:
Markestrat

Cargo/Função:
Sócio

1. Quais foram os principais desafios vivenciados neste momento de crise provocados pela COVID-19?

O grande desafio, logo no início dessa pandemia e seu respectivo *lock-down*, foram as nossas reações psíquicas devido à brusca desaceleração do cotidiano. Sofremos algo semelhante ao que sentiria um piloto em carro de Fórmula 1 que se choca a 300km/h contra um muro.

O tempo que passava tão rápido parou instantaneamente. O mundo em que vivíamos, e por ele viajávamos, passou a ter dimensões físicas de um apartamento.

Em meio a esse turbilhão de sentimentos e com o passar de alguns dias, emergiu um pensamento seguido de muita ansiedade: eu não possuo controle sobre nada!

A concretude desse descontrole alimentava a ansiedade com a incerteza do amanhã. Não, não falo do amanhã que ocorrerá em 2030, ou no próximo ano fiscal e nem do próximo trimestre. Nós não sabíamos como seria o dia de amanhã, o próximo dia!

Essa incerteza nos afetou por um pequeno período desse isolamento social. Mas, graças a nossa capacidade de adaptação, começamos a organizar essa nova vida, nos âmbitos pessoal e profissional, gerindo a ansiedade através do foco no possível a ser feito, determinação na reconstrução do cotidiano e muitos planos e esperança no futuro!

Fomos desafiados no triple H: *home office, home schooling and homework.* Cuidar dos filhos, da casa e das inúmeras *calls*, *lives* e *webinars*. Competimos pela banda de conexão, pelos *notebooks*, pelos escritórios e espaços da casa onde poderíamos fazer nossas reuniões.

Aprendemos a utilizar diversos aplicativos para reuniões a distância.

As crianças passaram a ter a escola em casa, mas com nosso apoio e acompanhamento.

E encaramos os serviços domésticos. Oportunidade de mostrar aos nossos filhos que o almoço não vem por *download*, a roupa não volta sozinha e limpa para a gaveta e a louça não desaparece após as refeições. Envolvemos todos nas tarefas e assim conseguimos contar boas histórias do passado quando ajudávamos nossos pais.

Foi desafiador buscar o equilíbrio de tempo e concentração para tantas tarefas em espaço físico limitado. Mas nos saímos bem, estamos passando com louvor.

2. Quais foram as ações implementadas?

As primeiras ações foram totalmente todas voltadas às pessoas: família, amigos, colaboradores e clientes.

Abrimos um canal direto para comunicação e nos colocamos à disposição dos nossos colaboradores de maneira pessoal. Mostramos a todos como nos sentíamos e as dúvidas que também possuíamos com o intuito de nos conectar a eles. Deixamos claro a todos que cada um sente esse momento de forma e *timing* diferentes e, portanto, deveríamos evitar julgamentos e reforçar o apoio mútuo e a solidariedade extrema. A reação foi muito positiva, sentiram-se cuidados e pediram mais encontros para que nos mantivéssemos próximos.

Em relação aos clientes, além do citado acima, fizemos estudos de possíveis impactos em seus negócios e mercados onde estão inseridos. Uma visão sobre riscos e consequências, caminhos e oportunidades.

Respeitamos seus momentos, comunicamos estar à disposição, mas nos afastamos para não gerar uma pressão sobre resultados. Não era essa a intenção. Queríamos, como verdadeiros parceiros, nos colocar à disposição, independentemente de projetos ou ações comerciais. Queríamos ser uma possível válvula de escape, um porto seguro para falar sobre as angústias deste momento.

Organizamos *webinars*, publicamos mais textos que o normal para tratar sobre os negócios, os mercados, a economia e o mundo. Nos policiamos a não ocupar papel de especialistas, pois não há como ser especialista em algo que se vive pela primeira vez.

Ouvi um *podcast* com Amyr Klink sobre como ele poderia, como um possível especialista, nos ajudar a entender este momento de isolamento, uma vez que ele ficou sozinho em seu barco por um longo período, como conta em seu livro *100 dias entre céu e mar*. Amyr respondeu de bate-pronto: "Esqueça. Eu embarquei no meu barco e me isolei porque quis, eu sabia que seriam 100 dias, eu sabia onde iria sair. Não há como comparar a este momento, onde fomos lançados a esta realidade, onde não sabemos por quanto tempo, nem como será a vida após esta pandemia e, ainda pior, corremos riscos, nós e nossos entes queridos".

É isso, ninguém sabe. Então vamos construir essa nova jornada de acordo com os cenários possíveis.

Após este período de ressignificação, passamos a olhar para o futuro, focamos em preparar para o "novo normal", que estará logo ali, após a curva. Aproveitamos o tempo que possuíamos em *home office* para "amolar os machados", treinar equipe e planejar caminhos mapeados junto a nossos clientes. Demos as mãos e seguimos.

É preciso avançar!

3. Quais foram os aprendizados para a sua vida, nas áreas pessoal e profissional?

Em relação ao lado pessoal, não chamaria de aprendizado, mas sim de momento de confirmação de que a família é acertadamente o ponto mais alto de minha lista de prioridades e propósito.

Sempre fui muito ligado à família e, por esse motivo, o período em casa não foi tão penoso.

Eu e minha esposa, Daniela Ruiz, nos aproximamos ainda mais de nossos filhos. Eles também precisavam entender o que estava acontecendo. O de 12 anos, Diego, preocupou-se mais com saúde e nosso trabalho. Já o Davi, que fez seis em meio ao isolamento social, sentiu muita falta dos amigos e avós. Precisamos criar uma festa de aniversário por *Skype* e *Facetime*. Ele, que estava triste no início, por ter sua festa em bufê infantil cancelada, adorou o novo formato. Minha esposa sempre muito dedicada, a família buscou uma outra forma de entretenimento e conseguiu, graças à reinvenção pela qual passou um animador de festas nesta pandemia. Ele se fantasiava de alguns personagens dos vingadores e ligava durante o dia do aniversário para dar os parabéns ao Davi. A cada ligação, ele enlouquecia. E, no momento de cantar parabéns, o animador entrou *on-line* na tela junto a todos os amigos e familiares vestido de Homem de Ferro. Foi um sucesso.

Eu me dediquei aos serviços domésticos da cozinha, a lavar louças e passar roupas. Sempre fui bom nisso, mas confesso que já estava meio enferrujado. Sou fã de *podcasts* e sempre os ouvia em minhas viagens ou congestionamentos quando chegava ou saía de São Paulo. Agora os ouço lavando e passando.

Mantive uma rotina de exercícios diários, melhor do que fazia antes, e coloquei minha fila de livros para andar, tanto impressos quanto digitais. Diminui sem dúvida o tempo perdido em redes sociais, filmes, séries e infinitos grupos de *WhatsApp*. Meu tempo expandiu e ganhou qualidade. Estava com energia de sobra, a presença da família de maneira constante e os cuidados comigo mesmo foram de extrema importância nessa mudança.

Vou levar essa lição para a nova vida, pretendo me estruturar a partir daí e não o inverso.

Também coloquei em marcha um projeto que idealizava há muito tempo. Gravei vídeos falando sobre temas que me encantam, estudo e tenho bom domínio. Falei sobre meu projeto de mentoria chamado *High Impact Leader*, sobre empresas colaborativas, além de temas comerciais e entendimento de relações com clientes e fornecedores. Criei um canal no *YouTube* e ali pretendo continuar mostrando caminhos e *insights* de uma vida executiva baseada em construções de relações de valor e significado. Uma frase marcante sobre esse projeto é: você só aprende com a experiência, mas ela pode ser a de outra pessoa.

Como consultor, as relações de trabalho foram extremamente afetadas. As incontáveis, intermináveis e, muitas vezes, inúteis reuniões do mundo corporativo foram substituídas por *calls*, encontros virtuais, mais dinâmicas e objetivas. Alguns temas chegaram a ser resolvidos no momento de agendamento dessas reuniões virtuais.

Essa mudança nos trouxe, de forma impactante, uma noção de essencialidade. Quanto tempo desperdiçamos com supérfluos e modelos não funcionais sem nunca nos questionarmos? A maioria das empresas não possuía mais salas disponíveis para reuniões. Acabavam utilizando cafés e restaurantes próximos, tamanha era a demanda, para reuniões e mais reuniões. Torço para que esse ponto seja repensado de forma clara pelas empresas. Boa parte da produtividade executiva é subtraída em reuniões que poderiam ter sido um telefonema.

Por outro lado, sem sombra de dúvida, o contato social, a visita ao cliente e o café sobre negócios fazem falta. Somos seres sociáveis. Precisamos ver, ouvir, falar, gesticular, reagir e interagir. O virtual faz parte disso, mas para nós, principalmente os brasileiros, as relações ficaram mais frias.

Mas, talvez, esta experiência virtual possa trazer um maior equilíbrio entre a necessidade de contato e o desperdício de tempo e recursos em deslocamento para reuniões que poderiam ser feitas remotamente.

Será importante gerir a qualidade do equilíbrio presencial/virtual.
Tempo não é só dinheiro, é muito mais. Tempo é vida!

4. Qual é a sua visão e quais são as expectativas para o pós-crise?

Expectativas bastante positivas quanto à retomada.

A demanda está reprimida e não sofremos danos estruturais de grande magnitude. Diferentemente de uma guerra, a infraestrutura mundial parou, mas não sucumbiu.

Com todos os grandes líderes que tenho conversado, a vontade em retomar é muito grande. Na sociedade, percebe-se o mesmo.

A maioria quer trabalhar, ou até mesmo voltar a procurar um trabalho.

A crise financeira das famílias no Brasil será algo grande e grave, e será necessário um plano conjunto para buscar saídas sociais relevantes. Uma nação não se move com apenas 10% da população.

Os comércios menores, os restaurantes, os cabeleireiros, as manicures, os autônomos em geral já estão sofrendo. A fome já entra com força em muitos lares do país. A saída para todos será fazer a economia crescer e gerar empregos no curto/médio prazos.

Alguns setores necessitarão de mais tempo e recursos para a reconstrução, o que dificultará resolver a equação acima. Porém, outros setores irão avançar de maneira ainda mais forte.

É o caso do agronegócio.

A demanda por alimentos será ainda maior devido à redução de estoques, e até desabastecimento, por conta do *lockdown* imposto pela Covid-19. A *Revista Nature* acaba de publicar artigo alertando que não haverá sucesso no controle dessa pandemia se ocorrer falta de alimentos. Cereais, proteínas animais, frutas, entre outros, serão positivamente impactados. Haverá demanda de expansão em curto prazo. Haverá necessidade de mão de obra extra em toda a cadeia de suprimentos. Uma política de retomada, aceleração e desenvolvimento para o Brasil deveria passar pelo agro, como estratégia. Toda essa cadeia produtiva gera empregos no campo e na cidade. Educação, tecnologia, equipamentos, insumos, logística, comércio, portos, indústrias de beneficiamento, energia renovável, descentralização da produção com amplitude nacional, serão alguns dos setores impactados pela produção agropecuária.

O agronegócio tem em seu DNA a capacidade de reinventar-se, que é inerente a cada produtor rural. Produzir sobre condições não controladas, afetadas por clima e pragas, e em ambiente aberto, são rotina e não novidades para agricultores e pecuaristas. Como dizem no interior, não há uma safra igual à outra, nem seguida e nem salteada. Como reforçamos neste ano, o agro não para. Na verdade, o agro não pode parar.

Fomos lançados, todos nós, à base da pirâmide de Maslow de uma só vez. E nesta base, o que não pode faltar são as condições básicas de sobrevivência: água e alimentos. A *commodity* está sendo ressignificada. Os alimentos, muitas vezes tratados apenas como matérias-primas de baixo valor agregado, são hoje e serão sempre a base de tudo, de todos os negócios, rivalizando com a energia. Todo o resto repentinamente se tornou supérfluo.

Seremos protagonistas mundiais em alimentar a humanidade.

É momento de repensar modelos de negócios, rever infraestruturas, expandir as cadeias de distribuição e abastecimento. É preciso acelerar em tecnologias, sustentabilidade e produtividade!

5. Com base no que você vivenciou, quais recomendações e mensagens de esperança gostaria de compartilhar com outros líderes?

Gostaria de compartilhar algumas mensagens, todas elas relacionadas a líderes e lideranças.

Não percam, por favor, a oportunidade de ouvir o que não está sendo dito, antes que seja tarde demais.

A Covid-19 não é um cisne negro, discordo fortemente sobre isso.

Esse cisne é branco, vistoso e estava em nossas salas e escritórios crescendo diariamente. Desviávamos o olhar dele, passávamos por cima, pois não havia tempo e energia, muito menos prioridade nesse sentido. Como cuidar desse cisne se tenho que entregar os resultados trimestrais? Não podíamos parar, acelerávamos mais e mais, nos frustrávamos, nos pressionávamos e tudo parecia rápido demais, superficial e com pouco sentido, nos sentíamos longe de algo que não sabíamos identificar. O supérfluo tentava ocupar essa desconhecida ausência. Comprávamos mais, nos conectávamos mais e nos sentíamos ainda mais vazios.

Nosso propósito, razão pela qual fazemos o que fazemos, estava esquecido. Estávamos rodando no piloto automático. A rotina estava já prontamente automatizada, as metas definidas, os desejos padronizados, a necessidade de "ter" havia suprimido a de "ser".

O que essa pandemia ilustrou de maneira clara já era percebido de alguma forma por nós antes dela se instalar.

Nós já sabíamos que é preciso criar negócios sustentáveis, que consumíamos em excesso, que estávamos muito longe do essencial.

Nós já sabíamos que uma liderança focada em *target* sem valores, sem amplitude de visão nos levaria a resultados apenas de curto prazo e, muitas vezes, de maneira que nossos valores já não aceitavam e não nos faziam sentido.

Nós também já havíamos percebido que nosso sucesso estava longe de nosso propósito. Bastava ver o número de receitas de remédios controlados vendidos em grandes quantidades.

Nós sabíamos que não o futuro, mas o presente, já demandava uma economia circular e colaborativa.

Já estava muito claro que a qualidade e profundidade de nossos relacionamentos eram ruins. Eram baseadas em interesses e aparências.

Mas nós ignoramos todos os sinais, nós os ridicularizamos, nós os desmerecemos, fomos mais egoístas do que nunca, nos confortávamos em nossas próprias explicações em defesa de nós mesmos.

A perfeição dos meios e a confusão das metas, como disse Einstein, são emblemáticas para nossos tempos.

Nunca soubemos tanto para fazer tão pouco, principalmente em comunidade.

Acredito que nosso confinamento, tão triste com a perda de tantas vidas, não poderá ser desperdiçado. É tempo para revisão e ação em um melhor caminho. Não bastará voltar às ruas se as atitudes forem as mesmas. Sair melhor ou pior desse período dependerá de nossas ações e escolhas individuais.

Podemos voltar a viver dentro do propósito de conviver, experimentar, criar, confraternizar. Mas pode ser que a escolha seja oposta. E aí, quem sabe, o próximo evento desta magnitude não nos dê outra oportunidade de nos transformar.

É preciso ressignificar nosso trabalho e nossas relações!

Uma possível forma positiva dessa reconstrução será focar investimentos em parcerias, ou seja, dividir para somar. Quando parcerias reais são formadas nas cadeias de produção, ocorre a criação de valor e sua consequente captura e distribuição. Sim, não é altruísmo. As empresas buscam ganhos e eles virão de forma única de modelos de compartilhamento. Precisam estar solidificadas em bases de confiança.

Serão necessários líderes que cuidem de pessoas e foquem em relacionamentos construtivos e verdadeiros. Serão líderes que deixarão legados de forma tão intensa que o impacto irá perpetuar-se na empresa mesmo após suas saídas.

Costumo dizer que a anatomia de um líder apresenta:

1. Esqueleto – são os valores, a formação pessoal de família.
2. Músculos – são as competências.
3. Sistema circulatório – autoconhecimento, o sangue que corre em suas veias.
4. Sistema digestivo – a intuição. O frio no estomago (*gut feelings*). A inteligência não racional.
5. Sistema nervoso – amplitude de visão e decisão de ação.

Hoje os líderes têm 1 e 2 em sua grande maioria. O número 3 começa a ser desenvolvido através do *coaching*.

Agora os itens 4 e 5 são pouco desenvolvidos. Os líderes ainda têm uma visão curta e limitada em muitas empresas. Intuição, então, esqueça. São líderes racionais, que absurdamente criam estratégias em planilhas e esquecem-se que o B2B ou B2C será sempre preenchido por pessoas, ou seja, o P2P.

E a coragem em agir, mover a empresa, os negócios, as cadeias de produção, se esconde na zona de conforto. Temos muitos líderes hoje que sobrevivem em seus cargos e benefícios e deixam de agir com seus papéis principais de criar e expor ideias, de debater quando discordam, de apontar onde algo não funciona, de criar impacto, ou seja, resultado. Isso torna o mundo dos negócios jurássico. Não à toa as *startups* têm ganhado espaço. São ágeis e têm seu propósito bem definido. Esses líderes empreendedores, sim, são focados em impactar e transformar o mundo.

É fundamental ressignificar muita coisa, mas eu começaria pela liderança, com absoluta certeza. Os cisnes brancos procriaram aos montes em suas salas alimentados por sua inércia.

Grandeza, valores e um forte propósito são necessários para construir um mundo virtuoso. Não é para mentes e corações pequenos. O que torna essa luta ainda mais prazerosa no sentido de diferenciação e competição para os que trilharem esse caminho.

Eu continuarei trabalhando ainda mais forte em direção ao que acredito. Mais união, compartilhamento, valores, família, evolução, progresso, aprendizado, crescimento, compartilhamento, liderança e, quem sabe, assim ter um melhor viver!

LIDERANÇA DA ALTA GESTÃO EM TEMPOS DE CRISE

Desafios e Aprendizados

Eduardo Carlos Lopez

Empresa:

Google Cloud

Cargo/Função:

Presidente da América Latina Google Cloud

1. Quais foram os principais desafios vivenciados neste momento de crise provocados pela COVID-19?

Primeiramente, gostaria de fazer uma análise da situação atual pela que estamos atravessando. A Covid-19 é uma crise viral que desestabilizou rapidamente o mundo inteiro. Logo, se deparou com governos despreparados, assim como pessoal da área científica, de saúde e público em geral.

O primeiro desafio apresentado foram as reações da população nas diferentes sociedades do mundo frente às medidas de isolamento. As mais organizadas aceitaram e cumpriram a ordem governamental. No entanto, as diferenças entre as classes sociais, os níveis de pobreza e a quantidade de trabalhadores informais atuantes em outros países do mundo impactaram nesse cumprimento. A região da América Latina, por exemplo, é conhecida mundialmente por seus problemas políticos e sociais, e foi uma das regiões que mais sofreram com a normativa imposta do distanciamento social e *lockdown*.

O segundo desafio que consegui perceber tem sido o grande impacto econômico, social e político na sociedade. A forma pela qual os diferentes governos responderam às pressões sociais mostrou quem realmente estava preparado para enfrentar uma crise semelhante. É perceptível, no entanto, que as medidas econômicas de auxílio à população foram criadas às pressas, gerando muitos conflitos com a falta de fidelização dos dados dos beneficiários e pela carência de atendimento imposta devido às exigências governamentais de isolamento social. Por um lado, os países que possuíam um superávit primário conseguiram entregar no curto prazo os benefícios econômicos oferecidos à população que trabalhava no mercado laboral informal, ou com menos recursos, e de classes sociais baixas. Por outro lado, a quantidade de trabalhadores que não possuíam suas informações fiscais em dia ou forma de provar sua última atividade laboral acabou dificultando o acesso ao benefício, com a consequente negação desse recurso, o que ocasionou revoltas populares e descontentamento social.

No ponto de vista laboral, o impacto nas empresas e no mercado empresarial foi enorme. Apesar do mercado de tecnologia oferecer numerosas ferramentas (algumas delas de livre acesso), o uso era praticamente escasso ou pouco utilizado pelas empresas, e a mudança repentina afetou a produtividade dos funcionários. É importante destacar que o trabalho remoto prejudica fatores psicológicos, sociais e pessoais, que podem interferir no desempenho das funções laborais. Suportar uma jornada de 8 horas diárias frente a um computador é uma tarefa difícil de executar, nem sempre obtendo uma concentração adequada por distrações do contexto atual, mas que exige adaptação rápida para atender às necessidades urgentes da demanda laboral.

Outro grande desafio será superar o impacto nas pequenas, médias e grandes empresas. Vou descrever a perspectiva desde o ponto de vista empresarial, onde desempenho funções e vivenciei de perto as adaptações realizadas. Ainda sendo muito divulgada durante os últimos anos, a necessidade de uma transformação tecnológica e digital nos processos internos das empresas, com a situação da pandemia, acelerou essa necessidade, encontrando muitas dessas organizações muito despreparadas de protocolos, a respeito do uso e aplicação de inovações nas rotinas diárias. Com a disposição mandatória dos entes governamentais, muitas empresas tiveram que mudar a dinâmica de trabalho de seus funcionários, implementando as tarefas remotas. Isso gerou um forte impacto nos relacionamentos familiares devido à necessidade de alterar regras de convivência, assim como delimitar ambientes da casa para o desempenho das atividades de cada membro, e até, em algumas ocasiões, provocar desentendimentos e possíveis situações de conflitos familiares.

As empresas também tiveram que, a partir da tecnologia disponível, criar novos processos de produtividade, e numa primeira etapa ficou evidente que muitas estavam desatualizadas em matéria de ferramentas tecnológicas, assim como inexperientes de transformação digital em andamento. Conversando com outros executivos da América Latina, foi destacável como as empresas rapidamente se adaptaram à situação reorganizando os processos, principalmente no intuito de reduzir os custos operativos para alcançar maior sustentabilidade, tentar evitar ao máximo a desvinculação de seus funcionários e resistir, da melhor forma possível, aos efeitos negativos da pandemia. Adicionalmente, as empresas tiveram que lidar com um fator inadiável, o cuidado dos funcionários no auxílio do trabalho remoto, definindo formas participativas na organização, com a implementação e ordenamento das tarefas em cada lar. Foi preciso dedicar de um tempo complementar para preservar o equilíbrio emocional de toda a equipe, mantendo o contentamento e a disposição para a execução das tarefas. No meu caso, o desafio de ter funcionários em mais de sete países da América Latina, em diferentes cidades, trabalhando em *home office*, gerou uma preocupação adicional, a administração do negócio, assim como a liderança em um ambiente novo e atípico para o desenvolvimento do trabalho. A responsabilidade para com as pessoas no trabalho remoto tem sido e continuará sendo um desafio adicional do meu *management*. A nível pessoal, o impacto tem sido muito grande, ao gerar uma mudança no modo de trabalho dos últimos 20 anos. A posição na América Latina exigia que passasse 60% do meu tempo semanal viajando, atendendo os clientes, desenvolvendo estratégias de negócios e também participando das reuniões de planejamento nos Estados Unidos. Já a partir do mês de março de 2020, sendo decretado o distanciamento social e o *home office*, parte do mundo corporativo virou virtual, repercutindo fortemente na dinâmica do trabalho. No começo, houve um grande impacto na performance laboral por parte da equipe para se acostumar com os novos processos de comunicação, assim como, também, os clientes foram flexíveis para estabelecer reuniões *on-line* e dar continuidade ao desenvolvimento dos projetos e propostas em marcha. Tudo isso mantendo o entusiasmo e otimismo na equipe com o objetivo principal de gerar e concretar os negócios. Outro aspecto pessoal que tive que aceitar e reinventar foi a forma com a qual mantinha contato com meus filhos que moram na Argentina. Com fronteiras fechadas e impossibilitado de viajar, comecei a fazer *meeting* aos finais de semana para ficar perto, ainda a distância. Passei de uma vida ativa, com viagens praticamente todas as semanas, a ficar em casa, respeitando as normas do distanciamento social e *home office* de forma adequada e consciente. Manter o dinamismo e evitar cair no sedentarismo foram outros enormes desafios a encarar, que consegui cumprir, fazendo bastante atividade física e gerando momentos de lazer construtivo com a família.

2. Quais foram as ações implementadas?

Primeiramente, é interessante descrever meu contexto laboral. Comecei como responsável da área na América Latina no dia 17 de junho de 2019. No entanto, essa fase inicial já era algo comum para mim: as viagens, reuniões, discussões etc. eram ações corriqueiras no meu dia a dia. Ao entrar na quarentena, tive que dar uma importância maior às ferramentas tecnológicas e aplicá-las de forma apropriada na rotina laboral. Foi uma mudança drástica, porém não só pelo uso frequente que começamos a dar, mas sim pela dependência que teríamos a partir desse momento.

Minha primeira ação como presidente de uma corporação foi conscientizar a equipe sobre a importância do isolamento social e sua efetividade. Logo, tive que adaptar reuniões, agendas e encontros por causa das dificuldades que foram se apresentando entre meus colegas e clientes. É evidente que as condições de cada casa, sejam elas de conectividade ou físicas, precisavam ser aprimoradas para obter um melhor rendimento em cada *meeting*. Por conseguinte, começamos a criar e executar ações com o objetivo de que as pessoas se sentissem confortáveis trabalhando através de uma tela, seja por meio de uma reunião mais informal ou um encontro entre amigos após o horário laboral.

Após alguns dias, foi ficando mais perceptível que a agenda dos meus funcionários estava cada vez mais sobrecarregada e, consequentemente, exigia longas jornadas de trabalho. Isso impactou negativamente, exigindo o remanejamento da jornada laboral, ajustando e flexibilizando horários e dias para o bem-estar de todos.

Quando o trabalho remoto foi se alinhando, tive o desafio de evitar que as pessoas se sentissem desconectadas, isoladas e sem comunicação com seus *managers* e seus companheiros. O vínculo que se mantinha nos espaços comuns dos escritórios, nos horários do almoço, *happy hour* após o término do trabalho, estavam começando a fazer falta na equipe.

Por esse motivo, criamos várias ações orientadas para que as pessoas se sentissem integradas, tanto no desenvolvimento dos negócios, como no contato com seus *managers*, entre alguns dos exemplos.

Para isso, estabelecemos novos âmbitos virtuais com diferentes objetivos, o primeiro foi a comunicação de como os negócios estavam progredindo. Aproveitamos esse contexto para comentar quais eram os assuntos que gostariam de conversar, para trocar ideias e nos aproximar ainda mais. Paulatinamente, fomos incluindo em cada *meeting* esses temas, assim como relatamos nossas experiências para conseguir lidar com a situação da pandemia, para que nos afetasse o mínimo possível. O intercâmbio de opiniões foi muito enriquecedora e permitiu conectar de forma descontraída pessoas de mais de sete países que têm culturas diferentes, compartilhando situações do seu dia a dia, descrevendo os *hobbies* que estavam praticando e como estavam interagindo com suas famílias, seja na convivência ou a distância.

O desafio era grande. Pensando nisso, considerei que o formato de *happy hour* adaptado ao ambiente virtual, era o melhor. Liderei a organização, convidando a equipe, mas sem gerar o compromisso de participar. A ideia era falar de coisas da vida, evitar conversar sobre trabalho, conectar as pessoas para se conhecerem e fomentar vínculos que permitissem ajudarem entre si. Foi um sucesso, participava ativamente e sempre contribuía com a interação, estimulando que cada um contasse suas histórias de vida, desejos pós-pandemia... rimos muito, aquilo nos proporcionou uma melhor sintonia. Para conseguir total sinergia, as hierarquias foram deixadas de lado e a premissa era conseguir uma relação humanizada num entorno virtual. O impacto dessa atividade foi forte e extremamente satisfatório.

Complementando esses encontros informais, nós executivos abrimos espaços nas nossas agendas para fazer encontros *one-to-one* com os funcionários que quisessem conversar além dos encontros coletivos.

Outra ação primordial para manter o entusiasmo e a performance foi a realização de treinamentos relacionados à saúde mental, orientados para saber como lidar com o isolamento, recomendações de como gerenciar-se no trabalho remoto, como gerir e prevenir o estresse dessa situação de incertezas, entre outros temas.

Como mencionei, manter o relacionamento com clientes foi um grande desafio. O uso da videoconferência foi uma mudança muito significativa, pois a maioria de nós não tinha uma experiência no trabalho remoto. O contexto dos clientes e dos países ajudou muito. O mais impactante foi um aumento de produtividade muito grande, pois, usando meu exemplo, tive dias em que podia falar com três ou quatro clientes de países diferentes, coisa que no passado levaria uma semana de viagem.

Para finalizar, foi muito importante adotar atitudes novas para mim e nos relacionamentos com minha família. Como comentei anteriormente, dei continuidade a minhas aulas com o *personal trainer*, desta vez de maneira *on-line*, o que me permitiu evitar o sedentarismo. Fui rigoroso, ao ponto de evitar cancelar ao máximo minhas aulas, na intenção de reservar esse tempo para investir na minha saúde física, mental e emocional. Como resultado, estou me sentindo muito melhor, consegui melhorar meu estado físico, me permitindo encarar com maior entusiasmo dias de agendas lotadas de videoconferências, compromissos laborais e familiares.

Com a família, fazemos *break* durante o dia, passamos a respeitar os horários das refeições e fazê-las juntos, e tentamos aproveitar esses momentos para interagir e nos descontrair. Afortunadamente, temos um espaço onde cada um desenvolve suas rotinas, o que nos permitiu um foco maior nas tarefas, fazendo-as mais produtivas e eficientes.

No aspecto pessoal, o aprendizado de vivenciar um período prolongado na minha casa, usufruindo do que conquistei, tem sido ótimo e muito enriquecedor.

3. Quais foram os aprendizados para a sua vida nas áreas pessoal e profissional?

A vida laboral e pessoal virou do avesso em menos de duas semanas. Uma metodologia de trabalho de mais de 30 anos precisou ser mudada, quebrando preconceitos e adotando rapidamente uma nova dinâmica para dar continuidade aos compromissos que tínhamos assumido. Assim como nós, corporações, empresas médias, pequenas, clientes, instituições de ensino, fornecedores etc. precisaram se reinventar.

Foi primordial entender que, para quebrar os paradigmas, tínhamos pela frente o desafio de alterar hábitos e costumes, adotando uma atitude corajosa e positiva, assumindo o compromisso de mantê-los e, assim, evitar que a ansiedade e o desassossego se instauraram na nossa rotina.

O grande facilitador dessa transformação teve seu início no trabalho remoto, nos guiando pelo caminho da mudança para logo replicá-la em outras questões do nosso cotidiano.

No nível profissional, acho que as reuniões remotas e o trabalho *on-line* chegaram para ficar por vários motivos. Um deles é a orientação ao isolamento social, requerido para evitar o contágio, continuando a trabalhar de forma virtual com empregados e clientes. Outro motivo tem sido o grande impacto na produtividade e capacidade de executar tarefas, com o aproveitamento melhor do tempo. Não precisar se deslocar e viajar ajudou a administrar esse tempo vago de forma positiva e a nosso favor.

Isso vai impactar na contínua adoção de tecnologias pelas empresas, no intuito de modernizar, aperfeiçoar e acelerar a transformação digital, para oferecer um serviço de excelência aos clientes, atendendo às suas necessidades e brindando uma atenção ímpar.

Dentro das economias, muito modelos de negócios bem-sucedidos, após a chegada da Covid-19, precisaram ser analisados e reestruturados. Cabe mencionar, entre eles, os das áreas de turismo, viagens, serviços etc.

Essa mudança na forma de trabalho tem provocado um alto impacto na minha vida pessoal também. Depois de 16 semanas, tem havido a vida pessoal mais bem ordenada dos meus últimos 20 anos, muito tempo de qualidade com a família, fazemos coisas todos juntos, novos *hobbies*. Além de conseguir dar continuidade aos exercícios com *personal trainer* remoto, ajudando em meus problemas nas costas. Essas coisas foram muito difíceis para uma pessoa que viajava em mais de 50% de seu tempo, o que impacta em não poder ter uma vida e hábitos ordenados. Acho que isto chegou para ficar também e ajudará a ter um equilíbrio maior entre a vida profissional e pessoal.

O Covid-19 mostrou como as mudanças de hábitos, de forma de vida, e a família são importantes para receber e criar um espaço onde a pessoa se sente cuidada num momento de total incerteza. Ter um ambiente de convívio em harmonia e com uma família emocionalmente equilibrada foi a chave para poder atravessar este período de fortes mudanças. Isso reforçou minha perspectiva de que uma vida profissional bem-sucedida sem uma família perde um pouco de fundamento.

4. Qual a sua visão e quais as suas expectativas para o pós-crise?

Vejo uma grande transformação do mercado de trabalho empresarial. Parece que muitas empresas vão migrar para o trabalho remoto como parte do dia a dia. Têm tido aumento de produtividade muito importantes e uma melhora da qualidade de vida dos funcionários atrelada a seu trabalho.

Adicionalmente ao trabalho remoto, as empresas devem transformar-se, porque os modelos de negócios vão mudar em muitas indústrias. A transformação terá seu foco na mudança de processos, busca de novas ferramentas para os consumidores estarem conectados e diminuição dos custos operacionais. Tudo isso será de vital importância para enfrentar novas e futuras crises nos mercados econômicos.

Grandes impactos no mercado serão vistos em 2021 e 2022. Os modelos bem-sucedidos nas indústrias de viagens, turismo, seguros etc. precisam se reinventar para continuar funcionando e assentar bases para formular novos e prósperos negócios.

No nível pessoal, acho que as pessoas vão mudar muitos seus hábitos, especialmente até a chegada de uma vacina que nos permita recuperar parte de nossa antiga normalidade, permitindo que novamente as pessoas se sintam com confiança para dividir espaços públicos, viajar e ter convívio social em geral. Até lá, teremos que manter o foco, continuar abertos a aprendizados e mudanças, para conseguir sair fortalecidos e melhores seres humanos.

5. Com base no que você vivenciou, quais recomendações e mensagens de esperança gostaria de compartilhar com outros líderes?

Hoje, escrevendo este texto, e logo após mais de três meses de trabalho em casa, percebo que toda semana tem sido um espaço de aprendizagem e melhora. Valorizei melhor o tempo e aprimorei seu uso ao máximo.

Nosso dia a dia tem mudado muito rápido, e para mim, como mencionei, foi de grande impacto, pois transformou conceitos de trabalho, de convivência com minha família, novos valores e formas de me relacionar com os clientes. Frente a essas mudanças, meu maior exercício foi a incrível capacidade humana de adaptação a novos ambientes sociolaborais. Essa característica humana acho fundamental, é a esperança que temos para sobreviver a inúmeros futuros desafios.

Como conclusão final, posso citar que sempre depois de grandes crises os seres humanos desenvolveram grandes inovações, e grandes descobertas acontecem geradas nas adversidades. Acho que vamos ter muitas coisas positivas, e junto com elas uma melhora na vida das sociedades pós-Covid-19.

LIDERANÇA DA ALTA GESTÃO EM TEMPOS DE CRISE

Desafios e Aprendizados

Eduardo dos Santos Soares

Empresa:

CPFL Serviços

Cargo/Função:

Diretor-Presidente

1. Quais foram os principais desafios vivenciados neste momento de crise provocados pela COVID-19?

É inegável que uma situação ímpar como essa trouxe a complexidade logística de todos os processos em qualquer cadeia, dificuldades com obtenção de matérias-primas, produção, distribuição, e todas as demais questões envolvidas, mas quero usar este espaço para falar um pouco mais sobre o efeito disso tudo nas pessoas, acredito que esse seja nosso maior desafio, não apenas como executivos, gestores, mas como seres humanos, cidadãos. A pandemia trouxe à tona dois sentimentos muito fortes e complexos, sentimentos honestos, e parte do que nos faz humanos, a incerteza e o medo. O conflito diário entre a falta de informação consistente e a velocidade de informação com as redes sociais, os conflitos de opiniões entre estadistas, políticos, especialistas. A ansiedade por uma solução miraculosa, a crença quase inocente de que seria apenas uma questão de tempo para voltarmos à normalidade, a crueza de encarar que as coisas não serão mais as mesmas e que precisaremos nos reinventar, nas relações, no consumo, na colaboração. Pessoas têm medo, eu realmente acredito que pessoas sofrem mais diante da incerteza, da falta de uma posição definitiva, do que da notícia ruim, que possibilite a você minimamente ter um plano. As perguntas mais humanas e honestas: e minha saúde? Ficarei doente? Minha esposa ficará doente? Meu filho? Meus pais? Se algo acontecer comigo, como ficará a minha família? E as pessoas que amo e são consideradas de grupos de risco? Meu emprego vai resistir? A empresa onde trabalho vai resistir? O emprego do meu marido, da minha esposa, do meu vizinho? O que me preocupa profundamente é ver que alguns gestores acreditam que seja possível separar a vida pessoal da profissional. Nosso maior desafio, em minha opinião, é lembrar a cada segundo, seja qual for o nosso segmento, que essas dúvidas estão na cabeça das pessoas, que tais dúvidas são justas e que, como líderes, precisamos viver, dizer, demonstrar, que a ESPERANÇA sempre precisa ser maior que o medo, não descarto o medo, ele é um sentimento válido, importante, honesto, mas a esperança nos move à ação, nos move a colaborar, a cuidar uns dos outros. Se você está lendo isto e você é um jovem gestor, pense comigo, um policial, uma enfermeira, um operário da construção civil no alto de um prédio, um montador no alto de uma torre de transmissão, um motorista de ônibus, já vivem diariamente em um ambiente de risco, e com essas incertezas agora em suas cabeças. Eu jamais aconselharia alguém a ser leviano, a ser inconsequente, a mentir, mas cabe a nós, gestores, nos aproximarmos dessas pessoas, fortalecê-las, lembrá-las de que o mundo está mobilizado, que pessoas brilhantes, especialistas, cientistas, trabalham exaustivamente para nos ajudar, que muita gente competente corre contra o tempo para socorrer pessoas e empresas, que o mundo já enfrentou dias difíceis e que a luz veio, não em passe de mágica, mas com o suor de muita gente competente trabalhando. Gestor, nas grandes crises, o maior papel do líder é liderar, e liderar é cuidar das pessoas. Esse é, para mim, o maior desafio nessas horas, lembrar que cada momento da sua vida, cada dificuldade, cada músculo intelectual que você desenvolveu, foi uma dádiva da vida para enfrentar este momento. Líder, mais do que nunca, lidere pessoas, a ESPERANÇA precisa nos nutrir a cada dia.

2. Quais foram as ações implementadas?

"Uma palavra de conforto, uma palavra de esperança, pode ser a diferença entre um olhar para o horizonte ou um olhar para o chão seco". Tenho um time de mais de 2.600 pessoas, 2.200 delas trabalhando diariamente em situações de risco, construindo subestações, linhas de transmissão, redes de distribuição, plantas de energia solar, montando caldeiras, imagine você, e com todas as dúvidas honestas em suas mentes e corações, como falei a pouco. O lema, o mantra, a verdade coletiva que construímos juntos em nossa empresa estão exatamente nesta ordem: **segurança** das pessoas, **qualidade** em tudo que fazemos, e produtividade. Não temos falado, temos vivido isso, e criamos uma cultura de "pessoas em primeiro lugar". Eu acordava todas as manhãs e me perguntava: "Como posso impactar essas pessoas de forma diferente neste momento, como levar a elas esperança?". Mais uma vez, não pretendo citar ações técnicas, quero me prender às pessoas. Sabia que seria muito difícil falar com todos os 2.600 empregados, então pedi aos meus líderes os telefones particulares de aproximadamente 200 profissionais de nosso time, pessoas que são referência comportamental para os demais, estou falando de 200 eletricistas, montadores, supervisores, engenheiros, médicos do trabalho, técnicos de segurança, almoxarifes, ajudantes, pessoas de toda gama, social, técnica, hierárquica, e no momento que escrevo este texto, já conversei com mais de 150 delas. Separei uma hora do meu dia para isso, ao menos dez pessoas por dia. Para falar e para ouvi-las. Minha mensagem, muito curta e honesta: (1) liguei para te dizer MUITO OBRIGADO, não só como presidente, mas como cidadão, me dá muito orgulho SER PARTE de um time de serviços essenciais tão dedicado e comprometido em um momento que as pessoas precisam tanto de nós, imagine as pessoas sem energia nessa hora; (2) e o mais importante: COMO VOCÊ, SUA FAMÍLIA E SEU TIME ESTÃO? Tudo bem em casa? Acredite em mim, tem sido uma das mais espetaculares experiências de minha vida. Há quem se emocione, e me dei o direito de me emocionar com elas. Empregados cujos cônjuges são guerreiros da área da saúde, vivendo essa guerra na linha de frente, por nós. Há quem se sinta lisonjeado e agradecido pelo cuidado. Há quem fique chocado e pergunte se é alguma brincadeira de mau gosto, até entender o que está acontecendo. Há quem abra o coração e alerte sobre situações de risco e atenção, e ajude a consertar coisas. Mas o resumo é esse, todas as pessoas, independentemente de suas crenças, sua classe social, sua função, valorizam ser valorizadas, não só com dinheiro, promoção, mas com atenção, cuidado honesto. Espero que você experimente, é enriquecedor. Mas esteja preparado para atender aos pedidos de ajuda, porque eles virão, e você é o líder, lidere, cuide das pessoas que constroem contigo aquilo que você acredita.

3. Quais foram os aprendizados para a sua vida nas áreas pessoal e profissional?

"É impossível ser feliz sozinho". Em minha vida pessoal, mais do que nunca, entendo a máxima: "Ame a Deus, família em primeiro lugar, trabalhe duro, fale a verdade e seja gentil com as pessoas", meu mantra, o que acredito para minha vida, o que persigo. Revi minhas prioridades pessoais e não pretendo passar nem mais um dia de minha vida longe de minha base, minha família, minha esposa, Glícia, meu alicerce ao longo de quase 20 anos de convivência, e meu filho, Pedro, que neste momento que escrevo tem 11 meses. Espero que daqui a 30 anos possamos lembrar disso tudo e conversar sobre as lições que aprendemos para a vida. Não se prenda à expressão "isolamento social", eu vivo hoje e desejo que para o resto da minha vida a "aproximação social" que agora tenho com minha família permaneça. Em minha vida profissional, sempre valorizei demais a formação de equipes. O maior legado, a maior habilidade, a maior responsabilidade de um bom líder, um bom gestor, é se cercar de pessoas melhores que ele. Isso mesmo, só trabalhe com gente melhor que você, não tenha medo disso, pessoas com competências complementares às suas, com comportamentos complementares aos seus, cerque-se de pessoas que ajudem-no a equilibrar a equação, entre resposta rápida e ponderação, entre impulsividade e serenidade, entre o vamos fazer e o vamos pensar. Equipes com pessoas mais jovens e mais velhas, com homens e mulheres, com diferentes formações, origens, opiniões. Ter uma equipe que tem liberdade e carinho por você, ao ponto de avisá-lo quando você está errado e que temos outras alternativas, pessoas para quem você pode perguntar uma opinião e elas possam dizer o que precisa ser dito. Sinto-me privilegiado por ter um time espetacular que me suporta tecnicamente e emocionalmente. Meu especial agradecimento a Ricardo Pavan, Alexandre Serra, Mario Paglioni, Patricia Drudi, Luana Javoni, João Carlos Ferreira, Patricia Beluci, Marina Pimenta, Ricardo Pessanha, Carlos Eduardo Rocha, Kleber Sanches, Paulo Victor, Benedito Donizetti, Stefano Angelidis, Marcio Ribeiro, Dorival Correia, Allan Bueno e Bruno Cassiolato, profissionais de grande competência e dedicação, gestores, líderes, amigos com valores e ideais alinhados aos meus e que, junto de suas equipes, têm me ajudado a cada dia nesses últimos 5 anos e, mais do que nunca, nesta hora tão desafiadora. Ame sua família, se cerque de uma equipe com que você possa contar. É sobre pessoas!

4. Qual a sua visão e quais as suas expectativas para o pós-crise?
Sou um otimista por essência e opção. Não desprezo o sofrimento das pessoas, não sou indiferente à dor, até este momento que escrevo, não tenho nenhum familiar ou amigo próximo atingido duramente pela doença, e oro todos os dias para que eu não tenha, que ninguém mais tenha, sei que pode ser apenas questão de tempo, mas realmente acredito que não mudarei minha opinião, ainda que isso aconteça. "Eu vejo a vida melhor no futuro". Quero, preciso acreditar que as pessoas olharão para isso tudo e repensarão questões muito relevantes, sobre consumo, sobre distribuição de renda, sobre desacelerar um pouco, sobre um capitalismo mais colaborativo, com valorização dos serviços essenciais, destaque para os profissionais da saúde, e tantos outros heróis, como os profissionais de geração, transmissão e distribuição de energia, sobre policiais, lixeiros, motoristas de transporte público, sobre tantos outros que mantêm a estrutura social, a democracia, as cidades, as pessoas de pé. Claro que enfrentaremos uma recessão dura, empregos deixarão de existir, empresas passarão por grandes dificuldades, algumas fecharão suas portas, um a dois anos para recuperação, mas a pergunta que eu provoco você a fazer, que em minha opinião precisa ser feita por cada um de nós, é: recuperação do quê? De uma desigualdade social, de um desrespeito às instituições, de uma sociedade que já tem sinalizado que precisa de mudanças, de uma crise grave de egoísmo

e indiferença ao que acontece ao meu lado? A discussão precisa ser maior do que recuperação do PIB, e acredite, essas são as palavras de um liberal convicto, que acredita no livre mercado, na concorrência e nas instituições. A riqueza precisa crescer, "mas só é boa quando é boa para todos, empregados, acionistas, Estado, sociedade, planeta". Quero, preciso acreditar, que nós, líderes, somos, ou podemos ser, uma das mais importantes ferramentas dessa mudança. Se você é um líder, acredite em mim, para bem ou para mal, você influencia as pessoas, você pode ser o estopim para que coisas boas, muito boas, aconteçam. Crises são, antes de tudo, oportunidades para sabermos quem é quem. Desafio você, me desafio, se você olhar para qualquer coisa a sua volta e vier à mente a seguinte frase: "Alguém precisa resolver isso!". Se questione: "Esse alguém poderia ser você?", perceba, eu não perguntei se deveria ser você, perguntei se poderia ser você. Poderia ser você a ajudar seus liderados, as pessoas da sua empresa, do seu prédio, da sua rua, da sua comunidade? Líder, talvez essa possa ser a grande oportunidade da sua vida, para fazer a diferença e ajudar a melhorar o mundo a sua volta. Será que existe um legado mais relevante, importante, bonito, do que esse?

5. Com base no que você vivenciou, quais recomendações e mensagens de esperança gostaria de compartilhar com outros líderes?

Nas horas mais difíceis, não se esqueça, lidere as pessoas, oriente, pergunte, seja presente, tenha empatia por aqueles que estão construindo contigo o seu legado. Não se esqueça, há muita gente honesta, competente e trabalhadora neste mundo, gente trabalhando duro para garantir que vençamos mais esse desafio e os demais que virão, as valorize, eu tenho a absoluta certeza de que venceremos, porque temos essas pessoas, e gosto muito de acreditar que eu e você somos parte desse grupo. Mas, muito mais que nosso discurso, nossas atitudes precisam endossar esse raciocínio, a soma de integridade, preparo e muita transpiração geralmente garante excelentes resultados. Acredite nas pessoas, em todas, em seu potencial, em suas ideias e dúvidas. Não despreze jamais os medos, inseguranças, incertezas de seus liderados, é honesto que as pessoas os tenham, mas demonstre com suas atitudes que a ESPERANÇA pode ser maior que o medo. Seja criterioso ao montar seu time, sua equipe, se cerque de pessoas melhores que você. Esteja presente da forma como você conseguir, mas esteja perto, as pessoas são mais fortes quando acreditam que o que fazem é mais que um emprego, e antes de mais nada, você precisa acreditar nisso: "o que eu faço é muito mais que um trabalho, é VOCAÇÃO!". Agora, se você não tiver essa certeza, lembre-se, nunca é tarde para recomeçar! "Eu vejo a vida melhor no futuro".

LIDERANÇA DA ALTA GESTÃO EM TEMPOS DE CRISE

Desafios e Aprendizados

Eduardo Fleury Camargo

Empresa:

KAYAK.com.br

Cargo/Função:

Country Director, Brazil

1. Quais foram os principais desafios vivenciados neste momento de crise provocados pela COVID-19?

Assim como toda a indústria do turismo, fomos impactados desde os primeiros sinais de que a Covid-19 estava se espalhando da Ásia para o Ocidente. Como o *KAYAK* é uma plataforma de tecnologia que ajuda o viajante a comparar opções de voos, hotéis e aluguel de carro para planejar sua viagem com antecedência, à medida que as restrições de viagens começaram a ser tomadas tanto na Europa como nos Estados Unidos, observamos uma mudança e um impacto tanto no tipo de busca do usuário na plataforma como na quantidade de buscas em nossa plataforma.

Ao final de março, a queda no volume de buscas em nível global chegou a ser de 75% em relação ao mesmo período do ano anterior, de acordo com o nosso estudo, *State Of the Travel Industry*, ferramenta que foi disponibilizada ao mercado de forma gratuita a partir de meados de junho de 2020.

Como principais desafios neste momento, tivemos a preocupação de nos adaptar rapidamente ao momento, inovando em nosso produto para que ele pudesse trazer as novas informações que eram buscadas pelos nossos usuários, então mais preocupados com restrições de viagens de alguns destinos e políticas de cancelamento e remarcação de passagem do que com duração ou preço do bilhete aéreo.

2. Quais foram as ações implementadas?

Além das questões de produto, e já volto a elas, implementamos o trabalho em formato *home office*, mesmo antes da declaração de quarentena na cidade de São Paulo, onde fica nosso escritório no Brasil.

Para manter o time unido, criamos uma série de "momentos virtuais", como *morning calls* diárias por time, videochamadas semanais e até mesmo um *happy hour* virtual, às quintas-feiras, a cada duas semanas.

Do ponto de vista de adaptação de produto e informação, criamos uma área especial com todas as informações necessárias para que os usuários do site e do aplicativo pudessem pesquisar as restrições de viagens de cada país.

Adicionalmente, criamos um filtro de "políticas flexíveis" que ajuda o viajante a identificar se aquela companhia aérea possui uma política de remarcação de passagem mais amigável e sem custo por um determinado período ou não. Por mais que isso pareça óbvio agora, 100 dias após a decretação da quarentena e a maioria das companhias aéreas esteja oferecendo essa flexibilização, isso não era comum no início e foi uma ferramenta muito usada.

3. Quais foram os aprendizados para a sua vida nas áreas pessoal e profissional?

Sem dúvida, um processo de muito aprendizado. O americano tem uma expressão cotidiana que é o "*take it for granted*", que é de difícil tradução para o português, mas que significa algo como "presumir que algo é garantido", ou "não dar o devido valor por ser algo rotineiro". E o que vimos neste cenário de Covid-19 é que encaramos muito do nosso dia a dia dessa forma. No trabalho, é possível fazer trabalho remoto? Claro que sim. Mas existe uma dinâmica implementada de pequenos rituais no dia a dia da empresa que desaparecem com o trabalho 100% remoto e que, portanto, precisam ser recriadas de outra forma ou substituídas por algo que faça sentido nessa nova dinâmica. Importante se fazer presente para seu time, para seus colaboradores e clientes. E essa distância física nos faz lembrar que eventualmente até já estivéssemos distantes, e agora, conscientes disso, é preciso buscar uma nova forma de "estar presente" e de ser de fato relevante para seu cliente/consumidor.

Em alguns segmentos do mercado, parece que esta situação de isolamento forçado foi como o *Safety Car* da Fórmula 1. Acho a analogia com a bandeira amarela muito apropriada para o mundo do negócios: todo mundo desacelerando e ficando em uma posição muito próxima um do outro, esperando o momento em que vão poder acelerar novamente, e até lá se mantendo na pista, tomando cuidado para não bater, se preparando para o avanço dos competidores e ao mesmo tempo pensando em estratégias para a sua retomada.

Do ponto de vista pessoal, por mais clichê que possa parecer, vem a gratidão em primeiro lugar por, até o momento, nem eu, nem a maioria dos amigos e familiares termos tido uma manifestação agressiva da doença. Em seguida, vem à cabeça a ideia do cuidado com o próximo, de solidariedade muito grande e de conscientização, para ajudar quem está perto, seja aquela pessoa mais idosa no edifício que não pode sair de casa, para não se expor, até o motoqueiro entregador que está trabalhando como nunca, mas que nem por isso significa que está sendo bem remunerado.

4. Qual a sua visão e quais as suas expectativas para o pós-crise?
Não há dúvida de que sairemos diferentes de tudo isso. Não gosto da expressão "sairemos melhores de tudo isso", pois pode mostrar uma certa insensibilidade com aqueles que perderam familiares e amigos, e para os quais esta época será sempre lembrada com dor e sofrimento. Dito isso, minha expectativa é de que a mudança de cada um de nós comece agora. Vamos rever o que valorizamos no nosso dia a dia e mudar o que for necessário e possível agora mesmo. Tirar aquele projeto da gaveta, aquela ideia "incrível" que você nunca validou, sabe? Então faça agora. Aprender aquele idioma, ler aquele livro, ligar para aquela pessoa. Não precisa esperar o pós-crise.

5. Com base no que você vivenciou, quais recomendações e mensagens de esperança gostaria de compartilhar com outros líderes?
Ficou evidente e ainda mais necessário lembrar que existem inúmeras oportunidades no dia a dia de fazer com que a nossa vida seja melhor. Sejamos mais gratos por ela. E, também, lembrar de fazer a vida do outro um pouco melhor, com pequenas atitudes. Um bom dia, uma ligação, um "como você está", que deixamos passar, pois "estamos todos na correria" e não aproveitamos para fazer o que importa. E por que não? Pode custar muito pouco ou mesmo não custar nada ser uma pessoa melhor para você e para os outros. A única coisa que precisamos ter é atenção, nos importar com o próximo e lembrar de demonstrar isso. Não no futuro, no Natal ou no aniversário, mas no dia a dia mesmo. Hoje. Agora. ;-)

Elaine Regina Ferreira

Empresa:
Oi
Cargo/Função:
Diretora de Desenvolvimento e Atração

1. Quais foram os principais desafios vivenciados neste momento de crise provocados pela Covid-19?

Todos estamos envolvidos numa situação nunca vivenciada antes. Não há referenciais, modelos implementados ou melhores práticas. O que temos são iniciativas que se mostram mais acertadas que outras, várias opiniões e muitas questões sem respostas. E, como sempre, o maior desafio que o ser humano experimenta é a mudança, que traz junto consigo a incerteza, desafiando a nossa resiliência, nossa serenidade e a nossa capacidade de agir e reaprender.

Estamos lidando com algo microscópico, que chegou com tudo e está deixando um rastro de morte por toda parte do mundo, e segue espalhando pânico e tristeza por onde passa. Esse vírus que não escolhe classe social, nem raça e nem lado político ou religião afeta todos nós e nos impõe algo que nunca cogitamos vivenciar em nossas vidas.

Há quem cogitava uma possível 3ª Guerra Mundial, mas não dessa forma. Acreditava-se que seria uma briga de algum país rico contra outro país rico, em busca de alguma riqueza maior ainda. Que esses países inventariam bombas terríveis e com toda força bélica iriam demonstrar quem era o mais forte. Ao contrário dessa predição, descobrimos que o mais forte nesse cenário não é o que tem mais armas de fogo. O mais forte é aquele que souber investir na ciência, na saúde e em sua infraestrutura hospitalar, porque o inimigo é invisível.

Acredito muito que tudo isso veio para refletirmos sobre os nossos valores e, às vezes, como temos invertido tais valores no dia a dia, e sem perceber. Não precisávamos ver o mundo parar e o vírus crescer, ameaçando a nossa sobrevivência, para que percebêssemos o valor da educação, quem são os verdadeiros heróis e guerreiros, que ficam na linha de frente dos hospitais, de máscaras e, às vezes, sem condições de trabalho.

Para nossa alegria e sorte, tais desafios estão sendo enfrentados pelas organizações, mobilizando pessoas em torno de discussões sobre alternativas para manter seus profissionais que manterão seus negócios.

2. Quais foram as ações implementadas?

Todas as empresas estão discutindo sobre como proteger empregos e preservar o negócio ao mesmo tempo. Equação que se mostra muito difícil na atual circunstância. De modo geral, todos seguimos modelos similares, tais como: afastar grupo de vulneráveis e colocar a organização, de acordo com a possibilidade, trabalhando em *home office*; restrição das viagens nacionais e internacionais; proibição de participação em eventos externos; eventos e reuniões internas por meio de uso da tecnologia; adequação do uso dos vestiários, restaurantes e aumento do transporte para reduzir o número de pessoas nos ônibus fretados; criação de um programa para apoiar as novas demandas de bem-estar de quem está em casa; restrição de visitas a clientes e fornecedores; antecipação da vacinação contra gripe; higienização; adoção do uso de máscaras; aferição de temperatura; aumento de reservatórios de álcool gel; capacitação e treinamento virtual com a equipe médica. Também foram adotadas todas as medidas para evitar demissões, como: uso do banco de horas; férias coletivas e antecipação de feriados. Outras medidas estão sendo estudadas, no caso de o isolamento social persistir por um longo período.

3. Quais foram os aprendizados para a sua vida nas áreas pessoal e profissional?

Diante de tantas mudanças e quebra de paradigmas, vejo o profissional de RH vivenciar um protagonismo singular, mobilizando pessoas para cocriarem na busca de alternativas para preservar empregos e manter o negócio. Frente ao necessário, muitas crenças caíram, dando lugar a novas possibilidades. O maior aprendizado que tive foi verificar que não existem verdades absolutas. Tudo que era "modismo" hoje tornou-se necessário. A transformação digital foi acelerada e está acelerando a mudança cultura. Já vivenciamos um mundo diferente, com o uso intensivo da tecnologia. Isso trará para o RH, e também para os governos, uma nova preocupação: como preparar as pessoas que não possuem a competência e habilidade para lidar com essa tecnologia e para trabalhar neste novo mundo.

4. Qual a sua visão e quais as suas expectativas para o pós-crise?

Ainda temos grandes incertezas no campo médico, o que torna difícil responder com clareza a essa pergunta. Os médicos confessam saber pouco sobre a Covid-19, não têm certeza se os doentes curados terão imunidade garantida, estão com dúvidas sobre a eficácia dos testes existentes e ainda sentem-se inseguros para dizer qual é o melhor sistema do "desconfinamento". Para as respostas sobre cada um desses itens, teremos diferentes impactos no mercado de trabalho. Alguns países na Europa estão adotando a liberação para o trabalho gradualmente, avaliando cautelosamente o resultado dessa ação.

Acredito que, enquanto não houver vacina específica e medicação eficaz, continuaremos a viver um estado de incerteza. Num país como o Brasil, grande, diversificado e desigual, o recomeço do trabalho demandará cuidados ainda maiores. A volta ao trabalho terá de ser bem planejada e bem executada com a previsão de mudanças de ritmo ao longo do processo. Precisaremos garantir proteção e controle sanitário rigoroso nos ambientes de trabalho. Mas também deveremos estar preparados para um retorno ao trabalho que pode ser marcado por idas e vindas, o que caracterizaria uma retomada em W, e não em V, como todos desejam.

5. Com base no que você vivenciou, quais recomendações e mensagens de esperança gostaria de compartilhar com outros líderes?

Tudo isso é passageiro, não vai durar para sempre. Enquanto isso, precisamos encontrar alternativas para manter a estabilidade psíquica, senão o coronavírus será o seu menor mal. Não adianta se isolar e, de repente, começar a sair do eixo. É preciso se isolar com saúde mental. A saúde mental é uma opção, uma opção diária. Eu não vou me entregar à tristeza, eu vou fazer coisas e eu vou ajudar pessoas que precisam mais do que eu preciso. Agora é hora de solidariedade e de união, o mais importante neste momento é promover a união de todos e que cada um se solidarize na forma de amor ao próximo. Esse vírus veio, juntamente, para que possamos repensar as atitudes e para mudar os comportamentos sociais, para um novo e melhor recomeço.

LIDERANÇA DA ALTA GESTÃO EM TEMPOS DE CRISE

Desafios e Aprendizados

Eliana Bruno

Empresa:

Grupo Home to Home

Cargo/Função:

CEO

1. Quais foram os principais desafios vivenciados neste momento de crise provocados pela COVID-19?

A pandemia provocada pela ascensão do novo coronavírus certamente elevará o ano de 2020 ao rol dos mais marcantes da história mundial. Os desafios que nos foram impostos trouxeram com eles a explanação de uma máxima: a necessidade da reinvenção profissional e da forma como vivemos em sociedade. Ante o cenário atual, com o número espantoso de doentes e mortos, fomos obrigados a suspender centenas de milhares de postos de trabalhos e ficar em casa, restringindo o convívio com aqueles que mais amamos – ou que simplesmente suportamos.

O cenário econômico mundial, por sua vez, encontrava-se em franco desenvolvimento após a crise de 2008. Agora, mais uma vez, nos deparamos com uma grave recessão. Estamos limitados, sem plena circulação de pessoas ou produtos, enfrentando também as dificuldades impostas pelo fechamento das fronteiras. Todos os problemas oriundos da realidade econômica que conhecíamos estão ocorrendo a todo vapor e sem uma previsão de encerramento ou superação. Bem por isso, é preciso, na qualidade de empreendedores, sejam de pequenos negócios ou CEOs de grandes empresas, usar o momento para refletir sobre as práticas de mercado e sobre as possibilidades de adequação às demandas em momento de pandemia e realizar um planejamento para a fase de flexibilização do isolamento social.

Preliminarmente, é preciso dizer – e em relação a isso as pesquisas científicas já sanaram toda e qualquer dúvida – que evitar aglomerações e grande circulação de pessoas é, na ausência do desenvolvimento de uma vacina eficaz, a única solução para conter a propagação desse inimigo invisível que nos atormenta.

Neste momento, a prioridade deve ser o cuidado e a preservação de vidas, especialmente em se tratando da população brasileira, que se encontra em verdadeira situação de vulnerabilidade social, agravada, ainda mais, pelos efeitos economicamente nocivos do novo coronavírus. As políticas públicas, portanto, devem ser formuladas no sentido de fornecer condições de subsistência a esse segmento da sociedade brasileira e, com isso, garantir sua condição de consumo e subsistência.

A título de exemplo, revela-se de suma importância a materialização – e expansão – de iniciativas de promoção de renda mínima, que permitam às pessoas que se encontram sem recursos obedecerem ao isolamento social, a fim de que a curva epidemiológica se estabilize de forma mais célere, assim como daquelas que compreendem a relevância para o contexto econômico-social, de fornecer recursos especiais para que as empresas dos setores mais afetados pela pandemia (entre eles, toda uma lista de serviços tidos como não essenciais) possam manter seus colaboradores durante o isolamento. Por uma decorrência lógica, a manutenção de políticas de "garantias de faturamento" de empresas reduziria consideravelmente o número de brasileiros que, desesperadamente, foram em busca do auxílio fornecido pelo governo federal de míseros R$ 600,00 (seiscentos reais). Em suma, as políticas públicas, se bem planejadas, contribuem de forma decisiva para que o novo coronavírus não deixe uma fileira de mortos e feridos no cenário empresarial.

Do ponto de vista individual, sem dúvida nenhuma um dos meus maiores desafios está sendo encarar a incerteza, o invisível, a insegurança e o medo do que está por vir, até porque o medo é um indicativo de autoproteção que não podemos rechaçar. Os meses em que enfrentamos diariamente a Covid-19 revelaram a importância de cuidar da nossa saúde física e, claro, mental, driblar a sensação de estresse, medo e solidão. Tivemos, inclusive, que aprender a manter a higienização corporal e ambiental de forma incessante e muitas vezes paranoica – e essa é apenas uma das mudanças radicais de comportamento que adotamos para encarar a ameaça viral.

No âmbito econômico, integro o grupo de empresários que não se encontram na lista de serviços essenciais, nos moldes em que foi editada, uma vez que há 27 anos atuo no ramo de Logística Publicitária. Nesse sentido, já estava me preparando para a migração ao ambiente digital, de modo que planejávamos a conclusão desse processo dentro do período de aproximadamente um ano, abruptamente interrompido pela pandemia que nos pegou de surpresa. Em razão disso, buscamos acelerar o processo, mas ainda temos muito a fazer para que nos tornemos, de fato, uma nova empresa nos moldes em que o mundo aceitará no próximo período, e esse deve ser o nosso norte: a reinserção nas novas demandas da realidade como ela está se consolidando em razão da Covid-19.

De fato, a grande preocupação de muitos empresários reside na manutenção da empresa sem qualquer tipo de faturamento e, por consequência, na vigência dos contratos de trabalho sem fluxo de caixa.

Tão logo foi anunciada a quarentena, fui obrigada a agir rapidamente, e a estratégia foi demitir todos os funcionários, para que pudessem sobreviver a um período de noventa dias com as receitas provenientes da rescisão. Vejam que já estamos há três meses nesta quarentena e sem muitas expectativas do novo futuro. O cenário que se delineia no horizonte apresenta o rodízio de pessoas como solução para a retomada inicial de algumas atividades, o que também deve ser devidamente pensado por cada empresário, especialmente porque a revisão estrutural das empresas será imprescindível para a continuidade das atividades.

Haverá redução de espaço físico, de intensificação do uso dos meios digitais? Com isso, quantos colaboradores realmente precisarão ocupar o local da empresa? Qual será o modelo de trabalho adotado? *Home office* rende mais que o trabalho *in loco*?

Essas são as pautas que devem estar no topo da agenda de quem busca sobreviver e subsistir no mercado.

Outro desafio que resultará desse momento de transição será a organização do espaço que se opte em manter. Não será mais uma realidade grandes baias de trabalho com pessoas próximas umas das outras. Será necessário pensar na reformulação espacial com base na distância segura entre aqueles que estarão no ambiente e isso não será visto somente nas companhias, mas sim em todos os espaços que recebem público, tais como teatro, cinema e shows, entre outros. Aqui se nota que o setor do entretenimento também terá um papel decisivo: a reformulação de nossos momentos de lazer.

Além de toda a pauta de criação, que deve estar em nossa mente, a quarentena me proporcionou o que não tinha há anos em virtude da direção da empresa: tempo de reflexão e silêncio.

Decidi, então, por me aprofundar em três projetos diferentes que se encontravam engavetados.

Um deles já virou realidade e em breve contará com o seu lançamento, também pensado ao estilo Covid-19. A empresa em questão concretiza o desejo de atuar no setor de comércio e confecção de roupas. A marca **EB** – **E**LIANA **B**RUNO (notícia em primeira mão para os leitores deste livro) terá como objeto a produção de camisetas diferenciadas para mulheres que não renunciam à elegância e ao conforto, sejam executivas, supermães ou ambas ao mesmo tempo.

O segundo projeto, por outro lado, está bem acelerado e refere-se a um programa televisivo de culinária para quem busca praticidade, mas sem perder a qualidade e a cultura que reveste toda e qualquer gastronomia.

Finalmente, o terceiro e último versa sobre um centro de treinamento para o setor do varejo. Esse projeto ainda se encontra em fase de estudos, pela existência massiva de concorrência, mas também caminha e nos mantém em plena atividade, o que é extremamente importante, seja em tempos de pandemia ou de normalidade: não se pode perder o fôlego.

Ainda nesse ínterim, encarei o maior desafio da minha vida. Tudo começou com uma ligação da presidente da Virada Feminina, Marta Lívia Suplicy, grupo do qual faço parte, com um pedido irrecusável: participar de um projeto social que existia somente no papel e precisava urgentemente encontrar a realidade, o "**P**ROJETO **A**BRACE **O** **M**ARAJÓ"[1].

À primeira vista, pensei "o que seria esse Marajó que precisa ser abraçado?", mas bastaram dez minutos de apresentação do escopo do projeto para que meus olhos enchessem de lágrimas e o coração apertasse, despertando em mim a empatia e a solidariedade que deve pulsar em todos nós,

1 Mais informações disponíveis em: <https://www.gov.br/mdh/pt-br/assuntos/noticias/2020-2/marco/programa-abrace-o-marajo-e-lancado-para-ampliar-acesso-dos-marajoaras-aos-direitos-humanos>.

mais ainda em tempos de calamidades, para aceitar esse grande desafio. Sobre o referido projeto, é preciso explicar um pouco mais sobre essa iniciativa.

Lançado em outubro de 2019 pelo MFDH (Ministério da Mulher, da Família e dos Direitos Humanos), sua finalidade consistia no combate à exploração de crianças e adolescentes, tal como à violência contra a mulher, fatos que são recorrentes no Arquipélago do Marajó, localizado nos Estados do Amapá e do Pará. E, aqui, estamos nos referindo a problemas de ordem humanitária sérios, como abuso infantil, tendo em vista que crianças de até oito meses são abusadas sexualmente, trabalho infantil, tráfico de pessoas, violência contra mulheres, incestos e pedofilia. A razão da exploração é majoritariamente uma: a fome. Infelizmente, os efeitos danosos da Covid-19 também afetaram drasticamente as famílias do Arquipélago do Marajó, impossibilitando-as de receber os R$ 600,00 de auxílio do governo, de modo que a miséria assolou a região.

Não por menos, recebemos a drástica notícia de que crianças se encontravam em situação de exploração sexual para conseguirem um prato de comida. Nesse cenário, atuei como interlocutora do ministério junto aos supermercadistas do Brasil, cujo resultado consistiu na arrecadação de quase 20 mil cestas básicas, doadas pelos apoiadores *Carrefour* e APAS (Associação Paulista dos Supermercadistas). Ainda, através de parceria com a ABRAS (Associação Brasileira de Supermercados), também conseguimos 2,5 milhões de sabonetes, doados pela empresa *Unilever*.

Essa foi apenas a primeira etapa de nossos esforços conjuntos, pois o meu compromisso estará vigente até que as vidas dessas pessoas, crianças, adolescentes e mulheres, que se encontram submetidos a tamanhas privações, tenham contornos mais dignos e humanos, especialmente em um momento histórico, quando o amparo é a única saída para salvar o próximo, de modo que o quanto realizado foi movido pelo combustível do amor e do cuidado com todos os habitantes do Marajó.

De minha parte, ressalto a extrema emoção que me acometeu por ter conseguido alcançar a meta de cobrir três municípios do Arquipélago, deixando

para essas pessoas um pouco de acalento e subsistência ao menos pelo período do mês de julho. Como o tempo é curto, o projeto seguirá suas próximas fases até passarmos por este período difícil para o Brasil e para o mundo.
As cestas dessa primeira missão foram entregues pela Marinha Brasileira e o armazenamento das cestas básicas no navio outorgado contou com a ajuda do Exército Brasileiro. Ao ver as imagens do momento em que o navio atracou no Arquipélago e seus habitantes receberam os mantimentos, tive certeza de que, como ecoado pelo sermão da montanha, as pessoas são, de fato, o sal da terra e que gente é para brilhar, não para morrer de fome, como Caetano Veloso ensinou.
Aproveito a oportunidade para deixar registrado o meu carinho e eterna gratidão aos apoiadores desta ação social tão relevante: **S**TÉPHANE **E**NGELLARD, VP do *Grupo Carrefour*, e **R**ONALDO DOS **S**ANTOS, presidente da APAS. Sem vocês, nada disso seria possível!

2. Quais foram os aprendizados para a sua vida nas áreas profissional e pessoal?

Esse período, conforme narrado, trouxe uma série de oportunidades para despertar uma quantidade incrível de aprendizados, tanto pessoal quanto profissionalmente. Nesse ponto, comentarei sobre alguns deles, com especial enfoque nas importantes adaptações que foram trazidas nesse período: convivência familiar, necessidade de desempenhar amplas atividades domésticas, criação de uma rotina mental saudável e do hábito de falar diariamente com os familiares que ficaram isolados, como o pai e a mãe, integrantes do grupo de risco.
Por certo, os laços afetivos foram reforçados, pois nunca passei tantos dias – e por tanto tempo – em coabitação com a família. Minha fé sempre foi inabalável e a sua importância, ainda que metafísica, foi essencial para que eu me mantivesse firme nessa situação. Respeitei as ordens da OMS (Organização Mundial da Saúde), valorizei o ar que respiro, o sol que brilha, as construções que edificamos e o amor que nutrimos, pois esse sim pode nos salvar da morte. Acredito ter tido um crescimento pessoal

por investir em mim, com o incremento de atividades físicas e alheias ao trabalho, igualmente por questionar valores que nos cercam e que sequer refletimos sobre sua necessidade, como é o caso do consumismo exacerbado que acaba nos sendo imposto e, como sabemos, não resolve as verdadeiras aflições da nossa alma. A Covid-19 nos mostrou, de uma vez por todas, que não se compra o calor de quem se ama ou mais alguns dias de oxigênio quando os pulmões apenas clamam por um último suspiro. Procurei me conectar com as coisas boas, tendo o autoconhecimento como aliado. Conseguir controlar o nosso cérebro é uma tarefa árdua, porém recompensadora.

Aos poucos, revela-se possível mantermos um fluxo adequado e produtivo de pensamentos e atividades em nossa nova rotina e, ainda, ter a oportunidade de observar e desenvolver resiliência, empatia, autoconsciência e autocompaixão, entre tantos outros pontos que detêm o condão de nos tornar pessoas melhores.

Na área profissional, temos que perceber a necessidade de organização pessoal para trabalhar em casa e manter uma atuação mais coletiva. Um grande aprendizado profissional é que teremos que deixar no passado os verbetes "**N**ÃO **D**Á", "**N**ÃO **P**ODE", "**N**ÃO **V**OU **F**AZER", ou seja, colocar definitivo fim ao ceticismo.

Grande ensinamento para todos nós: avançar ideias novas que estão adormecidas na gaveta ou no canto da mente, retroceder, adaptar e tentar de novo o que não está funcionando. A realidade está se alterando e não há mais receitas de bolo que podem nos sustentar. É preciso ser experimental e destemido nesse próximo período e testar fórmulas pensadas especificamente para o setor comercial em que se encontra inserido o empresário, seu público-alvo e sua organização empresarial.

Acredito que 99% dos nossos problemas, sejam eles pessoais ou corporativos, advêm da ausência de comunicação ou de uma comunicação malfeita, pois a comunicação integra os pilares fundamentais no andamento das empresas.

A pandemia foi o acelerador do futuro à beira de uma tragédia anunciada.

Muitos projetos engavetados para um, dois ou três anos saíram do papel e penso que todos nós tenhamos acordado para novas formas de negócio, com maior influência no meio digital, e de estruturas mais flexíveis de trabalho. Em meu segmento de atuação, o contato com as pessoas é de suma importância, porque o trato pessoal nos humaniza em vezes mais que o próprio serviço prestado, o que não impede que essas formas sejam mantidas de forma inovadora. É a essência dos nossos desafios.

3. Qual a sua visão e expectativa para o pós-crise?

Vamos enfrentar um período transitório até termos uma vacina contra o novo coronavírus.

Para isso, precisaremos seguir com dois planejamentos arquitetados: (I) meios para o enfrentamento da crise; (II) formas de reinserção no mercado no momento presente e desdobramentos do cenário com o advento de eventual vacina, sabendo que não voltaremos à mesma realidade que conhecíamos. O plano (I) em análise conjunta com uma perspectiva do plano (II) pode, inclusive, levar o empresário a concluir pela abertura de novos negócios. Não há regras ou estruturas que restaram inalterados aos efeitos da Covid-19, então o empreendedorismo será dominado por quem souber ler e interpretar as novas demandas.

As empresas estão tendo uma oportunidade única de aprendizado, pela mudança de valores, visões e modo de estruturação. Quem achar que após a vacina da Covid-19 tudo vai ser como era antes está morto! Por isso o plano (II) isolado é um risco: não dá mais para pensar no que vai ser daqui a cinco anos, temos que entender o que vai ser agora, porque isso impactará seu negócio a curto prazo e as decisões a serem tomadas estarão inseridas em tal contexto.

Atualmente, na qualidade de gestora, estou gastando mais tempo com métodos de controle de custos e com a análise de despesas e processos para aumentar a produtividade com menor desembolso de caixa, e digo que podemos nos recuperar.

Para conseguirmos nos manter estáveis economicamente até o fim desta pandemia, precisaremos escolher melhor nossas ações; precisaremos conhecer o cenário econômico atual e como ele interferirá no nosso cotidiano, além de suas perspectivas.

Embora entenda pela possibilidade de recuperação do setor privado, esse tão onerado segmento de nossa economia precisa contar com medidas governamentais firmes para alavancar o processo de retomada da economia.

A origem da crise é sanitária, mas parte de suas mazelas são econômicas, de modo que o tratamento será facilitado se formos mais focados, rápidos e efusivos em nossas ações.

4. Com base no que você vivenciou, quais recomendações e mensagens de esperança gostaria de compartilhar com outros líderes?

Não temos cura para o que está acontecendo no momento, mas eu acredito que disciplina, criatividade, estudo de mercado e demanda, coragem e resiliência sejam caminhos aptos a concederem luz às nossas incertezas.

É preciso repensar nosso ser e estar no mundo. As novas pessoas de sucesso não serão medidas pelos ganhos econômicos, mas por sua relevância social e humanitária. Entendemos que a situação é sistêmica e, ao mesmo tempo, nós estamos fazendo a nossa parte.

O momento também desfez diversas falácias e explicitou a importância da harmonia entre os poderes da República, de forma a articular atitudes propositivas e amenizar os sintomas da crise, quadro que, infelizmente, não vislumbramos ainda. As interferências dos entes governamentais, em qualquer esfera, tomaram proporções antes nunca vistas, e o sucateamento dos serviços públicos cobrou, ainda mais, o preço por seu abandono. A pressão por políticas públicas que garantam a possibilidade de cadeias produtivas deve ser cada vez mais intensa, pois qualquer desnível nesse processo pode ocasionar novas derrocadas econômicas e, assim como nossa recente democracia, a frágil economia brasileira atual não aguenta sucessivos golpes sem o posicionamento estratégico de um Cavalo de Troia.

A adaptação também será o novo ouro, responsável por lastrear os negócios que persistirão existindo e aqueles que terão um encontro antecipado com a obsolescência. Mais uma etapa se inicia e o chamado para nos adaptarmos já foi dado.

Acalme esse coração ansioso, não deixe a ansiedade atrapalhar você e mantenha a racionalidade em atividade.

Acredite em seu potencial criativo e inove! Há inúmeras demandas que conformarão todo um novo mercado, esperando por seus desbravadores.

LIDERANÇA DA ALTA GESTÃO EM TEMPOS DE CRISE

Desafios e Aprendizados

Elizabeth Almeida

Empresa:

13 Consulting

Cargo/Função:

Diretora

1. Quais foram os principais desafios vivenciados neste momento de crise provocados pela Covid-19?

Quando falamos de desafios em um cenário de pandemia que surpreendeu o mundo, totalmente despreparado para suportar a alta demanda pelo atendimento hospitalar sem clareza dos sintomas, que pudesse criar uma prioridade assertiva ou plano de ação eficaz para suprir as necessidades das áreas sociais, de saúde e economia, com orientações precisas, a definição de desafio se tornou muito mais abrangente do que utilizamos normalmente.

Dentre os principais desafios neste momento de crise, o primeiro e maior desafio que todos enfrentaram foi não ter clareza da gravidade do cenário, com dificuldade de se munir das informações corretas através de fontes confiáveis, particularmente os líderes tiveram um desafio adicional a esse, que era de esclarecer a equipe sem causar pânico, considerando que não se tratava apenas dos colaboradores, mas de todos os familiares deles também. Outro desafio para a liderança foi planejar o trabalho em casa, mantendo o funcionamento da empresa e a continuidade do negócio, em organização que não tinha o *home office* como uma prática rotineira.

O desafio da gestão de pessoas a distância trouxe adicionalmente o desafio da mudança do *mindset* da liderança de comando e controle para a liderança colaborativa. Um outro desafio foi o quanto a liderança conhece os indivíduos das equipes, sem esse conhecimento a produtividade fica comprometida e a motivação também, em curtíssimo prazo.

As gestões da equipe e do cliente, que são desafios que estão interligados, onde todas as ações e decisões tomadas para um afeta o outro.

Um desafio que uma fatia representativa das empresas viveu foi a falta de gestão de crise estruturada com um *checklist* de ações e processos.

2. Quais foram as ações implementadas?

Minha orientação aos clientes como ação principal foi entender o cenário global, entender o cenário do país, do Estado e da cidade onde o negócio está sediado, mapear os impactos, com prioridade para a saúde das pessoas, com a crise, chegamos à tomada de decisão mais difícil, de fechar as portas. Aqui, o mapeamento dos processos e das áreas que eram viáveis manter funcionando foi fundamental para definir quais recursos humanos e tecnológicos seriam necessários.

Para a continuidade do negócio, traçar plano operacional detalhado das atividades em *home office* possibilitou melhor produtividade das equipes, considerando a variação da qualidade da *internet* na casa de cada colaborador. Além de aspectos particulares como, por exemplo, ter criança em casa menor de cinco anos, animais domésticos e pessoas da família que requerem atenção ou que não diferenciam o *home office* de estar de folga em casa. Um aspecto importante, que deve ser observado pelas empresas e estava entre as minhas orientações, é o mobiliário usado pelos colaboradores em casa, por vários motivos, principalmente o de saúde, mas que impacta diretamente na produtividade.

No plano operacional, algumas ações foram relevantes e trouxeram alinhamento e fluidez para a gestão das equipes: agenda do gestor compartilhada com as equipes, criação de cronograma com horário de início, almoço e fim das atividades para as equipes que precisam cumprir uma determinada carga horária, para equipes sem exigência de carga horária, mas com prazos para entrega das demandas, foi criado cronograma para acompanhamento das etapas dessas atividades, com três *checkpoints* semanais.

As ações para gestão das pessoas, além das orientações implementadas já citadas, tiveram as ações personalizadas para gestão individual, cuidando de situações específicas, seja de ordem operacional ou emocional, por exemplo, pessoas que moram sozinhas necessitaram de contato do líder também nos finais de semana, para conversas sobre outros assuntos, diminuir a solidão e equilibrar o aspecto emocional, casos de baixa produtividade associados à qualidade da *internet*, espaço físico etc.

Uma ação que recomendei para os líderes de pequenos e médios negócios do segmento de serviço manterem o funcionamento: usar o conceito de *delivery*, por exemplo, um negócio de prestação do serviço de massagem estética e fisioterapêutica, para continuar atendendo seus clientes, definiu os critérios de segurança, seguindo as orientações da OMS (Organização Mundial da Saúde), podendo assim prestar o serviço na casa do cliente durante o período da quarentena, como resultado teve sua agenda semanal tão ou mais cheia do que antes da crise.

3. Quais foram os aprendizados para a sua vida nas áreas pessoal e profissional?

Um aprendizado que eu destaco foi a importância da liderança que cuida das pessoas (clientes internos e externos) e conhece individualmente cada pessoal da equipe e do cliente. A necessidade da aceleração na transformação digital que as empresas tiveram, incluindo todos os perfis profissionais, quebrou paradigmas, o de que o mundo digital não é para todos e que alguns negócios não precisavam do digital. A ausência de processos estruturados e disseminados nas empresas foi um aprendizado sofrido em muitos negócios. Em um cenário de crise, a ausência de processos estruturados que conectam as áreas das empresas com clareza de papéis e responsabilidades parou a organização totalmente, com impacto considerável no faturamento, até retomar o funcionamento mínimo. Infelizmente ainda tem empresa que acha que processos estruturados atrapalham, mas o *benchmark* global de relacionamento com cliente, a *Disney*, tem processo estruturado e disseminado para tudo que faz.

A administração do tempo também foi um aprendizado importante para conciliar atividades profissionais e pessoais. Todos tivemos a oportunidade de confirmar que o *home office* é uma boa prática e que pode ser produtivo ou mais que o trabalho dentro das empresas.

A necessidade das empresas de ter um plano de gestão de crise e continuidade do negócio mostrou que investir nesse plano não é custo, mas sim uma estratégia, ressaltando a importância de ter ações e processos alinhados com todas as áreas da organização, para manter as pessoas engajadas e conectadas com o cliente.

Por fim, mas não menos importante, a necessidade de equilibrar o uso da tecnologia para contato com as pessoas, ou seja, aprendemos que olhar nos olhos é muito importante. Eu sou nordestina, e o contato pessoal é vital para mim, e pude confirmar que realmente é indispensável, não importa onde nasceu. Fui intensamente procurada por família, amigos e clientes, consultando sobre sugestões, orientações e dicas do que fazer em um cenário crítico, o que trouxe a oportunidade de restabelecer contato com pessoas que não falava há muito tempo, então posso dizer que meu maior aprendizado foi a confirmação da minha missão, o propósito de compartilhar meu conhecimento e minha experiência. Imediatamente coloquei em prática esse aprendizado, publiquei uma série de artigos sobre *customer centric*, "Cliente em Foco" e reativei meu canal no *YouTube* com vídeos orientando a gestão das equipes em *home office* e gestão do cliente.

4. Qual a sua visão e quais as suas expectativas para o pós-crise?

Quando olho para o futuro, em uma visão de curto prazo, tenho certeza de que ainda aprenderemos muito, já em médio e longo prazos, além da convivência com o vírus e seus impactos, os líderes continuarão como protagonistas para o alinhamento das empresas ao "novo normal" do mercado, com *mindset* mais colaborativo e menos de comando e controle. O uso do *home office* será uma realidade em todas as empresas, com suporte aos colaboradores para estruturar ambiente adequado e executar as atividades do trabalho em casa. Os negócios tiveram que sair da caixa efetivamente, juntando com a aceleração digital, proporcionou vislumbrar uma série de novos modelos de negócios. Por exemplo, o *delivery* de serviço, que continuará a crescer. Estrutura para reação a crises será uma demanda presente nas empresas, como fator de sobrevivência do negócio. Eu sou uma pessoa genuinamente otimista, e acredito que o ser humano será melhor, mais generoso, solidário e colaborador. Essa é minha expectativa!

5. Com base no que você vivenciou, quais recomendações e mensagens de esperança gostaria de compartilhar com outros líderes?

A mensagem que gostaria de compartilhar é que "a liderança é um poder", e o poder traz responsabilidades, não somente no ambiente profissional, mas de forma ampla. O que nos direciona, como líderes, é disseminar conhecimento e orientações, provendo o desenvolvimento dos profissionais próximos ou distantes, desde que seja estruturado e personalizado para a necessidade de cada negócio, ou para os futuros profissionais que estão saindo das universidades; empoderar a equipe para ter autonomia na tomada de decisão e ouvir, estimulando a discussão e troca de conhecimento. Esta crise deu clareza ao conceito de liderança, pois a grande liderança depende de cada ação que se toma em vez da posição que se ocupa. E quão é impactante essas ações para o negócio e a experiência do cliente. As decisões dos líderes constroem a reputação da empresa indiscutivelmente, mas principalmente as do líder como pessoa e profissional. Minha principal orientação é que nossa missão de liderança seja cuidar das pessoas, acompanhar e promover o desenvolvimento de cada uma delas, engajá-las ao propósito e reconhecer os resultados para manter a motivação. Como mensagem final e perpétua, seja feliz! Esse é o maior propósito de todos.

LIDERANÇA DA ALTA GESTÃO EM TEMPOS DE CRISE
Desafios e Aprendizados

Erika Ferrari Viviani Schneider

Cargo/Função:

Publicitária, Entusiasta Lean 6σ, HCM e Ágil

1. Como você descreveria a crise atual?

Segundo a teoria geracional de Strauss e Howe, a crise atual pode dar origem à "Quarta Virada", pois episódios com a magnitude da atual pandemia e seus desdobramentos originam novas ordens sociais. Quando achávamos que a humanidade já havia dado saltos evolutivos lineares e exponenciais, e que esses saltos eram coordenados por nós, os *sapiens sapiens*... surge o imponderável: Covid-19, que poderia ser um novíssimo veículo autônomo, um satélite, uma nova vacina de amplo espectro, mas é um vírus que acertou o centro do delicado equilíbrio global e também o nosso delicado equilíbrio individual. Talvez estejamos diante do novo salto para a Humanidade 4.0 ou o Renascimento Digital. Tenho dedicado as horas vagas a pesquisas e leituras sobre o que já vivemos (ou aqueles que vieram antes de nós) e à reflexão sobre "o que vem por aí" – e que depende também do que farei a respeito, por exemplo, no novo horizonte de negócios que se abre dia a dia a partir da minha mudança de cultura, da velocidade que estou disposta a imprimir a ela e da consistência na aplicação de novas práticas, ou mesmo de práticas já conhecidas, estratégias que merecem reforço e desapego de velhos trastes culturais, que ficarão no baú de recordações e não no livro da nova história, que começa agora. Tanto Peter Drucker afirmou que "a cultura come a estratégia no café da manhã" que hoje vemos um razoável contingente de empresas ousando a reinvenção na prática. Se de um lado *Kodak*, *Blackberry* e *Blocksbuster* derreteram resistindo bravamente à inovação, de outro temos Coca-Cola, *Starbucks* e *Amazon* sendo fundadas durante crises econômicas e superando novas (e muitas delas, crises internas) com inovações exponenciais e agarrando oportunidades com os dentes. A *3M* é uma delas: fundada em 1902 para explorar minérios, ao enfrentar uma crise, inventou o durex, a fita K7, o fio-dental, o *micropore*, as máscaras cirúrgicas e nossos queridos *post-its*, reunindo um portfólio totalmente novo que perdura, e responsável por uma de suas principais linhas de receita. As mudanças que promovemos até aqui, de repente, parecem calmas ondas diante do tsunami Covid-19, que indistintamente, como um zumbido ultrassônico, calou a humanidade. Passamos a olhar o mundo pelas lentes do microscópio inventado por Zacharias Janssen, e tudo que víamos era uma bola com ventosas que representava um vírus. As crises nunca podem ser desperdiçadas, pois recrutam nosso mais primitivo instinto: o de sobrevivência, colocando-nos em alerta – um estado bastante comum entre soldados que lutam nas fronteiras das linhas inimigas. Nós não enxergamos as linhas, pois estão pontilhadas no ar, sob a forma de gotículas virais. De repente, o recente mundo líquido tornou-se gasoso. Lembrei-me de um pensamento de Lenin (apartemos o ditador de sua frase): "Há décadas que nada acontece e há semanas em que décadas acontecem". Aulas interrompidas, comércio baixando as portas, bolsas em queda, imprensa noticiando o apocalipse. E nem estamos em 2012, quando o mundo iria acabar, como na produção hollywoodiana. Eu mesma costumava dizer "quem pode prever, pode prevenir". Ledo engano. Quando Bill Gates irrompeu com um barril em *TED Talks*, há cinco anos, dizendo "quando eu era criança, a catástrofe que mais nos preocupava era uma guerra nuclear. (...) Hoje, o maior risco de catástrofe global não é assim [cogumelo atômico]; na verdade, é assim: [imagem de um vírus da categoria influenza]." Enquanto Gates falava, estádios eram construídos e verbas para pesquisa (no mundo) eram apontadas para outras linhas de orçamento. E quem imaginaria que um hábito alimentar suspenderia nossas vidas tão ocupadas, tão planejadas? Talvez, pesquisando mais a fundo, como tive a oportunidade de fazer há alguns anos, quando iniciei os estudos de Mandarim, com olhos no futuro em que o Dragão Asiático, a China, mudaria o eixo econômico, entenda-se o motivo pelo qual o exotismo frequenta o cardápio de grande parte do Oriente. História à parte, vivemos os tempos do imponderável, que nos convida a reflexões às quais não havíamos dito o "sim" sacramental. Se no âmbito profissional pensaremos quantas reuniões poderiam ter sido um e-mail ou um radar de informação, quantos silvos de crachás liberando acessos, cancelas de estacionamento, maus hábitos de celular ao volante pela urgência em respostas, por outro ângulo, em nossas vidas privadas, que já eram desenhadas muito antes de termos uma vocação, passamos a usar o tempo como medida negociável, negando que ele é a unidade mais democrática entre todas. O dia tem 24 horas para todos, onde quer que estejamos – no trabalho, em casa, dentro do carro. Por falar em carros, muitos que leem estas linhas viveram o início do controle de preços do petróleo pela OPEP, que foi subindo, até que o barril *brent* chegou a custar US$ 150 em 2008, despencando para menos de US$ 20 em abril de 2020. Hoje, a informação é o novo petróleo. Mas dados e informações são diferentes. Temos muitos dados, inclusive sobre os múltiplos abalos já vividos e sobre os prognósticos pós-Covid-19. Mas e informação? Informação é o que se retém, se qualifica e se transforma em ação a partir do conhecimento. E o conhecimento é uma ilha. Resumindo o postulado de Marcelo Gleiser, em A ilha do conhecimento: "O que conhecemos é uma ilha que tem uma borda; o que não conhecemos está fora da borda da ilha. Quanto mais sabemos, mais a borda se amplia, e quanto mais se amplia, também se amplia o que não sabemos." E o que sabemos sobre estágio crítico? Crítico vem de crise, do grego *krisis*, que por sua vez significa separar, decidir, julgar. O termo foi inicialmente incorporado pela Medicina e, em seu contexto, significa "o momento que define a evolução de uma doença para a cura ou para a morte". Já sob uma perspectiva mais pragmática, a pergunta mais frequente, sem o consenso da resposta, é: "Como será depois da crise?". Ou, para quem está usando os equipamentos da empresa em suas casas, com os pequenos em aula *on-line* e as panelas no fogão: "Quando tudo voltará ao normal no escritório?". Não voltará ao velho normal, pois a definição de normalidade faz parte do testamento que nos separa de um novo tempo. Imaginem que somos alunos do Ensino Médio e estamos nas provas finais, vendo o canudo a poucos dias da entrega. Então, o diretor entra em sala e ordena: "Arranquem uma folha, fechem suas mochilas e preparem-se para uma prova com todas as matérias ministradas desde sempre, sem consulta, com uma hora de duração. A nota final da prova mais a segunda parte, que é uma tese sobre cada matéria, decidirá o futuro de vocês e da humanidade". Para nós, a Covid-19 e suas lições serão memória, e para as gerações futuras, história. Agora, a nossa biografia tem algo novo, que nos impele a realizar sobre o que nos move, o que traciona a vida, de verdade. Não é uma braçada de sacolas, uma descompromissada perda de tempo em lugares nos quais não cabemos ou não deveríamos ceder tantas medidas de tempo e energia, que fará a diferença. Falo por mim. Cheguei a dedicar horas ao trabalho em um leito de hospital, com um dreno grampeado no abdômen, a ir sorrateiramente à toalete com o celular na mão em pleno Ano Novo para homologar um *app*, a derramar chá sobre o *laptop* no avião e ser acordada pela comissária para o desembarque, tamanho o cansaço. Tudo porque o relógio insistia em marcar os minutos no compasso dele, e não no meu. Esse episódio no avião ocorreu em 2004, quando eu viajava a trabalho ¾ do tempo e não vi meu filho fazer seu primeiro molde de gesso com a pequena mão na escola. Foi um tempo agre, em que eu me desdobrava entre viagens, FGV e exames para o transplante intervivos em que eu doaria ½ do fígado para o meu pai. Fizemos o transplante. Ele faleceu e eu fiquei para honrar seus ensinamentos; entre eles, valorizar a família, cuidar dos que me cercam, ser legitimamente útil e transmitir o que aprendo. Voltando: como já ouvimos e (muitos de nós) concordamos, estamos diante de uma oportunidade única de evoluir vinte anos em poucos meses. É claro que, algumas vezes, eu gostaria de ficar sozinha na minha "casa da árvore", aquela dos sonhos e livros de infância, longe das tribulações e crises. Mas o pensamento agora deve ser: se sou parte do problema, sou parte da solução. É hora de imigrantes digitais (duas das gerações ainda ativas) e nativos digitais (as outras duas) se unirem como nunca e focar nas pessoas que valorizam mais a "entregabilidade" do que a empregabilidade. De repensar o *overhead* e o que deve ceder lugar ao novo que trará o lucro do amanhã. Certa vez, um amigo que fez o Caminho de São Tiago de Compostela comprou botinas, casaco, barraca etc. e colocou-os na mochila sobre os ombros, que logo começaram a reclamar. Numa parada, deixou as botas sobressalentes. Depois, o casaco, a barraca e, por fim, descobriu que o item que lhe faltava era um cajado, que seria seu pé auxiliar, na forma de um caule seco. Ele só precisava do caule e do cantil durante a maior parte da peregrinação. Precisamos do cajado, que é a tração para subirmos a montanha pós-Covid-19, e da água do cantil, que é o conjunto de informações úteis mais a estratégia consistente de superação e inovação. Vejam os restaurantes: mais de 65% das refeições passaram a ser entregues após serem preparadas no que chamamos de "*dark kitchen*". A verdade é que cada negócio, em seu porte e segmento, terá um novo olhar sobre seu P&L. Vemos ações emergenciais do Poder Público, que ajusta o erário para socorrer a economia, mas a máquina pública em si não torna a economia saudável – essa missão é nossa. Se PIB e IDH caminham lado a lado, nós, líderes, temos parte na missão. Esse é o nosso legado. Muitas árvores que plantamos jamais farão sombra para nós, mas para os que vierem depois de nós. A nossa história será contada dentro da nova História, que irá inaugurar o "*Newest Deal*" (em referência ao *New Deal* de 1933). Se focarmos nas pessoas e em suas ideias e entregas, mais do que em patrimônio e despesas, teremos melhores resultados. Essa é a Filosofia *Lean*, da qual sou adepta e entusiasta desde as minhas práticas domésticas. E também de métodos ágeis, que preconizam o foco nas pessoas mais que processos, além da necessidade premente de transformação na gestão de mudança humana, para levarmos as pessoas do continente A para o B. Como praticante *Lean*, meu sonho é fazer *Lean inception* na máquina pública. Para garantia dos direitos fundamentais através de uma proteção jurídica do Estado, tais garantias passam pela instrumentalização da iniciativa privada que emprega, e para que o faça, deveria ser menos onerada pela malha tributária que vilipendia o centro da atividade empresarial. Uma boa passada pela máquina pública e vemos quantos recursos deveriam ser traduzidos em moeda circulante. Vejo que devemos ter mais porta-vozes junto ao Estado para sanear despesas no 1º setor. É assim que atuo no 2º setor e, mais fortemente agora, mudando o *mindset* corrente, mapeando desperdícios, abrindo discussões e introduzindo a mudança de gestão humana para que o expoente de crescimento seja alterado de ^{2} para ^{3}. O ambiente *VUCA* foi versionado rapidamente e é *VUCA S Plus*. Na Matriz *Cynefin* (D. Snowden, 1999), já saímos do Caótico e chegamos ao Complexo, indo para o Complicado para aterrissar no Simples (ou Óbvio) – a terra prometida das relações de causa e efeito, medidas claras, ciclos de melhoria e reengenharia de processos. Juntos, chegaremos mais rápido lá e veremos que as medidas virão para ficar. Um exemplo de Caos a Simples é o Desastre Aéreo de Tenerife (1977), nas Ilhas Canárias. O acidente foi produto de uma ameaça de bomba em outro aeroporto, que desviou voos para Tenerife, congestionamento nas *taxiways*, névoa densa, ausência de contato visual entre aeronaves, giro alternativo de 180º, inexistência de radares de solo, falta de padrão na linguagem e ruído no rádio. A soma desses fatores culminou com o choque horrível entre o *KLM4805* e o *PanAm 1736*. A partir de Tenerife, tudo foi revisto e hoje voamos seguros graças àquele episódio.

2. O que você aprendeu ou ressignificou na sua vida nas áreas pessoal e profissional?

Aprendi muito nesse período tão curto e intenso. Lembrei-me de Isaac Newton, que em 1665 trancou-se em casa quando liberado pela Universidade de Cambridge durante a Praga de Londres, o 1º *lockdown* registrado. Em casa, ele viveu o *annus mirabilis*, colocando em dia seus problemas de Matemática que originaram o Cálculo, fez experiências com prismas, estudou óptica e... criou a Teoria da Gravidade. Longe de comparar-me a Newton, coloquei a leitura em dia, fiz uma série de cursos técnicos, renovei minhas certificações e obtive novas, trabalhei remotamente, teci novas parcerias construídas sobre os alicerces na nova realidade e, como amo culinária autoral, experimentei receitas como o pão pascal. Mas, antes de tudo, mantive um dos traços mais marcantes da minha personalidade, ao lado do afinco pelo alinhamento com o meu propósito de vida [servir], da organização e da leveza: o humor. Mantive o humor em casa, com a minha família, trouxe meu filho que estuda Engenharia Aeroespacial nos EUA e precisou voltar à pressas, cuidei da minha mãe e procurei ser útil aos vizinhos velhinhos. Também meditei, assisti a cultos *on-line*, pratiquei balé e não deixei a peteca cair. Como disse Leandro Karnal, não fiquei usando a camiseta da 2ª eleição do Sarney, o chinelo de lavar a moto, o boné da Copa de 82 ou a bermuda de faxina.

3. Qual a sua visão e quais as suas expectativas para o pós-crise?
Tenho uma visão pragmática. Pela minha vivência em gestão de mudança e transformação organizacional, acredito que sejamos capazes de fazer esse *turnaround*, porém, ele deve começar nos níveis mais elevados de liderança e patrocínio. Questões culturais devem dar lugar ao novo, ao *Lean*, à minimização de desperdícios e redução de *overhead* em prol do capital humano e da tecnologia, lembrando que a tecnologia em si não transforma – ela é o meio entre o início, que é humano, e o fim, que é o negócio. E para reabsorção da força de trabalho humana, será necessário reavaliar o que deve ser renunciado, talvez, para sempre, pois o que é inanimado jamais substituirá a alma dos negócios. Como já dizia Ronald Reagan, "o melhor programa social é um emprego".

4. Com base no que você vivenciou, quais recomendações e mensagens de esperança gostaria de compartilhar com outros líderes?
Estejamos atentos às novas práticas. Muitas vieram para ficar, e depende de nós tracionar as mudanças, de modo que as organizações as pratiquem com legitimidade. Essa é a boa nova, que depende de nós, e é por isso que escolhemos o protagonismo da liderança, com todos os ônus e bônus. Já dizia Fernando Pessoa: "Navegar é preciso, viver não é preciso". Parece romântico? Absolutamente não. Na verdade, a frase teria sido inspirada na narrativa do historiador Plutarco, referindo-se ao general Pompeu (~70 a.C.), quando os romanos viviam a expansão do Império e desbravavam mares. Pompeu foi designado para trazer trigo das províncias para Roma. Naqueles tempos, os riscos de navegação eram

grandes e ataques piratas eram frequentes. Os navegantes viviam sob o dilema de salvar Roma do desabastecimento ou aportar na Sicília e não correr o risco de morrer no mar. Foi então que Pompeu teria proferido a lendária frase, conotando que navegar é necessário, mas voltar vivo não é uma certeza. Pompeu fez a viagem, trouxe o trigo e conquistou o apoio dos trabalhadores romanos, tornando-se um dos integrantes do 1º Triunvirato. Para líderes: façamos a viagem. Nós somos os depositários do futuro, e se há esperança para ele, ela deve partir de nós. E nós já avançamos. Agora, é passar das marchas de tração para as de velocidade. Vivenciando quase 30 anos entre comercial, relacionamento com clientes, M&A, *Marketing*, transformação organizacional, projetos, estratégias vitoriosas e outras nem tanto, posso olhar para frente com esperança e otimismo, considerando que "o estresse é um desafio e não uma ameaça", de acordo com Shawn Achor, e que rumar para o oceano azul é uma faculdade nossa. Quando meu pai faleceu após o transplante, um dos médicos disse: "A Medicina é a ciência das verdades transitórias". Não é privilégio da Medicina. Essa transitoriedade é a tal *VUCA S Plus* da qual falei. Saber lidar com o novo conceito de transitoriedade é uma habilidade que devemos aperfeiçoar, vigiar e praticar diuturnamente. *Walk the talk.* Gostaria de encerrar com um pensamento de Simon Sinek: "Quanto mais você inspirar as pessoas, mais elas irão inspirá-lo".

LIDERANÇA DA ALTA GESTÃO EM TEMPOS DE CRISE

Desafios e Aprendizados

Evandro Pereira

Empresa:
Plastipak Packaging do Brasil

Cargo/Função:
Managing Director

1. Quais foram os principais desafios vivenciados neste momento de crise provocados pela Covid-19?

Liderar negócios no Brasil é viver uma rotina em alta adrenalina devido às incertezas econômicas e impactos sociopolíticos, onde a cada quatro anos podem não dar um direcionamento correto ao país, mas certamente trazem mudanças completas ao planejamento estratégico de nossas empresas.

E em meio a tamanhas incertezas políticas, ainda enfrentamos uma pandemia viral, exigindo de todos nós uma reclusão social e deixando de fazer o que melhor fazemos como brasileiros, nos relacionar.

Algumas rotinas deixaram de ser parte da nossa vida durante este período de crise e outras vieram para mudar nossas vidas, com uma alta probabilidade de permanência a longo prazo.

Pequenas empresas tradicionais que relutaram a entrar no *e-commerce* agora são compelidas a se associarem a uma das plataformas digitais para sobreviver à crise da pandemia e manter suas vendas.

Todas organizações, sejam elas multinacionais, nacionais, religiosas, governamentais ou privadas, de grande ou pequeno porte, executam todas as suas reuniões através de videochamada por meio de dezenas de aplicativos, para evitar o contato humano e respeitando o novo distanciamento social.

Educamos nossos filhos não mais como somente pais, mas agora como professores particulares no sistema de *homescholling*, através de diversos recursos *on-line* utilizados pelas escolas.

O que era uma nova experiência nas compras *on-line*, hoje se tornou uma necessidade, mesmo que ainda estejamos em um processo de melhoria no sistema logístico para atender às expectativas dos consumidores.

Um dos fatores transformacionais no mercado em que atuo, de embalagens plásticas, foi o papel fundamental do plástico PET, deixando de ser um vilão para um material essencial nas embalagens de produtos ao combate do Covid-19.

Infelizmente não foi só colher os frutos desta alta demanda, pois em outros seguimentos, como o de bebidas, tiveram grandes impactos durante a quarentena, após o fechamento de bares, restaurantes, e redução descomedida do turismo, impactando toda a rede de hotelaria. Todos esses altos e baixos provocaram muitas incertezas no mercado e no *forecast* de vendas, gerando assim um desbalanceamento momentâneo na saúde do estoque e exigindo muito mais de nossa equipe de alta excelência, na construção de novos padrões de cálculos e análises do planejamento operacional, sendo que as ferramentas utilizadas para uma alta eficiência de produtividade não eram tão eficazes mediante um cenário incerto e desconhecido a todos.

Além de todos os diferentes impactos comerciais e operacionais os quais cada líder de certa forma enfrentou durante esta pandemia, acredito que o grande desafio de todas empresas logo no início era: quem vai pagar essa conta? E aqui entra um diferencial importantíssimo. Quando você desenvolve ao longo da sua trajetória de negócios apenas clientes em sua carteira, você pode estar fadado a grandes impactos em crises, porque clientes mudam de opinião, mudam de necessidade e, também, mudam de prioridades. Porém, quando desenvolve parceiros de negócios, você consegue passar juntos por qualquer período de crise. Aqui que entra a maior virtude e talento de um brasileiro, "a arte de se relacionar", que quando liderada com muita paixão e destreza, vence qualquer obstáculo de fracasso ou medo, e cria, sim, uma projeção de sucesso contínuo.

2. Quais foram as ações implementadas?

Embora a liderança do nosso país não esteja tão alinhada com outros líderes do próprio governo e das medidas adotadas ao redor do mundo, sendo imediatistas em algumas das medidas e alterações frequentes nos planos de ações, com o uso ou não de cloroquina no tratamento do vírus, *lockdown* horizontal mantendo a quarentena e reclusão total por mais tempo ou verticalmente, com início parcial e flexibilizações de comércios, rodízio de placas em dias ímpares ou pares ou antecipações de feriados. Ou seja, várias medidas sem uma continuidade efetiva, mesmo que todas essas tentativas tenham ocorrido com a boa intenção de conter a pandemia.

Mas por que será que essas ações não tiveram uma repercussão positiva entre a liderança ou uma alta adesão para uma implementação eficaz em todo país? A resposta é clara, porque estamos agindo individualmente e sem foco.

Quando se lidera um time de alta excelência em meio a uma crise, você tem como papel principal na liderança manter o foco no problema, porém sem esquecer do propósito da equipe e dos valores de sua organização. A equipe deve estar envolvida nas decisões, sentir parte da solução dos problemas, mesmo que as ações tenham que ser tomadas com agilidade, não devem ser feitas sem planejamento e alinhamento. Esse alinhamento e envolvimento da equipe nas decisões implementadas não tira a autoridade e protagonismo do líder, mas, sim, faz com que a equipe tenha ainda mais excelência durante uma crise de constantes alterações e de cenários imprevisíveis semana a semana.

É mais fácil desenvolver e motivar uma equipe de alta excelência conhecendo o seu nicho de mercado e as variáveis, utilizando dezenas de ferramentas de gestão, como SCRUM para projetos ágeis, S&OP para planejamento de vendas e operacional para maximizar sua confiabilidade de estoque e acuracidade de *forecast*, entre outras, como *design thinking* ou método *Canvas*, do que simplesmente manter a mesma entrega de excelência em um mercado incerto, com alterações diárias no câmbio e com pessoas com um alto risco no sistema imunológico por razões neuroendócrinas, ou seja, pelo desencadeamento da produção de hormônios de estresse voltados para a defesa do corpo, causados pelo medo do contágio do vírus.

Um time de alta excelência está acostumado a lidar com uma alta adrenalina hormonal, mas quando não gerenciado o medo, este eleva também outro hormônio do estresse, o cortisol, gerando automaticamente uma baixa imunidade e problemas no corpo, como a depressão, nos deixando mais vulneráveis a pegar um vírus e/ou com sérias dificuldades de combatê-lo eficazmente.

Por todas essas questões apresentadas, uma das iniciativas que tomamos urgentemente foi cuidar do bem emocional dos colaboradores e não somente do físico, para evitar o contágio. Claro que essas iniciativas também são de real importância, sendo assim, implementamos todas as ações recomendadas pelo Ministério da Saúde do Brasil, CDC (Centro de Controle de Doenças dos EUA) e WHO (*World Health Organization*), como a utilização de máscaras de tecido, proteção facial em acrílico, luvas, cancelamento das viagens nacionais e internacionais, restrição do trabalho administrativo na planta, permanecendo em *home office* para disponibilizar um maior distanciamento social em salas de reunião, banheiros e restaurante, bloqueio das áreas comuns e descanso, bloqueio de prestadores de serviço, a não ser para execução de serviços essenciais, urgentes e importantes, treinamento excessivo de higiene das mãos e estações de trabalho (escritório ou maquinário) e das máscaras, checagem diária de temperatura de todos os colaboradores e terceiros, pôsteres de comunicação em vários locais de trabalho e um automonitoramento diário antes da entrada no trabalho.

A questão do cuidado mental e do bem-estar emocional é de extrema importância e deve ser priorizada em qualquer gestão, pois estamos recebendo uma alta dose de cortisol em cada noticiário que assistimos, e pela exorbitante quantidade de *fake news* que circulam pelas redes sociais, criando um medo constante nas pessoas. Além de alguns novos conflitos familiares decorrentes pelo excesso de convívio durante o isolamento social, o medo é um grande influenciador de doenças psicossomáticas, cujos efeitos resultantes deste período pandêmico somente serão apresentados em alguns anos posteriores, podendo reaparecer efeitos de reais impactos na sociedade e nos resultados de sua empresa e liderança em sua gestão.

3. Quais foram os aprendizados para a sua vida nas áreas pessoal e profissional?

O *homo sapiens* voltou a descobrir a essência da sua existência, diferentemente de como vivíamos nos últimos séculos, onde a existência precedia a essência, como expressada na obra filosófica do francês Jean-Paul Sartre, que consiste em colocar o homem como responsável por todos os seus atos, e está construída através da liberdade responsável pelo que o homem manifesta ao escolher sua própria vida.

Não entrando em questões religiosas, o ser humano voltou a se preocupar com o próximo. As prioridades mudaram e não mais vivemos somente o eu, mas sim também pelo nosso vizinho. A distância física fez com que todos se aproximássemos muito mais por meio de redes sociais, *calls*, doações espontâneas, vivendo em um "novo normal" de alta empatia social e praticando o bem ao próximo.

O tempo que era escasso agora é vivenciado a cada minuto.

Não existem mais justificativas de falta de tempo para academia, agora é motivo para estarmos ao redor de parques fechados ou de estacionamentos vazios de shoppings para longas caminhadas. Mesmo quem permanece em isolamento completo e uma alta demanda de *home office* já baixou algum aplicativo relacionado à saúde e pratica exercícios em casa.

A falta de tempo fazia com que a qualidade de apenas uma refeição diária com a família fosse apenas comer e hoje desfrutamos o prazer de uma conversa ao redor da mesa em todas refeições com a nossa família. Aprendemos a cozinhar mais e lidar com outros deveres domésticos para ajudar nosso cônjuge e sendo mais complacentes para que o cuidado à família agora seja a prioridade e os afazeres da casa fossem distribuídos, sendo que em muitos casos não tínhamos mais acesso às nossas auxiliadoras do lar. No *home office* ficamos horas e horas durante o dia todo em *calls*, vendo cada rosto dos colegas para nos sentir mais próximos uns dos outros. Embora o tempo tenha aberto novas oportunidades para usufruirmos durante nossa reclusão social, nos tornamos mais eficientes em nossos afazeres e muito mais focados em nossas entregas. O tempo que não passa, para voltar à nossa rotina normal ou simplesmente agregado ao medo de perder alguém que amamos, nos fez amar mais e valorizar mais quem temos por perto.

4. Qual a sua visão e quais as suas expectativas para o pós-crise?

Há uma pergunta que permeia a mente das pessoas: será que vamos viver este "novo normal" de alta empatia social e digital ou vamos voltar a sucumbir na existência que precede a essência, sendo o homem que escolhe a sua própria vida com foco somente no seu eu existencial, deixando que o mundo digital cresça exponencialmente e as pessoas esfriem seus relacionamentos humanos se distanciando ainda mais? Com certeza não viveremos o mesmo normal de antes. Um novo ser humano surge pós-crise mundial e estará em suas mãos o destino que irá dar à sua vida.

5. Com base no que você vivenciou, quais recomendações e mensagens de esperança gostaria de compartilhar com outros líderes?

Acredito muito no potencial do ser humano de submergir mediante a qualquer problema que possa aparecer, mesmo que ainda demore anos para recuperar os impactos econômicos globais causados por esta pandemia viral, mas com certeza sairemos mais fortes. Assim como nenhum deserto perdura para sempre e como também nenhum guerreiro deixa de celebrar suas conquistas após uma árdua batalha, dessa forma, que o seu "novo normal" seja contido de grandes celebrações a cada conquista de sua equipe. Que você seja mais empático, entendendo as dores do seu liderado e pensando da forma que ele pensa para dar uma palavra sincera em seus *feedbacks* para que agreguem construtivamente para que ele possa ser motivado no seu desenvolvimento pessoal e não focado apenas ao resultado que ele possa entregar. Demonstre mais sua gratidão em suas atitudes. Desfrute mais tempo com seu cônjuge e filhos, demonstrando o seu amor por eles. Almoce mais vezes com sua família, ou até mesmo cozinhe para eles algumas vezes, apreciando todo tempo disponível com os seus ao redor da mesa. Visite mais vezes seus pais e brinque mais com seus filhos.

Portanto, julgue menos e ame mais seu próximo para que a essência da existência humana prevaleça a cada momento e o tempo não volte a ser escasso de amor, mas sim em exponencial, para que o tenha em longevidade e abundância.

LIDERANÇA DA ALTA GESTÃO EM TEMPOS DE CRISE

Desafios e Aprendizados

Fabiana Aparecida Seraphim Ribeiro

Empresa:

Coca Cola FEMSA

Cargo/Função:

Head of Risk Management and Control – KOFBR

1. Quais foram os principais desafios vivenciados neste momento de crise provocados pela Covid-19?

Em momentos de crise, sem dúvida alguma, os desafios triplicam e a necessidade de buscar equilíbrio emocional para lidar com a pressão e com as incertezas é cada dia maior. A diferença está em saber reagir com resiliência, com objetividade e com uma postura de vencedor. As batalhas são ainda mais fortes e mais duras, mas com atitude, afinco, sinergia e colaboração, os resultados chegarão, e as soluções também. Em momentos como esses, de incertezas e inseguranças, o líder precisa ser exemplo junto as suas equipes, direcionando o foco e as ações de todos, para que seja construído um cenário melhor.

Minha experiência neste momento é buscar ser 200% mais produtiva, e entregar mais e mais resultados à companhia na qual trabalho, buscando apoiá-la na busca de soluções em meio a todos neste cenário. Vivenciar este impacto, saber o quanto as empresas, empresários, acionistas, colaboradores e parceiros estão infelizmente perdendo, a economia está sofrendo, e muito, e redobrar a atenção em buscar o seu melhor, em agregar ainda mais, é o mínimo que se espera para a construção de um ambiente melhor. Precisamos reforçar a estrutura, reforçar os alicerces, os quais foram fragilizados com todos esses acontecimentos, e precisamos ter uma estrutura forte e robusta, para além da recuperação, poder crescer em um prazo menor. Neste momento, no qual podemos identificar quem de fato são as pessoas em nossas vidas, nossos amigos, nossos parceiros de trabalho, nosso time, e membros de fato de uma equipe que possuem o foco de construir e de colaborar. Buscar o fazer acontecer com o objetivo de encontrar soluções e não problemas. Meu desafio é participar neste momento, é buscar reforçar e desenvolver cada dia mais a minha postura proativa, ágil, colaborativa e aberta, buscar ser exemplo nesses comportamentos a minha equipe, para que possa ver genuinidade entre a minha fala e as minhas ações, para que possa seguir o mesmo caminho convencida de que é a melhor opção, e motivando suas equipes e seus pares da mesma forma.

Neste cenário de incertezas, dificuldades, afastamento social e redução drástica do consumo, precisamos nos reinventar, para gerar um efeito cascata de motivação, de fé e de certezas. Para que as ações sejam positivas e focadas, e não distorcidas pela dúvida, tristeza ou depressão. E essa cascata de boas energias deve e precisa ser construída dia a dia, não pode ser descuidada de nenhuma forma.

Em resumo, os meus maiores desafios se referem à busca de inovação, de identificação de oportunidades em meio à crise, de reinventar as ações da minha área de Gestão de Riscos e Controle frente a esse cenário na companhia, intensificando o comportamento participativo da equipe, em temas que ajudem de imediato a empresa, ações assertivas que gerem de fato economia, segurança e melhorias visíveis.

2. Quais foram as ações implantadas?

Revisar a busca de soluções rápidas, ágeis e eficazes para a empresa, agregando valor, buscando oportunidades de economias imediatas, desburocratizando processos e gerando controle sem gerar custo adicional, reforçando a visão de que o controle faz parte do processo, e não uma atividade pró-forma que gera custo adicional.

Reforçar o sentimento de equipe, com transparência, objetivos claros e parcerias. Acreditar que as mudanças aparecem com as nossas ações, e essas ações devem ser genuínas. Busco reforçar sempre que posso essa crença com os meus amigos, familiares, equipe e parceiros de trabalho.

3. Quais foram os aprendizados para a sua vida nas áreas pessoal e profissional?

Não poder visitar e abraçar as pessoas que amamos é algo difícil para nós, um povo muito afetivo e que demonstra em ações os sentimentos. Não poder abraçar e beijar a minha mãe me fez procurar meios diferentes de demonstrar algo que me faz tão bem. O mesmo com a minha irmã e meu sobrinho, neste momento, precisamos parar para escutar mais as pessoas que amamos, e entender o que realmente cada um sente, e muitas vezes, com a maioria delas nos damos conta de que falar algo que as pessoas precisam ouvir, dar atenção a um pequeno detalhe, que para nós pode ser pequeno, para a pessoa que se sente lembrada, tem grande importância. Em resumo, aprendi a ouvir mais, sentir mais o que é preciso na vida pessoal e tentar atender isso, mesmo que a distância, sempre estar presente e me fazer presente.

A quarentena despertou um sentimento de cumplicidade, empatia e solidariedade. Todos passando pelas mesmas limitações, essa situação nos ajudou a entender melhor o outro, a cada um se colocar no lugar do outro. Tenho certeza de que muitos relacionamentos ficaram ainda mais fortes com esse aprendizado. Tivemos a chance de estarmos ainda mais próximos daqueles com quem escolhemos passar a vida juntos, e isso é muito bom. Eu e o meu marido tivemos mais tempo juntos, foi possível almoçar todos os dias juntos e nos apoiar ainda mais. Já temos um relacionamento de apoio à vida profissional e pessoal, um ao outro, mas esse período nos fez reforçar ainda mais a nossa parceria e união.

Profissionalmente, reforcei o meu conceito de *home office*, conseguimos provar todos juntos que o modelo funciona. Confesso que tinha algumas ressalvas sobre o *on-line*, as quais desfiz completamente, vendo os resultados obtidos com esse modelo de trabalho.

Eu também me orgulho muito de ter testemunhado o comprometimento e envolvimento de vários profissionais em achar meios de alcançar e superar os seus desafios, vencendo os seus limites, apesar de um cenário complicado na saúde, na economia e na política. Tenho a honra de dizer que tenho visto isso em amigos, familiares, equipe e pares, os quais não buscam uma posição de vítima, mas sim de protagonistas, na busca de soluções.

4. Qual a sua visão e quais as suas expectativas para o pós-crise?

Imagino que o pós-crise exigirá ainda mais de cada um. Não teremos mais o vírus a vencer, mas teremos uma situação econômica e política bem complicada de forma global, a qual exigirá a busca de inovação ainda maior. Vamos vivenciar várias mudanças disruptivas, agilizadas pela necessidade de superação da crise. Mas sinceramente espero um sentimento maior de humanidade e colaboração entre todos, que essas dificuldades e limitações que todos passaram sejam os impulsionadores da solidariedade.

Acredito também que teremos uma possibilidade ainda maior para os profissionais que querem se destacar pelos seus trabalhos, gerando resultados que agreguem cada vez mais valor, acredito que a meritocracia será ainda mais reforçada em todas as organizações. Para os empreendedores, acredito que temos um cenário mais complicado, mas com várias oportunidades de mudança e desenvolvimento, o empreendedor terá que ser cada dia mais empreendedor para sobreviver a esse momento pós-crise e sair ainda mais forte alguns meses depois.

5. Com base no que você vivenciou, quais recomendações e mensagens de esperança gostaria de compartilhar com outros líderes?

Em momentos como este, a primeira medida é buscar o seu equilíbrio emocional, entender a situação e seus impactos, e o mais rápido possível, buscar sua equipe e, de forma clara e objetiva, explicar o cenário a todos, trazendo-os para o mesmo cenário, assim estarão envolvidos e compromissados a apoiar esse processo. Reforçar a cada dia o seu entusiasmo, a sua confiança e a automotivação, e focar as energias na busca de soluções ágeis e de grande valor. Com esse foco, as oportunidades serão identificadas e aproveitadas. Quando nos fechamos, não vemos as oportunidades, por maiores que sejam.

Enfim, por pior que seja a situação, não desista dos seus sonhos, do seu objetivo, da sua energia e do seu entusiasmo. Não desista e não desanime, dias bons e dias ruins acontecem e terminam, o quanto cada um irá impactar na sua carreira e nas suas conquistas depende do quanto você irá permitir. Alguns dias serão perfeitos, outros infelizmente não serão tão bons, mas deixarão aprendizados para que os bons dias sejam ainda melhores.

Estou à disposição para conversarmos, aprendermos juntos e construirmos um dia a dia ainda melhor, seja no ambiente corporativo ou na humanidade como um todo, contem comigo!

LIDERANÇA DA ALTA GESTÃO
EM TEMPOS DE CRISE
Desafios e Aprendizados

Fábio Alexandre Roth da Silva

Empresa:
5àsec Brasil Franchising

Cargo/Função:
Presidente

1. Quais foram os principais desafios vivenciados neste momento de crise provocados pela Covid-19?

O primeiro passo foi estabelecer um comitê de crise formado por nossa liderança e pelo conselho de franqueados. Analisamos todos os cenários. Pois um dos principais desafios era garantir a operacionalidade das lojas, uma vez que ao modelo de alguns países da Europa como França e Itália as lavanderias são considerados serviços essenciais. Sabendo disso, teríamos que atuar junto aos governos estaduais e municipais a fim de garantir o mesmo modelo no Brasil. Outro desafio era que o pânico e a ansiedade não se instalassem na rede de franqueados, ainda tínhamos a questão do fluxo de pessoas nas lojas, que certamente iria diminuir, e como informar e dar segurança aos consumidores quanto à segurança dos serviços, atendimento e amplitude de cobertura até as residências. Por fim, como instruir e instrumentalizar os franqueados de como agir na gestão do caixa, gestão econômica, gestão de pessoas, gestão comercial e operacional. Tivemos que agir com velocidade sem atropelar as análises com serenidade e racionalidade, para que o problema não aumentasse, estabelecendo um plano de contingência que abordasse todos os pilares necessários para a sobrevivência do negócio pelo período necessário até que a situação normalizasse. Em meio a tudo isso, por liderar uma franqueadora, tem as questões intrínsecas à própria, no que tange às mesmas necessidades dos franqueados, só que com uma dimensão muito maior, pois se a franqueadora não se mantiver forte, a rede toda sofre. Numa analogia com o corpo humano, a franqueadora representa a cabeça, se ela padecer, todo o resto perecerá. Por isso, a importância de manter a moral do time elevada, uma comunicação clara e eficaz, e principalmente muito transparente e direta, para que o elo de confiança seja fortalecido entre os entes.

2. Quais foram as ações implementadas?

Após deliberarmos em comitê, tomamos algumas ações:

1) Criar um canal específico na *intranet* (portal da franqueadora e franqueados) para reunirmos todos os comunicados, vídeos, cartilhas e treinamentos em um único local de forma ordenada;

2) Comunicar a rede em vídeo, contextualizando sobre o momento, quais ações que iríamos tomar, mostrar apoio e determinação para superar a crise e quais os canais para suporte adicional;

3) Divulgação de cartilha contendo instruções para o gerenciamento do caixa, gestão de pessoas na crise, gestão orçamentária com redução de custos, ações comerciais que dependiam apenas dos esforços da loja em atuar, orientações e cuidados de como trabalhar em meio à pandemia, quais cuidados de profilaxia, EPI's (equipamentos de proteção individuais) e demais orientações do Ministério da Saúde, orientações de como contribuir com o comitê de crise com foco na inovação e novas oportunidades, e de como se apropriar dos incentivos governamentais, como capital de giro, acordos coletivos para redução ou suspensão dos contratos de trabalho e, por fim, pagamentos de encargos sociais e impostos;

4) A franqueadora, com a finalidade de suportar as franquias quanto ao seu fluxo de caixa, ainda concedeu:

a) Suspensão temporária da cobrança do Fundo Nacional de Propaganda;

b) Suspensão da realização da convenção anual nacional e sua cobrança, revertendo o crédito para abatimento de royalties;

c) Suspensão de todos os treinamentos e capacitações presenciais e suas cobranças;

d) Negociação com bancos parceiros de linhas de créditos especiais para capital de giro com juros altamente atrativos;

e) Negociação com as operadoras de cartão de crédito de antecipação de recebíveis com juros mais atrativos;

f) Negociação com a seguradora das lojas da prorrogação de pagamentos dos vencimentos por 90 dias;

g) Negociação com fornecedores de insumos de compras com maior prazo de pagamento, a fim de aliviar o caixa das lojas;

5) Disponibilização de treinamentos *on-line* gratuitos para os times de lojas e franqueados;

6) Apoio diário dos consultores de campo para acompanhar o desenvolvimento durante a crise;

7) Desenvolvimento de plano de *marketing* (guerrilha) exclusivo para o período de crise, criando combos especiais para as famílias, para assim aumentar ainda mais a atratividade dos serviços das lojas;

8) Contratação de *digital influencer* para gravação de vídeo para uso em todas as mídias sociais;

9) Disponibilização em toda a rede do *delivery* 100% gratuito, através da loja, *site* ou aplicativo;

10) Aumento de serviços disponíveis via *e-commerce.*

3. Quais foram os aprendizados para a sua vida nas áreas pessoal e profissional?

Sem dúvida alguma, o que de mais positivo podemos tirar de uma crise são os aprendizados. Talvez o principal deles seja sempre ter uma comunicação transparente, clara e eficaz. Pois sem ela não há confiança, e sem confiança não avançamos com velocidade em prol dos objetivos comuns. Outro fator preponderante, tanto na vida pessoal quanto para a vida das empresas, é ter um plano de contingência sempre atualizado e reavaliado sempre: qual a margem de segurança operacional que temos? Quais os recursos chaves que devo sempre ter, e quais são dispensáveis em momentos de crise, quais as alternativas de resultado e para quais tendências que minha vida pessoal ou meu negócio/segmento está se encaminhando? Preparados totalmente para uma situação como essa nunca estaremos, mas saber que existem essas possibilidades e como dar o pontapé inicial rumo à saída da crise, isso é preponderante para superar; e por fim, saber que tudo passará e, por isso, manter a calma e conservar a lucidez e o raciocínio pragmático, além de tomar as decisões difíceis sem procrastinar, podem ser vitais.

4. Qual a sua visão e quais as suas expectativas para o pós-crise?

Acredito que as relações que tínhamos até a Covid-19 serão diferentes a partir dela. Algumas delas irão mudar definitivamente. Sejam elas de consumo, sejam elas pessoais. Alguns negócios infelizmente poderão até desaparecer, a julgar pelo tempo que permeie essa crise no país e no mundo, outros sairão fortalecidos e outros terão uma recuperação lenta ou no ritmo em que a demanda for se restabelecendo. Os consumidores, de forma até mesmo forçada, estão experimentando o consumo "digital", utilizando plataformas para atingirem os bens de consumo que necessitam, em supermercados, farmácias, restaurantes, lavanderias e vestuário, entre outros. Até mesmo aqueles mais distantes da tecnologia, seja por idade ou por outro motivo, estão descobrindo esse mundo novo (e não tão novo assim), mas o fato é que o mundo, em virtude da crise, antecipou forçadamente algumas coisas que levariam entre três a cinco anos para acontecer, e para isso muitas empresas tiveram que se adaptar ou estão correndo atrás para fazer.

As relações pessoais sairão mais fortalecidas, em virtude do isolamento social, onde as pessoas deram-se conta de que até um simples gesto, como um aperto de mão, faz falta, que as relações humanas devem ser cada vez mais importantes no cotidiano e que é possível, sim, conciliar trabalho, família, amigos, *hobbies*, tudo com equilíbrio.

5. Com base no que você vivenciou, quais recomendações e mensagens de esperança gostaria de compartilhar com outros líderes?

Seja o que cada um de nós esteja passando ou vivenciando, num momento como a crise causada pela Covid-19, o importante é saber, como todas as demais crises que a humanidade já enfrentou, que ela vai passar, vamos vencer. É significativo que os valores pessoais saiam fortalecidos, que a determinação e a resiliência nos acompanhem sempre, seja qual for o próximo desafio, pois tendo esses elementos, com fé em Deus tudo é possível. Temos a capacidade de reconstruir o que for necessário se tivermos ainda a capacidade de sonhar, e com ele agir.

LIDERANÇA DA ALTA GESTÃO EM TEMPOS DE CRISE

Desafios e Aprendizados

Fábio Rito Barbosa

Empresa:

Casa da Moeda do Brasil

Cargo/Função:

CFO / Diretor Administrativo Financeiro e de Gestão

1. Quais foram os principais desafios vivenciados neste momento de crise provocados pela Covid-19?

Inicialmente, se faz muito importante recordar e esclarecer que nenhum de nós, e possivelmente ninguém, estava totalmente preparado para o período que estava por vir.

De uma hora para outra nos deparamos com uma questão gravíssima de saúde, uma pandemia sem precedentes, um tipo de gripe poderosíssima, contagiosa pelo simples convívio, pela proximidade entre as pessoas, por um simples aperto de mão ou um abraço, que modificou totalmente o formato e o andamento em que todo o curso natural da vida vinha acontecendo.

O comportamento padrão passou a ser o de não sair de casa, o de isolamento social, principalmente para as pessoas acima de 60 anos e as com doenças preexistentes. Muitas empresas tiveram que interromper seu funcionamento de forma abrupta, ou tiveram que se reinventar em um novo formato de operação.

Pelo que dizem os infectologistas, não sendo uma pessoa do grupo de risco, a doença tem baixa letalidade. Porém, como é uma doença traiçoeira, com altíssimo índice de contágio, em que na maioria dos casos demanda internação e pode chegar até ao uso de aparelhos respiratórios, a grande preocupação seria a superlotação do sistema de saúde, ultrapassando a capacidade de atendimento, obrigando a terrível escolha de quem deve ter prioridade em ser atendido e quem talvez nem possa ser socorrido.

O teletrabalho, o *home office* e o trabalho remoto, que antes eram exceções, tornaram-se predominantes. O *delivery* se sobrepôs ao atendimento pessoal, tornando-se quase a única alternativa para os estabelecimentos comerciais, em especial bares e restaurantes. Os encontros e reuniões virtuais substituíram praticamente de forma integral os encontros presenciais. As aulas escolares, assim como as demais aulas complementares, se tornaram videoaulas. Até palestras e shows se tornaram *lives*.

As pessoas simplesmente foram impedidas de se juntarem, se aglomerarem. Houve atuação do Poder Público em intervir na circulação das pessoas, restringindo a utilização de transporte público se não fosse para trabalho, modificando a roteirização dos ônibus, determinando fechamento de estabelecimentos, até mesmo isolamento de municípios, dentre outras ações.

E como fazer todas essas transformações, em um espaço tão curto de tempo, em um sistema em pleno funcionamento?

Era uma questão de sobrevivência. Ou as empresas e as pessoas se reinventavam, ou iriam sucumbir à doença ou ao colapso econômico.

Desta questão provém a maior discussão, a maior controvérsia, e talvez o maior desafio deste período, o de conseguir equilibrar de forma adequada os impactos na saúde e na economia. Uma tarefa extremamente desafiadora.

Não existe dúvida de que o mais importante é a vida de cada uma das pessoas. Todos os procedimentos e orientações para salvar vidas precisavam ser respeitados. Por outro lado, a economia brasileira tem um enorme número de pequenas e médias empresas, que geram uma quantidade de empregos extremamente significativa para o ecossistema econômico, além de uma gigantesca parcela da população ter sua renda vinculada à economia informal. Encontrar a equação adequada, que proteja a saúde das pessoas, mas que também não crie um colapso econômico, e que por sua vez possa acarretar um volume de desemprego com consequências catastróficas, sem dúvida foi o maior dilema do período, pois simplesmente não existe uma solução pronta e perfeita.

Como seria o futuro caso a grande maioria das empresas sucumbisse, gerando um enorme índice de desemprego e recessão em cadeia, enquanto os trabalhadores da economia informal também não conseguissem honrar seus compromissos pela ausência de renda proveniente do isolamento social?

Como seria se o isolamento social não fosse realizado de forma adequada e o número de infectados se tornasse muito superior ao que o sistema de saúde pode suportar?

Não há uma resposta simples em uma situação tão complexa quanto essa, e uma questão decididamente não invalida a outra, pois são complementares, precisam coexistir.

Além disso, uma circunstância é fazer isolamento social em um imóvel confortável, trabalhando de casa. Outra circunstância totalmente diferente é fazer isolamento social em um imóvel minúsculo, com vários moradores, dependendo da economia informal para trazer o sustento para a família.

Estamos em um momento de crise mundial de saúde, devido ao novo coronavírus, ou Covid-19, que afetou diversos países de todo o mundo, desde que surgiu na China, e que estamos aprendendo a lidar com esse desafio ao longo do período em que ele está acontecendo.

Temos que atentar tanto para a saúde física quanto mental das pessoas, que continuam trabalhando normalmente, saindo de casa todos os dias, muitas vezes sendo pressionadas pela família, ou com um familiar em grupo de risco, assim como das pessoas que estão enclausuradas dentro de casa por consequência da situação, uma vez que ambos os casos trazem novas rotinas impostas pelo momento e cada indivíduo tem as suas questões pessoais.

Soma-se a isso, no Brasil, infelizmente, o uso político da pandemia para diversos objetivos que não são aqueles em favor da população, como desestabilização de governos, criação de narrativas, manipulação de informações, disseminação de inverdades, propagação de pânico e incertezas, dentre outros absurdos. Em vez do país estar todo unido para vencer o inimigo comum, tanto no âmbito da saúde como no âmbito da economia, está acontecendo o contrário, com vários atores buscando obter vantagem política e/ou econômica da situação. Nós, brasileiros, ainda precisamos evoluir muito em nosso compromisso com a coletividade. Enquanto direcionarmos nossos esforços somente para nosso benefício individual, teremos muitas dificuldades em avançar como sociedade. Somente com o avanço coletivo serão geradas oportunidades consistentes para os indivíduos de forma ampla. E, infelizmente, a grande maioria dos nossos governantes são somente um reflexo do que nós mesmos somos em grande parte.

Espero que o momento duro que estamos vivendo possa nos trazer essa reflexão de olhar para o próximo e pensar coletivamente, ao invés de individualmente. Isso será um passo importantíssimo para avançarmos em todos os aspectos na sociedade brasileira.

2. Quais foram as ações implementadas?

Nós na CMB (Casa da Moeda do Brasil) fomos extremamente proativos na implementação de ações mitigadoras da Covid-19.

Quando a pandemia se instalou no país, foi imediatamente criado um comitê de crise, que mantém contato constante por grupo de *WhatsApp*, e se reúne por videoconferência semanalmente, com composição multidisciplinar, liderado pela medicina do trabalho, com a participação inclusive da diretoria e de representantes do conselho de administração e do sindicato, para deliberar e tomar decisões sobre as ações mais adequadas para em primeiro lugar proteger a saúde dos funcionários e de suas famílias e em segundo lugar manter os compromissos inadiáveis com os clientes para que não ocorressem multas contratuais e também que a empresa recebesse o faturamento que possa garantir o pagamento das suas obrigações.

De imediato, a grande maioria dos funcionários foram direcionados para o trabalho remoto, ficando presencialmente na fábrica, para a operação do maquinário e a entrega da produção mínima necessária, somente aproximadamente 25% do quadro. Com o tempo, esse percentual foi oscilando para menos, dependendo mais das necessidades da produção.

Como a CMB no ano anterior já havia implantado a modalidade de teletrabalho, isso facilitou muito a migração dessa enorme quantidade de funcionários para o *home office*, pois toda a infraestrutura tecnológica já estava preparada e testada.

Como tudo era absolutamente inédito, e o desconhecimento sobre a nova doença era generalizado, com a medida da ampliação das informações, os procedimentos foram se aprimorando ao longo do tempo.

Várias estações com álcool 70% e álcool gel foram disponibilizadas na empresa para higienização constante das mãos, assim como houve distribuição de máscaras de proteção para todos os funcionários que mantiveram o trabalho presencialmente.

Os ônibus fretados que transportam os funcionários passaram a buscar as pessoas mais próximo de suas casas, para evitar que utilizassem transporte público e estivessem menos expostos à contaminação, assim como o uso de máscaras no transporte tornou-se obrigatório após a definição do Ministério da Saúde de que máscaras deveriam ser utilizadas. Ainda nos ônibus, a quantidade de passageiros por veículo foi reduzida e controlada, além da demarcação do local de assento das pessoas, para que não houvesse proximidade.

No restaurante interno, os locais nas filas foram fixados, para evitar aglomerações, como também os talheres passaram a ser disponibilizados ensacados e os funcionários da empresa terceirizada assumiram a montagem dos pratos, que antes eram no formato self-service.

Acrescenta-se que todo o processo de limpeza e higienização foi altamente reforçado e aprimorado em toda a empresa.

Vários comunicados estão sendo feitos aos funcionários de forma constante, passando orientações de saúde sempre alinhadas com as determinações da OMS (Organização Mundial da Saúde) e do Ministério da Saúde, assim como guiando as melhores práticas para o desenvolvimento do trabalho, tanto na fábrica como em casa, visto que todos estão em uma situação totalmente atípica e com seus respectivos desafios e incertezas.

A CMB abriu processo para compra de uma boa quantidade de kits de testes para Covid-19, para poder testar os funcionários que apresentarem sintomas, assim protegendo as pessoas e evitando a proliferação do vírus.

Outro fator foi que a CMB cedeu *notebooks* e *desktops* para funcionários que não tivessem em sua casa disponibilidade de equipamento, pois, por exemplo, um casal com filhos, que passou a trabalhar remotamente e todos os filhos passaram a ter videoaulas; nessa residência precisaria de uma boa quantidade de equipamentos, podendo ser até a necessidade de um equipamento por pessoa, que normalmente as famílias não têm. Sempre, em todos os momentos, foram seguidas as determinações e as orientações das autoridades e dos órgãos de saúde, constantemente com o foco de ter a menor quantidade possível de pessoas trabalhando de forma presencial e de somente retornar às operações normais quando houver sinalização formal das autoridades.

Obviamente, como todas as empresas, a CMB não é diferente, teve seu plano de receitas muito afetado pela pandemia, o que exige máximo cuidado com a gestão financeira. Porém, também, algumas oportunidades de negócios adicionais podem vir a surgir.

Uma coisa é certa. Dado o ineditismo da situação mundial, no momento da publicação deste livro, mais uma série de ações terá sido implementada, mais uma série de acontecimentos terá ocorrido, que não chegaram a ser citadas aqui.

3. Quais foram os aprendizados para a sua vida pessoal e profissional?

Que somos seres muito mais adaptáveis do que normalmente nos permitimos ser. Isso mesmo, que nos permitimos ser.

Muitas e muitas vezes, em qualquer situação de mudança, são criadas inúmeras resistências e barreiras, muitas vezes desnecessárias. Porém, passamos por uma situação que nos colocou em uma posição em que não nos restou outra escolha que não fosse nos adaptar e mudar. Talvez em muitas coisas que poderíamos ter realizado antes, a evolução só foi efetivamente alcançada agora por uma situação forçada. Muitas coisas que julgávamos impossível aconteceram pelo simples fato de ser inviável que resistíssemos devido ao momento, pois era a única opção que restava.

Temos que estar preparados para qualquer cenário e sermos extremamente flexíveis e adaptáveis, pois isso é condição primordial de "sobrevivência". Ter a sabedoria de buscar constantemente fazer tudo de forma melhor e diferente é um dom muito importante para a vida pessoal e profissional, uma vez que enquanto a pessoa resiste à mudança, o mundo não deixa de mudar e ela fica para trás.

Da mesma forma, pudemos perceber que não dávamos o devido valor às coisas simples da vida, como ver e abraçar um familiar, um amigo etc. No momento, temos dificuldades para o simples fato de ir até a rua, de praticar um esporte, de ir até a esquina, de ter uma atividade de lazer ao ar livre etc. Coisas antes tão banais e desvalorizadas se tornaram objeto de desejo para repensarmos nossa relação com as pessoas e com o mundo.

Na crise, além de muita precaução para minimizarmos todas as perdas que acontecem, sejam econômicas ou pessoais, também é necessária máxima atenção com as oportunidades que surgem, pois foram inúmeras. Alguns produtos e serviços que teriam uma determinada curva de crescimento passaram a ter uma outra curva exponencial. Reflexos de quem estava preparado para quando a oportunidade chegasse. Um novo formato de vida se estabeleceu e todos os produtos e serviços que estavam adaptados a esse novo formato conseguiram se alavancar demais. E, talvez, esse novo formato não deixe de existir mesmo após a crise.

4. Qual a sua visão e quais as suas expectativas para o pós-crise?

Entendo que teremos um "novo normal" pós-crise. Um novo formato de relacionamento e de trabalho já está sendo criado e se consolidando durante a crise, apresentando grandes chances de se fixar em muitos aspectos. Imagino um crescimento do trabalho remoto, assim como das reuniões e eventos virtuais, sem tanta necessidade de deslocamentos em viagens. Uma possível redução de burocracia, onde temos enorme resistência no Brasil, visto que por meses todas as tratativas foram basicamente digitais. Ampliação do mercado de soluções digitais e da conexão entre as pessoas, assim como dos serviços de *delivery*, que cada vez mais devem ganhar diversificações e adesões.

O *e-commerce* e tudo relacionado a vendas *on-line* estarão cada vez mais fortalecidos, consolidados e em crescimento. Sempre aliados com experiências virtuais que consigam proporcionar a sensação de substituição da presença física.

As pessoas, mesmo que momentaneamente, valorizarão mais os momentos de lazer e de encontros, de simplesmente ir à rua, praticar um esporte, encontrar um amigo, passear com o cachorro e por aí vai.

Possível também que tenhamos uma recessão econômica, devido à desaceleração brusca e forçada da economia para a maioria dos setores, acompanhada de um aumento do desemprego, em consequência do fechamento de diversas empresas que não conseguirão lidar com o revés econômico do período.

Pode ser que mais pessoas dependam de auxílio social, se refletirmos em relação aos possíveis desempregados e a quem desenvolvia uma atividade informal e no momento está se reinventando com outra atividade, partindo do princípio de que nem todos terão êxito nesse recomeço.

Será um período, para a maioria, a meu ver, de muito trabalho, aprendizado e de reconstrução, cercado de quebra de paradigmas e reinvenção.

5. Com base no que você vivenciou, quais recomendações e mensagens de esperança gostaria de compartilhar com outros líderes?

Principalmente que não sejam resistentes às mudanças, pois nelas estão contidas as melhores oportunidades.

Pudemos ter o exemplo prático que muitos "impossíveis" se tornaram "possíveis" quando não restaram mais alternativas. E que, quando de fato queremos, ou a situação nos impõe, conseguimos fazer as transformações necessárias, e normalmente para melhor.

Nada é impossível, desde que se queira fazer diferente. Só é considerado impossível até alguém assumir o desafio e fazer acontecer. O cenário de "terra arrasada" não combina com um líder, pois o líder deve sempre mirar nas terras mais férteis.

Muitas oportunidades surgem em todo momento, principalmente em tempos de crise. Diversos segmentos cresceram demais na crise.

Em um ambiente normal, a diferença de resultados obtidos entre os concorrentes que tomam as ações corretas e os que não tomam pode ser que se configure pequena, dependendo do cenário. Porém, em um ambiente de crise, essa diferença pode significar a sobrevivência de um negócio.

Sendo assim, não pequem por omissão. Sejam flexíveis e busquem soluções inovadoras para este momento totalmente inesperado. Como o momento é inusitado, as soluções podem ser igualmente inusitadas.

Um novo mercado já se criou, já se transformou e já está se constituindo com uma nova configuração, e quem não acompanhar realmente pode ficar para trás.

Os líderes precisarão aprender a gerir com maior destreza equipes remotas, mantendo a proximidade, mesmo que não seja física, com alinhamento constante e alto nível de produtividade e efetividade, inclusive entendendo que, nessa modalidade de teletrabalho, cada indivíduo tem uma particularidade distinta que precisará ser respeitada e considerada.

Por fim, que todos cuidem de sua saúde, que é o fator mais relevante no momento. E se permitam inovar, ousar, sem resistências. Vamos abrir as portas para as oportunidades. A incerteza do novo traz um aprendizado fascinante, além de resultados surpreendentes.

Nunca conseguiremos resultados diferentes fazendo as coisas da mesma forma de sempre.

Nada é impossível, se houver vontade genuína de realizar. O impossível só existe até alguém ir lá e fazer acontecer. Repito.

Não vamos nós mesmos criar uma barreira para o nosso próprio desenvolvimento.

Tracem planos ousados de sustentação durante a crise e de retomada após a crise, e inspirem suas equipes a fazer essa construção e essa transição junto com vocês. As contribuições podem realmente surpreender, quando damos voz às pessoas ao nosso redor.

Muita saúde! Cuidem-se! Coragem!

LIDERANÇA DA ALTA GESTÃO EM TEMPOS DE CRISE

Desafios e Aprendizados

Fátima Primati

Empresa:

Laureate Education, Inc.

Cargo/Função:

CIO

1. Quais foram os principais desafios vivenciados neste momento de crise provocados pela Covid-19?

Os desafios enfrentados foram muitos e, ainda, existem grandes obstáculos a ser superados. No entanto, primeiramente é fundamental entender do que se trata essa doença, nomeada oficialmente pela Organização Mundial da Saúde (OMS) como Covid-19 em 11 de fevereiro de 2020, provocada por uma variação de coronavírus originada na China. Ainda não está claro como ocorreu a mutação que permitiu o surgimento do novo vírus. Outras variações mais antigas, como SARS-CoV e MERS-CoV, são conhecidas pelos cientistas e chegaram aos humanos por contato com animais: gatos, no caso da SARS, e dromedários (vírus MERS).

A OMS emitiu o primeiro alerta para a doença em 31 de dezembro de 2019, depois que as autoridades chinesas notificaram casos de uma misteriosa pneumonia na cidade de Wuhan, metrópole chinesa com 11 milhões de habitantes, sétima maior cidade da China e considerada a número 42 em volume populacional do mundo. Trata-se de uma doença infecciosa causada por um novo coronavírus, que ocasiona problemas respiratórios semelhantes à gripe e sintomas como tosse, febre e, em casos mais graves, dificuldade para respirar. Diante da rápida expansão, a OMS declarou a Covid-19 como pandemia mundial, sendo que a principal forma de contágio acontece por meio do contato com uma pessoa infectada. A transmissão ocorre de diversas formas, via tosses e espirros, podendo ser propagada também ao compartilhar objetos de uso pessoal, bem como ao tocar superfícies ou objetos contaminados e, depois, encostar nos olhos, nariz ou boca. Um inimigo invisível e perigoso que silenciosamente invadiu o mundo.

O principal desafio no início foi entender esse vírus, a forma como ele impactaria a dinâmica de vida das pessoas e como seria o comportamento das pessoas diante de uma nova realidade. Fomos bastante impactados por uma avalanche de informações científicas e verdadeiras, mas dentre elas também tivemos que encarar bastante rumores e *fake news*. Ainda tentamos dia após dia entender esta pandemia invisível aos olhos com bastante pragmatismo e dados, mas também temos que lidar com um *mix* de medo, angústia, terror, preocupação, enfim, um desconhecido que nos põe à prova a todo instante, pois não podemos baixar a guarda e respirar aliviados ainda.

No campo profissional, a nossa preocupação imediata foi com a **saúde**, o **bem-estar** e a **segurança** de nossos colaboradores, professores e alunos para assegurar o mínimo de contágio dentro das instalações da nossa organização. Na sequência, veio a ação voltada para a **continuidade do negócio**, ou seja, como tornar totalmente digital a nossa operação predominantemente presencial? Como fazer a **transformação digital** já iniciada com o segmento de ensino a distância (EAD) de forma imediata e abrupta? Posso garantir que o sucesso alcançado foi possível graças ao envolvimento do time que, em tempo recorde (48 horas), conseguiu implantar as aulas remotas síncronas (ao vivo) para todos os nossos cursos de graduação e pós-graduação, assegurando a continuidade dos estudos sem prejuízos acadêmicos aos nossos alunos. Considero também que a **comunicação** rápida e transparente está fazendo a diferença no resultado de nossas iniciativas. Compartilhar informações relevantes de forma clara e, ao mesmo tempo, conseguir nutrir de conteúdos de fontes confiáveis e essenciais dentro de um mar revolto de dados não são tarefas fáceis. Ainda mais quando precisamos entender um cenário político, econômico e de saúde tão diverso, atualizado a todo momento por meio de decretos, medidas provisórias, ações dos países, dos Estados e dos municípios, fazendo a análise de forma assertiva, seguindo as diretrizes impostas e adequando à nossa operação.

A **adoção irrestrita da tecnologia** foi crucial. O uso intensivo da tecnologia por públicos que não tinham esse contato diário trouxe diversos ensinamentos e permitiu não apenas ampliar a nossa conexão, mas nos trouxe para um lugar de perenidade dos negócios. Importante dizer que a tecnologia estava disponível, pronta e fácil para o consumo, o que contribuiu para que saíssemos na frente e pudéssemos virar de uma forma tão rápida e, ao mesmo tempo, segura.

Entendo também que outras questões foram bastante impactantes, como o próprio **isolamento social**, recomendado pelas autoridades da saúde, como forma de evitar a propagação do vírus. Esta quarentena rompeu abruptamente a dinâmica que estávamos acostumados, fazendo-nos ficar em casa sem prévio planejamento e forçando-nos a uma adaptação quase que instantânea a uma nova rotina. Esta nova realidade trouxe um ressignificado para a convivência familiar e para o nosso desenvolvimento não apenas pessoal, mas profissional. De repente, estamos aprendendo novas tarefas e desempenhando vários papéis, sendo mais criativos e até mesmo reflexivos sobre o que nos espera no futuro. O mundo parece ter dado uma pausa.

Vale citar aqui também o formato de trabalho remoto. Antes da Covid-19, algumas empresas já adotavam esse modelo de *home office* de forma adequada e produtiva. Porém, para muitos, isso era algo novo e trouxe várias inquietações, como definir um local apropriado para fazer o expediente, organização da dinâmica do lar com as atividades profissionais, ordenar equipamento, adaptar a conexão, tudo de maneira ágil. Para muitos, foi uma descoberta incrível, um caminho sem volta, uma possibilidade de continuar o trabalho de forma completamente digital, antes impensável.

Outro desafio era **ajudar**, **colaborar** e diminuir a intensidade do efeito devastador dessa pandemia para muitas pessoas. Este é o momento em que muitas empresas olham para as ações de solidariedade e descobrem formas inusitadas de auxiliar o próximo, ajudando os profissionais de saúde, praticando ações de voluntariado, colaborando com pequenos empresários, apoiando comunidades menos favorecidas, seja com recursos financeiros, doações de tempo, disponibilização de espaço, com trabalho voluntário ou mesmo criando novas formas de negócio possíveis no isolamento. Diariamente vemos uma corrente incrível do fazer o bem, contagiante.

No fim, para mim, o maior desafio foi entender que o **mundo realmente "parou"** e que está em fase de transformação, que o passado não voltará e temos um "novo normal", com a certeza de que devemos nos preparar para o novo mundo que certamente virá, já que o que nos trouxe até aqui certamente não nos levará adiante.

2. Quais foram as ações implementadas?

Na organização em que trabalho, do setor de educação, iniciamos com a criação de um comitê multidisciplinar e outros subcomitês para discutir diariamente as informações, tomar decisões importantes, definir protocolos para assegurar ações consistentes, dentre muitas outras iniciativas. Sempre analisando os fatos de fontes seguras de mercado, economia, política, recomendações da saúde, dos parceiros, do segmento de educação, governos e demais segmentos, uma visão ampla. Debates diários sobre as ações, com o senso de urgência e segurança, "*call to action mode*".

Desses encontros diários saíram importantes decisões, como o nosso plano de contingência, que continha as diretrizes de quando fechar uma sala de aula, um campus, áreas a serem desinfetadas, criar com agilidade um modelo de aprendizagem digital, inserindo alunos e professores nesse contexto, desenvolvendo nosso corpo docente e colaboradores, e garantindo que a plataforma tecnológica fosse robusta e adequada para essa transformação. Uma fase de entendimento, ação, aprendizado, trabalho em equipe e determinação para mudar o modelo de aprendizagem presencial para o formato remoto síncrono. Com recursos certos e engajados, com indicadores importantes para avaliar diariamente cada decisão. Também com a mentalidade capaz de ajustar a rota para entender que, neste momento, mudanças seriam imprescindíveis, necessárias para permitir a continuidade dos estudos sem prejuízos acadêmicos aos nossos alunos.

Também neste clima de solidariedade, em que várias empresas estavam contribuindo, nossa organização desenvolveu cursos livres, em nossa plataforma digital, para acesso gratuito de toda a população, com a certeza de que o isolamento permitiria momentos para novos aprendizados e poderia preparar as pessoas para um futuro pós-pandemia.

Outra ação imediata foi estabelecer com agilidade o trabalho remoto, entregando dispositivos eletrônicos e conexão, instruindo todos os colaboradores com guias rápidos e intensivo suporte por meio do *Service Desk*, que teve seu turno de trabalho estendido para permitir vazão a todos os chamados.

Intensificamos o monitoramento de todas as aplicações e garantimos a segurança da informação, pois normalmente em momentos de crise os ataques cibernéticos se potencializam, hora de fortalecer ainda mais a proteção ao ambiente.

Outro fator crucial foi garantir a comunicação simples e clara para todos os nossos colaboradores, alunos e professores, usando multicanais. Na área de tecnologia em que atuo, segui o modelo estabelecido, criei um comitê com os líderes de TI, com reuniões diárias e, também, um outro canal de comunicação imediata, onde todos estavam a par das ações e temáticas, sempre com o intuito de suportar todas as áreas de negócios na transformação digital, no monitoramento de todo o nosso ambiente de sistemas e aplicações, no trabalho remoto, na captura de benefícios para nossos alunos e professores por meio da nossa rede de parceiros. E garantir que a área de TI estivesse em trabalho remoto, com segurança e sem contratempos.

Vale mencionar que, ainda, estamos a cada dia criando ações, sempre com o mesmo conceito de segurança, agilidade e continuidade.

3. Quais foram os aprendizados para a sua vida nas áreas pessoal e profissional?

Reúno muitos aprendizados nesses últimos dois meses de quarentena. No âmbito profissional, posso dizer: agilidade na tomada de decisão e ação, comunicação eficaz, união, colaboração, grupos multidisciplinares são fundamentais, a diversidade de pensamento adiciona "sempre", todos com o mesmo propósito.

Obter informações de fontes seguras e confiáveis, também superimportante, pois foram tantas e algumas até antagônicas que nos confundiam. Olhar também ao redor, os parceiros, os concorrentes (que neste momento são muito mais aliados), os clientes, fornecedores, perceber de forma ampla o mundo.

Ter uma tecnologia robusta, escalável, que possa viabilizar a continuidade da operação e mudanças de modelo, ter uma estreita relação com os parceiros de negócio, tudo isso é bastante fundamental. Reunir indicadores importantes para serem analisados, permitindo assim uma tomada de ação e mudanças ao longo do caminho, também ouvir, obter *feedback* de nossas ações, ajustar o que for necessário.

Ter um time comprometido, ágil, determinado e unido, que não mede esforços para fazer acontecer. Tenho um time incrível, que faz um esforço, se une, executa e realiza. Sou muito grata a todos os meus colaboradores, talentosos e humanos, eles são fonte de minha inspiração.

No âmbito pessoal, ficou ainda mais evidente que precisamos de resiliência, esperança, pensamento positivo, alimentar a mente e a alma com positividade e solidariedade. Em suma, aprender a viver um dia de cada vez com esperança.

4. Qual a sua visão e quais as suas expectativas para o pós-crise?

Primeiramente, é difícil saber quando esse momento realmente passará: será em 60, 90, 120 dias ou mais? O futuro ainda é bastante incerto.

Devemos criar cenários possíveis de pós-crise, idealizando curto e médio prazos, cenários otimistas e, também, cenários ácidos, considerando várias hipóteses. A incerteza em todos os setores é uma realidade, mas devemos considerar com esperança que o mundo retomará aos poucos um novo rumo.

Cenários verticais e horizontais que nos permitam após o salto da transformação digital seguir e não voltar de onde viemos, pois esse "de onde viemos" certamente não existirá mais, há quem diga que teremos a era pré-Covid e pós-Covid, analogia com a qual concordo plenamente.

A transformação requer que repensemos os modelos de negócios, teremos muitas oportunidades, precisamos aproveitar a estrada digital que foi aberta e sem volta, e dali seguir, com novas possibilidades, vislumbro um mundo mais digital, com facilidade, agilidade, trabalho remoto mantido, relações trabalhistas revistas e flexibilizadas, e penso que a consciência universal também será transformada.

Olhar os cenários de uma perspectiva ampla será fundamental, que prevaleça o contexto que nos traga benefícios comunitários para um mundo melhor, digital e humano, que aos poucos se construa uma nova realidade e este tormento se encerre.

A expectativa maior é que o mundo entre em uma nova normalidade de paz, com positividade, leveza, solidariedade, mais consciente globalmente.

5. Com base no que você vivenciou, quais recomendações e mensagens de esperança gostaria de compartilhar com outros líderes?

Minha recomendação seria parar e refletir sobre toda esta situação, entendendo que novos modelos foram criados, novos modos de trabalho e novos hábitos. Aprender com cada ensinamento, preservar o que realmente faz bem e traz valor.

Valorizar o momento presente, nesta época de isolamento social voltamos ao convívio familiar e isso nos trouxe alguns momentos especiais. Vamos continuar a preservar o convívio familiar, fortalecer amizades e pensar no hoje, sendo feliz agora.

Valorizar o próximo, ter solidariedade com você e com todos ao seu redor, todos têm a mesma importância, com o senso de ajudar o próximo e a si mesmo.

Cuidar da saúde mental e física, aproveitar todo ensinamento que o isolamento social trouxe e que devemos manter, todos precisam se exercitar, criar novos hábitos. E continuar a cuidar de si, sempre, seja saudável.

Podemos trabalhar remotamente, fomos forçados a ir para casa, vamos checar se a produtividade aumentou, se temos benefício, ganhamos o tempo no trânsito, ganhamos mais tempo para outras atividades, vamos revisitar modelos de trabalho.

Os líderes devem ficar antenados nas notícias, já que as informações são cruciais, ser seletivos na escolha das fontes, analisar dados e tomar decisões com propriedade.

Usar a tecnologia como aliada, aproveitar a transformação digital, avaliar o valor da transformação, entrar num site e resolver de forma ágil um assunto

é fantástico, de forma simples, fácil e que nos auxilie, nos permite ter mais tempo para outras atividades, inclusive as relações humanas e outras formas de aprendizado. E, claro, o uso da tecnologia para nos manter conectados.
Valorizar o ócio, em momentos de mente tranquila, grandes ideias e oportunidades surgem despretensiosamente.
Consciência ampla, revalidar o propósito, fazer reflexões, decidindo onde investir seu tempo e esforço, esta parada, sim, teve um propósito, ache o seu.
Que a economia foi e será fortemente afetada, muitas empresas irão falir, outras terão ascensão, sinto uma reviravolta, requisitando de nós líderes tomadas de decisão rápidas, difíceis, complexas e inovadoras. Que possamos usar nossa rede de relacionamento para aprimorar nossa consciência dos fatos e discutir ações, com o intuito de um mundo melhor.
Aprenda, reaprenda, desaprenda e aprenda novamente, sem medo, pois o mundo mudou e todos nós, neste contexto, somos e seremos eternos aprendizes.

Fernanda Muradas

Empresa:

Sé.Tú Business and People Connection

Cargo/Função:

Owner

1. Quais foram os principais desafios vivenciados neste momento de crise provocados pela Covid-19?

Acredito que, para qualquer pessoa, um dos principais desafios deste período de pandemia e isolamento social, além de ter que lidar com a falta de autonomia de ir e vir, foi a importância e a necessidade de dar atenção às pessoas, considerando a saúde mental delas, sem perder o olhar para os resultados das empresas e dos negócios... afinal, há uma correlação direta entre uma coisa e outra.

Na sequência, entender como motivar pessoas a trabalharem em uma nova dinâmica, onde o dia passa a ser dividido entre tarefas profissionais e tarefas domésticas, além de crianças, compras, refeições - com um horário invadindo o outro...

Há que se lembrar, também, dos desafios operacionais e de tecnologia que pessoas físicas e pessoas jurídicas precisaram enfrentar. As reuniões passaram a acontecer *on-line*, aplicativos brotaram como soluções integradas de uma hora para outra e nos trouxeram a dúvida sobre o quanto éramos – ou não - eficientes.

Cursos e mais cursos surgindo, abundantes, gratuitos... cursos de *mindfulness*, de meditação, de ioga, de Inteligência Emocional, de metodologias ágeis, de gestão, de finanças... tudo, absolutamente tudo, que poderia ter o conhecimento aplicado de forma imediata e que pudesse trazer equilíbrio ou eficiência ou os dois...

Nunca se praticou tanto a transformação digital como agora. Empresas que estavam há mais de um ano para montar seu *e-commerce* o fizeram em pouco mais de 40 dias... provavelmente, erraram mais. No entanto, agora não é sobre errar menos... agora é sobre sobreviver. E sob esse ponto de vista, o ser humano em momentos de crise se adapta, se transforma, aceita a mudança e até colabora com ela.

Por incrível e mais assustador que pareça, essa crise de saúde pública veio para nos ensinar que menos pode ser mais e que, antes de tudo, há que se cuidar de uma outra saúde... a mental.

2. Quais foram as ações implementadas?

Como uma consultoria em gestão de pessoas e em gestão comercial, apoiamos nossos clientes em todo o processo pelo qual a Covid-19 nos obrigou a passar. Desde nos disponibilizarmos a rever prazos de pagamento, flexibilizar a agenda, suspender cobrança de horas dedicadas, até nos envolver nas ações de capital humano e estar presente com programa de *outplacement* sem custo adicional para auxiliar e acolher os colaboradores desligados. Fomos além e estendemos as sessões de mentoria (até então contratadas para lideranças) para os demais colaboradores – e sem custo adicional - que assumissem desafios mais amplos ou para os que praticam *job crafting* e poderiam se sentir emocionalmente sobrecarregados de alguma forma. Cuidar das pessoas, fazer com que se sintam seguras, menos ansiosas e preparadas para um futuro incerto e diferente, neste momento, é fundamental.

Resolvemos, ainda, aderir a *lives* sobre saúde mental e autoconhecimento, nas quais trazíamos um conteúdo de mais serenidade, com foco no estado de *flow* (atenção plena) às tarefas e olhar mais generoso, espiritualizado e coletivo.

3. Quais foram os aprendizados para a sua vida nas áreas pessoal e profissional?

Os aprendizados foram muitos. Acredito que estamos tendo a oportunidade de rever processos, formas, custos e relações – comerciais ou não. Temos a oportunidade de exercitar um olhar de mais generosidade e de mais eficiência para nossa vida e carreira.

O trabalho teve, com a chegada dessa pandemia, lugar e propósito ressignificados. Assim como a qualidade do tempo que dedicamos a ele. Percebemos que é chegada a hora de exercer a cultura de crescimento dentro das corporações, onde o apoio passa a ser âncora de carreira na organização e a sinceridade e a transparência são os conectores de mais luz, calor e engajamento às relações.

À luz do aspecto pessoal, é tempo de dar espaço ao autoconhecimento e às reflexões sobre responsabilidade, significado e qualidade de vida. A mobilidade social já está sendo repensada.

O *home office* e a educação a distância se tornaram realidades produtivas. O consumo, certamente, ganhará um grau maior de responsabilidade social e a empatia e a colaboração terão lugar sagrado na agenda de empresas e equipes.

Se já sabíamos que nada se faz sozinho, agora temos essa certeza. Precisamos uns dos outros. Indivíduo colaborando com indivíduo. Empresas apoiando outras empresas. Países trabalhando com outros países. Um aprendizado interior, mais que qualquer outro.

4. Qual a sua visão e quais as suas expectativas para o pós-crise?

Acredito, de fato, que podemos esperar um mundo mais responsável, onde as pessoas terão mais cuidado entre elas, mais atenção ao legado que vão deixar... Se já não tínhamos, agora temos certeza de que não temos controle absoluto de nada, a não ser do bem que podemos promover e das relações que queremos cultivar. Esse aprendizado veio para ficar.

Ficarão a responsabilidade, a empatia, a colaboração, a tolerância ao erro e a ousadia como palavras de ordem empresarial. Não é que se perde a competitividade, ela estará presente no mundo corporativo. Mas, as pessoas estarão mais disponíveis a enxergar a qualidade de uma prestação de serviço de excelência, a perceber relações mais saudáveis de custo e a ter um olhar mais dedicado à satisfação com a vida.

Sem dúvida nenhuma, empresas que tiverem um olhar mais humanizado nesta crise, preservando colaboradores, abrindo mão de lucros ou mesmo dos altos salários de CEOs e alto escalão em detrimento a preservar a folha de pagamento da empresa, contribuindo ativamente com doações (seja de equipamentos de EPI - colocando sua produção à disposição das necessidades do Ministério da Saúde - ou de dinheiro), essas empresas, sim, preocupadas em acomodar necessidades de empresas e pessoas, terão – ao meu ver – o respeito e uma relação afetiva com seus colaboradores, clientes e fornecedores.

5. Com base no que você vivenciou, quais recomendações e mensagens de esperança gostaria de compartilhar com outros líderes?

A busca pelo autoconhecimento é nossa fonte mais valiosa de informação e o maior aprendizado que podemos aproveitar. Promover o bem, estar atento de forma humanizada aos desafios e objetivos de nossas empresas, de nossas equipes, bem como ao desenho de um propósito claro, pessoal ou corporativo.

Missão, visão e valores - de empresas e pessoas - devem guiar nossas decisões e nossa caminhada... de forma transparente, autêntica, inovadora e humana.

Feliz novo tempo! Feliz autoconhecimento para cada um de nós.

LIDERANÇA DA ALTA GESTÃO
EM TEMPOS DE CRISE
Desafios e Aprendizados

Flávio Vinícius Santos de Oliveira

Empresa:
Banco BMG
Cargo/Função:
Head Of Customer Experience

1. Quais foram os principais desafios vivenciados neste momento de crise provocados pela COVID-19?

Diante da pandemia e da crise humanitária que estamos vivendo, com o sistema de saúde entrando em colapso e pessoas perdendo a vida e seus empregos, nossa maior preocupação foi garantir a segurança de nossas equipes e a manutenção dos nossos negócios. Nosso atendimento é predominantemente à distância através dos canais telefônicos, *chat*, e-mail, aplicativo, *internet banking*, redes sociais e *WhatsApp*. Fazemos mensalmente mais 1,7 MM de atendimentos e manter esse serviço, que é considerado essencial, também compõe uma ação de responsabilidade social, pois permite que os clientes resolvam seus problemas sem sair de casa, tema extremamente importante neste momento. Já tínhamos a visão da importância da contingência como manutenção dos nossos serviços, inclusive nossa operação de *call center* fica dividida entre dois Estados justamente para minimizar impactos regionais, mas a pandemia acabou atingindo o país como um todo. Não tínhamos a cultura do *home office*, por isso, tivemos que fazer uma força-tarefa para implantar o que apelidamos de "*Home Office* Brasileiro". Em uma semana, conseguimos com a ajuda dos nossos parceiros de TI e *call center* viabilizar que todos os nossos serviços fossem realizados de casa, inclusive com os atendentes, tratando não só interações de canais digitais, mas ligações telefônicas. A atuação rápida fez com que o *case* BMG se tornasse referência no mercado.

2. Quais foram as ações implementadas?

Podemos afirmar que evoluímos um ano em poucos dias. A adoção do *home office* e de ferramentas como *WhatsApp, Citrix, Intergrall, Telegram, Thot, Skype, Microsoft Teams* e *Whereby* (para treinamento a distância) contribuíram bastante. Estamos distantes fisicamente, mas muito mais próximos no tocante ao propósito da empresa. Percebemos que cada colaborador possui uma realidade e precisamos nos adequar a cada uma delas. O diálogo e a transparência foram primordiais. Uma das provas de que os esforços vêm dando certo foi uma pesquisa interna que fizemos sobre a atividade de *home office*. Do total de funcionários, 88% disseram que aprovaram o trabalho remoto. Além disso, 91% informaram que possuem a infraestrutura necessária. Por conta desse resultado, estamos considerando seguir com o *home office* de uma a três vezes por semana pós-Covid, já que em grandes cidades, como São Paulo, as pessoas perdem muito tempo no deslocamento até o trabalho. Hoje, 95% da força de trabalho terceirizada do *contact center* está em casa.

3. Quais foram os aprendizados para a sua vida nas áreas pessoal e profissional?

Destaco três aprendizados dessa pandemia:

- A importância de garantir a segurança e o bem-estar (tanto físico quanto psicológico) das pessoas que contribuem para o crescimento e o sucesso dos nossos negócios;
- A responsabilidade social das empresas e a participação ativa e conjunta, independentemente da concorrência, a fim de minimizar os efeitos da crise;
- A necessidade de estarmos preparados, cada vez mais, para um mundo digital, tanto de dentro para fora como de fora para dentro. Esse é um caminho sem volta. A sociedade e a forma como trabalhamos nunca mais será a mesma.

4. Qual a sua visão e quais são as suas expectativas para o pós-crise?

Acredito que com o avanço da medicina na busca por uma vacina e com as medidas que estão sendo tomadas, em breve iniciaremos um processo de retomada da economia. Mas, como disse acima, estaremos diante de uma sociedade mudada. As pessoas nunca mais serão as mesmas. Os valores mudaram, o convívio com a família está diferente e os hábitos de consumo também. As empresas devem se preparar para um consumidor muito mais digital e para um ambiente de trabalho cada vez mais remoto.

5. Com base no que você vivenciou, quais recomendações e mensagens de esperança gostaria de compartilhar com outros líderes?

Que eles se mantenham firmes neste momento de incerteza e que eles busquem, junto com suas equipes, alternativas para que essa crise tenha o menor impacto possível nos seus negócios. Crise é sinônimo de oportunidades e isso depende só da sua forma de encarar esse cenário. É hora de nos unirmos para enfrentar essa pandemia o mais rapidamente possível e para sair dela mais fortalecidos enquanto seres humanos e com ânimo para uma nova fase na vida dos negócios.

LIDERANÇA DA ALTA GESTÃO EM TEMPOS DE CRISE
Desafios e Aprendizados

Frederico Barros

Empresa:

FB Consultoria, Treinamentos e Eventos

Cargo/Função:

Chef Pâtissier e Boulanger

1. Quais foram os principais desafios vivenciados neste momento de crise provocados pela Covid-19?

No primeiro momento, o principal desafio foi realmente entender e dimensionar quais eram os impactos causados em cada área da vida pessoal e profissional, porque é uma situação muito inusitada, e não se restringe apenas à minha vida, mas também à minha família, amigos, clientes e alunos.

Como professor, o desafio era dar continuidade às aulas em um cenário no qual não havia mais presença física para ministrá-las, muitas delas que tinham o caráter essencialmente prático-presencial por serem aulas de confeitaria francesa, onde se faz necessária a demonstração das técnicas e depois a execução delas por parte dos alunos. Somando-se a isso, a necessidade de reformular todo o material do módulo que já estava pronto para ser apresentado de forma presencial. Por ministrar aulas em diferentes instituições, isso era um desafio maior porque cada uma delas tem regras, processos e ferramentas diferentes.

Como consultor, o desafio era o de ajudar os clientes a superar esse momento único e que, apesar de afetar igualmente a todos, não tinha uma solução já testada anteriormente, que tivesse se mostrado efetiva, além do fato de cada um deles tinham realidades bem diferentes uns dos outros. Assim, seria um processo de construção no mesmo tempo da sua execução.

Como pessoa, desafios os mais diversos, cuidar da própria saúde, da saúde dos meus pais, das pessoas que trabalham comigo, cuidar do equilíbrio emocional e financeiro, reestruturar a rotina da casa, encontrar formas de relaxamento e mais uma dezena de outras que naturalmente iriam surgindo à medida que os dias de confinamento aumentassem.

Por fim, mais um desafio, o de ser um cidadão mais participativo neste momento em que tantas pessoas irão precisar de ajuda; qual a melhor maneira para ajudar?

2. Quais foram as ações implementadas?

Na minha vida pessoal, a primeira ação foi a de estabelecer uma rotina em casa que contemplasse as atividades profissionais na realidade do *home office*, determinando horários, ajustando o local para o trabalho, entre outras, e conciliando com as demais atividades domésticas e voltadas à saúde, visto que tanto as academias oficiais e a sala de ginástica do prédio estariam fechadas. Uma segunda ação foi deixar nossa empregada doméstica em sua residência, suspendendo sua vinda até a nossa, pelo prazo que fosse determinado pelos órgãos governamentais, e antecipar seu salário pelo tempo de afastamento para que ela tivesse como se sustentar nesse período.

Nas instituições de ensino nas quais leciono, foram seguidas as orientações da coordenação, mas mantendo o contato com os alunos através das ferramentas oferecidas pela instituição e outras adicionais.

O desafio maior foi com os clientes e parceiros, precisamos ajudá-los a traçar cenários futuros e determinar as ações que poderiam ser traçadas naquele momento para chegar neles. Na prática, era fazer com que eles saíssem da "acomodação estagnada" à qual praticavam em função de cenários que lhes dava uma falsa sensação de "controle" e "conforto". Era importante fazer com que, de certa forma, eles resgatassem experiências e dificuldades anteriores para que sentissem a necessidade de buscar mais capacitação.

Resumindo o que foi feito: busca pela redução de custos, reposicionamento do negócio, revisão dos processos operacionais, busca de novas parcerias, renegociação de pagamentos, busca de um direcionamento construtivo e sustentável, treinamento de funcionários para trabalharem de forma remota, implementação de uma nova cultura, ajuda aos responsáveis pelas equipes para fazer a gestão remota de pessoas, realização das tarefas do dia a dia, só que agora de uma forma diferente.

Neste momento, é importante quebrar paradigmas e dogmas que impedem o processo de mudança, pois a tecnologia está acessível e disponível a todos, mas é necessário trabalhar a cultura, a saúde física, mental e emocional das pessoas, não apenas dos que trabalham diretamente, mas também dos fornecedores, clientes e, por que não, concorrentes.

3. Quais foram os aprendizados para a sua vida nas áreas pessoal e profissional?

Não existe 100% de controle sobre as situações, é preciso saber aceitar e lidar bem com as vulnerabilidades e incertezas, manter controle emocional, buscar se reinventar, buscar fazer coisas que antes eram inimagináveis. A ação de um impacta em todos ao seu redor, é necessário se colocar mais na visão do outro quando as opiniões são divergentes, acolhendo os conflitos de forma produtiva. Ninguém tem a resposta inteira e, para poder construir algo diferente, é preciso ter empatia. Ter o real sentido da necessidade e importância dos dados e informações precisas, pois as empresas que não estiverem preparadas para isso vão sofrer mais. Finalmente, se dar conta de que quando a sociedade perde todos perdem.

4. Qual a sua visão e quais as suas expectativas para o pós-crise?

Na minha opinião, teremos um mundo diferente do que é hoje. Estamos sendo forçados a viver uma realidade que antes era impensada ou mesmo aceita por muitas pessoas e segmentos das sociedades civil, empresarial, governamental e militar. Veremos que, em alguns setores, grande parte dessa nova forma irá se consolidar, tornando-se a nova realidade, porque não haverá mais espaço para voltar atrás. O nível de questionamento será muito maior, e isso vai impactar no quanto conectados estaremos com as pessoas daqui para frente. Haverá uma forte mudança

nas formas de consumo dos produtos e serviços no futuro, um questionamento sobre "o que" é realmente essencial e supérfluo – o consumo será mais consciente em função da adoção de novos hábitos (por exemplo, comprar os produtos de pequenos produtores e vendedores locais).
Nas áreas de ensino, mudanças como o "ensino a distância", que estava crescendo muito modestamente, serão muito impulsionadas, forçando os profissionais a desenvolver novas capacidades e as instituições a rever suas metodologias de ensino, bem como estruturas físicas.
Outro setor que sofrerá bastante impacto é toda a cadeia de valor associada ao Turismo, pois num primeiro momento as pessoas estarão mais relutantes a viajar e, posteriormente, talvez não procurem por destinos onde haverá grandes concentrações de pessoas. Com a explosão das videoconferências, viagens de negócios não serão talvez mais tão comuns e necessárias como no passado, impactando novamente os segmentos de hotelaria, aviação, serviços de transporte e alimentação, entre outros.
No segmento de *shows* e eventos, também veremos grandes mudanças, pois mais uma vez haverá receio de aglomerações, gerando mais uma vez impacto em toda a cadeia que suportava esse modelo.
Acredito que ocorrerão mudanças na forma como as pessoas consomem os produtos e serviços no futuro, buscando aquilo que é realmente essencial. Será um consumo mais consciente devido às mudanças no comportamento, em função da sedimentação dos hábitos que surgiram durante o período de isolamento social.

5. Com base no que você vivenciou, quais recomendações e mensagens de esperança gostaria de compartilhar com outros líderes?

A maior lição disso tudo é que sempre é preciso ter "reservas", de qualquer natureza. Que passemos a valorizar as pequenas experiências, por exemplo, ir para a cozinha e cozinhar para a família, sentar-se com os filhos para assistir a um filme ou ler uma história, pois a vida é curta e precisamos tentar equilibrar a vida nas esferas pessoal e profissional. Por fim, que estejamos preparados e abertos às mudanças, porque elas virão muito rapidamente e não teremos o controle total da situação.

Gabriel Massula

Empresa:

Grupo VGX

Cargo/Função:

Acionista

1. Quais foram os principais desafios vivenciados neste momento de crise provocados pela Covid-19?

Quando o ano de 2020 começou, ninguém tinha a ideia do tamanho do problema que teríamos pela frente. Nos primeiros meses do ano, eu acompanhava as notícias que vinham da China, e que davam conta da presença do novo coronavírus na província de Wuhan. O novo vírus impunha aos moradores mudanças drásticas na rotina.

As informações que chegavam não pareciam ter ligação direta com nossa realidade aqui do outro lado do mundo. Porém, eu tinha conhecimento que essa situação chegaria e comecei a estudar o assunto, tentando prever a data de chegada, mesmo sendo um grande desafio.

A primeira medida foi desenhar cenários financeiros de cada empresa do grupo, considerando os custos fixos mensais, capital de giro e a provável perda de receita, classificando os cenários em "ótimo", "regular" e "crítico", de acordo com a proporção da pandemia. Para que isso seja possível, é muito importante que a empresa tenha um BI, *Business Intelligence*, muito bem estruturado.

Além disso, começamos a traçar o provável comportamento de consumo, respeitando as particularidades de cada segmento para que as ações propostas fossem bem-sucedidas. Foi necessário identificar as empresas que acelerariam mais neste momento compensando a perda de receita que algumas poderiam ter.

Foi importante garantir um canal de comunicação, sem perdas de informação no grupo e que todos estivessem em sintonia e imersos no processo. Falar em processo é fundamental para o êxito, o que significa acompanhá-lo do início ao fim. Para isso, aumentamos nossas reuniões periódicas.

A situação começou a se modificar quando a Covid-19, provocada pelo novo coronavírus, se expandiu da China para os quatro cantos do planeta e ganhou *status* de pandemia no dia 11 de março, após o reconhecimento da OMS. Logo a doença chegou ao Brasil e essa nova situação provocou mudanças profundas em nosso negócio.

Mesmo com o pessimismo que costuma rondar esse assunto, o relato a seguir não é para lamentar a sorte, mas sim para enfatizar os ensinamentos que podem ser extraídos de uma situação como essa, por mais desoladora que ela possa parecer. Os desafios vivenciados por mim, e por meu *Grupo VGX*, neste período provocado pela Covid-19, são variados, e o primeiro deles diz respeito às tomadas de decisão.

Como havia uma subjetividade a respeito do problema, nossa tática inicial foi aguardar o quadro se desenhar um pouco mais e, na sequência, iniciamos um processo de valorização de nossos gestores, que passaram a confiar que não pretendíamos fazer cortes em massa, nem tampouco deixá-los na mão em um momento tão delicado. Essas medidas se mostraram muitos acertadas.

Logo no início da crise, vi muitos colegas empresários tomarem decisões precipitadas, ao promoverem, de forma imediata, desligamentos de centenas de colaboradores, sem esperar, por exemplo, uma sinalização do governo com medidas de proteção ao emprego e novos canais de atuação que garantissem a receita e empregabilidade. Com relação ao governo, medidas foram adotadas, e permitiram flexibilizar o orçamento, garantindo muitos empregos.

Nossa postura foi de esperar um pouco até a poeira começar a se dissipar, mesmo tendo a consciência de que quando se decide esperar, ao invés de agir imediatamente, isso pode criar um problema, já que com a demora costuma vir a insegurança para dar um passo decisivo. Mas, conforme podemos observar em perspectiva, nossa decisão foi correta.

2. Quais foram as ações implementadas?

O *Grupo VGX*, que é liderado por mim e por mais dois sócios, além dos parceiros específicos de cada área, é composto por empresas nos ramos de urbanismo, denominada *Urbaville*, e também nos setores de energia solar, a *VGX Energy*, de exploração de recursos minerais, a *VGX Mineração*, tecnologia denominada *Omnix Experience* e, claro, o *contact center*, que foi onde tudo começou, e que é a empresa do grupo que tem um maior número de colaboradores.

Em nosso grupo trabalham cerca de 5.000 colaboradores, e apenas no ramo de *contact center* são 4.200, em unidades montadas em Minas Gerais e no Maranhão. Além das empresas que citei, participamos de uma *startup* chamada *Mission Brasil*, e para entender como o grupo se posicionou diante da crise, é preciso analisar cada uma dessas operações.

No setor de energia solar não mudou nada. Não foi necessário fazer nenhum tipo de alteração na gestão, uma vez que nossos clientes continuaram a consumir energia fotovoltaica e a procura pelo produto não diminuiu.

No setor de urbanismo, os negócios imobiliários que estavam previstos para este ano foram prorrogados para o primeiro trimestre de 2021. Porém, para os loteamentos lançados, principalmente com característica de casa de veraneio, onde identificamos um crescimento de 58% na busca, criamos um canal de vendas digital, onde transportamos o cliente virtualmente para o local e tivemos êxito no crescimento das vendas.

Na *VGX Mineração*, que opera com a extração de bauxita, percebemos de imediato uma queda na procura, mas decidimos não diminuir a produção e investir mais, com custo mais baixo devido ao momento, e ter esse produto em estoque, o que será necessário quando vier a retomada. Neste caso é importante frisar que as condições da operação são seguras e o armazenamento na mina é adequado, e temos tranquilidade para fazer essa operação à espera dos bons ventos que virão após o controle da doença.

Na *Omnix Experience*, empresa situada em São Paulo, que utiliza inteligência artificial na prestação de serviços de atendimento, cobrança e vendas, entre outros, identificamos, de forma imediata, que o mundo ficaria mais digital da noite para o dia. Um bom exemplo disso é o uso do *QR Code*, algo que já fazia parte do cotidiano na China, por exemplo, mas que no Brasil raramente era utilizado. Brinco que essa pandemia serviu para ensinar a todos nós o uso desse tipo de tecnologia, que hoje está em todas as telas, dos *smartphones* às *smartTVs*. Nessa empresa, obtivemos êxito e conseguimos absorver o aumento de 30% da demanda, graças aos processos bem desenhados, como o papel de cada colaborador definido e a sinergia do time. E todos foram para o *home office*.

A *Mission Brasil* tem o objetivo de gerar missões de tarefas remuneradas em diversos setores, nela aplicamos a crença de que a tendência é acontecer uma forte "desceletização" no mercado de trabalho nos próximos anos. E isso está ligado com à crescente demanda por serviços. Atualmente são mais de 18.000 "missionários" cadastrados, não tendo vínculo formal de trabalho com nosso grupo, mas que fazem parte de um modelo de prestação de serviços que não para de crescer. Através de nossa *startup*, muitas pessoas têm conseguido rendas extras, em áreas variadas, já que dentro da plataforma tem profissionais formados em dezenas de profissões diferentes. E as missões que são geradas vão desde a retirada de documentos, que só advogados podem fazer, até a organização de uma gôndola de supermercado dentro de um prazo estabelecido.

Mas para entender a real dimensão dos passos que decidimos dar, é necessário analisar nosso setor mais importante, que é o ramo de *contact center* voltado para empresas de telecomunicações. A *VGX Contact Center* tem 4.200 colaboradores aproximadamente e tem unidades em três cidades mineiras, Montes Claros, Pirapora e Janaúba, e em São Luís, no Maranhão, que é a unidade mais recente que inauguramos, em outubro de 2019. Uma operação grande, que precisou de muita coragem e atitude para conduzir nosso navio em segurança através do oceano de incertezas que surgiu depois da Covid-19.

Os primeiros sete ou oito dias após o anúncio da pandemia foram de observação, prevenção da saúde dos colaboradores que continuavam a desempenhar suas atividades. Em paralelo, tomamos a decisão de levar a maior parte de nossos colaboradores para trabalhar de maneira remota, através do sistema *home office*. Mas não é uma manobra simples quando se trata de milhares de colaboradores.

Outro fator que consideramos, mesmo antes de entender a obrigatoriedade de fazer o distanciamento físico no ambiente de trabalho, era a necessidade de proteger a saúde de todos, já que não existe dinheiro que compensaria o risco de deixar as pessoas que trabalham em nosso grupo sujeitas ao menor risco.

Então era necessário definir quem iria para o trabalho remoto, a maior parte, e quem permaneceria em nossa estrutura física, a menor parte de colaboradores, levando em conta o distanciamento necessário e também com a adoção de rígidas regras de higienização. Atualmente, 70% dos colaboradores estão no trabalho remoto e os 30% restantes estão na empresa dentro das normas estabelecidas pela OMS, com a distância de dois metros quadrados de um para o outro, e com as outras medidas necessárias para uma convivência segura.

Outra decisão que considero importante foi não ficar totalmente em *home office* no meu trabalho como gestor. Continuo a ir à empresa. Tenho convicção de que a presença dos gestores no mesmo ambiente dos demais colaboradores, além de atestar o sistema que implementamos, passa a confiança que desejo que os colaboradores tenham em relação aos líderes, uma vez que estamos no mesmo barco.

Conversamos também sobre a importância de executar o projeto com dedicação e amor, pois pela experiência que temos dentro de nossa área, quando todos estamos focados, no jeito correto de conduzir o processo, os resultados dão certo. O fabulista francês La Fontaine dizia que "em todas as situações deve-se considerar o objetivo", e traçamos o nosso com muita firmeza.

Nosso projeto de *home office* foi iniciado em 25 de março e consistiu em uma mudança completa no sistema de gestão. Em um sistema remoto fica mais difícil dar um *feedback* específico a algum colaborador ou passar alguma orientação, como costuma ser feito no dia a dia da empresa, mas agora, com a maior parte dos colaboradores em suas casas, foi importante investir em novas formas de comunicação, e a *internet* mais uma vez foi uma grande solucionadora de problemas. E também foi necessário investir em campanhas diferentes daquelas que costumeiramente utilizamos para motivar nossos colaboradores.

Entendemos que o reconhecimento que existia no dia a dia não atenderia mais, devido ao novo formato, pois passou a ser compartilhado com a família e demandava um maior engajamento. Essa aproximação foi importante no sentido de mostrar aos familiares a importância de o colaborador contar com o apoio de todos, para que conseguisse ter horas produtivas de trabalho, sem ser importunado por alguém, ou mesmo sem ter espaço ou silêncio suficientes para desempenhar bem suas funções.

A chegada, por exemplo, de uma pizza para a família, providenciada por nós, e os bons momentos de convivência que esse gesto propiciou, trouxeram harmonia para o trabalho e uniu a família em prol do objetivo. E esse foi um aprendizado: muitas vezes as soluções mais sofisticadas para se conseguir resultados expressivos vêm, justamente, de gestos como esse, aparentemente simples.

Recorro novamente à metáfora do navio que atravessa o oceano das incertezas. Nessa hora, o líder precisa ser uma mistura do capitão que nunca abandona sua embarcação, até que todos a bordo estejam em segurança, com o papel dos músicos da orquestra, que continuaram a tocar mesmo com o *Titanic* sendo engolido pelas águas geladas do oceano. O líder precisa levar confiança e esperança através de palavras de motivação, por mais arriscado e penoso que seja o desafio.

Por outro lado, procurei fazer isso sem me esquecer das pessoas que amo e que fazem parte de minha família, sobretudo meus pais, que por serem idosos fazem parte do grupo mais vulnerável. E quando eu pensava nos meus pais, eu pensava também nos pais de nossos milhares de colaboradores. Agora, com tempo disponível para refletir, percebo que precisei me desdobrar, mas fico orgulhoso ao notar que os resultados são compensadores. Foram muitas horas de trabalho, mas em um momento como esse seria injusto não estar ao lado de meu time, e fiz questão disso.

A migração para o sistema *home office* foi rápida, mesmo com tantas pessoas envolvidas, e em apenas sete dias mais de 2.800 pessoas foram em segurança operar de suas residências.

Ações como essas ajudaram a diminuir uma queda na produtividade neste primeiro momento, algo que previamos e que, de fato, aconteceu. Essa expectativa em relação a um decréscimo tem a ver com o perfil da maior parte de nossos colaboradores, que são jovens, muitos deles no primeiro emprego. Muitas vezes, para esse tipo de colaborador ainda falta certa maturidade, que só é adquirida com a passagem do tempo e com o acúmulo de experiências. Mas, mesmo assim, fomos surpreendidos uma vez que a queda que previamos não foi tão expressiva. Ela ficou em torno de 7% no primeiro mês e nossa previsão era que fosse bem maior, por causa da novidade que foi todo esse processo. Mas tem outro dado interessante, e que só conseguimos perceber agora, passados quase três meses do início da operação. Graças ao bom trabalho de muitos colaboradores no *home office*, é nossa intenção mantê-los em suas casas, após a pandemia.

A adoção do sistema remoto em caráter permanente deverá nos propiciar, a médio prazo, condições para crescermos mais quando a economia do país voltar a se desenvolver. Com a abertura de lugares físicos dentro de nossas estruturas, teremos como contratar novas pessoas para a empresa e manter os demais em casa. Medida que será implantada plenamente, claro, quando for seguro retomar o negócio da forma como estávamos habituados.

Essa postura adotada pela *VGX Contact Center* nos proporciona uma situação curiosa. No momento em que assistimos à extinção de muitos postos de trabalho por causa da pandemia, estamos contratando neste período.

3. Quais foram os aprendizados para a sua vida nas áreas pessoal e profissional?

Essa experiência que estamos vivendo trouxe muitos aprendizados, e não apenas profissionais. Acredito que na esfera pessoal é possível extrair importantes ensinamentos desse período que a humanidade enfrenta. Minha maior percepção é quanto à divisão de tempo que costumava dar ao trabalho e à família, pois mesmo tendo o cuidado de me impor dias e horários dedicados exclusivamente à família, muitas vezes eu não obedecia a essas regras, e abria mão de momentos valiosos, e que agora sei que não voltam. O cientista Albert Einstein dizia: "Viver é como andar de bicicleta. É preciso estar em constante movimento para manter o equilíbrio". Em tese, eu fazia isso, mas quase sempre o aspecto profissional prevalecia, e o equilíbrio ficava ameaçado.

Ao tomar as decisões diante da pandemia, sobretudo com relação à manutenção dos postos de trabalho, pude refletir também sobre meu papel social, de alguém responsável não apenas por minha família, mas também pelas milhares de famílias de nossos colaboradores.

Com esse compromisso, temos conseguido, graças a Deus, superar a crise. E quando falo dessa maneira, não é apenas força de expressão. De fato, creio em Deus e sei que Ele está no comando de tudo.

Dois fatos que vivi tornaram-me não apenas um gestor melhor, mas também um ser humano mais elevado. A primeira experiência foi por ocasião da implantação do *home office*, quando fiz questão de ir às casas de muitos colaboradores para levar os computadores a serem utilizados para o trabalho remoto. Temos muitos gestores que não costumam sair de suas bolhas e esse é um exercício que todos deveriam fazer com mais frequência. Aquele que vive restrito apenas ao seu próprio mundo corre o risco de perder o parâmetro da realidade que o cerca, e ter essa compreensão é fundamental para se encontrar um equilíbrio entre as decisões embasadas e técnicas e aquelas que levam em conta o bem-estar e a segurança de todos que fazem esse delicado mecanismo que é a vida.

Outra situação que me fortaleceu eu vivi no projeto *Mesa Brasil*, do *Sesc*, programa de segurança alimentar, baseado na distribuição de alimentos fora dos padrões de comercialização, mas que ainda podem ser consumidos. Não pensei duas vezes antes de ir ajudar a preparar a carga de alimentos no caminhão do projeto, através de meu trabalho braçal. Trabalho pesado, mas plenamente compensado pelo convívio que experimentei com meus novos colegas. Essa tarde que passei ajudando a carregar o caminhão foi equivalente a um MBA de gestão de pessoas da melhor universidade do mundo, pois ouvir histórias naquele espaço democrático, sendo apenas mais um carregador, independentemente da classe social, me encheu de sabedoria, esperança e responsabilidade. De certa forma, essa experiência foi também um reencontro com minha própria história, já que tenho orgulho de ter começado minha carreira como operador de *telemarketing* em uma empresa de Belo Horizonte, onde ganhava um salário de pouco mais de 200 reais e hoje tenho um negócio que emprega mais de 5.000 pessoas. Uma história como essa não me dá o direito de esmorecer diante da pandemia, e isso não aconteceu, nem comigo, nem com meus sócios, e tampouco com meus colaboradores.

Nas minhas relações profissionais e pessoais, nunca me considero superior a quem quer que seja, e muito menos inferior. Somos absolutamente iguais perante nosso Criador. Certa vez, li num livro que muitas pessoas se consideram especiais, como se fossem raros diamantes, enquanto outros que o cercam são meras quinquilharias, nada mais que um carvão, sem importância. Mas o livro, de maneira sábia, nos lembra que, no fundo, diamante e carvão são compostos da mesma matéria: carbono. E é essa postura e verdade que levo para minha vida. Evidentemente que este é um momento sensível que custou a vida de milhares de brasileiros, e representa uma dor insuportável para muitas famílias, com as quais me solidarizo. Mas de uma maneira geral, essa pandemia vai deixar um legado importante à humanidade: a lição de que devemos nos preocupar mais com os outros, que devemos ter mais empatia e valorizar os momentos que vivemos junto das pessoas que amamos, e agir dessa forma traz os melhores resultados.

E não foi apenas a rotina de minhas empresas que mudou. A minha rotina pessoal foi alterada neste período. Até começar a pandemia, eu passava apenas os finais de semana em casa e todo resto da semana em vários lugares do país, de aeroporto em aeroporto, de hotel em hotel, o que provocava até situações curiosas, como quando eu me hospedava em duas cidades diferentes em um mesmo dia e chegava a confundir o número do quarto de hotel em que estava.

4. Qual a sua visão e quais as suas expectativas para o pós-crise?

O mundo desacelerou e vai ficar assim até que essa situação seja controlada, e quando ele voltar a acelerar, e isso será inevitável, uma vez que é preciso repor as vagas de empregos e fazer girar a máquina da economia, que saiamos desta situação com valores pessoais mais elevados, com mais gratidão e respeito pela vida.

Claro que nem todos entenderão o que a vida tenta nos ensinar, o que faz lembrar aquele ditado que diz que só aprendemos pelo amor ou pela dor. Creio que estamos sendo alfabetizados pela dor neste momento, e quando tudo isso passar, que possamos sair melhores do que entramos.

Quando penso nesses ciclos de aprendizado, reflito que tudo está interligado com nosso planeta, que também merece ser mais bem cuidado daqui para frente, pois o que costumávamos ver antes do início da pandemia era o desrespeito ao meio ambiente, que vinha sendo maltratado e explorado sem nenhuma pena e tudo isso deve passar por uma ressignificação. Nas cidades do mundo onde foram necessárias medidas mais abrangentes de isolamento social, os rios ficaram mais limpos e o ar mais respirável, o que demonstra que podemos viver em um mundo melhor se tomarmos decisões mais sustentáveis.

É tempo de pensar em relações sustentáveis que possam proporcionar o conforto de que precisamos sem exaurir nosso planeta. E quando divago sobre essa linda bola azul que flutua pelo universo, penso que vem do planeta a maior demonstração de humildade que se pode ter, uma vez que a Terra consegue processar até mesmo nossos dejetos e os transforma em adubo para continuar o processo de vida ininterrupto. Como dizia o líder pacifista Mahatma Gandhi, uma das almas mais evoluídas que já passou por este planeta, "devemos ser a mudança que queremos ver no mundo", e que possamos cuidar melhor de nosso planeta daqui para frente.

5. Com base no que você vivenciou, quais recomendações e mensagens de esperança gostaria de compartilhar com outros líderes?

Eu carrego comigo uma fé inabalável de que existe uma força maior que nos rege, e essa força pode ter o nome que você quiser dar e ter a personificação que você desejar. Mas eu acredito em Deus como nosso criador e como regente de nosso destino. E espero que Ele possa nos confortar neste momento e que Sua mensagem consiga chegar a todos os corações, mesmo aqueles mais resistentes, e que possamos acreditar que tudo na vida tem um propósito, uma razão de ser.

Acredito que se você é um ser humano que faz sua parte, que tem um coração bom, que cultiva a ética e que conquista suas coisas com honestidade e transparência, sem prejudicar o próximo e nem ao planeta, mesmo numa pandemia como essa, sua colheita será boa. E quando se aprende pela dor, como acontece agora, passaremos também por um lento processo de cicatrização das feridas, e entender a complexidade desta situação nos tornará aptos para evoluir. Portanto, não se incomode em diminuir a marcha agora, se isso for inevitável. Lembre-se do verso do poeta Bráulio Bessa: "Seja sempre inquieto e vez por outra paciente. Parece contraditório, soa meio diferente, mas às vezes pisar no feio também é andar pra frente".

A visão empresarial do *Grupo VGX* é de ser uma das melhores empresas do Brasil, admirada pela sua qualidade, confiabilidade, inovação e resultados. Essa crença é que nos move a cada dia e que passamos diariamente para nossos milhares de colaboradores.

Espero que este relato que acabei de fazer, além de trazer importantes experiências sobre gestão de negócios e de pessoas, possa inspirá-lo também a ter mais esperança sobre os dias que virão, e que não serão fáceis.

Estamos enfrentando este período com coragem e determinação, e felizmente sem arranhões profundos, sem precisar fazer demissões em massa e nada que minimamente se pareça com um quadro de terra arrasada, pois é exatamente o contrário.

Estamos vivendo este período com a resiliência e a capacidade de nos reinventarmos, crentes de que nosso negócio vai continuar e se fortalecer, com a graça de Deus, assim como acreditamos que a economia de nosso país, depois que o vírus recrudescer, retomará seu caminho. E quando tudo passar, que as lições que aprendermos nos fortaleçam diante de outros obstáculos que, eventualmente, possam surgir. E se surgirem, vamos de novo enfrentá-los com verdade, ética e coragem.

LIDERANÇA DA ALTA GESTÃO EM TEMPOS DE CRISE

Desafios e Aprendizados

Geraldo Afonso Porto Pedrosa

Empresa:

Minas Tênis Clube

Cargo/Função:

CEO

1. Quais foram os principais desafios vivenciados neste momento de crise provocados pela Covid-19?

Sem dúvida alguma, o primeiro e grande desafio enfrentado nesta crise foi procurar manter a serenidade e o equilíbrio para tomar as melhores decisões nos momentos de imensa pressão e estresse, em que as informações eram poucas, imprecisas e variavam a cada instante em função da novidade que representava para todas a pandemia causada pela Covid-19.

O segundo, e não menor desafio, foi manter os empregos dos mais de 1.200 colaboradores, em especial daqueles de mais baixo salário, que correspondem a 60% da força de trabalho do clube. Todo clube sociodesportivo tem em sua mão de obra um dos segredos do seu sucesso e, também, sua maior despesa, porque os tipos de serviços que presta são altamente demandantes de pessoal.

O terceiro grande desafio foi manter o caixa em um nível seguro para que a instituição pudesse atravessar todo o período da melhor forma possível, sem ter que recorrer a bancos.

O quarto foi manter a moral elevada e a motivação de todos colaboradores, independentemente se estavam trabalhando em *home office* ou no modo presencial, para que desempenhassem suas funções da melhor maneira para quando os sócios, ao retornarem ao Clube, encontrem o local em condições ainda melhores do que tinha quando foi fechado em 20 de março de 2020 por decreto municipal para promover o isolamento social em Belo Horizonte.

O quinto foi manter a satisfação do sócio com as ações tomadas para preservar seu patrimônio, cuidar das pessoas que compõem o quadro de funcionários e colaborar com a sociedade belo-horizontina em momento tão delicado.

2. Quais foram as ações tomadas?

Foram muitas ações tomadas. As principais:

- **a.** Colocar imediatamente em *home office* os funcionários do grupo de risco;

b. Colocar em casa todos os colaboradores com banco de horas e banco de férias de forma a zerarem essas posições;

c. Renegociar todos os contratos vigentes;

d. Adiar para 2021 todos os investimentos não essenciais;

e. Comprar todos os EPI's necessários para garantir a segurança dos empregados que permaneceram trabalhando enquanto o clube esteve fechado e de todos os trabalhadores no retorno das atividades normais da instituição após sua reabertura;

f. Suspender, em função de orientação da diretoria, a cobrança das mensalidades da academia e dos cursos, bem como dar um desconto nas taxas condominiais a fim de colaborar para a contenção de despesas dos sócios, uma vez que muitos tiveram redução em seus vencimentos;

g. Reduzir ao máximo as despesas correntes para ajudar a manter os empregos e segurar o caixa em um nível seguro. Nesse sentido foram implementadas todas as medidas permitidas pelas MPs emitidas pelo governo e leis criadas pelos poderes legislativos federal, estadual e municipal;

h. Criar, em conjunto com a Diretoria, uma comissão para identificar e buscar novas receitas para viabilizar importantes atividades do clube como, por exemplo, a manutenção das equipes esportivas, já que o esporte faz parte do DNA do Clube e muitos profissionais dependem dessa atividade para se sustentar e às suas famílias;

i. Procurar desenvolver ações humanitárias, em conjunto com outras instituições, para viabilizar equipamentos para a área de saúde e doações para hospitais, instituições beneficentes e pessoas carentes. Aqui gostaria de fazer um agradecimento especial ao Centro Universitário Newton Paiva, que fabricou escudos faciais que foram doados para o Hospital da Baleia, Maternidade Sofia Feldman e Hospital das Clínicas da UFMG, todos hospitais de referência que atendem o público de baixa renda. Também gostaria de agradecer aos *Supermercados Verdemar* pela campanha conjunta para arrecadação de mantimentos e materiais de limpeza para pessoas carentes e instituições de caridade.

3. Quais foram os aprendizados para a sua vida nas áreas pessoal e profissional?

Foram incontáveis. O principal, certamente, foi que em crises de alta complexidade, sem perspectiva de prazo certo para terminar, onde as condições mudam rapidamente a cada instante, não é prudente tomar grandes decisões com o intuito de mantê-las por longos períodos. Ao contrário, deve-se tomar pequenas decisões a cada dia em função da análise das informações que se tem no momento e ter a sabedoria de mudar essas decisões, caso o quadro altere e requeira a mudança do rumo previamente traçado. Algo impressionante é perceber que, aos poucos e naturalmente, muitas das pequenas decisões se transformam em grandes decisões.

Outro aprendizado importantíssimo foi constatar que sempre devemos cuidar dos colaboradores do melhor jeito que pudermos porque, juntamente com a Diretoria, o Conselho Deliberativo e os sócios, eles são a essência da instituição e contribuem decisivamente com a construção da cultura do clube e transformação em realidade de todas as estratégias e diretrizes que lhes são passadas.

Também foi muito significativo o aprendizado com a experiência de outros executivos. Aqui gostaria de agradecer publicamente aos meus colegas da Academia Europeia da Alta Gestão, na pessoa do nosso presidente Cristiano Lagoas. Os relatos, a troca de experiência, as boas notícias, a energia positiva e os estímulos que recebemos através do nosso grupo de *WhatsApp* foram fundamentais para atuarmos de forma sensata, equilibrada e segura em meio a tantas incertezas e situações delicadas que tivemos que enfrentar.

Também foi um grande aprendizado comprovar que precisamos melhorar muito os procedimentos para realização do trabalho a distância, tanto em termos das atividades individuais em si como na realização de reuniões virtuais. Além disso, a infraestrutura de telecomunicações mundial, incluindo a brasileira, não estava preparada para suportar tal demanda de transmissão de voz, dados e imagens, e terá que se preparar para essa nova realidade, já que, a partir do momento que as empresas foram obrigadas a experimentar a necessidade de manterem grande parte de suas equipes trabalhando a distância e desenvolveram procedimentos mais eficazes para viabilizar a execução de tarefas importantes através desse tipo de trabalho, elas vão partir para esse modelo de forma a reduzir seu custo fixo e melhorar a qualidade de vida dos funcionários.

Vários foram os aprendizados significativos de gestão, dentre eles posso citar: ouvir mais todas as pessoas envolvidas em uma atividade e afetadas por uma tomada de decisão, e ficar o mais informado possível sobre as notícias da economia, política e saúde do Brasil e dos principais países do mundo para ajudar na tomada de decisão.

No que diz respeito ao conhecimento de mim mesmo, o maior aprendizado foi manter o corpo e a mente ativos, ainda que muitas vezes limitado ao espaço de um apartamento, e usar o contato remoto com a família e os amigos como um bálsamo para acalmar o coração e a própria mente no enfrentamento das angústias causadas pelas dificuldades e preocupações com o destino do clube e das pessoas que dependiam das minhas decisões. Aqui também foi importante aprender que a colaboração com outras pessoas que não estão diretamente ligadas às nossas vidas, mas que precisam de uma doação, palavra ou carinho que possamos dar, ajuda a nos sentir mais humanos, mais fortes e mais capazes de superar os obstáculos e vencer uma batalha tão difícil e inesperada em nossa vida profissional e na pessoal.

4. Qual a sua visão e quais as suas expectativas para o pós-crise?

Na minha visão, a sociedade mudará seu comportamento em relação a muitos aspectos, em especial aos das esferas familiar, social e profissional. As pessoas tenderão a valorizar mais o tempo que passarão com suas famílias, haverá mais tempo também a ser dedicado aos amigos e às atividades de entretenimento, e a tecnologia será mais efetivamente usada na consecução desses objetivos. Particularmente em relação ao aspecto profissional, as pessoas ampliarão as atividades de desenvolvimento individual utilizando as ferramentas de educação a distância e as empresas utilizarão mais o *home office* como forma de reduzir seus custos fixos. Além disso, as empresas buscarão novas fontes de receita a fim de reduzir as perdas no período de paralisação parcial ou total de suas atividades e aproveitar novas oportunidades surgidas com a crise (talvez o exemplo mais simples e evidente seja a adoção do *delivery* por restaurantes que nunca haviam adotado essa forma de atendimento antes) que permitam retomar o nível de faturamento pré-crise o quanto antes. Há que se destacar, inclusive, que várias dessas novas oportunidades identificadas durante a crise poderão alavancar a receita em um futuro próximo para níveis nunca antes atingidos (o incremento do *e-commerce* pelas lojas físicas é o exemplo mais eloquente dessa possibilidade). Especificamente para o segmento de clubes, minha visão é de que os sócios buscarão cada vez mais serviços diferenciados nas áreas de saúde (exames *check-up,* exames clínicos, fisioterapia e atividade física individualizada), educação (cursos esportivos, cursos artísticos e cursos de tecnologia – vídeo, *web designer,* desenvolvedor de games e robótica, dentre outros), educação financeira e empreendedorismo, principalmente para crianças e adolescentes), profissional (espaços de *coworking* e incubadoras de *startups*) e, certamente, entretenimento (disponibilidade de redes *wi-fi* de banda larga para acesso à *internet* e disputa de jogos eletrônicos a distância).

As minhas expectativas são muito boas para médio e longo prazos, embora tenhamos que enfrentar grandes lutas no curto prazo. A insegurança das pessoas no que tange à convivência pessoal mais próxima terá que ser vencida nos primeiros meses. À medida que isso for ocorrendo, tanto as atividades familiares e sociais irão voltando paulatinamente a se intensificar quanto a economia retomará a seu ritmo anterior, talvez até de maneira mais forte, em função de tantas medidas que foram tomadas para acelerar a retomada do crescimento. Uma grande expectativa que tenho é que os países encontrem um modelo mais equilibrado de produção e distribuição de vários produtos, modelo esse descentralizado e não baseado na exploração da mão de obra barata da China. Se isso for feito, a economia global será beneficiada, em especial os países com grande disponibilidade de fontes de energia, de áreas livres extensas, de matéria-prima abundante e mão de obra disponível, como é o caso do Brasil. Se não for feito, qualquer crise causada por pandemias ou outro fator que tenha origem esse país colocará a economia mundial em risco. Outra grande expectativa que tenho é que as pessoas pensem mais no resultado para o todo da sociedade (empresa, trabalhadores e sociedade em geral) e não no resultado individual antes de tomarem decisões. Por mais paradoxal que pareça, isso é fundamental para que a convivência humana se torne mais equilibrada e harmônica e as pessoas possam atingir seus objetivos de vida.

5. Com base no que você vivenciou, quais recomendações e mensagens de esperança gostaria de compartilhar com outros líderes?

Antes de mais nada, viva um dia de cada vez. Não se preocupe exageradamente com o futuro longínquo, porque em uma crise tão séria é preciso vencer o desafio presente e construir o futuro próximo, passo a passo. O que parece impossível de ser superado a princípio, com o passar do tempo vai se tornando menos obscuro, menos enigmático, mais compreensível e, portanto, passível de ser resolvido de uma maneira adequada. Dessa forma, vão sendo vencidas as dificuldades e conquistadas as vitórias parciais que viabilizarão a vitória final e a superação da crise.

Pense sempre nas pessoas, em como afetá-las o menos possível, por mais duras que sejam as medidas que você tenha que tomar.

Nunca, nunca mesmo, descuide-se do caixa da empresa, porque dinheiro tem valor no tempo e não aceita desaforo.

Divida as decisões com todos que queiram verdadeiramente colaborar.

Tenha pessoas de confiança a seu lado para ajudar a conduzir o barco pelas águas turbulentas até que o mar fique menos agitado. Em um processo recorrente, aprenda com elas e ensine-as os conhecimentos adquiridos para que a próxima tempestade seja enfrentada de forma mais serena e eficaz. Aprendizado conjunto e colaboração são atitudes essenciais para superar grandes crises.

Finalmente, a maior mensagem a ser compartilhada é que a confiança em Deus deve guiar todos os nossos passos, em todos os momentos. A certeza de que se ELE construiu uma Obra tão bela foi para perpetuá-la e não para permitir que Ela seja destruída pela maldade ou sede de poder de qualquer um que não entenda SEU valor. E, quando se tem confiança em Deus, é muito mais fácil confiar na capacidade individual de cada um e na capacidade coletiva para vencer todas as lutas que se interponham no caminho da sobrevivência e da evolução da espécie humana. Em resumo, mantenha sempre a serenidade, alicerçada na confiança em Deus, na confiança em si mesmo – que seu conjunto de conhecimentos e experiências confere – e na confiança na humanidade.

LIDERANÇA DA ALTA GESTÃO EM TEMPOS DE CRISE

Desafios e Aprendizados

Graça Rebocho

Empresa:

Altice Portugal

Cargo/Função:

Diretora de RH

1. Quais foram os principais desafios vivenciados neste momento de crise provocados pela Covid-19?

No contexto da atual pandemia, a tecnologia assumiu um papel fundamental, permitindo que as pessoas continuassem ligadas, apesar de fisicamente distantes, quer em casa, no trabalho ou no estudo, quer em momentos de lazer ou de convívio familiar. Garantir a continuidade desse serviço essencial para o país e para a comunidade e, em simultâneo, garantir a segurança de todos os nossos colaboradores foram os maiores desafios que enfrentamos.

Paralelamente, desde o início dessa pandemia, a *Altice* Portugal registrou um impacto significativo na sua operação, a partir do momento em que os seus canais presenciais e as vendas porta a porta foram suspensas, paralisando os contatos proativos, do ponto de vista comercial. Adicionalmente, chegou a contabilizar-se menos de 25% das 234 lojas *MEO* abertas ao público, que visavam prestar serviço técnico de apoio ao cliente, garantindo uma cobertura geográfica única no setor. Não obstante, foi essencial estabelecer conjunturas, definir prioridades e planejar estratégias e respostas.

Se gerir pessoas em contexto dito normal já é desafiador, numa situação não planejada de confinamento, com um relacionamento a distância, ainda mais desafiador é.

Somos perto de 20.000 trabalhadores e trabalhadoras, dos quais 7.800 com vínculo direto à *Altice* Portugal. Estamos espalhados por todos os Distritos de Portugal Continental, mas também nos Açores e na Madeira. A nossa dimensão, dispersão geográfica e tipo de atividade implicam, desde logo, tomadas de decisão diferenciadas e segmentadas. Se, por um lado, o teletrabalho permitiu a continuidade de determinadas funções sem impacto na produtividade, por outro lado tivemos de continuar a assegurar as atividades técnicas no terreno, dado que as comunicações são um serviço considerado essencial.

Nem todos os colaboradores tinham computador. Esse foi mais um desafio que tivemos que ultrapassar num curto espaço de tempo.

Houve necessidade de comprar equipamentos, mas também de assegurar que os *desktops* chegassem à casa dos colaboradores, e de garantir as condições para que eles pudessem adicionar as aplicações necessárias para a prossecução das suas atividades.

A necessidade de adquirir EPI's – Equipamentos de Proteção Individual – para os técnicos do terreno foi outro dos desafios, sobretudo porque a compra dependia da disponibilidade de material no mercado e houve ruptura de *stocks*. Os técnicos não podiam deslocar-se para as casas dos clientes sem, necessariamente, estarem protegidos.

Houve também necessidade de fazer um reforço e investimento na capacidade, resiliência e segurança das redes fixas, de modo a garantir o significativo aumento de tráfego e que todas as pessoas e empresas continuassem a trabalhar e a poder comunicar, sem esquecer o tema da cibersegurança.

2. Quais foram as ações implementadas?

Começamos por criar um grupo de trabalho multidisciplinar, que diariamente reunia-se, tomava decisões e partilhava informação com o restante da organização.

Em fevereiro, acionamos um novo plano de contingência adaptado à realidade pandêmica. No caso da *Altice*, já tínhamos em vigor um conjunto de "medidas de envolvimento", cujo objetivo é promover um maior equilíbrio entre a vida profissional e a vida pessoal e familiar, no qual uma dessas medidas é o *work@home*. Os colaboradores podem trabalhar a partir de casa o número de dias por semana ou mês que acordarem com a chefia, num regime que pretende flexibilizar pontualmente o local da prestação de trabalho e que dispensa de formalização.

Nesta 1ª fase, ainda de "contenção alargada", o plano de contingência resumia as recomendações gerais e transversais que a empresa deveria seguir, designadamente as medidas preventivas, procedimentos em casos suspeitos, salas de isolamento etc.

Nessa altura, já tínhamos decidido que trabalhadores pertencentes a grupos considerados de maior vulnerabilidade, tais como grávidas e trabalhadores com baixos níveis de imunidade ou com doenças crônicas, iriam para casa em regime de teletrabalho.

Entramos em março e, no dia 19, é declarado o primeiro estado de emergência, determinando que as pessoas teriam de ficar confinadas em casa, saindo apenas em caso de necessidade, como para ir ao supermercado, à farmácia ou para trabalhar se apenas não pudessem fazer a partir de casa. Felizmente tivemos algum tempo para nos prepararmos.

Quase 100% dos colaboradores que exercem as suas funções nos escritórios foram para casa. Mais de 6.000. As funções exercidas nos nossos *call centers* também passaram a ser realizadas em teletrabalho. Logo, desenvolvemos e partilhamos junto dos nossos parceiros um documento com medidas preventivas e de contingência específicas para aplicar nos *contact centers*, e providenciamos os instrumentos de trabalho necessários para que conseguissem trabalhar remotamente. Uma correria para arranjar cabos, para garantir a instalação de aplicações necessárias à continuidade da atividade, como, por exemplo, todas as funcionalidades de CRM, SAP financeiro e RH, entre outras.

Naturalmente que as funções técnicas (assistência/instalações/reparações) não podem ser exercidas em teletrabalho e, por isso, os técnicos continuaram a exercer a sua atividade em campo. Garantir a proteção dos nossos técnicos nas deslocações e no exercício das suas funções foi uma prioridade na nossa organização. E, de forma a garantir o cumprimento de todas as diretrizes aprovadas pela DGS durante a fase de confinamento, tivemos de emitir declarações para poderem circular. E foram pelo menos quatro por trabalhador, conforme aquelas diretrizes iam sendo atualizadas.

Também nas lojas que se mantiveram em funcionamento, tivemos de reforçar as medidas de segurança e de contenção do contágio, definindo medidas e procedimentos preventivos e de contingência específicos.

No início de abril, a *Altice* Portugal começou a trabalhar num plano de retomada, conduzido pela equipe de recursos humanos, *Altice Cuidados de Saúde*, com o apoio da sua equipe médica e direção de comunicação e gestão de crise.

Numa 2ª fase, decidimos que o regresso seria efetuado de forma gradual, cujo início não ocorreu no dia 4 de maio, quando foi suspenso o estado de emergência, mas apenas a partir do dia 18, por uma questão de precaução. Solicitamos a cada direção que indicasse os colaboradores que deveriam regressar em 18 de maio (até 10%), 1º de junho (até 25%) e 15 de junho (até 50%), salvaguardando o necessário distanciamento social e privilegiando a manutenção no regime de teletrabalho nas seguintes situações:

- Colaboradores com filhos até 12 anos;
- Colaboradores que se enquadrem em grupos de risco, principalmente grávidas e imunodeprimidos;
- Maiores distâncias entre local de trabalho e residência; colaboradores que não têm *laptop* e levaram os *desktops* para casa.

Desenvolvemos e divulgamos junto de todos os colaboradores um guia prático com regras e procedimentos associados ao regresso. Reforçamos a limpeza dos edifícios. Entregamos máscaras cirúrgicas e máscaras sociais. Organizamos os espaços de modo a garantir o distanciamento social aconselhado pela DGS (Divisão-Geral de Saúde). Temos sentido alguma resistência, por parte dos colaboradores, para o regresso. Uns por receio, outros porque consideram que a sua produtividade aumentou e, por isso, não há razão para voltar no curto prazo. As aplicações disponibilizadas e as formas alternativas de trabalho implementadas permitiram aos colaboradores que se encontram em regime de teletrabalho de estar em contato constante com as equipes, de forma a dar resposta a todos os projetos e temas em curso. Paralelamente, foi desenvolvido um espaço na intranet corporativa, *myaltice*, com propostas sobre diversas temáticas, visando manter a proximidade aos colaboradores e desenvolver ações para promover o seu bem-estar. Nesse espaço, os colaboradores encontram orientações para manter a sua segurança, indicações sobre como trabalhar remotamente, dicas para entreter as crianças e atividades em família, benefícios e descontos de parceiros, entre outros.

Até setembro, é esperado o regresso normalizado da maioria dos colaboradores, garantindo o total cumprimento das indicações de segurança estipuladas pela DGS, no que diz respeito ao cumprimento de regras de distanciamento social, de higienização e manutenção das condições de segurança dos espaços e suas limitações da lotação.
Com o regresso gradual à normalidade e com o processo de desconfinamento a decorrer, as lojas de rua *MEO* e as lojas localizadas em centros comerciais foram abrindo.
Gostaria de salientar que a principal prioridade da *Altice* Portugal foi sempre de garantir a segurança e as condições de trabalho de todos os seus colaboradores, seja dos que estão em teletrabalho ou dos que têm de se manter nos seus postos de trabalho.

3. Quais foram os aprendizados para a sua vida nas áreas pessoal e profissional?

A adoção do teletrabalho apresenta diversas vantagens:

Para os colaboradores:

- Evita tempo nos deslocamentos casa-trabalho-casa;
- Maior disponibilidade para a família/assuntos pessoais;
- É mais fácil viver fora dos centros das cidades (nos arredores);
- Pessoas com dificuldade de locomoção têm mais facilidade em trabalhar.

Para a empresa:

- Aumento da satisfação/motivação dos colaboradores;
- Maior eficiência de custos (espaços, serviços, consumíveis);
- Ganhos de produtividade;
- Redução do absentismo;
- Contribui para a sustentabilidade da empresa;

Para a sociedade (médio/longo prazo):

- Promoção da coesão econômica e social por meio da criação de emprego fora dos grandes centros e mudança de quadros para zonas mais desocupadas e carentes;
- Libertação da pressão nos grandes centros urbanos;
- Sustentabilidade ambiental.

Mas perdem-se laços. Porque é que as empresas promovem ações de *teambuilding*, festas de Natal, momentos de convívio e de partilha? Porque são uma forma de desenvolver determinadas competências, tais como a comunicação, o espírito de equipe, a própria liderança, que em teletrabalho se torna mais difícil.

É fato que existe um maior isolamento, e por mais frequente que seja o contato virtual, falta o contato físico, o olhar, o toque. Nós podemos ser visuais, auditivos e sinestésicos. Na comunicação virtual, praticamente temos de ser auditivos.

Quanto ao número excessivo de horas de trabalho, que tem sido um fator negativo apontado no teletrabalho, realço que se assistiu a uma alteração brusca na forma de prestação do trabalho que necessitou de um período de ajuste e de criação de novas rotinas. Também é preciso não esquecer que quem tem filhos menores, sobretudo pequenos, estiveram em casa, alguns com aulas virtuais durante o mesmo período de horário de trabalho dos pais/mães. Ora, muitos deles precisam de ajuda e com frequência não há um computador para cada membro do agregado familiar. Quando os pais/mães cedem o computador aos filhos e os acompanham nas aulas, é claro que não estão trabalhando. Compensam, geralmente, quando os filhos terminam as suas atividades escolares ou mesmo quando vão para a cama. A conjuntura que atravessamos e a prestação de trabalho com toda a gestão pessoal e familiar em paralelo foi atípica e colocou muitos desafios para quem teve de gerir o trabalho com a assistência aos filhos ou mesmo a ascendentes ou outras pessoas. Assumimos que numa conjuntura normal não se colocariam de forma tão acentuada.

Quanto aos meios de trabalho, nem todas as pessoas têm um escritório, uma secretária e uma cadeira ergonômica. Se o trabalho remoto for uma constante, há que ter condições de segurança, de saúde e logísticas mais adequadas. O trabalho remoto em contexto de pandemia trouxe desafios acrescidos para a liderança, a necessidade de comunicar com maior regularidade, principalmente por meio do *Teams*, a definição de objetivos claros para não perder o foco, a promoção de uma cultura de *accountability* e de confiança mútua. Acredito que neste "novo normal" há chefias que estão bem mais próximas das suas equipes, apesar de se encontrarem distantes fisicamente.

É natural que a comunicação seja afetada, porque se restringe aos meios de voz e digital, menos decisões comunicadas cara a cara, de forma pessoal, em conversa de corredor. Contudo, nada do que é verdadeiramente importante fica por decidir.

Agora, o teletrabalho também tornou mais evidente que várias atividades que desenvolvemos, a rigor, podemos descontinuar. Em todas as organizações, existem processos e projetos com pouco impacto, mas que consomem tempo e recursos, quer financeiros, quer humanos. Um exemplo claro é a necessidade de digitalizar processos, reduzir papel e arquivo físico. Segundo diversos estudos realizados recentemente, exercer um cargo de chefia parece ter influenciado o modo como a experiência de trabalho remoto é vivida – as chefias parecem sentir que, desde que estão no teletrabalho, a imagem de si próprias junto dos subordinados, bem como a comunicação e relação com as equipes, se encontram menos favoráveis. Falando por mim, estou, de certa forma, em sintonia com essa ideia, porque considero que o relacionamento presencial é mais forte. Ir beber um café, almoçar, conversas de corredor, são exemplos de uma comunicação informal, que na minha opinião é mais impactante.

Estamos habituados a comunicar em presença – temos as ferramentas e competências de apresentação em público, o *body language*, inteligência emocional, *coaching* e até programação neurolinguística.

Com o trabalho a distância, temos que aprender a comunicar em ausência e desenvolver outras competências, algumas mais técnicas, como a gestão das redes sociais e salas virtuais, ou a edição de áudio e vídeo. Por exemplo, as apresentações em *powerpoint* eram feitas de forma que o narrador expusesse as suas ideias à audiência, pelo que tinham apenas algumas notas e imagens âncoras, e agora, essas imagens devem falar por si, pois o orador poderá não ter oportunidade de perceber a reação da audiência e ajustar o discurso.

4. Qual a sua visão e quais as suas expectativas para o pós-crise?

O atual cenário de saúde pública impôs às empresas novas estratégias, novos métodos de trabalho, ferramentas e funcionalidades que vieram claramente para ficar e que provam que o trabalho nunca mais será igual no pós-pandemia. A principal alteração foi, de fato, ao nível do trabalho remoto, que foi experienciado com sucesso pela grande maioria das empresas. Em particular, no caso da *Altice*, milhares de colaboradores passaram a exercer suas atividades a partir de casa, o que só foi possível em virtude do empenho e dedicação da nossa equipe de IT, que criou em tempo recorde as condições para viabilizar essa grande operação, e graças ao investimento, ao longo dos últimos anos, em fibra ótica em todo o território nacional protagonizado pela nossa organização.

Já era possível aos colaboradores da *Altice* Portugal utilizar o mecanismo de *Work@Home*, entre outros recursos que a organização disponibiliza para a promoção do equilíbrio entre a vida familiar e profissional. No entanto, esse é um ensinamento que retiramos deste período, e que coloca o regime de teletrabalho como uma opção ainda mais viável para o futuro, principalmente pelo fato de a *Altice* Portugal já ter provado dispor da capacidade e capilaridade das suas redes, dos meios tecnológicos necessários, bem como de ferramentas poderosas de áudio e videoconferência, que permitem manter as equipes conectadas e digitalmente próximas.

Iremos fazer um piloto em quatro de nossas direções, a partir de setembro e durante três meses. O que pretendemos é alterar a filosofia do posto de trabalho fixo, para um posto de trabalho flexível (*hotdesk*). Pode ser em casa, pode ser em qualquer edifício da *Altice*, mas a mesa/secretária será aquela que estiver disponível. Por exemplo, se eu moro em Oeiras, posso ir trabalhar para o *Tagus Park*, em vez de me deslocar para Lisboa. Com esse esquema de posto de trabalho flexível, poderá haver um novo layout nos edifícios, de modo a criar espaços para encontros formais ou informais, reuniões prolongadas entre equipes que deixam de trabalhar lado a lado no seu dia a dia. Não deixará de ser necessária a existência de momentos, de encontros presenciais, que garantam a manutenção do espírito de equipe, dos laços entre as pessoas. No fundo, estamos criando uma nova cultura empresarial.

Na minha visão mais idealista, mas que já existe em várias organizações, preconizo a criação de espaços de lazer e bem-estar, que incluam a possibilidade de praticar ioga/relaxamento, música, recarregar baterias e fomentar o equilíbrio entre o corpo e a mente.

Provavelmente os escritórios do futuro não deixarão de ser *open spaces*, mas serão cada vez mais pensados com base nas necessidades e no que é, efetivamente, valorizado pelos colaboradores, contribuindo com a atração e retenção de talento.

5. Com base no que você vivenciou, quais recomendações e mensagens de esperança gostaria de compartilhar com outros líderes?

Existem determinadas características ao nível da personalidade de cada indivíduo, que ajudam a lidar com momentos desafiadores, tais como o otimismo e a confiança. Otimismo porque é preciso acreditar que os momentos difíceis não passam disso mesmo – momentos. E, nesse sentido, compete ao líder passar mensagens às suas equipes que, sendo realistas, transmitam uma visão positiva do futuro. Confiança porque, para garantir que as equipes se mantenham comprometidas com a empresa, têm de confiar nos líderes da sua organização, na missão, na visão e nos valores preconizados.

Trabalhar a proximidade entre a gestão e as equipes é fundamental, seja ela realizada de forma virtual ou presencial. Assim sendo, o *feedback* assíduo assume um papel preponderante no envolvimento de todos os colaboradores, na sua motivação e, por que não dizer, na sua felicidade e bem-estar.

LIDERANÇA DA ALTA GESTÃO EM TEMPOS DE CRISE

Desafios e Aprendizados

Guilherme Pereira Silva

Empresa:

Grupo Elo

Cargo/Função:

Sócio-Diretor

1. Quais foram os principais desafios vivenciados neste momento de crise provocados pela Covid-19?

Em uma das visitas à casa da minha mãe, em Belo Horizonte, ainda sem ter a real dimensão de como seríamos afetados pela pandemia da Covid-19 abaixo da linha do Equador, me deparei com uma edição de luxo de 1986 do dicionário Aurélio, como dito em sua capa dura azul, revista e ampliada. Considero a etimologia das palavras uma grande aliada do ser humano para um entendimento mais profundo do seu significado. E diante de tudo que ouvimos àquele momento, a busca natural foi a palavra crise ou *crisis*, no latim. A sua etimologia se apresenta como um momento de mudança súbita; é uma ação ou faculdade de distinguir; decisão; momento difícil. Ainda no dicionário podemos encontrar diversos significados, mas o que se traduz melhor para explicar o nosso contexto atual é que a crise é uma situação grave em que os acontecimentos da vida social, rompendo os padrões tradicionais, perturbam a organização de alguns ou de todos os grupos integrados na sociedade. Antes da pausa para a reflexão, busco a segunda palavra óbvia: pandemia. De forma bem mais sucinta, o Aurélio define pandemia como uma epidemia generalizada. O grego *Pan* significa todo, inteiro e *Dem*(o) se refere ao povo. Naqueles meados de fevereiro de 2020, 34 anos após a publicação da referida edição do Aurélio, confesso que ainda estava um pouco incrédulo das proporções em que seríamos afetados no Brasil. Diferentemente da minha esposa, Fabiana, cujo o fato de achar prudente o cancelamento de sua agenda de trabalho fora de São Paulo me pareceu um exagero ainda no início de março e diferentemente também do meu sócio português Ricardo, que já acompanhava os impactos em sua terra natal e como os eventos se desenrolavam através de notícias de pessoas próximas e nos convocou para a ação de forma antecipada. Porém hoje, poucos meses depois dessa reflexão, posso afirmar que de fato estamos vivendo algo transformador. Estamos debaixo, juntos, de uma mesma e forte tempestade, mas não estamos necessariamente no mesmo barco. E como precisamos todos buscar a nossa melhor direção, trabalhamos para ajustar nossas velas buscando que o vento nos leve ao caminho menos turbulento. Inclusive as empresas que cresceram neste momento de rompimento dos padrões tradicionais foram perturbadas. Não puderam comemorar seus recordes de venda, seus novos contratos, sua superação de meta com um abraço da equipe ou com um *happy hour* descontraído no bar próximo à empresa.

É impressionante pensar que no início do ano de 2020 nossas discussões de *budget* para o ano se baseavam em análises de crescimento, melhoria operacional, reestruturação, reposicionamento de mercado, investimento, bônus. Crise? Talvez financeira ou política. Alguma ação governamental poderia sim ser pauta de diretoria, poderia influenciar alguma mudança estratégica da companhia, porém uma pandemia dessa magnitude jamais fora pensada.

Migrando do processo de incredulidade da crise para a fase de transformação da sociedade, vivemos entre o medo da morte, medo do impacto financeiro, esperança por uma rápida solução medicinal, raiva aliada à incompreensão pela perda da liberdade à qual estamos acostumados, contudo o principal sentimento que me dominou foi a perseverança como pessoa e profissional. Sempre amei a vida e vivê-la em movimento, independentemente das dificuldades, não se trata de uma escolha para mim. Eu me concentrei a olhar de forma consistente sobre as oportunidades para, além de manter a mente e o corpo ocupados, comprovar uma tese à qual me apego: nada é ruim para todo mundo ao mesmo tempo. Manter as atividades que me fazem bem, mesmo com restrições, era fundamental. Sem academia, os exercícios físicos passaram para dentro de casa, os filmes e séries com a Fabiana ficaram em dia, músicas continuam a embalar o exercício da culinária e da leitura, sendo que essa última não apenas permaneceu em dia como acelerou – já são 10 livros lidos em menos de 6 meses. Profissionalmente, havíamos realizado o melhor trimestre da história do Grupo Elo. Após todo o exercício de *budget* que trabalhamos para 2020 e um grande resultado no primeiro trimestre, já com alguns efeitos da Covid-19, não me permitia pensar em perder o embalo e não mediria esforços para fazer o melhor resultado nos próximos meses. Somos uma empresa de serviços B2B em relacionamento com cliente, onde mesmo com toda a tecnologia que empregamos nas nossas atividades, entre automações e inteligência artificial, nosso maior bem são as pessoas. Somos uma empresa de pessoas e para as pessoas. Então, neste processo de transformação, nos deparamos com as primeiras grandes questões:

- Como proteger o maior bem da nossa empresa e continuar operando?

- O quanto nossos clientes serão impactados e como podemos ajudá-los com nossos serviços?

- Como podemos ajudar a sociedade neste período?

2. Quais foram as ações implementadas?

Continuar a gerar receita é o princípio fundamental que sustenta o tripé empresa-colaborador-sociedade. A empresa operando com toda a sua capacidade consegue se sustentar, manter empregos e, através do salário pago, a economia continua a girar. Para nosso cliente contratante e para a empresa é primordial que nossos serviços se mantivessem em pleno funcionamento. Apesar de prestar um serviço essencial à sociedade, tendo assim o aval do governo para permanecer em funcionamento mesmo em quarentena ou *lockdown*, consideramos essencial permitir que o máximo de colaboradores desempenhassem o seu trabalho de casa. Entendemos essa ação que visa a redução da circulação das pessoas como uma proteção necessária tanto ao funcionário quanto à sociedade.

Diante dessas necessidades e reflexões, implantamos um pacote de ações que não somente possibilitou a manutenção do funcionamento da corporação no período da crise, mas também a geração de novos empregos nas praças em que atua, 250 novas contratações até o momento. Foram elas:

a. Implantação de *home office*

Apesar da disponibilidade técnica do recurso de *home office*, utilizado por áreas não operacionais, ainda esbarrávamos em liberações técnicas de nossos clientes contratantes para viabilizar esse recurso às nossas operações. Através de reuniões emergenciais com as áreas de segurança da informação de nossos clientes, apresentamos uma viabilidade técnica e segura, de inteira propriedade do Grupo Elo, e obtivemos, assim, a liberação para avançar com a solução. Fizemos um levantamento inicial com todos os nossos colaboradores, identificando quais tinham os recursos necessários para operar de casa, e conseguimos em tempo recorde alocar mais de 80% das nossas operações em *home office*. Um grande feito, visto que, como parte dos colaboradores não possuíam os equipamentos necessários, a empresa foi altamente eficaz em providenciar e disponibilizar tais recursos.

b. Ferramentas de gestão

A disponibilização das informações para gestão da equipe é fundamental, esteja onde estiver. Criamos dentro do nosso Portal MIS a visualização de todos os funcionários que estão em *home office*, comparando seus resultados operacionais antes e depois da migração. Todos os KPIs já são disponibilizados automaticamente para a equipe de gestão, mas é fundamental facilitar a visualização de comparação com a própria performance para entender e alavancar o potencial do resultado. Sem informação, não se gerencia.

c. Comunicação digital

O fluxo de comunicação e acionamento de toda a empresa foi reestruturado para o novo cenário. Todos os colaboradores têm acesso direto à uma ferramenta de comunicação interna para interação com o líder e áreas de influência direta, como tecnologia, planejamento e qualidade. Todos os conteúdos de comunicação, orientação, desenvolvimento, engajamento e treinamento foram atualizados e disponibilizados em plataforma digital. Além disso, controlamos o acesso às ferramentas de comunicação, controlando a aderência e direcionando prontamente as necessidades de ajuste, garantindo uma comunicação altamente eficaz.

d. TI na sua casa

A equipe de tecnologia também foi adaptada para esse novo cenário, com a criação de um atendimento específico para os funcionários em *home office*, gerando especialização da equipe e desafogando as demais demandas pontuais. Com um cenário de ter a maior parte dos usuários fora da empresa, outra adaptação necessária foi a criação de uma equipe de campo que dá suporte aos colaboradores em caso de falha física dos equipamentos. Nesse caso, conseguimos utilizar a nossa expertise através de outra empresa do Grupo Elo, a Conecta, que já fazia o trabalho de suporte em 2º nível, dentro da casa de nossos clientes.

e. Áreas de suporte ao negócio

A equipe de NOC e planejamento, além das rotinas de estratégia, auxiliam também a gestão operacional quanto à aderência do colaborador em *home office*, por meio de sinalização em tempo real de quem está aderente à escala programada. As equipes de Qualidade, *Marketing*, DP e DHO também adaptaram suas rotinas e acompanhamento visando o suporte do colaborador em *home office*, garantindo os treinamentos programados, retiradas de dúvidas, comunicados, ajustes de jornada e *feedbacks* operacionais, entre outras atividades cotidianas que precisam aumentar o suporte neste novo cenário.

f. Negociação com fornecedores

Entendemos que toda a cadeia de prestação de serviços poderia ser impactada na crise e, diante do cenário de conseguirmos manter nosso pleno funcionamento, apresentamos aos nossos fornecedores uma tranquilidade na manutenção das contratações, porém negociamos o fluxo de pagamento visando minimizar o impacto de fluxo de caixa em caso de dificuldade de recebimento. Garantir que o fluxo de caixa da empresa se mantenha saudável é um preparo fundamental para qualquer adversidade, mitigando o impacto nos funcionários.

g. Liberação de recursos para o governo

A nossa empresa atua com grande responsabilidade social, seja na transformação da vida profissional das pessoas, capacitando-as e desenvolvendo-as - uma vez que nossos funcionários, em sua grande maioria, são contratados como primeiro emprego - para a transformação das famílias e da sociedade economicamente. Tendo a ciência da necessidade do Governo do Maranhão e da Prefeitura de São Luís em prover atendimento telefônico para as famílias maranhenses acerca dos cuidados à saúde pela Secretaria do Estado da Saúde do Maranhão, ligado à Covid-19, e da assistência financeira dada às famílias por meio da Semcas, Cras e Crea, nós disponibilizamos recursos em nossos ambientes sem custo algum para o cofre público.

3. Quais foram os aprendizados para a sua vida nas áreas pessoal e profissional?

De fato, ainda estamos em meio à tempestade. Nossa nau ainda não encontrou terra firme, mesmo sabendo que a terra firme é um período de ancoragem necessário, porém temporário. A nau é feita para o mar, é para atravessar os novos desafios que precisamos para evoluir. Os quilômetros percorridos nos trazem aprendizados importantes e fundamentais para esta nova fase.

A primeira clareza é a que precisamos veementemente pensar no todo. Nossas ações impactam o mundo e, nesse caso, estamos falando de vidas que podem ser perdidas através da doença ou à falta financeira. Precisamos agir com equilíbrio, protegendo as pessoas de um vírus que ataca como nunca vimos antes e apresenta poucas certezas sobre como nos tornar menos vulneráveis a ele, mas buscando também viabilizar o máximo sustento de todos.

Um conceito aprendido, não tão recentemente, que veio a calhar nesta crise, é o da antifragilidade. Sem sombra de dúvidas ouvimos e utilizamos de forma contundente o termo resiliência como a grande necessidade para os tempos difíceis. Contudo, Nassim Nicholas Taleb nos apresenta o antifrágil como aquele que "se beneficia do caos". Podemos facilmente nos confundir, significando que o contrário de frágil é alguém forte ou resistente, mas o autor nos apresenta que o conceito do antifrágil condiz com encarar os problemas de frente e se aperfeiçoar com eles, em vez de simplesmente resistir. Enfrentar o caos e reconhecer as suas vulnerabilidades é o melhor meio para o desenvolvimento humano e dos líderes. Para trilhar o caminho da antifragilidade, Taleb nos direciona com os seguintes pontos: não devemos deixar de agir por temer os erros; dar e receber *feedbacks* da sua equipe constantemente; aplicar o conhecimento existente; estudar crises parecidas; desconfiar quando tudo está fácil demais e, finalmente, não odiar os nossos problemas.

O terceiro aprendizado é o como podemos satisfazer nossas necessidades relacionais a distância. Apesar de não podermos estar presencialmente com todos como gostaríamos, devemos nos fazer presentes. O *face-to-face* é importante e ainda bem que temos tecnologia hoje para minimizar a necessidade do calor do abraço. Olhar no olho é sempre necessário, seja na relação profissional ou pessoal, portanto usamos e abusamos das videochamadas.

A rotina de se preparar para o trabalho, mesmo que não vá sair de casa, é de essencial importância. Arrumar-se para trabalhar e tentar criar um espaço reservado para isso no próprio lar impacta positivamente na produtividade, embora não seja uma regra, a programação neurolinguística comprova a eficácia. Quando não se dispuser de espaço suficiente para criação de um ambiente apartado, realidade de muitos brasileiros, conscientizar a família sobre a necessidade de concentração no trabalho precisa entrar na pauta de diálogos da casa, a fim de tornar viável o horário para a jornada. Filhos pequenos são um enorme desafio para o confinamento e o apoio familiar pode ser um caminho de ajuda mútua nesse momento. Para os casos onde não seja possível usufruir de tal ajuda, vale a pena considerar as muitas opções de entretenimento infantil pela *internet*, que foram criadas para auxiliar os pais nesta nova realidade.

Gerir à distância exige também novas competências. Ter a equipe em frente para acompanhar a produtividade já não era necessário, mas era o *modus operandi* habitual. Os relatórios e ferramentas se tornam ferramentas ainda mais essenciais e a rotina de falar *one-to-one* com a equipe ao mínimo uma vez por semana é primordial para que todos se sintam acompanhados e acolhidos, fora os contatos habituais de acompanhamento do resultado e suporte às necessidades pontuais.

4. Qual a sua visão e quais as suas expectativas para o pós-crise?
Tenho como convicção que parar de caminhar atrasa o avanço. Para o equilíbrio é necessário o movimento. Portanto, mesmo quem foi fortemente impactado pela paralisação de algumas atividades pode olhar para si, para o mercado e para o próprio negócio e avançar com uma nova solução, afinal nós teremos um novo status quo a partir de agora.

- "Queríamos fazer *delivery*" – existiu melhor momento que esse para testar?
- "Podemos testar o *home office?*" – agora é a hora de funcionar!
- "Devíamos tentar uma redução de jornada para adequação da demanda" – a MP 927/2020 permite!
- "Poderíamos dar aula de reforço *on-line*" – hora de colocar a plataforma de educação para funcionar.

A transformação nas relações entre empresas e consumidor já era uma realidade, contudo a pandemia acelerou exponencialmente essa mudança. O *e-commerce*, as automações de processos, a terceirização de serviços - alguns inclusive não tão essenciais antes da Covid-19, como os supermercados, se tornaram primordiais para a manutenção de determinadas atividades. Com certeza viveremos a expansão do mercado digital e forte investimento no entendimento das novas necessidades desse novo consumidor.

5. Com base no que você vivenciou, quais recomendações e mensagens de esperança gostaria de compartilhar com outros líderes?
São diversas as análises e buscas de melhores soluções martelando diariamente na cabeça dos líderes das corporações. Diante da instabilidade do

cenário atual, com as perspectivas de mercado alterando constantemente e intervenções políticas diversas, não há uma receita de bolo simples. Entretanto, temos como herança genética o poder do aprendizado e da adaptação, que nos dá condição plena de nos reinventarmos para o novo mundo. Se tivéssemos nascido em 1900 e conseguíssemos alcançar os 50 anos de vida, de forma superficial podemos afirmar que teríamos enfrentado duas guerras mundiais, uma crise econômica fortíssima em 1929 e a gripe espanhola, entre outras grandes adversidades mundiais vivenciadas no início do século XX. Perspectiva é fundamental para entender que superamos essas grandes dificuldades e, apesar dos desafios atuais, podemos afirmar que continuamos o desenvolvimento da humanidade, aperfeiçoamos a tecnologia e geramos mais oportunidades para as pessoas. Ainda teremos novos desafios pela frente, mas com solidariedade, empatia e otimismo continuaremos a nos fortalecer e seguiremos nossa jornada de desenvolvimento para um futuro melhor.

LIDERANÇA DA ALTA GESTÃO EM TEMPOS DE CRISE

Desafios e Aprendizados

Guilherme Trotta

Cargo/Função:

Head de Vendas e Conselheiro Executivo

1. Quais foram os principais desafios vivenciados neste momento de crise provocados pela Covid-19?

A minha relação profissional se dá como conselheiro de investidores e *board* de empresas com atuação especializada em vendas diretas.

Com vivência em grandes companhias como *Natura* e *Avon*, dentre outras, tornei-me um especialista no mercado de vendas diretas. Esse modelo de negócio tem como principal atividade o relacionamento, o contato pessoal, seja por meio de reuniões em grupo ou individuais, eventos com *social sellers* e público de interesse, apresentação do modelo, dentre outras formas de contato.

A partir desse modelo, como um conselheiro desse mercado, minha atividade consiste em reuniões presenciais com investidores desse mercado, em SP, RJ, RS, MG, PR e países da América Latina. E, também, de forma eventual, a participação em grandes eventos com grandes públicos (maior que 1.000 pessoas).

A partir do início desta pandemia, sofri o impacto dessa condição, em alguns aspectos, de imediato, a forma de relacionamento com os investidores, que até então sempre acontecia presencialmente, com reuniões corriqueiras ou de forma pontual.

As viagens pararam de imediato, por conta de cancelamentos de eventos, convenções, reuniões, treinamentos e palestras.

Sem sombra de dúvida, neste momento em que nos vimos impostos a precisar reduzir de forma abrupta o contato "corporal", me veio a necessidade imediata de criar novas formas de ter contato que não fossem de corpo presente, mas precisaria sim manter o contato pessoal com a mesma qualidade.

2. Quais foram as ações implementadas?

Com a pandemia da Covid-19, a partir desta crise, as ações passaram a ser 100% digitalizadas.

Esse formato ou condição de contato passou a ser algo imposto pela circunstância do vírus e não mais uma opção, como antes.

Ao longo da minha carreira, vivi muitos cenários de mudanças, e em muitos casos fui o agente que deveria promover tais mudanças, o que sempre exigiu um conhecimento técnico, a busca de pessoas com experiência, muita coragem e a responsabilidade nas tomadas de decisão.

Entretanto, a partir deste momento, me vi impulsionado a ter que estudar vários novos modelos, cases, formas de fazer de um modo que traga a segurança financeira e, principalmente, com baixíssimo impacto em pessoas, garantindo assim seus empregos e segurança social.

Home office, com todos em casa fazendo *home office* e todas as suas interfaces também o fazendo, se traduz em barulho de cachorro latindo, crianças passando no meio da reunião, a campainha que toca, o interfone, enfim, todas as mudanças que o novo momento impõe. Neste momento, a tecnologia tem sido a minha grande aliada, as agendas compartilhadas facilitam muito o controle dos compromissos, as ferramentas de comunicação *(Zoom, Skype, Meet, WhatsApp)* estão sendo fundamentais para conseguir estabelecer o contato próximo com todos.

A reflexão que faço é que sim, sem dúvida perdemos algo, que para mim, em especial, é fundamental em uma relação: o contato humano mais próximo. Veja, em uma reunião não são analisados apenas os dados ali expostos em um *PowerPoint*, em uma pauta já estabelecida previamente. No contato pessoal são observadas as expressões faciais, o consentimento ou não do que se é dito, o nosso corpo fala e responde de formas não verbais.

Nesse cenário incontrolável e extremamente democrático de interações, o fato de não haver mais o detentor da informação me faz refletir sobre a necessidade de se colocar luz e foco em algumas virtudes humanas, como a humildade, o saber ouvir, respeitar a opinião contrária, aceitar o conflito positivo que nos faz crescer, fazendo com que as conexões, mesmo virtuais, se tornassem próximas.

Por mais incrível e contraditório que pareça, essa situação toda nos tornou mais humanos.

Em um contexto como este, a vaidade passa a ser um empecilho, uma vez que as decisões agora necessitam de uma coragem maior para assumir riscos e enxergar com clareza as oportunidades.

Ainda com relação à Covid-19, outro grande impacto aconteceu em minha rotina diária.

Vivo um momento em que necessito diariamente exercitar a capacidade em lidar com as "certezas". Imagine o que vemos hoje no mundo, onde a própria ciência tem opiniões antagônicas em relação à pandemia, em um mundo VUCA (*Volatility, Uncertainty, Complexity* e *Ambiguity* - em português: volatilidade, incerteza, complexidade e ambiguidade, respectivamente), em que precisei aprender a lidar com opiniões corretas, mas estando em lados distintos.

O respeito de ouvir genuinamente, seja qual for a opinião, usar a empatia de entender que mesmo estando com opiniões opostas todos são humanos e buscam o melhor.

3. Quais foram os aprendizados para a sua vida nas áreas pessoal e profissional?

Ferramentas digitais (*Zoom, Skype, Meet, WhatsApp*) estão sendo fundamentais para conseguir estabelecer o contato próximo com todos.

Eu me dei conta que com o maior controle conquistado, proporcionado pelas ferramentas acima, pude olhar para dentro e refletir sobre o que faltava. Acrescentar ao meu dia coisas que há muito não fazia, como meditar, me reconectar com a minha espiritualidade, desenhar com a minha filha, as atividades domésticas como cozinhar, cuidar da casa, ajudar minha esposa, uma vez que não podemos contar com o apoio que tínhamos da nossa secretária do lar... Coisas que com a rotina de executivo em uma cidade como São Paulo são inviáveis. Outras coisas que passaram a fazer parte do meu dia foram retomar contatos que há muito tempo já não fazia, apreciar um pôr do sol e as estrelas no céu, a lua... Sim, são coisas que há muito tempo já não faziam parte de meus momentos e a situação do isolamento me proporcionou esta retomada. Em resumo, esta situação toda está sendo muito positiva para me reconectar comigo mesmo, com meus valores, minhas crenças, minha raiz, o que aprendi com minha mãe e meu pai.

A pandemia me ensinou também a importância do cuidar, não somente de mim, mas cuidar do outro, saber que mesmo que eu esteja imune à doença, caso tenha contraído o vírus, e tenha sido assintomático, ainda assim preciso cuidar do meu próximo, utilizando todos os cuidados recomendados por autoridades sanitárias, como usar a máscara, lavar bem as mãos etc. Esse novo "modos operandi" reforçou em mim uma responsabilidade muito maior como ser humano, pois aprendi o impacto que apenas uma pessoa pode ter na humanidade como um todo, e aprendi também o quão frágil eu sou em toda essa nova história.

Trazendo esses aprendizados para o mundo corporativo, eu diria que liderar uma organização, uma equipe ou um projeto é ter a capacidade e sensibilidade de utilizar todas as virtudes humanas, renascidas durante a pandemia em prol da leitura clara sobre o momento que cada indivíduo está vivendo, entender qual o propósito que move essa pessoa e o que a faz ir além.

A pandemia me ensinou isso, que precisamos ser mais humanos, e verdadeiramente peço para que, não apenas eu, mas muito mais pessoas tenham tido contato com essa profundidade que há nas relações, e tenham tirado lições e aprendizados positivos.

Liderar vai muito além de apenas chefiar... e agora eu vou dizer o porquê. Lembra que eu contei um pouco mais acima sobre as facilidades de contato usando ferramentas digitais? Sim, basta apenas um computador, *tablet* ou mesmo um celular, acesso com banda larga, um escritório ou mesmo uma mesa e uma cadeira. Contudo, com quem estou interagindo está em iguais condições as minhas? Há um acesso à banda larga? O local é adequado? E vou muito além, de nada adianta eu cuidar muito bem da minha saúde se o meu vizinho não cuidar, se quem cuida da portaria não cuidar. Hoje, mais do que nunca, a frase de um grande líder, que aprendi trabalhando com ele, Luis Seabra (fundador da *Natura*) se faz presente: "A vida é um encadeamento de relações". Todos nós somos responsáveis direta ou indiretamente pela vida de todos. Hoje torna-se ainda mais nítida a terceira lei de Newton, conhecida como "lei da ação e reação".

4. Qual a sua visão e quais as suas expectativas para o pós-crise?

Após o início da pandemia, observamos empresas atuando de forma muito consciente no cuidado com o outro, seja uma montadora que está consertando respiradores, ou uma cervejaria que pausa sua produção original para fazer álcool ou máscaras. A atitude altruísta finalmente ganha espaço, tendo destaque nas agendas de grandes instituições privadas.

Será que evoluiremos para este "novo normal", onde iremos ver um menor distanciamento social e uma maior preocupação com o outro?

Relações mais humanas, menos arrogância, menos respostas e mais perguntas, menos distanciamento e mais compreensão em relação ao outro não devem ser atitudes esperadas no mundo em pandemia. Devem ser atitudes permanentes e esperadas por um SER HUMANO.

Eu acredito muito no Brasil, tenho certeza de que temos uma excelente oportunidade de crescimento humano, em todos os sentidos.

Vivemos muitos anos atribuindo o nosso sucesso à indústria chinesa. A China se tornou um grande polo industrial, de logística, de desenvolvimento de novas tecnologias do mundo, nos acostumamos a confiar que ali havia a capacidade de atender a qualquer demanda.

Mas não. A Covid-19 nos mostrou que o "rei estava nu", a China não conseguiu atender à demanda global pela compra de máscaras, equipamentos hospitalares, equipamentos cirúrgicos, equipamentos de proteção industrial. Vimos a indústria chinesa mostrar que não tem capacidade para atender a uma demanda global, em capacidade industrial, logística e no desenvolvimento de novas soluções.

Este novo mundo, onde nada é certo, expõe de forma contundente a necessidade de se criar mais polos industriais em outros países.

A indústria americana seguiu a mesma tendência que a chinesa ao não conseguir atender às demandas do seu próprio país.

Com todo este cenário, o Brasil terá a grande oportunidade, os empresários brasileiros estão, reconhecidamente, dando aula de criatividade e versatilidade, talvez até por estarem acostumados a se reinventar por conta de crises contínuas. Hoje observamos empresas brasileiras criando alternativas, realizando mudanças no curto prazo de cinco dias. Mudanças essas que em uma lógica normal levariam, no mínimo, seis meses. De uma forma brilhante e criativa, acompanhei uma rede de varejo criar um novo modelo, tornando seus colaboradores *social sellers*, para assim evitar a demissão em massa, e transformou suas lojas em centros de distribuição, precisou para isso fazer acordos com sindicados, shoppings, seguradoras, treinar seus colaboradores, elaborar um plano de remuneração atrativa para seus novos "revendedores" em apenas cinco dias. Por esse poder de adaptabilidade genial do brasileiro, eu creio que este será o momento do Brasil.

5. Com base no que você vivenciou, quais recomendações e mensagens de esperança gostaria de compartilhar com outros líderes?

Existe uma pergunta que está sempre em voga quando se é desenhada uma estrutura: qual o papel de um líder? Ser inspirador, motivador, focado, flexível, ter alta capacidade de tomar decisões e assumir riscos?

São muitas as características que um líder precisa possuir. Neste relato, eu vou me apegar a uma característica específica: capacidade de tomada de decisão.

Muito mais que antes, hoje os líderes precisam ter uma alta habilidade em tomar decisões que tenham como consequência, de forma muito objetiva, os seguintes pontos: retenção de talentos, melhoria de margens do negócio aliada a um ambiente organizacional positivo, com estímulo à inovação e colaboração entre times. Como pano de fundo, acrescente o ambiente inóspito em que vivemos hoje, com uma crise sem precedentes, que afeta de forma social, econômica e política um país jovem, em desenvolvimento e com dimensões continentais, o Brasil.

Em meio a este contexto, jamais vivenciado, duas situações são claras: a de que as incertezas e os desafios crescem juntos, de forma rápida e consistente. Bem-vindo a um mundo jamais previsto, jamais analisado e jamais vivenciado.

Após 25 anos como líder de grandes companhias internacionais, eu acreditava, assim como você, que já havia visto muitas coisas e que nada mais me surpreenderia. Mas a vida não é assim, não há um dia como o outro, e precisamos sempre ter o espírito, a criatividade e a vontade de aprender de um aprendiz, afinal todos nós somos aprendizes desta arte que é viver. Tenho total confiança de que muitas coisas boas estão por vir.

Para isso, tenha confiança, busque no seu interior o que trouxe você até aqui, o que viu, aprendeu e o que ensinou. Um momento ruim não desmerece tudo o que você construiu. Mantenha o brilho nos olhos, olhe para Deus e com força siga em frente, certo de que esta foi mais uma batalha que superou.

Confie! Tudo vai ficar bem!

LIDERANÇA DA ALTA GESTÃO EM TEMPOS DE CRISE

Desafios e Aprendizados

Halley Henares Neto

Empresa:

Associação Brasileira de Advocacia Tributária

Cargo/Função:

Presidente

1. Quais foram os principais desafios vivenciados neste momento de crise provocados pela Covid-19?

Qualquer abordagem em relação a esse tema tão amplo, complexo e atual pede certo domínio. Contudo, o maior desafio que tive foi assumir uma nova estrutura de trabalho, com tantas mudanças, em tão pouco tempo.

Quando recebi o convite para participar desta obra, confesso que fiquei apreensivo com o espectro da análise que deveria adotar acerca deste objeto, que possibilita observações multifacetárias (médicas, econômicas, jurídicas, tributárias, familiar, social, emocional, dentre outras).

No ponto de vista pessoal, estarmos todos reunidos em casa tem sido um desafio, mas ao mesmo tempo uma alegria muito grande. Esta preocupação da quarentena logo foi superada pelo contentamento de poder compartilhar experiências, mesmo com todas as limitações possíveis. Dividir as percepções e vivências que tenho tido nestas múltiplas áreas da vida, nas quais a pandemia afetou, instigou-me e me motivou a refletir melhor sobre o que de fato está acontecendo e como isto tem impactado, negativa ou positivamente, as nossas vidas.

Em casa, começamos a ter tempo para almoçar os quatro juntos, todos os dias, novamente, hábito do qual sentia muita saudade. Os nossos dois filhos, Laura e João Vítor, de 21 e 18 anos, respectivamente, voltaram dos EUA, onde estudam. Ambos estão tendo aulas *on-line* o dia todo e, assim, além de nos vermos mais agora, podemos compartilhar momentos de lazer e diálogo, seja no almoço, no jantar ou nos fins de noite e de semana.

Além disso, eu e João Vítor começamos, pela primeira vez, a fazer uma atividade esportiva juntos. Como não podemos sair de casa e a academia está interditada para os moradores, começamos a frequentar a quadra de tênis, que é aberta. O jogo constante vem nos ajudando a manter a atividade física e, ainda, propicia gostosos momentos de lazer e diálogo entre pai e filho.

No ponto de vista profissional, foi muito motivador. Temos uma equipe que está produzindo, trabalhando e respondendo bem em *home office*. Isso colaborou para analisarmos melhor a produtividade de todo o nosso grupo de colaboradores. O nível de contato e pessoalidade está sendo bem mantido. Os resultados também estão sendo mantidos. Então, o desafio foi trabalhar para que essas coisas não se perdessem. No início, achei que iria perder o controle dos negócios, que a gestão seria difícil e que a capacidade de organização seria reduzida. Estava com medo desses fatores levarem à queda de receitas da empresa, à perda da força de fluxo de caixa e que muitas demissões pudessem vir. Por trás desses aspectos de gestão, estava a insegurança diante do novo e o medo do desconhecido. Rapidamente, contudo, percebi que as coisas poderiam continuar bem. Usamos muita comunicação digital entre os gestores e os sócios e, também, videoconferências com equipes internas e clientes. Esse ponto, que tem sido regra geral nas corporações, acredito que tenha se mostrado como um efeito positivo da crise, algo que provavelmente trará boas mudanças nos comportamentos sociais e empresariais. A capacidade de comunicação e a rapidez com que ela passou a acontecer também têm gerado mais dinamismo e objetividade nas reuniões em geral, tornando-se fator de contraponto às causas geradoras de preocupação que nos assolam, tais como a distância dos clientes, a relativa impessoalidade nos processos de prospecção de negócios e outros pontos que, antes, geravam insegurança e dispêndio de energia no processo de trabalho. Noto que os nossos gestores e advogados têm trabalhado bem dessa forma e, o mais importante, hoje consigo falar mais com cada um do que antes, pois quando estou na frente da tela do computador, consigo ficar focado apenas naquele momento e na atenção que devo dar ao meu interlocutor, o que, em regra, é muito mais positivo e produtivo. Ainda há melhorias a serem feitas, mas já estamos enxergando que há um novo caminho para alcançá-las.

Todas as formas de conexão parecem que vinham em largo desuso ou sendo relegadas a segundo plano no seio de uma sociedade consumista e altamente impactada pelo uso excessivo das liberdades, descompromissadas dos respectivos deveres, individuais e coletivos.

Infelizmente, passamos por períodos de abusos de todos os gêneros. Estamos mais conectados aos prazeres excessivos do álcool, do sexo e das drogas, do que à alegria de desfrutarmos da companhia uns dos outros. O homem vem abusando das liberdades que possui e isso cobra um preço muito caro, fazendo-o sentir-se verdadeiramente confinado e solitário em seu próprio mundo, mesmo que não haja vírus algum que o obrigue a isso.

Eu me lembro, durante a faculdade, que, em Direito Penal, um dos problemas é abordar a questão da consciência da ilicitude. O fundamento material da culpa é definido pela capacidade de livre decisão do indivíduo ao optar por dada conduta. Hoje vivemos algo semelhante. Estamos jogando fora, algumas vezes, o nosso livre-arbítrio e substituindo-o por outros "ídolos", representados pelo dinheiro, pelo trabalho excessivo ou por comportamentos marcados pelo timbre da "iniquidade".

Já estávamos, em sociedade, isolados e em "quarentena moral" muito antes do início de março de 2020. Por mais paradoxal que possa parecer, esta outra quarentena (a da Covid-19) pode ser um caminho para sairmos desse indesejado isolamento emocional coletivo.

Diferentemente do que imaginávamos à primeira vista, a situação atual pode ser uma ótima oportunidade para se rever os caminhos que a sociedade vinha trilhando e escolher, em decorrência do isolamento social imposto, um modo diferente e mais confiante de fazer as coisas.

Confinamento não deve ser interpretado como desconexão de si próprio ou dos outros. À impossibilidade de movimentação física e social, não deve ocorrer a impossibilidade de comunicação e percepção do outro e de suas necessidades. Ao contrário, a busca do outro e de nós mesmos, sobretudo no silêncio que muitas vezes o isolamento nos obriga, pode potencializar experiências ainda maiores e mais ricas do que aquelas que estávamos acostumados em nosso dia a dia, nos nossos lares ou ambientes de trabalho. Devemos continuar persistindo e ousando em nossa capacidade de nos comunicar, atender e compartilhar uns com os outros.

Prudência é fundamental. Isolamento social e outras medidas têm sido sugeridas para evitar que o mal aumente e devemos considerar isso. Contudo, a coragem para enfrentar essa situação passa pela estrada que trafega lepidamente da prudência para o medo, se não tivermos ousadia. O medo paralisa, a ousadia com cautela liberta. Refiro-me à ousadia para nos reinventar, para perceber os estímulos de modo diferente, para nos desdobrarmos menos indolentemente pelo outro, pela sua dor, pela sua orfandade de acolhimento, seja este outro a sua esposa, os seus filhos ou os seus colegas de trabalho... seja ele, até mesmo, a sua "criança interior", com quem você provavelmente já não vinha conversando muito nos agitados tempos de rotina pré-pandemia. A prudência só é uma virtude nas mãos de quem sabe ousar, caso contrário, é apenas medo. Compartilhar é o modo ativo de sair da zona do medo e, mesmo adotando as medidas de cautelas necessárias, aproximar-se emocional e espiritualmente do outro, não permitindo que a pandemia crie nada mais do que o, já difícil, isolamento físico, e evidenciando que a alma e a empatia não se detém jamais quando o amor toma o espaço que lhe cabe.

2. Quais foram as ações implementadas?

Nós alinhamos, tivemos que nos organizar e conectar de forma correta. O mundo todo passa por um momento em que os medos, as apreensões e as situações de estresses emocionais aumentam em relação aos chamados tempos ordinários ou comuns. Em momentos como estes, somos ainda mais instados a nos conectar, seja com o nosso "Eu Superior", seja com os nossos semelhantes, familiares, amigos e vizinhos.

Diferentemente do que imaginávamos à primeira vista, a situação atual pode ser uma ótima oportunidade para se rever os caminhos que a sociedade vinha trilhando e escolher, em decorrência do isolamento social imposto, um modo diferente e mais confiante de fazer as coisas.

Confinamento não deve ser interpretado como desconexão de si próprio ou dos outros. À impossibilidade de movimentação física e social, não deve ocorrer a impossibilidade de comunicação e percepção do outro e de suas necessidades. Ao contrário, a busca do outro e de nós mesmos, sobretudo no silêncio que muitas vezes o isolamento nos obriga, pode potencializar experiências ainda maiores e mais ricas do que aquelas que estávamos acostumados em nosso dia a dia, nos nossos lares ou ambientes de trabalho. Devemos continuar persistindo e ousando em nossa capacidade de nos comunicar, atender e compartilhar uns com os outros.

Apesar da boa convivência com minha família, tivemos que implementar ações de diálogo, passamos a conversar mais, a assistir menos televisão e prestar ainda mais atenção um no outro.

No início do confinamento, notamos que havia um pouco de tensão no ar, que todos estavam apreensivos com a mudança repentina de rotina e com as notícias preocupantes divulgadas na mídia a todo instante. Algumas falas mais ásperas e pequenas discussões começaram a aparecer e ficamos preocupados. A minha esposa, médica e bastante intuitiva, logo percebeu e comentou que era o momento para uma rápida "reunião familiar", ao que eu assenti de imediato.

Não tivemos dúvida: sentamos os quatro na sala e cada um disse qual era o seu ponto de desconforto e como se sentia em relação à situação, aos novos desafios, ao retorno à convivência mais intensa no lar, à distância dos amigos, à indefinição dos tão esperados estágios na faculdade e à retomada efetiva das aulas... muitos pontos emergiram, mas o importante foi que, juntos, identificamos que tínhamos naquele momento uma oportunidade ímpar de nos conhecer ainda melhor e, também, de poder passar mais tempo uns com os outros.

Também notamos que, apesar das adaptações e dificuldades, cada um poderia fazer daquele momento não um sacrifício, mas uma situação incrível de união, compartilhamento, diversão e de apoio mútuo; que se todos tínhamos muita coisa boa para doar para o mundo, tantos sonhos e metas incríveis, por que não poderíamos doar primeiro uns aos outros, dentro de casa, sobretudo num momento de dor e fragilidade coletiva? Rapidamente as briguinhas e reclamações acabaram e cederam lugar a uma atitude mais colaborativa e amistosa. Houve uma adequação e alinhamento de percepções, ainda que proporcional ao grau de maturidade e compreensão de cada um. Mesmo que ainda tenhamos que revisitar certos temas de vez em quando e, na qualidade de pais, orientar e endereçar algumas questões que naturalmente surgem na rotina diária do lar, todos percebemos que o ambiente serenou e o diálogo e a celebração ganharam um precioso espaço.

A coragem para enfrentar essa pandemia passa pela estrada que trafega lepidamente da prudência para o medo, se não tivermos ousadia. O medo paralisa, a ousadia com cautela liberta. Refiro-me à ousadia para nos reinventar, para perceber os estímulos de modo diferente, para nos desdobrarmos menos indolentemente pelo outro, pela sua dor, pela sua orfandade de acolhimento, seja esse outro a sua esposa, os seus filhos ou os seus colegas de trabalho... seja ele, até mesmo, a sua "criança interior", com quem você provavelmente já não vinha conversando muito nos agitados tempos de rotina pré-pandemia.

Algo que me tem dado muito prazer, além das incursões por caminhos ligados à leitura, ao estudo e à criação técnica jurídica, tem sido a retomada dos meus escritos de contos, poemas e reflexões. Eu, realmente, adoro fazer isso e, nos últimos sete anos, reuni escritos variados, mas nunca encontrava tempo para ordená-los, adequadamente, revisá-los e colocá-los numa configuração unitária. Mesmo com o trabalho do escritório seguindo em ritmo forte, percebi que o tempo e o ambiente agora começaram a propiciar esse contato com a minha vida criativa.

Poder desengavetar esse material e realizar com antigas emoções ali presentes, certamente, deu-me nova energia e ânimo para continuar "confinado e confiando".

3. Quais foram os aprendizados para a sua vida nas áreas pessoal e profissional?

O maior aprendizado foi a importância do compartilhar. Venho tentando entender melhor as pessoas neste momento que estamos passando. Todos estão sentindo com essa mudança de comportamento, com a mudança da sociedade.

Faço um trabalho com jovens de periferia e foi especialmente marcante para mim não deixar que a Covid-19 me afastasse do querido grupo do CSB (Centro Social Brooklin Paulista), entidade na qual atuo como voluntário há quase dez anos. Com o apoio dos dirigentes e o entusiasmo dos jovens amigos do nosso grupo de trabalho (com idade entre 14 e

17 anos), passamos a realizar as reuniões do grupo pela web. Ali temos a oportunidade de dialogar e debater temas diversos, de interesse e real aprendizado para todos.

Foi então que tive a ideia, de pronto aceita por todos, de conversarmos em uma das nossas reuniões sobre as mesmas questões que nos foram feitas nesta obra. Tive uma grata surpresa ao perceber que todos haviam trazido as suas respostas a cada uma das cinco perguntas. Fiquei impressionado de ver como queriam e tinham condições reais de opinar sobre esse tema da pandemia, como percebiam que isso afetava a sua realidade e de como sentiam agora que podiam expressar os sentimentos, até então contidos em demasia, para o grupo e para mim, permitindo-lhes descomprimir emoções e trocar experiências.

Enquanto um dizia que "o desafio era manter a prevenção sem perder a produtividade", o outro levantava a mão para relatar "a sua efetiva fobia de ficar confinado na quarentena, sem poder jogar bola com os amigos" e, ainda, um terceiro sugeria "medidas de criação de cultura de leitura e linhas de conhecimento para preencher o tempo e obter vantagem positiva nos estudos". Essa experiência tem sido muito enriquecedora para mim em especial e, nestes episódios que passamos, o foi ainda mais.

Percebi que a maior necessidade deles era a minha atenção e não a minha presença física. Então, o fato de continuarmos fazendo nossas *calls* permitiu que o aprendizado fosse o mesmo.

Compartilhar o que se recebe nos conecta com a Fonte (Criador) e gera abundância e prosperidade, para nós e para todos os que estão ao nosso redor; é o único caminho possível para, lastreados no amor, na fé e na caridade, excluir o medo, o ego, o julgamento, afastar frustrações por expectativas não atendidas – seja de ser amado, respeitado ou querido – e nos conduzirmos rumo à unidade com o Criador, onde, enfim, apenas "somos".

Quem me conhece sabe que não sou geralmente afeito a discursos subjetivos e, muito menos, a incursões por temas psicológicos, espiritualistas ou a análises semânticas de situações ou conceitos plurissignificativos. Como advogado e estudioso do Direito, quase sempre opto pelo discurso argumentativo, direto e objetivo, baseado no fato, na prova e na retórica jurídica, aptos a persuadir o julgador (ou leitor) a aderir aos pontos da tese que desejo sustentar. Com essas perguntas, percebi que seria preciso migrar do plano da razão pura, que caracteriza os discursos técnicos, para o da razão subjetiva, que se relaciona com a autopreservação e a empatia.

Quero dividir que, mesmo em tempos "normais", estou convencido de que a virtude reside, em boa medida, no dividir e no compartilhar. Compartilhar conhecimento, experiência, solidariedade e amor. Compartilhar não é dar, é receber; não é ensinar, é dividir aprendizado, transitando entre a reflexão e a ação, e beneficiando a todos os envolvidos no processo de troca de conhecimento ou experiência. Alguns chamam isso de empatia, outros de caridade, e há ainda quem a denomine de compaixão. Seja como for, compartilhar é ato que, impulsionado por esses sentimentos, produz efeitos positivos para quem compartilha e para quem recebe. Todos crescem juntos.

Se o homem, na busca de prosperidade e de bem-estar, já encontra dificuldades para se conectar com esses valores e possibilidades que o conduzem à prosperidade e à paz, algo inerente às vicissitudes da condição humana, quanto mais o será, então, em época de pandemia, de calamidade pública, enfim, de abrupta ruptura do fluxo normal das condições comportamentais, sociais e individuais, às quais todos estamos acostumados. Nesse caso, tudo o que dissemos sobre compartilhar torna-se ainda mais notório, iminente, necessário e, também, difícil, sobretudo diante das pressões e das mudanças com as quais temos que lidar a todo momento e agora mais do que nunca.

Fechando para o binômio família e trabalho, tendo como pano de fundo a qualidade de vida, este momento me ajudou a perceber que posso realizar um antigo sonho, que eu e minha esposa acalentamos, de nos dividirmos (as nossas vidas pessoais e profissionais) entre o Brasil e os EUA.

Perguntas como "será que vou conseguir trabalhar à distância, ser produtivo, ser ouvido, interferir ativa e produtivamente nos processos de criação e tomada de decisão?", "isso pode abalar o meu negócio?", e outras tantas deixavam eu e minha esposa apreensivos.

A pandemia nos fez perceber que podemos trabalhar muito bem em *home office*. Todos os aspectos positivos que disse, sobre a possibilidade de continuar gerindo o escritório com segurança e de poder manter o contato bem claramente com clientes e colaboradores, acabaram servindo para encorajar-nos a tomar esta decisão e responder de modo mais confiante àquelas perguntas capitais.

Meu maior aprendizado foi transformar e enxergar essa experiência como positiva e ter uma boa percepção de coisas que poderiam ser só ruins.

4. Qual a sua visão e quais as suas expectativas para o pós-crise?

Sou otimista. A minha expectativa do pós-crise, no âmbito pessoal e familiar, é que os aprendizados possam ser levados para a vida afora, incorporando-se ao nosso patrimônio emocional e familiar. Sinto-me grato por poder, mesmo com tantas dificuldades e receios, receber e passar as oportunidades e percepções.

No âmbito coletivo e social, antevejo um amargo período de recessão econômica, que, de resto, tem sido alardeada aos quatro cantos. Mas, como otimista incorrigível, antevejo também uma ótima oportunidade para reformas nas cadeias produtivas do país. O mundo nos mostrou que não podemos depender tanto de plataformas industriais tão distantes, que é preciso olhar e incentivar mais o que temos em nosso rico país. Além das indústrias, devemos olhar, ainda, para o agronegócio, que é extremamente potente e que pode gerar muitas novas riquezas. Temos que investir mais no que fazemos melhor e assim continuar crescendo.

Será necessária a retomada de um emergencial equilíbrio fiscal, sem o qual o país perde sua atratividade aos investidores internacionais, deixando, assim, de produzir riquezas e diminui o seu potencial de crescimento econômico. Estamos vivendo uma crise sanitária, econômica e política.

O governo deveria atuar como maestro na arquitetura da organização do combate à pandemia, orquestrando os Estados e municípios em um esforço comum em prol da vida. Faz-se necessária a montagem de um comitê gestor englobando membros da União, dos Estados, municípios e dos poderes legislativo e judiciário para cuidar da implementação de ações conjuntas para cuidar dos temas decorrentes da crise e da comunicação alinhada à sociedade. Isso não só erradicaria a situação de saúde mais rápido – o que é visceralmente fundamental – como também permitiria a volta do ciclo econômico ao seu estado normal o mais rápido possível, sobretudo nas pequenas e médias cidades que não têm, muitas vezes, um caso sequer de pessoa infectada pela Covid-19.

O poder judiciário precisa ser demandado do modo correto, há meios para isso. Também deve responder no tempo certo. Ele resguarda questões que podem atualmente ajudar as empresas a injetar importantes valores em seus fluxos de caixa.

5. Com base no que você vivenciou, quais recomendações e mensagens de esperança gostaria de compartilhar com outros líderes?

Que possamos aumentar nossa capacidade de compartilhar, nos conectar, e buscar o que tem de melhor para dividir experiências e conhecimentos com o outro; se colocar no lugar do outro, ter empatia. Não deixemos o confinamento nos isolar dos outros nem de nós mesmos.

Temos uma ótima oportunidade para, com o pé no chão e a visão no Alto, buscar equilibrar austeridade, inovação e criatividade.

Estou convencido de que a jornada em torno de compartilhar, apoiar, abundar e seguir prosperando poderá ser experimentada com mais ousadia a partir de agora. Podemos fazer muito pouco, mas podemos fazer algo. Se todos fizerem muito "um pouco", já vai fazer grande diferença para alguns.

Não vejo como lidar com isso senão buscar forças em nossas âncoras internas, em nossos decretos de desejos legítimos – lastreados em valores e virtudes –, em nossas crenças, em nossa perseverança e resiliência, em nossa forte capacidade de apoio e solidariedade mútua e na capacidade de tomada de decisão rápida e criativa, para sanar problemas decorrentes da crise. Essas aptidões nos levam a enfrentar o problema atual, que se espraia, sobretudo nos campos pessoal/familiar, econômico, tributário e empresarial/profissional. É exatamente nesses campos que quero relatar a você um pouco do que venho buscando fazer, ao lado da minha família, dos meus colaboradores e dos meus amigos e conhecidos, em geral.

Ame e tenha fé, em sua mais ampla acepção. Quando o medo bater à porta, e ele o fará, junte-se ao amor mais do que ao julgamento, à fé mais do que ao conhecimento e à intuição mais do que à razão.

Vamos sair mais fortes dessa. Estamos todos próximos de novos tempos, em que, a despeito da convivência ainda com antigos problemas, um abraço, um passeio pela rua e um simples aperto de mão terão um novo e mais profundo significado. E que assim seja.

LIDERANÇA DA ALTA GESTÃO EM TEMPOS DE CRISE
Desafios e Aprendizados

Hilton Vargas Lutfi

Empresa:

Clínica Médica OJÉN

Cargo/Função:

Sócio e Diretor Clínico

1. Quais foram os principais desafios vivenciados neste momento de crise provocados pela COVID-19?

Primeiramente, obrigado à Academia Europeia da Alta Gestão pela honra de me indicar como autor num momento tão ímpar em nossas vidas, lembro da minha avó Maria Mairena Gonzales, espanhola nascida em Ojén, no sul da Espanha, me contando sobre a gripe espanhola causada pelo vírus Influenza, que matou milhões de pessoas em todo o mundo entre 1918 e 1920, e fez com que viesse ao Brasil para tentar começar uma nova vida, e nunca pensei que viveria algo do gênero, como estamos vivendo agora com a Covid-19.

Sou responsável pela retaguarda de ortopedia de diversos renomados hospitais em São Paulo e, diante da pandemia, o movimento de consulta e trauma ortopédico caiu quase 80%, normalmente em média ficamos em três ortopedistas por dia, diante dessa queda se viram obrigados a reduzir gastos, mantendo só um plantonista em 24 horas e em alguns casos só um, durante 6 horas, lembrando que para muitos médicos o único sustento de suas famílias vinha desses plantões, tentei reverter a situação com os diretores do hospital, mas sem sucesso, porém me garantiram que assim que aumentasse o fluxo, voltaria a escala normal, no entanto, a famosa "rádio peão" já começou a funcionar, antes que eu desse o anúncio aos plantonistas, no meu celular começaram a chegar inúmeras mensagens, com todos os médicos aflitos, com receio de perder os seus empregos.

2. Quais foram as ações implementadas?

Como diria meu grande mestre da FGV, Cláudio Oliveira, vai para a varanda e tente entender todos os lados do conflito, alguns chefes de equipe como eu dispensaram os plantonistas e os próprios, devido à diminuição das cirurgias, começaram a dar plantões para tentar compor o orçamento, mas não seria moral de minha parte tomar tal atitude, pois temos inúmeros pais de famílias que dependem dos plantões, e tal atitude não seria justa com quem está comigo há anos prestando um serviço de excelência, chamei todos os plantonistas e expliquei o que havia ocorrido, alguns se rebelaram, mas a grande maioria entendeu que se tratava de uma circunstância excepcional e aceitaram a redução da oferta de plantão, e para não prejudicar nenhum médico, pedi para que dividissem de forma igualitária os plantões, eles agradeceram por mantê-los, e está programada para o final de junho a normalização da escala, devido ao aumento do número de atendimentos.

O movimento da Clínica Ortopédica Brooklin e da Clínica Médica Ojén também despencou, e com isso, implementamos o rodízio dos funcionários, demos férias a quem tinha direito, aumentamos o intervalo de consultas entre um paciente e outro, cancelamos o atendimento de fisioterapia, devido ao elevado risco de contaminação, compramos todos os EPI's necessários para os nossos colaboradores e instalamos pontos com álcool gel, espalhados pelas clínicas, com isso conseguimos manter o atendimento sem nenhuma contaminação de nossos colaboradores.

São nestes momentos de crise que temos que nos reinventar, procurar soluções onde aparentemente não há, montamos um centro de telemedicina, com liberação do CRM, e conseguimos manter nosso número de atendimentos, e mantive contato diário com os convênios, mostrando a nossa disponibilidade de atendimento *on-line*, tanto quanto presencial, já que meus concorrentes estavam fechados, em sua maioria, devido à pandemia, conseguimos mais dois credenciamentos devido a essa disponibilidade e, com isso, estamos preparados para uma nova tendência no atendimento médico, que é a virtual, entregando mais valor e tecnologia aos nossos pacientes.

3. Quais foram os aprendizados para sua vida nas áreas pessoal e profissional?

Pessoalmente vivi um momento delicado, tenho uma paixão, que é o ciclismo, e aproveitando a quarentena, estava indo todos os dias para o consultório de bicicleta e, no dia 26 de abril, um domingo, já que a cidade de São Paulo estava vazia, resolvi ir até a casa de meus pais, quando fui atropelado e levado ao hospital, e foi constatada uma fratura no punho e um traumatismo cranioencefálico, fiquei de observação e depois fui liberado, sem precisar passar por intervenção cirúrgica alguma, e a partir desse dia percebi o quanto a vida é frágil, e temos que dar valor ao que realmente importa – AMIZADE: há quanto tempo você não liga para o seu melhor amigo? AMOR: há quanto tempo você não fala "eu te amo" para sua esposa? AGRADECIMENTO: há quanto tempo você não diz "obrigado" aos seus pais, por terem abdicado de suas vidas e sonhos para darem uma vida melhor a você? VIDA: há quanto tempo você não faz algo pela primeira vez? Vamos viver mais, como diria Charles Chaplin: "Lute com determinação, abrace a vida com paixão, perca com classe e vença com ousadia, porque o mundo pertence a quem se atreve e a vida é muito bela para ser insignificante".

4. Qual a sua visão e quais as suas expectativas para o pós-crise?

A minha visão pós-crise é que inúmeras oportunidades vão se abrir e as empresas que entenderem e se adaptarem às novas tendências do mercado têm tudo para crescerem neste mercado competitivo que vivemos, no ramo da saúde, quem não se atualizar e se adaptar às novas tecnologias, como a Inteligência Artificial, vai perder mercado, na China já existem cabines de atendimento, dão diagnóstico e conduta, cabendo ao médico só validar e carimbar, e diante da pandemia, o atendimento *on-line* vai tomar cada vez mais conta das agendas médicas, cabendo às instituições de saúde dar condições para que seus médicos exerçam um atendimento com qualidade, para que possam transmitir valor aos seus pacientes, fidelizando-os.

5. Com base no que você vivenciou, quais recomendações e mensagens de esperança gostaria de compartilhar com outros líderes?

Com base no que vivenciei, vamos continuar resilientes, vamos continuar lutando, acreditando no nosso Brasil, com menos corrupção e mais educação, com menos disputas e mais união, vamos mostrar que o famoso jeitinho brasileiro ficou para trás, trazendo mais credibilidade e valores para as nossas instituições.

Honorina Irany Vieira Alves

Empresa:
Banco Mercantil do Brasil

Cargo/Função:
Head of Customer Success and Digital Channels

1. Quais foram os principais desafios vivenciados neste momento de crise provocados pela Covid-19?

O momento foi desafiador para mim como líder. A preocupação principal, como não poderia deixar de ser, foi garantir a integridade física e mental dos nossos colaboradores, garantir o acesso aos canais de atendimento pelos clientes e a continuidade dos negócios.

Enquanto os governantes decidiam fechar os sites de *call center*, nós tivemos que tomar decisões tempestivas, retirando os nossos colaboradores do site do prestador de serviços e colocando todos em *home office*, atendendo aos canais digitais. Durante essa transição, as ligações foram transferidas para outro parceiro, que as atendeu utilizando a estrutura de contingência já contratada. No segundo momento, então, o Governo Federal definiu o serviço de *call center* como serviço essencial, uma vez que as pessoas, de modo geral, não podiam sair de casa, principalmente o nosso público, que não tem familiaridade com o meio digital e que depende do atendimento humanizado para atender às suas necessidades básicas. As outras equipes, dos demais canais de atendimento, foram migradas rapidamente para *home office* com todo apoio da área de tecnologia do banco, sem impactar as entregas previstas e garantindo a disponibilidade dos canais para atender às necessidades essenciais dos nossos clientes.

2. Quais foram as ações implementadas?

A instituição criou um comitê de crise para determinar como proteger os colaboradores e como atender os nossos clientes. As principais lideranças se reuniam diariamente, por meio do uso de plataformas digitais de reuniões virtuais, para compartilhar os desafios e as ações adotadas.

A instituição possui um canal de comunicação estruturado, onde as decisões eram tomadas e as informações passadas com clareza para todos os colaboradores, trazendo tranquilidade e engajamento a todos os membros das equipes.

Aparentemente simples a princípio, foram muitos os desafios vencidos para a migração para o modelo *home office*. A área de tecnologia não mediu esforços para disponibilizar computadores, telefonia e toda a infraestrutura necessária que permitiu a continuidade dos negócios e o atendimento aos nossos clientes.

Por se tratar de prestação de serviços considerados essenciais, e ser uma instituição bancária, os pontos de atendimento seguiram funcionando com algumas adaptações necessárias para a garantia da segurança de todos os colaboradores, sempre de acordo com as normas da OMS (Organização Mundial de Saúde).

3. Quais foram os aprendizados para a sua vida nas áreas pessoal e profissional?

O momento serviu para valorizar cada encontro com a família e perceber o quanto isso nos faz sentir mais fortes para tomadas de decisão críticas. Esse cenário nos faz entender que o certo e o errado não possuem razão neste momento, e que precisamos nos colocar no lugar do outro, criar sinergia, aproximar e saber ouvir mais.

O trabalho invadiu os nossos lares e então foi necessário adaptar a rotina de todos, para não gerar ainda mais insegurança. Novas necessidades vão surgir, por exemplo, como organizar a agenda e como consumir de modo seguro. Este é um momento de ficar mais próximo, se manter acessível e tratar as pessoas com mais empatia.

Se eu fosse uma pessoa que duvidasse do mundo *VUCA*, eu perceberia que é nele que estamos neste momento, uma vez que está tudo tão volátil, incerto, ambíguo. Mas como líder, eu entendo que é nosso papel primordial transmitir segurança para a equipe, viver um dia de cada vez, tomar decisões mais imediatas e de curto prazo. Entendo também que as habilidades cognitivas são ainda mais exigidas neste momento, pois esse futuro *VUCA* é o agora.

Esse momento de migração para o *home office* foi um momento muito importante. Para mim, como liderança, foi importantíssimo estar próximo da equipe. E a surpresa boa foi que pude ter a grande oportunidade de conhecer um pouco mais do lado humano de cada um dos membros do grupo e estreitar ainda mais os laços de confiança.

4. Qual a sua visão e quais as suas expectativas para o pós-crise?

Entendo que o mundo não será o mesmo. As relações comerciais serão ainda mais impactadas. Os clientes, de casa, irão experimentar mais empresas e já não existe mais fidelidade. O *home office* tem sido uma experiência muito boa, a produtividade e motivação dos colaboradores estão maiores. Uma realidade que não era cogitada na empresa e que demandou incrível capacidade de adaptação da equipe. As possibilidades de futuro são enormes e as empresas precisam trabalhar com vários cenários e muita resiliência. É momento para reiniciar, aprender. Para adotar uma economia mais sustentável, já que somos todos habitantes do mesmo planeta. Por outro lado, os principais países também podem escolher fechar as suas fronteiras em busca de sobrevivência, dificultando as relações comerciais, turismo e outros setores. Também iremos discutir esse "novo normal". Um mundo mais digital ou "figital" (combinando apoio humano com as ferramentas digitais) para perfis específicos de clientes que precisam de apoio para concretizar uma compra pelo aplicativo, por exemplo.

5. Com base no que você vivenciou, quais recomendações e mensagens de esperança gostaria de compartilhar com outros líderes?

Estamos nos adaptando, aprendendo, são momentos difíceis, em que teremos de ter serenidade e calma. Precisamos estar próximos às equipes, ouvir e ajustar a direção rapidamente sempre que for necessário. Proporcionar uma boa experiência para os colaboradores, analisar o comportamento dos clientes e reagir, para proporcionar uma relação emocional duradora. Ter espírito empreendedor e não ter medo de falhar.

LIDERANÇA DA ALTA GESTÃO EM TEMPOS DE CRISE
Desafios e Aprendizados

Hugo Ludwig Werninghaus

Empresa:
Grupo Q-Max do Brasil

Cargo/Função:
CEO

1. Quais foram os principais desafios vivenciados neste momento de crise provocados pela Covid-19?

Toda e qualquer crise provoca alterações profundas no cotidiano das pessoas e consequentemente nas empresas, principalmente quando falamos de crises que não afetam tão somente um único país, mas sim todos os países. Os impactos sobre a economia são expressivos, independentemente do grupo em que o país está colocado, pois nunca estamos 100% preparados para uma crise, principalmente para crises de amplitude tão extensa e ainda no âmbito da saúde.

Os desafios, no contexto desta incerteza aguda, não nos propiciam muitas alternativas, apenas a opção de trabalhar em cenários distintos, constantemente atualizados e mutáveis, à medida que novos fatos e informações vão sendo conhecidos e divulgados. Todas as estratégias, de curto ou longo prazo, devem considerar que muitas mudanças derivadas da crise podem ter vindo para ficar e outras nem tanto.

Outro ponto de grande desafio é dissociar os tipos de informações as quais estamos expostos, pois uma estratégia desenhada sobre uma informação incorreta pode trazer consequências desastrosas à empresa e à sociedade como um todo.

Os desafios enfrentados vão desde como manter sua equipe segura até como mantê-la motivada a desenvolver novos formas de atuar em tempos de dificuldades, passando por buscar formas de retomar o crescimento da empresa, e quando falamos de prestação de serviço, sugerir e demonstrar aos clientes e equipe a importância de criar novas metodologias de trabalho, enxugando custos desnecessários, priorizando pessoas, ao mesmo tempo que mantemos as empresas vivas.

Manter as empresas vivas é o maior desafio, quando pensamos em manter o bem-estar das pessoas, e entender que esse é o ponto mais importante, pois o auxílio do Estado são benéficos à sociedade, porém os recursos do governo são limitados, dado que se conseguirmos manter a perpetuidade das empresas, as pessoas poderão se recuperar financeiramente.

Por muitas vezes, escutamos que ficar em casa é o mais importante para nos mantermos seguros da doença, porém não há segurança quanto aos demais efeitos que a redução da economia traz a toda sociedade. É visto que muitas empresas, por não terem uma solidez ou estrutura adequada, já encerraram suas atividades, tornando o mercado de trabalho uma avalanche de pessoas desempregadas.
Dessa forma, acredito que os maiores desafios são:

- Segurança das pessoas;
- Administrar pessoas e suas necessidades;
- Gerir clientes e fornecedores e suas complexidades;
- Ajustar expectativas;
- Ter resiliência quando tudo parece dar errado;
- Diminuir custos e administrar gastos de forma consciente;
- Aprender se adaptando;
- Transformar crises em oportunidades;
- Manter a continuidade da empresa sem perder suas raízes.

Certas mudanças devem ser consideradas mandatórias às empresas, como o fortalecimento do trabalho em equipe, redução e automatização de burocracias, ação e planejamento mais acertados e mais ágeis, relações mais diretas entre a alta administração e executores, mais disposição de questionar e menos comportamento defensivo.
Em síntese, as empresas, para enfrentar a crise, precisam resistir aos obstáculos que estão aparecendo em seu caminho, mas também se reinventarem, adaptar, ser mais preditivas e proativas nas suas tomadas de decisão para preservar a continuidade do negócio e construir a resiliência empresarial, e assim aproveitar as oportunidades que estão surgindo e surgirão no "novo normal".

2. Quais foram as ações implantadas?

Entender os possíveis desafios é a ação implantada mais importante para conseguirmos sobreviver à crise. Entendendo os desafios, podemos também identificar as oportunidades que temos para conseguirmos superar a crise, quer seja com a implantação de medidas de contenção de custos e plano de novos negócios, obtenção de financiamentos e entendimento das medidas de auxílio público às pessoas e empresas.

Priorizar pessoas e o engajamento contínuo, garantindo a segurança e o bem-estar dos colaboradores, seja no local de trabalho ou em seu novo local de trabalho, a "residência", é essencial. As pessoas tendem a procurar orientações e informações e iniciam em seu empregador e vão posteriormente para a comunidade ou redes sociais e aos líderes governamentais. Elas esperam obter respostas e apoio aos seus anseios e medos. Abordar as suas preocupações de forma ampla, transparente e com linguagem compreensível contribui para envolvê-los, engajá-los e assegurar a continuidade do negócio. Preocupar-se com as pessoas e seus entes queridos.

Reformular a estratégia do negócio é uma das tarefas mais árduas para as empresas, visto que nenhuma delas havia experimentado a quantidade de mudanças em tão curto espaço de tempo quanto a que estamos vivenciando, ou seja, nenhuma empresa estava ou está pronta para o que estamos vivendo e estamos por viver. As empresas estão experimentando mudanças significativas nas suas operações e enfrentaram um mau desempenho durante toda a duração da crise. Os desafios estão em todos os ambientes das empresas, desde a cadeia de abastecimento, passando por dificuldades operacionais, bem como mudanças significativas na demanda dos consumidores e no comportamento dos setores de consumo e varejo, fabricação, ciências etc. Para ajudar a enfrentar o desafio, as empresas devem priorizar o monitoramento de fluxo de caixa de curto prazo, de forma a permitir prever as pressões de fluxo de caixa e intervir de forma oportuna, gerando assim o estreitamento do relacionamento com cliente, fornecedores e toda a cadeia de geração e destinação de recursos, mantendo um controle rigoroso sobre o capital de giro.

Comunicar com clareza os planos da empresa é necessário e mandatório, de forma transparente e oportuna, ao criar uma plataforma para remodelar o negócio e assegurar o suporte contínuo de clientes, funcionários, fornecedores, credores, investidores e autoridades reguladoras. Todos devem ser informados dos planos desenhados pela empresa e respectivos impactos. Tal ação proativa ajudará a reduzir danos punitivos ou responsabilidades associadas à mudança das obrigações, e deve encontrar o equilíbrio entre a cautela e a manutenção de uma mentalidade de negócios como a habitual. Implementar revisões periódicas dos planos, essa metodologia tem o benefício adicional de dar às empresas uma oportunidade de gerir proativamente o diálogo e as comunicações com toda a cadeia relativos à necessidade de quaisquer alterações necessárias aos termos ou acordos existentes.

Maximizar o uso de políticas de apoio governamental, monitorando as medidas emitidas pelos governos federal, estadual e municipal, e identificando as oportunidades organizacionais de apoio e como elas podem servir melhor as circunstâncias individuais da situação da empresa. É importante entender todas as medidas suportadas pelas esferas e identificar qual se adéqua melhor ao negócio e à operação, pois não existe uma regra única para todas as organizações, sendo assim, a análise e os impactos para a empresa, seja no âmbito de pessoas, operacional ou continuidade. As empresas precisão identificar e compreender cada oferta de apoio e determinar quais são as melhores para a sua organização.

Mesmo com todas essas medidas, as empresas sofrem e sofrerão desafios na força de trabalho, com a escassez de mão de obra e o aumento dos custos devido às restrições de mobilidade que várias autoridades governamentais estaduais e locais impuseram. As empresas enfrentam desafios únicos, os quais não estão cobertos por políticas específicas emitidas. Os governos introduziram programas de estímulo e assistência fiscal para pequenas empresas e setores como o turismo e a hospitalidade, que foram severamente impactados, porém muitas deles não são suficientes e/ou têm grau de exigência muito elevada, não possibilitando às empresas a sua obtenção, o que traz mais um desafio.

3. Quais foram os aprendizados para a sua vida nas áreas pessoal e profissional?

Os aprendizados são os mais distintos e por vezes complexos. Dentre eles, estão a conquista de confiança dos profissionais no que tange ao trabalho a distância, *home office*, isso porque em sua maioria não estão habituados a essa modalidade. Culturalmente no Brasil, falta a filosofia de fazer o certo, mesmo quando não há ninguém olhando ou monitorando.

A expansão do estudo a distância, EAD, essa ação de fazer ou praticar mesmo quando não está monitorado, tem ajudado a modificar a cultura, porém ainda existem muitos desafios.

O enfrentamento e a conscientização da equipe quanto ao *home office* não é estar de folga e quando for necessário fazer algo foi uma das tarefas às quais nos dedicamos com severidade inicialmente, porém percebemos que nossas equipes passaram a entender a necessidade quanto ao compromisso e hoje temos profissionais mais engajados.

No âmbito pessoal, o maior desafio é conciliar a vida privada com a vida profissional, pois com a necessidade do trabalho a distância e reclusão, a quantidade de horas destinadas às atividades profissionais aumentou significativamente, o que gera impactos em todo o ambiente familiar e residencial. Dessa forma, o equilíbrio entre as atividades profissionais e familiares deve ser constantemente monitorado.

Outro fator importante e relevante de se observar é a necessidade da inclusão de atividades físicas alternativas, as quais devem ser incluídas dentro do cronograma diário, pois com o isolamento, a quantidade de atividade é limitada e muitas vezes resumida a idas e vindas dentro do ambiente residencial.

A não prática de atividades físicas, bem como a redução de paradas durante as atividades profissionais, diminui a capacidade profissional e compromete o sistema imunológico.

Sendo assim, monitoramos toda a nossa equipe quanto a sua saúde física e mental, para que assim possamos passar pela crise e manter o nosso principal patrimônio, as PESSOAS, de forma integral.

4. Qual a sua visão e quais as suas expectativas para o pós-crise?

Mão de obra – profissionais mais proativos, dispostos a mudanças e modificações ágeis. Mais capacitados e proativos em desafios constantes.

Empresas – entender e fixar o conceito de resiliência em suas culturas, serem preditivas e proativas nas suas tomadas de decisão para preservar a continuidade do negócio. Agilidade para mudanças será a chave para a continuidade e o sucesso. Empresas sem esse perfil deixarão de existir ou terão sua expressividade resumida.

Governos – criaram meios para que empregados e empregadores possam reconstruir a economia pautados por pilares que asseguram continuidade, crescimento e sustentabilidade. Fundadas em crescimento financeiro, ambiental e social com responsabilidade.

Pessoas – processo de interiorização e conscientização quanto à existência e necessidade do próximo. Pessoas mais humanizadas serão mais bem-sucedidas, não necessariamente no quesito financeiro, mas em suas escolhas e atribuições perante a sociedade como um todo.

5. Com base no que você vivenciou, quais recomendações e mensagens de esperança gostaria de compartilhar com outros líderes?

Acredito que aqui cabe mais de uma mensagem...

- ISSO TUDO VAI PASSAR, É CERTO;
- SOMOS CAPAZES;
- EXISTIRÃO OUTROS DESAFIOS;
- VOCÊ ESTÁ OU ESTARÁ PREPARADO PARA SER DIFERENTE DEPOIS DISSO?

Por mais riquezas que uma empresa, um profissional e/ou uma pessoa detenha, não nos preocupamos e/ou preparamos para o **DESCONHECIDO**, para o desafio de **NÃO PODERMOS**, de **NÃO SABERMOS**, para o inevitável, mas podemos juntos criar um **NOVO NORMAL**, uma nova **SOCIEDADE**, uma nova **FORMA DE SER** e **EXISTIR**, mas para isso precisamos crescer e enxergar não o individual, mas o todo, os reflexos de cada atitude perante a sociedade, o ambiente, os governos e as empresas, e perceber principalmente no que o que fazemos atinge o **PRÓXIMO**, mesmo sem que o próximo **TENHA CONHECIMENTO** ou **PERCEBA** as consequências dos atos direcionados a ele.

LIDERANÇA DA ALTA GESTÃO EM TEMPOS DE CRISE

Desafios e Aprendizados

Irene Azevedo

Empresa:

Lee Hecht Harrison

Cargo/Função:

ICEO Practise Leader

1. Quais foram os principais desafios vivenciados neste momento de crise provocados pela Covid-19?

O principal desafio deste momento é a exigência de uma tomada de consciência de algo que sempre soubemos, mas que agora está mais do nunca presente em nosso consciente:

- O futuro é incerto;
- Não temos controle de nada.

Sempre soubemos isso, mas agora veio à tona com maior intensidade. Então, para que possamos conseguir navegar nesse ambiente de incertezas, devemos estar sempre em contato com nós mesmos e manter o equilíbrio. Esse é um grande desafio: o equilíbrio interno!

Todos nós estamos com medo, medo de pegar a Covid-19, incerteza de como o mercado ficará, etc. Porém, não podemos nos deixar levar por esse medo e permitir que ele tome o controle. O primeiro passo é assumir o sentimento de medo e evitar pensar com frequência sobre isso. Reserve 10 minutos para pensar nele, depois foque no que realmente é necessário fazer a cada momento, para que você não se perca no emaranhado de pensamentos e fique paralisado.

Os desafios que nós temos na vida hoje vieram à tona e nos mostraram que eles basicamente são os mesmos, só que com um grau muito elevado. Para poder seguir em frente é necessário que você tenha muita disciplina com o seu físico, mental e emocional. Tenha disciplina em fazer atividade física para cuidar do corpo, exercitar o seu mental com meditação, acalmando seus pensamentos, procurar se conhecer para ter equilíbrio emocional, se for necessário, busque ajuda profissional realizando terapia, por exemplo.

2. Quais foram as ações implementadas?

As corporações sabem que as pessoas são fundamentais e que elas precisam de ajuda neste período. Muitas empresas, principalmente grandes e médias empresas, que têm capital para manter o seu quadro de funcionários, não demitiram e estão investindo em programas que possam auxiliar os seus colaboradores a manter o equilíbrio, seja custeando psicólogo, médico, criando também um 0800 para suporte a quem necessitar ou até grupos para que os colaboradores possam compartilhar as vivências durante a pandemia. É interessante mencionar também que nas redes e mídias sociais há diversos cursos e vídeos gratuitos, voltados para o bem-estar. Eu, por exemplo, estou fazendo aula de *hip-hop*, que está contribuindo para a minha saúde, além de musculação, que faço três vezes por semana, facilitando a passagem por este momento e me preparando para voltar com saúde.

3. Quais foram os aprendizados para a sua vida nas áreas pessoal e profissional?

Para a minha vida pessoal, me divertir sozinho em casa é importante para reduzir o estresse, aprendi a utilizar a tecnologia para auxiliar a passar tempo, com vídeos também para me exercitar, como "*Walk at Home*", assistir a milhares de filmes, conversar mais com as pessoas por conta da disponibilidade maior agora, ter uma qualidade de vida melhor e passar mais tempo com a família e realizar um maior número de refeições com os familiares, coisa que não era possível com tanta facilidade antes da pandemia. Outro aprendizado que veio foi valorizar os serviços diários de casa. No Brasil, temos assistentes domésticas que nos ajudam com os trabalhos de casa. Com a pandemia, minha assistente ficou na casa dela, estou olhando para esse serviço de uma outra forma e valorizando-o muito. Refleti também que gastamos muito em besteira e quando fui limpar a casa, e vi tantas coisas supérfluas que compramos, e provavelmente o hábito de consumo vai mudar depois dessa quarentena.

Essa situação, num mundo consumista como o nosso, é "bendita" porque nos trouxe muitos aprendizados, e se levarmos em consideração que a vida é sempre feita de aprendizados, e que quando a gente não aprende a vida repete os mesmos fatos até que aprendamos, neste momento a humanidade inteira está sendo chamada para olhar para o consumo, para suas relações com as pessoas e consigo mesmas.

Na questão profissional, o que está acontecendo, e já é uma realidade, é que as pessoas estão descobrindo que não há necessidade de se estar no escritório o tempo todo. No Brasil, não havia uma cultura muito de *home office*. Mas agora, verificou-se que a produtividade vem aumentando porque o colaborador está mais focado em seus afazeres e não perde tempo com trânsito e nem com conversas paralelas entre colegas de trabalho.
Aqueles com dificuldade em aderir ao novo modelo de trabalho não estão assim devido ao trabalho remoto, mas sim por conta da sobrecarga de trabalho, principalmente quem possui filho pequeno que tem que dividir o seu tempo entre a vida corporativa e os cuidados da casa, com a ausência de uma assistente doméstica e as crianças em casa, pois as escolas estão com aulas presenciais suspensas no período de isolamento social.
Provavelmente as empresas voltarão com um espaço físico menor, mais colaboradores em *home office*. Então, o maior desafio das corporações será garantir que, depois dessa retomada, os valores e a cultura continuem praticadas longe da sede da empresa.

4. Qual a sua visão e quais as suas expectativas para o pós-crise?
O mundo provavelmente vai entrar numa crise econômica mundial muito séria, vamos ter um ano de 2020 difícil com muitos desafios, mas, como sou otimista, quero acreditar que essa situação serviu de lição e que o ser humano vai voltar com outros valores aflorados, e tenho certeza que a gente vai retornar com bases mais sólidas e mais sustentáveis.
As pessoas irão ter uma visão mais solidária e será benéfico para voltar a aquecer a economia em 2021, principalmente após a liberação da vacina, quando realmente viveremos o "novo normal". Será um "novo normal" e não um normal, porque voltaremos todos diferentes. Se não aprendermos a lição, vamos ter outra crise, porque a vida é assim, feita de aprendizados.
Os países que respeitaram e mantiveram controles mais rigorosos de isolamento social regressaram as suas atividades mais rapidamente, impactando bem menos suas economias do que em países com medidas mais flexíveis, e também estão voltando com uma quantidade muito baixa ou nula de casos de Covid-19.

A sociedade já vinha debatendo inovação e ruptura digital. Só que agora, nesta crise, ou sua empresa inova em seus modelos de negócios ou provavelmente sua empresa não irá sobreviver. Antigamente, as empresas montavam departamentos de inovação e esse setor era engolido pela própria corporação. Hoje, isto já está mudando!
Quem já trabalhava com *e-commerce* há mais tempo aumentou o seu mercado mais rapidamente com a crise e com o retorno das atividades externas, a tendência é expandir a utilização dessas plataformas. Esta será uma tendência que ficará para sempre!

5. Com base no que você vivenciou, quais recomendações e mensagens de esperança gostaria de compartilhar com outros líderes?
Estamos em um momento de solidariedade e precisamos realizar conexões reais, sejam presenciais quando a retomada for possível ou virtuais, e estar perto, conversar e apoiar as pessoas ao nosso redor, porque as pessoas estão angustiadas e precisam falar, ser escutadas. É uma postura que devemos levar para a vida, nós somos energia e essa troca é benéfica, tanto para quem ajudamos quanto para nós mesmos. Reserve um tempo de sua agenda para fazer isso.
E a mensagem final: delimitar horários para assistir aos noticiários, para não ter excesso de informação, e se divirta, faça desse período um momento para você estar bem e permanecer alegre e disponível para o que a vida está proporcionando.

LIDERANÇA DA ALTA GESTÃO EM TEMPOS DE CRISE

Desafios e Aprendizados

Isaac Ivanoff

Empresa:

Apex America

Cargo/Função:

CEO | Digital

1. Quais foram os principais desafios vivenciados neste momento de crise provocados pela Covid-19?

O primeiro e importante desafio imposto se deu na segunda quinzena de janeiro deste ano. Após casos confirmados na Tailândia, Japão, Coreia do Sul, Estados Unidos e Austrália em um pequeno espaço de tempo, percebemos como companhia que aquele vírus demonstrava ser de alguma forma diferente e mais letal que o SARS ou o MERS, e que avançava em uma velocidade impressionante para além de Wuhan. Isso nos levou ao primeiro e significativo alerta: e se esse vírus chegar aqui? O que fazer? Como prevenir? Que protocolos seguir para garantir a saúde e o bem-estar de nossos colaboradores e a continuidade de nossos negócios? Esse foi o primeiro exercício.

Eu me recordo que, na gênese da pandemia, os exercícios mentais e as projeções por nós criadas não previam tamanho abalo ou tão catastrófico impacto, ainda que estivéssemos muito atentos a cada uma das notícias que se nos chegava.

No ínterim, os números de Wuhan seguiam um crescimento espantoso, assustador, gerando um estado de alerta ainda maior e profundo a todos nós. Porém, curiosamente percebíamos que essa preocupação por nós manifestada não era necessariamente compartilhada por todas as empresas e seus executivos. Isso, em dado momento, até nos levou a questionar se nossas preocupações eram infundadas ou envoltas de algum exagero.

Ademais, quando concentrávamos nossas atenções nas autoridades de diferentes esferas governamentais para ajudar a compor nosso entendimento, invariavelmente víamos discussões dissonantes, leituras e interpretações rasas que por vezes originaram medidas isoladas e nem sempre assertivas. Por assim dizer, a contribuição oferecida por essa fonte foi bem limitada.

Por outro lado, em todos os bem-sucedidos casos estudados, encontramos uma importante medida comum para o controle da pandemia: o incontestável distanciamento físico-social. Surgiu, portanto, um novo e relevante desafio, que foi o de conduzir nossos colaboradores para que trabalhassem em segurança a partir de suas casas em um curto espaço de tempo, antes mesmo do estabelecimento de um iminente decreto governamental que obrigaria a isso. Afinal, o tema central relacionava-se muito mais com o cuidado e senso de preservação de cada um de nossos colaboradores diante do cenário que batia à nossa porta do que com qualquer provável imposição do governo. Uma vez decidido pelo trabalho remoto para resguardar os nossos, tivemos que tomar todas as medidas necessárias para garantir o fiel cumprimento de nossos compromissos junto a nossos clientes com a qualidade que sempre nos foi peculiar. Razão essa – nossos clientes – que orbita nossa existência. E como nossos colaboradores exercem papel fundamental na construção e condução dessas importantes e longevas relações, instaurou-se uma preocupação ainda maior com a boa saúde mental e física de cada um deles, principalmente porque o então ambiente de trabalho seria composto por particularidades não presentes no modelo tradicional ou comum de h*ome office*: filhos em aulas *on-line*, divisão do ambiente com outros membros da família que poderiam também estar em trabalho remoto, execução de tarefas domésticas na ausência de eventuais profissionais que antes as faziam, realização de um sem número de videoconferências com seus problemas de conexão de *internet*, sem contar com a participação inusitada de crianças e animais de estimação em meio a reuniões e outros compromissos profissionais... isso só para citar alguns. Os desafios aumentavam a cada dia e os aprendizados também.

2. Quais foram as ações implementadas?

Baseado nos desafios inicialmente relatados, nossa primeira preocupação foi em criar protocolos de sanitização junto com ações de incentivo à adesão das boas práticas de higiene. Nesse sentido, com o acompanhamento de profissionais especializados, passamos a fazer uso de produtos costumeiramente utilizados em hospitais para a antissepsia e assepsia em nosso ambiente de trabalho. Construímos também um modelo de comunicação específico para a plena adoção dessas importantes práticas de prevenção não somente na empresa, mas também fora dela: em suas casas, em restaurantes, nas instituições de ensino, no transporte público e em outras situações onde o contato com os outros se fazia presente e o risco de contágio idem.

No entanto, enquanto tais medidas eram adotadas, em pouquíssimo tempo decidimos adotar uma nova medida preventiva: desta vez, o *home office*.

A implementação dessa ação se deu com razoável rapidez, organização e facilidade graças a uma junção de importantes e fundamentais fatores: amplo envolvimento dos colaboradores e áreas, rápida customização de nossa plataforma de *Employee Experience* para o modelo *home office*, uso eficiente de alta tecnologia para o atendimento de diversas necessidades do trabalho remoto, plena sinergia com nossos clientes e fornecedores e a liderança de todo o processo por um comitê multidisciplinar criado para essa finalidade, responsável por decisões rápidas e sempre colegiadas. Com isso, em apenas duas semanas, 98% de nossos 6.000 colaboradores já podiam trabalhar a partir de suas casas.

Logo, o objetivo logístico, como assim o chamo, foi cumprido em tempo recorde e com um profissionalismo exemplar.

Entretanto, como já dito, não estamos falando de um *home office* usual como costumeiramente nos programávamos para realizar.

Rapidamente, portanto, tivemos que redesenhar alguns processos de RH, remodelar técnicas de gestão, revisitar conceitos consagrados de *endomarketing* e lhes dar uma nova roupagem para que pudéssemos atender às diferentes necessidades de nossos colaboradores e amenizar as fragilidades emocionais geradas também por um bombardeio de informações (algumas delas alarmistas) e pela incerteza e desconhecimento do cenário vivido.

Muitas ações foram adotadas nesse sentido. Destaco aqui o papel excepcional de nossa diretoria de pessoas, que conseguiu nos impressionar a cada dia com suas iniciativas tão criativas e tão bem construídas, alicerçadas por um cuidado que transcende os manuais. Pesquisas, entrevistas, *webinars*, mimos e tantas outras ações se tornaram recorrentes, resultando num clima extraordinariamente favorável ao trabalho.

Essa bela, forte e decisiva atuação certamente conectou ainda mais cada um de nossos colaboradores com a empresa, nossos valores e visão.

Com isso, o objetivo emocional também foi, por assim dizer, atingido com louvor.

Por fim, tivemos que rever e reorganizar os processos existentes para que continuássemos atendendo nossos clientes (e muitos outros novos entrantes) que passaram a demandar ainda mais, dado o cenário dinâmico e instável gerado pela pandemia e suas especificidades.
Metodologias como *Lean* e *Agile* também foram repaginadas ao cenário atual. Processos já utilizados por nós voltaram à esteira da discussão de melhorias e revalidação. Novos SLAs (*Service Level Agreement*) foram construídos junto aos nossos clientes em total consonância com suas atuais necessidades, além de um modelo de gestão ainda mais flexível e atento a melhorias, ajustes de rota e rápidas construções.
E, considerando os testemunhos formais de nossos clientes, posso afirmar também que exitosamente atingimos esse importante objetivo.

3. Quais foram os aprendizados para a sua vida nas áreas pessoal e profissional?

A frase socrática "só sei que nada sei" pareceu ser o slogan que definiu essa crise pandêmica, paradoxalmente num período da história em que temos um vasto e irrestrito arsenal de registros e informações a apenas um clique.
Sim, a humanidade, vivendo o auge da globalização, com o encurtamento das distâncias e uma velocidade espantosa na troca de informação e de novas tecnologias, pareceu esquecer que tais características também poderiam originar, acelerar e expandir os riscos. Em outras palavras, mesmo que registros históricos nos tenham mostrado em letras garrafais alguns graves e perigosos desdobramentos da globalização ainda em sua fase inicial por ocasião do expansionismo marítimo, continuamos ignorando os alertas dados, apenas olhando para a proa com o único desejo de "chegar ao outro lado". As pandemias anteriores, tais como a peste negra, a gripe (erroneamente chamada) espanhola e a gripe asiática, apenas para citar algumas, já deveriam ter gerado protocolos internacionais rígidos a serem adotados por todas as nações.
Ignoramos Lorenz e Mandelbrot, achando que o "bater das asas de uma borboleta" em Wuhan não teria poder suficiente para ocasionar um "tor-

nado" de intensidade F5 e de alcance global. Vi, por exemplo, jornalistas esportivos discutirem a repatriação ou contratação de jogadores por conta da paralisação do campeonato chinês, mas nenhum deles cogitou a ideia de que esse vírus poderia avançar e paralisar outros campeonatos pelo mundo. Vi também muitos outros, como aquele que pessoas foram alertadas para o aumento repentino e constante da maré, mas que não tiraram seus pertences da areia da praia, e pior ainda: foram dar um mergulho em águas escuras e agitadas.

Penso também que a Teoria da Evolução de Darwin sofreu um *update*. Afinal, a seleção natural já não está tão relacionada com as variações vantajosas que permitem que organismos se adaptem a um meio e, portanto, sobrevivam a ele – ao menos no que se refere a nós, humanos. Doravante, a perpetuação de nossa espécie (leia-se negócios também) mostrou-se estar muito mais relacionada à preparação, à antevisão de quaisquer crises, com um olhar atento, holístico e microscópico dos diversos eventos ao redor do mundo – e os fora dele. Por exemplo, quão preparados estamos para uma tempestade solar de magnitude similar a que ocorreu há aproximadamente 2,6 mil anos? Imaginemos nossos satélites sendo brutalmente afetados, as comunicações interrompidas, tráfego aéreo comprometido e blecautes por todos os lados – só para citar algumas prováveis e desastrosas consequências. Setores como o de segurança, telecomunicações, economia, entre outros, estariam devidamente preparados para uma eventualidade dessa? Se sim, até que ponto? E quanto às contingências, vêm sendo revalidadas? Um outro exemplo simples poderia ser: e se um novo vírus, ainda mais potente e letal, avançasse sobre a Terra? Perguntas como essas e os exercícios de suas respostas devem ser recorrentes às mesas de comando.

Pude ver também muitos tabus e paradigmas serem quebrados a fórceps. Empresas que relutavam oferecer ao menos um dia por semana de *home office* a seus colaboradores, sempre sustentadas por sólidos e inflexíveis argumentos, viram-se obrigadas a baixar sua guarda e criarem novos modelos e protocolos que hoje já dão base a uma saudável discussão sobre a utilização desse expediente de forma mais ampla e recorrente no pós-pandemia. Aprendi, portanto, que os "nexialistas" (em alusão ao livro *Voyage of the Space Beagle*, de A.E. van Vogt) terão uma vantagem competitiva indiscutível nos cenários que se desdobrarão.

4. Qual a sua visão e quais são as suas expectativas para o pós-crise?

Notavelmente, o processo de transformação digital foi e será acelerado e passou a assumir sua cadeira central nos *boards* da maioria das empresas – independentemente de seu tamanho ou vertical. É incontestável o quanto os meios e as plataformas digitais são imprescindíveis nas estratégias de sobrevivência e crescimento das companhias. Impulsionando isso, temos o comportamento dos consumidores sofrendo forte alteração, e podemos categoricamente profetizar que continuará em constante mutação, percorrendo um caminho cada vez mais conectado ao digital, a soluções de Inteligência Artificial, sempre envolto de um nível de exigência cada vez maior e mais seletivo. Corroborando essa afirmação, basta ver o aumento das compras *on-line* ou das transações bancárias nos meses impactados pela pandemia. Automóveis sendo comercializados pelas montadoras por meio de aplicativos de mensagens. Pequenos comércios curvando-se para o *e-commerce* e serviços de *delivery*. Gigantes de bens de consumo ou de serviços, por exemplo, abrindo mão de modelos consagrados, permitindo-se embarcar em novas tecnologias e modalidades numa busca incessante de se plugar com os novos hábitos de um público inquieto. Sim, vejo mudanças que vieram para ficar. Definitivamente, essa crise pandêmica amplificou as ideias, sinalizou as necessidades e vem gerando inúmeras oportunidades que ecoarão para as próximas décadas. E é correto afirmar que somente os mais preparados sobreviverão.

Historicamente, todas as crises conduziram a humanidade a um salto evolutivo e não será diferente nesta.

Infelizmente, alguns setores foram e serão mais afetados que outros. Imagino, por exemplo, que o turismo e o entretenimento estão no topo dessa lista. Mas logo as viagens e espetáculos voltarão a fazer parte da agenda de muitos – ainda que com alguns cuidados preventivos adicionais.

É possível prever que um grande número de empresas adotará modelos híbridos de trabalho (tradicional x remoto), fazendo uso mais amplo de tecnologias para oferecer uma melhor experiência a seus colaboradores e garantir que todos os KPIs e SLAs sejam perfeitamente atendidos nessa nova modalidade.

Por sua vez, os espaços corporativos deverão ser repensados para atender a essa nova realidade, e possivelmente isso gerará algum impacto no setor imobiliário.

Concomitantemente, podemos prever também a redução do fluxo de automóveis, gerando impactos positivos ao meio ambiente e, quiçá, um melhor aproveitamento do tempo que outrora seria utilizado para os deslocamentos de ida e vinda ao trabalho.

E, em se tratando de impactos positivos, que boa onda foi originada por um sem número de empresas de diferentes segmentos! Empresas que promoveram diversas ações positivas para a sociedade: da fabricação e distribuição de álcool gel ou máscaras à redução de juros, postergação de dívidas, financiamentos a taxas próximas de zero, destinação de relevantes somas a ações assistenciais, entre tantas outras. E percebo que a maioria de tais empresas não somente as realizou com esmero, mas também entendeu a importância de estenderem tais ações para o pós-pandemia.

Notadamente, empresas com propósito serão as mais conectadas com seus clientes, consumidores e usuários e, portanto, terão maior relevância na lembrança deles. Empresas com propósito de deixar o mundo melhor terão papel determinante para os desafios que surgirão no pós-Covid-19 e muito provavelmente serão também mais atuantes na cobrança e em inúmeras frentes junto ao poder público.

Consigo ver também uma mudança do comportamento humano. As normas de higiene e limpeza serão atendidas por uma população cada vez maior, contribuindo com a não proliferação de agentes patogênicos e com o uso mais respeitoso das áreas comuns. É possível enxergar que muitos assumirão também um papel de fiscalização natural aos que eventualmente afrouxem suas atenções a esses protocolos. Provavelmente, o uso de máscaras, a exemplo de alguns países asiáticos, será muito comum, mesmo com o surgimento de vacinas ou medicamentos comprovadamente eficazes para o tratamento da Covid-19. Afinal, a consciência de preservação e prevenção a quaisquer novos vírus deverá ser uma tônica em nosso cotidiano e das gerações seguintes.

Acredito também que os cuidados com a saúde assumirão uma posição relevante nos objetivos de qualidade de vida. Nunca os riscos advindos da obesidade, do tabagismo e de doenças crônicas e tratáveis como diabetes, hipertensão e problemas cardiovasculares, por exemplo, foram tão evidenciados. Posso enxergar um movimento muito positivo de medidas preventivas, desde alimentação mais saudável até atividades físicas mais frequentes, seguidas de visitas regulares aos médicos.

A humanidade dará um salto para melhor, ainda que a conta tenha sido alta.

5. Com base no que você vivenciou, quais recomendações e mensagens de esperança gostaria de compartilhar com outros líderes?

Temos nas mãos uma grande oportunidade de fazer a diferença, como empresários, executivos e, principalmente, cidadãos. Necessitamos de humildade para reconhecer os erros, coragem para corrigi-los e ousadia e criatividade para inovar.

A crise gerada pelo SARS-CoV-2 nos trouxe profundos ensinamentos. E, seguramente, essas lições ecoarão com maior intensidade nesta e nas próximas gerações.

Em múltiplos sentidos, todos nós fomos impactados diretamente pelos reflexos dessa pandemia.

Positivista que sou, imagino que isso elevará nosso significado e papel no mundo, mudará nosso olhar ao próximo e refletirá em maior empatia e gestos altruístas. Saímos diferentes. Seremos melhores.

Cabe a cada um de nós assumir nosso protagonismo, zelar por ele e cuidar para que outros sejam também estimulados a assumir seu papel central e que se somem às causas que urgem atenção.

Devemos dar lugar ao trabalho colaborativo. Ao rompimento de barreiras e paradigmas. Entender que somos parte do todo e o todo se reflete em nós. Que não tenhamos medo da colheita, dada a segurança que temos do que plantamos.

Que possamos valorizar ainda mais as relações e os abraços apertados.

Que não temamos o amanhã, pois estaremos cada vez mais atentos aos sinais e o desenharemos com maior precisão.

Que tiremos o mapa do porta-luvas e os livros de história da estante e os utilizemos sabiamente para irmos além – e com maior segurança.

E que aproveitemos a dádiva do hoje!

LIDERANÇA DA ALTA GESTÃO EM TEMPOS DE CRISE

Desafios e Aprendizados

Jairo Tcherniakovsky

Empresa:

99 Tecnologia Ltda. (Brazil) / DiDi Chuxing (China)

Cargo/Função:

Diretor de Compliance e
Gerenciamento de Riscos LATAM

1. Quais foram os principais desafios vivenciados neste momento de crise provocados pela Covid-19?

O principal desafio inicial vivenciado neste momento de crise provocado pela Covid-19 foi o isolamento social compulsório, sem um prévio período de adaptação. De um dia para o outro, nossas empresas, escolas e indústrias nos enviaram para trabalhar de casa sem o preparo necessário para saber como tudo seria conduzido daquele momento em diante. De repente, todos se viram com muitas dúvidas sobre a condução do trabalho, acesso a sistemas, reuniões virtuais intermináveis, tudo começou a ser rediscutido. Havíamos acabado de estabelecer o planejamento estratégico para o ano de 2020 e assim que o colocamos em prática tivemos que realinhá-lo novamente para essa situação de incerteza. E a pior incerteza foi a de quanto tempo esse isolamento duraria. Não sabíamos se estávamos saindo por duas semanas ou por dois meses. Agora já se completam quase quatro meses de trabalho remoto. Do ponto de vista da gestão, creio que a situação foi ainda mais séria, porque todas as incertezas da equipe eram canalizadas para nós como líderes da empresa. Tivemos que nos adaptar rapidamente diante desse cenário incerto, gerenciando as expectativas da empresa, do time e de nós mesmos. O lado pessoal não ficou de fora, pois paralelamente a toda situação empresarial, precisamos também cuidar da família e amigos com necessidades especiais, garantir o bem-estar de cada um para que conseguisse transpassar o dia a dia desta loucura que estamos vivendo neste período. Nem todo mundo tem uma boa estrutura e suporte em suas casas, nem todo mundo teve apoio da empresa que trabalha e isso agravou ainda mais a necessidade de olharmos além do que estávamos enxergando no início da crise. Membros da família que são do grupo de risco e precisam de cuidados antes jamais pensados.

À medida que o período de isolamento social se prolonga, começamos a nos deparar com situações muito mais sérias, antes nunca vivenciadas, que são: estresse traumático de membros das equipes por estarem em situações de vulnerabilidade, aumento de assédio moral dos líderes por exigirem mais de seus times, potencial crise econômica, incomodando as pessoas que temem perder seus empregos, e perda de entes queridos próximos, filhos que não aguentam mais ficar em casa, preocupações com o ano letivo das crianças, dentre outras.

2. Quais foram as ações implementadas?

Diante deste cenário de crise para a empresa em geral, a primeira coisa a se fazer é criar um comitê interno que cuidasse das ações corporativas que deveriam ser decididas, e também estabelecer alguém para falar diante dos colaboradores para que todos recebam as mesmas informações e ao mesmo tempo, evitando assim outras potenciais pequenas crises.

Diante de nossas equipes específicas, estabelecer reuniões periódicas e frequentes com todos, para discutir o momento, a situação, verificar se alguém necessitava de apoio durante essa fase de adaptação e preparar todos para as semanas seguintes de muito desafio que estaria por vir. Foi uma fase de muita conversa, alinhamento e ajuda mútua.

Dois fatos muito importantes contribuíram para o gerenciamento dessa crise em nossa empresa: primeiro, somos uma empresa chinesa, e segundo, o fato da China ter passado pela situação de isolamento social antes de nós contribuiu muito para entender o caminho que deveríamos seguir, ou pelo menos, quais as medidas esperadas pelos colaboradores que a empresa deveria seguir.

Além disso, o fato também de sermos uma empresa de tecnologia contribuiu para o rápido estabelecimento das novas formas de se trabalhar. Por exemplo: todos na empresa já dispunham de *notebook*, e a maioria de nossos sistemas é de acesso web e pode ser acessada de qualquer lugar.

O apoio da empresa foi essencial para que todos começassem a perceber que seus empregos não estavam em jogo e que cada um deveria se concentrar nas suas atividades e entregas. Além disso, decisões de emprestar itens de ergonomia para que os colaboradores levassem do trabalho para casa também foram essenciais: quem precisou levou cadeira, teclado, monitor, apoio de pés e *notebook*.

Já em casa, precisamos garantir que também seguiríamos todas as recomendações necessárias e os protocolos de saúde exigidos para o bem-estar de todos. Quem imaginou ter que limpar os produtos do supermercado ou do hortifrúti antes de entrar em casa? Uma situação completamente inusitada que em nenhuma obra de ficção já havia sido imaginada. Comentei com minha esposa sobre esse momento único um dia desses, quando saímos para resolver uma pendência importante fora de nossa residência: pessoas com máscara de acetato em suas faces, luvas descartáveis, roupas compridas em pleno verão, realmente tempos estranhos.

3. Quais foram os aprendizados para a sua vida nas áreas pessoal e profissional?

Como sempre digo, mesmo em situações de crise precisamos aprender a enxergar oportunidades de crescimento pessoal e profissional. Desta vez, não foi diferente.

Do ponto de vista pessoal, "voltamos" a viver em família 24 horas por dia. Esposa trabalhando e filhos estudando todos no mesmo ambiente, tendo que nos adaptar ao "novo normal". Resiliência impera neste momento estranho que estamos presenciando. Reuniões *on-line* interrompidas para ajudar os filhos a se conectarem em suas respectivas aulas, eu escutando as reuniões de trabalho da minha esposa e vice-versa também. Realmente uma nova realidade.

Do ponto de vista profissional, ressalto que durante esta pandemia obtive vários sucessos para minha equipe e atividades de *compliance*, como era de se esperar. Desde muito cedo, estabelecemos alguns procedimentos básicos com as demais áreas da empresa, de forma que o *compliance* fosse envolvido em aprovações prévias para casos de doações, patrocínios e qualquer relacionamento com oficiais públicos.

Em reuniões de lideranças, estabelecemos canais de consultas para quaisquer dúvidas que qualquer pessoa poderia vir a ter. Fizemos reuniões específicas com áreas que apresentam potenciais riscos para garantir um fluxo de processos que apoiasse o negócio da empresa a conduzir suas atividades sem colocar a empresa em risco desnecessário. Os treinamentos *on-line* passaram a ser mais efetivos, já que todos estão "em casa", e a disponibilidade é de 100%. Neste momento de pandemia, percebemos uma vontade maior de todos estarem mais conectados entre si e receber qualquer tipo de apoio que a empresa pudesse oferecer. Anteriormente era um sufoco achar agenda disponível para grandes massas e agora "em um clicar de dedos" você bloqueia a agenda de 300 pessoas para um treinamento dali a um mês. E, o melhor, todos "comparecem", o que é sensacional!

Com todas essas medidas, a demanda de análise de *compliance* para contratação de terceiros, cláusulas de *compliance* com fornecedores e clientes, ações sociais nesta época de Covid-19 com diversas prefeituras e governos aumentaram consideravelmente, de forma que tivemos que nos adaptar internamente para atender a todas essas demandas.

Aprendemos também que hoje em dia (e daqui em diante) poderemos ter profissionais trabalhando de qualquer lugar do mundo em nossas equipes. Conseguimos transpor aquela necessidade de presença física para alguém performar uma boa atividade. Viveremos uma readaptação de todo o modelo laboral no futuro próximo. Imagina agora podermos selecionar alguém que mora no Nordeste ou no Sul, ou ainda mesmo no exterior para compor nossa equipe. Quantos profissionais podemos encontrar e quantas oportunidades de trabalho agora se abriram para todos já que não temos mais as barreiras geográficas?

4. Qual a sua visão e quais as suas expectativas para o pós-crise?

Já temos ciência de que o mundo não será o mesmo após esta pandemia. A humanidade chegou à conclusão de que, sim, somos falíveis diante de uma situação que não podemos controlar. Com isso, é preciso voltar ao planejamento básico, retomar os valores que realmente importam. Espero que este período desperte um senso social comum de que precisamos colocar nossas atenções naquilo que realmente importa para nossa sociedade, que é cuidar do próximo.

Tenho esperança de que os setores público e privado migrem sua atenção e foco de investimento para os setores de saúde, infraestrutura e desenvolvimento em geral.

Não quero ser leviano de forma alguma, mas neste período de crise entendemos que entretenimento e futebol, sim, são importantes, mas médicos, enfermeiros, cientistas, boa estrutura hospitalar e governantes com foco no bem-estar do povo são muito mais e precisam estar na frente das prioridades de todos.

Entendo que todos os segmentos passarão por uma reformulação de suas prioridades. Questões como a determinação de escritórios físicos grandes e com infraestrutura moderna que tenham ambientes de trabalho inovadores talvez não sejam mais necessários.

Já o trabalho remoto veio de forma compulsória temporária, mas acredito que será implementado por muitas empresas que antes desconfiavam de sua implementação por causa da produtividade de seus colaboradores. Provado está que a produtividade aumentou e isso traz uma nova questão, já que não precisaremos mais contratar somente profissionais do local da sede.

Tenho impressão de que o consumo desenfreado que tínhamos pré-pandemia também passará por uma mudança de comportamento. Se as prioridades mudam, o consumo muda em consequência. Já não há mais necessidade de se comprar muita roupa ou acessórios para trabalhar de casa. Já não há mais necessidade de se adquirir um automóvel para se trabalhar de casa. E os imóveis precisarão se adaptar a essa nova realidade, já que a tendência estava focada em apartamentos minúsculos porque apenas voltaríamos para casa para dormir e esta pandemia mostrou que sim, precisamos de mais conforto, espaço e estrutura em nossas residências.

O que antes já era uma realidade de crescimento exponencial para o *e-commerce*, pós-pandemia, deverá ser ainda mais agressivo, já que muita tecnologia está sendo desenvolvida para adaptar as novas necessidades que essa crise nos trouxe em isolamento social: comércio em geral, serviços financeiros e prestação de serviço público precisam urgentemente se digitalizar.

E, por falar em serviço público, as regulações de todos os setores aqui mencionados deverão ser revistas para prever o relacionamento cada vez mais digital e seguro. Em época digital, qual deverá ser o processo de avaliação pelo poder público da efetividade de conformidade dos processos empresariais? Certamente será um processo complexo que primeiramente deverá passar por um período de investimento em sistemas e capacidade tecnológica do Estado.

Em face dessa realidade brasileira de falta de investimento do Poder Público em infraestrutura básica, a sociedade conta cada vez mais com o apoio e suporte econômico do setor privado. Neste período de crise, percebemos a quantidade enorme de empresas privadas que fizeram ações sociais e proveram recursos e produtos que seria da responsabilidade do Estado, distribuindo em hospitais públicos máscaras, desinfecção, álcool gel, luvas descartáveis e corridas de aplicativo para os profissionais de saúde poderem ir ao trabalho e exercerem suas atividades na linha de frente desta pandemia.

Além disso tudo, importante ressaltar também que realmente os "dados são o novo petróleo", como mencionou um matemático londrino especializado em ciência de dados. Atualmente, tudo que realizamos em nossos celulares geram dados comportamentais de nossas escolhas e preferências. Ou seja, estamos sendo estudados a cada segundo. E segundo um estudo desse matemático, a organização que souber utilizar os dados de forma adequada só tem a ganhar. Mas ele vai além e diz que assim como o petróleo precisa ser refinado, assim são também os dados a serem analisados.

Parafraseando esse pensamento do matemático londrino, em minhas palestras tenho dito que assim como no Direito formal temos que contextualizar "Do Fato e do Direito" na composição das peças processuais, hoje em dia esse jargão está sendo substituído por "Dos Fatos e dos Dados", pois através de dados de geolocalização, transações financeiras realizadas, comércio eletrônico, interação em mídia social e outros tantos dados, é possível traçar todo um perfil comportamental que comprove os fatos que precisamos.

Então, eu acredito que no futuro pós-crise cada vez mais estaremos suscetíveis à análise de algoritmos que definirão as novas tendências de comportamento sociais. Se bem utilizado, como espero, essas análises poderão ajudar no combate à corrupção, à prevenção de riscos e fraudes e ao bem-estar social de toda a população.

5. Com base no que você vivenciou, quais recomendações e mensagens de esperança gostaria de compartilhar com outros líderes?

O ser humano é um ser social e precisa manter proximidade entre seus semelhantes. Isso ninguém conseguirá substituir. De repente, nos vimos diante de uma situação inesperada, sem precedentes, sem um guia ou procedimento a seguir. Em quem devemos nos apoiar? Uns aos outros, isso é fato.

Minha recomendação e mensagem de esperança a compartilhar com os demais líderes e público em geral é de que não importa o quão atarefado de trabalho e responsabilidades estaremos daqui em diante, não podemos deixar de concentrar grande parte do nosso foco nas pessoas. Até antes deste período de crise, se discutia a automatização da maioria das atividades em todos os segmentos do mercado. Não resta dúvida agora de que estamos ainda muito longe de atingirmos uma substituição massiva de atividades conduzidas por seres humanos por máquinas.

Minha esperança é que os princípios de convivência em harmonia entre os povos sejam cada vez mais enaltecidos e praticados por todos. Princípios como respeito, integridade, ajudar uns aos outros, apoio à diversidade e integração social e muitos outros precisam ser cada vez mais discutidos e defendidos por todos.

Precisaremos também cuidar cada vez mais de ensinar a nova geração de que prevenir e gerenciar riscos não quer dizer atrasar o negócio ou criar burocracia para lançar produtos. São muito impressionantes as discussões e o tempo que se investe para "ensinar" os novos líderes de que existem riscos que não se pode correr e são muito fáceis de se prevenir e seguir com o planejamento traçado pela empresa.

Tenho percebido que os problemas que estamos enfrentando neste período de crise, seja em nossas empresas ou seja nacionalmente diante da falta de ações coordenadas do governo, beiram o mesmo princípio, aliás, a falta do mesmo princípio: falha de comunicação e, na maioria das vezes, nada transparente. As pessoas precisam de orientação clara e de responsáveis, com papéis definidos de cada um. A falta disso gera ansiedade e descentralização de foco na solução dos temas.

Mas, como gosto sempre de enfatizar, sejamos sempre otimistas. Devemos sempre confiar de que as coisas não acontecem por acaso e tudo que passa diante de nossa história tem um motivo de ser. Com esta pandemia, tendo a acreditar que estamos sendo testados de alguma forma e que é preciso refletir bastante sobre nossas ações e condutas. Com certeza, sairemos melhor desta crise do que entramos, porque agora sabemos que mais importante do que simplesmente acordar todos os dias e ir automaticamente ao trabalho, devemos também nos preocupar com os outros que vivem ao nosso redor e garantir para que também estejam bem e saudáveis física e psicologicamente para desenvolverem as atividades que precisam.

Sejamos fortes! Isto também há de passar, para nos tornarmos seres humanos mais preparados para o futuro, e tomara que cada vez mais as pessoas decidam escolher o caminho correto para se viver e que ensinem geração após geração que integridade é, de fato, a base para uma sociedade sã.

Jorge Rodrigues

Empresa:
Energy Efficiency Solutions

Cargo/Função:
Manager

1. Quais foram os principais desafios vivenciados neste momento de crise provocados pela Covid-19?

A Covid-19 foi uma das maiores crises da história da humanidade, em alguns países os sistemas de saúde colapsaram, ocorreu o encerramento de várias empresas, outras passaram por períodos de *lay-off*, aumento desenfreado de desempregados, fronteiras fechadas, tráfego aéreo encerrado, alunos em tele-escola ou escola *on-line*, colaboradores em teletrabalho, fatores que impactaram a forma de ser e estar das organizações.

Os líderes das organizações foram obrigados a enfrentar possivelmente os maiores desafios das suas carreiras, abaixo destaco quatro desses desafios que foram fundamentais para enfrentar a crise de Covid-19:

1. **Segurança dos colaboradores e parceiros** – a principal preocupação da gestão das equipes no momento de crise foi garantir as melhores condições de segurança aos nossos colaboradores, para isso, no momento em que as entidades governamentais impuseram o fechamento das escolas e o consequente isolamento social, todos os colaboradores passaram para o regime de teletrabalho. O desafio passou pela compra e distribuição de todo o material de proteção individual, com as quantidades adequadas para todos os colaboradores e parceiros que se mantiveram no terreno durante a pandemia.

2. O ***Work/life-balance*** das nossas equipes em regime de teletrabalho foi desafiado com o suporte familiar aos filhos (escola *on-line* ou tele-escola), durante os horários de trabalho. Para colmatar essas dificuldades, passou a existir mais flexibilidade na execução das atividades, por exemplo, com a utilização dos tempos que iria perder nos deslocamentos para a realização das atividades ou mesmo suporte familiar (final do dia). Foram também definidas regras para efetuar pausas, pois a ideia de que em casa se trabalha menos é falsa e os momentos de relaxamento e convívio entre colegas são fundamentais para o equilíbrio e motivação dos nossos colaboradores.

3. **Líderes a distância** – com os colaboradores em teletrabalho, os líderes tiveram um dos maiores desafios das suas carreiras profissionais, pois sempre geriram

colaboradores em regime de trabalho presencial e têm de se adaptar rapidamente à gestão digital. O principal receio passou por não conseguirem responder a todas as solicitações que chegam pelos diferentes canais (*e-mail*, *WhatsApp*, *Teams*, *Zoom*, entre outras), com todas as reuniões que acontecem diariamente. Mas a principal questão passou pelos líderes apreenderem a motivar os seus colaboradores no regime virtual, para isso foi fundamental continuar presente, essa presença foi garantida através das ferramentas colaborativas de videoconferência com comunicações mais periódicas, fosse elas individuais ou em equipe.

4. **Transformação digital** - com o confinamento obrigatório e consequente encerramento da maioria das atividades (comércio, indústria, serviços, educação e turismo, entre outras), a sociedade foi obrigada a recorrer ao digital que estava ao seu dispor, mas não existia uma necessidade urgente para a sua utilização normal.

O comércio passou a ser realizado essencialmente *on-line* com entregas a domicílio, que lembra os nossos antepassados, o comércio local com uma transformação muito rápida e eficaz, com a utilização das redes sociais como canais de *marketing* digital, que não era explorado antes da Covid-19.
A maioria das indústrias em Portugal adaptou-se tecnologicamente à produção em massa de material de proteção individual (álcool gel, máscaras, luvas e ventiladores, entre outros), em paralelo com o seu *core business*.
No setor de serviços ocorreu uma aceleração na implementação de ferramentas colaborativas, como videoconferência, aplicações em *cloud* e políticas de segurança de informática. Com o objetivo principal de passar do regime de trabalho presencial para teletrabalho, evitando o encerramento das atividades ou *lay-off*. Por exemplo, a mudança de paradigma nos centros de atendimento com a migração em poucas semanas de todos os operadores para teletrabalho, evitando o impacto negativo na experiência dos clientes na prestação dos serviços por telefone ou no *backoffice* de apoio ao digital.

A transformação da educação com a Covid-19 foi imensa, a realização das aulas em escola *on-line* e tele-escola forçou a adaptação ao digital na forma de trabalhar dos professores com a utilização de ferramentas de videoconferência e construção dos conteúdos programáticos em formato digital. Os alunos e pais também tiveram de acompanhar a transformação digital com o consumo dos conteúdos programáticos disponibilizados em formato digital e a utilização das ferramentas de videoconferência.

No turismo, os desafios foram ainda maiores com o confinamento mundial, o exemplo mais notório é a interrupção das atividades hoteleiras, mas mesmo com todas as condicionantes, surgiram adaptações ao negócio surpreendentes, como as ofertas de alongamento em confinamento em alguns hotéis, o que permitiu o seu funcionamento nesta fase de crise, ou mesmo visitas virtuais a museus ou cidades.

No setor vinícola surgiram várias dinamizações dos seus produtos, com a utilização do *marketing* digital por meio das redes sociais *Facebook* e *Instagram*, com lançamentos diários, aparecimento de imensas lojas *on-line*, mantendo vivo esse segmento.

O desafio transversal a toda a crise foi a forma como nos adaptamos rapidamente à nova realidade do isolamento social, liderança das equipes a distância, colaboradores que nunca tinham experimentado o teletrabalho, professores a preparar os conteúdos em formato digital e a lecionar aulas remotamente, pequeno comercial a utilizar as redes sociais para dar publicidade aos seus produtos e serviços, entre outros setores essencialmente presenciais que tiveram de se reinventar de forma rápida para minimizar o impacto econômico originado pela crise da Covid-19.

2. Quais foram as ações implementadas?

Percebemos rapidamente que para mitigar os riscos inerentes à pandemia tínhamos de estar bem organizados e preparados, para isso avançamos com um plano de ações que foi implementado nas diferentes fases da crise, que passo a enumerar:

1. Criação de uma equipe especializada para a gestão da crise;

2. Incentivar uma cultura de segurança no trabalho:

a. Criação de políticas internas (acessos aos edifícios, utilização de material de proteção individual, entre outros);

b. Formações *on-line* – formas de atuação de colaboradores no combate à crise;

c. Disponibilização de linha de apoio para suporte aos sintomas da Covid-19;

d. Realização de testes em todos os colaboradores;

3. Disponibilizar computadores portáteis e *internet* com qualidade aos colaborares com vista ao teletrabalho;

4. Aplicar políticas de segurança de informática com instalação de VPNs adequadas;

5. Formação de melhores práticas de teletrabalho – colaboradores e chefias;

6. Definição da estratégia de comunicação com os *stakeholders* (cliente, parceiros, colaboradores);

7. Apoio aos nossos parceiros:

a. Disponibilização de material de proteção individual;

b. Antecipação de pagamentos com vista à sua sustentabilidade;

8. Medição e acompanhamento do impacto direto da Covid-19 com a suspensão dos trabalhos que estavam em curso ou planejados, mitigando as perdas;

9. Plano de transição para regresso gradual ao escritório (regime de teletrabalho para o regime de trabalho presencial ou misto);

3. Quais foram os aprendizados para a sua vida nas áreas pessoal e profissional?

No momento da pandemia, vivenciei uma transformação comparável à revolução industrial, mas com uma velocidade indescritível, essa mudança aconteceu como se estivesse sempre presente, tudo ocorreu tanto na vida pessoal como na profissional rapidamente. Na maioria das situações não estamos preparados ou nunca pensamos que pudessem acontecer.

As mudanças estruturais nas organizações ocorrem cada vez rápido e por vezes de forma inesperada, como aprendizagem verifico que o fundamental passa por anteciparmos os eventos que não conseguimos controlar. Para isso, temos de estar atentos aos sinais exteriores e preparar todos os cenários possíveis para mitigar os potenciais riscos, sejam eles de uma pandemia, alterações geracionais ou outras.

4. Qual a sua visão e quais as suas expectativas para o pós-crise?

A minha visão sobre a vida após a Covid-19: passar por uma mudança cultural tremenda, na forma como nos relacionamos no mundo empresarial, incentivada pela transformação digital que ocorreu na sociedade durante a crise.

Nas organizações, vou passar a medir a produtividade efetiva dos regimes de trabalho (presencial vs. teletrabalho) e criar modelos híbridos de trabalho que mantenham o aumento da produtividade vs. *work/life balance* dos colaboradores.

O retalho vai continuar a apostar no comércio *on-line* e sofisticar ainda mais as entregas a domicílio com a confirmação das encomendas por telefone, excelente upgrade evidenciado durante a fase da pandemia.

A educação terá uma evolução enorme na formação com a flexibilidade e adaptabilidade dos alunos e professores à nova realidade digital.

Na minha visão, essas competências, como programação (*sites*, *app*, robótica, *drones*, entre outros), e utilização de ferramentas digitais serão consideradas essenciais (formação base) nos próximos anos, com a crise ainda reforço mais esta convicção.

As organizações que regredirem ou desistirem dos processos de digitalização implementados durante a pandemia à primeira dificuldade vão ficar em desvantagem competitiva em comparação à sua concorrência. Aparecimento de novos modelos de negócio no virtual, durante a crise, e de uma forma rápida surgirão o *personal trainer virtual, virtual care*, pavilhões virtuais, reforçando os serviços de entregas *take-away* massificado. Mas também verifiquei a tendência de valorização dos bens digitais, como por exemplo os avatares personalizados nas redes sociais ou mesmo os "*v bucks*" do jogo *Fortnite*.

Por fim, a flexibilidade que o teletrabalho e a escola *on-line* permitiu vai originar a descentralização dos centros urbanos, com a melhoria da qualidade ambiental e das vidas das sociedades.

5. Com base no que você vivenciou, quais recomendações e mensagens de esperança gostaria de compartilhar com outros líderes?

A Covid-19 ficará registrada como um momento de destruição imensa na história recente, com um impacto devastador na sociedade, milhares de mortos e uma grande crise na economia mundial, que terá de se recuperar nos próximos anos.

Ficou demonstrado que o maior ativo das organizações é o colaborador, devido à sua resiliência e adaptabilidade verificada na crise. É fundamental que no pós-crise a saúde e a segurança no trabalho sejam reforçadas, pois o colaborador em primeiro lugar é um investimento com retorno garantido e muito valorizado pela sociedade.

Mas este episódio da história foi também marcado por uma grande oportunidade de transformação digital nas organizações e na sociedade, pois a maioria dos setores tiveram vários anos e projetos de transformação digital sem os resultados pretendidos, mas com o confinamento, em poucas semanas a transformação digital aconteceu, pois existia uma necessidade de sobrevivência com a utilização do digital. Essa transformação demonstra que as organizações e os líderes têm de continuar a fomentar as mudanças, a reinventar-se diariamente e antecipar as mudanças estruturais/culturais das equipes.

LIDERANÇA DA ALTA GESTÃO EM TEMPOS DE CRISE

Desafios e Aprendizados

José Benedito Ramos Valladão Júnior

Empresa:

Amparo Saúde

Cargo/Função:

Vice-Presidente Médico

1. Quais foram os principais desafios vivenciados neste momento de crise provocados pela Covid-19?

Os desafios provocados pela crise transbordam para todos os setores do nosso dia a dia, de forma coletiva e individual. Isso implica em considerarmos não apenas os aspectos e mudanças da sociedade, mas também os relacionados a cada pessoa em particular, que em menor ou maior grau sofreu impactos na sua saúde (física e mental) e, com isso, em sua capacidade de responder às necessidades cotidianas, seja no ambiente familiar, social ou no contexto do trabalho. Logo, todos, desde o primeiro cargo na linha de frente de uma empresa até o mais alto cargo de alta gestão, estarão vulneráveis a esse impacto. Há, assim, a necessidade de as pessoas conseguirem reconhecer, compreender e assumir a situação de anormalidade na qual estão imersas, vivendo e sobrevivendo. O grande desafio em tempos de crise, como este, incide em se estabelecer, em todas as esferas institucionais, respostas que permitam conjuntamente: respeitar e apoiar os indivíduos, responder aos compromissos firmados com os clientes e garantir a sustentabilidade do modelo de negócio.

2. Quais foram as ações implementadas?

As ações mais estratégicas e de interesse geral que implementei de forma rápida em curto ínterim e mostraram-se particularmente efetivas podem ser classificadas em dois grupos: gestão da ansiedade e otimização de reuniões.

A gestão da ansiedade talvez se constitua na mais importante medida a ser tomada, especialmente, em situações de crise. Defino essa medida como um conjunto de atividades e medidas deliberadas voltadas a reduzir o impacto negativo que o excesso de ansiedade acarreta sobre as estratégias, o desempenho produtivo e, assim, os resultados de um serviço ou empresa. Logicamente, certa ansiedade é desejável nos seres humanos, enquanto sinalizadora de um possível problema e geradora de preocupação necessária para tomada de consciência, atenção e resolução. Todavia, o excesso de ansiedade, algo que foi amplificado devido à crise, é extremamente negativo aos negócios. A ansiedade excessiva gera avaliações inadequadas e desmesuradas sobre problemas cotidianos presentes na empresa, interfere na adoção de estratégias racionais e tomadas de decisões ponderadas e coerentes. Além disso, é contagiosa e se alastra com facilidade e rapidez no ambiente corporativo, podendo ser o estopim da derrocada de seu empreendimento. Como lidar com isso? Medidas direcionadas a todos os envolvidos na cadeia produtiva (cliente, gestor e colaborador) devem ser empregadas para minimizar os impactos prejudiciais que a ansiedade pode gerar. Primeiramente, em relação ao cliente, deve-se deixar claras as responsabilidades, deveres e funções contratualizadas, alinhando todas as necessidades e expectativas. É de especial significado reiterar todo comprometimento, fortalecer o relacionamento e estreitar o vínculo interinstitucional. Quanto aos gestores, pode ser que entendam como o mais radical conselho, mas na minha experiência, é o mais imprescindível! Refere-se a afastar os gestores mais ansiosos das atividades mais sensíveis. No meio de uma crise, existirão pessoas que não necessariamente já possuíam esse perfil, mas que o terão de forma exacerbada neste momento. A interferência e perturbação que um gestor ansioso em excesso ocasiona durante a crise em toda a cadeia produtiva, com colaboradores e clientes, é extremamente considerável e prejudicial. Durante uma crise, o que mais teremos no nosso dia a dia serão problemas. E, neste exato momento, os indivíduos que se apegam aos problemas representam o pior perfil possível para auxílio no enfrentamento da crise. Esse perfil de pessoas se consome de forma desmesurada pelos problemas que surgem e acabam não conseguindo dar respostas adequadas a eles. Passam mais tempo pensando e se torturando pelo problema do que, de fato, o resolvendo. Também não respeitam a variável mais importante de qualquer processo de gestão, que é o tempo (cronograma) para o projeto ou decisão surtir o efeito necessário. Atrapalham e/ou modificam processos e respostas sólidas à crise pela ânsia do imediatismo, numa avalanche de faz-refaz e muda-desmuda que não responde a basicamente nada, nem mesmo a sua própria ansiedade. Além disso, estressam, sobrecarregam e consomem o precioso tempo dos demais, que estão arduamente construindo e entregando as soluções. Durante uma crise é necessário: olhar objetivo, filtro de prioridades, calma e tranquilidade estratégica, habilidade em lidar com situações conflitantes, decisões claras e precisas, respostas parcimoniosas, na medida, sem excessos. Por isso, sendo totalmente sincero com vocês, prezados leitores, a partir do momento em que realoquei as atividades dos gestores excessivamente ansiosos dos ambientes decisórios e reuniões de alta gestão, os processos fluíram maravilhosamente bem. Uma boa alternativa é dirigir esses gestores a fluxos ou funções que se baseiem em executar atividade específica ou um processo operacional dado, sem que existam estratégia, discussão e decisão envolvidas. Como exemplo, inclusive, para algumas pessoas foi bastante útil (para os dois lados) a instituição de uma lista de tarefas com a orientação clara de que nada que não estivesse lá determinado deveria ser objeto de trabalho ou preocupação do indivíduo. Em relação aos colaboradores, deve-se criar um ambiente de trabalho em que as pessoas se sintam confortáveis, respeitar as medidas necessárias para proteção do indivíduo e familiares, ser honesto e sincero quanto à situação de fragilidade institucional e às necessidades de novos arranjos e do apoio coletivo para ultrapassar os desafios impostos, sempre mantendo as esperanças e inspiração à equipe.

A otimização das reuniões foi outra mudança marcante que eu poderia, a bem da verdade, ter instituído há muito tempo. As crises têm, de certa forma, a capacidade de nos empurrar a boas decisões, que foram proteladas por diferentes motivos durante o cotidiano habitual de nossas atividades. Qualquer indivíduo em qualquer nível de gestão, de forma geral, deve perceber que se encontra dentro de um meio que tem um risco e tendência a ser consumido por reuniões excessivas. Com quantas reuniões nos deparamos que não se sabia nem por que existiram? Quantas reuniões em que muitas pessoas nem sabem o que estavam fazendo ali? Quantas reuniões, na verdade, deveriam ser e-mails? Essa lista vai longe... O grande problema das reuniões é que elas são o maior responsável pelo consumo indevido do recurso mais importante na gestão: o tempo. Em qualquer cenário, pauta ou discussão levantada em uma reunião, nunca existirá um nível de homogeneidade de conhecimento e localização no tema entre todos os participantes. Isso é especialmente verdade em reuniões que englobam mais de um setor das empresas, mas ocorre mesmo dentro do pequeno núcleo específico de uma área. Assim sendo, mesmo nas reuniões necessárias, grande parte do tempo muitas vezes é gasto para introdução, contextualização e compreensão dos diferentes participantes. E, cada um, terá o seu tempo: [1] terão pessoas que nos primeiros minutos já estarão a par das questões envolvidas: essas tomarão o papel de mediadores da reunião e, usualmente, decidirão entre elas, mesmo não sendo os mais implicados nas questões envolvidas. Irão marcar mais reuniões para verificar as ações definidas e o seu andamento; [2] terão outros que apenas após 15-20 minutos compreenderão as tratativas: participarão da reunião, farão questionamentos e serão, em geral, conduzidos pelo primeiro grupo. Irão marcar mais reuniões para direcionar e transmitir as ações necessárias aos, de fato, mais implicados; [3] terão outros que se situarão na reunião apenas decorridos 30-40 minutos: em geral, não participarão de forma ativa da reunião, passam a compreender as questões envolvidas no momento final de reunião, em que se definem os encaminhamentos e conclusões, pois afinal de contas vão ter que fazer alguma coisa com o que foi decidido. Irão marcar mais reuniões para reafirmar o entendimento sobre as decisões, tirar dúvidas e entender os detalhes; [4] alguns sairão ainda da reunião sem nem chegar ao entendimento da questão: esses, logo que saírem, irão marcar mais reuniões para entender do que se trata. Logicamente, esse é um panorama geral. O ponto que quero chegar é a necessidade de uma mudança em que cada pessoa deva ter o seu tempo de organização para a reunião dentro de suas atividades de trabalho e não dentro da reunião acontecendo. Assim, uma pessoa pode gastar poucos minutos para se organizar para um tema, para outro assunto gastar 30 minutos, não importa, pois ela se organizará de forma particular e individual, sem comprometer o espaço de reunião. A grande questão é que as pessoas têm tantas reuniões em suas agendas que elas não conseguem se preparar para cada reunião. É um ciclo vicioso e alguma medida para pará-lo deve ser implementada. Não acredito que existam soluções ou receitas ideais, mas na minha experiência tem sido favorável à adoção de critérios bem estabelecidos quanto ao tempo e aos modelos de reunião. Reuniões com objetivos claros, bem definidos e com tempo reduzido são necessárias. As tradicionais reuniões de 30 e 60 minutos não cumprem muitas vezes as necessidades esperadas (conforme os problemas já apontados acima), mas também geram importantes complicações relacionadas ao custo de oportunidade (gerado por você deixar de fazer outra coisa importante). Adicionalmente, não é raro acontecer da reunião se prolongar, impactando em toda a agenda e na capacidade de se realizar entregas. Além disso, mesmo se a reunião acaba mais cedo, há uma tendência a ter um desperdício desse tempo, cuja ociosidade não era esperada. Ante todo esse quadro apresentado, verifica-se que há muito mais valor e é mais importante ter tempos de reuniões mais reduzidos, oportunizando mais contatos, com mais abertura e fluidez para agendamentos espontâneos em curtos períodos. No modelo tradicional, uma reunião de 60 minutos não oportuniza à equipe a facilidade de mais contatos para refinar as decisões e atividades necessárias. Muitas vezes, a próxima reunião só conseguirá ser agendada após semanas ou meses. Por mais que seja usual as pessoas acreditarem que as reuniões mais longas vão acelerar os processos, na verdade, elas lentificam. É muito mais interessante oportunizar quatro contatos de 15 minutos com a equipe para reunião do que apenas um contato de 60 minutos. É mais interessante a possibilidade de cinco contatos com a equipe de 3 minutos, do que apenas um contato de 15 minutos. Enfim, guardadas as proporções e as necessidades e objetivos de cada reunião, essa regra é bastante útil no meu dia a dia. Compartilho a seguir o que pessoalmente tenho estabelecido e acho válido:

1) *Quick communication* (3 minutos): utilizada, em geral, para reforço positivo, repasse ou apresentar uma tarefa. Pode ser usada múltiplas vezes no mesmo dia ou na mesma semana com a mesma equipe. Por exemplo: [QC1] a primeira reunião do dia pela manhã estabelece uma tarefa; [QC2] a segunda reunião coleta repasse sobre dúvidas; [QC3] a terceira reunião coleta repasse sobre o andamento; [QC4] a quarta reunião coleta repasse sobre a finalização; [QC5] a quinta reunião é realizada para reforço positivo. Esse formato pode ser combinado da forma que for mais interessante para cumprir determinado objetivo.

2) *Follow-up* (5 minutos): comumente utilizado para reunião de acompanhamento. Todos os dados (informações, resultados, gráficos, métricas) devem ser compartilhados previamente com todos os envolvidos. Esse tipo de reunião deve ter o seu minuto final concluído pelo responsável pela área com conclusão acerca dos indicadores de acompanhamento sob três aspectos: (1) Indicador Acima do Esperado = reforço positivo; (2) Indicador em Manutenção = seguir na próxima reunião de *Follow-up* ou, possivelmente, agendar uma *Formal Meeting*; (2) Indicador Abaixo do Esperado = agendar uma *Formal Meeting* para endereçar as respostas necessárias;

3) *Formal Meeting* (15 min): reunião para discutir, expor ideias. Se for utilizada apresentação, seguir a regra de uso de apenas um slide com até 10 *bullets* (tópicos). Pautas, problema e dados devem ser enviados a todos os envolvidos previamente. Se algum dos participantes não estiver apto (inadequadamente informado ou sem ter realizado o devido preparo), deve-se cancelar a reunião. A reunião deve ser reagendada em até 24 horas para que esse participante tenha o tempo para se inteirar do assunto. É altamente

importante e deve ser estimulada a corresponsabilização para esses tipos de reuniões. Todos devem trazer e compartilhar ideias sobre a questão/problema que motivou a reunião, incluindo possibilidades de solução. Dessa forma, pode se propor um formato com uma estrutura controlada por tempo. Os primeiros 5 minutos são gastos para apresentação do problema e das ideias. Em seguida, utilizam-se mais 7 minutos para apresentação de possíveis soluções. Os 3 minutos finais são consumidos para conclusão, estabelecendo-se os encaminhamentos e decisões tomadas.

4) *Social Meeting* (30 min): geralmente utilizada para reunião com cliente, mais aberta a diferentes formatos, com os objetivos de construir e fortalecer relacionamento e vínculo.

3. Quais foram os aprendizados para a sua vida nas áreas pessoal e profissional?

Pessoalmente, a crise pela qual passamos foi um período de intenso trabalho e, consequentemente, de aprendizado. Nunca me foi tão caros a essencialidade e o benefício de nos conectarmos com as pessoas, desempenhar uma observação acurada e uma escuta atenta. Acima de tudo, a experiência em alta gestão em tempos de crise ressaltou importantes aprendizados que carrego comigo: reconhecer e crescer com os erros; entender que não existem atalhos; muito esforço e dedicação nos guiam a grandes conquistas; os jovens são nossa esperança, fonte de aprendizado e lembrança de que nossos sonhos nunca têm um fim; as pessoas têm que ser sempre o sentido e propósito de nosso esforço e trabalho, outros objetivos e resultados são abstrações e distrações, mas elas são reais e o que de fato importa!

4. Qual a sua visão e quais as suas expectativas para o pós-crise?

Com certeza, no pós-crise, estaremos muito mais fortalecidos, com ganho de mais maturidade, equilíbrio e responsabilidade. Surgirão brilhantes novas lideranças que se destacarão por sua competência e humanismo. Teremos um período de alívio por conquistarmos dias mais fáceis, mas ainda passaremos por uma série de momentos mais difíceis. Todavia, estaremos renovados e estimulados pela experiência e segurança de já termos vencido um batalhão desses períodos complicados. E, assim espero, se perpetuará um sentimento e compromisso coletivo por se dedicar e lutar juntos para garantir o privilégio, o prazer, o sucesso e a sustentabilidade da existência e experiência humanas.

5. Com base no que você vivenciou, quais recomendações e mensagens de esperança gostaria de compartilhar com outros líderes?

Recomendo que sempre se norteiem por uma gestão centrada na pessoa (no cliente e no colaborador). Isso implica em um comprometimento genuíno com o cliente e colaborador que procure sempre identificar quatro aspectos que considero vitais do relacionamento das pessoas com a empresa:

(1) Sentimentos: subjetividades e afetos evocados. Como é a experiência com o produto ou de trabalhar na empresa? O cliente gosta do produto? O colaborador gosta de trabalhar na empresa e se sente bem?

(2) Ideias: entendimento e crenças sobre o produto que se entrega, suas propostas, objetivos, missões e valores. O cliente acredita na proposta? O colaborador percebe valor real no produto final de seu trabalho?

(3) Funcionalidade: como o funcionamento e fluxo organizacional flui. Conforme acordado em relação às entregas ao cliente ou ao pacto sobre as atividades do colaborador? Há oportunidades de melhoria? Há disfuncionalidades a serem corrigidas?

(4) Expectativas: quais as expectativas, o que se espera em termos de respostas, resultados, satisfação. As entregas atendem às características e qualidade esperadas pelo cliente? As políticas institucionais têm atendido às expectativas do colaborador?

Como contribuição final, apresento a seguinte mensagem, que apesar de ter uma carga específica para os leitores que atuam no setor de saúde (por ser o meu núcleo basilar de competência), em sua essência também se transborda para os demais setores, que vivenciam e cultivam direta ou indiretamente intensas interações humanas: o cuidado em saúde é apaixonante, mas complexo e, às vezes, desgastante. A despeito de toda crise que vivenciamos, mantenham toda dedicação e força. As pessoas sempre serão nossas principais fortalezas e fonte de retribuições inestimáveis, que nos fortalecem, confortam e aquecem. Por isso, trabalhem sempre unidos e em comunhão. Contem um com o outro nos momentos difíceis. Nunca se esqueçam de que os pacientes são nossos maiores mestres e o centro de toda nossa dedicação e esforço. Continuem maravilhosos e imprescindíveis aos seus pacientes, eles são nossa maior razão de ser. Sobretudo, aproveitem a vida e estejam ao lado das pessoas que amam!

LIDERANÇA DA ALTA GESTÃO
EM TEMPOS DE CRISE
Desafios e Aprendizados

José Carlos Mattiuzzi

Empresa:
Ubicua Brasil

Cargo/Função:
Founder & CEO

1. Quais foram os principais desafios vivenciados neste momento de crise provocados pela Covid-19?

Acredito que o principal desafio foi manter a equipe unida e tranquila para que tudo fluísse da forma mais normal possível, uma vez que era uma situação atípica e de isolamento social (ainda mais com um grupo tão jovem – nossa média de idade é de 23 anos!). Outro grande desafio foi manter uma rotina de trabalho e a moral dos nossos colaboradores a distância, mantendo o foco nos prazos e o atendimento das expectativas de nossos clientes, afinal somos uma empresa de tecnologia e de automação de processos de atendimento e tudo que o mercado precisava neste momento tínhamos a oferecer e a entregar. Mas com disciplina, união e comprometimento de todos, conseguimos nos manter unidos e nos reinventamos em nossos processos e forma de trabalho.

2. Quais foram as ações implementadas?

Rotina de *check points* diários (pela manhã) com os gestores (através de videoconferência) para os temas que envolvam todas as áreas e para fazer o *planning* do dia. Todas as sextas-feiras da semana, um bate-papo descontraído no final do dia (*happy hour*) com todos os colaboradores, para manter a uniformidade da comunicação (inclusive da situação da empresa frente à crise). Essa transparência e rotina de interação foram fundamentais para o sucesso de nossas ações e o enfrentamento da crise.

3. Quais foram os aprendizados para a sua vida nas áreas pessoal e profissional?

Como sempre comentei e continuo afirmando: toda crise gera oportunidade e essa não foi diferente! Pessoalmente e profissionalmente, aprendi mais uma vez que o trabalho em equipe em busca de um objetivo em comum a todos é essencial para a vitória. A transparência e a disposição em sempre fazer o bem, independentemente do resultado final (seja ele bom ou ruim), sempre nos traz benefícios e satisfação pessoal. Não hesitamos em ajudar nossos clientes e parceiros de negócios, sendo extremamente flexíveis em nossas negociações na implementação de novas tecnologias para ajudar neste momento ímpar. Tenho certeza de que, no final de tudo, todos ganhamos juntos e aprendemos muito. Saímos melhores do que entramos nessa crise (pessoalmente e profissionalmente).

4. Qual a sua visão e quais as suas expectativas para o pós-crise?
Não tenho dúvida que todos nós mudamos! Minha expectativa é que a partir de agora seremos mais benevolentes, mais humanos e próximos. Com certeza retomaremos nossas vidas gradativamente e tudo se ajeitará de uma forma mais branda, amena. Aprendemos a valorizar ainda mais o contato humano e a caridade mais do que tudo, a se preocupar com o bem-estar do próximo, além de agora aproveitar ainda mais o tempo que dedicamos a tudo, o que fazemos em nossa vida pessoal e na profissional.

5. Com base no que você vivenciou, quais recomendações e mensagens de esperança gostaria de compartilhar com outros líderes?
Recomendo que todos vivam intensamente cada momento, que aproveitem essa dádiva que é a vida e que possamos praticar a solidariedade e a empatia para com o próximo. O espírito de equipe e a união devem estimulados intensamente em tudo o que fazemos e de forma contínua. Todos nós ganhamos com isso. Saúde a todos!

LIDERANÇA DA ALTA GESTÃO EM TEMPOS DE CRISE

Desafios e Aprendizados

José Gallucci Neto

Empresa:

Instituto de Psiquiatria da Faculdade de Medicina da USP

Cargo/Função:

Diretor Médico dos Serviços de Neurofisiologia e Estimulação Neuroelétrica

1. Quais foram os principais desafios vivenciados neste momento de crise provocados pela Covid-19?
Liderança em tempos de insegurança e ansiedade foram os desafios principais. Em situações de crise, da saúde e política combinadas, muitas pessoas passam a agir pelo impulso e não pela razão. Manter o sentimento de unidade do grupo, foco nas pessoas e em decisões pautadas por evidências foi o desafio secundário, mas não menos importante.

2. Quais foram as ações implementadas?
Proteção da saúde mental dos funcionários com apoio da liderança (gestores) local, mas também com suporte psicológico profissional quando necessário. Relativização da crise num contexto de leitura longitudinal de outros eventos críticos. Proteção dos funcionários mais expostos com EPI's de alta qualidade.

3. Quais foram os aprendizados para a sua vida nas áreas pessoal e profissional?
Colaboração, suporte emocional e envolvimento profundo nas dificuldades do time foram a base para uma liderança bem-sucedida.

4. Qual a sua visão e quais as suas expectativas para o pós-crise?
Visão: temos que nos preparar melhor, aprendendo com o que passamos, para as pandemias vindouras.
Expectativa: até o surgimento de uma vacina para a Covid-19, antevejo períodos difíceis tanto do ponto de vista de saúde pública quanto econômicos.

LIDERANÇA DA ALTA GESTÃO EM TEMPOS DE CRISE

Desafios e Aprendizados

José Geraldo Falcão Britto

Empresa:

Lab Governance, FGV e BSI Internacional

Cargo/Função:

Consultor, Auditor, Escritor, Professor, Empreendedor

1. Quais foram os principais desafios vivenciados neste momento de crise provocados pela Covid-19?

Tenho vivido inúmeros momentos de situação de crise, onde sou colocado a pensar em uma nova realidade. Clientes de minha consultoria literalmente paralisados, pela Covid-19, me colocam desafios para refletir junto com suas equipes, em um plano de retomada. Alunos me questionam quanto a como fazer um seguro plano de retomada. E em *lives* que realizo tenho debatido e apresentado a Teoria da Gestão de Continuidade como forma de iniciar um plano de retomada.

A Gestão de Continuidade de Negócios e Governança Corporativa é uma teoria nova no mundo, e estamos trabalhando a pleno vapor.

2. Quais foram as ações implementadas?

Tenho monitorado na prática planos de retomada e de gestão de continuidade. Tenho visto ótimos exemplos. A implementação integral de planos de gestão de continuidade de negócios.

3. Quais foram os aprendizados para a sua vida nas áreas pessoal e profissional?

Durante esta crise, estamos vivenciando na sua capacidade plena a redefinição de todos os conceitos consagrados.

Na vida pessoal, a constante atualização e liderança em novos conceitos e novas teorias me fazem guiar pessoas e projetos. E colocá-los na prática.

Na vida profissional, viver projetos de clientes que estão passando por crises crônicas de paralisação fazem com que testemos e coloquemos em prática as teorias.

Tenho vivido histórias de recuperação exemplares, de pessoas e empresas que se reinventaram e se tornaram destaque em suas operações.

4. Qual a sua visão e quais as suas expectativas para o pós-crise?

Minha expectativa é que os países retornem à normalidade dentro de alguns meses. Que os países voltem à normalidade em questão de dois a três meses.

Que o choque ocorrido no Brasil e em outros países subdesenvolvidos seja rapidamente absorvido, e que o ciclo econômico volte a sua normalidade.

5. Com base no que você vivenciou, quais recomendações e mensagens de esperança gostaria de compartilhar com outros líderes?
Tudo voltará ao normal. Danos permanentes não existem. As pessoas irão se recuperar e a economia também. Com a inovação na ciência, vamos encontrar a cura, através de vacinas.
Pela força da existência humana, de sobreviver a choques, tudo será rapidamente esquecido, e a vida normal será retomada. A história nos mostrou isso, em outras pandemias e até em guerras.
Mesmo em cenários de absoluta destruição, e de danos aparentemente permanentes, a humanidade voltou ao seu normal, alimentada pela fé, esperança na vida, inovação. Agora, planejar um futuro diferente. E, aos poucos, retornar ao normal.

LIDERANÇA DA ALTA GESTÃO EM TEMPOS DE CRISE

Desafios e Aprendizados

Julio Cesar Majzoub Vieira

Empresa:

HCor

Cargo/Função:

Diretor Comercial

1. Quais foram os principais desafios vivenciados neste momento de crise provocados pela Covid-19?

Lidar com um cenário extremo de incertezas em dimensões globais foi, sem dúvida, um de nossos principais desafios. Em um curto espaço de tempo, tivemos uma grande elasticidade nas atividades econômicas das empresas e dos governos, com basicamente duas divisões de cenário: de um lado um grande número de instituições com quedas importantes na demanda, com necessidade de gerenciar quadros de colaboradores (manutenção e salários), refinanciar dívidas e compromissos financeiros e se reinventar para se manter vivas, enquanto por outro lado tivemos empresas/áreas com necessidades de ampliação de sua capacidade de produção em níveis que, mesmo com importantes investimentos, enfrentaram dificuldade de estruturação (exemplos: enfermagem, equipamentos médicos).

A vantagem em tempos em que enfrentamos crises com dimensões globais é que todas as principais mentes brilhantes do mundo se unem para buscar alternativas. Tudo se tornou mais complexo quando entramos em um debate social em que separamos basicamente dois grupos, sendo um a favor da vida e outro a favor da economia, quando poderíamos ter debatido ambos, no campo das ideias e sugestões, sem mútua exclusão, partindo sempre da premissa de que estávamos diante de um inimigo desconhecido e com alto poder de letalidade, e que todos os cuidados necessários deveriam ser tomados.

Neste momento, além do enfrentamento à pandemia (que por si só já seria de altíssima complexidade), passamos a ter que mediar posicionamentos político-sociais. Parte do tempo, atenção e esforços que deveríamos ter destinado a buscar alternativas foram empregados em defender um ou outro grupo. Atrasamos, com isso, nossas tomadas de decisão.

2. Quais foram as ações implementadas?

Apesar de todo o debate social e rejeições em torno da discussão da economia, muitos líderes tomaram a frente em suas organizações para aprofundar as análises e medidas a serem tomadas.

A ausência de dados históricos dificultou qualquer tipo de projeção. Nos vimos diante da necessidade de refazer planejamentos quase diariamente - o que antes muitas empresas faziam uma vez ao ano - visto que a cada dia uma nova notícia mudava o rumo das coisas. Vimos a união de grandes empresas, trocas de informações e experiências, trocas de insumos, renegociação de contratos com melhoria de prazos e condições de pagamento, revisão de margens das empresas buscando mais contribuir no momento do que ter lucro, grandes doações de vários grupos, dentre outras ações. Tivemos também importantes movimentos dentro das organizações, com ideias inovadoras, mobilizações em curtíssimo prazo e resultados sendo gerados de forma que antes não se imaginava ser possível.

Criamos discussões rápidas em comitês diários, envolvendo muitos atores no processo de tomada de decisão, e com um conceito de descentralização dos especialistas em cada assunto, sem a mesma necessidade de aprovações nos diversos níveis hierárquicos. A velocidade passou a ser mandatória para a dinâmica do sistema, com menos burocracia e apego a modelos antigos, por muitas vezes decididos no dia anterior.

Implantamos grandes mudanças em massa na forma das equipes trabalharem, com métodos ainda em desenvolvimento e acompanhamento. O trabalho em *home office*, reuniões por vídeo, métricas de desempenho por aplicativos e várias outras medidas, que até então pareciam ser disruptivas demais, tornaram-se naturais em apenas um mês. A transparência na informação também foi um fator relevante a ser destacado, visto que os colaboradores passaram a ter um nível de estresse e incertezas que tornou o processo mais desafiador.

3. Quais foram os aprendizados para a sua vida nas áreas pessoal e profissional?

Há muitos anos o mundo corporativo já vinha abrindo discussões em torno de produtividade, processo de tomada de decisão, descentralização, objetividade, excesso de reuniões, perda de tempo com deslocamento, burocracias, *empowerment*, redução de níveis hierárquicos, acesso à informação e vários outros modelos que atrapalham a administração empresarial. O excesso de planejamento e o receio de mudar modelos até então consagrados sempre nos deixou lentos e receosos ao processo de mudança.

A pandemia nos obrigou a fazer tudo isso e em tempo recorde. Por fim, era possível fazer tudo aquilo que tínhamos receio de fazer. O grande exemplo que levo para isso é o modelo do *home office*. Conseguimos colocar um número sem precedentes de pessoas trabalhando de suas casas, acessando os sistemas e arquivos da empresa com segurança e responsabilidade e entregando seus resultados normalmente. Aprendemos a fazer reuniões por vídeo, mantendo de certa forma as relações sociais, sendo mais objetivos nas pautas, e ainda ganhamos tempo com os deslocamentos no trânsito, nos quais perdíamos cerca de três horas por dia nos grandes centros. Neste momento, ainda estamos aprendendo a lidar com este novo cenário, mas temos grandes empresas que já comunicaram que manterão a maior parte de seus colaboradores em *home office*.

Todos aprendemos também a valorizar mais diversos aspectos de nossas vidas pessoais. Encontramos formas de nos comunicar com nossos familiares, a dar mais valor para momentos em família, a exaltar momentos de lazer, esportes, espirituais. Passamos a ter mais equilíbrio entre tempos destinados a trabalho e vida pessoal, e o tempo ganho apenas com o deslocamento fez muitos pensarem de fato em um novo modelo de vida, com mais tempo para ter experiências e menos em posses.

Obviamente, seguimos em constante evolução e o que estamos vivendo agora nos trará novas experiências e prioridades. O que vivemos agora de fato é muito novo, para todos, é que aprendemos a tomar decisões sobre coisas relativamente complexas, com muito mais velocidade, aprendendo a conviver com os riscos disso tudo.

4. Qual a sua visão e quais as suas expectativas para o pós-crise?

Sairemos melhores e mais fortes depois desta crise. Momentos na história como estes sempre "puxam a corda" de forma muito severa para o lado oposto. Funciona como um elástico, indo para os extremos, mas com um efeito em particular que não volta para a mesma posição inicial, proporcionando um período de aprendizado e amadurecimento acelerado. Alguns empregos e algumas profissões simplesmente mudarão por completo suas propostas de valor.

O que me preocupa, particularmente, é a velocidade da retomada da economia. Estas crises geram certas incertezas, investidor e consumidor final ficam normalmente mais cautelosos em curto e médio prazos. Isso deve fazer com que a retomada seja mais lenta do que foi a velocidade da queda, impactando principalmente na recuperação dos empregos. Agravando isso o fato de as pessoas ficarem certo tempo sem renda, acumulando dívidas, passaremos então por um tempo de reorganização socioeconômica e precisaremos aprender a administrar esses efeitos.

Há de se considerar que esta crise, diferentemente do que vemos normalmente, está tendo impactos globais. Por um lado, isso acelerará o aprendizado, visto que todos pensarão em alternativas, por outro, pode concentrar a retomada em locais que souberem tomar decisões mais rápidas e dinâmicas, já que inicialmente muitos vão querer solucionar primeiro seus próprios problemas.

5. Com base no que você vivenciou, quais recomendações e mensagens de esperança gostaria de compartilhar com outros líderes?

Estamos em um momento singular da humanidade, em que as mudanças e a velocidade da informação têm um ritmo talvez nunca visto antes. Isso exige de nós ações e velocidades também em ritmos diferentes.

Muitas decisões, tendências e movimentos dependem da nossa liderança e precisamos ser mais rápidos, práticos e ousados.

As novas gerações de profissionais que vêm pela frente já nasceram com essas características e irão, naturalmente, propor esse movimento. A diferença atual entre os processos de tomada de decisão em grandes companhias quando comparadas a *startups* deve ditar a sobrevivência futura.

Seremos cada vez mais exigidos também para proporcionar equilíbrio entre a vida pessoal e a profissional aos nossos colaboradores, e o aprendizado nos mostra grandes caminhos e que não podemos retroceder.

A situação que temos enfrentado com a Covid-19 é uma das mais graves de nossa história. Todos os profissionais da saúde estão sendo convocados para liderar o atendimento a esses grupos de pessoas infectadas e a conduzir estudos e pesquisas que nos façam sobreviver a esse perigo.

Respeitadas obrigatoriamente as condições de proteção ao ser humano no enfrentamento à pandemia, os demais profissionais da economia (economistas, administradores, comerciantes, advogados e todas as demais profissões) devem ser "convocados" a liderar o enfrentamento do colapso socioeconômico que a pandemia pode trazer, com estudos, pesquisas, ideias, sugestões, mobilizações e ações. Sabendo e mantendo todas as premissas de isolamento social, quais são as ações que podemos abertamente discutir para apoiar o trabalhador?

LIDERANÇA DA ALTA GESTÃO EM TEMPOS DE CRISE

Desafios e Aprendizados

Ladmir Carvalho

Empresa:

Alterdata Software

Cargo/Função:

Presidente

1. Quais foram os principais desafios vivenciados neste momento de crise provocados pela Covid-19?

A crise pegou a *Alterdata* numa situação bastante complicada por não termos previsto algo do gênero, e tudo o que não está planejado tem mais chances de dar errado. A *Alterdata* possui cerca de 1.800 colaboradores diretos, são cerca de 50.000 clientes ativos, o que dá aproximadamente 1 milhão de usuários diários nos *softwares* que produz, tudo gerido por cerca de 100 unidades de negócio distribuídos pelo país. Completaremos 31 anos de vida em 2020, e nunca vivemos algo do gênero, o que faz com que não tenhamos referências de situações parecidas, gerando assim insegurança. Em casos como esse, fizemos o que sempre fizemos no passado em relação a monitoramento, criamos indicadores de crise com análises muito curtas, alguns diários, para entendermos o comportamento dos clientes, do caixa, dos colaboradores, ou seja, tudo o que poderia pôr em risco a operação. Colocar todos em *home office* foi um grande desafio, pois não tínhamos certeza se todos os departamentos conseguiriam dar conta do que era necessário. Somos em nossa natureza muito controladores e matemáticos, ou seja, deixar cada um fazer o que quiser não é aceitável na *Alterdata*, e por isso mudar tudo do dia para noite quebrou um grande paradigma, nos deu a certeza de que a velocidade é mais importante que a perfeição, vimos que era melhor fazer rápido sem controle do que esperar muito para agir. A presidência e as diretorias foram envolvidas pesadamente em ações diárias com todos os departamentos, para fazer com que todos entendessem a importância da inovação e da detecção do que estaria dando certo ou errado, pois não estávamos nos permitindo errar se a correção fosse rápida. A cada semana que passava, os controles e as rotinas foram sendo ajustadas para garantir a qualidade de sempre, novos indicadores de performance e processos de funcionamento nasceram.

Porém, um dos maiores desafios e dúvidas era entender o que aconteceria com os clientes e que tipo de impacto financeiro esta crise poderia provocar em nossos usuários que, por conseguinte, chegaria até nós, e para isso optamos por mudar completamente a comunicação da empresa, nos aproxi-

mando e ouvindo muito os clientes, descobrindo os setores que seriam mais afetados, e com isso começamos a ter o mínimo de previsões. Com os dias de quarentena se passando, os números foram ganhando mais precisão, e com isso conseguimos entender melhor o impacto no caixa da companhia. A *Alterdata* sempre foi uma empresa focada em caixa, sempre teve um colchão financeiro que foi importante para suportar momentos de instabilidades, mas a dúvida era calcular quanto tempo o nosso colchão suportaria na crise, de tal forma que pudéssemos caminhar sem precisar dispor do nosso maior custo, que são as pessoas, pois somos uma empresa de serviços, onde o pessoal é o nosso maior centro de custos. Quando abril foi chegando ao fim, começamos a entender que perdemos cerca de 22% de nossa receita, uma vez que a inadimplência cresceu junto com a perda de clientes que faliram, uma conta desastrosa em nosso setor financeiro.
Um dos grandes temores foi o fato de como a *Alterdata* está posicionada, pois somos uma empresa cujos clientes são médias e pequenas organizações no Brasil, justamente as que mais sentiram a crise. Temos uma quantidade muito expressiva de clientes que são escritórios de contabilidade, que também sentiram a crise em função dos seus respectivos clientes estarem fechados, enfim, um conjunto de situações que poderiam parar a maioria dos nossos clientes. Em abril, tivemos uma demanda 60% menor de atendimentos no suporte, o que significou muitas pessoas ociosas, e por isso a medida de colocar muitas pessoas em férias se tornou muito importante.
Uma coisa curiosa como aprendizado é que os indicadores de performance são muito importantes neste momento, porém nem sempre eles estão adequados à crise. Digo isso porque temos na *Alterdata* cerca de 450 indicadores de performance que usamos habitualmente, porém não havia alguns ligados aos cancelamentos de clientes com tanto detalhamento o quanto precisávamos neste momento, ou seja, as perdas de clientes nunca foram tão expressivas para termos informações granuladas o suficiente, mas neste momento passou a ser primordial entender nos pormenores os motivos das perdas, o tempo de vida desses clientes, e cada item desse por linha de produtos, região, filial e tudo mais. O aprendizado foi que cada

momento exige um nível de detalhamento das informações, quanto mais informações pormenorizadas, mais acertamos.

Se eu pudesse resumir os grandes focos de atenção, eu diria:

1- Proteção do Caixa;

2- Proteção dos *alterdatanos*, a nossa equipe precisa ter muita atenção nestes momentos;

3- Blindagem dos clientes, entendendo as respectivas dores;

4- Monitoramento por indicadores de forma granulada, ou seja, na menor partícula.

2. Quais foram as ações implementadas?

Tudo começou em 15 de março de 2020, e dentro desse mesmo mês já sentimos as perdas financeiras, e em função disso algumas ações foram necessárias:

a) Colocamos 1.800 colaboradores para trabalhar em *home office*, mas o problema para que isso acontecesse de forma tranquila não foi sob o aspecto técnico, mas sim operacional. Tivemos que mudar procedimentos, controles, rotinas e periodicidade de reuniões, os gerentes e os supervisores foram treinados para mudar tudo, sendo necessário cobrar diferente e criar novas métricas. Nos primeiros dias, comecei a telefonar pessoalmente para as casas dos colaboradores para saber como estavam, do que estavam precisando para trabalhar bem, se estava tudo certo com a família, o que trouxe uma ótima repercussão.

b) Criamos um comitê de crise para conversar com clientes desesperados, montamos mecanismos financeiros de ajuda aos clientes, criamos *softwares* para ajudar os usuários nesse momento de paralisação das empresas.

c) Mudamos completamente a comunicação da empresa, fazendo simplesmente uma reinvenção completa do *marketing*. O setor foi direcionado completamente para o mundo virtual, muitas *lives* foram programadas, blogueiros foram contratados, eventos virtuais montados. Contratamos um *software* importado para fazer transmissões ao vivo com ilha de edição, o que deu um toque profissional para as *lives* e eventos *on-line*.

d) Fizemos algo que sempre comento em palestras, diminuímos a periodicidade das medições, ou seja, passamos a ter reuniões com a liderança da *Alterdata* no Brasil inteiro, semanalmente. Ou seja, são aproximadamente 140 líderes reunidos todas as semanas discutindo temas específicos, como vendas, finanças, negociações e relacionamento com os clientes. Esse *brainstorming* criou uma sinergia para as mudanças que jamais vimos na organização, nos deu a sensação do porquê não ter feito isso antes.

e) Chegamos todos à conclusão de que tínhamos que demitir 52 vendedores contratados 15 anos atrás, ou seja, antes da crise, pois eles estavam começando a ser treinados e teriam muita dificuldade para vender a novos clientes.

f) Foram usados todos os recursos oferecidos pelo governo para proteger o caixa, ou seja, pagar FGTS e tributos federais meses à frente foi o que usamos. Não fizemos uso de redução salarial.

g) Colocamos cerca de 350 colaboradores de férias forçadas, sem permitir que a equipe não aceitasse, e quando esses retornaram, colocamos outro grupo de férias.

h) Paralisamos quase todas as contratações em aberto, deixamos apenas o desenvolvimento sendo abastecido por novos profissionais.

i) Alguns setores foram colocados abaixo de uma única liderança, para minimizar a quantidade de cargos intermediários.

j) Aumentamos expressivamente a nossa visibilidade nas redes sociais com live e palestras praticamente todos os dias, o que demandou um redesenho completo do setor de *marketing*.

k) Realocamos produtos em verticais diferentes, ou seja, um diretor recebeu alguns produtos que foram retirados de outra diretoria, com a intenção de termos mais velocidade.

l) Criamos uma divisão de negociação financeira para tentar ao máximo não permitir que clientes cancelassem contratos.

3. Quais foram os aprendizados para a sua vida nas áreas pessoal e profissional?

Eu tenho certeza absoluta de que esta crise está sendo um divisor de águas na *Alterdata*, sairemos fortalecidos, mais fortes, mais ágeis e com um grupo de colaboradores mais alinhados. A empresa foi completamente reinventada, o que já estávamos fazendo há uns dois anos, mas com isso tudo, tivemos que acelerar ao máximo as transformações que estavam em andamento.

Pessoalmente, conheci mais a minha própria equipe, percebi com quem eu posso contar mais para uma situação de guerra como esta, isso me deixou com a certeza de que o líder descobre mais coisas em combate do que no escritório com tudo tranquilo.

Descobri que a *Alterdata* pode mais, muito mais do que já fez, tem como ter mais clientes com alta qualidade de funcionamento dos seus *softwares*, pois o *home office* foi muito positivo para todos.

Aprendi que posso dar mais liberdade para criação, inovação e reinvenção com menor participação minha, pois as lideranças da *Alterdata* estão mais preparadas do que eu mesmo imaginava.

Consegui perceber o quanto o meu nome pessoal tem peso no segmento empresarial, pois comecei a fazer uma ou duas *lives* por dia a convite de entidades e grupos empresariais, levando conhecimento, experiência e obviamente propagando a marca da *Alterdata* para milhares de pessoas.

4. Qual a sua visão e quais as suas expectativas para o pós-crise?

Eu estou certo de que a economia não retornará imediatamente, ou seja, mesmo que todas as empresas estejam abertas e em operação, elas não irão faturar mensalmente o que faturavam em 2019, isso deve acontecer apenas depois de novembro de 2020, ou seja, de maio a novembro serão meses muito duros.

Eu acredito que todas as relações jamais serão as mesmas, cliente e fornecedor estarão prontos para terem contatos mais *on-line*, mais velozes e com menor custo. A relação entre líder e liderado será modificada drasticamente, pois agora estamos certos do quanto podemos fazer, mesmo não estando um ao lado do outro, ou seja, não há dúvidas de que o *home office* é viável. Outra perspectiva importante que será modificada daqui para frente é o fato de que no passado aceitávamos ter funcionários que para entregar valor tinham que ter supervisores e gerentes cobrando, com alguém o dia inteiro pressionando, mas agora, com as pessoas em *home office*, esse tipo de profissional não interessa mais, o que se quer é alguém que entregue valor sem precisar ter um líder pressionando-o, isso quer dizer que mudou o conceito do que é um bom colaborador, e todos precisam se ajustar ao novo padrão. Acredito que no pós-crise muitas oportunidades acontecerão para os que forem mais rápidos em entender as novas expectativas dos clientes, as novas maneiras de se atender os consumidores, as novas formas de se relacionar internamente na empresa.

Acredito que pequenas empresas poderão ameaçar as grandes organizações, sendo mais velozes e certeiras. Um rápido tiro de fuzil passa a ser mais eficaz do que um tiro de canção sem pontaria.

Também acredito que pessoas de classes mais humildes, que sempre tiveram dificuldades para crescer profissionalmente, estarão com mais horizontes, pois atualmente o ensino à distância de forma gratuita está completamente consolidado, é possível se aprender quase tudo através da *internet*, ter acesso a conhecimento de qualidade de qualquer parte do mundo, o que até uns anos atrás era um privilégio de alguns. Isso significa que veremos daqui para frente jovens de comunidades pobres tornando-se empreendedores, conquistando mais responsabilidades em empresas. O que ainda esses jovens precisam é de orientação, inspiração, referências positivas do quanto eles podem crescer e ter oportunidades usando as ferramentas tecnológicas de hoje, eles precisam ter a disposição de ficar sentados aprendendo algo relevante.

5. Com base no que você vivenciou, quais recomendações e mensagens de esperança gostaria de compartilhar com outros líderes?

Eu sou uma pessoa que sempre tenta encontrar o lado bom das coisas, mesmo no meio de uma guerra, de um deserto, de um desastre, existem oportunidades e aprendizados. Todas as empresas sairão desta guerra com sequelas, com feridas, mas certamente sairemos melhores, mais preparados para uma competição de maior nível. Vimos superpotências mundiais dobrarem os joelhos da mesma forma que o armazém da esquina da nossa casa, vimos com isso que estamos mais próximos da excelência do que imaginávamos.

Também observamos que nosso machado precisava ser amolado para abrirmos caminhos na mata com mais velocidade, que não podemos ficar na zona de conforto, pois o sucesso do hoje é o que mais contribui com o fracasso do amanhã se não ficarmos alertas o tempo inteiro.

Eu estou aprendendo muito com esta crise, me reinventando junto com a *Alterdata*, mas o mais importante é entender que nunca a presença do líder foi tão fundamental para um grupo, o que certamente é muito positivo para todos que comandam pessoas.

Uma lição importante para todos é ter um excelente planejamento financeiro na empresa, ter um colchão financeiro é fundamental. O colchão da *Alterdata* sempre nos ajudou em inúmeras situações complexas e, desta vez, está sendo determinante para passarmos por esta crise. Vejo este momento como um deserto que precisamos passar, algumas empresas entraram neste terreno árido com mais água, e com isso suportam um caminho mais longo, outras morrerão de sede no meio da jornada por falta desse combustível, por não ter caixa para suportar a jornada, e outras ainda terão que se endividar para conseguir chegar ao final da crise. A *Alterdata* está lutando ao máximo para passar por este deserto com o seu próprio caixa, chegando ao final sólida como sempre.

LIDERANÇA DA ALTA GESTÃO EM TEMPOS DE CRISE

Desafios e Aprendizados

Leonardo de Assis Santos

Empresa:

Cadarn Consultoria, Nohau Escola e Artemis Negócios Culturais e Sociais

Cargo/Função:

Sócio-Diretor / Sócio

1. Quais foram os principais desafios vivenciados neste momento de crise provocados pela Covid-19?

A Covid-19 trouxe perspectivas e desafios diferentes para as duas empresas das quais sou sócio. A *Cadarn* é uma empresa de consultoria voltada para inteligência e estratégia na área de suprimentos e já estávamos com três projetos grandes engatilhados e em execução antes da pandemia se agravar em território nacional. O maior risco está nos clientes terem problemas relacionados a caixa e necessidade de paralisação dos projetos e, por consequência, termos problemas financeiros e de manutenção de equipe. Um dos projetos mostra risco de cancelamento e isso pode ter um impacto na gestão da organização. Nos outros não tivemos problemas nesse sentido até o momento. Nossos principais clientes são de setores essenciais da economia (agronegócio, fertilizantes, mineração e agências de fomento) e são empresas com finanças saudáveis. Contudo, sabemos que com o agravamento da pandemia no país, a situação pode vir a ficar mais séria e termos que gerenciar a questão de uma forma mais direta. Outro aspecto desafiador é realizar todo o atendimento de forma virtual, especialmente para levantamento, troca de informações para o desenvolvimento das análises e desenvolvimento da equipe. Além disso, sabemos que o trabalho de consultoria demora um pouco mais a entrar em crise, mas geralmente é um dos investimentos mais difíceis de ter retorno à normalidade quando a crise acaba. Logo, há um receio quanto à demanda de negócios futura.

Na Ártemis, os desafios têm sido maiores. A empresa faz gestão de projetos culturais, gestão financeira de equipamentos culturais, como a Sala Cecília Meirelles e o Parque Lage, captação de recursos, dentre outros serviços. A atividade cultural ficou bastante limitada durante a crise e todos os equipamentos que gerenciamos estão fechados. Há um desafio constante de gestão financeira e de motivação da equipe, que está com a alocação bem abaixo da normalidade. Além disso, a atividade de cultura é bastante relacional e não ter essa possibilidade tem um impacto moral sobre toda a equipe e sobre o mercado de cultura e de patrocínios em geral. O mercado cultural deve ser um dos últimos a retomar à plena capacidade após o processo de crise.

2. Quais foram as ações implementadas?

Na *Cadarn* estão todos trabalhando em *home office* desde 13 de março. A equipe não é grande, mas com diferentes níveis de senioridade, que exige maior nível de atenção. Criamos uma sistemática de relacionamento com a equipe que auxilia na manutenção de uma rotina diária. Todos comunicam o momento que estão *on-line* e os momentos que estão em interações. As agendas de todos são abertas para que cada um saiba o que o outro está fazendo. Temos nos relacionado com os clientes diariamente pelos mais diversos meios: *WhatsApp, Zoom, Meet, Webex, Skype for Business, MS Teams* etc. O que tem minimizado o fato de não estarmos trabalhando dentro do ambiente do cliente. Devolvemos a nossa sala no mês de abril para reduzir os custos, mas estamos pagando normalmente todos os funcionários e fornecedores prestadores de serviço, tendo em vista que estamos operando em plena capacidade. Toda a nossa equipe está garantida em termos de emprego até o mês de julho e pretendemos que tudo dê certo para que possamos mantê-los mais à frente. No intuito de elevar nossa capilaridade e lembrança em termos de mercado, temos investido no desenvolvimento de material qualificado sobre a crise e sobre os impactos na cadeia de suprimentos e ofertado soluções que direcionem as empresas para uma atuação efetiva frente à pandemia.

Na Ártemis, todos estão trabalhando em *home office*, também. Devolvemos a nossa sala e negociamos o pagamento do último aluguel. Continuamos atendendo os clientes nos processos de pagamento, prestação de contas e relacionamento com patrocinadores. Direcionamos o nosso *marketing* para editais voltados para o ambiente audiovisual virtual, para tentarmos captar mais clientes. Garantimos a permanência da equipe até o mês de junho e estamos trabalhando para que não tenhamos perdas de patrocínio que impactem os equipamentos que gerenciamos atualmente. Estamos investindo mais no meio audiovisual para elevar o potencial de clientes neste momento.

3. Quais foram os aprendizados para a sua vida nas áreas pessoal e profissional?

Acredito que os maiores aprendizados relacionados à vida pessoal estão direcionados à parcimônia financeira, à valorização das coisas boas e pequenas que temos todos os dias e que compõem o que chamamos de "felicidade", à valorização do trabalho e à valorização da vida acima de tudo. Nessa questão financeira é fundamental poupar e investir bem. Ter recursos para suportar momentos de necessidades que vão aparecer na nossa vida. Minha esposa e eu sempre tivemos uma gestão financeira muito dura e isso tem mostrado seu valor durante esta crise. Em relação aos momentos que não vivenciamos mais, tudo que é simples teve seu valor aumentado. Sair para comprar pão quente, tomar uma cerveja com os amigos no botequim, abraçar as pessoas, visitar meus pais e comer a comida da minha mãe, sentir o sol na pele, entre outras coisas, são aspectos que nos fazem humanos e compõem os pequenos prazeres pouco lembrados que tiveram seu valor aumentado durante esse processo. A crise nos faz lembrar também que trabalhadores marginalizados são extremamente relevantes para sua vida. O seu lixeiro, o enfermeiro, o repositor do supermercado, o entregador, o seu porteiro. Todos esses têm uma relevância ímpar em nossas vidas e muitas das vezes os menosprezamos e desconsideramos. Além disso, percebemos a cada dia como a vida é preciosa e como devemos cultivá-la. Do nada a vida pode se acabar por motivos completamente alheios ao nosso controle e não damos o verdadeiro valor a ela e às pessoas que fazem a nossa vida valer a pena, aos nossos relacionamentos. Não sabemos quando daremos o último abraço, o último beijo e o último "eu te amo", por isso talvez devêssemos deixar as pessoas saberem disso mais frequentemente.

No campo profissional, os aprendizados estão mais relacionados à gestão de risco e financeira do negócio e à capacidade de se reinventar constantemente. Trabalhamos com análise de risco da cadeia de suprimentos e estamos junto com nossos clientes visualizando as dificuldades de gestão que os fornecedores estão vivenciando. As empresas não se preparam para ter um colchão efetivo contra crises e problemas de mercado, e isso fica claro a cada noticiário. Nós mesmos na *Cadarn* já tivemos um fornecedor de serviços de *designer* que faliu em duas semanas. As empresas precisam estar conscientes de que as coisas podem dar errado e, por isso, devem ter reservas adicionais para lidar momentos como este. Além disso, acredito que esta crise vai produzir profissionais mais preparados e flexíveis. Todos estão tendo que se adaptar para continuar produzindo e entregar resultados. As pessoas estão estressadas emocionalmente, a limites que não conheciam todos os dias. Isso vai criar um novo tipo de profissional no Brasil e isso pode ser interessante de observar no pós-crise.

4. Qual a sua visão e quais as suas expectativas para o pós-crise?

No ponto de vista econômico, creio que vamos entrar em um colapso do sistema. É muito difícil com 20% a 25% da população mundial desempregada termos uma manutenção nos níveis de consumo que sustentem um processo de recuperação rápido. Dessa forma, entendo que teremos entre dois e três anos de processo de recuperação da atividade, podendo ser um período maior.

Acredito que é possível haver uma nova consciência social e ambiental, no pós-crise. Em muitos lugares, tivemos provas concretas do poder de recuperação da natureza, como em Veneza, com o reaparecimento dos golfinhos, na China e na Índia, com a redução dos níveis de poluição, e a vida selvagem dominando as cidades nos EUA e no Brasil.

Creio que teremos uma nova forma de nos relacionar e de utilizar a tecnologia. As pessoas que tinham medo de utilizá-la estão se encantando com as possibilidades, e as pessoas que utilizavam muito estão vendo que o lado humano e o contato também têm um valor alto nas suas vidas. Tendemos a um novo equilíbrio nessa questão e uma aceleração na percepção de que a tecnologia é o melhor meio para resolvermos nossos problemas.

Acredito que podemos ter uma mudança significativa no relacionamento entre os países e no comércio internacional. Haverá uma maior busca por protecionismo e por "fazer dentro de casa", ao mesmo tempo em que discursos de proteção da população tendem a ser a tônica do novo mundo.

Vamos ter um novo multilateralismo nas relações políticas e econômicas entre nações, com certeza. Dentro dos meus campos de atuação, tenho uma visão de um crescente investimento em digitalização da cadeia de suprimentos. Contudo, tal processo pressupõe uma necessidade de evolução, desenvolvimento, dos processos internos das empresas. As organizações irão compreender que as coisas precisam ter uma forma adequada de funcionar para receberem a incorporação de tecnologia e serem mais eficientes e flexíveis. Além disso, haverá uma busca por um *redesign* da cadeia de suprimentos. A dependência da China é muito elevada e muitas empresas já não veem isso com bons olhos. No interior de São Paulo, Paraná, Santa Catarina e Minas Gerais, nós já observamos movimentos para desenvolvimento de fornecedores locais para dar maior segurança e reduzir os riscos de ruptura da cadeia de suprimentos, um movimento que pode fortalecer as economias do interior do Brasil, algo que já era tendência e pode ser reforçado nos próximos anos.

No campo da cultura, podemos ter um impacto prolongado dos eventos presenciais e o fortalecimento do público do audiovisual em mídias digitais, movimento que já estava ocorrendo, mas que deve ser acelerado com todas as situações vivenciadas. Cinemas, teatros, casas de show vão ter muita dificuldade de se restabelecer depois desta crise sem auxílio governamental. Os recursos para patrocínios para esse público também serão revistos. Será um período com projetos menores e de busca por maior capilaridade.

5. Com base no que você vivenciou, quais recomendações e mensagens de esperança gostaria de compartilhar com outros líderes?

A principal recomendação está relacionada à manutenção de uma sanidade mental e emocional para este momento. A crise tende a ser longa e dura. Dessa forma, temos que manter a cabeça no lugar para tomar as melhores decisões para nossas famílias, nossas equipes e nossas empresas. Seremos desafiados todas as semanas pelos noticiários com a perda de vidas e com o fechamento de empresas, em nossos ambientes familiares e de amigos com a perda de empregos e no ambiente empresarial com desafios de sustentabilidade dos negócios. Sem serenidade, lucidez e força mental será difícil enfrentar a crise.

A principal mensagem é que nós vamos superar a crise, mas não sem cicatrizes. As cicatrizes são lembranças, histórias, de batalhas que vivemos, sobrevivemos e, muitas das vezes, saímos vitoriosos. Acredito que todos os que superarem este momento devem ter algum sentimento de vitória. Vitória pela sua vida e vitória pela sustentação do seu negócio, sua atividade. O gestor mostra o caminho para sua equipe e para sua empresa. Se o gestor atravessou a tempestade e conseguiu manter a sua família, sua equipe e sua empresa, ele tomou algumas decisões corretas e manteve a cabeça no lugar no momento necessário. Ele tomou as decisões adequadas com as informações que possuía, e se isso já é louvável sem crise, imagine no ambiente em que vivemos. Mantenha-se forte. Vai passar.

LIDERANÇA DA ALTA GESTÃO EM TEMPOS DE CRISE

Desafios e Aprendizados

Leonardo Matsumota

Empresa:

AWS

Cargo/Função:

Advisory

1. Quais foram os principais desafios vivenciados neste momento de crise provocados pela Covid-19?

Durante a fase de quarentena, surgiram inúmeros desafios, principalmente pela incerteza causada em nossos clientes com a proibição de atividades, decretada pelo governo, e consequente impacto na retenção dos clientes no uso de produtos e serviços. Essa mudança no fluxo de caixa organizacional teve reflexo no planejamento estratégico, prorrogando ou cancelando projetos de transformação digital, jornada *cloud* e inovação com a empresa onde atuo.

Nesse contexto, os maiores desafios foram relacionados ao ajuste do portfólio de ofertas, da modalidade presencial para remota. Isso incluiu criar novos formatos de programas de transformação, *workshops* e treinamentos com o uso de ferramentas *on-line*, técnicas de ensino a distância, apropriação de agendas (pois o tempo de absorção e interação remota é bem diferente do presencial) e comunicação corporativa. Essa dinâmica precisou ser evolutiva e adaptativa, devido à incerteza com as datas de retomada das atividades após a quarentena.

A realocação de colaboradores (do escritório para casa) não foi tão complicada, pois a empresa já tinha uma cultura inovadora que permitia flexibilidade ao *home office*. Para isso, deve-se atentar a toda infraestrutura necessária para suportar os colaboradores. Para as empresas que já utilizam serviços *cloud*, é um processo trivial. As demais devem viabilizar o acesso ao ambiente corporativo com o uso de VPN, por exemplo, além das conferências virtuais e SaaS (*software as service*), que podem ajudar na governança e execução das tarefas.

2. Quais foram as ações implementadas?

As principais ações foram de acordo com a nova realidade de interação remota, mas sempre com foco *customer centric*:

- **Programas de transformação:** o suporte ao *pre-sales* precisou de ajustes, pois, sem o contato direto com o cliente e seu ambiente, diminui um pouco a percepção cultural e o engajamento das pessoas com o trabalho. E para continuar sendo *data-driven*, nada melhor que realizar PoC (*Proof of Concept*), coleta de dados ou *assessment* próximo onde as coisas acontecem. Gemba! Significa *Management By Walking Around* para identificar oportunidades e remover desperdícios na linha de frente dos acontecimentos. Não sendo possível, consideramos um novo *toolkit* para ajudar a coletar as informações com o cliente, estabelecer a cadência apropriada de reuniões e entregar os serviços contratados. Assim, do *pre-sales* ao *delivery*, conseguimos planejar e executar junto ao cliente, dando visibilidade e interação durante o trabalho, para juntos decidirmos as mudanças ou a continuidade do que está sendo construído. Com esse processo disponível *on-line*, ficou mais fácil ser transparente e ter avaliações imediatas das tarefas que estão sendo realizadas.

- ***Workshops:*** a maioria era realizada com dinâmicas colaborativas em *post-its*, tendo sido adaptado para ferramentas colaborativas *on-line*. Como o principal objetivo é resolver os problemas e dores do cliente, foi importante reestruturar o formato dos *workshops* para manter o interesse e participação efetiva dos participantes. Entre as principais mudanças: diminuição do tempo das sessões (para evitar dispersão ou desinteresse; há maior tendência disso acontecer na modalidade *on-line*), definição do *toolkit* apropriado (ferramentas que podem ser aproveitadas e apoiam as reuniões, governança e criação dos serviços), facilitadores (pessoas que ajudam a conduzir as dinâmicas, em caso de *breakout session*, e também a viabilizar os recursos, como permissão de acesso e instalação do *software*) e materiais de apoio (plano de comunicação, divulgação das agendas, como utilizar as ferramentas etc.).

- **Treinamentos:** passaram a ser *on-line* também. Assim como qualquer curso *on-line*, onde o foco e a atenção são diferentes do presencial, fizemos ajustes para tornar os treinamentos mais interativos, inserindo questionamentos a cada sub módulo e dinâmicas de interação durante os módulos para manter o interesse dos participantes. Assim, podemos coletar *feedbacks* e direcionar com mais profundidade algum assunto de maior interesse do público.

3. Quais foram os aprendizados para a sua vida nas áreas pessoal e profissional?

Muitos. Foi importante ter uma nova rotina, adquirir bons hábitos para conviver com a realidade. Aprendi na vida pessoal a ter mais tolerância, muita fé (independentemente de crença, consegui aprofundar meu entendimento religioso), ser mais solidário, entender e respeitar mais as pessoas, procurar fazer o bem e incorporar isso nas minhas atitudes. Também aprendi a cozinhar e dar mais valor à comida saudável, reservar meu tempo para mim, para a família, entretenimento (livros, séries etc.) e exercício físico.

Foi um compromisso próprio, conseguir sair melhor dessa fase. E o *burnout* é muito presente para quem não se cuida. Por isso, o *work life balance* é necessário. Inclui o exercício físico, a alimentação saudável e o *self care* (meditações, terapias, entre outras) para manter o *sustainable pace* como meu estilo de vida. A restrição existe para todos nós, por isso, devemos entender que desperdício e priorização fazem o seu dia ser mais produtivo ou não.

Como aprendizado profissional, posso citar o fortalecimento do trabalho remoto, conseguindo manter o foco nas entregas e a habilidade de comunicar com as pessoas, utilizando as ferramentas disponíveis. A disciplina foi fundamental para manter o lado profissional fortalecido, mesmo com as demais pessoas da família também dentro de casa. Uma dica é manter o cumprimento da agenda, incluindo reuniões de trabalho, tempo para realização das tarefas, desenvolvimento (estudo e treinamentos) e, para quem conviveu com o filho em casa nessa fase, saber negociar os horários de responsabilidade de cada dia com seu cônjuge ou adequar o suporte a eles dentro da sua agenda.

4. Qual a sua visão e quais as suas expectativas para o pós-crise?

Acredito que a Covid-19 trouxe uma série de novos desafios às empresas (de um jeito ruim e inesperado), mas que acabou acelerando as mudanças que eram necessárias no nosso modo de trabalhar e a oferta de produtos e serviços digitais. Quantas empresas sequer estavam preparadas para manter seus funcionários em *home office* ou atender seus clientes por meio de algum serviço digital?

Minha visão é que após a crise, onde há aplicabilidade, não será mais um diferencial ou estratégia ter um *modus operandi on-line*, mas sim uma estrutura básica de funcionamento. Permitir os colaboradores trabalharem remoto, com maior agilidade nas decisões e produtividade, reduzindo os custos e o desperdício de tempo em locomoções. As questões socioeconômicas afetam o comportamento e o rendimento das pessoas no trabalho.

Na visão do cliente, vejo a perpetuação do comportamento digital, ou seja, aumentar ainda mais o uso de serviços de *streaming* de vídeo, *delivery* de refeições, farmácia e outros produtos adquiridos em *e-commerce*. Já vimos o ensino a distância virar realidade, agora começa a ser em outras áreas também. Uma sessão de terapia, *tour* virtual a imóveis (oferecido por imobiliárias), fonoaudiologia, meditação, consulta médica, entre outros. E mesmo em atividades físicas realizadas em academia, um aplicativo de acompanhamento do treino, de música, da alimentação ou até mesmo do controle das pessoas físicas são oportunidades de tecnologia que devem continuar ou aumentar ainda mais o uso. Outro exemplo são os barbeiros ou manicures, que são atividades que precisam do contato, mas utilizam aplicativos para pagamento, recomendação, divulgação, agendamento etc.

5. Com base no que você vivenciou, quais recomendações e mensagens de esperança gostaria de compartilhar com outros líderes?

O bom líder precisa primeiro saber liderar a si mesmo. Então, recomendo muito o autodesenvolvimento, procurar a contínua evolução em todos os aspectos, mas principalmente nas boas intenções e atitudes. Saber compreender e perdoar o ser humano, isso é fundamental para o nosso pensamento se elevar.

Essa fase de quarentena inegavelmente foi difícil para todos. Mas nós seres humanos nos adaptamos e conseguimos dar respostas. Cada um no seu tempo. Por que não aproveitar tudo isso que passamos e começar a identificar as oportunidades de agir diferente? De colocar em prática as promessas não realizadas. Melhorar nossa organização, o respeito ao próximo, valorizar os acontecimentos do dia a dia. Tudo isso vai trazer benefícios ao seu lado profissional, não tenha dúvida. As pessoas passarão a respeitar você mais por suas ações, e compreendendo bem os aspectos de motivação (autonomia, excelência e propósito), cada ser humano poderá contribuir muito com a valorização das pessoas ao seu redor. A gestão colaborativa é um ótimo caminho da confiança e senso de propriedade aos colaboradores. E recomendo muito para atingir bons resultados.

Compartilho, então, quatro aspectos que na minha opinião fazem muita diferença nas nossas vidas:

- **Fé:** é realmente o que nos move. Nunca perca a fé! A fé em ser melhor como ser humano, a fé em evoluir profissionalmente e espiritualmente, a fé em um mundo melhor e muitas realizações. Quando nossas ações são positivas, procuramos ajudar ao próximo, fazer o bem de alguma forma, o sagrado emerge, e tudo vai fluir melhor na nossa vida.

- **Disciplina:** sem a disciplina, dificilmente conseguimos evoluir e ter resultados melhores. Os bons hábitos são adquiridos com disciplina, assim como a evolução e aperfeiçoamento de nossas habilidades. Por isso, cases bem-sucedidos como o da *Toyota* utilizavam filosofias de trabalho que promoviam a disciplina.

- **Perseverança:** nem nos piores momentos, nunca esmorecer. Defina seus objetivos de longo prazo, mas também o que deve ser feito a cada dia ou semana para cumpri-los. É muito importante a realização diária (evitar tarefas simples ou complexas demais – manter o estímulo da excelência no que faz) para continuamente superar os desafios e conseguir atingir os resultados esperados.

- **Adaptação a mudanças:** "Não é o mais forte que sobrevive, nem o mais inteligente, mas o que melhor se adapta às mudanças". Aproveite a crise para se reinventar, se possível, criar novos produtos, oferecer novos serviços ou adaptar à nova realidade que vivemos. Sempre é possível ter alternativas. Busque o aprendizado, o *networking*, novos negócios. Permita-se descansar, celebrar e seguir em frente. Todos nós precisamos viver bem, além do trabalho.

LIDERANÇA DA ALTA GESTÃO EM TEMPOS DE CRISE
Desafios e Aprendizados

Lídia Gordijo

Empresa:
Pitzi

Cargo/Função:
Diretora de Recursos Humanos
& Customer Experience

1. Quais foram os principais desafios vivenciados neste momento de crise provocados pela Covid-19?

Em um novo cenário sem tempo hábil para uma organização planejada, muitas coisas se tornam grandes desafios. Um dos principais desafios que tivemos em nossa empresa foi o curto espaço de tempo, literalmente horas, para montar uma estratégia de fechar o *office*. Em apenas 8 horas, o time de *People* criou o plano completo de trabalho remoto, e junto com *facilities* conseguiram levar todos os nossos colaboradores para suas casas já com as devidas precauções tomadas. Todos estavam munidos de seus *devices* e materiais necessários para que pudessem iniciar um novo dia e começar sua jornada.

Uma das partes mais difíceis enfrentadas nas duas primeiras semanas foi a dicotomia de separar o "estar em casa" e "trabalhar de casa". Por ser uma novidade para muitos, e pela quebra total de rotina, foi preciso adaptar horários, tarefas de casa e do trabalho.

A dor fortemente apontada logo após os primeiros vinte dias foi a falta de contato, trocas rápidas sobre atividades do dia a dia, conselhos, compartilhamento de informações. O que antes era fácil e rápido, às vezes apenas "pode falar?", um olhar ou um sinal, se tornou distante, sem comunicação visual e com cuidado redobrado, pois o primeiro pensamento que vem à cabeça quando se está longe é "não sei se ao chamar essa pessoas a qual eu preciso de ajuda estarei atrapalhando", teoricamente a agenda pode não estar ocupada, mas essa pessoa pode estar em uma atividade importante.

Mesmo com toda tecnologia, os nossos sentidos ainda são considerados a parte mais importante e rápida de sucesso em nossas interações.

O último e não menos importante desafio trata-se de como estabelecer o horário de parar de trabalhar. Por estarmos em casa, a tendência é concatenar o maior número de atividades possível, ainda por estarmos vivendo este momento atrelado a uma forte crise econômica, todos inconscientemente buscam provar que continuam performando bem e que podem melhorar a cada dia, mesmo trabalhando de qualquer lugar. Contudo, fica cada vez mais difícil trabalhar em uma escala saudável com limites definidos e sustentáveis.

2. Quais foram as ações implementadas?

Em menos de um dia, foi criado o plano de fechamento do *office* e garantia de que todos os funcionários estivessem seguros em suas casas com os materiais necessários para trabalhar. Em seguida, enviamos uma comunicação oficial a todos os nossos clientes e parceiros informando sobre nosso plano de contingência e canais de atendimento.

Kits com máscaras, álcool gel e um *link* para acesso ao documento com todas as informações sobre precauções foram enviados via correio para as casas de todos os colaboradores. Além disso, enviamos cadeiras para 40% dos nossos funcionários.

Construímos uma apresentação oficial para toda a empresa, explicando detalhadamente todos os nossos novos rituais, canais oficiais de comunicação e principalmente o plano de gestão e acompanhamento de todos.

Com a liderança, o time de *People* conseguiu finalmente fazer um trabalho mais próximo, tendo como premissa o empoderamento dos líderes e seus liderados, deixando como desafio mantermos todos desafiados, engajados e nos ajudando a melhorar a experiência de estarmos juntos, mesmo longe um do outro, nos manter conectados e progredindo.

Semanalmente, no final de cada sexta, passamos para todos uma pesquisa rápida ENPS (*Employee Net Promoter Scores*) sobre o trabalho remoto e deixamos campos abertos para sugestões.

Dois dos nossos mais importantes rituais são os encontros mensais, que chamamos de *All Hands*, e os quinzenais, que chamamos de Liderança Ativa.

No *All Hands*, nosso time executivo mostra com transparência nossos números mais importantes, onde estamos e para onde vamos. Ao final desse encontro, todos têm possibilidade de tirar suas dúvidas e enviar sugestões.

Liderança ativa é um encontro onde o time de *People* reúne toda a liderança para repassar o resultado da pesquisa ENPS semanal realizada por toda a empresa, assim conseguimos trabalhar sobre todas as problemáticas levantadas e nos principais *insights*.

Além da saúde física, nos preocupamos em contribuir com a saúde mental de todos, com isso temos diariamente salas virtuais que chamamos de

Café, onde todos podem entrar e conversar de 10 a 15 minutos. Incluímos semanalmente aulas de ioga, eventos a cada quinze dias às sextas-feiras com temas diversos escolhidos pelo time como um todo e também sessões mensais com psicólogos e especialistas em educação financeira. Para o tema engajamento, continuamos com o nosso calendário de comemorações, mas agora remotamente, enviamos via correios os "mimos" de acordo com os temas, ovos de Páscoa e até mesmo a festa junina chegou à casa de todos, com direito a paçoca e pé de moleque. Em toda terceira sexta-feira do mês, disponibilizamos um voucher duas horas antes de cada evento, para que nosso colaborador tenha tempo hábil de pedir seus petiscos antes do evento. Aproveitamos a onda das *lives* e colocamos nossos artistas para ter seu momento de fama, temos *stand up*, música ao vivo, piadas, momento *remember* etc.

3. Quais foram os aprendizados para a sua vida nas áreas pessoal e profissional?

Não chamaria de aprendizados, mas sim de afirmações que hoje são de fato fidedignas. Com certeza não temos controle de absolutamente nada, temos sim a oportunidade de cadenciar e organizar melhor as nossas vidas, mas o fator que podemos chamar de "variável imprevista" nos mostra com clareza que convictas certezas, como por exemplo a liberdade de ir e vir, foram nos tiradas em questão de horas. Passamos a colocar novas prioridades em nossas vidas, em nossas rotinas e principalmente na maneira pela qual condicionamos nossas expectativas.

O necessário e essencial ganharam novas análises e passaram a ter valores diferentes em nossa nova realidade.

Carreira e desenvolvimento profissional entraram em uma esfera de confiança e protagonismo.

O controle de ter alguém com poucos metros de distância de sua mesa de trabalho já não é um indicador que mostra que seu líder está vendo você, e com isso tem a comprovação de que está tudo bem, afinal ele sabe que está ali e que está trabalhando.

O controle acaba, o protagonismo passa a ser a relação de confiança.

Se essa não estiver construída, terá que ser criada em um curto espaço de tempo, pois já não existe o compartilhamento de espaço e a gestão próxima fisicamente.

O fator confiança atrelado à gestão da rotina do dia a dia dará a oportunidade de alavancar seu autodesenvolvimento e também ganhar mais liberdade para inovar e construir trabalhos, projeto exponenciais.

4. Qual a sua visão e quais as suas expectativas para o pós-crise?

Todos nós estamos passando por uma experiência jamais imaginada, principalmente por ser algo que afetou o mundo todo e nos deixou sem qualquer tipo de saída ou alternativa para poder fazer algo que pudesse mudar o resultado atual.

Estamos transformando novos consumidores com novas lentes e com necessidades diferentes, além das básicas. Para se ter uma ideia, a geração Y, que tinha como premissa ter a liberdade de morar onde quiser, em uma pesquisa recente apontou que quer ter uma casa para chamar de sua. Além de produtos, todos irão buscar valor e experiência.

As tendências terão suas variáveis alteradas, o simples fará parte do essencial.

Não sabemos como o mercado de maneira geral irá se comportar, mas sabemos que o mundo corporativo iniciará um processo híbrido de trabalho, onde finalmente conseguiremos atrelar qualidade de vida, sustentabilidade e desenvolvimento profissional.

Todo o segmento *on-line* e a tecnologia continuarão ganhando forças, com isso os profissionais, independentemente de área de atuação, deverão se atualizar, isso será indiscutível e fará parte de uma nova etapa de desenvolvimento.

O pós-crise deve impactar também a maneira a qual o mundo é cuidado por todos. Além da questão climática e de preservação, com absoluta certeza a diminuição do tráfego fará com que os problemas da mobilidade urbana e liberação de $CO2$ sejam impactados positivamente.

5. Com base no que você vivenciou, quais recomendações e mensagens de esperança gostaria de compartilhar com outros líderes?

Em todos os momentos de dificuldade e momentos de crise, temos a oportunidade de inovar, de ter ideias jamais imaginadas e de construir cases incríveis. Lembre-se de que tudo isso dependerá da lente que irá usar. Por muitas vezes, pensávamos em ideias ou iniciativas disruptivas e que sempre iriam ao encontro do novo, ao que nunca foi feito e que possivelmente teria tudo para dar errado, mas, se desse certo, seria incrível e case de sucesso. Quantos de nós colocamos a ideia na mesa e tomamos um não? No melhor dos cenários, escutávamos "vamos deixar isso para o próximo *quarter*, semestre, próximo ano"...

Olhando nossa realidade agora, vejam que fizemos projetos e iniciativas, que estavam na mesa há anos, em menos de uma semana. Pensem nisso sempre, fizemos o impossível dentro de um cenário improvável.

Times incrementais continuarão fazendo com que sua empresa exista e entregue bons resultados. Agora é hora de analisar o que queremos como líderes. Times exponenciais podem mudar a história de uma empresa e, além disso, fazer com que todos tenham suas recompensas, sejam elas com trocas de conhecimento, de novas conquistas ou de ajuda em causas genuínas e que impactem a vida de alguém de maneira positiva.

Liderar é construir uma jornada em conjunto, às vezes de um para um e às vezes de um para muitos. O "como" essa jornada é construída de fato será o diferencial para ter um time de sucesso que carregará partes de seu DNA. Imagine que parte de todos os seus exemplos e experiências será transmitida de maneira genuína a novas pessoas, novos líderes.

Não percam a oportunidade de se tornarem melhores versões, pratiquem a transparência e estabeleçam relações de confiança com seus liderados. Sozinhos, somos capazes de muitas coisas, mas em muitos, e com uma diversidade grande de talentos, somos capazes de fazer o inimaginável.

Temos neste exato momento a oportunidade tão esperada de empoderar, mentorar e desenvolver as pessoas que nos confiaram suas habilidades e sua disponibilidade. Selem esse compromisso e construam o "possível impossível".

LIDERANÇA DA ALTA GESTÃO EM TEMPOS DE CRISE

Desafios e Aprendizados

Luciano André Ribeiro

Empresa:

Itaú Unibanco

Cargo/Função:

Superintendente

1. Quais foram os principais desafios vivenciados neste momento de crise provocados pela Covid-19?

Interessante que quando eu ouvi sobre o novo coronavírus, e Covid-19, ainda na China, país que visitei em 2017, entendia a distância em relação ao Brasil, a situação local, os hábitos chineses, especialmente os tradicionais mercados e suas dinâmicas, acreditava que era algo específico e não nos impactaria de forma tão profunda e extraordinária, mas nós viveríamos impactos nas relações comerciais entre os países, ou melhor, não acreditava que chegaria aqui e muito menos que viveríamos o isolamento ou *lockdown*, que seriam termos que nós poderíamos ouvir e falar com tamanha frequência. Infelizmente, eu estava enganado e em 20 de março eu entraria com o meu carro na garagem de casa, depois de um dia de trabalho, e não sairia mais para o "velho normal".

Muitos desafios foram vivenciados, surpreendentemente superados, sempre nos adaptando, valorizando os motivos positivos e trazendo muito aprendizado.

O primeiro desafio foi entender e viver algo que jamais prevíamos ou esperávamos, a pandemia chegou, isolamento foi necessário, distanciamento da família, trabalho, amigos e da sociedade, também a coordenação da agenda de pai, filho, marido, atleta etc. Era um executivo que se adaptava ao *home office*, novas tecnologias e dinâmicas, etc.

No decorrer dos dias, com gentileza à saúde e medo do vírus, o respeito às orientações dos especialistas e o cuidado com as pessoas foram as prioridades, comecei a cuidar de todos, estando próximo virtualmente, não fisicamente, atendê-los de forma coletiva ou individual e exercer a forma mais pura do ser humano.

Desafiador foi entender ou prever os impactos nas diferentes dimensões das nossas vidas, me preocupei com as pessoas, especialmente com a família, amigos, colaboradores e clientes. Entender algo que nunca aconteceu, sem previsão para acabar ou curar, com a certeza de que o momento era para ressignificar.

2. Quais foram as ações implementadas?

Para conviver com a pandemia, busquei as informações adequadas através de boas fontes e trocas com pessoas que confio e admiro, sem me influenciar com os diversos exageros e informações não verídicas, montando o possível e melhor cenário e sempre o atualizando, não pensei em data de fim, mas sim em viver uma jornada de aprendizado, superação e ressignificação.

Também equilibrei, especialmente neste momento, uma agenda positiva em todos os meus relacionamentos, interações e atividades.

Quanto à família, optamos por uma dedicação e colaboração entre todos, minha esposa e eu adaptamos as nossas atividades, agendas, planos e outros, também adequamos as atividades dos nossos filhos, Felipe e Arthur, sempre buscando o equilíbrio, afinal, são crianças, estão em desenvolvimento e precisam de nós, mas sempre em segurança e assim os assistimos. Também optamos por não ter contato físico com meu pai, mãe, avó, irmã e toda a família, assim mantemos as visitas, almoços e tudo de forma virtual, mas sempre presente.

Como muitas ações foram implementadas, compartilho aquelas que acredito que as usaremos no chamado "novo normal".

- Quanto à minha vida: os meus valores estão sempre presentes, são inegociáveis e trazem o significado, assim, a melhor relação comigo mesmo eu encontrei, comecei a prestar atenção em alguns motivos que não eram possíveis anteriormente e a vida ganhou cor, sendo do sol, uma palavra, enfim, grandes ou pequenos são fundamentais, ou melhor, são vitais para mim.

- Quanto à família: é a base de tudo, o equilíbrio, a sustentação, a raiz, ela é fundamental. Defini e encontrei o verdadeiro cuidar, o querer bem, o compartilhar, o fazer o que é certo, o isolamento foi respeitado na totalidade, e com amor e carinho, as diversas datas e momentos foram mantidos, ou melhor, potencializados, por canais digitais e gestos marcantes e inesquecíveis, como o envio de um almoço, jantar, mensagens ou flores.

- Quanto à liderança: neste momento, os verdadeiros líderes lideraram, sim, é isso! As prioridades mudaram, a dedicação que já era enorme ganhou maior expressão e foi ainda maior, e as pessoas foram priorizadas com uma palavra que definiu este momento para mim: "acolhimento", que ouvi de um líder admirado e a exerci na totalidade, com perguntas simples, como "tudo bem com você?" e "como está a sua família?", sempre com a escuta ativa, enfim, me interessei por todas as pessoas e suas emoções e as acolhi.

- Quanto aos negócios: momento de muita serenidade e de não desesperar, mas não foi fácil, e dias instáveis aconteceram e crenças mudaram. Assim, trabalhei no apoio e entendendo o momento de cada um, o cenário, as expectativas, etc. e seguindo o dia a dia poderíamos tomar as melhores decisões de curto, médio ou longo prazos, as quais poderiam ser revistas a qualquer momento, dado o cenário novo, incerto e, com certeza, um período para todos serem colaborativos. Caso eu pudesse resumir em uma palavra os negócios, seria "colaboração". O que vivemos foi uma crise de saúde que impactou negócios, finanças, comportamentos etc. com alto nível de incertezas, foi algo excepcional.

- Quanto ao isolamento: nos ensinou o quanto somos adaptáveis, e a mim, como um atleta que todas as manhãs corria pelas ruas de São Paulo, ou onde estava viajando, com uma jornada executiva dinâmica, com muitas visitas, reuniões, palestras, aulas, viagens, etc., em 20 de março de 2020 assumi o isolamento total com a rotina, horários e hábitos em casa, com muita disciplina, assim os treinos de todos os dias acontecem em casa, acordo e levo o meu filho para o *homeschooling* do seu quarto e vou trabalhar na varanda, tomo café virtual com os amigos e inicio as dinâmicas de trabalho, que são digitais e virtuais, almoço normalmente com a família e respeito as pausas e cafés, assim encerro o meu dia de trabalho, converso com os meus pais e me divirto em casa.

Em suma, respeitei o momento e o isolamento, revisitei os meus hábitos com gentileza, valorizei pequenos e grandes motivos, priorizei e acolhi as pessoas, liderei e colaborei nos negócios sempre com serenidade e vivendo o dia a dia, e ressignifiquei a vida.

3. Quais foram os aprendizados para a sua vida nas áreas pessoal e profissional?

Sempre acreditei que a vida pessoal e a profissional são somente uma vida, ou seja, a nossa vida, única e de verdade. Com a Covid-19, essa crença confirmou-se, aprendemos a trabalhar em casa e passar o final de semana onde trabalhamos, sim... somos e devemos ser puros, verdadeiros, não cumprir papel, mas sim funções, podemos potencializar tudo o que acreditamos e realizamos, desenvolver *skills* técnicas ou comportamentais para a nossa vida.

Aprendi muito e ressignifiquei neste momento, compartilho alguns aqui:

- Vivemos por propósito;
- Pequenos momentos ou motivos geram grandes e profundos impactos;
- Devemos aproveitar tudo, com *mindset* positivo;
- Podemos estar próximos, mesmo em isolamento ou distantes fisicamente;
- Não temos limites e somos muito mais adaptáveis do que acreditamos;
- Não julgar, mas sim aproveitar os diferentes;
- Diversidade é algo incrível e bom para todos;
- Podemos ser pessoas e profissionais melhores;
- Devemos ser humanos na forma mais pura;
- Digital é "como" e "por que" são as pessoas;
- Viver e se relacionar com colaboração e gentileza são importantes, ou melhor, são vitais.

4. Qual a sua visão e quais as suas expectativas para o pós-crise?

A única certeza é que não seremos com éramos, o impacto da atual crise é profundo. Acredito que o novo será melhor, dado que teremos a oportunidade de aplicar todos os aprendizados descritos acima e, assim, evoluir. Vivemos um momento de ressignificação, ou seja, a pandemia veio para atribuir um novo significado, e assim poderemos construir um futuro melhor, onde ganhamos a chance de somar o que temos de melhor no passado e os aprendizados do presente, para aplicar o melhor no futuro. Por um período, não consigo afirmar quanto tempo, viveremos a reconstrução de quatro ou mais meses de atividades impactadas, reduzidas, transformadas ou adaptadas, fazendo com que todos nós mudássemos os nossos comportamentos, hábitos, interesses etc., mudamos tudo! A reconstrução não será fácil e rápida, poderemos conviver com instabilidades nas diversas dimensões, mas devemos acreditar e trabalhar duro para ser melhor, assim a minha mensagem é que o futuro depende de cada um de nós.

Hoje, sou uma pessoa melhor, com valores e reconhecimento amplo, com um olhar para o futuro otimista, certo do meu papel de impactar e transformar as pessoas, ambientes, negócios e tudo que estiver ao meu alcance.

5. Com base no que você vivenciou, quais recomendações e mensagens de esperança gostaria de compartilhar com outros líderes?

Acredito que tudo passa e podemos aprender e nos reinventar com cada experiência e momento, somos humanos, assim recomendo:

- Sempre ter o olhar positivo; sabe a velha menção ao "copo meio cheio"? É verdade e funciona;

- Acreditar e ser o agente de transformação, gosto de ser a "locomotiva puxando os vagões pelo trilho";

- Por mais crítica ou complexa que seja a situação, você pode ser a solução, "sempre olhe para o pico e nunca para o vale, assim você estará na visão e direção certas";

- Buscar o equilíbrio sempre, como Robert Wong, "o sucesso está no equilíbrio";

- Autogestão é fundamental, temos que aprender e evoluir sempre, vale a reflexão que "você é o CEO da sua vida, carreira, jornada, agenda e tudo que você domine";

- Disciplina diária, muito importante, ou melhor, fundamental para realização dos nossos sonhos e objetivos em quaisquer circunstâncias, gosto muito de "*no pain, no gain*";

- Aprender, desaprender e reaprender sempre, para isso devemos estar abertos e buscar conteúdo, tendências, referências etc., com qualidade, organização e foco. Sobre a nossa vida, compartilho: "Estamos na vida para aprender";

- Humildade para tudo e sempre, assim teremos tudo e todos convergindo, ao nosso lado, e tenha certeza de que "nunca sabemos tudo, ou melhor, podemos sempre aprender com o outro";

- A melhor competição é de você com você mesmo, "você só atinge o recorde mundial se bater a sua melhor marca, mas exigirá muito de você mesmo";

- Gratidão sempre, no meu caso registro a minha gratidão a todos os familiares, especialmente ao meu pai Luiz, mãe Pia, irmã Lú, esposa Renata, filhos Felipe e Arthur, os meus amigos, colegas e líderes, especialmente para aqueles que ao ler essa menção já sabe que está aqui, e também aos desconhecidos e minhas referências que contribuíram muito para eu ser e estar aqui e poder aprender, realizar e impactar sempre!

Momentos como este reforçam o meu propósito de "impactar pessoas e projetos" e também a frase que carrego comigo: "Insistir, persistir e jamais desistir".

Gratidão, fique bem e sucesso.

LIDERANÇA DA ALTA GESTÃO EM TEMPOS DE CRISE
Desafios e Aprendizados

Luís César Pio

Empresa:
Herbicat
Cargo/Função:
Presidente

1. Quais foram os principais desafios vivenciados neste momento de crise provocados pela Covid-19?

Analisando o momento atual, encontramos pela frente o desafio de lidar com algo invisível aos olhos. Nosso primeiro passo foi tornar esse problema tangível, convencendo os funcionários, clientes, fornecedores e todos os envolvidos de que estávamos diante de algo novo e que viria a mudar toda a cultura da empresa, das pessoas e do mercado.

Mantivemos nossos princípios básicos, em que nosso capital está na nossa equipe, nossos fornecedores e nossos clientes.

Sim, exatamente nessa ordem. Acreditamos que, sem ter uma equipe comprometida e realizada com o trabalho que faz, não pode existir a empresa. Uma empresa precisa de produtos e, por isso, depende de seus fornecedores e, com uma boa equipe e bons produtos, iremos atender nossos clientes.

Entendi que entrou o *safety car* na pista. Todos os competidores voltaram em uma condição de relargada e ninguém sabe a que horas o *safety car* vai sair e os competidores irão retomar a corrida.

Quem estava na frente poderá ainda estar, mas dependendo das estratégias tomadas nesse período, o cenário poderá mudar no momento da retomada.

Na minha visão, as mudanças estão ocorrendo em vários níveis e podemos pensar que, no mínimo, ocorreu no nível pessoal humano, no nível empresarial financeiro e no nível político.

2. Quais foram as ações implementadas?

Então foi o momento de agir e buscar uma melhor forma de aproveitar a "paralisação" geral que estaria por vir, iniciando uma revisão em nossos processos e ações.

O setor sucroenergético, um de nossos maiores focos de atuação, foi fortemente afetado pela baixa de consumo do etanol e pela crise do petróleo, forçando a redução dos preços e a análise da viabilidade das empresas do ramo, provocando uma enorme incerteza para investimentos nas usinas, com reflexo no campo.

A agropecuária ainda é um setor que, no geral, sofreu menos. A produção da safra 2019/20 teve ótimos resultados e, para a maioria dos produtos, os preços recebidos estão bons. O que ocorre agora é que a nova compra de insumos e bens de ativos fixos está com valor maior, causando possíveis problemas para a safra 2020/21, principalmente nos bens de capital para o segmento. Sem contar que, por ser um setor muito sensível, é necessário confiar e ter coragem para plantar sem a certeza de que irá ocorrer a colheita desejada.

Analisando esse mercado, definimos como viver com a retração em cana e passamos a olhar outros mercados.

O desafio no setor financeiro não foi só na redução das vendas, mas também no aumento da inadimplência. Os recursos de financiamento não estão facilmente disponíveis e oferecem custos relativamente altos para as empresas de porte médio.

Assim, tratamos do capital de giro para manter os negócios. A mudança no fluxo de caixa pelos recebimentos e a baixa venda trouxeram um novo olhar para as prioridades de investimento, otimização de processos sem corte de pessoas – a legislação trabalhista brasileira, apesar de algumas melhorias, ainda é complexa e passível de interpretações diversas – e nossa responsabilidade pessoal com nosso time.

Neste cenário, apesar da paralisação em diversos setores, as indústrias que fornecem para serviços essenciais não foram obrigadas a parar, portanto, nos mantivemos em atividade atendendo ao setor agrícola, prioritariamente em cana-de-açúcar.

Buscamos todas as informações disponíveis sobre o novo coronavírus e todos os possíveis tipos de contaminação, para então determinar as medidas que seriam tomadas na empresa. A princípio, programamos diversas ações para esclarecimento e conscientização sobre o que é a doença, quais são os sintomas e, principalmente, como evitar a contaminação e as razões para utilizarem os itens de segurança que disponibilizamos corretamente.

Iniciamos nossas medidas de prevenção com sistemas de lavagem das mãos, limpeza dos calçados na entrada e saída da empresa, bem como o afastamento imediato das pessoas do grupo de risco, por idade e portadores de comorbidades. Além da implantação do sistema de trabalho *home office* para os colaboradores que as funções permitiam a aderência, criamos um rodízio de pessoal e metodologias para manter um maior distanciamento entre cada um dos colaboradores que precisam estar na empresa. Nosso olhar se voltou para ações que visam proteger o presente e manter o futuro, para passar por essa fase crítica e sair prontos para seguir nosso ritmo.

A flexibilidade passou a ser uma forma de sobrevivência. Os projetos a serem lançados passaram por uma nova análise de viabilidade, enquanto os que já estavam em andamento foram refinados e reestruturados, junto da inclusão de novas ações e áreas ainda não trabalhadas pela empresa, usando nossa especialidade de aplicação de fluidos, entramos na área de sanidade para higienização pessoal e limpeza das áreas externas.

Realizamos também uma nova análise sobre os clientes e suas necessidades. Deixamos de trabalhar somente com as vendas de novos equipamentos e passamos a ajudá-los na recuperação de equipamentos já utilizados, oferecendo novas possibilidades de serem efetivos e eficientes operacionalmente.

3. Quais foram os aprendizados para a sua vida nas áreas pessoal e profissional?

A vida é um eterno aprendizado e com isso foi possível entender e aprender que existem novas formas de trabalho para a entrega de resultados.

Pessoalmente, por estar no grupo de risco, criei e me adaptei a uma nova rotina de trabalho. Transferi meu escritório para casa e passei a tratar dos assuntos utilizando os meios eletrônicos de comunicação. Essa adaptação foi fácil e trouxe um ganho interessante, pois os líderes da empresa, ao perceberem o meu distanciamento, passaram a ocupar de fato suas posições e exercer com mais afinco as suas responsabilidades.

Como fundador, acredito que não posso sair da organização, mas aprendi que devemos dar mais espaço para a liderança trabalhar.
Como nas atividades de produção a demanda reduziu, aproveitamos esse tempo para rever processos e encontrar desperdícios, auxiliando na redução de alguns custos, e melhorar os resultados da empresa e do próprio trabalho no dia a dia.
Uma dica importante é não acompanhar os noticiários da TV. Procure conversar com amigos e conhecidos de outras regiões do país e se informar sobre a situação em suas cidades. Aumente a *network* e faça bons contatos. Descobri grandes pessoas que precisavam contar suas experiências e queriam saber sobre as minhas.

4. Qual a sua visão e quais as suas expectativas para o pós-crise?
Depois dessa crise, acredito que se houver futuras pandemias, vamos ter mais atenção e nos preparar para o controle de disseminação de doenças virais. Acredito que possamos melhorar o sistema de informação, limpeza e higiene em todos os locais de aglomeração de pessoas, inclusive para segurança ambiental.
Quero acreditar que apenas uma gripe comum deverá nos levar ao uso de máscara, para evitar a contaminação das pessoas com as quais temos contato. A atitude de nos preocuparmos mais com o outro deverá se tornar um hábito mais visível.
Quanto ao setor financeiro e o que pode oferecer, temos que ter a clareza de que, ao analisar uma empresa com problema estrutural, independentemente da crise, o banco deixará que a empresa quebre, não dará ajuda. Porém, se a organização de fato for viável, pegará parte da sua rentabilidade, emprestando dinheiro a juros altos em relação à Selic. Portanto, caso o banco negue um empréstimo para a empresa, analise realmente a viabilidade do seu negócio ou setor. Veja se consegue avaliar sua estrutura e mude o que for possível. Os bancos são muito críticos em relação aos tipos de negócio. Não existe caridade, apenas oportunidade.

Já o ser humano apresenta atitudes diversas e imprevisíveis. Enquanto tantas pessoas e empresas se dedicam a ajudar o próximo, salvar vidas e criar oportunidades, outros aproveitam a pandemia para saquear os cofres do governo, em parceria com políticos corruptos, e praticar preços abusivos em alguns produtos vendidos diretamente ao consumidor.

Politicagem e ações de Estado não poderiam ser misturadas. No meio de tantos problemas, a população não deveria ter que ouvir as falas dos governantes com foco na população e as com foco em autopromoção. Sempre ao ouvir o governo e a imprensa, observe para quem é o discurso.

Infelizmente, tenho dúvida se todas as mudanças permanecerão na prática do dia a dia. O ser humano, quando sai da condição de tensão, relaxa e volta para a condição anterior, embora sempre fique algo, por ser melhor, mais eficaz ou menos cansativo.

Penso que o aproveitamento do tempo com reuniões via meios digitais deve continuar, sem o prejuízo da realização das reuniões presenciais, pois é prazeroso estar com as pessoas, mas teremos que ser mais eficazes e ágeis em cada encontro. Portanto, a tecnologia é uma grande aliada que deve se manter.

Vamos depender mais de logísticas, pois com as vendas via *internet* crescendo, os gargalos ficaram bem evidentes. É preciso trabalhar para evoluir e a empresa que criar novos canais de vendas e buscar oferecer facilidades para o consumidor obterá melhores resultados.

Instituições como a Organização Mundial de Saúde (OMS) terão que ser mais independentes e presentes na área de saúde global. Defender, proteger e agradar uma ou outra parte do sistema é algo que não pode existir mais.

Outro aspecto muito interessante a ser mantido é o tempo com a família. Ter que ficar mais privado nos finais de semana fez o convívio com os familiares aumentar, trazendo proximidade, mas também mostrando problemas internos da casa e da família. Com isso, vieram muitas oportunidades de tornar a vida familiar muito mais agradável, saudável e feliz.

5. Com base no que você vivenciou, quais recomendações e mensagens de esperança gostaria de compartilhar com outros líderes?

Devemos aproveitar e rever nossas vidas, processos, empresas, negócios e família. Uma boa análise nos dará o caminho a seguir e esse é um dos maiores desafios para os líderes, pois na busca por melhores resultados é preciso ter a mente equilibrada, mesmo diante de tantas adversidades. O mundo não será o mesmo. Portanto, temos que sair mais evoluídos e preparados para essa nova oportunidade, independentemente de algumas coisas que voltarão a ser como antes. Devemos trabalhar para que as melhorias encontradas se perpetuem.

Eu já reconheci mudanças que ficarão na minha vida e na empresa, outras que ainda terão que ser adaptadas e algumas que, assim que puder, volto ao estado anterior.

Você já reconheceu as suas?

LIDERANÇA DA ALTA GESTÃO EM TEMPOS DE CRISE

Desafios e Aprendizados

Luiz Roberto Londres

Empresa:

Instituto de Medicina e Cidadania

Cargo/Função:

Médico

1. Quais foram os principais desafios vivenciados neste momento de crise provocados pela Covid-19?

Eu diria que o principal desafio foi provocado pela tremenda novidade na vida contemporânea, tolhendo nossa liberdade de ir e vir. Os encontros públicos se tornaram encontros privados, cada um em sua casa, através de programas como o Zoom. Nesse caso, sem dúvida, existe uma grande alteração desses encontros, restritos a um audiovisual cortado tanto pela extensão ambiental de cada um quanto interrupções por problemas da transmissão. Conversas paralelas, movimentos diversos, proximidades de assentos e tantas outras coisas desapareceram nos encontros *on-line*, o que não acontece nos encontros "*on site*". Em um breve resumo poderia dizer que está acontecendo uma desumanização das relações pessoais.

Os encontros presenciais possuem uma riqueza de informações e sentimentos que costuma estar ausente nos encontros virtuais, e esses, como disse acima, restritos ao campo audiovisual. As particularidades dos encontros grupais são enriquecidas por situações específicas e troca de ideias entre pessoas, situações essas fora da integração geral. E não podemos deixar de citar o entorno que cerca os encontros presenciais em locais públicos, onde ambientes têm suas mensagens e a passagem de pessoas traz uma maior noção de pertencimento ao mundo exterior; e ainda as inúmeras coincidências que promovem encontros casuais com conhecidos, sejam eles nossos ou de nossos amigos.

2. Quais foram as ações implementadas?

Em relação às ações canceladas, as ações implementadas foram bem menores, algumas importantes, outras meras resultantes de um aprisionamento domiciliar. O constante "seguir" em nosso dia a dia torna-se, com grande frequência, impeditivo para darmos passos importantes e inovadores que poderiam ser acolhidos caso nossas mentes estivessem mais livres de nossa rotina. E considero que o verdadeiro progresso não é apenas feito de repetições de atos, ações e linhas de conduta, mas da apropriação de oportunidades de inovações que surgem seja por visão profunda da atividade, seja por meros acasos que ocorrem aleatoriamente.

Nesse período de quarentena tem acontecido um aumento enorme das mensagens nos grupos das mídias sociais e, por outro lado, uma procura de aproximações nos casos individuais, seja por essas mídias, seja, hoje em dia, cada vez mais raro, por telefonemas. E, em relação aos encontros rotineiros para atividades profissionais, passaram eles a ser virtuais, o que, no meu entender, empobrece as suas ações.

3. Quais foram os aprendizados para a sua vida nas áreas pessoal e profissional?

Uma percepção já existente e que dominou grande parte das mensagens por parte das mídias sociais foi a enorme quantidade de mensagens enviadas como afirmativas, geralmente sem qualquer embasamento e muitas e muitas vezes sem uma análise do que estava sendo dito. Remeto a duas aulas importantes em relação a pensamentos e mensagens: uma de Nelson Rodrigues, que costumava se referir aos "**idiotas da objetividade**", frase essa que, além do sentido tácito, nos leva a uma palavra proveniente do grego antigo idiotes que, antes de ter passado pelo latim e se transformado em um termo ofensivo, significava o indivíduo privado restrito ao seu mundo particular sem tomar parte nas ações públicas. O seu mundinho passa a ser a verdade geralmente absoluta e tudo o que confirma suas crenças é considerado verdade, e as ideias opostas às suas são imediatamente descartadas com adjetivos muitas vezes insultantes. A outra aula, um pensamento do grande filósofo espanhol José Ortega y Gasset, citado em seu fantástico livro *Meditaciones del Quijote*, que diz: "*Yo soy yo e mi circunstancia, y si no la salvo a ella no me salvo yo*" (eu sou eu e a minha circunstância, e se eu não salvá-la, não vou me salvar).

Neste momento de pandemia, podemos entender perfeitamente o significado do pensamento de Ortega y Gasset aplicado ao que estamos vivendo. E é bom lembrarmos que esse belo pensamento tem um alcance muito maior do que a aplicação apenas neste estranho, conturbado e profundo presente que vivemos. É bem possível que a maior parte das pessoas valorize a sua circunstância ao sair das semanas de isolamento causado pela quarentena domiciliar.

4. Qual a sua visão e quais as suas expectativas para o pós-crise?

Teremos muitas mudanças, tanto psicológicas quanto sociais e ambientais. Tenho uma profunda preocupação em relação ao desaparecimento de diversos locais de encontro de pessoas, como no caso de restaurantes, que seriam substituídos pela requisição de alimentação pela *internet*. Também de algumas livrarias, que estariam dando lugar à venda de livros a distância e aos *e-books* e outros, sendo importante lembrar que a ida a uma livraria não se restringia a uma compra, mas também a um passeio pelo seu ambiente, encontrando outras publicações de nosso interesse. E minhas preocupações não param por aí: cada vez mais cinemas dão lugar a aplicativos como *Netflix, Globoplay e Amazon Prime Video*, entre outros. Vemos já em curso os jornais eletrônicos, que fragmentam as notícias, e o desmonte de bancas de jornais com sua variedade de impressos e outros produtos. E, também, as idas a lugares de grande encontro de pessoas, como shoppings e eventos esportivos, onde "*deliveries*" e transmissões *on-line* trariam às nossas casas o que estaríamos procurando pela cidade. E, mais recentemente, as idas a museus e exposições reduzidas a simples imagens em nossas telas, desaparecendo os seus locais e os encontros com pessoas.

Num breve resumo, restaurantes, livrarias, cinemas, jornais, shoppings, estádios e museus estariam sendo reduzidos em seu número ou em sua abrangência, o que significa que nossa circunstância estaria sendo tremendamente alterada e, eu diria, empobrecida.

5. Com base no que você vivenciou, quais recomendações e mensagens de esperança gostaria de compartilhar com outros líderes?

A mensagem que considero mais importante do que tudo: a nossa constante revisão de como estamos nos relacionando com todos aqueles à nossa volta, mesmo com os desconhecidos. Entre os conhecidos, temos diversos grupos, a saber: nossa família, nossos amigos, nossos colegas de trabalho, grupos de encontros, funcionários dos locais que frequentamos e, possivelmente, alguns outros. Em alguns desses casos, além da mera convivência, podem existir objetivos e projetos a serem realizados. E, nesses casos, torna-se importantíssimo estarmos constantemente tomando conhecimento não só das palavras que ouvimos, como também do pensamento e raciocínio daqueles com quem repartimos nossas ações.

Considero que também seja de profunda importância tomarmos conhecimento de outras epidemias e pandemias, sendo que as mais importantes são aquelas relativas a mensagens e noticiários. Torna-se cada vez mais evidente que a maioria das mensagens e notícias é distorcida pela opinião de quem as emite. Vemos que os grupos, em vez de se tornarem uma orquestra onde a profunda sintonia entre todos os participantes é o que deve ser procurado, viram uma disputa, digamos, de um campeonato de futebol, onde cada um tem o seu time e torce por ele, e muitas vezes apoiando infrações, principalmente aquelas que não foram percebidas pelos juízes. E mesmo que não ocorram essas infrações, podemos dizer que esses, que afirmam inverdades, como já foi dito, são piores que os mentirosos, pois sabem que estão mentindo, diferentemente daqueles que acham que estão dizendo a verdade. E com a interação tecnológica profundamente aumentada nos tempos de pandemia, essas desinformações atingem níveis altíssimos.

6. A pandemia e a tecnologia: quais suas diferenças básicas?

A pandemia nos trouxe para nossos lares, em contato constante com nossas famílias. Estamos perto de quem está perto e longe de quem está longe. Isso costuma ser o contrário do que nos oferece a tecnologia, não em seu uso, mas em seu abuso. O que era algo comum em seu uso está se tornando pontual, porém com um caminho ascendente, pela quantidade crescente de reuniões, sejam de amigos, sejam de trabalho.

O tempo que era passado nos nossos ambientes de trabalho, nos restaurantes, nos cinemas, nas compras e nos deslocamentos desapareceu. E fica a pergunta: como isso vai alterar a conduta e o comportamento dos cidadãos? Quantos de nós vamos voltar às nossas rotinas anteriores e quantos outros vão viver rotinas diferentes da que viviam? O que acontecerá com os elos de ligação entre as pessoas?

As interações não presenciais, com algumas exceções, deixam de ser diálogos para se tornar duplos monólogos. Cada vez mais as ideologias próprias e os convencimentos pessoais são, de maneira crescente, colocadas como verdades a serem simplesmente afirmadas. Desaparece assim o aprofundamento dos conhecimentos, que passam a pairar em uma superficialidade idiota trazendo à tona, e modificada, a frase de Nelson Rodrigues "os idiotas da objetividade"; surge agora, nos tempos atuais, "os idiotas da subjetividade".

LIDERANÇA DA ALTA GESTÃO EM TEMPOS DE CRISE

Desafios e Aprendizados

Magno Rodrigo Moreira

Empresa:

PGG Chemical Corporation

Cargo/Função:

Presidente Conselho Adm.

1. Quais foram os principais desafios vivenciados neste momento de crise provocados pela Covid-19?

Acredito que sendo algo nunca visto na história do mundo, devemos olhar como povo, desbravadores e corajosos e em especial aos nossos antepassados. Em momentos de crise é que se revelam as verdadeiras virtudes das pessoas e empresas, da mesma maneira que é o teste final da real missão de cada um aqui neste plano terrestre.

A pandemia que assolou o mundo trará grandes aprendizados, e assim conseguiremos entender o que devemos fazer enquanto seres humanos, e alguns poucos privilegiados, gestores e empreendedores, tendo que se adaptar imediatamente, não dando tempo para muito planejamento e reuniões estratégicas do que fazer.

Tivemos que executar e nos readaptar de forma meteórica, da mesma maneira que o vírus entrou em nossas vidas e na rotina de todos. Então, lembro de um ditado chinês de Sun Tzu, que diz que ele nunca perdeu uma guerra sob o seu comando porque ele treinava o seu exército em momentos de paz.

A nossa organização, há quase dois anos, adotou o trabalho remoto, com ótimos resultados, e apostamos e acreditamos no capital humano, não somente em nossa sede física. O trabalho *home office* veio para ficar e não importa o que você faça, você pode fazer mais com menos e mais qualidade, basta querer.

Desafios técnicos, comerciais, logística, financeiro, dentre todos os descritos pela academia, de como conduzir uma empresa, foram e sempre serão os menos difíceis, pois a pandemia chegou para todos. Mas o grande desafio é social e mental, e o grande aprendizado foi que era preciso saber que podia perder.

A abertura de informações de outros setores, demonstrando que é hora de união, e não de discussão, e busca em manter a visão da empresa e a chama acesa, a qual chamamos de *Global Thinking*, onde devemos pensar globalmente, mas agir localmente, assim fechando o nosso elo estratégico.

Todavia, os desafios são inúmeros, haja vista o mercado financeiro, as taxas de juros, embora tenhamos cortes da taxa Selic, as empresas não tiveram e até esse momento não estão tendo facilidade de acesso ao crédito, conforme demonstrado na mídia, e isso nos deixa inseguros quanto aos próximos passos.

Adotamos uma política de gestão de crises e reduzimos as expectativas de crescimento para a safra 2020/2021, já que o agronegócio gira praticamente como negócio de longo prazo para recebimento, e as incertezas com a moeda brasileira, política partidária e economia deixaram os investidores mais preocupados e temerosos.

Aliado ao momento da pandemia, estamos em pleno encerramento da safra 2019/2020, e isso nos acertou em cheio. Frente ao plano inicial, uma grande preocupação está sendo as recuperações judiciais que os produtores rurais estão conseguindo fazer como pessoas físicas; direito até então somente obtido por empresas com CNPJ, com uma movimentação cambial, revendo a política de crédito.

Alinhamos estratégias junto aos fundos de investimentos, que conhecem e entendem da operação para validar e mitigar os riscos de crédito, e isso é um custo financeiro para a empresa. Num primeiro momento, mas um ganho e solidez de crescimento olhando os próximos cinco anos.

E no que tange às estratégias empresariais, a busca por aumentar as nossas exportações, tirando investimentos do mercado interno, para fomentar negócios em outros países, demandado pelo câmbio e pela desvalorização da nossa moeda e supervalorização do dólar.

Estamos tirando da gaveta alguns sonhos de exportar para alguns países e de forma estratégica, estamos nos mexendo a caminho desses mercados, sem esquecer de que o maior mercado do mundo está aqui.

2. Quais foram as ações implementadas?

Todas as empresas mundiais buscaram os ajustes necessários para resguardar a saúde de seus colaboradores, clientes, fornecedores e consequentemente da sociedade em geral. Em especial, adotamos práticas de trabalhos *on-line* e de comunicação com os nossos clientes via plataformas digitais. O nosso segmento da economia de fato foi e está sendo um grande desafio, embora a prática de mensagens instantâneas já seja uma realidade para a tomada de decisão, ainda demandava muitas vezes de uma reunião ou mais de forma presencial.

A nossa busca em mitigar os riscos de uma possível contaminação neste momento baseia-se no uso de EPI's, escalonamento das indústrias para movimentar o mínimo de pessoas possível, e a conscientização da higiene pessoal é o grande feito para conter a contaminação em massa.

Estamos ainda estudando ferramentas mais robustas a serem implantadas nos próximos meses, uma vez que a maioria das empresas não tinha orçamentos para esse tipo ou qualquer outro tipo de investimento de forma imediata, frente à grande e brusca mudança.

Mas o grande desafio não se trata de implementação de ferramentas e/ou estratégias, campanhas de conscientização, dentre outras, mas sim a mudança do hábito do consumo, desde as informações até a tomada de decisão, e isso tem e está tendo impacto direto, e algumas empresas economizarão com isso.

Em vez de sair de São Paulo (SP) para uma reunião de prospecção, é possível fechamento de contrato em Cuiabá (MT), sendo que essa reunião ocorrerá por uma plataforma *on-line* sem perder qualidade, e a tomada de decisão deverá ser da mesma forma.

Essa quebra de paradigma é o grande desafio que iremos enfrentar em nosso segmento nos próximos meses e anos, então, estamos buscando levar o maior número de informações de forma clara e objetiva, para que o tomador de decisões consiga definir a sua posição optando pelos nossos produtos.

3. Quais foram os aprendizados para a sua vida nas áreas pessoal e profissional?

Conforme disse Sócrates, se todos os nossos infortúnios fossem colocados juntos e, posteriormente, repartidos em partes iguais por cada um de nós, ficaríamos muito felizes se pudéssemos ter apenas, de novo, só os nossos. Olhando tudo o que ocorreu e ainda irá ocorrer no mundo, nossa atividade foi e será uma das menos afetadas de forma direta, e a nossa missão é produzir alimentos, sem eles as pessoas não podem ficar. Mas aprendemos a nos dar as mãos e ajudar a todos de alguma maneira, seja por um simples cumprimento, palavras de afeto, ouvindo outros empreendedores de setores distintos do nosso, e nunca fez tanto sentido utilizar o tão chamado *benchmarking*, porque são tempos de mudanças. As empresas jamais serão as mesmas e as pessoas também não, aprenderão a assumir algumas responsabilidades que até então não pareciam fazer parte do seu hábito, e certamente os profissionais darão mais valor às suas conquistas. Não só profissionais exibindo os seus troféus, mas sim fazendo o que há de ser feito, mesmo sem supervisão, mas sim aos olhos do seu inconsciente e dos seus familiares, que poderão adotar aquela postura com algo admirável.

Certo dia levei a minha filha de seis anos ao escritório, onde estávamos sozinhos, e ela disse no primeiro dia, depois de quase cinco horas na empresa, que ela estava entediada sem atividades para fazer e com saudades dos seus colegas, e perguntou se poderia me ajudar a trabalhar. Criamos uma rotina por uma semana, até fazendo refeições na empresa em cima da mesa de reuniões, e certamente ela lembrará do dia em que fomos à empresa e viu que não é fácil de conquistar as coisas, e que tudo na vida é uma troca e uma renúncia.

Não há como se ter tudo ao mesmo tempo, ter paciência com os pequenos é o mesmo que ajudar o seu time a ser melhor, dando-lhes dose de ânimo, quando era você que precisaria receber, mesmo que só você veja o caminho, mas o importante é estar sempre firme e convicto dos seus valores, transferindo-os ao time.

Como ser humano, aprendi uma coisa muito importante: não fique preso ao rancor, à mágoa, a vida é um sopro e amanhã o vento e a Covid-19 podem levá-lo. Agradecer, adotar hábitos mais saudáveis, contemplar o ócio, ter tempo para você mesmo, fazer tudo o que pode ser feito no momento em que está fazendo e ter uma vida normal, não esquecendo das suas raízes e nem para onde quer ir.

Honra e glória fazem parte de quem sabe de onde veio e aonde quer

chegar. Da mesma maneira que uma estrada é cheia de curvas e com possibilidades de acidentes, a grande mensagem é a oportunidade de aprender com tudo e buscar a melhor versão que podemos ser.
Ao passar mais tempo com a minha filha, aproximando-a de mim, me peguei refletindo que estamos criando uma geração adaptada e pronta para o uso da tecnologia, perceber que já está inserida em seu cotidiano é um dos meus maiores aprendizados, durante toda a quarentena e pandemia.

4. Qual a sua visão e quais as suas expectativas para o pós-crise?

Para entender o que esperar pós-pandemia, precisamos relembrar alguns fatos históricos, como as três guerras e sobre a quarta guerra mundial.
A Primeira Guerra Mundial (1914-1918) foi originada pela disputa econômica dos mercados internacionais pelos países industrializados, que precisavam escoar as suas produções, tendo como grandes concorrentes a Grã-Bretanha e Alemanha, tendo seu fim após o Tratado de Versalhes, onde a federação alemã foi obrigada a assinar, assumindo a responsabilidade pela eclosão da guerra.
A Segunda Guerra aconteceu entre 1939 e 1945 e foi ocasionada por causa dos conflitos e divergências de ideologia, resultando na invasão dos alemães ao território polonês. Mobilizou mais de 100 milhões de pessoas, com uso bélico, tornando-se o conflito mais sangrento de toda a história, motivada pelo fascismo italiano e nazismo alemão.
Conhecida como a Guerra Fria, a terceira guerra foi ocasionada pela intensa disputa econômica, diplomática e ideológica entre os Estados Unidos e a União Soviética nos anos de 1947 a 1991.
Com a formalização de um novo bloco econômico, que possui um banco próprio, chamado BRICS, tendo como membros o Brasil, Rússia, Índia, China e África do Sul, fala-se na obsolescência do Euro, e a Inglaterra demonstra querer sair da zona do Euro, de acordo com alguns especialistas, a Quarta Guerra Mundial será marcada por um novo conflito e uma reorganização global não controlada por Washington.
As primeiras fraturas são vistas na Rússia e China, e a maior parte da

Europa está criando um continente que vai expandir e consolidar seus interesses, na África e América Latina. Tendo como prova maior a construção do Canal da Nicarágua e a expansão na Marinha chinesa, e o eficaz combate ao terrorismo, pelos russos no Oriente Médio, com a ajuda da Alemanha, França e China, assim isolando os Estados Unidos da América e suas parcerias.

Neste ano, se trata como guerra porque é a primeira vez na história que o planeta Terra parou. E esta não é apenas uma crise de saúde humana ou de um vírus que certamente todos iremos nos contaminar em algum momento. Mas é uma crise econômica mundial que afetou e afetará por muito tempo diversos setores da economia, sem falar nos setores que irão sumir definitivamente e, é claro, que outros irão surgir.

Neste exato momento, dia 10 maio de 2020, que descrevo estas singelas palavras para colaborar com a obra, junto com os mais diversos executivos, a maioria da população ganha e vive com a nossa moeda, Real, e como podemos conviver de modo geral à desvalorização do nosso dinheiro, em 43,2258%, sendo comparado ao menor nível do ano de 2020?

Em janeiro tínhamos uma moeda valendo R$ 4,0020 e hoje R$ 5,7319, e sabemos que a última oscilação chegou perto dos R$ 6,0000. Alguns especialistas dizem que podemos ter um dólar de R$ 7,0000 a R$ 7,5000 para o ano de 2021, e o enfoque aqui na economia é porque a nossa recuperação está e estará baseada no consumo da população, e no final do dia o que vale é quanto você tem na carteira agora, não o limite do cheque especial nem do cartão de crédito.

Quando o comércio voltar ao normal, tudo estará mais caro, nos próximos ciclos produtivos, não estou mencionando os estoques parados há meses, uma vez que a maioria dos insumos básicos de creme dental, vestuário e alimentação é comprada em dólar. Você poderia me dizer que as vendas, as commodities agrícolas, também são vendidas em dólar e isso não poderia impactar diretamente, mas tudo tem a lei da oferta e procura. São novos tempos no mundo e em especial ao nosso país, que com a desvalorização da nossa moeda, os chineses, americanos e europeus nunca fizeram tantos negócios no Brasil como nos últimos 60 dias. Há várias razões, mas deixarei duas somente para a sua reflexão: a China é o nosso principal parceiro econômico e produzimos para alimentar o mundo, em especial a Ásia. Se analisarmos os objetivos das guerras mundiais, sempre teve um cunho capitalista. Embora muitas dessas empresas aqui no Brasil estejam sofrendo também, em suas sedes controladoras e subsidiárias de mesma forma, avaliam tratar-se de um momento frágil que nosso país está passando e isso deixa todos quase que sem saída.

Em minhas reuniões e entrevistas com outros empresários e amigos dos mais diversos setores da economia, a sensação de incapacidade é muito forte, frente à vontade de querer fazer algo e não conseguir, e isso não só com os negócios, mas sim com as vidas que estão se perdendo e irão se perder.

Estamos vivendo um momento único de transformação global, que não é somente um problema que vai requerer ajuda humanitária. Estamos falando dos empregos, empresas e renda sendo dizimados mundo afora. Os efeitos são incalculáveis e sem precedentes até o momento, estima-se segundo a ONU que teremos mais de 25 milhões de desempregados no mundo a um custo estimado de mais de U$$ 3 trilhões, os investimentos devem cair até 40% e teremos mais de 1,5 bilhão de alunos longe das escolas.

Deveremos chamar de pandemia moral e espero estar vivo para ler que o que li e escrevi estava errado e que o mundo se reinventou, e não precisamos passar por essa triste e dolorosa estrada. Vale ressaltar que o sistema brasileiro está fazendo o máximo, injetando bilhões de reais na economia, aos trabalhadores informais.

É inevitável que empresas vão sucumbir e não para por aí, a retomada da economia irá ter uma curva de aprendizagem com os novos hábitos de consumo e com o poder de compra menor, teremos um novo mercado sendo construído.

Como bem disse a chanceler alemã em seu discurso em março 2020, a unificação da Alemanha, desde a Segunda Guerra Mundial, não houve um desafio em seu país, em que sua ação conjunta fosse necessária. Estamos em um momento que todas as nações devem se unir, uma vez que o fortalecimento das negociações entre os meios deve ser claramente aberto, gerando mais divisas a todos.

É uma grande oportunidade para políticas mais liberais, e a possibilidade do Brasil se tornar mais competitivo em diversos setores, e também um estímulo à industrialização do país, que hoje muitas vezes é exportador de matéria-prima e não do seu produto manufaturado.

Esse estímulo, além de gerar emprego e renda, levantaria a moral dos trabalhadores brasileiros, que terão que conviver com muito pouco ou quase nada. Porém, a ingenuidade das crianças ainda não entende isso.

Saliento o consumo excessivo das mídias digitais, que aqui vou chamar de improdutivas, já que muitos cresceram e/ou passaram por momentos de leve melhora na vida social, adotando padrão de consumista, sem uma real necessidade, e que agora terão os seus dias contatos, e isso sim poderá ser mais do que a perda da renda e do trabalho, isso afeta diretamente a moral do cidadão.

As políticas públicas, além de tratar da área econômica, deveriam estar estabelecendo também área psicopedagógica. Pois é um momento de mostrarmos ao povo e ao mundo o real sentido e valor das coisas e da vida!

Em circunstâncias normais, o nosso país não era nem de perto um dos melhores do planeta em diversos aspectos, mas em especial citarei alguns, como: educação, violência e corrupção. Na educação, estamos bem longe da Finlândia, Japão e Coreia do Sul, que além de ter um sistema construído ao longo dos anos, está sabendo aproveitar a tecnologia no momento de pandemia.

No Brasil, estamos vendo os esforços, mas é como uma locomotiva com pouco combustível e com um maquinista na sua primeira viagem, que não sabe onde a estrada vai parar. Não estamos estruturados para sequer fazer aulas *on-line* no sistema público de ensino, o mais afetado e onde está a maioria dos brasileiros, não vou citar os aspectos culturais dos alunos do outro lado da mesa, o que torna também um pouco desconfortável pensar em comprometimento a distância.

O mundo terá um aumento de 20% de violência doméstica durante o período da pandemia e, em se tratando do Brasil, o Estado de São Paulo, o mais populoso do Brasil, já registrou um aumento maior que 44% e isso realmente preocupa, ainda mais quando pensamos no cotidiano das pessoas. Lembramos da nossa posição mundial dos países mais corruptos do mundo, dentre 180 países, estamos na posição 106°. O que não me orgulha, e a maioria dos brasileiros, é ver superfaturamentos na compra de materiais que seriam destinados ao controle da Covid-19, enterros de caixões com pedras no lugar de seres humanos, uma busca incansável pela ajuda emergencial do governo federal, a qual tem colocado mais medo ainda na população.

A situação ficou mais preocupante quando eu fui convidado a montar uma estratégia de vendas de produtos para combate e identificação da Covid-19, percebi que realmente temos uma grande falha nas instituições e não me refiro aqui aos departamentos públicos, me refiro de como estamos vivendo e criando nossos filhos e qual legado vamos deixar para os nossos netos.

Em um ano eleitoral no Brasil, que vai ficar para a história, onde prefeitos e governadores lutam para manter o fundo eleitoral com cerca de R$ 2 bilhões, empresas e cidadãos que produzem riqueza estavam colaborando para encher os cofres, vendo hoje uma briga entre os legisladores quanto ao uso do recurso, deixando mais ainda o povo com vergonha da forma que nosso país está vivendo seus dias durante a crise sanitária.

A pandemia, além de um estado de saúde física, é sim um estado de saúde moral e emocional. Pois realmente eu gostaria que todos nós brasileiros pudéssemos cantar mais uma estrofe do nosso hino nacional sem se emocionar com tudo que estamos vivendo e vendo o nosso país se transformar.

Desde a descoberta do Brasil, a nossa vocação sempre foi agrícola, temos o melhor clima do planeta, terras semeáveis com a maior bacia hidrográfica do mundo, a bacia amazônica, e onde há água, há vida. E que venha a grande retomada da economia e teremos orgulho do nosso povo, e me sinto mais que feliz em escrever nesta obra, e até emociono por eternizar estas palavras, as quais quero que todos os leitores no futuro voltem a ler e se sintam como se tivesse lendo algo do ano corrente.

Em números, gostaria de compartilhar os grandes produtores de alimentos de mundo, em se tratando dos dez maiores, e que a tudo podemos nos ajustar, mas em alimentação não há meio termo, ou você come ou você morre. Seguindo a relação datada de 2018, com sua respectiva renda anual de exportação e a sua quota, o Brasil fica em segundo lugar com U$S 79 bilhões e com 5,3% de exportação, perdendo apenas para os Estados Unidos, com U$S 149 bilhões de dólares e 10% de exportação, superando países como China, Canadá, Argentina, Índia, Indonésia, Austrália, Tailândia e Malásia.

Mas não se assuste com os números americanos, pois nosso território é composto por mais de 5 milhões de estabelecimentos agropecuários, gerando renda e riqueza a toda nação e ao mundo sendo que 41% do território é passível de implantação da produção de alimentos, preservando o meio ambiente, mais de 77% do total são oriundos da agricultura familiar e respondem por mais de 23% do valor da produção total do nosso país.

Se você se alimentou hoje, agradeça ao agricultor. Entenda o país que você mora e ama, já que leite não nasce na caixa do supermercado e que arroz não vem dentro de uma embalagem plástica, que é feito com muito esforço, carinho e dedicação diariamente. Somos hoje o maior produtor e exportador de soja, carne bovina e café; segundo maior produtor de carne de frango; terceiro em produção de milho e maior exportador do mundo; quarto maior em carne suína e quinto em produção, e terceiro em algodão.

Espero que a esta altura da leitura você tenha entendido a nossa vocação e que possa fazer sentido para você se agricultura vai bem, o comércio local e regional, vai bem também, mas há um tempo atrás, algo em torno de 15 anos, ouvi um velho e sábio agricultor dizer que o progresso não anda em estrada de terra e não dorme no escuro.

O nosso país é um gigante adormecido e hoje, sendo executivo de uma empresa ligada ao agronegócio, me sinto cada vez mais confiante em cumprir o nosso papel, que será agora de ajudar a salvar os brasileiros e a readaptação para um novo estilo de vida, bem como ajudar a salvar as pessoas de todas as nações sem olhar a posição social, simplesmente fazer o que precisa ser feito.

Nosso país é um mar de oportunidades, porém de muito trabalho, e isso sabemos fazer, e o setor que certamente sairá fortalecido desta crise global será o agronegócio, e certamente os seus coligados, de forma direta e indireta. Por estarmos inseridos na cadeia primária de suprimentos, na produção de alimentos, aqui finalizo com muito orgulho e com a certeza de que Deusa Deméter, deusa grega da colheita, fertilidade, da terra cultivada, do direito sagrado e que detém o ciclo da vida e da morte, nos guiará em busca da retomada da nossa economia e autoestima, e que nossos irmãos brasileiros e nós tanto iremos precisar nos próximos anos.

5. Com base no que você vivenciou, quais recomendações e mensagens de esperança gostaria de compartilhar com outros líderes?

Somos feitos como um sopro que pode inesperadamente sucumbir e tirar o maior proveito com as pessoas que amamos e doar-se um pouco mais ao outro. Uma vez que o outro é parte integrante de todo o sistema e a doação aos que amamos, não é na quantidade e sim na qualidade do tempo!

No contexto empresarial está sendo e serão tempos difíceis, mas lembre-se: está assim para todo mundo e claramente, dentre as dificuldades, haverá oportunidades que temos que estar atentos para vê-las e não podemos perder de vista, caso não estejamos aptos à inovação repentina que o novo mundo está impondo.

Não fomos convidados para tomar a decisão em conjunto de como o mundo se transformou e nada mais será como era antes, estamos sendo chamados para juntos nos adaptar e evoluir com o mundo.

Precisamos nos preparar para conviver com a ingratidão, pois é inevitável que o time da liderança faça muita coisa e ainda receba um bônus. Por isso, façamos a coisa certa e como deve ser feita, com o coração, mente e a alma tranquila. E no futuro contaremos aos nossos filhos e demais gerações que eu sobrevivi mais do que à pandemia da Covid-19, sobrevivi à maior crise que o mundo já enfrentou.

"...O que pensar das pessoas que recebendo a ingratidão em troca de um benefício prestado negam-se a fazer outra vez o bem, com o temor de

encontrar pessoas ingratas?..." Guia Protetor – Sens, 1862.
E quando eles perguntarem o que são essas marcas no seu rosto, teremos orgulho de dizer que foi o aprendizado e que realmente aprender demanda tempo, requer esforços, dedicação, trabalho duro e, acima de tudo, requer otimismo.
Como diz aquele ditado: "Não sabia que era impossível, foi lá e fez!"

LIDERANÇA DA ALTA GESTÃO EM TEMPOS DE CRISE
Desafios e Aprendizados

Marcelo Dias Ribeiro

Cargo/Função:
Matemático, Mestre em Economia
e Gestor da Área Financeira

1. Quais foram os principais desafios vivenciados neste momento de crise provocados pela Covid-19?
Gestão remota da equipe, em que 90% de todas as suas atividades eram exclusivamente presenciais.

2. Quais foram as ações implementadas?
Condições necessárias com *notebook*, por exemplo, para atender à demanda dos clientes aliado ao resultado e entrega dos compromissos com a instituição.

3. Quais foram os aprendizados para a sua vida nas áreas pessoal e profissional?
Adaptação ao *home office* com a família, resiliência e 100% de confiança na equipe.

4.Qual a sua visão e quais as suas expectativas para o pós-crise?
Mudança completa na relação de trabalho, onde somente os colaboradores, líderes e empresas com maior capacidade de adaptação sobreviverão.

5. Com base no que você vivenciou, quais recomendações e mensagens de esperança gostaria de compartilhar com outros líderes?
O seu propósito precisa estar alinhado com o propósito da empresa e para com o futuro da comunidade, cidade, país que esteja atuando ou compartilhando.

LIDERANÇA DA ALTA GESTÃO EM TEMPOS DE CRISE

Desafios e Aprendizados

Marcelo Madarász

Empresa:

Parker Hannifin

Cargo/Função:

Diretor de Recursos Humanos para a América Latina

1. Quais foram os principais desafios vivenciados neste momento de crise provocados pela Covid-19?

Os desafios são de várias ordens e incluem também, além das questões individuais de como cada um lida com a travessia, as crenças que podem ser limitantes, a ideia de cada um sobre vida e morte, a liderança que nem sempre está serena, equilibrada e no eixo para poder ser porto seguro para os liderados. A cultura da empresa, seus valores e princípios e a coesão ao redor deles é naturalmente exigida aqui e qualquer indício de fragilidade nessa coesão não só fica evidenciado, como influencia negativamente o todo. Se não há confiança, as coisas certamente serão muito mais difíceis e complicadas. Se os líderes não tiverem clareza de seu propósito e alinhamento com ele, facilmente se perde e terá a sensação de estar "desbussolado". Outro grande desafio é o aspecto da comunicação e o de manter-se próximo, o mais próximo possível, mesmo estando fisicamente distante. É necessário ter e demonstrar ter verdadeiro e genuíno interesse pelo seu time e por todos com quem ele se relaciona. A empresa precisa ter a infraestrutura necessária para *home office*, por exemplo, para garantir o bom andamento das atividades. É necessário confiar, delegar, saber fazer a governança e sair da caixinha. Empresas muito rígidas, por exemplo, aos aspectos trabalhistas (que seguem uma CLT absolutamente defasada, atrasada e nefasta para os aspectos da evolução do vínculo empregatício e do vínculo com o trabalho) sofrerão muito mais do que as que já estão mais adequadas aos nossos tempos. Outro grande desafio, além de se lidar com os medos ligados às crenças limitantes, que podem ser muitas vezes fantasiosos, é enfrentar a possibilidade cada vez mais concreta e real de perda de emprego. Muitas empresas não terão como sobreviver sem algumas ações radicais.

Essa complexidade faz lembrar Guimarães Rosa e me traz algumas reflexões.

"O correr da vida embrulha tudo.

A vida é assim: esquenta e esfria,

aperta e daí afrouxa,

sossega e depois desinquieta.

O que ela quer da gente é coragem."

Existe um ditado oriental (provavelmente chinês) que diz: "Quando o discípulo está pronto, o mestre aparece". Eu poderia escrever um livro com as reflexões que esse ditado nos convida a fazer. Ele fala sobre a conexão entre o mundo interno e o mundo externo, entre nossa psique e os fatos que a vida nos apresenta. Tenho uma crença de que tudo que acontece em nossas vidas e, na verdade, até antes do nosso nascimento aqui neste planeta, com esta vida atual, tem o objetivo de nos preparar para a jornada e para o que ainda virá. Dessa maneira, acredito que, num outro plano, participamos da construção do que seria nossa trajetória. Quem serão nossos pais, em que país nasceremos, em que condições, com quais dificuldades, quais facilidades, por quais experiências teremos que passar, com quem nos relacionaremos e tudo mais que faz parte de nossa vida. Se conseguiremos lidar com tudo aquilo que nos propusemos é outra questão. Nem todos conseguem, mas o caminho é sempre o da evolução. Pensando dessa forma e acreditando que tudo está encadeado, tudo está ligado, ter nascido no Brasil, neto de húngaros por parte de pai, de avó italiana e avô mineiro por parte de mãe, em São Paulo, faz parte dessa preparação de terreno. Ter me formado em psicologia, ter atuado como acompanhante terapêutico de pacientes psicóticos durante a minha graduação, ter trabalhado em dois hospitais psiquiátricos, estudado psicanálise, tido consultório para depois migrar para a área de gestão de pessoas, também foi com o objetivo de pavimentar a estrada para os desafios futuros. Passei pelas empresas Thomson, Camargo Corrêa, Nokia, Natura, e estou à frente da área de Recursos Humanos para América Latina da Parker Hannifin, desde 2014. A Parker é uma empresa americana, fundada em 1917 em Cleveland, Ohio, e conta hoje com aproximadamente 56.000 colaboradores em suas operações espalhadas pelo mundo.

Sou uma pessoa que acredita na evolução do ser humano e, nesta missão, contamos com a presença dos mestres, dos autores, livros, peças de teatro, filmes e todas as formas de conhecimento, incluindo aqui a arte em todas as suas manifestações. Há conhecimentos anteriores à razão e no movimento de expansão da nossa consciência, todas as formas possíveis para que isso aconteça devem ser utilizadas, honradas e celebradas. Por algum motivo que desconheço em sua totalidade, um tema tem me despertado um interesse muito grande há algum tempo, que é a morte. Não há nada de mórbido aqui, nem de aspecto depressivo, mas algo que me faz refletir muito sobre a vida. Na época da Natura, tive a oportunidade de convidar o Lama Michel Rinpoche para uma participação no Programa de Desenvolvimento de Liderança pelo qual eu era responsável e questionei por que o budismo falava tanto sobre a morte. E ele respondeu que o budismo fala muito sobre a vida. Pensar na morte é uma maneira de valorizar a vida. Haverá paz na consciência de nossa finitude? É uma pergunta feita na peça A alma imoral, adaptação para o teatro pela atriz Clarice Niskier de texto do rabino Nilton Bonder, que me fascina. Como nada acontece por acaso, ganhei de presente um livro maravilhoso chamado *O livro tibetano do viver e do morrer*. Após o prefácio de Dalai Lama, me deparo com este trecho:

> Não há lugar na Terra onde a morte não nos possa alcançar — mesmo que voltemos a cabeça uma outra vez perscrutando em todas as direções, como numa terra estranha e suspeita... Se houvesse algum modo de conseguir abrigo contra os golpes da morte — não sou homem

> de recuar diante dela… Mas é loucura pensar que se pode vencê-la…
>
> Os homens vão, vêm, trotam e dançam, e nem um pio sobre a morte. Tudo parece bem com eles. Mas aí quando ela lhes chega e às suas mulheres, filhos e amigos, pegando-os de surpresa e despreparados, que tormentas de paixão os esmagam, que gritos, que fúria, que desespero!… Para começar a tirar da morte seu grande trunfo sobre nós, adotamos o caminho contrário ao usual; vamos privar a morte da sua estranheza, vamos frequentá-la, acostumarmo-nos a ela; não tenhamos nada se não ela em mente… Não sabemos onde a morte nos espera: então vamos por ela esperar em toda parte. Praticar a morte é praticar a liberdade. Um homem que aprendeu como morrer desaprendeu a ser escravo. (Michael de Montaigne)

Fico absolutamente tocado e tomado por uma avalanche de sentimentos e pensamentos a respeito do tema e da nossa imensa dificuldade em lidar com a impermanência. Após essa obra, comprei algumas outras, assisti a um TED com a Dra. Ana Cláudia Quintana Arantes, médica especialista em cuidados paliativos – compro seus livros e me aprofundo no tema. Mal sabia eu que num futuro muito próximo esse tema seria pano de fundo para uma profunda mudança pela qual o mundo teria que passar. No final do ano de 2019 foi reportado um caso de uma doença respiratória aguda em Wuhan, província de Hubel, na China. Acredita-se que a doença tenha sido identificada no início de dezembro, mas só reportada no final do mesmo mês. Também acreditam os cientistas que o vírus tenha uma origem animal, porque os primeiros casos estavam relacionados ao Mercado Atacadista de Frutos do Mar de Huanan, que vendia animais vivos. Eu havia lido algo nos jornais em janeiro de

2020 e, sendo muito sincero, não cheguei a dar muita atenção. Depois dessa data, a imprensa começava a divulgar com mais frequência e tudo indicava que a situação estava ficando crítica e poderia piorar. No dia 29 de janeiro, recebemos um e-mail da corporação informando restrições de viagens para a China, tanto como destino, como ponto de partida. A mensagem já mencionava a Organização Mundial da Saúde e proibia qualquer colaborador de viajar para lá. Quem lá estivesse deveria voltar imediatamente para seu país de origem, permanecer trabalhando de casa e contatar seu RH local para mais informações. Percebi que era algo grave, mas não imaginava que fosse nos atingir e muito menos que viraria uma pandemia. No dia 31 de janeiro, novo comunicado da corporação, informando a atuação do Comitê de Crise e divulgando alguns protocolos. No Brasil, houve o carnaval normalmente (25 de fevereiro), e no dia 27, novo comunicado estendendo a restrição de viagens. Em 5 de março, novo comunicado, proibindo qualquer viagem nacional ou internacional para qualquer país. A situação estava evidentemente ficando mais grave e lembro-me de ter sofrido, pois eu entendi as restrições de viagem a trabalho, mas no dia 6 de março, uma sexta-feira, uma grande amiga, Clarice Niskier, estrearia sua peça nova no Rio de Janeiro e eu já estava com a passagem comprada. Não gostaria de perder por nada. Fui até lá, assisti à peça, que foi maravilhosa e, tanto na ida quanto na volta, vi apenas duas pessoas usando máscaras no aeroporto, e achei normal, pois só de vez em quando eu via outra pessoa fazendo uso delas. Voltei no dia 7 de março e fui assistir a um *show* maravilhoso no *Unimed Hall*, mas achamos melhor minha mãe não ir comigo, dado que ela tem 74 anos e possui enfisema pulmonar.

Em 13 de março, novo comunicado da corporação, falando da gravidade da situação e dando diretrizes sobre intensificação das medidas de higiene e distanciamento social. Achei um exagero e pensei que não deixaria de beijar e abraçar as pessoas. Quem me conhece sabe o quanto eu valorizo o contato humano e gosto de abraçar as pessoas.

Chega o sábado e eu tinha show da cantora Maria Bethânia. O *show* foi cancelado, já como medida de prevenção à transmissão do vírus. Estava evidente agora a gravidade da situação. Manchetes no mundo inteiro, início de divulgação de dados estatísticos absolutamente alarmantes, incluindo as inúmeras mortes. Desse dia em diante, comunicados da corporação cada vez mais frequentes e determinando uma série de medidas restritivas. Passo a fazer parte do Comitê de Crise Global, com *calls* diárias de segunda a segunda, e do Comitê da América Latina, também com *calls* diárias. O Global, da manhã, com representantes do RH do mundo inteiro e, em seus relatos, os números de casos confirmados nos países e na empresa, os números de óbitos nos países, os números de fábricas fechadas, os impactos nos negócios e as medidas que haviam sido adotadas para a prevenção. Tivemos até o início de maio dois óbitos na Parker (em todos os países) e nenhum caso confirmado na América Latina.

No início da jornada, pensamos em rodízio de pessoal administrativo, mas acabamos adotando *home office* para todos os colaboradores que pudessem fazê-lo. Claro que para o pessoal das fábricas isso não seria possível, e diminuir o número de pessoas nos sites tinha como objetivo também proteger a todos os que ficariam nos sites e os que ficariam trabalhando de suas casas.

Retomando o início do meu depoimento, no qual falava sobre a questão da morte, vou fazer um paralelo sobre as fases da mudança e da transição. Ainda bem que havíamos feito um trabalho muito profundo sobre isso e estava claro para mim e para a diretoria que enquanto a mudança é externa, circunstancial, baseada num evento, definida pelo resultado, rápida e única, a transição em contrapartida é interna, subjetiva, baseada na experiência, definida pelo processo e leva tempo. As fases da transição são término, zona neutra e reinício, ou pelo menos seria assim se o ciclo fosse completo e percorrido pela pessoa impactada.

Parte dos principais desafios vivenciados neste momento de crise provocado pela pandemia está relacionada aos aspectos subjetivos. Mais uma vez, a minha crença de que o repertório adquirido ao longo de uma vida ajuda muito, não apenas no aspecto do autoconhecimento e da compreensão do fenômeno em si, mas na clareza e pavimentação de um caminho para gerenciar a crise.

Sem entrar nas teorias que podem nos ajudar sobremaneira a lidar com um período tão desafiador, vale a pena lembrar dos sentimentos que nos invadem nas diferentes fases da transição. No término, temos o sentimento de perda, raiva, tristeza, ressentimento, medo, ansiedade, negação e entusiasmo. Na zona neutra, sentimos confusão, desorientação, desconexão, impaciência, curiosidade, receptividade e expectativa. E, finalmente, no reinício, a sensação de completude, energia, fluxo, renovação, satisfação e confiança. Esses conceitos haviam sido bem explorados no Programa de Liderança que tivemos com um excelente consultor e *coach*, Roberto Ziemer, tanto no programa coletivo, quanto em sessões de *coaching* e palestras. O que eu vivenciei claramente no início foi a negação. Eu só comecei a mudar essa postura, quando me informei e entendi que, mesmo sendo assintomático, eu poderia ter o vírus e transmitir, por exemplo, para minha mãe (minha maior preocupação) e outras pessoas da família ou importantes para mim. Mais do que nunca, o processo de autoconhecimento, incluindo quais são as crenças que cada um carrega, bem como a conexão com o propósito e a atitude que cada um adota, são fatores absolutamente fundamentais para se fazer essa travessia da melhor forma possível – ou não. No caso do profissional de RH, ainda há o agravante de, como diz a música, "não ter e ter que ter pra dar". Somos demandados como ponto de apoio ao outro e muitas vezes nos esquecemos de nós e de encontrar nosso eixo.

Como garantir a sustentabilidade do negócio frente a um cenário tão recessivo?

Para muitas pessoas, os desafios de trabalhar em casa, muitas vezes tendo que dividir o ambiente com marido/mulher e, eventualmente, com os filhos, que não estão indo às aulas presenciais, foi e continua sendo uma questão delicada e complexa. Curiosamente, problemas que já existiam e eram de alguma forma mascarados, disfarçados ou minimizados agora ganham toda sua intensidade, como crise conjugal, dificuldades nos relacionamentos, sejam entre o casal, sejam com os filhos, fuga de uma situação tensa pelo trabalho.

2. Quais foram as ações implantadas?

Além de todas as questões subjetivas e os grandes desafios que temos que enfrentar lidando com o incerto e o desconhecido, que nos exige estudo, análise de dados, aprofundamento em campos tão diversos como Sociologia, Psicologia, Medicina, Ergonomia, Administração e Direito, entre outros, há a necessidade de ações muito práticas, também que salvaguardem o andamento do negócio e sinalizem aos colaboradores que eles estão sendo cuidados. Como boa parte das empresas mais estruturadas, criamos o Comitê de Crise, com intensificação da comunicação, *calls* diárias e divisão em subgrupos ligados aos seguintes temas: aspectos legais e trabalhistas, medição de temperatura, higienização e desinfecção, distanciamento social, quarentena e protocolos de gerenciamento, trabalho remoto, alternativas para a produção e cadeia de suprimentos, reportes diários e comunicação interna. Necessidade de acompanhamento diário das medidas lançadas pelo governo e análise de quais seriam aplicáveis ao nosso negócio, bem como a operacionalização delas. No Brasil, ainda há o agravante de uma medida lançada e num outro dia ser negada, e discutida dias depois. Sem entrarmos nessa seara, ainda há uma disputa política em nosso país que cria um clima de instabilidade e falta de segurança muito grande.

Para qualquer caso suspeito, quarentena obrigatória (de 14 dias) e rastreabilidade de quem foram as pessoas com quem ele ou ela teve contato. Colocação dessas pessoas também em quarentena. Disponibilização de máscaras, luvas, álcool gel. Distanciamento social, alterações radicais no transporte para termos o menor número de pessoas possível, distanciamento no refeitório, com um colaborador por mesa e distância mínima de 2 metros de outras pessoas. Medição de temperatura obrigatória para todas as pessoas que entram nos sites. Uso de máscara obrigatória. Campanha de vacinação contra gripe em todos os sites. Desinfecção preventiva de todos os sites. Tivemos também os aspectos legais, como colocação de pessoas em férias, redução da jornada de trabalho e do salário e análise de outras medidas, dependendo do cenário que se apresentar.

3. Quais foram os aprendizados para a sua vida nas áreas pessoal e profissional?

Aprendizados profundos que confirmam algumas das minhas crenças e valores adotados há algum tempo: necessidade absoluta de um profundo processo de autoconhecimento, incluindo crenças, sombras, medos. Necessidade de conhecer-se no contato com o outro. Necessidade de líderes servidores e capazes de guiar seus times na travessia de situações tão complexas quanto a atual. É curioso como momentos como este de pandemia fazem as pessoas invocarem o seu melhor e o seu pior. No mundo e na empresa, tantos casos de solidariedade, compaixão, filantropia, altruísmo, generosidade, benevolência, empatia. Reflexões e ações ligadas a perguntas filosóficas e existenciais: qual é o sentido da minha vida? O que posso fazer para diminuir a dor do outro? Como posso ser útil? Pessoas levando a sério a colocação: nada do que é humano me é indiferente. Pessoas colaborando. Revisão profunda do que é valorizado. Será que estamos priorizando o que de fato é mais importante? Qual é o valor que damos a um simples carinho, um abraço, a proximidade das pessoas que amamos? Será que estou próximo o suficiente das pessoas que são importantes para mim? Como estou lidando com as pessoas idosas da minha família? Valorização de profissionais que outrora não eram necessariamente valorizados como deveriam, tais como médicos, equipes de saúde, cientistas, artistas. Necessidade de medidas que beneficiem a saúde, como: boas noites de sono, alimentação adequada para uma boa imunidade natural, meditação. Reflexão sobre propósito e se verdadeiramente se está trabalhando em algo que se gosta. A consciência da finitude faz a pessoa rever de fato seus valores. A ganância e o apego excessivo ao aspecto mais materialista da vida precisam ser revistos. O cuidado com o meio ambiente, a vida mais equilibrada e centrada devem ser prioridades. Por outro lado, há o lado sombrio também, que pode bem ser exemplificado por muitos de nossos políticos, não apenas no Brasil, que demonstram claramente níveis muito baixos de consciência.

4. Qual a sua visão e quais são suas expectativas para o pós-crise?
Haverá uma profunda transformação em vários segmentos como, por exemplo, geopolítica, trabalho, economia. Haverá uma exacerbação de posicionamentos: os que já despertaram e conseguiram atingir níveis mais elevados de consciência intensificarão os esforços para um mundo mais justo, mais inclusivo, onde o outro não só existe como merece atenção e cuidado. Por outro lado, há grupos de seres humanos em todos os países, que agirão como bichos acuados que adotam a máxima: "Em casa que falta pão, todo muito grita e ninguém tem razão". É como se este período fizesse de verdade cada um aflorar de forma muito intensa aquilo que tem em sua essência, tanto do lado luz, quanto do lado sombra. Como acredito na evolução do ser humano e do planeta, talvez este período possa ser parte de um processo de depuração. Acredito na lei da ação e reação e que nada acontece por acaso. Em nenhum momento estou dizendo que este momento de pandemia seja uma espécie de castigo – não é nisso que acredito, mas em elementos que possam contribuir para a evolução, às vezes pelo amor, às vezes pela dor.

5. Com base no que você vivenciou, quais recomendações e mensagens de esperança gostaria de compartilhar com outros líderes?
Acredito que cada pessoa é única e gosto muito da abordagem do psicólogo James Hillman, com a sua teoria da semente de carvalho, que sustenta que cada pessoa já nasce com uma vocação que a define. Nesta unicidade, cada um tem sua história e determinado nível de consciência. De acordo

com esse nível, conseguirá ou não sair do modelo do eu, algo egocêntrico, para evoluir para o modelo de todos nós possíveis. Isso posto, cada um deve buscar aquilo que melhor responda suas questões mais existenciais. Para momentos desafiadores como o atual, há quem radicalize nas convicções científicas, há quem eleve seu pensamento para algo que o liga ao superior, ao divino, ao aspecto da religião como algo de uma dimensão superior e assim cada um encontra suas respostas, seus caminhos. Acredito que esses caminhos devam ser respeitados. Um ponto importante para mim é a força que adquire aquilo no qual você acredita, e por isso a enorme importância da atitude e das escolhas que fazemos todos os dias.

Como diz o rabino Nilton Bonder, uma das grandes dificuldades humanas é compreender o poder de seus pensamentos e sua capacidade de construir a realidade de dentro para fora. Assim explica o *Talmude*:

> Presta atenção em teus pensamentos, pois eles se tornarão palavras.
>
> Presta atenção em tuas palavras, pois elas se tornarão atos.
>
> Presta atenção em teus atos, pois eles se tornarão hábitos.
>
> Presta atenção em teus hábitos, pois eles se tornarão o teu caráter.
>
> Presta atenção em teu caráter, pois ele determinará o teu destino.

Que cada um possa desenhar para si e para o mundo o melhor destino possível!

Márcio Pereira de Barros

Empresa:
Grupo Executiva

Cargo/Função:
Diretor-Presidente

1. Quais foram os principais desafios vivenciados neste momento de crise provocados pela Covid-19?

Toda essa fase de pandemia foi nova para nós e para o resto do mundo. Algo nunca vivenciado, o que nos obrigou a repensar toda a nossa estratégia de negócio e cultura da empresa, de uma forma muito rápida e, principalmente, assertiva.

Em um primeiro momento, nossa preocupação foi a de preservar – a qualquer custo – a saúde de nossos colaboradores.

Felizmente somos uma empresa que investe muito em tecnologia remota, até mesmo pelas nossas modalidades de serviços ofertadas ao mercado.

Foram necessárias poucas adequações, orquestradas pela nossa área de tecnologia, para que, em um curto espaço de tempo, todos os nossos colaboradores estivessem em *home office*.

É importante ressaltar que fomos a primeira empresa da região a tomar essa ação com nossos colaboradores.

Superado esse desafio, passamos para o seguinte, que era de organizar nosso *Boarding*, Diretoria e Conselho, para reuniões de estratégia e manutenção dos nossos negócios.

Instituímos como padrão grupos de videoconferência para assuntos do Conselho, Operação, Comercial, Recursos Humanos, Financeiro e Tecnologia da Informação, com periodicidade semanal, com a condição de que, em caso de necessidade, os grupos poderiam ser chamados a qualquer momento.

Mas ainda tínhamos pela frente um desafio, que o tempo nos mostrou: manter nossos colaboradores motivados, pois nos preocupava a saúde não só física, mas a mental também.

2. Quais foram as ações implementadas?

Além da ação de criar os grupos, o que foi muito importante para a continuidade dos nossos negócios, criamos eventos motivacionais aos nossos colaboradores, para manter o equilíbrio emocional e motivacional de todos, dando a segurança da manutenção de emprego, ensinando os mesmos a trabalhar de forma remota.

Para isso, criamos diversos eventos, coordenados pela nossa área de Recursos Humanos, tais como:

Café com o Presidente (com periodicidade mensal), pelo qual comunicamos aos nossos colaboradores as ações para se manter ativos no mercado, para aumento de carteira, manutenção de faturamento, contratos fechados, entre outros. Esse evento é um dos mais importantes, pois permite ao colaborador ter a segurança da continuidade do seu emprego.

Palestras motivacionais: contratamos especialistas no assunto para manter o quadro motivado nas suas atividades diárias.

Ginástica laboral: um profissional habilitado ministra aulas *on-line* de alongamento, entre outros eventos.

Na **estratégia de negócios**, nos reunimos com a nossa área comercial para definir regras de prospecção, manutenção e geração de novos negócios.

Definimos que a estratégia seria focada em dois pilares iniciais: ***webinars*** e ***mesas redondas virtuais.***

Com os *webinars*, orientamos as empresas sobre como aplicar as alterações trabalhistas da medida provisória 927/2020.

Somos hoje a maior empresa de **Gestão de Terceiros do Mercado Nacional**, onde auditamos mais de 6.000 empresas de forma mensal – e elas foram nosso foco inicial, pois dessa forma também evitaríamos a geração de passivos e de responsabilidade subsidiária de nossos clientes diretos.

No segundo *webinar*, mantendo a mesma linha, abrimos ao mercado como um todo, ou seja, empresas diversas puderam receber a orientação para atendimento da referida medida provisória.

Fizemos um estudo de mercado para identificar quais segmentos estavam em crescimento ou estáveis e descobrimos que os segmentos de agronegócios, fármaco, logística e varejo estavam estabilizados e, em alguns casos, apresentavam crescimento. Com esse estudo finalizado, criamos as mesas redondas virtuais, por segmento, convidando executivos, CFO, CIO, CEO e presidentes para compartilhar conosco suas ações durante e pós-pandemia.

Ainda imbuídos no espírito de colaboração, criamos ***e-books*** de orientação às empresas, onde disparamos mais de 150.000 *e-mails*.

Investimos de forma representativa em conteúdo, mídias sociais, *Facebook*, *Instagram*, *LinkedIn*, e gravamos vários vídeos como forma de divulgação de nossos diferenciais.
Criamos um projeto para divulgar iniciativas do bem: o site **www.executivadobem.com.br** traz todas as boas ações das empresas a nível nacional, para ajudar neste tempo de pandemia, de uma forma direta ou indireta.
Criamos novos serviços, com foco na pandemia e pós-pandemia. Reescrevemos outros, também com esse foco.
Tudo isso nos possibilitou o aumento da oferta, visibilidade e contratação de serviços dentro da nossa carteira ativa, bem como fechamento de contratos com novas empresas.

3. Quais foram os aprendizados para a sua vida nas áreas pessoal e profissional?

Pessoalmente, a pandemia nos mostrou o que já sabíamos: pelo padrão atribulado de nossas vidas, nos mostrou a importância dos cuidados com a nossa saúde (muitas vezes negligenciados), o quão ela é importante para que todo o resto possa ser realizado.
Experimentamos uma proximidade maior com nossos familiares, descobrimos coisas que estavam ao nosso lado e não víamos, não fazíamos, não valorizávamos.
Profissionalmente, antecipamos tendências que, apesar de toda tecnologia à nossa disposição, ainda estávamos lastreados por restrições de pensamento e ações.
O que antes achávamos que não seria viável ou produtivo, o momento nos mostrou o contrário: o trabalho remoto aumentou a nossa produtividade e assertividade, pudemos nos aproximar muito mais de nossos colaboradores, conhecer seus familiares, suas vontades, seus anseios, suas necessidades.
Aprendemos que olhar para o passado, assim como buscar soluções no futuro, nos ajudou muito a resolver e melhorar nosso presente.

Aprendemos que o mundo não será mais o mesmo, que temos que nos reinventar muito mais, olhar para os negócios, não de forma presente, mais de forma futura.
Aprendemos, ou melhor, reaprendemos a importância da família e da nossa saúde.
Aprendemos que o lado empresarial e o financeiro são importantes, mas para existirem ou coexistirem, o lado pessoal e a saúde têm que sempre estar em primeiro lugar.

4. Qual a sua visão e quais as suas expectativas para o pós-crise?
Temos trabalhado muito e focado as nossas ações com uma estratégia muito forte no pós-pandemia.
Nossas soluções têm o foco no presente, mas com peso muito forte no que vai acontecer no final. Entendemos com nossos estudos que poucos segmentos vão estar em crescimento e, na melhor das hipóteses, irão conseguir manter sua produtividade e faturamento.
Acompanhamos o fechamento de muitas empresas e, infelizmente, com certeza muitas outras ainda vão fechar.
Mas apesar desse cenário caótico, se abrirão diversas novas possibilidades no mercado como um todo, novas chances e oportunidades vão aparecer na mesma proporção que outras desaparecerão, assim como aconteceu no início da década de 1990, com a informatização.
Novos mercados se abrirão, novas funções serão criadas e, dessa forma, assim como na revolução industrial, ocorrida na Europa nos séculos XVIII e XIX, onde o trabalho artesanal foi substituído pelas máquinas, empregos deixaram de existir e outros foram criados.

5. Com base no que você vivenciou, quais recomendações e mensagens de esperança gostaria de compartilhar com outros líderes?
Digo sempre que sou da época do vinil, que tem o lado A e o lado B, este último sempre reservado para as músicas pouco expressivas, ou seja, o lado ruim.

Trouxe essa metáfora para a minha vida empresarial e digo que todo lado ruim (B) tem seu lado bom (A), ou seja, sempre procure oportunidades onde os outros só enxergam problemas ou, parafraseando um dito popular, que me perdoem, mas não conheço o autor para referenciar: "Enquanto uns choram, outros vendem lenços". Eu escolhi vender lenços.

E gostaria de encerrar a minha participação nesta importante obra com uma frase que representa a minha vida como empresário há mais de vinte anos: ser empresário neste país é você ser melhor que você mesmo, todo dia.

LIDERANÇA DA ALTA GESTÃO EM TEMPOS DE CRISE

Desafios e Aprendizados

Marco Aurélio Borges Matos

Empresa:

Algar Tech

Cargo/Função:

Diretor Executivo de Negócios BPO

1. Quais foram os principais desafios vivenciados neste momento de crise provocados pela Covid-19?

A *Algar Tech* completou 21 anos de atuação no mercado corporativo em 2020, com um portfólio especializado em processos de negócios de relacionamento com cliente e gestão de ambiente de tecnologia. Aliados a um amplo ecossistema de parceiros, a empresa conta com mais de 70 escritórios no Brasil e com um time de 12 mil profissionais para pensar e repensar a experiência dos clientes e suas operações de tecnologia, a fim de promover inovação e entregas com excelência. Com um atendimento multicanal em mais de seis idiomas, a companhia possui atuação em toda a América Latina, com escritórios na Colômbia, Argentina e México.

Minha história profissional se mistura com a desta empresa, já que aqui estou desde sua fundação. Ainda na faculdade, ingressei na Algar como atendente de *telemarketing* e aqui desenvolvi e aprimorei minhas habilidades em liderança. Há 12 anos em cargo executivo, atuo como diretor responsável pelo negócio de relacionamento com o cliente (*contact center*), que hoje representa cerca de 60% do resultado da companhia.

Com tantos anos nesta empresa, foram vários os desafios e aprendizados vivenciados, mas nada se compara ao enfrentamento de uma pandemia. Antes mesmo do primeiro caso da Covid-19 ser registrado no Brasil, a empresa começou a trabalhar num plano de contingência que fosse capaz de contemplar a continuidade dos serviços prestados aos seus clientes, a saúde e segurança dos seus associados (como são chamados os colaboradores do *Grupo Algar*) e a perenidade da organização.

A atividade de *contact center* é uma das consideradas essenciais em meio à pandemia, já que diante de uma orientação global de distanciamento e isolamento, os canais remotos de relacionamento dos clientes com as empresas tornam-se ainda mais relevantes e necessários, dado o fechamento dos estabelecimentos físicos. A *Algar Tech* presta serviços para grandes corporações das mais diversas indústrias (bancos, seguradoras, *telcos*, bens duráveis, automotivo e venda direta, entre outras) e sempre contou com os melhores padrões de infraestrutura, tecnologia e conectividade, tendo soluções de redundância que lhe permitiram operar ininterruptamente por mais de 20 anos. Quando da queda de algum *link* de dados ou voz, outro *link* de contingência assume seu lugar automaticamente. Quando da queda do fornecimento de energia, *nobreaks* e geradores tornam o problema imperceptível. Quando um de nossos contratantes tem algum problema de grandes proporções num site, transbordam as chamadas para outro. Mas como manter o *contact center* em plena operação num ambiente em que os associados escutam o tempo todo para ficarem em casa, e o governo, em todas as suas esferas, recomenda fortemente o distanciamento social?

Com uma cultura alicerçada no propósito de "servir", a preocupação para com a saúde e bem-estar dos associados e suas famílias tomou boa parte da agenda da alta gestão da empresa. Fazia-se necessário administrar tensões, especulações, ansiedades, medos e desejos de milhares de pessoas em diferentes realidades, dado que a evolução da pandemia se deu em velocidades bastante distintas nas mais diversas geografias em que a organização está presente.

O ineditismo desta situação demonstrava, por si só, a dimensão do desafio.

2. Quais foram as ações implementadas e resultados obtidos?

O plano de contingência elaborado e amplamente divulgado para todos os associados e clientes teve como inspiração os diversos procedimentos propostos pelos órgãos de saúde e controle sanitário nacionais e internacionais, como o Ministério da Saúde e a Organização Mundial de Saúde. O documento era constantemente atualizado, na medida em que se aprofundava o conhecimento em relação ao comportamento da doença, e novas orientações eram publicadas pelos órgãos competentes.

Uma série de medidas preventivas foram rapidamente implementadas: comunicação em todos os canais da empresa quanto à existência do vírus, suas características gerais, sintomas, modo de transmissão e prevenção, período de incubação e transmissibilidade; treinamento das equipes de SESMT, medicina do trabalho e lideranças em todos os níveis para atuação em relação ao vírus; compra de máscaras para proteção individual; aumento dos pontos de disponibilidade de álcool gel; medição de temperatura com termômetro pistola em regiões com alta incidência de casos; aumento da taxa de renovação de ar nos sites; aumento da frequência de limpeza de áreas comuns; implantação de medidas de distanciamento entre os associados em áreas de maior aglomeração (praça de alimentação, portaria e pontos de ônibus); monitoramento e isolamento de casos suspeitos; contratação de fornecedor de telemedicina e de consultas psicológicas à distância; antecipação da campanha anual de vacinação *in company* contra a gripe; convênio com laboratórios para fornecimento de teste de contaminação; cancelamento de viagens e entrada de visitantes nos estabelecimentos da empresa, dentre outras.

Mas todas essas medidas, apesar de importantes na prevenção à contaminação, ainda eram insuficientes para assegurar a continuidade do negócio diante de constantes ameaças de fechamento dos sites, na medida em que aumentava a preocupação dos órgãos públicos com o aumento de casos confirmados em cada localidade. Diante desse cenário, visando atender, simultaneamente, às necessidades de clientes, associados e acionistas, não havia outro caminho senão viabilizar o remanejamento do maior número de pessoas possível para *home office*.

No dia seguinte à declaração da primeira morte causada pelo novo coronavírus no país, a empresa determinou que todo seu *staff* administrativo e comercial trabalhasse de casa. Nessas áreas já havia uma cultura de realização de *home office* uma ou duas vezes por semana, o que possibilitou uma mudança imediata.

Nesse mesmo dia foi instituído um comitê de crise, com participação dos executivos e algumas lideranças da companhia. Iniciou-se um movimento muito forte de acionamento simultâneo de todos os clientes da empresa para lhes apresentar uma alternativa para remanejar pelo menos 30% dos associados do seu *contact center* para *home office*, o que possibilitaria reduzir a aglomeração de pessoas nos sites. Em paralelo, todos os associados considerados do grupo de risco foram colocados de férias e as medidas de higienização e limpeza foram radicalmente intensificadas. Temos como crença no Grupo Algar que "o cliente é nossa razão de existir" e temos a felicidade de poder contar com verdadeiros parceiros de negócios. Alguns de longa data (entre 15 e 20 anos de relação), outros mais novos, mas todos com enorme alinhamento de valores. Certamente por isso, a grande maioria concordou rapidamente com o plano proposto e num movimento nunca visto na empresa, em apenas cinco dias tínhamos um terço da operação, mais de dois mil atendentes de *telemarketing*, trabalhando em casa.

Foi encantador presenciar a entrega dos executivos e associados de tantas áreas diferentes (operação, infraestrutura, tecnologia, comercial, talentos humanos, finanças e estratégia, dentre outras) e de todos os níveis (da presidência ao estagiário) nessa força-tarefa. A confiança de cada um deles na direção dada pelo comitê de direção, a certeza de estarem ali para cumprir um propósito tão nobre, e os olhares e palavras de gratidão de cada associado remanejado para casa criaram um ambiente de enorme motivação.

Por tratar-se de algo tão novo, com tantas incertezas, e tendo o tempo como um grande adversário, aspectos como confiança e autonomia com responsabilidade, tão discutidos atualmente a fim de promover maior agilidade para as organizações, provaram-se essenciais. Como um dos vários exemplos para essa afirmação, pode-se citar o processo de compra e aluguel de máquinas e acessórios, que em um fluxo normal de solicitação, aprovação em diferentes níveis, negociação, contrato e entrega levaria dias, foi concluído em questão de horas, e isso não significou um custo maior para a empresa.

Abrir mão do controle centralizado e dar autonomia para as pontas foram ações fundamentais para a garantia de resultado em todas as geografias simultaneamente. Com sites localizados em diferentes cidades e estados, cada qual numa realidade específica, permitir que o gestor local assumisse o protagonismo e contasse com o respaldo da alta liderança fez toda a diferença. Inconscientemente praticamos uma das prerrogativas dos modelos de trabalho ágeis, em que a liderança diz o que fazer e o time define o como.

Para fazer dos aprendizados individuais um ativo coletivo, onde as pessoas pudessem sugerir e compartilhar suas experiências do dia anterior, e visando construir uma cadência de gestão que desse mais ritmo para a execução, reuniões diárias de curta duração passaram a ser realizadas. Sessões rápidas e objetivas, com a participação de quem realmente precisava estar presente, sem agendas ou com agendas para alinhamentos prévios com os líderes e diretores de áreas, sem materiais em *Power Point* que as pessoas levassem dias preparando. Todo assunto relevante era colocado em discussão ao vivo, sem receio ou medo de críticas ou repreensões. Se o assunto dependesse de uma decisão, aquele era o momento para que ela fosse tomada. Essa se mostrou uma ferramenta poderosa de comunicação e alinhamento, e estabeleceu uma nova dinâmica de gestão na companhia.

Cumprido esse primeiro marco, a empresa planejou aumentar o número de pessoas em *home office* no *contact center* para 50%, o que possibilitaria ter posições de trabalho vazias entre as pessoas escaladas para trabalhar nos sites. Até que esse índice fosse atingido, foi instituída uma escala de folga rotativa a fim de garantir esse distanciamento, e com isso minimizar os riscos de contágio.

Ações corretivas e de melhorias no ambiente tecnológico e no modelo de gestão a distância eram realizadas diariamente. E concomitantemente ao processo de estabilidade da operação, os índices de produtividade dos associados em *home office* evoluía significativamente, o que trouxe ainda mais confiança para a empresa.

Alguns clientes, em especial das indústrias automotiva e de bens duráveis, reduziram suas operações, dado o impacto da pandemia em seus negócios, mas vários outros tiveram um aumento significativo do volume de interações com os consumidores. Como alternativa para expandir rapidamente a capacidade de atendimento das centrais de relacionamento, a Algar Tech suportou seus clientes na implementação de várias de suas soluções digitais. Isso acelerou a adoção de novas tecnologias, como uso de *chatbots* com inteligência artificial em canais

de texto e de portais web e mobile de autoatendimento, e intensificou as ações de divulgação dos canais digitais por parte dessas marcas.
A partir da experiência obtida nessa modalidade de trabalho, e observando a dificuldade de várias empresas em enfrentar essa situação tanto em *contact centers* próprios como em operações terceirizadas, a companhia lançou sua oferta de *home office* no mercado e, em menos de um mês, já fechava seus primeiros contratos.
Como resultado dessas ações, após três meses da declaração de pandemia pela OMS, a empresa atingia a marca de 85% dos 12 mil associados em *home office* e não teve nenhum caso confirmado de Covid-19 em suas instalações. Os índices de satisfação dos clientes e associados superavam 80% nas pesquisas de NPS e e-NPS, respectivamente.

3. Quais foram os aprendizados com a crise e quais as expectativas para o pós-crise?

Após todas as ações implementadas, estava na hora de dar o próximo passo: avaliar o que a empresa aprendeu com esta situação, internalizar os aspectos positivos em sua cultura e gerar um legado positivo para seu futuro.
Ficou evidente para a alta gestão da companhia que pessoas trabalhando por um propósito nobre e o respeito e a confiança na competência de cada profissional foram capazes de gerar resultados extraordinários. Nestes 21 anos de empresa, eu mesmo já trabalhei em três projetos diferentes para implementação do *home office* no *contact center*. Cada um deles exigiu meses de preparação, estudos, reuniões, aprovações, testes com novas tecnologias e processos e muito esforço em negociações com clientes. E nenhum foi adiante. Diante da crise imposta, todos os agentes (internos e externos) se alinharam num propósito comum de empatia, sobrevivência e solidariedade. Aprendemos a trabalhar juntos e a confiar plenamente na competência um do outro. Quando o adversário é o tempo, as relações hierárquicas e a gestão por comando e controle não fazem sentido, e passamos a questionar sua eficiência e necessidade.

Ter pessoas certas nos lugares certos, com respeito às suas experiências e confiança em suas decisões, elevou ao grau máximo o senso de responsabilidade de cada indivíduo pelo bem das pessoas e do negócio.

Decisões tomadas rapidamente, com avaliação necessária do grau de risco envolvido, reduziram a burocracia e trouxeram muito mais agilidade. Obviamente nem tudo deu certo, mas os erros eram identificados no início e as correções realizadas durante a execução, sem perdas para a companhia. Todos focados no propósito, no resultado, na entrega. Não nos processos e *compliances*. Na verdade, os próprios associados das áreas de governança da organização repensaram seu papel em meio à crise e colaboraram substancialmente para que tudo acontecesse no menor tempo possível com menor risco para o negócio. Menos "isso não é possível porque pode gerar riscos" e mais "fazer desta forma gera menos risco". Para cada dificuldade identificada, o *mindset* coletivo era de achar alternativas para seguir em frente como se não houvesse outra opção.

Com as informações que tínhamos, utilizamos nossa experiência, emoção e intuição na tomada de decisão. Quando não havia tempo para discussões, a palavra da liderança ou do técnico mais competente era respeitada e seguida, sem questionamentos, sem medo. As pessoas não tinham receio de se expor e defender seus pontos de vista. Ninguém tinha dúvida de que todos queriam fazer o melhor pensando no todo, e não em interesses pessoais ou de determinadas áreas. Se a tese sugerida e implementada não desse certo, ninguém perderia tempo apontando culpados, mas valorizando a experiência adquirida e ajustando a rota rapidamente. Os erros dentro de determinados limites passaram a ser aceitos e encarados como aprendizados. Quando a desconfiança dá lugar à confiança, as pessoas se sentem mais seguras para expor e fazer o seu melhor e o negócio ganha uma enorme capacidade de realização. E foi assim que o quarto "projeto" de *home office* da empresa saiu do papel em tempo recorde.

Todos os comportamentos e aprendizados vivenciados em meio à crise passaram a ser valorizados e incentivados na empresa, reforçando ainda mais os quatro atributos de sua cultura organizacional: perenidade, inovação, confiança e agilidade. Um projeto foi idealizado para revisar todos os processos e rituais da companhia a fim de repensá-los e ressignificá-los à luz desta experiência.

A produtividade e nível de satisfação dos associados do *staff* trabalhando em *home office* estavam tão satisfatórias que a alta gestão da empresa decidiu por manter todos em casa em definitivo, mesmo após o fim da pandemia. Um pequeno espaço será mantido nos sites para agendas cuja presença seja indispensável e para realização de eventos e confraternizações eventuais. Com isso, ganha a empresa, o associado, sua família e o meio ambiente.

Além disso, um trabalho de manutenção das operações ou pelo menos parte delas em *home office* está em andamento junto aos clientes da empresa. Dado que os níveis de produtividade e qualidade do *contact center* também foram alavancados nessa modalidade, e que ações contínuas para assegurar maior estabilidade do ambiente técnico e segurança de informações sensíveis são implementadas, manter as pessoas trabalhando em casa se provou ser uma forma eficiente de garantir a continuidade dos serviços de atendimento ao consumidor frente à situações adversas.

Os times e as competências das operações digitais da companhia também estão sendo reforçados para fazer frente ao aumento de demandas por novos canais de relacionamento com o consumidor, que geram mais agilidade e eficácia no esclarecimento de dúvidas e na tratativa e soluções de problemas.

4. Com base no que você vivenciou, que mensagem de esperança gostaria de compartilhar com outros líderes?

Aparentemente, a humanidade tem tudo para sair melhor desta pandemia. Pessoas, governos e corporações, de forma geral, parecem estar mais atentos aos aspectos relacionados à valorização da vida e das relações. Quando ouço algumas gravações do *contact center*, em que há barulho de choro de criança ou latido de cachorro ao fundo da chamada, e em vez de questionar ou reclamar, o cliente diz para a atendente que não se preocupe e que está feliz em saber que ela está trabalhando na segurança do seu lar, isso me faz acreditar ainda mais nessa mudança para melhor. A cada um de nós cabe acreditar no potencial do ser humano, na sua admirável capacidade de se colocar no lugar do outro, de se adaptar e transformar os ambientes em que vive. A cada um de nós, em especial profissionais da alta gestão das organizações, cabe o papel de ser esse agente transformador, de levar esperança aos nossos lares, comunidades e empresas. Que esta pandemia não seja em vão.

Marco Francisconi

Empresa:

TruckHelp

Cargo/Função:

CEO

1. Quais foram os principais desafios vivenciados neste momento de crise provocados pela Covid-19?

Tomar atitude e como agir no início da pandemia foram os principais desafios vivenciados neste momento. A dúvida sobre as consequências de continuar trabalhando, em isolamento com a minha família, traria ou quais danos se eu parasse totalmente, de forma presencial, ocorreriam para o meu negócio.

2. Quais foram as ações implementadas?

A ação que implantamos foi tomar todos os cuidados para a segurança dos nossos colaboradores, resolvemos por não parar. Pois, como damos apoio à linha de frente, por meio dos caminhoneiros no Brasil, continuamos trabalhando remotamente para atender clientes e prestadores de serviços.
Como a *TruckHelp* é uma *startup* e iniciamos com o aplicativo, investimos em uma plataforma para que o atendimento fosse *on-line*, deixando a frota sempre disponível, e continuamos a atender na manutenção dos caminhões. Com a pandemia, nos ajudou a apresentar a comodidade, segurança e a rapidez do atendimento digital, e quando a quarentena estava vigente, os usuários tiveram que se adaptar à nova realidade e viram o quanto é prático e usual.
E, ao mesmo tempo, as grandes indústrias, montadoras, as fábricas de carreta, que também tinham dificuldade de aceitar e fazer essa inovação. Portanto, elas também nos procuraram para ajudá-los, porque realmente pararam tudo e sentiram a necessidade de colaborar com as nossas concessionárias, aumentando a procura do nosso serviço em massa, tanto dos caminhoneiros quanto dos prestadores de serviço.

3. Quais foram os aprendizados para a sua vida nas áreas pessoal e profissional?

Os aprendizados da minha vida pessoal: ter um olhar mais importante para a família e não deixar o meu trabalho consumir uma boa parte do meu tempo, fazendo focar muito na minha vida profissional, por eu estar em um segmento que funciona 24 horas por dia e 7 dias na semana. Devido ao distanciamento social, descobri a falta que faz um abraço e a convivência diária com quem amamos, e aprendi a dar o devido valor à minha família. E na vida profissional, o maior aprendizado foi que, mesmo não acreditando no trabalho *home office*, percebi que temos condições de trabalhar com esse modelo, trazendo muitos benefícios para meu dia a dia. Além de me deixar mais próximo da minha família, refleti que não podemos tomar atitudes precipitadas e sair do vício de agir como se estivéssemos apagando incêndios diários, e podemos nos planejar melhor e não precisa ser feito da maneira que era feita, solucionando de uma forma mais assertiva.

4. Qual a sua visão e quais as suas expectativas para o pós-crise?

A minha expectativa e visão para o pós-crise é que muita coisa vai mudar, não vai ser nada como era antes, acredito que a gente acelerou uma evolução tecnológica e inovação em dez anos e que as pessoas viram a necessidade de enxugar grandes corporações, grandes equipes e não necessariamente você precisa de um alto investimento para deixar um ambiente de trabalho sadio para os funcionários, havendo mudança no ambiente de trabalho.

Em vez de gastar bastante em estrutura, você pode deixar em *home office*, oferecendo um revezamento presencial. Devido ao grande susto que passamos, quem tinha uma visão muito fechada teve que abrir para se adaptar ao mercado e estar preparado para novas oportunidades de negócios e novas modalidades de profissões, dando mais dinamismo ao cenário corporativo.

5. Com base no que você vivenciou, quais recomendações e mensagens de esperança gostaria de compartilhar com outros líderes?

O que eu gostaria de compartilhar com outros líderes é sobre a evolução da inovação. Como venho de uma *startup*, via que muitos líderes não tinham esse olhar, e na parte de executar, muitos falavam de inovação, mas não sabiam para que servia e só falava porque era bonito e estava na moda. Só que agora todo mundo sentiu essa necessidade e viu a importância que é ter um relacionamento com *startups*, ter um setor de inovação e estar preparado para mudanças bruscas.

E a mensagem de esperança que eu deixo é para que não fiquem apavorados e que valorizem mais o trabalho de *startups* e permitam-se ser ajudados a resolver problemas. Pois, com esse auxílio, grandes empresas podem levar anos para conseguir o resultado esperado, utilizando o suporte de uma *startup*.

LIDERANÇA DA ALTA GESTÃO EM TEMPOS DE CRISE
Desafios e Aprendizados

Maria Tereza Moysés Travassos Vellano

Empresa:
Vellano Smart Energy Consultoria

Cargo/Função:
Lead General Consultant/Engenheira Eletrotécnica

1. Quais foram os principais desafios vivenciados neste momento de crise provocados pela Covid-19?

Estamos vivendo uma fase inédita e que nos pegou totalmente de surpresa. Quando no final do ano de 2019 os primeiros casos começaram a aparecer, não imaginávamos que fôssemos presenciar uma pandemia desta proporção e gravidade.

Quarentena, isolamento, distanciamento social, *lockdown* pareciam medidas muito distantes de todos nós e que se tornaram uma realidade da noite para o dia.

As empresas, de uma forma geral, se viram de uma hora para outra obrigadas a se reinventar para continuar as suas operações e, assim, sobreviverem neste período de Covid-19. Mesmo os negócios com serviços essenciais, que seguiram funcionando para atender às necessidades básicas da população, tiveram que se adequar com as tecnologias e cuidados necessários para enfrentar o vírus e entregar um serviço seguro e de qualidade aos seus clientes.

Apesar do advento do *home office* e das tecnologias digitais, as empresas em grande parte não estavam preparadas e equipadas adequadamente para manter a maioria de seus profissionais trabalhando a distância. Estabelecimentos comerciais tiveram que se reinventar para atender à nova demanda. Muitos que não ofereciam os serviços de *delivery*, por exemplo, tiveram que se estruturar num período relativamente curto para tal.

Além do surgimento de novos modelos de negócio, também passamos a adotar novos hábitos cotidianos. Evitar o contato com o vírus, adotando novos rituais de higiene em relação a tudo que pode estar contaminado, passou a fazer parte da rotina de todos.

No meu caso, como proprietária de uma consultoria, tive que me adaptar a trabalhar somente a distância e em casa, realizando várias *calls* e videoconferências por dia. Essa nova dinâmica também é desafiadora, visto que trabalhar 100% em *home office* requer muita disciplina tanto para que se tenha a produtividade adequada quanto para não se passar o dia inteiro apenas com o foco no trabalho.

Portanto, os desafios são enormes nestes tempos, com necessidade de adequação rápida para a sobrevivência dos negócios.

2. Quais foram as ações implementadas?

No caso da minha consultoria, não tivemos grandes problemas, pois como nossos projetos envolvem viagens, nossos profissionais já estavam acostumados a trabalhar a distância e, portanto, equipados para tal.
Contudo, com o trabalho 100% *home office*, tivemos que estabelecer uma rotina de trabalho para todos - com *conference calls* previamente agendadas com os clientes e nossos consultores - e utilizar a tecnologia a nosso favor por meio de aplicativos definidos e adequados para cada *conference*.
Outro ponto importante foi adotar uma etiqueta de trabalho em casa, desde estar pessoalmente apresentável até ter um ambiente de trabalho adequado sem risco de intervenções durante as reuniões, já que estamos falando de trabalho em nossas residências.
Tivemos também que replanejar nossos trabalhos e mudar a abordagem em relação aos clientes com o objetivo de oferecer suporte a eles neste período de crise, no qual as necessidades mudaram.
Grande parte de nossos clientes passaram a ter problemas que vão desde a perda de receita, inadimplência, problemas de fluxo de caixa até a demissão de funcionários, entre outros.

3. Quais foram os aprendizados para a sua vida pessoal e profissional?

Falando em vida pessoal, meu grande aprendizado foi conviver distante de meus dois filhos isolados, meu filho em Nova York e minha filha em Bristol, na Inglaterra.
A tecnologia nos ajudou muito. Estabelecemos uma agenda diária de videochamadas, o que em muito contribuiu para diminuir nossa angústia devido à distância.
Tivemos também que aprender a conviver com o risco iminente de contato com o vírus e nos proteger. Toda a rotina foi alterada, bem

como os cuidados com qualquer encomenda vinda do exterior. Descontaminar passou a ser regra.

O isolamento em casa em companhia do meu marido e de nossos quatro cães não foi difícil. Foi importante ter uma disciplina para os trabalhos profissionais, afazeres domésticos e lazer.

Interessante como de repente passamos a nos incumbir de uma série de obrigações que antes não fazíamos. Além das atividades profissionais em si, as novas tarefas incluem desde cuidados pessoais com cabelos e mãos, afazeres de casa, incluindo o banho nos cães, até cozinhar, entre outras.

Passamos a perceber no isolamento que temos excesso de bens materiais, muitos deles desnecessários. Aprendemos a viver com menos, a ser mais simples, a pensar e nos preocupar mais com o próximo.

Profissionalmente, tivemos que ser mais criativos para dar continuidade ao trabalho em período de isolamento sem perda de produtividade.

Disciplina com a agenda de trabalho e concentração foram essenciais.

Para a concentração foi importantíssimo ter um local de trabalho apropriado em casa onde pudesse me isolar.

Neste período de isolamento, casas foram transformadas em escritórios, consultórios e escolas, e nem todas tinham estrutura adequada para tais. Inúmeras famílias com filhos pequenos tiveram que improvisar.

As empresas tiveram que apoiar seus profissionais fornecendo estrutura de comunicação e ferramentas adequadas para o trabalho em esquema de *home office*. O trabalho em casa não funciona bem para todos. Muitos, além de não possuírem o espaço adequado para trabalhar com tranquilidade, sentem a necessidade da interação social.

4. Qual a sua visão e quais as suas expectativas para o pós-crise?

Estamos vivenciando uma crise inédita e diferente de todas outras que já passamos. Muitos estão pessimistas com relação ao período pós-crise e inseguros com relação ao que ocorrerá na economia. Muitas empresas não estão conseguindo sobreviver, muitos perdendo empregos, muitos tendo a renda reduzida e cortando gastos.

No entanto, acredito que, apesar deste período difícil, veremos o início da recuperação ainda em 2020.

Muitas mudanças ocorridas no período de pandemia vieram para ficar, novos hábitos deverão permanecer. Como profissional do setor de tecnologia, constatei que nunca ficou tão evidenciada a importância da implementação das tecnologias digitais. Num mundo no qual o contato físico precisou ser evitado, o uso intensivo dos canais digitais passou a ser a solução para a interação com os clientes, e o trabalho a distância passou a ser uma solução que veio para ficar. Várias empresas já anunciaram que manterão o *home office* em caráter permanente e que reduzirão suas estruturas físicas.

Estamos num momento em que, como nunca, as empresas precisam ser mais eficientes e produtivas e terão que se reinventar para recuperar a perda de receita no período de pandemia e também para alavancar seus negócios.

A transformação digital é um tema que cada vez mais já vinha fazendo parte da agenda das empresas, algumas com maior intensidade que outras. Mesmo antes da pandemia da Covid-19, a disrupção tecnológica já era uma ameaça para grande parte das empresas.

O uso de tecnologias digitais é uma realidade, uma grande tendência e uma exigência da sociedade digital que vive em tempo real, além de representar um diferencial e agregar importante valor aos negócios. Clientes cada vez mais exigentes e conectados demandam novos modelos de relacionamento e serviços com mais qualidade e agilidade.

A pandemia mostrou a necessidade de acelerar a transformação digital. Empresas que já estão nesse processo terão que reduzir os prazos para sua implementação. Outras, terão que elaborar seus planos de transformação. É uma questão de sobrevivência.

Outro ponto de atenção importantíssimo é com as pessoas, o ativo mais precioso das empresas. Estas terão que se estruturar, principalmente em suas áreas de recursos humanos, para dar o suporte adequado a seus profissionais num momento em que todos estão fragilizados e inseguros devido à pandemia. Treinamentos para a nova realidade, controle da saúde física e mental das equipes, planos motivacionais, entre outros, terão que ser implementados.

Com toda certeza, com profissionais seguros, saudáveis e motivados, as empresas terão uma recuperação e retornarão ao crescimento de forma muito mais rápida.

5. Com base no que você vivenciou, quais recomendações e mensagens de esperança gostaria de compartilhar com outros líderes?

Na minha opinião, os líderes precisam reconhecer que estamos de fato vivenciando uma crise sem precedentes e que precisamos nos preparar para enfrentá-la. Todos os negócios estão afetados em maior ou menor proporção. Estratégias e planos anteriormente elaborados terão que ser revistos à luz do cenário atual.

Neste cenário, a transformação digital não é mais diferencial, mas torna-se essencial para a sobrevivência das empresas, que precisarão cada vez mais ter agilidade, ganho de eficiência, trabalho remoto, produtividade, otimização de custos e investimentos para atender às expectativas de seus "clientes digitais". O "novo normal" será um "normal inédito", ou seja, nunca visto.

No entanto, transformação digital não é apenas adoção de novas tecnologias, mas também novas maneiras de tornar os negócios mais eficientes e competitivos, o que requer uma grande mudança no modelo de negócio, nas operações e na cultura de cada empresa.

Não existem modelos prontos para enfrentar a crise e para realizar a grande transformação necessária e, portanto, um plano de transformação digital elaborado através de equipe multidisciplinar é fundamental para que as empresas sejam bem-sucedidas nessa empreitada.

Minha recomendação é que a primeira etapa seja a avaliação da maturidade digital através de metodologias disponíveis para determinar a situação atual, o "as is" da empresa.

Na sequência, viriam as seguintes etapas: identificar oportunidades e desafios relacionados à implementação da transformação digital; definir objetivos de evolução do nível de maturidade (Estado Futuro); identificar *gaps* e capacitações necessárias para atingir o Estado Futuro; identificar e priorizar iniciativas de transformação digital; elaborar *roadmap* para transformação digital; definir plano macro de ação.

A boa notícia é que inúmeras oportunidades de novos negócios surgirão, levando à criação de muitas empresas e ao crescimento das existentes, principalmente aquelas ligadas à implementação das tecnologias exponenciais, ou seja, automação de processos, uso de inteligência artificial, *internet* das coisas, ferramentas analíticas, *blockchain*, entre outras. *Mix* de serviços poderão ser ofertados, empregos surgirão, e todo esse movimento levará à recuperação e ao crescimento da economia.

Estamos em um cenário no qual não podemos deixar que as incertezas, a insegurança e o medo travem a criatividade e o processo de inovação, que possibilitará que as empresas em qualquer área de atuação superem esta crise global. Temos pela frente um futuro que poderá ser bastante inspirador, para que estratégias de sucesso possam ser traçadas e, assim, os bons resultados voltem a ser alcançados.

LIDERANÇA DA ALTA GESTÃO EM TEMPOS DE CRISE

Desafios e Aprendizados

Mauricio Chiesa Carvalho

Empresa:

Tamarana Tecnologia e Soluções Ambientais

Cargo/Função:

Head de Recursos Humanos e Responsabilidade Social

1. Quais foram os principais desafios vivenciados neste momento de crise provocados pela Covid-19?

Primeiramente, se revisitar e depois se reinventar. Não apenas como profissional, mas como pessoa. Profissionalmente se adequar a novas rotinas e práticas de trabalho, desenhando novos processos de trabalho por meio de ferramentas tecnológicas, sejam desde reuniões até disciplinas lecionadas, uma vez que trabalho também com docência no ensino superior. A necessidade de rever diariamente o "PDCA" para garantir que a rota traçada naquele momento fosse a mais assertiva (ou, pelo menos, a menos incorreta possível). A todo momento, por ser algo novo, a necessidade de estar atualizado e também com o filtro ligado (evitando *fakenews*), e estar informado não pelas decisões de contexto micro e macro organizacional, mas também pela social, visto que existiu uma necessidade de ajuda mútua entre várias organizações da *network*. E novamente falando acerca do contexto se ensino-aprendizagem, por meio de metodologias ativas ou inovadoras, buscando cativar e estimular o aluno do ensino presencial a manter-se interessado pelo processo. Algo novo, por vezes antagônico: adaptar-se e inovar sem sair da rotina.

Já no âmbito pessoal, creio que o maior desafio foi ressignificar a empatia e doação. Entender que a melhor decisão seria aquela equilibrada entre a SUA e a de todos. Nos permitir ser "humanos", próximos em termos de atitude, mas pela necessidade de isolamento, afastados. Foi algo interessante, até pela existência da ampla conectividade por meio de redes e aplicativos sociais. E doação, no sentido de estimular, incentivar e até mesmo às vezes acolher e aconselhar pessoas que passaram por dificuldades: "Não deixar a peteca cair". Ativar a *network* numa corrente do bem, objetivando esse auxílio desafiador e gratificante.

2. Quais foram as ações implementadas?

Num momento como este, a gestão e os comitês de crises foram fundamentais, envolvendo todos os departamentos e os setores. A comunicação também, dada a quantidade de informações que circulavam a todo instante, vezes carregadas de ceticismo ou até mesmo de ideias preconcebidas ou, até mesmo, ideologia política. E para evitar o "desespero" ou tendências, a criação de protocolos a serem seguidos, pois "onde se tem procedimento não se tem sentimento". E a subjetividade e impunidade pessoal, mesmo que de boa intenção, em momentos como este podem colocar toda uma situação em risco desnecessário. Contudo, algumas "centralizações" também foram necessárias, ao exemplo da decisão. Embora, por meio do comitê, pode ser que em algum momento não se envolveu um número maior de pessoas. Atitude necessária, diferente do aspecto de cocriação ou gestão de inovação, criatividade e qualidade, onde quanto maior a participação das pessoas, melhor. Até fundamento primeiro da metodologia *LEAN*. Ademais, sumariamente, teve-se as seguintes ações:

1 – Reuniões diárias de alinhamento e PDCA do comitê de crise;

2 – Consulta com profissionais da área (médico da empresa) para alinhamento *step-by-step*;

3 – *Benchmarking* com outras organizações por meio da *network*, seja colaborando ou recebendo *insights*;

4 – Adesão às recomendações ou normativas dos órgãos competentes e às diferentes instâncias, sejam municipais, estaduais e/ou federais, desde restrição à gestão e operacionalização (EPI's, isolamento, *home office*, restrições sociais, férias, grupo de risco, banco e horas, compensações, entre outros);

5 – Simulação de cenários pessimistas, conservadores e otimistas, com "ponto de corte" para virada da decisão à medida que as coisas fossem evoluindo, objetivando não tomar decisões nem precipitadas nem tardias;

6 – Evidência da qualidade relacional sindical, pois, neste momento, todos os *stakeholders* se uniram para mitigar os impactos;

7 – Contribuição e doação de insumos (EPI's e demais materiais oportunos) às prefeituras locais;

8 – Apoio psicossocial a colaboradores e familiares;

9 – Adoção de medidas proativas "extra portão" da empresa, chegando a familiares e dependentes, tais como saúde e higiene, desde treinamentos, orientação à materiais educativos;

10 – Revisão orçamentária e de fluxo de caixa, respeitando os cenários simulados;

11 – Manutenção de todos os empregos e benefícios aos colaboradores, dando-lhes segurança (psicológica e material);

12 – Alinhamento com fornecedores e clientes, separando contratos que geravam receitas e contratos que geravam despesas, permitindo a sustentabilidade da relação, pautada pelo "ganha-ganha ou nada feito", ou seja, o que fosse bom para um teria que ser bom pra todos, uma vez que a decisão tomada em renegociações e/ou parcelamentos teria efeito cadeia, tanto para frente quanto para trás. Então, a boa-fé contratual prevaleceu acima de tudo.

13 – Capacidade de calcular e tomar decisões, considerando certos riscos administrativos ou jurídicos, frente a decisões divergentes no âmbito normativo, gerando incerteza e inseguranças.

3. Quais foram os aprendizados para a sua vida nas áreas pessoal e profissional?

Embora a vida pessoal e a profissional, neste momento, tenham andado muito próximas, acho oportuno separar.

Pessoalmente, nos permitimos abstrair de ego e status certas formalidades que pela necessidade processual e dinâmica nos vestiam. Resgatamos a essência de atenção e consideração aos próximos. Percebemos o quanto as coisas simples (como ver pessoas e entes queridos, poder passear, apreciar a natureza e até dar um abraço) fazem tanta falta.

Profissionalmente, fomos provocados a tomar decisões sob um cenário imprevisível, que mudava constantemente. As competências de planejamento, resiliência, comunicação e equilíbrio emocional foram colocadas à prova frequentemente. Paradigmas foram quebrados. Nos permitimos

adotar processos contingenciais que outrora sequer eram cogitados.
Mas acho importante ressaltar que, pela primeira vez, questões qualitativas e quantitativas cresceram simultaneamente e juntas. Ou seja, o amadurecimento pragmático-cartesiano e social, econômico e comportamental, factual e emocional, numérico e humano. Vimos situações e empresas abrindo mão apenas do viés econômico e se importando com o próximo e em ajudar, com doações, fabricações e industrialização de bens, materiais e/ou serviços para uma ajuda coletiva jamais vista antes.
E, por fim, vale a velha máxima: "Antes de se tornar um bom profissional, se torne uma pessoa melhor".
Carl Jung foi muito sábio em sua colocação, e esta se fez verdade e provavelmente, a partir de agora, será mais latente: "Conheça todas as teorias e domine todas as técnicas, mas ao lidar como uma alma humana, seja apenas uma alma humana".

4. Qual a sua visão e quais as suas expectativas para o pós-crise?
A economia será reinventada. Os conceitos de lucratividade serão revistos. O papel do Estado será questionado, em sua amplitude e profundidade. As pessoas terão comportamento diferente em relação à dicotomia ter x ser. Existirá forte apelo pela redução de juros e dos lucros exacerbados das instituições financeiras. Mas, acima de tudo, as relações humanas serão mais qualitativas e a essência do "ser" será mais evidenciada.

5. Com base no que você vivenciou, quais recomendações e mensagens de esperança gostaria de compartilhar com outros líderes?
Vi exemplos positivos e negativos neste período. Mas os momentos positivos foram maiores. Vi atitudes altruístas de compaixão, amor ao próximo, de gratidão e empatia que se sobressaíram sobre as egoístas ou ruins, que também ocorreram, mas em número menor.
Regatou-se a essência do "ser humano". Não apenas como definição e sujeito, mas predicado.
E, desta situação, triste, dolorosa, seja no aspecto afetivo e/ou familiar

(adoecimento e perda de um ente querido), ou até mesmo socioeconômico (dificuldade, perda de emprego/renda), temos que tirar, sim, um aprendizado e construirmos algo maior.

Algo que nos mude como sociedade e comunidade. Que os valores essenciais sejam resgatados e mantidos. Que o verbo lucrar não seja mais conjugado com "a qualquer custo". Que voltemos a apreciar e zelar mais adequadamente pelo meio ambiente, afinal, o "lá fora" não existe, agora "aqui" é a nossa casa.

LIDERANÇA DA ALTA GESTÃO EM TEMPOS DE CRISE
Desafios e Aprendizados

Monique Galvão

Empresa:
Rare.org

Cargo/Função:
Vice-Presidente Brasil

1. Qual a missão da organização não governamental Rare no Brasil?
A Rare é líder global especializada em catalisar a adoção de comportamentos para alcançar resultados de conservação ambiental em conjunto com o desenvolvimento sustentável. Ao longo de 40 anos, desenvolvemos mais de 450 projetos em conjunto com comunidades em 56 países. Acreditamos que a conservação só pode ter sucesso quando as pessoas e a natureza prosperam. Neste momento, nosso foco é o programa Pesca para Sempre: uma proposta de solução abrangente para revitalizar a pesca costeira e melhorar a vida das comunidades tradicionais. A abordagem do programa visa capacitar os pescadores a se tornar corresponsáveis pela gestão de ecossistemas costeiros e a adotar práticas de pesca responsáveis, bem como permite estabelecer parcerias com governos e outras organizações da sociedade civil para fomentar políticas públicas.

2. Quais foram os principais desafios vivenciados neste momento de crise provocados pela Covid-19?
Além de instituirmos o teletrabalho antes do Estado e município de São Paulo decretarem a quarentena, o time operacional não sofreu impacto relevante de *performance*. Já o time que implementa o programa in loco com parceiros foi mais afetado em função dos seguintes desafios:

a) Sob o ponto de vista operacional, as viagens aéreas e terrestres foram restringidas, visando a segurança da nossa equipe. Desde o dia 16 de março de 2020, quando todos os colaboradores da Rare Brasil começaram o trabalho remoto, suspendemos todas as viagens domésticas e internacionais já planejadas, bem como cancelamos as oficinas, reuniões e atividades nos territórios que trabalhamos na costa do Pará, que engloba os manguezais amazônicos.

b) A gestão remota e a conectividade junto aos parceiros foram desafiadoras, pois atuamos com comunidades localizadas em áreas que não possuem cobertura de celular ou sinal de *internet.*

c) Conciliar e priorizar as agendas internas e manter o ritmo de engajamento com os parceiros e comunidade exigiram muita energia do time executivo.

Aos poucos, estruturamos reuniões virtuais com agendas fixas, visando maior foco e eficiência. Especialmente neste período, que todos estão acordando e abrindo seus *notebooks* para trabalhar ou para entrar em reuniões virtuais, foi essencial que o gestor entendesse o lado pessoal de cada colaborador. Abrir espaço para acomodar as necessidades pessoais que o trabalho remoto impõe foi fundamental, pois gerir família, casa e trabalho é uma equação complexa e cabe aos líderes ter a empatia e oferecer um canal para discutir a melhor dinâmica com sua equipe. Essa foi a cultura que busquei fomentar junto aos gestores. A cultura da empatia.

d) A segurança alimentar dos nossos beneficiários foi outro grande desafio. Como manter a agenda de capacitação se eles tinham um problema mais urgente, que era colocar literalmente comida na mesa de suas famílias? Apesar de não sermos uma organização assistencialista, mas sim de educação socioambiental, criamos campanhas para arrecadar cestas básicas e kits de higiene pessoal, pois muitos dos nossos beneficiários, apesar de pescarem, não conseguiam acesso ao mercado para a venda dos seus produtos em função do fechamento de estradas e lojas de insumos. Muitos voltaram ao "escambo" e trocavam mercadorias com agricultores familiares locais. Para além do contexto desafiador, revelou-se também um importante exemplo de solidariedade comunitária.

e) Do ponto de vista de resultados para o programa Pesca para Sempre, também fomos bastante desafiados, pois a organização tinha um compromisso com prazos e indicadores de impacto e esse acordo foi firmado em contrato junto aos nossos doadores. Buscamos ser transparentes com a *Bloomberg Philanthropies*, *Instituto Humanize* e com os doadores individuais, que nos concederam um tempo adicional para estruturarmos um novo modelo de execução do programa sem necessariamente estar fisicamente no território.

3. Quais foram as ações implementadas?

Os meses de quarentena foram algo sem precedentes em minha vivência enquanto líder organizacional. Essa sensação de não ter respostas para grande parte das perguntas feitas pelos colaboradores exigiu um maior controle emocional, especialmente do grupo de gestores. Sabemos que a humanidade vivenciou outras pandemias e, em especial o Brasil, que ainda convive com dengue, Chikungunya e Zika. Contudo, a Covid-19 nos deixou mais vulneráveis aos processos de tomada de decisão por não termos ainda informações definitivas de como lidar com o vírus. Tivemos que inovar para manter o time coeso, informado e motivado para continuar o trabalho remoto, apesar da conjuntura complexa da saúde e economia brasileira e mundial.

Implementamos uma rotina semanal de comunicação e espaço para troca de temas que não necessariamente envolvesse o acompanhamento de status de projeto e/ou entregas. A valorização da humanização mediada pelas ferramentas virtuais foi importante para manter o engajamento e energia de todos.

Discutimos com o grupo de gestores os desafios e para cada um endereçamos, por meio de tentativa e erro, mas tendo como premissa a preservação da saúde e o bem-estar da equipe. Substituímos as viagens por conectividade em prol da segurança de todos envolvidos. Optamos por manter a quarentena por um tempo indeterminado, mesmo quando liberado pelos municípios e Estados, pois aguardaremos as tendências do vírus até sua estabilização no país. Estamos neste momento avaliando uma forma de contratar pessoas das comunidades que atuamos, para continuar o trabalho no campo e, com isso, reavaliaremos nosso modelo operacional de entrega de projetos. Estamos tentando encarar cada problema como oportunidade para digitalizar e escalar soluções por meio de parceiros locais, seja sociedade civil, voluntários, governo ou setor privado. Para a gestão remota, estabelecemos uma agenda fixa, o que facilitou o nosso dia a dia *on-line* e estreitou a comunicação entre todas as áreas e países de atuação do programa. Buscamos também atuar por meio de coalizões em prol da segurança alimentar dos nossos beneficiários e, dessa forma, criamos um repositório de campanhas em conjunto com outras organizações do terceiro setor. Reinventamos os *workshops* presenciais e lançamos inúmeros *webinars* com a rede de parceiros. Por fim, reiterei para meu time de gestores a importância de uma liderança empática que entende o desafio da equipe em gerir uma agenda pessoal e profissional em um mesmo espaço físico. A empatia no trato com a equipe é essencial para gerir o caos e manter o engajamento nessa conjuntura sem precedentes.

4. Quais foram os aprendizados para a sua vida nas áreas pessoal e profissional?

Cristalizei o aprendizado de que os desafios de fato podem gerar oportunidades. Eu me sinto mais conectada com meu time e com os parceiros, doadores e beneficiários, pois essa situação de pandemia aproximou todos à dimensão da vulnerabilidade. As soluções foram mais discutidas em grupo. Percebi que a sociedade em geral está atuando mais em rede e por meio de coalizões. Problemas complexos como esse da pandemia não serão resolvidos exclusivamente por um governo, uma empresa do setor privado ou uma organização da sociedade civil. Essa é a mesma lógica para a gestão de recursos naturais e recursos públicos. É um problema sistêmico, é uma gestão de responsabilidades e valores compartilhados. Acredito que esse *mindset* foi mais bem incorporado pelas organizações nessa conjuntura da Covid-19. Percebemos organizações concorrentes se unindo em prol da agenda da saúde e economia do país e do mundo. A troca entre países também foi potencializada em detrimento de agendas protecionistas. Esse espírito de colaboração e solidariedade incentivou até as pessoas físicas a se unirem para se tornarem voluntários em diversos setores da sociedade. Sob o ponto de vista pessoal, eu já havia feito algumas reflexões sobre a importância da saúde mental, que é tão importante quanto a saúde física. A vida remota, se não for bem gerida, pode estressar e tirar a energia rapidamente. Por isso, gerir uma agenda que permita uma pausa entre temas ou *slots* sem reunião agendada que permita produzir materiais é fundamental para o equilíbrio da saúde mental. No início da rotina orientada 100% pelo trabalho remoto, eu agendava uma reunião após a outra. Olhando para trás, vejo que minha intenção era de manter o ritmo e mostrar que a vida continuava "normal". Com o tempo, percebi que essa dinâmica não era sustentável e, por isso, comecei a gerir a agenda de outra forma. Busquei agendar reuniões apenas entre 10h-12h e entre 15-17h. Dessa forma, foi possível me exercitar pela manhã, almoçar com a família sem pressa e me desconectar antes das 18 horas, para desacelerar antes do fim do dia de trabalho, evitando dessa forma noites de insônia. Esse ritmo frenético de reuniões pode fazer com que a cabeça não "desligue" em função do trabalho. Em suma: a beleza da gestão entre a agenda profissional e a pessoal é o equilíbrio, e isso vale para a vida remota ou presencial. Essa mudança de comportamento em busca do equilíbrio parece simples, mas é bem desafiadora para quem se acostumou com a vida na velocidade de cruzeiro sem pausas para respirar. Facilitar a reflexão antes de tomar novas decisões ou executar novas ações é um imperativo neste momento, que demanda urgência, mas que exige mais precisão e priorização, porque os recursos são muito mais escassos.

5. Qual a sua visão e quais as suas expectativas para o pós-crise?

Para ilustrar a minha visão e expectativas para o pós-crise, gostaria de retomar as tendências já discutidas pelo Fórum Econômico Mundial. O mundo do trabalho já estava passando por muitas mudanças e os profissionais possuem o desafio de acompanhar as transformações que estavam em andamento no mercado em função da chamada quarta revolução industrial. As tendências associadas à digitalização por meio da internet das coisas, *big data analytics*, inteligência artificial, cibersegurança e impressão 3D, são uma realidade latente que estava aos poucos reduzindo o tipo de mão de obra operacional e mudando as competências requeridas pela indústria. Numa outra dimensão, a escassez dos recursos naturais e o impacto no clima faziam parte do foco de diversos países que constituíram o Acordo de Paris – compromisso internacional discutido entre 195 países com o objetivo de minimizar as consequências do aquecimento global. Dado esse contexto mundial, somado à pandemia da Covid-19, a recessão técnica mundial já é uma realidade pós-crise. Grande parte dos países já possui o crescimento negativo do Produto Interno Bruto, em especial os países que foram os últimos a viver a ascensão da curva de contaminação pelo novo coronavírus, como é o caso do Brasil.

Minha visão é que a necessidade de repensar os processos para serem mais sustentáveis será uma realidade mais de curto prazo, em especial do setor privado, em função de uma pressão do mercado que está mais consciente em função da nova conjuntura socioeconômica e ambiental. Algumas pessoas consumiram menos durante a quarentena e a cultura do minimalismo começou a ser germinada na cabeça de muitos que não pensavam no impacto ambiental até vivenciarem – assim como as empresas perceberam os benefícios de produtividade do teletrabalho e da redução de custos de infraestrutura.

Minha expectativa é que a agenda dos objetivos do desenvolvimento sustentável 2030 saia da estratégia e seja incorporada aos planos táticos dos governos e das empresas. Essa reinvenção é necessária não apenas para melhorar a gestão dos recursos naturais que estão ameaçados, mas também é uma oportunidade para as empresas se reinventarem em um momento de crise com um *mindset* mais sustentável, com a adoção de uma economia circular, uma cultura de diversidade empresarial e um mercado mais justo e solidário. Realmente acredito que as organizações que perceberem esse momento como oportunidade conseguirão se reinventar por meio de inovação, e as coalizões vão endereçar problemas complexos em rede para além da atuação dos governos.

6. Com base no que você vivenciou, quais recomendações e mensagens de esperança gostaria de compartilhar com outros líderes?

É preciso assimilar que já estávamos em um processo de transformação mundial, que foi acelerado alguns meses (ou anos) pela pandemia. Acredito que a cultura de teletrabalho, trabalho por propósito e a revisão dos modelos operacionais orientados pela transformação digital eram desafios que iríamos enfrentar cedo ou tarde. É como se estivéssemos voltados para a "pangeia" e os continentes estão cada vez mais integrados com a cultura de transformação. A vida de certezas temporárias prevalecerá em detrimento da vida de certezas definitivas. Viveremos diferentes tipos de "vida" em um único ciclo de vida. A estabilidade profissional está aos poucos sendo substituída pela curiosidade de mundo e de vivências e competências, assim como a resiliência está cada vez mais valorizada no mercado em função do dinamismo exigido pela constante necessidade de inovação. Perceber essa nova dinâmica de mundo é fundamental para os líderes gerirem suas equipes de forma que o engajamento seja mantido por meio de um novo indicador: o índice de felicidade. Esse é o novo mundo que valorizará cada vez mais o propósito em detrimento do poder econômico, o valor compartilhado em vez dos monopólios. Acredito também que os líderes podem aproveitar esse momento de crise para fortalecer a cultura de sua organização e incluir a gestão de riscos, que deveriam contemplar as questões ambientais para além das questões socioeconômicas. Isso porque, em um futuro próximo, os recursos naturais irão ameaçar a sustentabilidade dos negócios, e isso é algo que, na agenda das empresas e do governo de alguns países, é tipicamente despriorizado. Dito isso, deixo minha mensagem de que nós líderes precisamos desenvolver novas competências para permanecermos líderes no mundo dos próximos anos.

LIDERANÇA DA ALTA GESTÃO EM TEMPOS DE CRISE

Desafios e Aprendizados

Nilson Bernal

Empresa:

NCB Consultoria Hoteleira

Cargo/Função:

Hoteleiro

1. Quais foram os principais desafios vivenciados neste momento de crise provocados pela Covid-19?

Situação histórica, dor, sofrimento, angústia, medo e muitas incertezas que impactaram toda a humanidade, inclusive economicamente. A Covid-19 parou o mundo e nos faz refletir ainda mais para um dos maiores problemas do planeta, que vai além da desigualdade social. Inúmeras outras crises já ocorreram, mas essa em especial tem nos mostrado algo diferente, muito maior que os nossos olhos possam enxergar, causando um efeito através do isolamento social que deve ser usado para fortalecer os laços sociais e desenvolver novos projetos de resistência. De tempos em tempos algo no mundo acontece para a humanidade parar e refletir sobre os nossos comportamentos diante de tanta individualidade e frieza. É uma guerra invisível que enfrentamos e está nos causando uma grande reflexão e aprendizado. O que as pessoas mais prezam é a sua liberdade, o que agora nos força a ficar reclusos para que essa situação não se prolongue e cause ainda mais dor à humanidade. Esse exercício mental imposto é obrigatório por todos nós, em especial pela forma como levamos a nossa vida em sociedade. Chegou a hora de nos reinventarmos. Olhem quantas doenças e mortes ocorrem no mundo. Infelizmente é imensurável avaliar o tamanho da dor das famílias que perdem os seus. Vejam a instabilidade econômica, que gera milhares de desempregados. Dificilmente há um preparo econômico para essa crise, mesmo assim há tantas pessoas na linha de frente ajudando e apoiando de todas as formas, médicos, enfermeiros, trabalhadores de diversas áreas, prestações de serviços, farmácias, supermercados, bancos, posto de gasolina e tantos outros que conseguem ajudar. Essa reinvenção é necessária em todos os segmentos, buscando alternativas de produção em *home office*, suportando seus cargos e trabalhos. É um impacto direto na saúde mental e emocional. A conta chegou e trouxe consigo as reais consequências dos nossos atos ao longo da nossa vida. Qual é nossa prioridade como ser humano? Ajudar, ter empatia e priorizar a vida das pessoas. Todos estão passando por dificuldades, não importa qual sua classe social. Mesmo o Estado sendo um fim de si mesmo, estão todos em prol de buscarem uma solução para esta crise, criando condições e fornecendo às pessoas algum apoio. Essa guerra invisível está nos dando a chance de mudar de vida, olhar para o outro e tentar uma correção dos nossos comportamentos frente a tudo o que acontece embaixo do nosso nariz. Na indústria da hospitalidade, o difícil é fazer o simples e o mesmo se aplica neste momento tão difícil, fazer o simples bem-feito e rápido.

2. Quais foram as ações implementadas?

Mundialmente, a indústria da hospitalidade foi afetada, sendo obrigada a fechar suas operações, enviando para casa milhares de trabalhadores. Neste momento, o grande desafio está em manter a empresa em funcionamento, realocando mão de obra para suportar o negócio quando da sua retomada, sempre com o olhar no caixa da empresa. De imediato, refazemos todo o planejamento estratégico da companhia, reescrevendo decisões para não ficar no caminho durante a crise. Colocando em prática plano de ação, reduzindo viagens, realizando reuniões no formato virtual, vendendo eventos, utilizando plataformas tecnológicas, desenvolvendo manual de gestão de crise, implantando planos de contingência, mantendo a responsabilidade social, priorizando a segurança em tudo o que envolve higienização.

3. Quais foram os aprendizados para a sua vida nas áreas pessoal e profissional?

Esse isolamento social me mostrou que devemos valorizar ainda mais as pessoas, restabelecendo os valores e as coisas simples da vida, aproveitando este momento para estar mais próximo da família, criando alternativas para manter o equilíbrio e fortalecendo os laços de relacionamento entre todos. É uma grande oportunidade de reflexão, pois nada mais será como antes. Da mesma forma quando da retomada das empresas, caberá mais paciência, união, reinvenção, iniciativa, atitude, planejamento, plano de ação junto às operações hoteleiras, agregando valores diferentes às novas estratégias, fortalecendo sua sobrevivência e perenidade.

4. Qual a sua visão e quais as suas expectativas para o pós-crise?
Isolamento social é muito prejudicial à humanidade. As redes sociais de alguma forma já contribuíam para tal isolamento antes da Covid-19, sendo que o pós-crise fortalecerá ainda mais, fazendo com que as pessoas fiquem cada vez mais isoladas, em especial essa nova geração. Tudo indica recessão pesada devido às altas incertezas diante a tudo o que acontece no mundo. Infelizmente, não será algo curto e passageiro. Já passamos por várias crises que levaram inúmeras pessoas físicas e empresas à falência. Não importa o segmento em que você atua, todos terão chances de refazer e reaprender em seus negócios. É uma grande oportunidade para todos se reinventarem. Medidas foram tomadas de todas as frentes no mundo inteiro. Todas as decisões de forma global vão impactar diretamente no seu negócio. Reescreva sua história, refaça, crie outras metodologias, abrace a tecnologia. Bilhões de pessoas ficaram confinadas, em quarentena, tendo a oportunidade de repensar seus negócios e suas novas estratégias. Esse pensamento de mobilização é que precisamos ter e aplicar daqui para frente. Ter uma mentalidade de ir para a guerra preparado para vencer.

5. Com base no que você vivenciou, quais recomendações e mensagens de esperança gostaria de compartilhar com outros líderes?
Sabedoria, equilíbrio, maturidade, resiliência e muita inteligência emocional para superar essa situação atual. Todas as gerações foram impactadas. Agora não importa sua geração, se ela é tecnológica ou não, o que importa é a sua contribuição para com o outro. Não importa de onde você veio e em quais condições está, será necessário reescrever a sua história com empatia, sentimento de reconciliação, energia e muita perseverança. É também através da dor e do sofrimento que temos a chance de nos tornarmos melhores e mais preparados. Tenho como propósito sempre envolver as pessoas em algo maior, mostrando para elas que todos somos capazes de superar qualquer desafio, no ambiente hoteleiro e fora dele. Com essa mesma paixão que me move na hotelaria é que

escrevo este registro como mensagem de esperança e superação, neste momento tão desafiador da nossa vida pessoal e profissional. Adapte-se, se necessário retroceda, mas com sentimento e energia de aprender. Seja obstinado, resiliente, compartilhe suas melhores práticas. Ninguém consegue salvar o mundo sozinho, faça caridade, seja solidário, divida seus objetivos e sonhos. Você deve ser sempre maior do que o problema que se apresenta. Crie conexões e muito relacionamento com as pessoas, sendo cada vez mais acessível para o outro.

LIDERANÇA DA ALTA GESTÃO EM TEMPOS DE CRISE
Desafios e Aprendizados

Osvaldo Bícego Júnior

Cargo/Função:
Palestrante

1. Quais foram os principais desafios vivenciados neste momento de crise provocados pela Covid-19?

Um difícil e complicado desafio foi programar e implementar o sistema de trabalho remoto através do *home office*, alocando-me em plataformas de gestão adequadas a todas as minhas necessidades profissionais.

Tudo foi muito de repente, agora o tempo trabalhava contra nós, pois as adaptações seriam graduais e estavam sendo implantadas às pressas.

Clientes acostumados a serem atendidos presencialmente sentiram muito, pois preferiam o sistema tradicional, olho no olho, e frente a frente.

Horários mais flexíveis requerem mais responsabilidades cotidianas, velhos costumes seriam deixados de lado, chegou o momento agora de um novo tempo.

Tempo este muito escasso, reuniões diárias em plataformas como *Team Leader* e *Zoom* passam a se incorporar ao modelo da nova gestão e do futuro dos negócios.

2. Quais foram os principais desafios vivenciados neste momento de crise provocados pela Covid-19?

Por um lado, a flexibilização de tempo, ou seja, se não bem gerido, trará transtornos, outro ponto é a gestão autônoma dos negócios, responsabilidades e cobranças maiores surgem neste momento.

Os prazos das entregas dos trabalhos, que por hora eram mais extensos, se tornaram curtos e mais rápidos, pois os clientes se tornaram mais propensos às pressões.

A demanda do mercado diminui, e se torna mais concorrido em diversos segmentos, por um lado é muito bom, mas por outro afeta os pequenos negócios sem muito capital de giro.

Mas o meu olhar é de positividade pós-crise, pessoas, profissionais e mercados voltarão mais humanizados e compreensivos às demandas e às necessidades das pessoas.

3. Quais foram os aprendizados para a sua vida nas áreas pessoal e profissional?

No campo pessoal, o maior aprendizado está sendo a paciência e as novas possibilidades de leitura que amo.

Além de tudo, o mais importante é ter mais tempo e atenção desprendida a minha família.

No profissional, novas formas de trabalho, como por exemplo o trabalho remoto e as reuniões por plataformas, que antes da Covid-19 eu NÃO utilizava há muito tempo.

Passarei a utilizar esses sistemas com maior frequência, pois tem agilizado a comunicação com os meus clientes, parceiros e, principalmente, amigos e familiares.

4. Qual a sua visão e quais as suas expectativas para o pós-crise?

O mundo dos negócios está mudando com a Covid-19, o que se via e ouvia em janeiro de 2020 agora não é a mesma coisa.

Mercados mundiais estudam tecnologias para atender seus consumidores, bancos já possuem seus programas virtualizados, através de *internet* e canais de atendimento, conseguem gerir seus modelos de negócios com baixo custo.

Apesar das virtualizações, vejo que o pós-crise será a vez e o momento dos consultores financeiros, irão ter um grande trabalho para adequarem as vidas das pessoas.

Serão muito requisitados, e o mercado retornará devagar à sua normalidade.

5. Com base no que você vivenciou, quais recomendações e mensagens de esperança gostaria de compartilhar com outros líderes?

Bom, primeiramente, o que vivenciei foi a pior crise desde a década de 1980.

Mas com muito otimismo e um excelente olhar para o futuro.

A economia retrocede, a bolsa oscila o tempo todo, as pessoas estão mais atentas aos seus investimentos.

Minha vivência nestes mais de 47 anos de vida, dedicando-me há mais

de 30 anos ao mercado e atento ao crescimento do nosso Brasil.
A esperança, a fé que me move e a coragem de encarar os problemas de frente têm me sustentado até aqui.
A mensagem que deixo nesta minha participação é nunca deixar de **SONHAR**, acreditar que dias melhores chegarão até você.
Mantendo a fé e acreditando em algo que mova você a olhar para cima, reconhecendo que você é pequeno, o fará uma grande pessoa e principalmente um excelente profissional, reconhecido e admirado por todos.

SUCESSO!

LIDERANÇA DA ALTA GESTÃO EM TEMPOS DE CRISE

Desafios e Aprendizados

Patrícia Santos

Empresa:

Zome

Cargo/Função:

CEO

1. Quais foram os principais desafios vivenciados neste momento de crise provocados pela Covid-19?

Os grandes desafios que enfrentamos enquanto seres humanos são:

a) Aprender a combater a natural resistência à mudança;

b) Aceitar que tempos difíceis nos tornam mais fortes;

c) Investir tempo em preparar a solução em vez de reparar o problema.

Sentimos que no imediato teve um impacto abrupto no comportamento da sociedade em geral e, como consequência, nos consumidores transversalmente a qualquer mercado, travamos uma guerra com um inimigo invisível e sem precedentes, e por isso observamos que as prioridades das pessoas se ajustaram àquilo que é essencial, deixando o supérfluo de lado.

Toda esta situação gerou uma consciencialização enorme nas pessoas sobre as suas prioridades, pois de repente foram forçadas a recordar que eram netos(as), que eram filhos(as), que eram pais, que eram irmãos, que eram amigos de alguém que poderia estar em risco de saúde. Forçados ao confinamento, aprendemos a valorizar aspectos que damos como adquiridos, tais como a liberdade e a saúde, fazendo-nos perceber que a verdadeira felicidade não depende daquilo que arduamente trabalhamos para alcançar, mas sim daquilo que muitas vezes nos esquecemos de cultivar e valorizar.

Enquanto empresa, sendo as empresas pessoas, tivemos que lidar com todos os desafios que cada uma das nossas pessoas enfrentou, adicionados os desafios relacionados com o negócio em si. Estando a *Zome* na área da mediação imobiliária, enfrentamos desde logo vários desafios, principalmente da liderança, motivação de equipes e gestão comercial a distância, além da grande incógnita: como iriam os nossos potenciais clientes comprar ou vender casa sem poder sair de casa.

2. Quais foram as ações implementadas?

Desde logo, a grande prioridade foi encontrar soluções para os desafios identificados, pois é isso que diariamente fazemos na nossa empresa, reinventamo-nos e adaptamo-nos a novas realidades, criando meios e mecanismos para que os nossos clientes possam continuar com o seu processo de compra ou venda de forma totalmente segura e digital.

Fomos mais longe ainda e criamos um serviço inovador, o "*ZOME NOW*", que permite que, no conforto de sua casa, o cliente possa à distância de um clique apresentar uma proposta a um imóvel ou efetuar a reserva de um imóvel, e por isso requerer formalismos, estamos a oferecer, aos nossos clientes, leitores de cartão de cidadão para que possa assinar digitalmente.

E, claro, tudo isso acompanhado de um forte componente de formação, a toda a nossa equipe, porque é preciso manter o otimismo, a energia positiva e, acima de tudo, estarmos preparados para esses novos métodos de trabalho.

Todos os dias reunimos as nossas equipes para momentos de partilha e de aprendizagem, adaptando os conteúdos abordados para a realidade em que vivemos atualmente.

A aposta tem sido muito forte em dois pilares fundamentais:

- Na adaptação da metodologia de trabalho, de forma a torná-la segura para os nossos colaboradores e para os nossos clientes, acompanhada de muita formação e orientação a todos os nossos consultores, para que se sintam mais confortáveis e confiantes nesta mudança;

- No desenvolvimento de mecanismos legais de defesa de todas as partes envolvidas no negócio, de forma a tranquilizar compradores e proprietários relativamente à segurança da transação que estão a concretizar.

Valorizamos muito a proximidade com as pessoas e o acompanhamento do processo, para saber como cada uma delas reage e lida com esses desafios, procurando animar e motivar os envolvidos, ajudando-os a focar na solução e não no problema. A tecnologia teve aqui um papel muito importante e contribuiu bastante para mantermos a proximidade, apesar de distantes fisicamente.

3. Quais foram os aprendizados para a sua vida nas áreas pessoal e profissional?

Retivemos vários ensinamentos que vieram reconfirmar algumas das nossas convicções, que fazem parte dos valores da empresa, principalmente a partilha, a simplicidade e a evolução, que são três dos "*Zandamentos*" da *Zome*. Acreditamos que juntos somos muito mais fortes e chegamos muito mais longe, quando partilhamos esforços e conhecimento tudo se torna muito mais simples. Assistimos a uma união extraordinária de todos os diretores comerciais da rede, para em conjunto serem desenhadas soluções e formações para dar resposta a estes novos desafios, e o resultado foi aplaudido por toda a organização. Esta união gerou rapidez na ação, que por sua vez gerou muita confiança e maior tranquilidade nas pessoas.

Acreditamos que os desafios são vencidos por aqueles que melhor se adaptam, ou seja, estar em evolução constante é absolutamente essencial para sermos bem-sucedidos.

E a maior confirmação que obtivemos é que quando colocamos as pessoas em primeiro lugar obtemos um enorme respeito e compromisso por uma causa comum, e isso torna-nos ainda mais fortes.

Na vida e nos negócios, mais do que ficarmos a pensar se vai ficar tudo bem, temos que lutar para ficar o melhor possível. Estes são os momentos que nos tornam ainda mais fortes, não desistir e não baixar a guarda, continuando a procurar novas soluções.

Tempos difíceis não duram sempre, mas pessoas fortes sim, e aquilo que pode fazer a diferença neste desfecho depende apenas de nós!

4. Qual a sua visão e quais as suas expectativas para o pós-crise?

Muito se tem escrito sobre o impacto que esta pandemia provoca no planeta, mas o certo é que, tratando-se este evento de um Cisne Negro, que chegou sem se anunciar e de forma tão abrupta, torna-se quase impossível prever o seu desfecho. Convido, no entanto, a fazer uma analogia a outro Cisne Negro que nos ficou gravado na memória, que não só faz parte da história como alterou completamente o rumo dela. Estou a falar do 11 de setembro!

Estes eventos (Cisnes Negros) têm três características: são imprevisíveis, causam um impacto enorme e, depois de ocorrido, surgem diversas explicações que os tentam afirmar como menos aleatórios e mais previsíveis do que eram antes do acontecimento.

E a razão de ser tão difícil antecipar ou prever o futuro depois de um evento dessa magnitude prende-se ao fato de que aquilo que sabemos é muito menor face ao que desconhecemos. O autor dessa teoria A lógica do Cisne Negro, Nassim Taleb, usa o acontecimento de 11 de setembro para ilustrar tal tese. Até então os EUA nunca tinham passado por nada semelhante no seu território, e as consequências desse ataque foram sentidas em todo o mundo, nas mais variadas áreas, e não faltaram notícias que tentavam demonstrar que a tragédia podia ter sido evitada.

As más notícias é que vão continuar a surgir Cisnes Negros, de forma inesperada, imprevisível e abrupta, a boa notícia é que o 11 de setembro não foi o único Cisne Negro ao qual sobrevivemos, já passamos por vários Cisnes Negros e continuamos cá para lidar e ultrapassar os próximos.

No entanto, é importante termos claro que depois de um Cisne Negro o mundo nunca mais será igual e resulta em alterações profundas no comportamento humano, na sociedade e na economia, mas também não é o fim do mundo que se sente durante o epicentro da tragédia.

O ser humano tem dificuldade em interpretar o desconhecido e as analogias ajudam-nos a colocar as coisas em perspectiva, por isso o 11 de setembro é um bom exemplo para compararmos. Para quem viveu essa tragédia, recorda-se do pânico mundial que foi gerado, do impacto que teve na economia a nível mundial, e Portugal não escapou da desconfiança e do medo instalados nas pessoas sempre que viam alguém de burca, que levaram inclusive a reações extremas de xenofobia e que ainda hoje temos resquícios desse medo. Durante algum tempo, viajar de avião era algo só mesmo para quem precisava, que estava disposto a passar por todas as barreiras de segurança, todos os controles e revistas. Com o tempo, o mundo foi ganhando confiança e retomando as rotinas, no entanto, ainda hoje a forma e as regras para viajar são diferentes. Continuamos a viajar (exceto no contexto atual por razões sanitárias), mas o modo como fazemos nunca mais foi igual. E é exatamente aqui que queria chegar! A pandemia atual vai passar, vamos retomar a confiança de andar na rua, retomar o contato social, mas nunca mais será do mesmo jeito.

O período de confinamento a que todos fomos sujeitos tornaram a casa um bem precioso e essencial ao nosso bem-estar e da família.

Nunca em momento algum nos vimos confinados entre quatro paredes, dentro das quais nunca imaginamos que iria ser o nosso lar, o nosso local de trabalho, a escola dos nossos filhos, a nossa sala de formação, o nosso centro de conferências, o nosso ginásio, a nossa sala de cinema, o nosso parque infantil, o nosso supermercado... o nosso tudo!

Nessa lógica, rapidamente percebemos que a casa não é um bem supérfluo, e que as necessidades de compra e venda vão continuar a existir, ainda temporariamente em um ritmo mais lento, no entanto é importante termos a consciência de que a forma como as soluções vão ser procuradas nunca mais será a mesma.

Esta pandemia irá trazer condicionalismos muito fortes para os próximos tempos, para a mediação imobiliária tal como a conhecemos hoje, o que significa que o impacto será brutal naqueles que não souberem adaptar-se à mudança e não souberem desafiar o status quo da mediação, reinventando métodos e ferramentas adequadas à realidade atual e que tranquilizem os atuais receios dos clientes.

> "Não é o mais forte que sobrevive, nem o mais inteligente, mas o que melhor se adapta às mudanças." **Charles Darwin**

Antevemos que nessa mudança algumas coisas vão se extinguir naturalmente: as pessoas que operam neste mercado sem qualquer formação ou qualificação e cujo único propósito era tirar proveito do "filão de ouro", os conhecidos como *freelancers*, as empresas que não apostarem na tecnologia e formação dos seus colaboradores e todos os profissionais que acharem que isto é só uma fase e que quando passar tudo vai voltar a ser como era. Para esses, naturalmente a mediação imobiliária vai colapsar.

A *Zome*, desde a sua criação, tem na sua gênese a tecnologia, a formação e metodologias de trabalho que desafiam o setor, no entanto, todo esse cenário nos levou de imediato a fazer os ajustes necessários para estarmos preparados para superar este desafio e sairmos ainda mais fortes.

5. Com base no que você vivenciou, quais recomendações e mensagens de esperança gostaria de compartilhar com outros líderes?

Não sendo possível ainda fazer uma previsão de todos os impactos da Covid-19 no mundo, uma coisa sabemos: não controlamos a economia mundial, mas controlamos aquilo que podemos fazer para minimizar o impacto na economia local, e neste momento aquilo que podemos fazer e estamos a fazer é mantermo-nos o mais ativos possível, sempre em segurança, usando a nosso favor o bem mais preciso que nos foi oferecido, o TEMPO, a nosso favor, investindo no desenvolvimento das competências dos nossos consultores, no desenvolvimento de novas metodologias e ferramentas, na adaptação a um NOVO MUNDO QUE ESTAMOS A CONSTRUIR!

Se não puderes fazer tudo, faz tudo o que puderes!

Não sejas mais ou menos, sê o melhor que podes!

Desafia-te e corres o sério risco de descobrir que o melhor de ti... ainda está para chegar!

Orgulha-te de dizer: não foi fácil, mas consegui!

Paulo Paiva

Empresa:

Becomex Consulting

Cargo/Função:

VP Produtos & Alianças

1. Quais foram os principais desafios vivenciados neste momento de crise provocados pela Covid-19?

A *Becomex* é uma empresa de consultoria fiscal e tributária formada por um grande número de profissionais que executa os projetos dentro dos nossos clientes ou numa estrutura de *backoffice*. Uma grande parte do projeto é executada com a utilização massiva de tecnologia e isso permitiu nos adaptarmos rapidamente a esse "novo normal". De qualquer forma, os impactos foram grandes, pois estamos inseridos num ecossistema que foi muito afetado. Nossos clientes estão com seus negócios parados e sem uma visibilidade clara de quando voltarão a operar.

Nesse meio tempo, temos nossos compromissos enquanto empresa para cumprir. Decidimos que iremos buscar manter 100% dos postos de trabalho, nem que para isso tenhamos que fechar um acordo com todos de redução gradativa dos salários, começando pelo presidente e demais cargos. Nossa empresa instituiu uma política, ao longo dos anos, de criar um fundo de reserva que nos permita passar por situações de dificuldade com o menor impacto possível e isso está sendo muito relevante neste momento. Um outro desafio que estamos passando é que, por sermos uma empresa de consultoria, somos a primeira opção dos nossos clientes para corte de custos. Não tem sido fácil, solicitações de reduções de honorários, postergação de pagamentos e cancelamento de projetos passaram a fazer parte do nosso dia a dia. O pior é que nestes momentos a pressão acaba assumindo uma proporção muito grande e nem todas as decisões terão uma análise adequada e ponderada.

Por último, o desafio pessoal. Acredito que ninguém imaginou que um dia passaríamos por essa situação de isolamento social. Ninguém estava preparado para isso e estamos aprendendo com o avião em pleno voo. Estamos errando e acertando, adotando medidas extremas em muitos momentos, pois o medo e o desespero afetam o emocional de nossos líderes e governantes que passam pelas mesmas dificuldades que as nossas. O desafio de saber se o isolamento foi tão eficaz quanto as suas consequências é um aspecto que me questiono muito. Vejo de um lado uma população muito preocupada e se adaptando, e do outro uma economia que clama por uma retomada, senão muitos negócios irão quebrar, o desemprego irá tomar proporções inimagináveis e com ele os seus efeitos colaterais, como miséria, fome, violência e mortes.

2. Quais foram as ações implantadas?

Muitas foram as ações que tomamos na *Becomex*, desde o cuidado imediato com a saúde e bem-estar dos nossos colaboradores até um plano emergencial de suporte ao nosso cliente.

No que diz respeito ao nosso pessoal, decidimos, no início de março/20, colocar todos os nossos colaboradores trabalhando de forma remota, iniciando assim o isolamento social da nossa empresa. Temos adotado as medidas, respeitando as decisões dos nossos governantes e zelando pelo melhor para todo o nosso ecossistema. Um aspecto muito importante para nós foi viabilizar que toda a empresa pudesse trabalhar em *home office*, mas mantendo todos conectados entre si e principalmente com o nosso cliente. Cuidados básicos com higiene e limpeza foram reforçados e estamos sendo muito criteriosos com a nossa comunicação interna, reforçando muito a necessidade de todos se cuidarem. Não adianta a empresa fazer a sua parte se o nosso colaborador não seguir as orientações e, também, aplicar em sua casa as medidas de preservação e isolamento. Como somos uma empresa de serviços e consultoria, a primeira preocupação que vem à cabeça das pessoas é como ficará a sua situação, se os empregos serão mantidos, se haverá redução da carga de trabalho e salários e por aí vai... Como executivos e administradores que somos, temos como minimizar os impactos atuais com medidas tomadas no passado. Agora, mais do que nunca, os planejamentos de anos anteriores estão nos ajudando a passar por este momento de uma forma mais controlada. É muito comum as empresas trabalharem no limite da sua operação, e quando essas situações aparecem, as alternativas são poucas e inevitavelmente terão que cortar custos. No nosso caso, aderimos ao movimento brasileiro #NÃODEMITA, por acreditarmos que o momento é de cautela, preservação da vida e segurança de todos. Não é hora de analisar se o nosso lucro irá diminuir, se a nossa receita ficará abaixo do orçamento, pois temos consciência de que isso tudo vai passar e precisaremos estar mais fortes lá na frente para encarar os novos desafios. Dentro dessa linha, temos realizado comunicações e tranquilizado nossas equipes, ressaltando que todas as ações estão sendo tomadas no sentido de manter a empresa no mesmo quadro de trabalho que tínhamos antes da crise.

Quanto aos nossos clientes, como trabalhamos com projetos de redução de custos e melhoria do fluxo de caixa, temos realizado um trabalho massivo de estudo de suas operações de forma que possamos identificar oportunidades reais para a empresa e sua cadeia produtiva. O momento agora exige um olhar diferente para todo o negócio da empresa. É necessário analisar todas as alternativas, pensar fora da caixa e criar soluções. Vejo muito mais o lado das oportunidades do que das ameaças. Nossa primeira ação junto às nossas equipes foi trabalhar as nossas ofertas de geração de caixa mais rápido para as empresas, e estamos reforçando essa abordagem. Temos que encontrar um dinheiro novo para a empresa e projetos que estavam "em negociação" ganharam prioridade muito maior. Também disponibilizamos aos nossos clientes e comunidade em geral momentos de capacitação e formação de suas equipes com acesso aos nossos treinamentos e cursos *on-line*.

3. Quais foram os aprendizados para a sua vida nas áreas pessoal e profissional?

Depois de mais de 30 anos de trabalho intenso na minha carreira, me deparei com um cenário que jamais discutimos nas escolas, universidades, no nosso planejamento estratégico da empresa, pois é fato que ninguém imaginava que um dia estaríamos passando por este momento. Acho que o mundo virou de cabeça pra baixo, estudos e mais estudos estão sendo realizados, tanto no sentido de prever o que acontecerá nos próximos meses quanto no aspecto científico de se buscar a cura para essa doença devastadora que está ceifando vidas, sonhos, projetos e expectativas de um futuro melhor.

Estamos vivendo na prática e aplicando teorias das mais diversas, testando modelos matemáticos, estatísticos, combinações de teses e estudos científicos, todos voltados a um único objetivo, encontrar a resposta que possa devolver a todos a liberdade de ir e vir, o convívio social, e resgatar a vida. Um dos grandes aprendizados foi ver que o controle que achávamos que tínhamos das nossas vidas acabou de uma hora para outra e da pior forma possível. Já não podemos fazer o que queremos, ricos e pobres estão colocados na mesma condição de vulnerabilidade e a incerteza tomou conta da nossa vida.

Nesse aspecto, vejo que a capacidade de adaptação de muitas pessoas e empresas extrapolou os limites geográficos, tecnológicos, culturais e financeiros para implementar medidas que permitissem que, da noite para o dia, tudo pudesse ser aplicado para manter a vida de uma certa forma "normal".

Essa capacidade de adaptação foi o que mais me surpreendeu até agora. Vejo negócios que foram reinventados. Não foi necessário um planejamento estratégico aplicando os mais avançados conceitos de gestão de negócios e nem reuniões intermináveis com projeções de "N" cenários. Bastou um vírus, insignificante em termos de tamanho, para provocar um rastro de destruição absurdamente grande, mas ao mesmo tempo criar um ambiente de negócio totalmente novo e revolucionário.

No aspecto profissional, o grande aprendizado está na forma como hoje passamos a fazer negócios e gerar resultados aos nossos clientes. Paradigmas foram quebrados e o que era complexo ficou simples. As pessoas estão mais acessíveis e dispostas a encontrar soluções conjuntas. Egos e superioridades, que muitas vezes colocavam barreiras e limitavam o crescimento, foram substituídos por uma maior proatividade e disposição, de lado a lado, para ouvir mais. Os executivos passaram a ter mais tempo para conhecer e se envolver com a realidade da empresa. O TEMPO, sempre o grande vilão de tudo, parece que agora deu lugar para a disponibilidade. Como tudo ficou mais acessível, apesar de remoto, não é raro conseguirmos falar com pessoas, trocar ideias e buscar soluções conjuntas. Na *Becomex*, já estamos repensando todo o nosso negócio quanto às questões de viagens dos nossos profissionais. Esse era um custo muito alto da empresa e chegamos à conclusão de que muitas coisas podem e devem ser feitas de forma remota. Reuniões remotas se mostraram tão produtivas quanto as presenciais. Horas e horas que gastávamos nos aeroportos e deslocamentos estão sendo dedicadas a estarmos mais disponíveis para construir novas soluções e estudar alternativas que possam agregar valor ao nosso cliente e contribuir para o crescimento da nossa empresa e dos nossos colaboradores.

No aspecto pessoal, vou também ressaltar a questão do TEMPO como sendo um dos grandes aprendizados. Minha vida sempre foi uma correria, viajava praticamente todas as semanas, horas e horas indo para cá e para lá, e nos últimos meses venho pensando muito sobre isso e buscando respostas para entender o motivo de sempre ter sido assim. Precisava ter acontecido isso tudo para entendermos que existia outra forma de fazer as coisas? Hoje estou mais tempo em casa com a minha família e tem sido muito bom. Um tempo de qualidade dedicado a fazer atividades que há muito tempo não fazia. Acho que essa provocação relacionada ao TEMPO se aplica a muitas outras coisas na nossa vida e precisa gerar em nós uma nova leitura de todo este momento. Nas últimas semanas tenho assistido um número muito grande de "lives" sobre os mais diversos temas, utilizo horários flexíveis para me capacitar e trocar experiências com outras pessoas, enfim, aproveitar muito mais o TEMPO e a vida. Não tem sido raro chegar ao final do dia exausto, sem sequer sair do meu escritório, mas extremamente satisfeito com os resultados que estamos atingindo. A pergunta que me faço é se existe ainda algum impedimento para mudar a forma como agimos no nosso dia a dia. A resposta a essa pergunta não é simples, pois exigirá repensar muitas outras atitudes, mas acredito que exista sim oportunidades de mudarmos ainda mais. Temos que nos reinventar sempre. Bastou uma doença paralisar as nossas vidas para tudo desmoronar e surgir em meio a uma pandemia uma avalanche de iniciativas e ideias para superar a crise, e esse é o nosso grande desafio, não perder esta nova forma que estamos aplicando aos nossos negócios e que produzirão efeitos muito melhores e mais rápidos do que nossos métodos anteriores.

4. Qual a sua visão e quais as suas expectativas para o pós-crise?

Ainda é um pouco cedo para falar de pós-crise, pois sequer chegamos ao auge dos índices de contaminação da população brasileira, e sabemos que quanto mais perdurar o isolamento social e a retomada do crescimento, piores serão as consequências. Vejo que ainda teremos dias muito difíceis pela frente, principalmente no que se refere aos aspectos econômicos. Alguns segmentos estão totalmente devastados pela pandemia, como é o caso do setor de turismo e lazer, e não vejo uma solução de curto prazo para essas empresas.

No meu caso específico, nosso principal segmento de negócio é o automotivo, que também foi muito afetado. E quando o setor automotivo não vai bem, todos os demais elos dessa corrente ficam enfraquecidos. Falando com um grande fornecedor de uma montadora, ele dizia que não bastava voltar a produzir. Será necessário o consumidor ir à concessionária e comprar o seu carro para que a economia volte a girar. Quem neste momento da crise está pensando em trocar de carro? O caminho natural será primeiramente o consumidor satisfazer as suas necessidades mais básicas e, à medida que se sentir mais confortável, irá pensar em trocar de carro. Isso levará muito mais que seis meses. A aceleração da economia será mais lenta do que o tempo em que permaneceu parada. Minha visão é que muitas empresas irão trabalhar os próximos meses para garantir um resultado mínimo ainda em 2020, mas todas as projeções de crescimento estão comprometidas.

Dentro deste cenário, busco analisar o ambiente com um olhar um pouco mais otimista. Vivemos um momento dentro das empresas que vou chamar de ruptura e quebra de paradigmas. Assim como aprendemos, ao longo do tempo, que cada indivíduo está inserido dentro de uma sociedade, e que para o seu desenvolvimento e crescimento é necessário trocar informações e ter uma maior sinergia entre as partes, o mesmo acontece com as nossas empresas e o seu ecossistema. Não é raro visitar uma empresa e vê-la voltada para dentro, ou seja, executa o seu papel de comprar, produzir e vender, gera lucros para os seus acionistas, mas compartilha pouco o seu meio ambiente. O que eu quero dizer com isso? Vamos lá, o mundo dos negócios evoluiu muito ao longo do tempo e as empresas se especializaram e buscaram o seu ÓTIMO LOCAL. Vemos empresas que são referências em seu segmento, mas se ampliarmos a visão, veremos que sua cadeia produtiva (clientes e fornecedores) pode não estar inserida neste mesmo cenário. É o que vou chamar de desigualdade empresarial. E o pior, muitas vezes a alavancagem de crescimento para a empresa dependerá do desenvolvimento da sua malha, e é nesse aspecto que existe muito por fazer entre as empresas.

Entendo que neste pós-crise, muito mais do que a empresa buscar alternativas de sobrevivência e crescimento próprio, ela será obrigada a buscar o fortalecimento de toda a sua cadeia produtiva e da comunidade onde está inserida. Infelizmente, muitos elos dessa corrente estão vulneráveis e precisam de ajuda, e nesse caso, o elo mais fraco compromete toda a corrente. Defendo muito uma visão mais colaborativa entre as empresas. Estratégias de negócios precisam gerar um ambiente de colaboração que permeie todos os níveis da cadeia produtiva. Resiliência e empatia são as palavras-chave para este momento e acredito que, se soubermos conduzir nossos negócios dentro dessas premissas, poderemos ter um pós-crise muito mais forte e com estratégias integradas e alinhadas para o atingimento de resultados conjuntos.

5. Com base no que você vivenciou, quais recomendações e mensagens de esperança gostaria de compartilhar com outros líderes?

É fato que esse terrível acontecimento irá gerar em toda a humanidade reflexos que mudarão para sempre as nossas vidas. O mundo será diferente pós-Covid-19 e os reflexos dessa mudança serão maiores e melhores se bem lidarmos e entendermos este momento. Minha leitura de tudo isso é muito positiva e otimista. Sei que infelizmente muitas vidas foram e serão perdidas, mas, ao mesmo tempo, muitas outras terão a oportunidade de fazer tudo diferente e poderão contribuir com o bem comum e evitar que isso um dia volte a acontecer.

Aprendemos, pela dor, que estávamos chegando ao limite de muitas coisas. Muitas pessoas vivendo um ritmo alucinado de vida, sem tempo para nada e para ninguém. De repente, tudo parou. E agora? Precisamos voltar a fazer as coisas da mesma forma ou podemos mudar? Eu sei que mudarei depois disso e quero levar isso para a minha empresa. Não iremos voltar a trabalhar da mesma forma, pois a Covid-19 mostrou que podemos e devemos executar o nosso trabalho de forma diferente. Acho que isso é o principal legado de tudo. Vamos refletir e mudar. Desde as pequenas coisas até os mais complexos projetos. Tudo pode ser revisto e melhorado, entendendo que as nossas decisões impactarão vidas e empresas, e que uma parte não sobrevive sem a outra. Temos que sempre buscar o equilíbrio entre a emoção e a razão, de forma que as empresas sejam mais competitivas e as pessoas estejam mais felizes. Acho que quando atingirmos essa maturidade, teremos cumprido o nosso papel enquanto executivos e pais de famílias.

Aos líderes e executivos, minha mensagem final vai na linha de entender o momento atual e buscar tomar ações e decisões que possam encorajar suas equipes e seus liderados no sentido de buscar um propósito muito maior no final de tudo isso. Nada terá sentido se não mudarmos e nos renovarmos. Fácil não será, mas acredite, os fortes sobreviverão e chegarão à outra margem do rio mais completos e com mais vigor para enfrentar as novas adversidades que surgirão. Siga sempre o seu propósito e não deixe que uma situação destrua o sonho de uma vida inteira. Boa sorte para todos nós e que tenhamos dias ensolarados depois desta tempestade.

Vamos para cima sempre, por mais difícil que possa parecer, pois desistir não é uma opção.

LIDERANÇA DA ALTA GESTÃO EM TEMPOS DE CRISE

Desafios e Aprendizados

Pedro Lourenço

Empresa:

Consumers Trust and Portal da Queixa

Cargo/Função:

CEO & Founder

1. Quais foram os principais desafios vivenciados neste momento de crise provocados pela Covid-19?

Curiosamente, o Portal da Queixa nasceu em tempo de crise, entre 2009 e 2013, com a falência do imobiliário nos EUA e o contágio financeiro que provocou, principalmente na Europa. Esse fator talvez tenha sido fundamental para termos conseguido encarar positivamente as mudanças repentinas e o peso da incerteza, causados por uma conjectura como esta. É certo que esta nova crise não resultou de uma série de más decisões estratégicas dos mercados, como a anterior, pois o seu contágio foi literal e provocou enormes danos colaterais à economia global, na sequência dos problemas sociais que o mundo enfrentou.

Penso que, enquanto gestor, um dos principais desafios que me colocaram pela frente foi a necessidade de liderar com otimismo, encarando ao mesmo tempo uma dura realidade do futuro próximo. Foi necessário parar para repensar o negócio, perceber se a estratégia era compatível com a conjectura, ajustar as finanças, ouvir os clientes e ser solidário com as suas dores. Mas, creio que o principal desafio foi gerir emoções e expectativas de toda a equipe. As pessoas são a essência do negócio, só em equipe conseguimos vencer, crescer e nos ajustar às novas realidades. Uns são mais capazes de superar os medos e manter a saúde mental do que outros, mas todos contam com o exemplo da liderança, como se dessa validação dependessem para caminhar em segurança. Se ele vai, nós vamos! Se ele cai, nós caímos! Podem mudar os tempos, as sociedades, as economias, contudo, do ponto de vista relacional, o ser humano terá sempre a necessidade de ser liderado em momentos que obrigam as tomadas de decisões em grupo. Este não foi exceção. Desde políticos, empresas, organizações até as famílias, todos têm de ter um líder que possa ser um guia no escuro, no desconhecido, que é o futuro quando não evidente.

Contudo, para tomar decisões é necessário avaliar o risco. Nesta pandemia, foram muitas as empresas que de um momento para o outro viram os seus negócios totalmente parados, sem possibilidade de receita para fazer face aos compromissos assumidos. Assegurar *cash flow* para situações inesperadas é uma realidade pouco frequente nas PME'S, e apenas ao alcance das grandes empresas. Por conseguinte, o desafio foi garantir a continuidade do negócio, possibilitando ao mesmo tempo o apoio e a solidariedade para com os clientes nos setores mais afetados. Outro dos desafios específicos que povoaram a mente dos empreendedores nesta pandemia provocada pela Covid-19 foi como estruturar o *home office* para manter a produtividade e o equilíbrio emocional das equipes. Em resumo, creio que os principais desafios com que nos deparamos enquanto gestores foram a liderança de equipes a distância, a reorganização do *workflow* em teletrabalho, a gestão financeira de *cash flow*, as necessidades tecnológicas repentinas e a manutenção de uma boa saúde mental.

2. Quais foram as ações implementadas?

A primeira medida foi iniciar o processo de quarentena, salvaguardando a saúde dos colaboradores. Penso que, em primeiro lugar, devemos assumir a garantia do bem-estar dos nossos colaboradores, como forma de contribuição para a estabilidade emocional da organização como um todo. Após esse processo, foi possível implementar os procedimentos de trabalho a distância. Para tal, foi necessário assegurar que todos os colaboradores possuíssem as condições necessárias para executar o seu trabalho, necessidades de equipamentos tecnológicos, fornecimento de *internet* e telefone.

A vantagem de sermos um projeto totalmente digital facilitou em muito a adaptação à nova realidade em teletrabalho, tendo em vista que a maioria do trabalho realizado diariamente é efetuado com recurso tecnológico e de forma autônoma. No entanto, foi necessário elaborar um método de trabalho baseado no *scrum*, com vista a garantir a produtividade e a orientação da estratégia implementada, além da recorrência de breves reuniões de equipes por meio de *conference call*.

Creio que essas ações implementadas foram as mais evidentes e imediatas, contudo, outras de caráter social foram igualmente importantes, como manter a estabilidade emocional e profissional dos colaboradores. Durante as duas primeiras semanas de confinamento, tive o particular cuidado e interesse em falar individualmente com cada um dos colaboradores, de modo a inteirar-me das suas dificuldades, manifestando o meu total apoio e disponibilidade para auxiliá-los, nos problemas familiares, sociais e financeiros que uma crise como esta pode desencadear. Do ponto de vista do negócio, tivemos de efetuar algumas adaptações estratégicas, acelerando o desenvolvimento de produto e atrasando o plano de expansão internacional. A crise global e o encerramento de fronteiras foram os "castradores" da implementação do nosso plano de expansão, que estava previsto para o segundo trimestre de 2020. Da mesma forma que no mercado interno, tivemos de ser conscientes, sensíveis e solidários com os nossos clientes mais afetados pela quebra total de receita, garantindo que não ficariam sem o acesso ao serviço, por falta de cumprimento com o pagamento de mensalidades. Por conseguinte, decidimos avançar com um período de carência para empresas dos setores como de restauração, serviços de medicina dentária, ginásios, etc. Entendemos que seria a nossa forma de contribuição, para assegurar a continuidade das atividades dessas empresas.

3. Quais foram os aprendizados para a sua vida nas áreas pessoal e profissional?

A sensatez e a sabedoria são elementos apenas alcançáveis pela experiência de vida, refletida pelo percurso de obstáculos e dificuldades que enfrentamos diariamente. Enquanto empreendedor, foram muitos os momentos difíceis e de incerteza que me obrigaram a tomadas de decisão. Contudo, foram esses momentos que me fortaleceram e me deram segurança enquanto líder.

Tomar decisões leva à reflexão, à análise de risco e ao livre-arbítrio, com o peso da assunção da responsabilidade, que muitos fogem, que nos proporcionam a capacidade de criar novas soluções. Por conseguinte, penso que a maior reflexão – que faço relativamente à aprendizagem pessoal na sequência da pandemia – está diretamente relacionada à imunidade emocional que adquirimos ao longo de um processo de experiências vividas, que nos remetem para uma realidade onde tudo tem um valor relativo, onde começar de novo é sempre uma opção e o pânico de perder o que já foi conquistado é meramente mais uma etapa. Creio que esse é o espírito de todos os empreendedores, que, depois de muitos obstáculos vencidos, chegam a esta crise com o pensamento de que esta é apenas mais uma parede para escalar. Quando se começa do zero, voltar à casa de partida é sinal de que vamos ter mais uma oportunidade e não um retrocesso, pois a vida é feita de ciclos.

Do ponto de vista profissional, creio que iniciamos a vivência da maior experiência de teletrabalho de sempre e que terá um impacto enormíssimo na sociedade, mudando-a para sempre.

Esta experiência de teletrabalho massiva e em grande escala, que não estava programada e não era vista com bons olhos antes da pandemia, é vivenciada por grande parte da população mundial, que irá descobrir as suas vantagens e desvantagens. É possível que, quando passar a crise do coronavírus, seja adotada com mais frequência por grande parte das empresas, contudo, o trabalho a distância não é adequado para todas as organizações, nem para todos os seus colaboradores, será sempre necessário realizar uma avaliação de todos os prós e contras, antes de se recorrer a essa nova forma de trabalho. Será sem dúvida uma tendência para o futuro próximo. Embora com muitos aspetos positivos, colocará muitos desafios, quer do ponto de vista do empregador, quer do próprio colaborador.

Claro que o teletrabalho pode melhorar a vida do colaborador, aumentando o seu bem-estar ao reduzir o estresse com deslocamentos para o trabalho, proporcionando-lhe mais tempo livre para estar com a família, assim como diminuir as despesas de transporte, possibilitando trabalhar sem interrupções e controlar o seu ritmo de trabalho, são apenas algumas das vantagens para todos os que adotem esse sistema. Todavia, existem também algumas desvantagens, a primeira começa na solidão, por não ter colegas de trabalho, outra será a dificuldade em separar a vida profissional da pessoal, que poderá atrapalhar a produtividade e a metodologia de trabalho, o que obrigará novas aprendizagens, aumentando níveis de adaptação, que poderão provocar algumas frustrações. Este será talvez o próximo grande desafio, que já começou nesta crise pandêmica. A gestão da produtividade dos recursos humanos não pode continuar a ser avaliada pelos indicadores de tempo ligados a uma tarefa, mas sim pela capacidade de a executar com eficácia. Para tal, deverão existir metas alcançáveis e de constante rotatividade, potencializando a autonomia e a autoavaliação por parte do colaborador.

Por outro lado, as empresas se beneficiarão com a melhor retenção dos seus colaboradores, ao criarem novas rotinas, além de possibilitar a captação de novos colaboradores mais facilmente e em qualquer localização no mundo, reduzindo custos com despesas de aluguel do espaço físico.

4. Qual a sua visão e quais as suas expectativas para o pós-crise?

Mesmo com inúmeras opiniões por parte dos mais variados analistas, creio que ainda é cedo para avaliar a dimensão das consequências sociais e políticas da Covid-19, o que já sabemos é que irá provocar uma enorme recessão econômica global. Contudo, será impossível não prever uma enorme mudança comportamental da sociedade de consumo. Tendo sido esta uma situação de confinamento excepcional, apenas comparável a uma guerra, no entanto sem os condicionamentos inerentes ao estado de sítio, a situação por si só foi de enorme aprendizagem, luta pela sobrevivência. Não bastasse isso, os negócios tiveram que se reinventar, assim como os consumidores, e foram talvez esses que se adaptaram melhor a esta nova realidade. Ter de ultrapassar as barreiras da literacia digital, da desconfiança natural de quem compra *on-line* pela primeira vez, entender o fluxo de pagar a distância e apenas receber os produtos dias depois, era um processo esmagador para a maioria da sociedade portuguesa antes da Covid-19. Hoje, esses novos consumidores digitais redescobriram uma nova forma de obter os seus produtos e serviços com todas as vantagens do comércio eletrônico, portanto, serão com certeza os potencializadores da transformação da economia nos próximos anos.

A grande questão que se coloca nesta fase é: será que as empresas estão assim tão bem preparadas para dar resposta à procura que se avizinha? Possivelmente não!

Os atuais gestores das médias e grandes empresas, devido à sua larga experiência na maioria dos exemplos, regem-se ainda por ideais de comunicação e relação com os seus potenciais clientes, baseados em métodos antigos e obsoletos, criando estratégias desajustadas à atual realidade. O mundo mudou! Para melhor ou pior, ainda é cedo para avaliar. No entanto, existirão inúmeras diferenças para este novo mundo em relação àquele que ficou lá atrás, antes da crise da Covid-19. Saber reinventar metodologias e estratégias, além de inovar em função da mudança, será fator essencial para o sucesso das empresas e dos seus colaboradores, pois a maior dificuldade de alteração comportamental será do profissional, e não do consumidor.

A reputação será a nova moeda de troca na relação entre as marcas e os clientes, por isso saber onde estão os consumidores será mandatório, e a humildade de aceitação do erro e a procura da melhoria contínua, com base na opinião de quem experienciou o serviço, estarão na base de qualquer estratégia para ter competitividade num mercado cada vez mais global e digital.

Com esta crise veio igualmente a necessidade urgente e vital de qualquer empresa passar a ter presença digital. Nesses últimos dez anos, Portugal fez o seu caminho de inovação empresarial com base nos recursos tecnológicos, contudo muito atrás da média europeia, perdendo muita competitividade ao permanecer no 39º lugar no "*Ease of Doing Business Report*" do Banco Mundial. Tendo em conta que o mercado português é relativamente pequeno, é imperativo que as empresas invistam na sua digitalização. Ressaltando que essa característica do mercado português é consequência da enorme iliteracia digital da sociedade em que vivemos, onde as aprendizagens do uso de ferramentas *on-line* são escassas e na sua maioria empíricas. Esse ponto desfavorável cria muita desconfiança no setor do comércio eletrônico, tanto para quem compra como para quem poderia aproveitar para alavancar o seu negócio *on-line*.

Penso que essa será a mudança mais visível no futuro pós-crise, ou seja, uma sociedade mais digitalizada, mais global, sem fronteiras físicas e mais inclusiva, ao quebrar as barreiras elitistas.

O mundo será diferente e nós teremos que aprender a viver nele!

5. Com base no que você vivenciou, quais recomendações e mensagens de esperança gostaria de compartilhar com outros líderes?

Qualquer crise é assustadora, seja social, financeira ou até mesmo pessoal. Contudo, se pensarmos com base na experiência que vamos adquirindo ao longo da vida, não é nada de novo. Ao longo da nossa vida, passamos por inúmeras crises, que nos obrigam a criar soluções e a reinventar novas formas de ultrapassar os problemas. A própria história mundial está repleta de episódios que comprovam que, no final, sempre vence a resiliência e a vontade de fazer mais e melhor... reconstruir.

Claro que esta crise atual é sem dúvida a mais desafiante da era da tecnologia e do século XXI, mas ser otimista é uma característica de coragem e capaz de enfrentar todos os obstáculos com um único sentimento: vencer. Então, o que poderemos fazer enquanto líderes numa situação de crise?

O primeiro objetivo de qualquer líder é ter um foco bem delineado e a determinação para nunca o perder de vista. A capacidade de ser humilde perante a impotência de não conseguir vencer sozinho é essencial para contar com a ajuda de quem nos rodeia, e só em uníssono seremos capazes de ultrapassar as enormes vagas de incerteza do futuro desconhecido. Esta é uma regra essencial da liderança, ter consciência de que os resultados de desempenho das organizações resultam não só da contribuição dos líderes, mas igualmente da dos liderados.

Tempos de paz nunca teriam corado um cavaleiro.

Existirão sempre crises difíceis de liderar ao longo da vida, nos negócios e na gestão. Contudo, o que distingue os bons dos maus líderes não é a sua capacidade de evitar ou antever as crises, é a capacidade de enfrentá-las com o entusiasmo de um bom desafio, a coragem e humildade para aprender com os erros. São poucos os que fazem das dificuldades as suas forças, e exemplos desses são os que motivam e incentivam as equipes a lutar por um propósito, tal como acontecia nas batalhas medievais na idade média. As guerras não se venciam pelo tamanho do Exército que se possuísse, mas sim no final por aqueles que eram mais bravos e corajosos e que tinham um propósito. Foram essas dificuldades, em tempos de grandes crises, que permitiram a evolução para os mundos modernos.

Agora que é a nossa vez de mostrar essa bravura, devemos ser uma bússola que aponta o caminho para quem nos segue. Para tal, deixo alguns conselhos que considero essenciais para o sucesso de uma liderança em tempos de crise:

- **a.** Ser capaz de encarar a dura realidade de uma crise. Saber que temos de enfrentar dificuldades, pode ser muito desmotivador, mas só os mais resistentes serão capazes de manter o ânimo. Procure episódios de coragem e superação no seu percurso, para se convencer de que é capaz;
- **b.** As adversidades numa crise são também uma excelente oportunidade de aprendizagem, por isso, não sinta o peso de ter de saber sempre como lidar com todos os novos problemas. Peça ajuda a quem o rodeia. Procure auxílio na sua equipe e construa laços fortes de cooperação;
- **c.** Olhe para o problema como um todo e não procure remendá-lo com soluções rápidas e pontuais. Devemos parar, pensar e executar com uma estratégia sólida, que permita a continuidade da solução;

d. Prepare-se mentalmente para uma jornada longa de luta e resistência. Momentos de pós-crise são normalmente grandes maratonas e não corridas de 100 metros. Só uma mente de um atleta bem treinado consegue chegar à meta, depois de um esforço sobre-humano;

e. Aproveite a oportunidade para aprender e melhorar o que já estava feito. Aproxime-se da sua equipe, colabore de perto com a execução e não só para decisão. Não se esqueça que ninguém lidera sozinho;

f. Prepare o futuro com consistência, não caia no erro de pensar que tudo voltará ao normal depois da crise. Não! Tudo será diferente, o mercado já não será mais o mesmo nem os consumidores, por isso, prepare a estratégia, assente nessa nova realidade para ter a continuidade de sucesso.

Errar e falhar são parte integrante de um percurso, seja ele qual for. Encare a crise como uma oportunidade e reinvente-se, pois só assim poderá contribuir com um mundo novo e mais evoluído. Obrigado pela sua contribuição!

LIDERANÇA DA ALTA GESTÃO EM TEMPOS DE CRISE

Desafios e Aprendizados

Raquel Parente

Empresa:

Leveros

Cargo/Função:

Diretora de Gestão & Gente

1. Quais foram os principais desafios vivenciados neste momento de crise provocados pela Covid-19?

Com certeza, março de 2019 ficará na história, eu me recordo como se fosse hoje quando estava me preparando para fazer uma reunião de alinhamento com o CEO da empresa e definir as prioridades para o próximo *quarter*. Lembro-me de que, entre os assuntos comentados, falamos sobre a Covid-19. Fiz um *update* das frentes em que a área de Gente & Gestão já estava trabalhando, como por exemplo as ações de conscientização de higiene e higienização dos ambientes, além da implementação de rodízio entre as áreas para diminuir a circulação de pessoas.

Vale lembrar que qualquer alteração na rotina do nosso negócio não é simples, pois somos um *business* de alta complexidade: varejo com lojas físicas e operação de *e-commerce* no segmento de climatização, refrigeração e energia solar, ou seja, temos operações de centro de distribuição, lojas físicas e corporativo, além das unidades espalhadas pelo Brasil (João Pessoa, Minas Gerais, Espirito Santo, São Paulo e Santa Catarina).

Na segunda semana de março (2020), em apenas uma semana viramos 90% da operação para o regime de *home office*. O desafio não se tratou apenas de uma reorganização da estrutura física, foi uma experiência muita mais abrangente, para o negócio, para as pessoas e suas famílias, que estão indiretamente, e porque não dizer diretamente, envolvidas neste contexto. O desafio se tratou, sim, da adoção de um novo estilo, de trabalho e de vida. Nem todos estão preparados para atuar remotamente, seja por personalidade ou por infraestrutura em suas residências. Outro fator importante foi que não apenas a nossa empresa estava em transformação, mas a sociedade em geral. Praticamente todos os serviços foram paralisados, apenas as atividades consideradas essenciais permaneceram em funcionamento, impactando seriamente a rotina de todos nós.

Perguntas nos rondavam naquele momento:

- Como vamos garantir as entregas para os clientes com todas estas mudanças na operação?

- Como vamos atender os nossos clientes diante desta nova realidade?
- Como vamos estruturar a comunicação e manter nossos colaboradores engajados?
- Como vamos nos adaptar às novas exigências legais?
- Como vamos nos preparar para passar por tempos de recessão econômica?

Todos esses questionamentos não poderiam ser respondidos isoladamente, era preciso entender ao todo.

Como comentei no início do texto, a *Leveros* tem como propósito oferecer soluções de bem-estar, como climatização por exemplo. Dessa forma, a demanda é sazonal, variando de acordo com o clima. Sendo assim, organizamos o nosso ano fiscal em dois momentos: baixa temporada (abril a setembro) e alta temporada (outubro a março).

A Covid-19 chegou no início da nossa nova temporada, com isso vimos todo o nosso planejamento estratégico declinar. Analisando os indicadores, notamos a necessidade de revisar as prioridades para 2020. O cenário era incerto, assim nos planejamos em duas frentes:

1- Plano de curto prazo – dois meses;

2- Plano de contingência com três cenários: otimista, pessimista e neutro.

Essas análises nos auxiliaram a pensar novas formas de rentabilizar o negócio, uma vez que TODOS os consumidores estavam (e ainda estão) inseguros com o novo cenário econômico.

Uma pergunta que sempre nos vinha à mente era: "Como vamos agregar neste cenário? Como podemos auxiliar o nosso cliente e cumprir o nosso propósito de oferecer bem-estar em meio ao caos?". A necessidade de nos reinventar gritava em nossa porta.

É importante aqui não entender "reinvenção" apenas como forma de rentabilizar o negócio, mas como um olhar responsável para os custos e priorização de demandas. Não poderíamos mais investir da mesma forma, o cenário do jogo mudou e precisávamos mais do que nunca analisar os riscos e impactos das nossas ações. A pergunta "o que realmente é essencial para nós e para o nosso negócio?" era o direcionamento do time de gestão.

2. Quais foram as ações implementadas?

Alinhamos um plano de guerra com todos os gestores, cada um tinha a responsabilidade de encontrar oportunidades (de ganhos e redução de custos) em sua área, sem perder o foco em nossas prioridades.

Sabíamos que cortes e reduções seriam medidas a serem adotadas em algum momento, mas optamos por adotar uma linha de análise crítica na relação custo-benefício de cada ação.

Os momentos de crise nos dão a oportunidade de vivenciar a esfera mais nativa da cultura da empresa, com certeza foi emocionante sentir o comprometimento de todos os gestores para JUNTOS alcançarmos os resultados esperados. A noção de time ganhou mais força em todos.

Nossa linha de atuação foi segmentada em três dimensões: replanejamento, rentabilização e redução de custos operacionais. Em apenas 30 dias, reduzimos nossas despesas e mantivemos nossas margens saudáveis, mesmo com a queda inevitável do faturamento devido à recessão econômica.

Elaboramos uma régua de comunicação onde o nosso CEO conversava constantemente com os líderes e demais funcionários. Resolvemos adotar a tecnologia a nosso favor e aceleramos a nossa caminhada para de fato nos tornar uma empresa *digital ready*. Passamos a explorar mais as ferramentas de mobilidade e colaboração, como grupos de *WhatsApp*, ferramentas para reuniões virtuais, e-mail marketing, postagens nas redes sociais e até mesmo transmissão em *lives*.

Acreditamos que só é possível **engajar os profissionais** quando mantemos uma comunicação transparente e objetiva com todos os níveis. Explicar o contexto e o porquê de todas as ações reduz significativamente as más interpretações e resistências.

As adaptações não ocorreram apenas em nível de negócio, vimos um movimento de *turnaround* de nossas vidas. Fazer *home office* com a família toda em casa, sem alternativas para distração dos filhos e com uma limitação enorme de circulação, exigiu da direção da empresa um olhar cuidadoso. Como forneceríamos a melhor estrutura para que os profissionais conseguissem trabalhar, manter o foco e ficar em equilíbrio?

Diante de tantas questões, o primeiro passo foi montar o comitê de crise. Ele era composto pelo nosso CEO, diretoria de gente & gestão, financeira, tecnologia e operações.

Cada diretoria ficou responsável por elaborar um plano de ação e coordenar a execução com suas áreas, acelerando a implementação das ações.

Como diretora de gente & gestão, estruturei o plano de pessoas nos seguintes pilares: comunicação, infraestrutura, bem-estar e operações.

Na frente de **operações**, criamos um time que ficou responsável pelo entendimento e implementação das ações relacionadas às medidas provisórias oriundas da crise. Esse time era composto por profissionais de departamento pessoal e do jurídico. Dentre as ações tomadas, destaco as seguintes:

- Adaptação do trabalho remoto para 90% da empresa;
- Postergação do pagamento de banco de horas com os sindicados, uma vez que o nosso negócio possui diferentes linhas de atuação, *e-commerce*, varejo e outras;
- Redução de jornada de trabalho do nível gerencial, impactando em uma perda de apenas 10% na receita liquida de cada gestor;
- Liquidação de banco de horas para profissionais elegíveis;
- Suspensão de contrato para a linha operacional, na área de engenharia e para alguns profissionais do corporativo;
- O desligamento foi a última opção, e efetuamos apenas para profissionais que já estavam com baixa performance e que não estavam correspondendo às expectativas.

Na frente de **infraestrutura**, atuamos em conjunto com o time de tecnologia para viabilizar a adequação do trabalho remoto e ferramentas de gestão de times como *Asana, Zoom, Hangouts, Trello* etc. Como a maioria do corporativo já possuía *notebook*, não tivemos grandes problemas. O nosso maior desafio foi a área de atendimento, pois além de trabalhar com *desktop*, também tivemos que nos atentar às questões de ergonomia e segurança do trabalho. Com foco nas prioridades, organização e agilidade, foi possível viabilizar o trabalho remoto para as áreas de televendas, SAC e pós-venda em apenas uma semana.

Com relação ao pilar **comunicação**, elaboramos um plano focado na esfera digital, adotando diversas tecnologias com o objetivo de manter TODOS os colaboradores conectados com a nossa estratégia e com todas as ações que estavam sendo implementadas.

Quase toda semana nosso presidente gravava um vídeo ou se conectava com os líderes para passar o *update* do que o comitê de crise havia decidido naquela semana. O nosso planejamento era semanal, dada a tamanha incerteza do mercado.

O pilar de **bem-estar** foi estruturado para oferecer conforto aos nossos colaboradores neste momento de transição no trabalho e na vida.

Por isso, uma vez por semana, enviamos para todos os colaboradores informações sobre a Covid-19 e métodos de prevenção, além de estruturar uma agenda positiva *on-line* para divulgação de iniciativas de saúde mental e física: prática de exercícios físicos em casa, apoio psicológico remoto, técnicas de meditação, atividades de lazer e cultura, cursos para desenvolvimento profissional e orientações de como trabalhar com eficiência no regime de *home office*. Todas as iniciativas tinham o propósito de proporcionar bem-estar e acolhimento para os nossos colabores. Criamos uma campanha interna com o slogan "JUNTOS SOMOS MAIS FORTES".

Outro pilar importante foi o canal com a liderança, onde falávamos semanalmente com os líderes para saber como estavam passando o período e se precisavam de algum suporte na gestão do time.

Um ponto marcante de todo este processo foi a decisão de adaptar a nossa convenção anual ao formato *on-line*. O **Celebra** é nosso evento de *kick off* do ano. É um evento muito esperado por todos os colaboradores, pois é o momento em que reunimos TODOS OS NOSSOS RESOLVERS em nossa matriz na cidade de Assis (SP). *Leveros* é um anagrama da palavra RESOLVE. Como temos o propósito de ser um parceiro estratégico para o nosso cliente e temos uma atitude de resolver, entendemos que todos os nossos funcionários são *RESOLVERS*, nosso apelido carinhoso.

A palavra CELEBRA já é cheia de significado (Ciclo, Enaltecer, *Leveros*, Elo, Bem-Estar, Resultados e Atitudes) e é exatamente o que queremos transmitir nesse evento: NOSSA ESSÊNCIA.

Neste ano, fomos surpreendidos com a Covid-19 e com todas as mudanças que essa pandemia provocou, mas como somos RESOLVERS, não poderíamos deixar esse evento passar em branco. Além disso, maio é um mês marcante porque comemoramos o aniversário da empresa, e neste ano completaríamos 42 anos.

Então unimos as equipes de gente & gestão, *marketing*, TI e alguns parceiros como *Casa Conti, TV Viena, Gree, Palmeiras, Ecadeiras* e *Midea Carrier*, para concretizarmos este projeto: organizar uma *live* e conectar todos os nossos colaboradores, parceiros e clientes para uma noite de celebração das conquistas, alegria, união e muita leveza.

A primeira parte do evento foi fechada para os colaboradores e focamos em informar como foi o nosso desempenho na temporada anterior, sobre os desafios na nova temporada, como estávamos enfrentando a nova realidade da Covid-19 através da integração de perguntas e respostas com o presidente, reconhecer os profissionais que faziam aniversário na empresa e os vendedores que se superaram na última temporada.

A segunda parte do evento foi focada em celebrar os 42 anos de história com a *live* de uma dupla sertaneja local para o público em geral. Esse momento foi mágico, pois solicitamos que os nossos colaboradores nos auxiliassem a divulgar a *live* para todos os nossos parceiros, clientes e fornecedores.

E como uma rede, em alguns segundos conseguimos atingir uma audiência incrível, com mais de 25.000 pessoas conectadas. Além disso, durante a *live* arrecadamos doações de cestas básicas para famílias carentes da região de Assis. No total foram mais de 600 cestas básicas arrecadas em duas horas de transmissão.

E tudo isso só foi possível porque trabalhamos unidos, com foco em proporcionar o MELHOR EVENTO para todos, levando alegria, esperança, otimismo, união e resiliência, porque JUNTOS SOMOS MAIS FORTES.

Vale ressaltar que outras frentes também foram muito importantes para superarmos este novo cenário econômico, como por exemplo a atuação da área financeira na renegociação de contratos e ampliação de linhas de crédito, com o objetivo de garantir segurança financeira e mais flexibilidade na gestão do fluxo de caixa.

Já a área comercial teve que se reinventar para analisar o nosso portfólio e criar ofertas de negócios mais rentáveis para a empresa, além de também focar nas vendas de serviços e ampliação da rede de parceiros para viabilizar a diversificação das nossas fontes de receitas.

A equipe de *marketing* trabalhou em planos para alavancar novas parcerias estratégicas, reforçar o relacionamento com as parcerias existentes e apoiar os pequenos empreendedores (que fazem parte do ecossistema de negócios da *Leveros*) na superação da crise, fornecendo EPIs e capacitando-os para vender novos serviços, possibilitando a diversificação de seus negócios.

3. Quais foram os aprendizados para a sua vida pessoal e profissional?

Com certeza, esta pandemia fez uma reviravolta em nossas vidas, seja no ambiente pessoal ou profissional. Toda transformação deixa marcas e nos modifica enquanto seres humanos. Os aprendizados que levo de todo este processo são: a importância da empatia, da colaboração, da priorização, do senso de urgência e adaptabilidade.

A pandemia nos ensinou a ser mais empáticos e ampliar o nosso olhar para o outro. Não tem como não se comover com toda a dedicação e superação de todos os profissionais de saúde, dos líderes de comunidades que se desdobram para suprir a ausência de políticas públicas. Ao olhar para cada área de uma empresa e procurar desenvolver uma solução que atenda àquela realidade, porque sabemos que vivemos em um país plural em termos social, político, econômico e cultural.

Aprendemos que colaboração e parceria podem fazer a diferença na sociedade. É muito significativo o fato de empresas concorrentes se unirem para ajudar o governo na implantação de políticas públicas em função de um bem maior.

O conceito de colaboração ganhou força durante a pandemia. Vivemos num sistema capitalista, concorrência será sempre concorrência, porém, não há como negar: ganhamos um olhar mais sensível e amplo para a sociedade. Dentro desta perspectiva, intensificamos o olhar para priorização e senso de urgência. A pergunta "o que é realmente essencial?" permanecerá por muito tempo.

Ao contrário do que se imediatamente entende pela palavra, ociosidade não é exatamente algo negativo. Ociosidade é tempo livre para pensar. Sabemos que a palavra negócio significa negação do ócio (neg + ócio), ou seja, negação do tempo livre para pensar. No entanto, a pandemia nos obrigou a dar um *PLAY* NA PAUSA e parar de atuar de maneira robotizada, para então entrar em contato com nossos pensamentos, emoções, necessidades etc.

Um negócio é operado por pessoas, e só se mantém com números positivos. Esses fatos trazem uma realidade antagônica, visto que ao olharmos para métricas agimos dentro de uma perspectiva de ciência exata, mas ao incluirmos pessoas nessa equação, a realidade se torna subjetiva, sem tanta previsibilidade. Esse é o desafio do "novo normal".

O que a pandemia pôde de fato fazer por nós? Nos forçar a deixar de negar a importância do ócio.

A palavra PROPÓSITO acabou se tornando uma bússola para guiar as nossas ações e pensamentos. Não nos cansamos de perguntar o porquê? Por que tudo isso está acontecendo? Por que um inimigo tão invisível pôde e ainda pode ser tão devastador? Com tanta tecnologia e conhecimento, por que ainda somos tão vulneráveis? Etc.

Se as noções de tempo e do que é importante se alteraram, o nosso conceito do que é essencial também. Notamos que atividades simples, como ir à padaria, encontrar amigos, ir a um bom *show*, degustar uma excelente refeição no nosso restaurante favorito, abraçar e beijar quem amamos, entre tantas coisas simples do nosso dia a dia, são ESSENCIAIS. Aprendemos que, diante das limitações, priorizar o que realmente nos faz bem é a melhor alternativa.

Nos adaptarmos com eficiência é possível desde que estejamos dispostos a sair da zona de conforto. Há muito tempo falamos da necessidade de transformar as empresas em negócios digitais, que o trabalho remoto seria uma realidade breve. Que o mundo está em um processo de transformação cada vez mais acelerado e que a única certeza que temos é que a mudança está acontecendo de forma cada vez mais rápida.

O que está em questão em todo esse processo é a nossa capacidade de sermos resilientes e responder rápido, com eficiência, a todas as transformações. Empresas que nunca cogitaram o trabalho remoto ou a flexibilização da jornada de trabalho foram obrigadas a aderir a esse modelo em poucas semanas. A dificuldade de nos comunicarmos remotamente foi rapidamente superada e até outras formas de socialização foram criadas, como por exemplo *happy hour virtual*, convenção *on-line, lives* etc.

Todo este contexto nos ensinou que momentos de crise, seguidos de limitação de recursos, nos impulsionam a nos reinventarmos e a procurar soluções criativas para os problemas do nosso dia a dia.

4. Qual a sua visão e expectativas para o pós-crise?

Minha visão é que, uma vez atingido esse estágio de transformação, não voltaremos mais a ser o que éramos. As empresas conseguiram experimentar os benefícios do digital e já alteram as nossas rotinas. Já estamos experimentando "um novo normal", cheio de aprendizados e novos hábitos.

Dessa forma, vejo esse caminho sem volta, com grandes oportunidades de amadurecimento e expansão. Aprendemos a ser mais humanos, a priorizar o que realmente é essencial, adquirimos novas formas de conviver e de se comunicar, descobrindo a força da colaboração e do conceito de REDE.

Desejo que essa ampliação de consciência ajude a nos superarmos cada vez mais como seres humanos, desenvolvendo novas competências para essa nova realidade que estamos vivenciando, ou seja, que a colaboração, empatia, novos hábitos, criatividade, resiliência, adaptação e senso de coletivo sejam as competências que nos regerá a partir de agora, para atender à necessidade dessa nova sociedade que acabou de surgir. Bem-vindo a uma nova sociedade, mais digital e humanizada. Com certeza, os profissionais e principalmente os líderes que assimilarem toda esta transformação e conseguirem colocar em prática as novas competências certamente estarão construindo uma nova realidade. É o famoso olhar para dentro, assimilar e depois expandir para os outros todo o conhecimento adquirido. Desejo que cada líder entenda que o seu papel é fundamental nessa transformação, e que JUNTOS construamos uma sociedade cada vez melhor.

LIDERANÇA DA ALTA GESTÃO EM TEMPOS DE CRISE
Desafios e Aprendizados

Reinaldo Oliveira

Empresa:
MAGMA Engenharia

Cargo/Função:
Key Account Manager

1. Quais foram os principais desafios vivenciados neste momento de crise provocados pela Covid-19?

São muitos os desafios e para enumerá-los seriam necessárias muitas linhas. Vale ressaltar, porém, os principais. O primeiro, sem dúvida, e talvez o maior deles, esteja sendo o de enfrentar um "inimigo invisível". Praticamente uma guerra foi travada contra um vírus, presente no mundo todo. O enfrentamento de um vírus é sempre um grande desafio para a medicina e as pessoas, a própria história nos revela isso. Maior ainda no caso de um vírus com elevada transmissibilidade e considerável grau de letalidade, como é o caso do novo coronavírus. Não se tem, ainda, conhecimento suficiente, por parte dos cientistas e médicos, a respeito do mecanismo de transmissão, os efeitos colaterais do vírus no organismo das pessoas, um medicamento mais eficaz ou uma vacina para prevenção. Isso tornou o cenário ainda mais desafiador e complexo, pois forçou a tomada de medidas paliativas, ao redor de todo o mundo, tais como a implementação de *lockdown*, isolamento social, uso de EPI's apropriados, cuidados com higiene, distanciamento social, uso de máscaras e muito mais. Notou-se um festival de tomadas de decisões e medidas locais, sem que houvesse um planejamento estruturado e foco. Os líderes e decisores não tinham todas as informações alinhadas. Alguns, para piorar a situação, pela própria cultura daquele país ou região de seguir "por sua conta e risco", passaram a tomar decisões sem que houvesse conexão entre elas. Isso gerou sérios problemas, no Brasil por exemplo, uma vez que a população passou a assistir nos telejornais, a ler em blogues, revistas e jornais e a acessar nos mais variados canais da internet, medidas sem critérios e sem alinhamento, e os casos de Covid-19 se agravando. Tampouco as instâncias de governo estavam alinhadas, e com isso, a população seguiu à sua maneira, cuidando para evitar a contaminação. As empresas e seus líderes se colocaram em um compasso de espera, como se estivessem aguardando uma orientação direcionada, a qual tivesse sido elaborada em amplas discussões, com grupo multidisciplinar e coesa. Esse é, nos dias atuais, ao meu ver, um dos grandes desafios, pois meses se passaram e pouco foi feito, de fato, de maneira estruturada, e sobretudo alinhada desde o começo da crise. O leitor, porém, pode dizer: "Mas o Brasil é um país continental e não há como haver uma orientação apenas, pois são diversas as realidades...". Isso é verdade, não há dúvida. Porém, só aumenta, na minha forma de ver, a responsabilidade dos líderes, de observar o que estava acontecendo no mundo, ou seja, a crise sanitária que estávamos prestes a sofrer, no Brasil, pois não seríamos o único país a ficar ileso. Tomar conhecimento dos procedimentos adotados pelos países, seguir as orientações da Organização Mundial da Saúde (OMS), focando nos testes em massa, por exemplo, e mapeando cada uma das realidades locais do Brasil. A população, em geral, assistia a todo momento cenas de um filme de terror dos países, nos quais o vírus chegou primeiro. Isso gerou muita preocupação, que poderia ter sido amenizada se tivesse havido orientações por parte dos líderes, sobretudo os que compõem o governo. Temos, portanto, em primeiro lugar, o desafio de lidar com uma crise de saúde, causada pelo vírus e ampliada pela falta de um sistema mais robusto, no Brasil, capaz de tratar as pessoas doentes e promover a cura das mesmas, a fragilidade de algumas pessoas com a própria defesa do organismo deficiente, seja por conta de comorbidades adquiridas ao longo da sua vida ou forçada por uma vida menos saudável e de menor ingestão de componentes vitamínicos que pudessem criar anticorpos capazes de auxiliar em momentos como este. Não obstante esta crise sanitária e de saúde, tem-se o agravamento de todo o entorno, por conta de uma crise econômica de consequências incalculáveis, até o momento, causada pela drástica redução do consumo das famílias, sobretudo de bens duráveis e de viagens, entre outros, uma vez que houve um isolamento social, menor circulação das pessoas nas ruas, shoppings, hotéis e aeroportos, além da própria incerteza, pois todos permaneceram com foco na sua própria saúde e alimentação, desprendendo recursos para estas finalidades: alimentação, limpeza, medicamentos e higiene pessoal. Ou seja, estávamos diante de uma situação mais complexa que se poderia imaginar. Se a saúde está em primeiro lugar, as pessoas teriam que se resguardar em suas residências, uma vez que a orientação das autoridades de saúde foi justamente para um isolamento e distanciamento social, em função da alta transmissibilidade desse vírus, todavia o impacto econômico, no instante seguinte após os cuidados com a saúde, seria de extrema preocupação. Veja que, sem uma decisão por parte dos líderes, o desafio de lidar com o problema e encontrar logo a melhor solução é ainda maior. O cidadão de bem quer, sem dúvida alguma, cuidar da sua própria saúde e dos seus familiares. Por outro lado, ele tem que sair para trabalhar, para o sustento da sua família. Outro ponto de extrema importância, que é mais um desafio, vem do fato de que o Brasil registra um dos piores índices de desigualdade social do mundo, o qual se arrasta há décadas. Isso nos permite concluir facilmente que milhares de pessoas e, portanto, famílias, sequer possuem o mínimo de infraestrutura e possibilidade de se isolar socialmente e manter um distanciamento correto para que a transmissão do vírus pudesse ser interrompida. Pensar que isso seria possível para milhares (se não milhões) de pessoas – e me refiro apenas ao Brasil – é ser ingênuo. A grande maioria dos trabalhadores enfrenta transporte público, para ir e voltar do trabalho, o qual nos grandes centros está sempre cheio. As famílias residem em pequenos espaços físicos. Como conseguir distanciamento e isolamento social, mínimo que seja, nesses casos? Portanto, o que fazer? Como agir de forma a controlar a transmissão do vírus e minimizar as perdas de vidas? Quais deveriam ter sido as ações corretas a serem tomadas, desde o início, de maneira a causar o mínimo impacto possível na economia do país? O que poderia ter sido feito para que muitos empregos fossem preservados e empresas não encerrassem as suas atividades? A velocidade da tomada de decisão, por parte dos líderes, teria auxiliado? Quem deveria ter coordenado todo esse processo? Essas são apenas algumas perguntas que nos fazem refletir. Esse é um grande desafio. Todavia uma certeza nós temos que ter: os líderes possuem um papel fundamental em um contexto de pandemia como este por exemplo, e portanto, o desafio é estudar muito bem o problema, observar as ações ao redor do mundo, planejar e implementar ações locais, revisar sempre as decisões tomadas e unir esforços, comunicando uma única mensagem a todos.

2. Quais foram os aprendizados para a sua vida nas áreas pessoal e profissional?

Antes de discorrer sobre o aprendizado pessoal e profissional, gostaria de destacar o quanto a Covid-19 escancarou o problema da desigualdade social, no Brasil e no mundo. Se não estava claro para as pessoas, o que eu sempre chamei de um dos três maiores problemas do Brasil (em uma outra oportunidade podemos escrever sobre isso), agora ficou evidente, e o quanto se faz necessário e urgente transformar essa realidade. Em relação aos aprendizados, na vida pessoal sem dúvida foi a importância da priorização da saúde. Não há como negar, e eu me enquadro neste grupo, que diversas pessoas assumem uma rotina de trabalho e estudo, deixando um pouco de lado a saúde. Não seguem, com a frequência esperada, uma rotina de exercícios físicos, já recomendado há muito tempo pelos especialistas, como sendo importante para manter a saúde. Uma alimentação equilibrada, sem exageros, pode auxiliar o sistema imunológico, e com isso evitam-se muitas doenças. Os cuidados com saúde são fundamentais e óbvios, todavia nem sempre são seguidos. Sabe-se, por exemplo, que o consumo exagerado de sal e açúcar é prejudicial à saúde, entre outros, e que devem ser evitados. A conscientização é fundamental. Devemos cuidar da saúde. Já em relação aos aprendizados no trabalho, destaco como profissional da área comercial, impossibilitado de realizar visitas presenciais aos clientes, o conhecimento adquirido acerca da importância do apoio – de fato – da participação ativa, de uma maior aproximação, com o mercado e com os clientes. Desde o uso de ferramentas, algumas vezes deixadas de lado, como por exemplo um telefonema, até o uso de ferramentas mais atuais para *webconference*. Pode ser óbvio, no entanto, eu aprendi a valorizar o uso mais intenso dessas ferramentas, e outras, estando com mais frequência ao lado dos clientes e, sobretudo, ouvindo-os, mesmo distante fisicamente. Eu reforcei o que eu já havia aprendido há anos, que sem um planejamento bem elaborado, estruturado, definido com um grupo multidisciplinar e executado com elevado nível de performance, não há como lidar com problemas complexos, como é o caso da Covid-19. Os líderes não podem menosprezar um problema, sobretudo dessa natureza, pois além de envolver a saúde das pessoas, o reflexo na economia é, portanto, impactante nas famílias, empresas e governo, seria inevitável, como fora observado mundo afora. Países que lidaram de forma mais profissional e séria com o assunto tiveram mais sucesso em relação a outros, que preferiram seguir minimizando o problema da pandemia.

3. Qual a sua visão e expectativas para o pós-crise?

Não há como ter certeza do pós-crise. Há quem diga que o mundo não será mais o mesmo. Talvez seja cedo demais para prever, neste momento, como será. Eu penso que não haverá uma mudança tão expressiva. Caso permaneça a solidariedade praticada por pessoas e empresas, será sensacional. Todavia, eu gostaria, é claro, de destacar determinados pontos que avalio como importantes e reforçar a reflexão e minha opinião a respeito de uma expectativa para o pós-crise. Alguns negócios que trabalham com vendas ampliaram o serviço para o *on-line*, que já vinha sendo uma realidade há anos para muitos. Esta é a solução dos problemas dessas empresas? Evidentemente que não. Todavia, quero destacar a diversificação, a qual poderá servir de exemplo para muitos. A maneira pela qual é adotada como estratégia, independentemente da sua área de atuação, pode não ser a mais competitiva para a sua empresa. A crise, que com certeza afetou a estrutura financeira de muitas empresas, pode ter ajudado algumas pessoas a pensar diferente e, sobretudo, agir, considerando, é claro, que seja feito um bom planejamento. Outra questão é a adoção de trabalho remoto, ou *home office*, para diversos segmentos de mercado e profissionais. Parece estar sendo avaliada como uma boa alternativa, tendo sido, nesta crise, um catalisador dessa possibilidade de trabalho, que já vinha sendo praticada por muitas empresas, há alguns anos. Ou seja, a crise acelerou o processo de tomada de decisão nesse sentido. O trabalho remoto pode auxiliar os profissionais a terem melhor qualidade de vida, no caso daqueles que investem tempo nos deslocamentos para o trabalho, e uma oportunidade para redução de custos de algumas empresas, uma vez que os espaços físicos contratados passam a ser menores. Para os colegas que trabalham na área comercial, poderão explorar mais as possibilidades de acesso remoto aos clientes, via telefone, ferramentas da *web*, aplicativos, entre outros, tornando a relação mais próxima, mesmo com distância física. Não irá substituir o "olho no olho" e tampouco as visitas presenciais, porém poderá ser utilizado como complemento. É uma maneira, como tenho observado, que estão sendo usados esses recursos em tempo de quarentena e isolamento social. Em relação a planejamento, eu acredito que a escassez econômica, que causou a crise financeira, tenha nos ensinado o quanto é importante ter um plano financeiro. Isso poderá estimular empresas e pessoas físicas a executar um planejamento, cada qual dentro da sua própria realidade, inclusive os governos. Em relação à valorização dos profissionais da saúde, que em momentos como este se colocam na linha de frente. Isso é muito importante que aconteça. Eles, todos, precisam ter condições de trabalho adequadas, boa formação, reciclagem do conhecimento, entre outras. Deve haver, sem dúvida, a priorização pela melhoria da infraestrutura do sistema de saúde (público) no Brasil, sendo em determinadas regiões ainda mais necessária. A ciência há de ser mais valorizada. A pesquisa é fundamental. Veja só o que estamos vivendo neste momento, que há uma demanda urgente por uma vacina que proteja deste vírus, toda a população mundial. Como isso será possível? Com investimento pesado e valorização da pesquisa. O governo tem que priorizar a educação, valorizando, de fato, os profissionais. A teoria é que os professores têm que ser valorizados, isso eu ouço há anos, porém na prática o que vemos é o contrário. Na retomada das atividades de trabalho, como estamos observando neste momento, as mães questionam com quem irão deixar os filhos, os pequenos sobretudo que precisam de maiores cuidados, uma vez que as creches estão fechadas, ainda. Será que nós havíamos pensado antes o quanto esses profissionais da educação básica são importantes? Quem sabe esta reflexão, no pós-crise, será possível. Além da reflexão, uma maior valorização, de fato. Tem que haver estrutura ideal de trabalho, salário digno, treinamento e outros. Ou seja, o pós-crise é desafiador, pois muitas coisas poderão melhorar, caso consigamos implementar essas e outras muitas ótimas ideias dos colegas que pensam em um mundo melhor.

4. Com base no que você vivenciou, quais recomendações e mensagens de esperança gostaria de compartilhar com outros líderes?

Eu sou otimista. Como diz o filósofo Mario Sergio Cortella: "...ser otimista dá trabalho...". Para ser otimista, segundo ele, a pessoa precisa estudar, correr atrás, realizar e se juntar. O pessimista, segundo ele também comenta, é acima de tudo "vagabundo", pois a única coisa que ele precisa fazer é se sentar e esperar dar errado. Eu concordo com o Cortella. Não que seja fácil. A vida não é fácil. Alguns até podem ter a impressão de que as coisas acontecem de forma automática, todavia, na minha opinião, é um equívoco pensar dessa forma. Portanto, não é fácil, mas temos que tentar. Procuro, todos os dias, exercer o papel de integrador. Esta é a maneira pela qual procuro contribuir. Tenho ouvido *feedback* de alguns colegas do mercado de que tenho boa capacidade de aglutinar, dessa forma procuro seguir, agregando o máximo possível. Nesta quarentena, por exemplo, lançamos um projeto. Em uma noite por semana (às terças-feiras, 20h30) estamos realizando uma "*talk live*" com o objetivo de promover conteúdo prático, que pode ser utilizado por profissionais, gestores e líderes, para expandir a consciência. Cada semana um tema diferente. Em um outro projeto, procurei reunir empresários e lideranças do setor de fundição, para debater o chamado "*day after*" (dia seguinte) após a crise. Nós não sabemos como será, todavia, estar melhor preparado ajudará. A proposta é, portanto, aproveitar o tempo com qualidade. Essa é a mensagem. Tenho esperança de que o mundo será melhor, mais humanizado. As pessoas poderão dar maior atenção à saúde, à família, à espiritualidade. Espero que as amizades se fortaleçam. Sei que não será fácil, volto a dizer, mas espero que as empresas sobrevivam a este momento e possam prosperar. Que os gestores e tomadores de decisão tenham o *mindset* voltado à boa gestão, façam uso das ferramentas disponíveis, tenham conhecimento necessário e inteligência emocional para promover a prosperidade e continuidade dos negócios. Todos precisamos muito que isso, de fato, aconteça, pelo bem das empresas, dos negócios, dos municípios, dos Estados e das famílias. Eu espero que as pessoas sejam mais disciplinadas e sigam regras, pois percebe-se claramente que algumas culturas, mais "obedientes", passaram com maior rapidez pelo caos desta pandemia e retornaram às suas atividades, impactando por um período menor de tempo a economia e, portanto, as finanças dos governos, das empresas e pessoas.

LIDERANÇA DA ALTA GESTÃO EM TEMPOS DE CRISE

Desafios e Aprendizados

Renata Martins de Oliveira

Empresa:

Micromed Biotecnologia Ltda.

Cargo/Função:

CFO, CHRO, CIO (Diretoria Gestão do Recurso)

1. Quais foram os principais desafios vivenciados neste momento de crise provocados pela COVID-19?

Exatamente neste momento que passamos por uma crise sanitária sem precedentes, estou novamente dirigindo as áreas administrativa, financeira, recursos humanos e infraestrutura/TI, as que mais cuidei ao longo da minha carreira. Apesar desse desafio, em um momento tão complicado como este, especialmente no Brasil, onde soma-se a crise sanitária, permanecemos divididos como nação, o que também é bem triste e improdutivo, me sinto grata ao destino pela oportunidade de estar em uma empresa à frente dessas áreas em um momento que elas demandam tanta atenção e cuidado.

Os desafios são todos, a começar pelas pessoas que são sempre o mais importante, desde a infraestrutura para que elas possam seguir trabalhando produtivas até o emocional com a saúde mental de cada um, inclusive dos sócios. É um momento de avaliação de necessidades em grupo, mas especialmente de avaliar necessidades individuais, já que cada um vive um cenário pessoal que requer atenção a demandas específicas, e nosso desafio na direção do RH é exatamente mapear e atender às necessidades específicas e assim garantir a produtividade do grupo, que inclusive é fator determinante no apoio à saúde mental de cada um.

Como diretora financeira, o grande desafio é cuidar do caixa da empresa. Encontrar o equilíbrio entre manter ao máximo recursos financeiros da empresa reservados para os pagamentos críticos por um período que não sabemos qual será, e ao mesmo tempo manter um alinhamento com fornecedores que também viabilize que eles possam manter sua saúde financeira. É um desafio sem precedentes.

Sabemos quanto temos a pagar, mas não temos a menor ideia do que teremos a receber, já que essa crise não nos dá nenhuma previsibilidade.

Dirigir a infraestrutura da empresa neste momento é como abrir uma filial da empresa na casa de cada funcionário que está trabalhando em *home office*. Disponibilizar recursos de tecnologia e de escritório em tempo recorde e permanecer monitorando e apoiando cada um à distância, a cada situação que surge.

2. Quais foram as ações implementadas?

No cenário de uma indústria, temos duas situações muito diferentes para tratar a fim de garantir a continuidade do trabalho, e assim a produção da empresa, atendendo à demanda que vier.

Temos as equipes que conseguem atuar de forma remota, e essas foram todas direcionadas logo no início (2ª quinzena de março/2020) para trabalho em *home office*. Com dois dias, conseguimos garantir a produtividade de todos em suas casas. A equipe de produção que depende de estar na fábrica para produzir e garantir a expedição dos equipamentos vendidos aos clientes, avaliamos o cenário pessoal de cada um, e no caso das pessoas com alguma ligação ao grupo de risco para Covid-19, iniciamos com antecipação de férias e na sequência realizamos a suspensão do contrato de trabalho, sustentada pela MP-936, garantindo que estariam nesse grupo de suspensão especificamente aqueles colaboradores que não teriam praticamente perda financeira com a suspensão do contrato de trabalho.

A fim de também apoiar a manutenção do caixa da empresa, para aqueles colaboradores com redução drástica da demanda de trabalho, estamos trabalhando acordos de redução de jornada com redução proporcional da remuneração.

A fim de garantir a ergonomia, evitando dores e problemas de postura no trabalho *home office*, disponibilizamos as cadeiras do escritório para o profissional levar para sua casa enquanto durar a quarentena.

Estamos realizando reuniões entre lideranças e diretorias com suas equipes, além de uma reunião semanal com o CEO, com o objetivo de manter o alinhamento de informações, o engajamento como grupo e a proximidade mesmo a distância.

Criamos uma ação do RH para semanalmente nos encontrarmos via ferramenta de conferência e realizarmos *happy hour* com jogos em grupos, resenha sobre filmes, e proporcionar através da empresa um momento de entretenimento em cenário de isolamento social.

3. Quais foram os aprendizados para a sua vida nas áreas pessoal e profissional?

Eu não diria um aprendizado, mas sim uma confirmação daquilo que eu já acreditava em relação às pessoas, e espero que se consolide na visão de cada liderança e empreendedor e reflita nos processos corporativos de todas as empresas, de que todos os profissionais estão comprometidos com os resultados, independentemente de estarem presencialmente, e que podemos contar com o trabalho dedicado e produtivo de todos, e com essa premissa equilibrar a vida pessoal com a profissional, sustentabilidade e qualidade de vida.

É impressionante observar como trabalhando remotamente melhoramos muito a produtividade para os trabalhos individuais e na realização de reuniões. As reuniões hoje são marcadas e naquele período da reunião, sem praticamente nenhuma dispersão, de forma muito mais ágil, alinhamos o tema entre todos, tomamos as decisões necessárias e encaminhamos a sequência do tratamento do assunto de uma forma muito mais objetiva e assertiva.

No trabalho remoto, ainda diminuímos de forma efetiva a emissão de poluentes no ar, o estresse relacionado ao tempo no trânsito, melhoramos muito a alimentação, tanto no intervalo entre refeições como no preparo da comida em casa, e ainda temos economia para a empresa em relação às despesas de transporte e manutenção de escritório.

4. Qual a sua visão e quais as suas expectativas para o pós-crise?

Que possamos estabelecer uma dinâmica produtiva baseada na confiança de que os profissionais estão comprometidos com o resultado e, com isso, se apropriando dos benefícios do *home office* para cada atividade que fizer mais sentido.

5. Com base no que você vivenciou, quais recomendações e mensagens de esperança gostaria de compartilhar com outros líderes?

Devemos sempre acreditar na nossa capacidade de nos reinventar, capacidade essa pautada em duas principais bases, que como líderes devemos garantir que estejam bem desenvolvidas e sempre em manutenção e evolução, que são a tecnologia e a formação de equipes.

A atenção às novas tecnologias e possibilidades de uso eficiente dentro das organizações é capaz de viabilizar a continuidade do negócio e garantir eficiência enfrentando crises, gerando resultados e crescimento.

A manutenção constante de uma equipe preparada, motivada e engajada é a chave para, em momentos tanto de crise como nas oportunidades de crescimento, efetivamente superarmos e/ou gerar valor para o negócio.

Devemos exercer nossa liderança dentro das organizações obstinados para esses dois pilares, pessoas e tecnologias.

LIDERANÇA DA ALTA GESTÃO EM TEMPOS DE CRISE
Desafios e Aprendizados

Ricardo Fernandes de Miranda

Empresa:
Deloitte

Cargo/Função:
CIO

1. Quais foram os principais desafios vivenciados neste momento de crise provocados pela COVID-19?

Em empresas como a Deloitte, que já possuíam um alto nível de digitalização, os desafios não foram tecnológicos: mais de cinco mil profissionais passaram a trabalhar simultaneamente em *home office* do dia para a noite sem atropelos. Tínhamos uma estratégia implementada e uma cultura de trabalho remoto disseminada, além de uma infraestrutura segura e robusta. O maior desafio foi cuidar das pessoas, inserir uma nova governança de trabalho e adaptar a comunicação.

2. Quais foram as ações implementadas?

Não se cria um ambiente produtivo, seguro e robusto para o trabalho remoto em poucos dias. Ouvi muitas declarações de que a TI foi guerreira neste momento, mas eu digo que a nossa TI foi guerreira pelo o que fez no passado. Temos um ambiente digital preparado para suportar intempéries. Creio que o cenário exato de pandemia não era esperado por ninguém, mas havíamos mapeado alguns cenários de contingência muito similares. Posso destacar algumas ações e tecnologias implementadas no passado que nos auxiliaram muito neste momento de transição massiva do escritório físico para o virtual de modo rápido e transparente: eliminação de *desktops*, uso de aplicativos móveis, suporte remoto estruturado, data center consolidado e em nuvem, ferramentas adequadas de segurança, comunicação e colaboração. Empresas com alto nível de digitalização sem dúvida se saíram melhores nessa transição do escritório físico para o virtual, permitindo aos profissionais o exercício pleno de suas tarefas de modo remoto.

3. Quais foram os aprendizados para a sua vida nas áreas pessoal e profissional?

Estamos trabalhando em casa não por opção, mas por causa de uma situação. Isso retira parte do prazer e do benefício de trabalhar remotamente. O lado positivo é quão rápido o ser humano é capaz de se adaptar à nova realidade. A melhor gestão do tempo e o foco na simplicidade e no resultado são legados que ficarão.

Observo também que este cenário que estamos vivendo deixou todos com olhares mais aguçados para a questão da empatia e da solidariedade. Espero verdadeiramente que isso se mantenha e não seja apenas uma bolha.

4. Qual a sua visão e quais as suas expectativas para o pós-crise?

Ao longo do tempo, muitas coisas voltarão ao normal, pois as pessoas continuarão com os mesmos gostos, tais como viajar, ir ao cinema, frequentar *shows* e restaurantes. Haverá certamente novos costumes e algumas adaptações, tais como novos adensamentos dos locais públicos, medidas adicionais de limpeza, mais compras pela *internet*, universalização da educação a distância, menor resistência a telemedicina e outros serviços digitais. Sou otimista por natureza e no futuro lembraremos de um modo saudosista deste momento de reclusão forçada. As maiores feridas serão as perdas de vidas devido à Covid-19.

5. Com base no que você vivenciou, quais recomendações e mensagens de esperança gostaria de compartilhar com outros líderes?

O quão importante é estar preparado para o inesperado. Gosto da frase: "Seja otimista no resultado e pessimista no que pode acontecer". Esse lema sempre me ajudou na minha carreira. Um bom aprendizado para os líderes é a importância de sempre estarmos, o máximo possível, preparados para as dificuldades.

LIDERANÇA DA ALTA GESTÃO EM TEMPOS DE CRISE
Desafios e Aprendizados

Ricardo Pinto Lapa Filho

Empresa:
Finch

Cargo/Função:
Vice-Presidente

1. Quais foram os principais desafios vivenciados neste momento de crise provocados pela Covid-19?

a. Insegurança dos colaboradores;

b. Incerteza sobre cenários econômicos, operacionais e financeiros;

c. Trabalho presencial;

d. Comunicação interna e externa;

e. Relação com clientes e fornecedores.

2. Quais foram as ações implementadas?

a. Criação imediata do comitê de crise com sete áreas, com reuniões diárias em grupo e individual, com cada área (financeiro/caixa, operação/ continuidade dos negócios, clientes, comunicação interna e externa, jurídico, pessoas e tecnologia/segurança da informação). Fui nomeado gestor do comitê por conta de experiências passadas nas crises da Samarco e Carne Fraca;

b. Depois de uma semana, criamos o comitê de interfaces para entender as relações entre as áreas do comitê de crise e executar o plano de ação;

c. Criação de plano de contingência – a premissa foi não demitir nenhum colaborador. Fizemos uma projeção de caixa e conseguimos criar um redutor de salário por três meses, com corte de 25% para os maiores salários e caindo gradativamente até o nível de não ter impacto nenhum nos colaboradores com menor remuneração;

d. Plano de comunicação diária para todos os funcionários e para o mercado;

e. Criação e estabilização de *home office* para 100% dos colaboradores (temos 1.000 funcionários).

3. Quais foram os aprendizados para a sua vida nas áreas pessoal e profissional?

a. Toda empresa precisa ter um plano de gestão de risco, por mais simples que seja;

b. Não controlamos todas as situações, precisamos de colaboração e organização para criar alternativas da noite para o dia;

c. Nem tudo é tão ruim quanto parece. Nos piores momentos, ainda pode existir oportunidade, depende do ângulo que se enxerga;

d. Sempre diversificar em todos os negócios. A alavancagem é saudável até um certo ponto;

e. Fala-se muito em unicórnios, mas em tempos como esse, camelos são mais resistentes.

4. Qual a sua visão e quais as suas expectativas para o pós-crise?

Um mundo novo, novas formas de interação pessoal e profissional. A transformação digital vai ser acelerada, os custos fixos podem não fazer mais tanto sentido, as pessoas podem se tornar mais fluidas, com menos hierarquia e decisões descentralizadas. A cadeia de suprimentos precisa ser repensada e as formas de entrega para os clientes deverão ser muito mais rápidas e remotas (digitais). O capitalismo precisa de uma reflexão, pois um inimigo invisível é capaz de destruir economias inteiras em questão de dias. Acredito que colaboração e compartilhamento serão mais valorizados e plataformas modulares terão vantagem.

Além disso, esta crise pode agravar a desigualdade social que, na minha opinião, é o pior problema do planeta. Precisamos de políticas públicas e privadas que diminuam essa desigualdade – essa solidariedade que estamos vendo hoje precisa continuar!

5. Com base no que você vivenciou, quais recomendações e mensagens de esperança gostaria de compartilhar com outros líderes?

Tudo vai passar. Tivemos epidemias piores, guerras mundiais e civis, crises financeiras e depois a roda girou. Quanto menos pânico, mais união e melhor planejamento, mais preparados estaremos para o momento de retomada. Além disso, otimismo é fundamental, não conheço nenhum pessimista bem-sucedido!

LIDERANÇA DA ALTA GESTÃO EM TEMPOS DE CRISE

Desafios e Aprendizados

Ricardo Viana Vargas

Cargo/Função:

Ex-Diretor Mundial de Projetos da ONU

1. Quais foram os principais desafios vivenciados neste momento de crise provocados pela Covid-19?

Embora a pandemia global da Covid-19 seja retratada como um único problema, ela não representa um único desafio.

É obviamente um desafio à saúde pública. Nunca os sistemas de saúde do mundo foram testados por um vírus tão virulento e contagioso.

A pandemia também é um desafio econômico, pois empresas em todo o mundo foram forçadas a interromper a operação para impedir a propagação dessa doença. Sempre que você enfrenta desafios econômicos e de saúde, isso se traduz rapidamente em um desafio político, na medida em que os líderes mundiais lutam para conter o vírus e sustentar suas economias.

Quando você soma todos esses desafios, o que você criou é, de fato, um dos maiores desafios de gestão e liderança que o mundo já viu. E enquanto ainda estamos enfrentando os desafios médicos, econômicos e políticos colocados pela pandemia, não é prematuro notar que líderes de todos os tipos falharam diante de um desafio tão grande.

Empresas e países ao redor do mundo pareciam ter sido pegos de surpresa pelo surgimento do vírus. Em geral, agimos de maneira "muito pouco-muito-tarde" para controlar a propagação do vírus. Contribuiu para essa falha o fato de que, mesmo quando entramos no quarto mês de pandemia oficial, não havia nem perto a quantidade de suprimentos e equipamentos médicos necessários para proteger os profissionais de saúde e impedir a transmissão da Covid-19. A pandemia de 2020 entrará na história como um completo e absoluto fracasso de liderança e preparação.

O que piora essas falhas é que fomos avisados de que isso iria acontecer. Em setembro de 2019, cerca de 60 dias antes da confirmação da China na identificação do vírus Covid-19 e cerca de 90 dias antes do vírus atingir proporções pandêmicas, um grupo pouco conhecido chamado Conselho de Monitoramento da Preparação Global (GPMB, em inglês) emitiu um relatório pedindo a governos, empresas e agências globais para estabelecer as bases para uma resposta maciça à pandemia. Ele prescreveu um planejamento detalhado e avançado para os governos refazerem indústrias inteiras para produzir suprimentos e equipamentos médicos e padrões clínicos para o uso desses suprimentos e equipamentos. Esse grupo descreveu as etapas necessárias para estocar equipamentos de proteção individual para os profissionais de saúde. Havia até uma seção sobre como financiar iniciativas de vacinas e construir uma rede de segurança de renda para ajudar a impedir que o mundo caísse em uma depressão de anos.

Ou seja, o nosso primeiro desafio foi aceitar que existia uma onda devastadora vindo em nossa direção quando ainda olhávamos para o horizonte e víamos apenas o mar calmo e o céu azul.

2. Quais foram as ações implementadas?

Na minha visão, os líderes políticos que hesitaram em tomar medidas decisivas, ou que se recusaram a seguir os melhores conselhos disponíveis dos líderes de saúde pública, foram frequentemente recebidos com desprezo e até hostilidade por cidadãos que acreditavam ter sido deixados vulneráveis ao vírus. Apenas uns poucos líderes agiram de forma decisiva e rápida, agora estão sendo elogiados por sua capacidade de gerenciar esta crise.

No topo da minha lista de líderes que realmente foram capazes de traduzir o discurso em ação, está a primeira-ministra da Nova Zelândia, Jacinda Ardern, que foi uma das primeiras a fechar as fronteiras de seu país e limitar as viagens internacionais depois que o vírus apareceu pela primeira vez. Ela permitiu que suas principais autoridades de saúde pública introduzissem um sistema de alerta para ajudar as pessoas que podem ter sido expostas a casos confirmados. Sua receita para o sucesso envolvia clara empatia pela situação de seus cidadãos, liderança altamente visível - ela aparecia em alguma plataforma social quase todos os dias vestindo roupas que as pessoas normais vestiam, com os seus filhos ao redor. Mostrou-se humana e ao mesmo tempo assertiva, tomando decisões firmes e baseadas em ciência da saúde pública.

3. Quais foram os aprendizados para a sua vida nas áreas pessoal e profissional?

Uma crise desta natureza nos traz algumas reflexões. Em um espectro mais amplo, meu principal aprendizado foi que a grande maioria dos governantes e líderes empresariais tem pouco conhecimento das habilidades de liderança necessárias para criar apoio e engajamento em momentos tão complexos. Somos muitas vezes arrastados pela inércia que nos faz apenas agir diante da iminência da crise. Com isso, os líderes, até mesmo os bem-intencionados, passam a exercer um papel de "bombeiro" diante de uma crise no qual a gestão se parece impossível. No âmbito pessoal, o grande aprendizado é que é preciso ter adaptabilidade. Precisamos nos reinventar e nos adaptar às diferentes condições. A capacidade de me adaptar ao uso da tecnologia, de reinventar o meu modelo de negócios rapidamente e de conseguir balancear as necessidades de trabalho com a vida familiar e o confinamento doméstico.

4. Qual a sua visão e quais as suas expectativas para o pós-crise?

Minha grande expectativa é que vários desses aprendizados e traumas vão se tornar parte do que somos e parte de como nossas organizações operam. Muitas transformações que levariam anos para ser culturalmente aceitas aconteceram em questão de dias. A crise da pandemia acentuou dramaticamente a velocidade com que as empresas tiveram que se transformar, principalmente aquelas que já vinham sofrendo com a disruptura.

5. Com base no que você vivenciou, quais recomendações e mensagens de esperança gostaria de compartilhar com outros líderes?

Neste cenário, talvez seja fácil compartilhar conselhos. Mas o difícil é torná-los válidos. Lembrem-se de que a maioria de nós é avessa a mudanças. Nós amamos previsibilidade e controle. Nós até gostamos de levantar a voz e defender o discurso da mudança. No entanto, quando chega a hora de mudar, sentimos o pânico e a dor. É um completo paradoxo. Com isso, a minha principal mensagem para os líderes é que a nossa capacidade de adaptação aos diferentes cenários, de tolerar e decidir diante da incerteza e de ter empatia para com o próximo é e será cada vez mais o que nos torna melhores líderes. Ou melhor, é e será cada vez mais o que nos torna humanos.

LIDERANÇA DA ALTA GESTÃO EM TEMPOS DE CRISE
Desafios e Aprendizados

Roberta Dias Ribeiro

Empresa:
Sulamerica

Cargo/Função:
Gerente

1. Quais foram os principais desafios vivenciados neste momento de crise provocados pela Covid-19?

O principal desafio entendo ser a projeção de ocupação de leitos para Covid-19 na estrutura nacional da saúde suplementar.

2. Quais foram as ações implementadas?

Observa-se no mercado a negociação para aquisição de novos leitos em caso de colapso do sistema e realinhamento com outros modelos de atendimento. A telemedicina também foi implantada e será um marco, pois o psicólogo em tela era uma opção já disponível e teve crescimento de atendimento após o início da pandemia.

3. Quais foram os aprendizados para a sua vida nas áreas pessoal e profissional?

Como líder, precisei focar em iniciativas de mediação de conflitos para entender quais as possíveis situações de angústia entre todos após a pandemia. E construir mais de perto uma relação de diálogo com aqueles que passaram pelos sintomas da Covid-19, de forma a trocar informações neste momento de crise para atenção e cuidado com o próximo.

4. Qual a sua visão e quais as suas expectativas para o pós-crise?

Oportunidade de minimizar riscos, possibilitando a comunicação efetiva, o desenvolvimento de pessoas, construindo, assim, um ambiente de trabalho cada vez melhor. Adoção da prática de mediação nas relações entre lideranças e liderados, valorizando a qualidade das relações. Além disso, fomentar a formação de mediadores com o propósito de ajudar pessoas a se realizarem profissionalmente e empresas a serem mais produtivas, superando obstáculos e ruídos na comunicação. Dedicamos muitas horas às relações de trabalho e isso exige confiança mútua, colaboração e reciprocidade. A importância da integração do RH para alinhar a estratégia de negócios e uniformizar as informações é fundamental.

5. Com base no que você vivenciou, quais recomendações e mensagens de esperança gostaria de compartilhar com outros líderes?

O capital humano tem o poder de criar valores diferenciados, principalmente neste momento de pandemia. Assim, sempre que escuto que a área comercial é considerada o coração de uma empresa, não há dúvida de dizer que o RH é o sangue, que tem como função a manutenção da vida do organismo. A minha mensagem segue através do artigo Mediação de conflitos em tempos de pandemia da Covid-19.

Mediação de conflitos em tempos de pandemia da COVID-19

Neste novo cenário de pandemia da Covid-19 (Coronavírus), o RH+H - Recursos Humanos mais Humano - é uma oportunidade do uso da ferramenta de mediação de conflitos, por meio da capacitação dos profissionais de RH, que cuidam das relações de trabalho com técnicas diferenciadas. Com isso, nosso propósito é, por um lado, manter o engajamento em momentos delicados e, por outro, a confiança para estreitar o diálogo entre as partes.

Valor: oportunidade de minimizar riscos, possibilitando a comunicação efetiva, o desenvolvimento de pessoas, construindo, assim, um ambiente de trabalho cada vez melhor.

Objetivo: adoção da prática de mediação nas relações entre lideranças e liderados, valorizando a qualidade das relações.

Visão: ser referência na prática de 3 C's:

- Comunicação entre todos;
- Capacitação contínua,
- Cuidado nas relações.

Missão: fomentar a formação de mediadores com o propósito de ajudar pessoas a se realizarem profissionalmente e empresas a serem mais produtivas, superando obstáculos e ruídos na comunicação.

Dedicamos muitas horas às relações de trabalho e isso exige confiança mútua, colaboração e reciprocidade.
A importância do RH para alinhar a estratégia de negócios e uniformizar as informações é fundamental. O capital humano tem o poder de criar valores diferenciados, principalmente nesse momento de pandemia da Covid-19.
Assim, se a área comercial é considerada o coração de uma empresa, não há dúvida de que o RH é o sangue, que tem como função a manutenção da vida do organismo.
Diante disso, a necessidade de prevenir conflitos existentes requer um RH com forte presença no início (seleção), no meio (trocando informações periódicas) e no fim do processo (desligamento com a real entrevista de sua trajetória).
Quando o RH e a liderança direta entrevistam um profissional, qual o nível de confiança na ocasião? Como vamos medir essa relação de confiança e colaboração entre as partes ao longo das atividades? Qual a colaboração do RH (na figura de intermediário) na etapa de análise dessas relações? Quais as principais causas dos conflitos laborais? Qual a dificuldade de identificar os conflitos e como as partes podem resolver?
A resolução de conflitos, tema do nosso interesse de estudos, foi instituída pela Lei de Mediação nº 13.140/2015, introduzida como disciplina curricular do curso de Direito pela Portaria 1.351/18 do MEC, de cujo arcabouço se destacam os oito princípios da mediação, quais sejam:

1- Imparcialidade do mediador – característica do RH.

2- Isonomia entre as partes – processo pelo RH a ser desenhado de forma participativa.

3- Oralidade – necessidade de diálogo como meio de aproximação do RH.

4- Informalidade – conversa intermediada pelo RH para assegurar a liberdade pautada pela ausência de restrições protocolares e formatos predefinidos.

5- Autonomia da vontade das partes – convite do RH não implica pré-julgamentos, portanto, não se trata de *feedback*. Há liberdade de escolha em participar.

6- Busca do consenso – diálogo perceptivo, estruturado em critérios de empatia e reciprocidade.

7- Confidencialidade – a troca de informações ambientada no compromisso de reserva do teor partilhado, como condição de validade do relacionamento a ser desenvolvido.

8- Boa-fé – as partes se aliam honestamente ao propósito mutuamente assumido de construir a solução do conflito, evitando riscos para o colaborador que não detém o canal e para a empresa, que neste momento de pandemia precisa envidar mais esforços para transmitir segurança.

O cenário atual é relevante para que os profissionais de RH possam, de forma inovadora, fazer o papel do mediador, bem como desenvolver novos mediadores, cuja atividade se distingue da prática do dia a dia. Ainda que o RH não seja especialista em todas as áreas de uma organização, o foco de sua atividade requer aproximação com todas as áreas, a fim de mapear a motivação e o potencial dos ativos humanos que tenham se atualizado para os novos desafios ou que precisem fazê-lo. A proposta para o RH é buscar ouvir, participar e garantir que a informação seja legítima. Os líderes devem ser exemplo e caminhar com a responsabilidade em suas ações, bem como precisam ter conhecimento de sua equipe para saber contribuir com o desenvolvimento de todos. Essa é a hora de ouvir cada colaborador. Todos precisam falar de seus conhecimentos adquiridos, de suas expectativas, dos resultados alcançados e do seu propósito.

Como avaliar se líderes estão preparados para servir de exemplo para a equipe e liderados estão sendo desenvolvidos?

Recomendo que inicie pedindo a comprovação de sua experiência prática e a sua evolução em termos de resultado e de capacitação contínua. O relacionamento é uma habilidade importante e a colaboração 360 graus é a garantia de reciprocidade.

Nota-se que os valores para um profissional de baixa e alta performance são diferentes, por isso, faz-se necessário medir a qualidade da gestão e o autoconhecimento de todos os profissionais.

Acompanhar a seriedade e maturidade profissional é algo fundamental e só acontece com o tempo. Crie a oportunidade de novas entrevistas, pois esse é o momento que precisamos de verdades.

Acredito que não haverá espaço depois desta pandemia para as relações sem transparência e parceria. Os profissionais de excelência são aqueles que correspondem ao dia a dia com estratégia, boa comunicação e inteligência emocional.

O primeiro passo é procurar valores com propósitos. Cada profissional precisa responder: quem somos? Quem eu quero ou decido ser? O que eu estou fazendo nessa função que exerço?

As bases de resultado em tudo que fizer são a Comunicação em Autoconhecimento e o Conhecimento Consciente. Além disso, assumir o centro com responsabilidade em cenários críticos ou na rotina que norteia as relações.

A mediação de conflitos começa com o firme propósito da prática empática para transformar a relação entre as partes.

Neste tempo de pandemia, as pessoas buscam proteção. Quem não está ansioso com o futuro? Hoje não temos a certeza de quanto tempo esta situação de Covid-19 vai se arrastar e como estará a nossa vida profissional e o equilíbrio de nossas emoções.

Portanto, uma pedra angular na construção de um edifício é a base sólida que ele necessita para conseguir chegar à altura programada, sem cair. Que a base dessa nova cultura corporativa permita propiciar a verdadeira qualidade nas relações.

A proposta é dar início ao **RH + H**, isto é, quebrar paradigmas para encontrar novos modelos de atenção e cuidado com o próximo.

#RHmaisH

LIDERANÇA DA ALTA GESTÃO EM TEMPOS DE CRISE

Desafios e Aprendizados

Roberto Pina Figueiredo

Empresa:

Sevensete

Cargo/Função:

Founder

1. Quais foram os principais desafios vivenciados neste momento de crise provocados pela COVID-19?

Estamos vivendo, talvez, os momentos mais difíceis e complexos que poderíamos pensar em viver. Porém, são experiências muito ricas, pelas reflexões que estamos sendo obrigados a ter, pelos novos comportamentos que adotamos e pelos que deixamos de ter e pelos valores que passamos a questionar ou por aqueles que estavam no fim da fila e foram alçados ao topo. O fato é que estamos experimentando um reviver.

As disputas políticas e ideológicas em torno do isolamento social e o distanciamento social nos fazem viver momentos importantes quando nosso comportamento, modo de vida e nossa forma de encarar nosso papel na sociedade estão sendo questionados.

Por conta deste isolamento social abrupto, alguns setores da economia, em especial aqueles que sugerem a aglomeração de pessoas, estão enfrentando uma crise gigantesca com sua demanda beirando zero.

Por outro lado, alguns setores tiveram suas demandas aumentadas exponencialmente, tais como: ensino a distância, ferramentas de trabalho remoto, internet banda larga, produtos de higiene, serviços de *delivery* e atendimentos remotos em vários segmentos.

Os desafios enfrentados são inúmeros, estamos nos adaptando a situações que estavam projetadas para anos adiante, e em algumas situações avançamos alguns anos em menos de dois meses! Vejamos alguns exemplos dessas adaptações:

- *Home office* se tornou uma realidade para todos em pouquíssimos dias.

- *Homeschooling* e EAD foram necessidades instantâneas, e com isso a demanda por plataformas de videoconferência foi brutal.

- O setor de entretenimento quase desapareceu – salas de cinema e teatro fechadas, espetáculos e shows cancelados. E a recuperação desse modelo tradicional será impactada ainda mais pelo agravamento da crise econômica, dado que não são itens prioritários nos orçamentos familiares. Contudo, as lives vieram para ficar! Os shows passaram a acontecer nesse formato, e assim esse segmento está rapidamente se reorganizando. Haverá muita oportunidade decorrente desse novo jeito de se divertir em casa! Além das adaptações necessárias nas residências, para suportar esse novo cenário, os *players* deste segmento também se adaptarão – anunciantes, patrocinadores, artistas terão que se adaptar às nossas residências e aos nossos hábitos para suportar esse novo jeito de viver.

- A ciência de dados mostra sua importância real – dados desestruturados não são informações e um país sem informações não tem condições de agir para o bem de seus habitantes e muito menos de reagir aos acontecimentos. Projeções estatísticas, cálculos matemáticos, estudos e mapeamento de cenários podem e devem contribuir sempre.

- O setor de telemedicina e atendimento laboratorial domiciliar se consolidam como únicas alternativas ao isolamento. Isso traz uma nova relação entre médicos e pacientes, baseada em tecnologia e muita confiança, para ambos os lados.

- O setor imobiliário comercial deverá ser profundamente impactado nos próximos meses, pois o cenário "*home office* + crise econômica" deve levar muitas empresas a desocupar andares alugados em prédios comerciais, e esse setor também será obrigado a se reinventar, talvez aumentando a oferta de estações de trabalho cooperativas (*coworkings*).

- As videoconferências são mais produtivas, objetivas, independem de trânsito e deslocamento e, assim, trazem uma percepção maior de qualidade de vida aos funcionários. As pessoas terão mais tempo para si, para sua família, amigos, lazer etc. Seremos mais produtivos, eficientes e felizes.

- As questões relacionadas à higiene e proteção são fundamentais neste momento e deverão ser incorporadas mais fortemente ao nosso cotidiano. Seremos uma sociedade mais preocupada com questões de saúde. Máscaras e álcool gel serão tratados como itens básicos. O sistema de saúde público, já tão questionado e negligenciado, deverá atrair para si mais e novas discussões, tanto nos lares como no governo.

- Outros temas que já vieram à tona foram o abastecimento e as grandes concentrações produtivas mundiais, decorrentes da globalização. Alguns países já manifestaram sua intenção de rever esse modelo, não só por questões de segurança, mas também como forma de protecionismo econômico nesta iminente retomada do desenvolvimento.

O Brasil estava em seu segundo ano de um novo governo que prometia romper com a política tradicional, que ocupou os ministérios com técnicos que há tanto tempo não víamos e que encaminhava as reformas essenciais que nosso país precisava. Tínhamos até fevereiro de 2020 uma sinalização importante de recuperação econômica, com um crescimento esperado de PIB de mais de 2% e começávamos a diminuir o número de mais de milhões de desempregados.

Já sabíamos da crise sanitária que surgiu na China no final de 2019 – Covid-19 – e que se proliferava pelo mundo, mas ainda era cedo para termos uma dimensão mais próxima da realidade, até que a pandemia se instalou na Europa e os exemplos que vinham do velho continente nos aterrorizaram por completo.

E no início de março confirmou-se a pandemia, com uma crise avassaladora e com consequências econômicas sem precedentes. O mundo parou, as fronteiras foram fechadas, as pessoas foram obrigadas a ficar em casa e a economia começou a se deteriorar.

Para 2020, o FMI em suas projeções já sinaliza o pior desempenho econômico desde a Grande Depressão de 1929, o PIB (produto interno bruto) mundial projetado para este ano recuaria em 3% ante uma previsão anterior de alta de 3,3%.

Já para o Brasil, de acordo com as mesmas projeções do FMI, a queda será ainda mais acentuada, um recuo de 5,3% ante uma projeção de alta de 2,2%. Se isso de fato ocorrer, segundo o FMI teremos a pior recessão em nosso país desde 1901, isto é, a pior em mais de 100 anos.

2. Quais foram as ações implementadas?

Com certeza, os grandes conglomerados irão passar com menos dificuldade por este ano e as empresas menores precisarão exercer ainda mais o poder de se reinventar e de se reorientar estrategicamente com velocidade. E, neste contexto, se sobressairão os profissionais com perfis mais flexíveis e resilientes, obstinados por fazer acontecer, por aprender cada vez mais, por planejar e se antecipar a diferentes cenários, executando sempre.

Aqui na *Sevensete*, este período de pandemia sem dúvida nos trouxe muito mais trabalho e estamos nos desdobrando para não deixar passar nenhuma oportunidade que poderá nos trazer um crescimento em um período que será inexpressivo para muitas outras empresas. Já fechamos quatro novos negócios e continuamos firmes. Eu digo sempre, quando essa corrida recomeçar, precisamos estar uma volta à frente!

E nesse nosso mercado, o fluxo de caixa é o nome do jogo. As empresas em média têm caixa para sobreviver por volta de 30 dias. Quando olhamos para as pessoas físicas, a preocupação é a mesma: seu fluxo de caixa. Cuidar das finanças e ter o fluxo de caixa nas palmas das mãos é uma competência a ser exercida. Os investidores em *startups* que outrora cobravam crescimento em detrimento do fluxo de caixa positivo estão repensando suas estratégias. Seremos uma sociedade mais preocupada com as questões financeiras, gastaremos menos e melhor, seremos mais conscientes financeiramente.

E, com muito trabalho e foco, esta fase, como tantas outras que vivemos, irá passar. Muito provavelmente no início de 2021 voltaremos a crescer - a expectativa do FMI é de crescimento do PIB brasileiro na ordem de 3%.

3. Quais foram os aprendizados para a sua vida nas áreas pessoal e profissional?

Há muito que ser repensado – a fragilidade do ser humano veio à tona, independentemente de classe social, raças. A discussão sobre a solidariedade, o poder das ações coletivas e o cuidado com o próximo parece que alcança enfim um lugar mais de acordo com sua magnitude, sobrepondo discussões paralelas que há tanto tempo dominam as mídias tradicionais e as digitais.

Quando falamos das relações humanas, vocês conseguem imaginar o que teria acontecido se não tivéssemos a tecnologia tão a nosso dispor? Foi graças à tecnologia que pudemos proporcionar uma comemoração inesquecível para o aniversário de 7 anos de minha filha Carol. Eu me arrisco a dizer que ela "curtiu" mais que uma festinha tradicional! Até porque ela pertence a esse mundo tecnológico ao qual tento me adaptar exaustivamente! A comemoração foi 100% *on-line* em uma plataforma de videoconferência. Enviamos o link de acesso à festa aos tios e primos usando uma outra plataforma de *chat*. Tudo foi possível graças à rede de banda larga que temos em nossas casas, e a integração entre dispositivos móveis, *smart* TVs e *notebooks* nos proporcionou os 30 minutos mais esperados pela minha filha durante todo o ano! Os bolos, um para cada casa, foram comprados via aplicativo de *delivery* de comidas. O presente da Carol também foi comprado em uma plataforma de *e-commerce*. Posso dizer que foi uma experiência diferente para todos e muito positiva com os resultados obtidos: família reunida para cantar parabéns para a minha filha, que se encheu de alegria com aquela singela comemoração!

Em um mundo onde não podemos abraçar ou apertar as mãos em um encontro, as demonstrações de carinho estão também sendo repensadas. Laços de família e de amizade voltaram à moda! Abraços que antes eram desprezados agora são objetos de desejo! Pessoas adotando muito mais cachorros e gatos abandonados, como que em um movimento paralelo e convergente às ações sociais de apoio às pessoas que moram nas ruas. Grandes empresas de diversos segmentos fazendo doações milionárias para o bem comum e distanciando-se cada vez, infelizmente, da capacidade do governo de fazer o mesmo.

Profissões "fora de moda" mostrando sua importância hoje e sempre na composição da sociedade: profissionais de saúde, professores, estatísticos e matemáticos estão sendo aplaudidos diariamente em lugar daqueles singelos "parabéns pelo seu dia", que há tantos anos dominava nossos hábitos.

A forma como consumimos também está em xeque. Em isolamento social, valores e necessidades são revistos. Marcas e modismos estão sendo reavaliados.

4. Qual a sua visão e quais as suas expectativas para o pós-crise?

Com muito trabalho e foco, essa fase, como tantas outras que vivemos, irá passar. Muito provavelmente, no início de 2021 voltaremos a crescer – a expectativa do FMI é de crescimento do PIB brasileiro na ordem de 3%.

É claro que um trauma como esse que estamos passando sempre deixa cicatrizes e aprendizados, e com eles vem as mudanças nos comportamentos e em como nos relacionamos.

Com tantas máscaras, álcool gel, isolamento e distanciamento social, *home office* e outros, é inimaginável que não construiremos relações e um modo de vida mais robustos, mais conscientes, com mais respeito à vida e às pessoas.

5. Com base no que você vivenciou, quais recomendações e mensagens de esperança gostaria de compartilhar com outros líderes?

Olhando com atenção, parece que nos movimentamos historicamente de forma cíclica, ou seja, o retorno às origens em tempos críticos é algo facilmente percebido.

A preocupação e disponibilidade para o próximo são o que nos motiva agora – não me refiro a tão em moda "empatia", falo mais que isso, em disponibilidade para o próximo, em agir olhando o bem de quem está ao seu lado, usando seu tempo com quem precisa, gastando energia e, se necessário, até dinheiro para o bem dos outros.

O que rende os "*likes*" e que gera engajamento agora são simplesmente a família reunida, o jeito simples de viver, a comida feita em casa por nós mesmos, o equilíbrio homem-natureza, a possibilidade de voltar ao lar de origem, as amizades da infância.

O cenário do emprego, já dominado pela informalidade, veste agora uma nova roupa: da capacidade de gerar renda. Novos formatos de relações cooperativas surgiram, uma flexibilização nunca vista entre empregadores e funcionários se mostrou possível.

O bom senso vem aparecendo como uma ótima alternativa a contratos anteriormente assinados, e a capacidade de negociação tem sido uma competência essencial hoje e deve se manter em destaque por muito tempo.

O diálogo, mesmo em um formato digital, também voltou à moda. Diálogos para refletir, diálogos para matar as saudades, diálogos para ajudar quem precisa, diálogos para acalmar, diálogos para trabalhar. Não tenho expectativa alguma de que voltaremos à normalidade, pois o que vivíamos há dois meses não nos parecerá normal daqui a dois ou três meses. Os tempos são de reposicionamento. O "novo normal" está sendo construído agora!

E a certeza é que estamos sendo diariamente impactados a mudar. Nossa vida está mais tecnológica, mas também está mais consciente de nossos papéis como seres humanos. Já estamos mais solidários, mais cuidadosos com nossas finanças e com nossos propósitos de vida. Ficaremos mais em casa. Desenvolveremos novas formas de viajar, encurtaremos cada vez mais as distâncias em prol da manutenção deste nosso "melhor lado", que não deve mais se deixar esquecer.

LIDERANÇA DA ALTA GESTÃO EM TEMPOS DE CRISE

Desafios e Aprendizados

Rodrigo de Souza Silva

Empresa:

Engineering do Brasil

Cargo/Função:

Head of Agile Transformation Center of Excellence

1. Quais foram os principais desafios vivenciados neste momento de crise provocados pela Covid-19?

A crise provocada pela Covid-19 nos apresentou um cenário totalmente novo, cenário que as gerações atuais de líderes jamais imaginaram ou se prepararam para atravessar. Como disseminador do movimento de transformação ágil, defendo as interações entre as pessoas, muito mais importantes do que ferramentas e processos, porém, em um momento como este, garantir que esse valor seja mantido, mesmo que de forma distante, é um dos principais desafios na adaptação dessa nova rotina profissional e pessoal às exigências de isolamento.

Outro grande desafio é a preocupação com o bem-estar, motivação e engajamento dos colaboradores. O distanciamento, trabalho em *home office* e a falta de interação presencial causam em algumas pessoas uma sensação de abandono, o que pode prejudicar o equilíbrio emocional, afetar no desempenho e consequentemente no nível e qualidade de entregas.

Por fim, acredito que o terceiro grande desafio foi responder de forma rápida à necessidade de estruturar operações de trabalho 100% remotas. Dentro da área em que atuo, o trabalho remoto já era uma prática comum, porém conseguir que aproximadamente 1.000 colaboradores, de um dia para o outro, mudassem suas formas de trabalho, envolvendo relacionamento com clientes, ferramentas, equipamentos e localização, foi um processo bastante desafiador.

2. Quais foram as ações implementadas?

A primeira e mais urgente ação foi garantir que todos os colaboradores ficassem seguros e tivessem condições de seguir com suas atividades com o menor nível de impacto possível. As ações no âmbito corporativo foram desde fechamento dos escritórios, fornecimento de dispositivos móveis (*notebook* e celular) até disponibilização de infraestrutura (cadeira, mesas, monitores etc.). Passado esse primeiro impacto mais focado em habilitar o trabalho remoto, foi o momento de olhar para as pessoas. Nesse aspecto, o papel do líder é fundamental.

Garantir a proximidade como time, ainda que por meio de ferramentas de colaboração, buscar entender as necessidades de cada indivíduo, assumindo um posicionamento de empatia e flexibilidade, provendo a segurança psicológica necessária para as pessoas em relação ao trabalho e desempenho, com conversas constantes, compartilhamento de conhecimento e acima de tudo transparência. Atualmente estou, em conjunto com um grupo de líderes da empresa, discutindo o plano de retomada das rotinas nos escritórios. Temos que continuar a nos preocupar com a segurança física e psicológica de cada colaborador e tenho certeza de que o modelo de trabalho que conhecíamos dificilmente voltará totalmente. O que antes era oferecido como um benefício e atrativo de talentos, como o *home office*, passará a ser condição básica para contratação e retenção de pessoas.

3. Quais foram os aprendizados para a sua vida nas áreas pessoal e profissional?

Aqui, a lista poderia ficar grande, mas acredito que o principal aprendizado para mim foi que não existe status quo. Boa parte daquilo que sabemos e acreditamos está apenas aguardando uma oportunidade para mudar e se transformar. Aprendi o valor gigantesco da nossa liberdade, em um momento que somos "prisioneiros" por um bem maior, e que a solidariedade, o cuidado com o outro, e o coletivo são muito importantes.

Vivemos em tempos de muito individualismo, cada um buscando o melhor para si, e não acredito que seja totalmente errado, mas por alguns instantes colocar as necessidades do outro à frente das necessidades pessoais causa um bem danado enquanto indivíduo, empresa e sociedade como um todo.

No âmbito profissional, aprendi ou reforcei a convicção de que a capacidade de transformação e adaptação é uma competência chave que todos os profissionais, e em especial os líderes, precisam desenvolver para ter sucesso em qualquer situação. E para fechar essa lista, aprendi que não existe nada com maior poder transformador do que uma crise, seja financeira, seja de saúde, seja de cunho pessoal. A crise nos obriga a mover, nos obriga a aprender, nos obriga a buscar perspectivas e ângulos diferentes de observação. De todos os fatores motivadores do aprendizado, a crise é o único que não permite escolha, ou aprendemos e nos adaptamos, ou não seremos capazes de obter sucesso.

4. Qual a sua visão e quais as suas expectativas para o pós-crise?

Embora acredite que ainda seja um pouco cedo para falar de pós-crise, ou de "novo normal", a minha visão é que todas as empresas devem ser pressionadas a implementar ações de transformação digital. A abordagem *Digital First*, que até então fazia parte dos planos estratégicos, se tornará condição de sobrevivência para muitos negócios.

Empresas que resistiam a não aderir ao modelo de trabalho remoto passarão a ser adeptas dessa prática, e com isso novas oportunidades se apresentam para profissionais qualificados. Se antes da crise falávamos em globalização, um novo termo tem surgido, que é a "glocalização", com profissional sendo selecionado em qualquer localidade, principalmente *cross-regional.*

Acredito em um mercado mais competitivo e maduro, porém muito mais aberto a inovar, experimentar e buscar incansavelmente surpreender seus clientes, valorizando mais os indivíduos e suas habilidades sociais do que somente competências técnicas. Muitos negócios e mercados deixarão de existir ou virarão negócios de nicho, e o mesmo acontece com profissionais, que têm à sua frente uma escolha desafiadora, adaptar-se, transformar-se ou lutar para sobreviver em vez de lutar para vencer.

5. Com base no que você vivenciou, quais recomendações e mensagens de esperança gostaria de compartilhar com outros líderes?

Para começar, vou citar um provérbio oriental: "Homens fortes criam tempos fáceis e tempos fáceis geram homens fracos, mas homens fracos criam tempos difíceis e tempos difíceis geram homens fortes". Estamos vivendo tempos difíceis, o que está forjando pessoas fortes. Líderes fortes. Não tenho dúvida de que nossa capacidade de olhar o ser humano será o diferencial para o sucesso das nossas empresas e equipes. Nós somos corresponsáveis e talvez os principais propulsores dessa transformação que deverá acontecer daqui para frente. A busca contínua pelo aprendizado e a liderança pelo exemplo, prezando sempre pela autenticidade, transparência, e estabelecendo relações de confiança com nossas equipes, embora não sejam nenhuma garantia de sucesso; não adotar essas posturas e formas de pensar, em minha opinião, serão a garantia do fracasso, tanto como líderes quanto como pessoas. Por fim, minha sugestão, que também estou incorporando na minha vida, é encarar de frente os desafios, sem medo de errar. Pode ser um pouco clichê, mas somente por meio de experimentação e erro é que podemos aprender coisas novas, buscar e descobrir novos caminhos. Não temos tempo a perder tentando controlar ou gerenciar todos os aspectos das nossas vidas, carreiras ou empresas, então o melhor tempo para ousar é agora, o melhor momento para incentivar nossos colaboradores a pensar e agir de forma diferente é agora, com certeza este tempo difícil irá passar, porém jamais voltará a ser como era antes. Temos que evoluir para construir uma geração de líderes e pessoas fortes, em atitude, caráter, princípios, valores, ética e respeito ao próximo.

LIDERANÇA DA ALTA GESTÃO EM TEMPOS DE CRISE
Desafios e Aprendizados

Rodrigo Ribeiro Gonçalves

Empresa:
UISA

Cargo/Função:
Gerente Executivo de Tecnologia e Automação

1. Quais foram os principais desafios vivenciados neste momento de crise provocados pela Covid-19?

Sempre acreditei que são nos momentos de crise que os grandes surgem, grandes ideias florescem, a união entre povos se torna ímpar, desafios são postos e vencidos em velocidade surpreendente e acima de tudo o ser humano pensa "fora da caixa" e se transforma.

Neste momento de Covid-19, olhamos para o mundo e o vimos se transformar do dia para noite... somos bilhões em um único planeta e nos pegamos do dia para a noite com a necessidade de ficar em casa, e agora, o que fazer? Como o mundo vai continuar? Como manter as indústrias produzindo, mesmo sabendo que o distanciamento é obrigatório e extremamente necessário?! Simples, o maior desafio está no bom senso. O nosso maior desafio é esquecer, mesmo que por instantes, as diferenças ideológicas, preferências políticas e outros, e nos unirmos com uma só missão, sair juntos desta pandemia e com toda certeza muito mais fortes.

Atuo no setor do agronegócio, um dos setores classificados como essenciais, mas todos os dias, me levando às 6 horas da manhã, com mais energia, pois tenho certeza que em meio à pandemia estou indo ajudar a produzir o alimento que não pode faltar na mesa da população mundial, mas infelizmente, sou apenas uma parte da batalha, por esse motivo o nosso maior desafio está em convocarmos a todos para que, cada um de sua forma, se una para fazer a diferença e não deixe faltar comida na mesa de ninguém, assim, juntos somos, muito mais fortes, e venceremos este que é o maior desafio de todos, não podemos simplesmente ficar olhando milhões morrerem, não só de Covid-19, mas de fome ou outras doenças. Enfim, no dia a dia, como executivo de tecnologia, estou sempre me desafiando e desafiando pessoas para o alcance de um menor custo, maior eficiência e qualidade em tudo que fazemos, sempre atuando como um único time, no entanto, este é o momento de buscarmos ainda mais ser um time e trabalhar unificados para o bem maior de todos.

2. Quais foram as ações implementadas?

Atuo há mais de 20 anos como executivo de tecnologia e inovação, junto a empresas de todos os tamanhos, sendo elas nacionais e/ou multinacionais, e luto todos os dias, assim como muitos amigos do setor de tecnologia, para transformar todas as companhias por onde passei através da transformação digital, digitalização ou qualquer outro nome que você já ouviu por aí a respeito de tecnologia.

Do dia para a noite, vimos o quanto o mundo é dependente de tecnologias, nossos *links* estão sendo extremamente utilizados e comprometidos, videoconferência, que está no mercado há mais de 15 anos e de repente se tornaram essenciais, telemedicina, que há anos nossos amigos brigavam com o Congresso para uma aprovação política, de repente se tornou realidade, e o mais estranho de tudo, "o menino da informática", de repente, passou a ser uma das pessoas mais importantes e requisitadas das companhias, e isso não é o acaso, mas sim uma realidade premeditada há pelo menos 7, 8 anos.

Em questão de dias, vimos a importância do gerenciamento de projetos e utilização de metodologia ágil colocar equipe para trabalhar em *home office*, acessos remotos e reuniões remotas, mas todos conseguiram, assim tornou-se possível mantermos todos seguros e operando normalmente, trabalhando e se dedicando para que, aqueles que possam, fiquem em casa se isolando, evitando assim a propagação do coronavírus.

Por outro lado, começaram a surgir desafios imensos, como manter a empresa segura com um possível *cyber* ataque? Algumas empresas no Brasil e no mundo tiveram seus servidores invadidos e corrompidos, ficando dias paradas, não bastando a pandemia, ainda temos de entender a mente dos milhares de *hackers* existentes.

Ambiente tecnológico seguro, nosso desafio como agro era colocar nossa indústria em operação, como tecnologia para uma indústria de bioenergia, de dezembro a abril temos os meses chaves para nossa operação, pois entramos em período de entressafra e manutenção geral de nossa planta industrial e agrícola, sendo assim, 70% dos projetos devem ser entregues especificamente em 2/4/2020, data referência para nossa operação voltar a produzir.

Todos trabalhando em um ritmo frenético, mas com muita segurança na realização dos trabalhos. Ao mesmo tempo, acompanhando os noticiários, era notável que com o tempo a pandemia sairia do Sudeste e chegaria ao Mato Grosso, era apenas questão de tempo. Assim, começamos a traçar planos de ação para entrega de todos os nossos projetos que poderiam impactar diretamente no início da produção, e como tenho orgulho do meu time, todos com a faca entre os dentes, se dedicando ao máximo em prol da maioria, respeitando sempre o próximo, chegamos ao D0 com todos os projetos entregues, vencendo a primeira etapa.

Eu me lembro como se fosse hoje, estava retornando de São Paulo, capital – epicentro da pandemia no Brasil, era nossa entressafra, e de repente todas as viagens foram suspensas, pessoal inserido em quarentena, grupo de risco em *home office* e precisávamos colocar nossa indústria para funcionar.

Tínhamos pouco mais de 15 dias, inúmeras empresas de manutenção declinando de enviar seus colaboradores, mas no final a dedicação e empenho de toda a equipe interna fez valer a palavra união e juntos somos mais fortes. No final, planta industrial retomando sua produção sem atrasos e nós executivos dedicados, tomando todas as providências para a segurança e qualidade de vida de nossos colaboradores. Quanto orgulho deste time, que não cabe em uma folha de papel, escreveria um livro e não teria apenas um final, mas vários para explanar a dedicação e comprometimento do time em vencer esta batalha.

Passada a primeira fase, hoje estamos com a indústria operando, projetos entregues e desafios a todo vapor.

3. Quais foram os aprendizados para a sua vida nas áreas pessoal e profissional?

Somos muito frágeis e complexos. Mesmo com toda essa pandemia, vivemos um aprendizado constante e que não pode parar, devemos buscar conhecimento, aprender a ouvir, aprender a ensinar e não aceitar mais do mesmo, pois vimos que mais do mesmo nos levou a guerras mundiais e mais de uma pandemia em 100 anos. Então está na hora da população mundial dar um basta e mudar radicalmente.

Há tempos buscamos implantar novas tecnologias para simplificar processos e deixar que pessoas tenham mais tempo para suas famílias, para seus amigos, mas vemos muitas das vezes as pessoas pensando de maneira diferente e resistentes à tecnologia. Pare e pense, se não tivéssemos toda essa tecnologia a custos acessíveis para simplificar sua vida! O que você faria? Sinceramente, recomendo que faça o uso de todas as tecnologias a seu dispor, assim terá mais tempo para seus filhos, esposas, pais e outros.

Nestes tempos, aprendemos como o pôr do sol de um apartamento é lindo, mas Deus nos contemplou diariamente como o mesmo pôr do sol e insistimos em não notá-lo. Muitas das vezes, nos pegamos a trabalhar até 2 horas, 4 horas da madrugada, e esquecemos de nossa família, e no final, afirmamos que fazemos isso por eles, pura balela, fazemos pela empresa, pelos nossos chefes e gestores, está realmente na hora de mudar.

Profissionalmente, sempre adotei a missão que o menos é mais com a aplicação de tecnologia, e hoje estamos vendo que a tecnologia é fundamental a qualquer negócio, mas simplificar o processo também. De nada adianta termos a melhor tecnologia e dificultar o acesso à plataforma, não vai funcionar, sendo assim, se aprendermos a simplificar junto à tecnologia, teremos tempo para inúmeras outras atividades.

Ame ao próximo e olhe por ele, palavras não enchem barriga, por outro lado, atitudes fazem a diferença, não fique em cima do muro, tome partido e tome decisões, muitas delas não serão fáceis, mas tenho certeza de que poderá fazer de uma maneira diferente do que há 4 meses atrás, enfim, vamos nos unir em prol de um único objetivo.

4. Qual a sua visão e quais as suas expectativas para o pós-crise?

Acredito muito no "novo normal", em um mundo melhor, com muitos avanços tecnológicos, muito mais companheirismo, dedicação, união entre povos, empatia e colaboração. Toda esta crise está nos mostrando que não podemos produzir a qualquer custo, temos de olhar para o meio ambiente, para as condições dos mais frágeis e fazer a nossa parte, assim como cobrar dos governantes mais seriedade e respeito, o "novo normal" não terá espaço para corruptos e corruptíveis. Abra o olho e preste atenção: o mundo mudou, e você, já mudou?

Olhando para tecnologia e inovação, o pós-crise acelerará a transformação mundial no mundo e nos ensinará que mesmo hoje, já sendo globalizado, o mundo realmente se tornará mais globalizado através das tecnologias. Empresas que não mudarem simplesmente sumirão do mapas, teremos novas *Kodak*, que não acreditam no "novo normal" e estão fadadas a sumir, no entanto, tenho absoluta certeza de que sairemos mais fortes, mais unidos, com mais respeito e mais disposição para entender a inovação, não como uma ameaça, mas sim como uma aliada, assim tirando proveito dela em sua totalidade.

O "novo normal" não aceitará mais que empresas façam as suas "gambiaras digitais", acreditando que estão se transformando digitalmente, o *e-commerce* se tornará ainda mais realidade e será a principal fonte de vendas das empresas, também acredito que o modo que trabalhamos e estudamos hoje sofrerá mudanças que não terão mais volta. O *home office* é uma realidade, vejo empresas que discutiram por 3 anos como inserir 500 pessoas em trabalho remoto e nunca tomaram a decisão de repente em 3 dias foram obrigadas a colocar 5 mil pessoas em *home office*, assim nasce o "novo normal". O ensino a distância, por tempos muito criticado, hoje é a única opção, e o mais importante, se mostrou extremamente eficiente.

Enfim, o pós-crise será um choque para muitos conservadores que lutavam para se digitalizar e sequencialmente se transformar. No futuro próximo e bem-sucedido para a humanidade, seremos totalmente digitais e aprenderemos de maneira rápida e eficiente a usufruir e utilizar tecnologias antes restritas a países desenvolvidos.

Acima de tudo, o pós-crise será um tempo de mais união, hoje vivemos tempos difíceis e de muito aprendizado, para que todos aprendam e sejam unidos, no entanto, temos de cuidar para que uma onda de protecionismo não atinja as nações, pois se cada país pensar somente nos seus, teremos um novo colapso e com toda certeza será muito pior do que essa pandemia que estamos enfrentando.

5. Com base no que você vivenciou, quais recomendações e mensagens de esperança gostaria de compartilhar com outros líderes?

Tenho 36 anos, assim como muitos brasileiros, vim de uma família humilde, mas que sempre proveu muito amor e carinho, lutei, me formei, tenho uma família linda, mas de repente me vi, assim como todos ao redor do mundo, no meio da maior crise da minha geração, ao mesmo tempo que temos uma pandemia nunca vista, também temos o petróleo a preços negativos, isso mesmo, algo também nunca visto, e agora, o que fazer?! Como brasileiro que sou, não desisto nunca e sei que muitos ao meu redor também não desistem, e não vamos desistir mesmo, pois somos um povo que luta, estuda, desbrava e sabe se unir como nenhum outro povo. Muitos duvidam da capacidade de nós brasileiros, mas eu não... somos lutadores por natureza, somos um povo que luta e nunca desistiremos. Dia desses fui convidado a debater com colegar CIOs de renome no Brasil, no meio do debate veio uma pergunta muito pertinente para o momento: **"Como sua empresa está atuando com o *home office* durante a pandemia?"**. Observei os colegas responderem, todos falando dos lindos métodos ágeis utilizados, criptografias, *firewalls* e outros para atingir o sucesso no projeto repentino. Quanta alegria ver as respostas e sucessos no projeto de meus amigos, mas quando chegou minha vez, para surpresa de todos, informei que nosso foco não estava em mandar nossos colaboradores para casa, mas sim em tomar ações para garantir a segurança deles. Mas como assim, Rodrigo? Isso mesmo, em vez de enviar todos para casa, optamos por afastar e colocar em quarentena todos que estavam retornando de viagens a zonas de risco, álcool gel para todos, máscaras, medir a temperatura de todos na entrada e saída da empresa, plano de comunicação muito bem ajustado e implementado. Mas por que tudo isso? Somos uma empresa que produz alimentos e energia e somos essenciais para a nossa região. Se a nossa produção parasse, mais de 10.000 pessoas seriam afetadas diretamente. Por esse motivo, decidimos continuar e manter alimento na mesa dos brasileiros.

Como líderes, muitas das vezes temos de tomar decisões difíceis em prol da maioria, mas é importante que estas decisões sejam tomadas com base na transparência e respeito, assim conseguimos levar o bem sem olhar a quem. Esta crise toda passará e teremos aprendido grande lições para a melhora do futuro de nossos filhos e netos, é muito importante que cada um se doe mais e mais para fazer a diferença e apoiar o próximo, vamos juntos, pois **ninguém é rico suficiente para não precisar de ajuda de ninguém, e ninguém é tão pobre que não consiga ajudar alguém!!!** Enfim, realmente estamos vivendo tempos de crise nunca vistos por minha geração e pela geração de meus pais, isso não significa que esta será a pior crise ou a última, mas sim que teremos de nos acostumar a elas, em tempos de crise, surgem novam oportunidades, novos produtos, novos mercados, temos de pensar fora da caixa, ver além do horizonte e buscar maneiras de inovar para juntos vencermos... Daqui a alguns meses, veremos um reposicionamento das empresas, novas corporações surgiram e não podemos tratar isso como algo não alertado, se olharmos o mercado de alguns anos atrás, veremos no top 10 das maiores empresas/indústrias do petróleo, alimentos e outros que hoje vemos no top 10, quase todas indústrias de tecnologia e conteúdo que trabalham dados e informação. Preste muita atenção, o mundo mudou e mudará muito mais rapidamente daqui para frente, com mentes abertas a novas soluções, 2020, que ano.... muitos pedem para que ele acabe logo, muitos pedem para que se "resete", para que se retire o vírus dele... eu penso diferente, 2020, ano de divisor de águas, de união entre os povos, ano de invenções e reinvenções, o ano da transformação mundial por meio da tecnologia, para aqueles que não tratam inovação e tecnologia como estratégia, sinto dizer. Você ficou em 2019, então corra para nos alcançar neste novo mundo, onde tudo se passará ainda mais rápido, todos devemos ser disruptivos, devemos inovar e transformar. Se olharmos friamente, pense que todos tivemos tempo para nos isolarmos devido ao fato da tecnologia nos proporcionar que a informação da China chegasse ao Brasil e outros lugares muito rapidamente, já parou para pensar se essas informações não chegassem a tempo? Quão maior seria esta crise? Quantas pessoas mais morreriam ou se contaminariam? Muitas, né?!

Para o bem ou para o mal, toda essa tecnologia está aí e disponível, cabe a nós fazer o uso para o bem e bloquear o que tem de ruim.

Por outro lado, vamos ter mais momentos em família para confraternizarmos com nossos filhos e netos, brincamos em espaços livres, respeitamos o meio ambiente, não podemos ser indiferentes a esse meio ambiente, temos de cuidar dele, todos sabemos que é finito e temos de recuperá-lo rapidamente, vamos juntos fazer a diferença e revitalizar também a saúde do nosso amado planeta, somos hospedeiros, extraímos produzimos e muitas das vezes esquecemos de cuidar, está na hora de utilizar toda esta tecnologia para o bem, para cuidar de nossos entes queridos, nossos amigos, do meio ambiente, do nosso planeta. Entenda de uma vez por todas: #juntos somos mais fortes#, juntos venceremos toda esta crise e sairemos mais fortes do outro lado, pois no final do dia somos várias nações e um só povo.

Temos muitas empresas e pessoas físicas apoiando.

LIDERANÇA DA ALTA GESTÃO EM TEMPOS DE CRISE

Desafios e Aprendizados

Rodrigo Tavares

Empresa:

RecargaPay

Cargo/Função:

VP de Jornada do Cliente

1. Quais foram os principais desafios vivenciados neste momento de crise provocados pela Covid-19?

Essencialmente, os desafios se dividem, a meu ver, em duas grandes dimensões: negócios e pessoas. Nos negócios, sem dúvida alguma, os desafios ligados a como dar continuidade em um cenário de mudança muito rápido e agressivo... nenhum plano de continuidade de negócios, por melhor e mais robusto que fosse, contemplava uma restrição de saúde pública impactando a sociedade e a economia com tamanha força. Ou seja, de uma hora para a outra, todos nos vimos obrigados a rever nossos modelos de negócios, repensar premissas e, acima de tudo, quebrar paradigmas... e isso nos remete à dimensão humana de todo esse processo. De imediato, não é nada natural e simples, para o ser humano, ser obrigado a questionar e reavaliar crenças e verdades tidas como inquestionáveis! Num piscar de olhos, tudo que sempre fizemos, e seguíamos fazendo, deixou de ser viável, nos colocando em um desafio de sobrevivência enquanto raça e sociedade... foi algo muito dolorido porque não foi uma escolha, mas sim uma imposição por fator externo nos tirando a falsa e frágil sensação de que "estamos no controle". Ao mesmo tempo, toda nossa forma de viver e fazer negócios foi colocada em xeque. E é aí que ambas dimensões dos desafios se conectam porque, acredito piamente, nos provocam a unir negócios e pessoas em uma dimensão única que é a do ser humano. Usualmente, tendemos a separar negócios de clientes e clientes de pessoas e, do início ao fim, tudo sempre foi, é e será sobre pessoas... sobre seres humanos.

2. Quais foram as ações implementadas?

Antes de mais nada, a prioridade zero foi o cuidado das pessoas: equipes, clientes e fornecedores. Primeiramente, colocar todos os times para trabalharem na modalidade *home office* o mais rápido possível. Pode parecer um movimento simples, mas fazer isso de forma ágil e estruturada demandou disciplina e ações que envolveram desde garantir infraestrutura para os times trabalharem de casa até o cuidado e acompanhamento das pessoas. Em relação ao suporte às pessoas, algumas iniciativas de alto impacto se fizeram necessárias: apoio psicológico, orientações sobre como trabalhar de forma produtiva em casa, atuação forte junto aos gestores para estarem mais presentes e próximos às suas equipes e coleta constante de *feedbacks* das pessoas sobre o andamento do trabalho para identificar necessidades. Vale reforçar que pelo fato de ser um *home office* amplo e compulsório, os funcionários não tinham, necessariamente, recursos (infra e ambiente) em suas casas e nem perfil previamente mapeado para trabalho remoto, ou seja, como não foi uma escolha das pessoas, coube à empresa criar as condições e cuidar de todos nesse processo todo... a agenda de Recursos Humanos se intensificou muito. Ao mesmo tempo, no que tange aos clientes, as ações se concentraram em ajustar as condições (canais, tarifas, prazos e preços) de produtos e serviços à realidade para que, dessa forma, fosse possível para todos darem continuidade às suas vidas com o mínimo de impacto possível. Além disso, a manutenção de todos os canais de contato com total transparência e disponibilidade com comunicados de eventuais impactos em tempo de atendimento e orientações a respeito de como utilizar canais digitais e de autosserviço. Importante comentar também as medidas para garantir, de forma consciente, a saúde financeira da companhia, visando preservar caixa, honrar compromissos com funcionários, fornecedores e clientes. O foco foi dar continuidade aos projetos críticos e essenciais. Em suma, todas as ações foram pensadas e implementadas para cuidar das pessoas (funcionários, clientes e fornecedores) com total transparência o tempo todo.

3. Quais foram os aprendizados para a sua vida nas áreas pessoal e profissional?

Aprendizados foram, e continuam sendo, vários, mas quero destacar alguns. De imediato, ficou claro que o Plano de Crise ou de Continuidade de Negócios não se faz durante a crise! Durante a crise, o foco é na execução e, ao final, transformar os erros e acertos em insumos para atualizar ou criar o Plano de Crise de forma organizada. Ao mesmo tempo, é importante ter na agenda espaço para pensar na retomada pós-crise e não deixar para pensar nisso somente depois que a crise passar, pois o ritmo deverá ser acelerado e ter um bom plano estruturado com antecedência fará a diferença. Estar disposto a questionar e desafiar verdades e paradigmas é outro aprendizado. Por mais que a gente tenha uma série de aprendizados ao longo da vida pessoal e na carreira, sempre seremos colocados frente a desafios e contextos novos, sem saber o momento e a intensidade, que nos deixarão sem ação, ou para os quais precisaremos nos reinventar por completo. Tive que repensar hábitos e rotinas sem ter escolha... rápido... desde me adaptar ao trabalho em casa até usar novas tecnologias. A Lei de Darwin nunca foi tão verdadeira e concreta como agora, e aperfeiçoar a nossa capacidade de adaptação está sendo mais necessário do que nunca. Outro ponto é que, durante uma crise como essa, a melhor estratégia de negócios é focar as ações naquilo que se sabe fazer com excelência... não é hora de testar um monte de coisas de forma desesperada. Uma das maiores lições do vírus, que é o ser vivo mais simples que existe, é que, apesar de possuir tão poucos recursos, os utiliza com uma excelência impressionante, a ponto de impactar a espécie dominante do planeta de forma contundente. Temos tantos recursos como indivíduos e grupo, mas usamos tão pouco e reclamamos de tudo. É preciso ter humildade sempre e explorar nosso potencial, que é imenso, ao máximo, na vida pessoal e na profissional. A outra lição desse vírus é a cooperação. Ao mesmo tempo que otimiza seus escassos recursos, ele pratica cooperação ao extremo para, coletivamente, buscar a sobrevivência. O aprendizado final que deixo é que devemos buscar, incansavelmente, criar uma sociedade com ambiente corporativo de colaboração ampla e irrestrita. As tecnologias mais recentes do século XXI (*internet*, *smartphones*, redes sociais) nos deixaram muito egoístas, orgulhosos, individualistas e envoltos numa bolha constante e ilusória... isso não ia nos levar a lugar algum, mas precisou de um vírus para nos passar esse duro e valioso aprendizado. Está em nossas mãos aproveitar essa oportunidade.

4. Qual a sua visão e quais as suas expectativas para o pós-crise?

Nada será como antes! Teremos o "novo normal" em todas as dimensões de nossas vidas. Acredito que teremos uma retomada de atividades e negócios movida por muita intensidade e ansiedade. O desejo de retomar a vida social, recuperar os negócios e o "tempo perdido" deverá ser a tônica do dia a dia, em especial no início. Deveremos observar as pessoas muito mais críticas, buscando autenticidade em todas as relações pessoais, profissionais e com as empresas. Vejo o tema de experiência do cliente ganhando mais força, podendo se consolidar como grande diferencial para as empresas que entenderem este cenário. Essa retomada intensa deverá apresentar um cliente mais crítico em relação a aspectos humanos das empresas, valorizando transparência e autenticidade, e muito atentos à falta de empatia e de respeito. Nesse sentido, criar uma relação de confiança com os clientes será ainda mais necessário, assim como ter uma cultura sólida com propósito e valores claros. A maior disposição dos clientes para uso de canais digitais e autosserviço será outro aspecto muito forte no pós-crise. Nessa questão, vai ser muito importante abandonar de vez a estratégia de automação de atendimento focada em corte de custos, que pouco agregou na experiência dos clientes. O caminho será identificar como seguir impulsionando o uso de canais digitais e autosserviço como estratégia para alavancar a experiência dos clientes. Pelo contexto, a abertura das pessoas para testar e usar novas tecnologias aumentou muito e somente com foco na experiência e jornada dos clientes será possível avançar com a transformação digital nas relações de consumo. Finalmente, deverão surgir muitas oportunidades de produtos, serviços e negócios baseados na cooperação entre pessoas e para pessoas que necessitam de apoio para retomarem suas vidas. Plataformas de *marketplace* (*e-commerce*, mobilidade urbana, serviços e entregas), de EAD (Ensino a Distância) e de Telemedicina são exemplos claros de tendências de negócios que sairão mais fortes desta crise, com grandes oportunidades para empreendedores e profissionais.

5. Com base no que você vivenciou, quais recomendações e mensagens de esperança gostaria de compartilhar com outros líderes?

Antes de mais nada, tenho certeza de que estamos diante de uma oportunidade de ouro para sairmos melhores e diferentes, e os líderes precisam ter um papel de protagonismo junto aos liderados e à sociedade para que possamos sair do outro lado mais fortes e diferentes. Temos que, de uma vez por todas, entender que somos seres humanos liderando seres humanos e que esse é o caminho para se construir um time forte com relações baseadas em confiança. Sempre acreditei que coragem é um dos atributos mais importantes de um líder e essa crise nos colocou em diversas situações, em que decisões corajosas foram necessárias para garantir a continuidade dos negócios, assumindo riscos para garantir o bem-estar das pessoas com muita rapidez. Coragem continuará sendo muito importante, mas a liderança precisará ser mais colaborativa em todas as direções (equipes, pares e superiores)... chega do "meu" e do "seu"... tudo que é "nosso" é muito mais forte e sólido. Mais um ponto importante: adaptabilidade. Sermos constantemente adaptáveis e criar estruturas e negócios flexíveis e que permitam aprendizado contínuo... o líder no pós-crise precisa fomentar as mudanças e uma cultura de melhoria contínua. Toda essa situação nos fez reparar e valorizar muitas coisas que sempre minimizamos, como convívio em família, nossas casas, a simplicidade e a grandeza de um pôr do sol, assim como atividades e profissões que costumam passar despercebidas, como faxineiras, entregadores, professores e profissionais da saúde. Pessoas com papéis essenciais e que necessitam de atenção e reconhecimento. Temos que, cada vez mais, valorizar e reconhecer, com igual importância, tudo que nos cerca. Por fim, acredito, de verdade, que nada acontece por acaso e que há um propósito em tudo isso que estamos vivendo que, no meu entendimento, é gerar uma profunda reflexão em todos nós para sairmos melhores... para fazer o que nos torna únicos: sermos seres humanos na essência. Desejo muita saúde, sucesso e realizações a todos em todas as dimensões da vida!!

LIDERANÇA DA ALTA GESTÃO EM TEMPOS DE CRISE
Desafios e Aprendizados

Rogério Bandeira de Melo Moreira

Empresa:
FranklinCovey Business School Brazil

Cargo/Função:
Managing Partner

1. Quais foram os principais desafios vivenciados neste momento de crise provocados pela Covid-19?

O ensino superior, especialmente o ensino presencial, sentiu um impacto jamais visto. Pelo menos na história recente. A proibição das aulas presenciais não foi o único ou maior desafio: a onda de pedidos de cancelamentos, pedidos de descontos e inadimplência foi avassaladora. Pareceu aquela segunda onda do *tsunami* que chegou à cidade. Ver os rostos das pessoas atônitas, sem saber o que fazer, o clima empresarial destruído, sem falar das notícias que chegam a cada dia de instituições inescrupulosas que tomam medidas desumanas, obrigando os seus colaboradores a trabalharem em espaços fechados, como se não houvesse uma pandemia. Com tudo isso ocorrendo, você precisa colocar a cabeça em ordem e ser pragmático, resolvendo um problema de cada vez. Dessa forma, os dias foram e estão passando e já vemos uma luz no final do túnel.

2. Quais foram as ações implementadas?

O primeiro passo foi fazer um esforço extremo para manutenção dos estudantes. Para isso, foi elaborado um pacote de soluções, não apenas uma substituição das aulas presenciais por aulas *on-line*. Fizemos uma série de reuniões por turma, com explicações detalhadas de todos os diferenciais implantados. Além disso, implantamos a melhor tecnologia, cursos extras, continuidade dos professores separados por turma, aulas gravadas para assistir de forma assíncrona. As aulas começaram, fizemos um plano bom de comunicação do como acessar a plataforma e, aos poucos, a adoção dos alunos e professores desse novo formato foi acontecendo. Acredito que grandes mudanças no mercado educacional irão acontecer pelo simples fato de muitos alunos terem experimentado (de modo forçado) estudar a distância. Muitos gostaram de não ter que pegar trânsito, gastar dinheiro com deslocamentos, e viram que é possível sim ter excelentes processos de ensino-aprendizagem.

3. Quais foram os aprendizados para a sua vida nas áreas pessoal e profissional?

Não fazemos treinamentos para esse tipo de situação. Acredito que astronautas façam, soldados do Exército com exercícios de sobrevivência em situações extremas. Penso que minha família e eu estamos vivendo uma situação extrema. Ter uma filha de 3 anos que não pode ir à escola ou ao parquinho do prédio eleva ainda mais a tensão. Porém, situações extremas nos fazem ter uma OPORTUNIDADE de autoconhecimento extremo. Por isso, o maior aprendizado é reconhecer que somos mais fortes do que imaginamos. Somos capazes de coisas grandiosas sem sair de casa. Do ponto de vista profissional, essa nova rotina fez com que repensássemos a nossa agenda com reuniões (digo, *call*) mais curtas, objetivas. A conciliação entre vida e pessoal agora é de um metro e eu percebo em todos que é tranquilo escutar um grito de criança, uma situação pessoal ali acontecendo de forma *on-line*. De certa forma, entramos todos nas casas de todos ao mesmo tempo.

4. Qual a sua visão e quais as suas expectativas para o pós-crise?

Muita tecnologia, principalmente no ensino superior e ensino médio. Muitas soluções ainda vão aparecer, segmentadas por cada etapa dos processos de ensino-aprendizagem. Exemplo: plataforma de avaliações. Outro exemplo? Plataformas com gamificação. E quem será muito impactado? Os docentes. Quem quiser permanecer relevante no mercado educacional precisa se reinventar nesse sentido, ser curioso nessa busca pelo domínio das novas tecnologias... Percebe que estou falando também de habilidades dos docentes? Diria que essa profissão, que já vem sendo impactada a tempos – a pandemia acelerou esse processo de mudança e transformação.

5. Com base no que você vivenciou, quais recomendações e mensagens de esperança gostaria de compartilhar com outros líderes?

O dr. Stephen Covey diz que o hábito número 1 das pessoas altamente eficazes, o hábito da proatividade, baseia-se no princípio de que "sua vida é o resultado de suas próprias decisões, não de suas condições". E concordo plenamente. Essa pandemia tem mostrado que podemos tomar decisões todos os dias. Estar bem é uma decisão, uma escolha. E em momentos como este, de extrema dificuldade pessoal, profissional, tomamos decisões importantes todos os dias. Viktor Frankl, um renomado psiquiatra austríaco judeu, em determinado momento quando esteve aprisionado nos campos de concentração nazistas durante a Segunda Guerra Mundial, depois de perder entes queridos, passar pelas piores experiências possíveis, o colocaram em determinado lugar para fazer experimentos em seu corpo. Nesse momento, ele descobriu o que chamou de "a última liberdade humana, o poder de escolher sua própria resposta a qualquer condição". A cada dia, "preso em casa", penso que a minha e a sua resposta a essa condição irão determinar os resultados que colheremos em um curtíssimo espaço de tempo. Permaneça produtivo, permaneça forte. Quando tudo isso passar e o "novo normal" estiver estabelecido, sairemos mais fortes.

LIDERANÇA DA ALTA GESTÃO
EM TEMPOS DE CRISE
Desafios e Aprendizados

Rogerio Faria

Empresa:

Paranapanema / CHC Helicopters / Embraer

Cargo/Função:

Executivo da Área Financeira / CFO / Controller

1. Quais foram os principais desafios vivenciados neste momento de crise provocados pela Covid-19?

Uma crise como nenhuma outra vivida pela nossa geração e nós ficaremos conhecidos como os "executivos que sobreviveram ao ano de 2020".

De acordo com um levantamento do *MSCI Word Index* (*Source Charles Schwab*) sobre o impacto das crises de saúde sobre a economia, o mundo já havia passado antes da Covid-19 por 13 epidemias de 1970 até 2020, com impacto econômico, entre essas: HIV, Ebola, H1N1 e Zika. Isso nos dava uma média de uma crise epidemiológica a cada quatro anos, sem contar bolhas financeiras internacionais.

Passamos em 2008 pela crise conhecida como "subprime", sendo aconselhados por livros e mentores que viveram o *crash* de 1929, assim como aconteceu com a bolha imobiliária do Japão, em 1985, e também na crise dos mercados emergentes, de 1994 a 1997, sem contar as nossas frequentes e particulares turbulências do mercado brasileiro, como a de 2014, que afundou o país para a até então sua maior recessão da história.

As lições aprendidas de crises passadas relatadas em livros de gestão corporativa ou aconselhadas através de mentorias se mostravam como um poderoso antídoto para os contratempos do nosso tempo.

E o cenário mais uma vez parecia se repetir com uma síndrome respiratória iniciada no Oriente, assim como foi com a SARS-COV ou a MERS, com efeitos controlados e impactos regionais e distantes, sem grandes problemas adicionais por aqui, além daqueles que já lidamos diariamente em nosso dia a dia econômico e político.

De repente, um vírus que não podia ser contido, uma pandemia é declarada pela OMS, a economia se fechando, a ciência sem conhecer o comportamento do novo vírus, que se alastrava rapidamente pelo mundo, governos e empresários perdidos, o medo instaurado e finalmente a economia mundial completamente fechada.

O que fazer? Onde estariam as respostas? Recorrer a uma situação parecida ocorrida no passado? Quem sabe encontrar uma mentoria com quem viveu a gripe espanhola de 1918? Não? Quando foi a última vez que fechamos toda a economia mundial no mundo totalmente globalizado? Segunda Grande Guerra?

Não. Desta vez estávamos sós, em um ambiente completamente novo até mesmo para os educativos jogos empresariais teorizados nos cursos de MBA. Possuíamos um nome para este tipo de cenário teórico, mas jamais havíamos vivenciado na prática. Chamávamos de *VUCCA*, sigla em inglês para descrever um ambiente volátil, incerto, complexo, caótico e ambíguo (*volatile, uncertain, complex, chaotic and ambiguous*).

Esta nova e complexa situação trazia incertezas de curtíssimo prazo, tudo mudava a todo instante com cada notícia de um novo mercado fechado, descobertas e incertezas científicas, infecções e mortes aumentando em todos os países, e dessa forma, o maior desafio dos executivos do nosso tempo se fazia presente: a total falta de previsibilidade sobre os acontecimentos futuros. Não podíamos prever nem sequer o dia seguinte.

2. Quais foram as ações implementadas?

Fazendo uma analogia com uma situação paralela e corriqueira, era como dirigir à noite sem faróis em uma estrada não pavimentada e perigosa, debaixo de uma grande tempestade, tendo como única visibilidade a rápida luz dos relâmpagos.

E assim foi com a crise. A cada lampejo, uma nova decisão. Dentre as ações implementadas, intensificou-se a comunicação entre os executivos e gerentes da companhia, colocando como foco principal e prioritário a proteção do caixa. As empresas que melhor atravessaram e que ainda estão atravessando o momento crítico concentraram todo o seu esforço na gestão do caixa de forma estruturada e organizada, com uma liderança forte engajando e mobilizando as mais diversas áreas da organização em torno de uma agenda comum que incluía:

i. Estrutura organizacional e comitê de crise: as estruturas foram horizontalizadas para melhorar o fluxo de comunicação, promover engajamento dos mais diversos níveis, ouvir um colegiado maior antes de cada decisão e ganhar velocidade na implementação. Eram reuniões diárias com o CEO, diretoria, gerentes e analistas onde todos exerciam papéis que iam do estratégico ao operacional, em uma discussão aberta e franca visando o principal objetivo, que era a preservação do caixa.
ii. Prioridade total na sobrevivência da empresa por meio da preservação da liquidez: dados do JP Morgan Chase Institute de março/2020 apontavam para um *cash buffer days* médio de diferentes setores entre 16 e 47 dias. Esse indicador mede quanto tempo a empresa tem até o consumo total do seu caixa, considerando que os *inflows* cessam e os compromissos continuam sendo pagos, ou seja, ninguém sobreviveria mais do que 50 dias em modus operandi normal. Como não se possuía visibilidade clara dos próximos eventos e impactos da crise, cada ação diária visava preservar a liquidez da companhia. "O que você vai fazer para melhorar o caixa hoje?" Todos os demais KPI's financeiros perdiam relevância naquele momento, e a pauta diária dos executivos passava a ser geração de fluxo para atravessar o período.
iii. Gestão de riscos de fornecedores: a crise afetava todo o *supply chain*. Era imperativo mitigar todo e qualquer risco de abastecimento da fábrica. Se por um lado um pedido de compra representava a solução para os fornecedores, por outro tínhamos que gerir o *working capital*, negociando e alongando os prazos de pagamento, mesmo que isso significasse um aumento do custo financeiro das operações. Essa prática, cuja viabilidade era aprovada em comitê, somente fazia sentido se houvesse mercado e clientes que pudessem ser acessados para

a venda dos produtos de forma rápida, visando melhorar o giro dos estoques. Dessa forma, a empresa voltou sua estratégia para os mercados que já apresentavam sinais de recuperação da pandemia, Ásia.

iv. Logística e fabricação: os produtos precisavam ser fabricados para o mercado externo, assim como a logística redirecionada, o que envolveu uma adequação rápida dos processos internos de exportação e uma aproximação cada vez maior dos provedores logísticos para viabilizar as vendas.

v. Clientes: se por um lado o Brasil tornava-se barato e competitivo para exportação em função da desvalorização da moeda, por outro o poder de negociação dos clientes aumentava muito. Dado que algumas perdas de margem eram inevitáveis nesse jogo de negociação, a área comercial encarregava-se de selecionar os clientes com melhor prazo de recebimento para compensar os efeitos e manter o ciclo de conversão de caixa ainda favorável para a empresa.

vi. Jurídico e incentivos governamentais: havia uma discussão diária a respeito da aplicabilidade das novas leis de incentivo criadas pelo governo, análise da aplicabilidade das leis e velocidade na implementação dos benefícios fiscais.

vii. Relacionamento com bancos: era de se esperar que uma fila de empresas fosse criada nos bancos para pedir crédito, empréstimo e renegociação de dívidas. Novamente era necessário sair na frente para antecipar as demandas da empresa e vencer os prazos da usual burocracia bancária, além de uma escassez de crédito em potencial. A palavra de ordem era agilidade, e estreitar os relacionamentos em alto nível dentro dos bancos tornava-se ainda mais fundamental.

viii. Tecnologia: avançamos uns cinco anos por conta da necessidade de adaptação. Quase que instantaneamente, todo administrativo se viu trabalhando em *home office*, tendo que adaptar suas rotinas e fazer a gestão da crise em casa, seguindo as recomendações da área de saúde. Uma força-tarefa em TI foi criada para viabilizar as conexões e os acessos remotos, viabilizando o distanciamento social, que trazia por si só um outro desafio: a gestão de pessoas.

ix. Gestão de pessoas: como lidar com a ansiedade, insegurança e motivação das pessoas diante de situação tão peculiar como uma pandemia e o isolamento social? Como solução, as ações de comunicação foram intensificadas com boletins diários, e até mesmo temas mais amenos como *hobbies*, culinária e música passavam a circular através dos periódicos da empresa. Criava-se um ambiente mais humano mesmo que a distância. Surgia um sentimento de empatia corporativa motivado pelas novas pautas e ferramentas de comunicação, ao mesmo tempo que um sentimento de união ganhava destaque para o enfrentamento da crise.

x. Saúde e preparação para o retorno: reuniões periódicas com os profissionais de saúde e médicos da empresa. Esses profissionais tinham um papel ativo nas decisões sobre as ações e protocolos de proteção das pessoas e preparativos para o retorno à normalidade das operações, como compra de máscaras de proteção, testes de Covid-19, recomendações de *layouts* de escritórios apropriados para o trabalho mantendo o distanciamento, dentre outras ações de proteção para aqueles que precisavam adentrar na empresa. Todos precisavam se sentir seguros.

3. Quais foram os aprendizados para a sua vida nas áreas pessoal e profissional?

Profissionalmente, já havia passado por momentos bastante críticos, como crises no setor aéreo e crises do mercado de *oil and gas* que impactaram todo o setor *off-shore*, levando a empresa para um *chapter 11 global* e uma piora drástica nos fundamentos. Em todos os momentos difíceis houve a recuperação através de muito trabalho e dedicação pela empresa, e por se tratar de crises localizadas e em setores específicos, as soluções eram conhecidas e baseadas em experiências vividas por outros executivos.

No caso da Covid-19, além de todos os ingredientes de uma crise cíclica, em que naturalmente existe a incerteza, também foi introduzido o sentimento de medo nas pessoas. Medo de perder um ente querido, medo de adoecer, dúvida sobre como será a economia e o futuro, dúvida de como serão as relações em um "novo normal" após a crise etc.

Nenhuma das turbulências anteriores vividas nos últimos anos havia trazido tal sentimento de medo para dentro do ambiente de trabalho, um sentimento que é naturalmente humano.

Para lidar com essas situações, a vida profissional precisa ser mais humana. A empresa é feita de pessoas que possuem seus laços, ambições, dúvidas, fraquezas e fortalezas. Está tudo bem trabalhar em casa perto da família sem gravata e com os filhos aparecendo na tela da videoconferência de vez em quando. Precisamos cuidar mais da nossa gente para que em momentos como estes elas possam se sentir mais seguras. Precisamos tratar gente como gente e fazer o profissional mais pessoal. Na vida pessoal, o sentimento que aflora é de solidariedade e gratidão por poder ajudar quem precisa. A prática do bem, da caridade e da empatia precisa se tornar um hábito. A prática do bem mostrou-se como combustível para os desafios do dia a dia e a energia que emana se espalha por todos os aspectos da vida pessoal e da profissional.

4. Qual a sua visão e quais as suas expectativas para o pós-crise?

Sendo realista, será exigido um pouco mais de resiliência antes de melhorar. No momento do lançamento deste livro, ainda estaremos sob a agenda de recuperação, entendendo melhor os impactos e nos preparando para aquilo que idealizamos que seja o pós-crise de cada negócio. Os impactos na economia real serão sentidos ainda no segundo semestre de 2020, com uma escassez de crédito e um endividamento muito alto das empresas e famílias.

Isso será evidenciado através da divulgação dos balanços das empresas, causando um impacto momentâneo também na bolsa de valores.

É uma crise de saúde com impacto na economia real e acredito que somente sairemos dela através das vias da saúde, com a criação de uma vacina ou remédio contra o vírus, algo que ainda é incerto. Ou aprenderemos a conviver com o vírus, o que nos levaria para um ciclo mais longo de recuperação. Por outro lado, os negócios se reinventarão através de uma abordagem mais tecnológica e focada em preservação da saúde e os governos responsáveis dedicarão um percentual maior do seu PIB para investimentos e pesquisas no setor de saúde. Viveremos para ver.

5. Com base no que você vivenciou, quais recomendações e mensagens de esperança gostaria de compartilhar com outros líderes?

Seja ágil e resiliente.

Esteja preparado para a próxima crise. Nos últimos 50 anos, tivemos 13 eventos causadores de epidemia, além das conhecidas bolhas mundiais e locais. Tudo isso acontecendo em um curto intervalo de tempo nos leva a concluir que vivemos em constante crise e essa é a nossa realidade e o nosso normal, precisamos aceitar o fato.

Se o seu planejamento estratégico de longo prazo considera somente os cenários otimista, realista e pessimista, inclua também o cenário de crise, porque esse será bastante provável. Aliás, de que vale um planejamento de longo prazo depois de tudo o que vivemos? Não o tenha escrito na pedra, seja flexível com seu planejamento e valorize mais os planos táticos e operacionais, pois serão muito úteis na travessia de momentos como os de 2020, e tenha uma matriz de riscos atualizada semanalmente.

Como executivo financeiro, faça com que sua calma e equilíbrio sejam proporcionais à pressão e promova uma maior aproximação do CEO.

Comunique-se mais com a organização, crie a cultura de um ambiente aberto e horizontal nas estruturas e veja as pessoas como pessoas e não como números, pois será através delas que a empresa vencerá os desafios.

Por fim, sejam bem-vindos ao “novo normal” e ao dia a dia dos executivos da nossa era, e saibam que o mais engrandecedor de toda essa adversidade que passamos é sabermos que já estamos prontos para a próxima!

Somos todos vencedores!

LIDERANÇA DA ALTA GESTÃO EM TEMPOS DE CRISE

Desafios e Aprendizados

Rosangela Alcatrão

Empresa:

Aché Laboratórios Farmacêuticos

Cargo/Função:

Diretora de Marketing

1. Quais foram os principais desafios vivenciados neste momento de crise provocados pela Covid-19?

O mundo parou e nenhum de nós estava preparado para o ineditismo e os desafios trazidos pela Covid-19, como ficou conhecida a doença causada pelo novo coronavírus. Para uma abrangente menção dos desafios que estamos vivenciando, é preciso percorrer os diversos segmentos e áreas de atuação, como ciência, saúde e psicologia social, meio ambiente, economia, soluções tecnológicas, política, trabalhista, tributária, sociocultural, relações sociais e internacionais.

Com o objetivo de organizar as peças já identificadas desse imenso quebra-cabeça, que está longe de ser plenamente desvendado, os desafios impostos pela pandemia são apresentados na ordem cronológica dos acontecimentos, situando-os em seu contexto histórico. Ao final, são analisados alguns aspectos exclusivos ao setor farmacêutico, no qual atuo há 26 anos.

O primeiro grande desafio enfrentado foi a **repentinidade** da epidemia. Apesar de já termos vivenciado grandes ocorrências pandêmicas e conflitos sociais ao longo da história, a geração atual só havia presenciado, até então, movimentos e crise regionalizados.

A doença foi identificada pela primeira vez em 1º de dezembro de 2019, na cidade de Wuhan, na China, e reportada oficialmente em 31 de dezembro, mas acredita-se que os primeiros casos tenham surgido um mês antes, em meados de novembro.

Ainda que não esperássemos tal evento, em 30 de dezembro a China recebeu um dos primeiros alertas acerca da possível existência do vírus e sua potencial gravidade, feitos pelo dr. Li Wenliang, oftalmologista do Hospital Central de Wuhan, que viria a falecer em 7 de fevereiro de 2020, depois de ter sido contaminado pelo novo coronavírus. O alerta fez com que o dr. Li fosse um dos oito médicos investigados pela polícia chinesa sob a acusação de disseminar "boatos" relacionados ao surto. Houve, portanto, por parte do governo chinês, atraso em reconhecer o risco representado pela Covid-19.

Em 25 de fevereiro, a Secretaria Estadual da Saúde de São Paulo confirmou o primeiro caso no Brasil: um paciente de 61 anos que havia viajado para a Itália. Dois dias depois, a Organização Mundial da Saúde classificou como elevado o risco internacional do novo coronavírus, depois de ter qualificado como moderado uma semana antes, assumindo o equívoco cometido na publicação inicial. A classificação oficial de pandemia pela OMS só viria em 11 de março, 71 dias após o registro do primeiro caso no mundo.

Desde os primeiros relatos feitos pelo dr. Li, observamos que o **sentimento de negação**, a despeito de ter sido preponderante no início, mantém-se como um dos principais desafios a serem geridos. Com a evolução dos casos, esse sentimento vem sendo substituído pela realidade, mas persiste, mesmo com o mundo atingindo a marca de 8.993.659 casos de Covid-19 confirmados e 469.587 mortes (OMS, 23/6/2020).

Descrito por Sigmund Freud como um dos mecanismos inconscientes de autodefesa da natureza humana, o sentimento de negação é necessário para a sobrevivência emocional e em sociedade. Em situações trágicas e impactantes, como a causada pela Covid-19, serve de alívio momentâneo e de controle dos inúmeros sentimentos que emergem misturados, como sofrimento, insegurança, sensação de impotência, de perda e de finitude, insegurança existencial e medo do que está por vir. O grande problema da negação é a probabilidade de adiamento na execução de planos contingenciais para mitigar os impactos negativos.

A sobreposição da **polarização política** no cenário brasileiro roubou esforços que seriam fundamentais na eficiente gestão da real situação pandêmica. A ausência de entendimento, sinergia e alinhamento entre o chefe de Estado do Brasil e os poderes que regem a nação também impactou consideravelmente, resultando na incongruência de diretrizes e orientações precisas, as quais deveriam abarcar os diversos aspectos da doença e conduzir a população em segurança.

Paralelamente, a ***infodemia*** também foi rapidamente disseminada pelo universo digital, e isso, somado à carência de alinhamento e diretrizes claras por parte do governo federal, elevou a suscetibilidade da população a interpretações e conclusões equivocadas, principalmente devido ao aumento da circulação de notícias falsas (*fake news*).

O mundo havia parado, mas a necessidade de manter viva a interação humana não só congestionou a conectividade mundial como também acelerou a **transformação digital** que estava em curso de forma mais lenta em determinados setores, como educação, saúde e farmacêutico.

Com a necessidade de isolamento social e com o desafio de conter a disseminação do vírus, cresceu a preocupação em mitigar uma possível **recessão econômica**. Isso fez com que modelos que ainda vinham sendo implementados ganhassem uma velocidade extraordinária e amadurecessem de forma imediata, como o *home office*, as operações totalmente digitalizadas e até os eventos *on-line*.

Mesmo imersos na era tecnológica, ainda deparamos com **modelos desconexos** da dinâmica do dia a dia, como no caso da educação. De um lado, jovens que transitam em dois mundos distintos, o da realidade em torno da conectividade do universo digital 4.0 e o do modelo digital ainda sendo inserido nas metodologias das instituições de ensino. E, do outro lado, jovens que nem sequer têm acesso a computadores e internet, dependendo em grande parte da escola para a alimentação básica.

Quando vamos para a área da saúde, temas que estavam sendo discutidos e estruturados há alguns anos não puderam mais esperar, como a regularização emergencial da telemedicina, o receituário eletrônico/digital e a adoção contingencial de estratégias digitais e de contatos *on-line* (substituindo a visita presencial, que até então prevalecia num modelo híbrido). A união entre os órgãos reguladores e a indústria fez-se necessária, visando priorizar e acelerar o desenvolvimento de medicamentos e vacinas para o tratamento.

É nesse cenário que se insere a indústria farmacêutica, setor em que venho atuando e aprendendo ao longo de quase três décadas. Um dos principais desafios apresentados foi a **gestão da cadeia de suprimentos**, em razão da atual centralização da produção de insumos, principalmente os provenientes da Índia e da China, e dos efeitos da variação cambial nos custos.

É fundamental mencionar a **desigualdade social no país**, com realidades extremas e opostas na vivência da crise e de seus impactos. No confinamento do lar, famílias enfrentam dificuldade para lidar com o tédio e administrar as crianças estudando em casa e com o trabalho a distância. Ao mesmo tempo, é enorme o contingente dos que buscam manter o emprego, realocar-se informalmente e dispor de meios que garantam o sustento básico, famílias cujas crianças pedem a comida que recebiam na creche. Um caso emblemático é o do menino Willian Marcel Vieira Dantas, de 13 anos, que passou a reservar duas horas por dia para estudar pelo celular (comprado com a venda de latinhas), usando a conexão de um açougue, no distrito de Nova Fátima, em Hidrolândia, na região metropolitana de Goiânia, para acessar o conteúdo *on-line*.

Ao lado dos inúmeros desafios inesperadamente lançados para a humanidade pela Covid-19, vieram preciosos presentes, matriculando-nos em uma única sala de aula desta maravilhosa escola da vida, a de aprendizes. O ajuste contínuo das rotas traçadas nunca nos foi tão instantaneamente demandado, mas, desta vez, não contávamos com um aplicativo pronto para nos guiar, pois os caminhos ainda não tinham sido desvendados. Recebemos demandas para as quais ainda não havia solução.

As respostas e os caminhos sempre estiveram presentes. No "novo normal" (termo criado pelo economista americano Mohamed El-Erian, em 2009, para explicar as consequências da grave crise econômica mundial que o mundo enfrentava naquele período), na soma dos saberes, na essência de cada um, na solidariedade, na empatia, os quais formam um perfeito mosaico humano capaz de transformar e superar qualquer desafio.

Como líderes, nada nos é tão desafiador quanto encontrar, com a genuinidade de cada um, os melhores caminhos para cuidar, acolher e preservar vidas!

2. Quais foram as ações implementadas?

Imersos em um cenário que víamos apenas em filmes, talvez tenhamos vivenciado pela primeira vez o mais próximo do que chamamos de

"velocidade da luz". Afinal, era essa a sensação com a avalanche de informações e mudanças que nos chegavam a todo o instante.
Seria praticamente impossível monitorar a bússola, ajustar a vela e guiar o barco na velocidade exigida. Rapidamente descobrimos que o "inimigo" biológico nos colocou em uma grande e única comunidade. Sim, todos em um mesmo lugar, com o objetivo de vencer um inimigo invisível comum.
Não havia outro caminho senão colocar em prática a ação por trás da frase que até hoje há dúvida sobre sua autoria (Ray Kroc, ou Ken Blanchard, ou Warren Bennis): "Nenhum de nós é tão inteligente quanto nós todos juntos".
E foi assim que, precocemente e sabiamente, o *Aché Laboratórios* tomou a decisão de formar o **Comitê de Crise**, encarregado de fazer o mapeamento contínuo das movimentações e estruturar os planos de ação, de contingência, de recuperação e matriz de risco.
O ponto fundamental, porém, que fez toda a diferença e permeou o caminho que vem sendo percorrido até o momento, foi reforçar o **propósito da companhia**, fazendo emergir, em meio a um mar revolto, o compromisso de levar "mais vida às pessoas" onde quer que elas estejam.
O cuidado em iniciar as discussões e tomar as múltiplas decisões, colocando sempre as pessoas como prioridade, foi determinante para a elaboração das estratégias e para o **engajamento dos times**. Ali havia sido estabelecido um propósito e todos nos sentimos parte dele, porque o reconhecemos como genuíno.
A prática da **empatia** e o aprimoramento da **escuta ativa** nos permitiram sentir um pouco das distintas dores de nossos *stakeholders*, buscando encontrar a melhor forma de acolhida e apoio, principalmente para os que estavam na linha de frente do combate à Covid-19.
Essa forma de **atuação cíclica** nos permitiu captar conteúdos para a realização de incontáveis **PDCAs*** no decorrer dos dias e das semanas, simplificando os processos, para responder mais rapidamente às necessidades.

*PDCA: na tradução do inglês, *plan–do–check–act* ou *plan-do-check-adjust* significam planejar-fazer-verificar-agir ou planejar-fazer-verificar-ajustar. Também chamado de Ciclo de Shewart ou Ciclo de Deming, o modelo se tornou famoso nos anos 1950 graças ao trabalho do estatístico e professor americano William Edwards Deming, considerado o pai do controle de qualidade nos processos produtivos, e também há quem atribua a criação ao engenheiro Walter Shewart.

Em apenas duas semanas, nossa plataforma de visita médica *on-line*, chamada *Conecta Aché*, foi ampliada e disponibilizada para a atuação imediata de mais de 2.000 colaboradores em regime de teletrabalho. Estruturamos e adequamos novos canais de comunicação e interação, um arsenal de conteúdos digitais, eventos *on-line* (incluindo o lançamento de produtos), *webinars* e campanhas orientativas.

Foram realizadas **doações** em três frentes de atuação: aos profissionais da saúde, às populações em situação de risco social, por meio de organizações não governamentais, e aos governos. Além disso, o *Aché*, que sempre valorizou a ciência, apoiou com recursos financeiros e com a doação de dexametasona à **Coalizão Covid Brasil**, em parceria com o Hospital Sírio-libanês, em São Paulo, e com outros centros de pesquisa do Brasil. A pesquisa avalia a eficácia da dexametasona em pacientes graves e que apresentam síndrome do desconforto respiratório agudo por Covid-19. As doações de medicamentos que aliviam os sintomas da Covid-19, de equipamentos individuais de proteção (EPI's) aos hospitais e clínicas e de álcool gel, de fabricação da própria companhia, complementaram as iniciativas em favor da prevenção e do combate ao novo coronavírus.

E, assim, continuamos navegando com um time extraordinário, em meio ao mar revolto, aperfeiçoando o conhecimento, desbravando rotas e realizando conquistas.

3. Quais foram os aprendizados para a sua vida nas áreas pessoal e profissional?

Essa é uma questão que certamente conceberá largo material bibliográfico para registrar como marco para a história. A meu ver, estamos apenas no início das primeiras aulas de um curso intensivo.

A desigualdade social no Brasil e no mundo foi desnudada, ficando muito mais evidente e, sim, a situação do próximo passou a importar muito mais, pois, ainda que mediante a ausência do espírito de solidariedade, fomos impulsionados a sair da redoma do egocentrismo e a nos preocupar com o outro para preservar nossa saúde e segurança. Com isso, estamos tendo a oportunidade de aprimorar o cooperativismo, a solidariedade e a empatia.

Fomos convidados a rever prioridades, valores, crenças e aprendemos que é possível viver com o suficiente, principalmente quando o outro carece do essencial para sobreviver.

Estamos reaprendendo a conviver em família, a educar os filhos e a cuidar de nossos pais. E, embora alguns que nos são caros estivessem distantes, humanizamos um pouco a tecnologia e os trouxemos para perto de nós através de corações projetados nas telas dos encontros virtuais. Antes estávamos perto, porém longe, e a pandemia nos fez ficar longe de alguns, porém perto.

A resiliência entrou em nossa vida sem pedir licença, pois não tínhamos outra escolha para continuar nossa vida, mas fomos nos adaptando e encontrando novos caminhos e novas relações. Com isso, a busca por autocontrole, equilíbrio e as semeaduras tornaram-se muito mais frutíferas do que a vontade de querer controlar a situação, uma vez que essa última não depende exclusivamente de nós.

O isolamento social ressignificou o universo digital, chancelando sua essencialidade merecida. Aprendemos que é possível e necessário reformular a educação, a liderança a distância e tantos outros modelos diferentes de conectividade, fortalecendo o vínculo de confiança, autonomia, e a tomada de decisão para atender à velocidade das mudanças e, principalmente, acelerando a capacitação dos times.

Aprendemos que um momento como este pode ser o divisor de águas para o registro permanente da reputação e da autenticidade da companhia, uma vez que as ações e as estratégias adotadas impactam significativamente em muitas vidas e ficarão fortemente registradas na memória de todos.

Fomos obrigados a quebrar castas, preconceitos, paradigmas e encontrar novas para seguir, em todas as dimensões.

Embora os aprendizados nos pareçam chegar em volume e velocidade incomparáveis, eles retratam apenas a ponta do iceberg deste curso intensivo no qual fomos matriculados na escola da vida. Que tenhamos sabedoria para aproveitar as lições e possamos nos preparar para as provas que ainda nos serão aplicadas.

4. Qual a sua visão e quais as suas expectativas para o pós-crise?

Se, por um lado, o invisível aos olhos nos causou dores profundas, por outro, o curso da história nos embasa e permite afirmar que os períodos de grandes conflitos e de epidemias são aceleradores de mudanças ou até mesmo divisores de água para grandes saltos evolutivos.

A exemplo do Renascimento, que surgiu após a Peste Negra (1347-1351), a mais devastadora pandemia registrada pela história humana, ou da evolução tecnológica após a Segunda Guerra Mundial. Fortemente caracterizada pelo uso estratégico dos meios de comunicação, assim como pela presença da tecnologia de criptografia avançada, a Segunda Guerra Mundial foi preponderante para o surgimento do computador, aprimorado na Guerra Fria. Como ressalta o filósofo e historiador Leandro Karnal, "na tradição histórica, depois de um período de recolhimento e morte, há uma grande explosão de vida". Se assim for, ainda estamos em meio ao recolhimento e aos lutos, mas em seguida construiremos juntos a fase seguinte: a "explosão da vida".

Somos convidados a fazer uma profunda reflexão sobre os novos propósitos, os consequentes aprendizados e nosso papel diante do novo, que é o de agente dessas transformações. Nada tão atual como a frase de Antoine Lavoisier: "Na natureza nada se cria, nada se perde, tudo se transforma".

Inevitavelmente, ainda enfrentaremos um período bastante difícil até a chegada da vacina e de tratamentos efetivos para a Covid-19, e principalmente até a recuperação e a estabilização da economia, com a diminuição do índice de desemprego e a retomada do curso de crescimento do país. Será a fase da reconstrução, da reinvenção, e com ela também serão abertas novas oportunidades e novos modelos de negócios.

Para que o novo renasça, porém, faz-se necessário utilizar o aprendizado adquirido até o momento na mitigação de novos impactos, como o desenho de planos preventivos para uma possível segunda onda de contágio da doença ou para uma provável mutação do vírus. Mas, sobretudo, é preciso estar aberto ao novo. Nesse ponto, vale relembrar o "pai da administração", Peter Drucker, quando disse que "a única coisa que se consegue ao resolver um problema é voltar à situação anterior. Portanto, o verdadeiro progresso não é obtido solucionando-se problemas, mas sabendo usar as oportunidades criadas pela necessidade de resolvê-los".

A união global de expertises e esforços, na busca por melhores metodologias, estruturas, padronizações e suporte na área da saúde, deve ser intensificada. "Quando determinadas pestes deixam de ser locais, o conhecimento também atravessa fronteiras", afirma Jean Segata, doutor em Antropologia Social e professor da UFRGS, que também estuda epidemias. Trata-se de um aspecto fundamental, dada a evidente importância da participação da saúde pública e as necessidades prementes que devem ser atendidas, visando nos preparar para possíveis recorrências de contágios.

Esta é a última chamada para a introdução e o remodelamento do universo digital, porque os negócios que não promoverem a digitalização de sua marca, produto ou serviços estarão fadados a desaparecer.

Com a necessária, porém paliativa, aceleração do digital, virá a regulamentação de processos de segurança da informação (LGPD – Lei Geral de Proteção de Dados), assim como se dará a oficialização do uso profissional de vários modelos conectivos, até então informais.

E as relações humanas? É aqui que enxergo a maior necessidade de reconstrução. As relações interpessoais e de negócios demandarão o aprimoramento da confiança, da transparência, de uma postura empática acolhedora e de apoio, do pensamento sustentável e coletivo, para a construção de laços fortes e perenes.

A humanização transformará o consumo de produtos em aquisição de ideias, propósitos e legado. Para que essa entrega de atributos ocorra conforme a nova demanda, a jornada do paciente e consumidor deverá ser vivida também pelos idealizadores dos novos produtos e estratégias, evidenciando a escuta ativa, o diálogo, a empatia, e buscando entender as dores e a essência de cada *stakeholder*. Uma vez incluídas na criação dos planos estratégicos e atributos de valor, essas faculdades naturalmente promoverão e construirão a reputação genuína e consistente de uma marca.

A contribuição dessa jornada do paciente e consumidor deverá ser digitalizada, humanizada e instituída por meio de aplicativos real time. E os diversos canais de comunicação e *touch points* deverão ser considerados, de forma a customizar e tornar acessíveis as informações e o conteúdo para as diversas audiências.

Sobre esse tema, resgato o clássico *Marketing* 3.0, publicado em 2010 por Philip Kotler, no qual ele lança o conceito "*marketing* humanizado", que ressalta a percepção dos verdadeiros anseios, que emanam de dentro, trazendo como alicerces a ética, a solidariedade, o compartilhamento e a empatia. Em um momento reflexivo vem à tona o hiato de uma década entre a teoria registrada por Kotler e a prática nos dias de hoje. Mas há tempo para começar ou recomeçar, antes que as escolhas estratégicas desalinhadas do todo nos apartem de nossa essência e façam evaporar a oportunidade que estamos tendo.

Finalizo esta questão resgatando mais alguns ensinamentos de Kotler, registrados no prefácio à edição brasileira do mesmo livro, *Marketing 3.0*, no qual diz:

> As empresas que querem ser apreciadas precisam mostrar que se importam com a condição de vida das pessoas e com seus sonhos. Precisam se conectar e servir a todos os *stakeholders* — empregados, fornecedores, distribuidores e comunidade —, e não apenas aos investidores.

Fica a reflexão sobre servir ou ser servido. Qual será o essencial para a construção do futuro?

5. Com base no que você vivenciou, quais recomendações e mensagens de esperança gostaria de compartilhar com outros líderes?

Nesta última questão, deixo registrados os tons "romântico, sonhador e espiritualizado" que me acompanham, como marca registrada, em minha trajetória profissional e como ser humano. Tons estes que também me desafiam quando alçados novos voos para a estada no universo executivo corporativo. O equilíbrio e a busca incessante pela expansão consciencial mostram onde estou e o longo percurso até onde devo chegar, enquanto parte deste maravilhoso mosaico denominado humanidade, e me ajudam a seguir firme e a voltar para a rota quando há desvios.

Ter a crença de que somos cocriadores e, por meio de cada decisão, conquista, descoberta, estratégia desenhada, podemos influenciar, positivamente ou negativamente, muitas vidas e o universo extrai o melhor de mim e fortalece a gratidão, independentemente dos acontecimentos. Se as provas foram intensas, agradeçamos pelos aprendizados; se os momentos foram de conquistas, agradeçamos pelos frutos colhidos. Gratidão sempre!

Buscar o equilíbrio e a paz interior, a despeito do que o meio externo nos oferece, tentando educar o olhar para as oportunidades e para o lado bom, tanto das pessoas quanto dos acontecimentos, é o que cada um de nós pode fazer pelo outro. Afinal, o que está palpavelmente sob minha gestão são as minhas escolhas e a lapidação do meu interior.

Embora estejamos avançando nos estudos acerca do poder da mente e do pensamento, creio que o futuro nos trará *guidelines* estabelecidas de como essas habilidades protagonizarão a prevenção e a cura de muitas doenças, como as funcionais e as psicossomáticas. A exemplo dos benefícios da prática do *mindfullness* (atenção plena), que nos resgata do passado ou do futuro, trazendo-nos para o mais precioso momento, o único disponível para a semeadura, o presente.

Prezemos pelo aprimoramento contínuo do conhecimento, mas com a consciência de que é a partilha dele que fará a diferença para o mundo, sobretudo para nós mesmos. A água límpida precisa circular para não criar lodo. Ao longo das primaveras vividas, vamos percebendo que a plenitude interior é conquistada nem tanto pela chegada ao destino almejado, mas muito mais pelas sementes plantadas e germinadas durante o caminho.

Ainda sobre a lapidação do saber, a Base Nacional Comum Curricular (BNCC) precisará ser reformulada, incluindo competências socioemocionais mais abrangentes, como a gratidão, o perdão e a compaixão. Não é raro depararmos com intelectos diferenciados, porém com grande dificuldade na gestão das emoções e das escolhas da vida. Isso fica evidente quando observamos a transição das posições de liderança, onde o peso da questão comportamental se torna fator determinante.

Outro exemplo da premente necessidade de revisão e expansão dessas competências socioemocionais é o crescimento exponencial das doenças psicossomáticas e do índice de suicídios, principalmente entre os jovens. É importante citar que, embora acredite que a COVID-19 acelerará esse processo de crescimento, algumas instituições já identificaram a necessidade de mudança e reformularam sua base curricular de ensino. Como exemplo, ressalto o Instituto Ayrton Senna, que acredita na educação desenvolvida em todas as suas dimensões e estabeleceu a estrutura educacional sustentada por cinco macrocompetências e dezessete competências socioemocionais[1]:

Autogestão → determinação, organização, foco, persistência e responsabilidade.

Engajamento com os outros → iniciativa social, assertividade e entusiasmo.

Amabilidade → empatia, respeito e confiança.

Resiliência emocional → tolerância ao estresse, autoconfiança e tolerância à frustração.

Abertura ao novo → curiosidade para aprender, imaginação criativa e interesse artístico.

1 **Fonte:** (https://institutoayrtonsenna.org.br/pt-br/socioemocionais-para-crises.html?utm_source=site&utm_medium=hub-botao-2206#o-que-sao-competencias-socioemocionais).

As grandes lideranças serão identificadas pelo exemplo que inspiram, substituindo a avaliação das inúmeras competências atuais, pela identificação da estrela de cada um e pelo estímulo de seu brilho natural. Afinal, compartilhamos um desejo comum, onde quer que estejamos: todos queremos nos sentir importantes (em casa, no trabalho, nos relacionamentos). Que aprendamos, portanto, a arte de importar o outro para dentro dos projetos, do negócio e de nós mesmos.

O mundo, clamando pela regeneração, nos concede esta dolorosa pausa para a correção das rotas que traçamos. E, com a pausa humana, a mãe natureza volta a respirar, animais experimentam o verdadeiro viver, a ferida na camada de ozônio começa a ser cicatrizada. Então, ficam as perguntas (ou afirmações): quão lesiva tem sido a humanidade para com os animais e sua morada? Quantos recursos naturais não nos são ofertados e o que estamos retribuindo ao mundo? Não podemos mais adiar tais questionamentos e a expansão da consciência em relação ao impacto que podemos causar em cada pequena ação.

Somos regidos pela lei do progresso, impulsionados pela automotivação ou pelos agentes transformadores, estando em constante aprendizado e evolução. O convite é para que, voluntariamente, retiremos as castas e busquemos a reforma de nossa consciência. Caso contrário, seremos instruídos involuntariamente pela professora dor.

E, por fim, a era tecnológica, digital, da informação e da inteligência artificial começa a ganhar a sutileza do acabamento fino da humanização, e essa "inteligência humanizada" nos presenteará com a conexão de vidas para o bem comum. Parafraseando a sabedoria do educador Mario Sérgio Cortella, *"o mundo que vamos deixar para os nossos filhos depende dos filhos que vamos deixar para o nosso mundo"*.

Se desejamos um mundo, um ambiente ou uma situação melhor, o primeiro passo é nos inserir como protagonistas dessa transformação.

LIDERANÇA DA ALTA GESTÃO EM TEMPOS DE CRISE

Desafios e Aprendizados

Samuel Silva

Empresa:

Conceitto Industrial

Cargo/Função:

Sócio-Diretor

1. Quais foram os principais desafios vivenciados neste momento de crise provocados pela Covid-19?

Desde muito cedo em minha vida, tive de aprender a lidar com "problemas", nunca conquistei nada, absolutamente nada, sem fruto de esforço, trabalho e muita criatividade para lidar com adversidades, talvez daí tenha surgido aquilo que muitos chamam de espírito empreendedor, ou teimosia, no meu caso. Minha experiência em lidar com crises começou quando eu desejava comprar algo ou ter algum trocado para algo e meu pai me dava alguma tarefa para ganhar e conquistar o meu objetivo (agradeço até hoje por isso). Com 9 anos de idade, tive a brilhante ideia de vender assinaturas de jornal, pois queria um pouco mais de dinheiro, meu pai não pagava tão bem assim, foi uma experiência bacana, consegui um bom dinheiro em poucos dias, deu até para comprar alguns presentes para minha irmã em seu aniversário. Com 15 anos de idade, comecei a querer me tornar empresário, já possuía facilidade na área comercial, mas ainda era muito imaturo para gerir qualquer coisa, não deu muito certo, para ser mais sincero, quebrei em poucos meses. Aos 17, comecei a ter contato com venda de tecnologia, cresci nesse negócio e dois anos depois resolvi empreender em sociedade com uma pessoa, minha vida estava bem interessante, minha esposa e eu já vivíamos juntos e optamos por ter nosso primeiro filho, levaram alguns meses até ela engravidar, no entanto quando isso aconteceu tive um problema financeiro tão sério por conta de uma sociedade malfeita, que nos levou a perder tudo, tudo mesmo. Essa foi a maior crise pessoal que enfrentei, havia feito compromissos para desenvolver um produto que seria comercializado algum tempo depois. Nesse momento, meu atual sócio, que na época era meu fornecedor, me estendeu a mão e me motivou a encarar aquele momento trabalhando com o produto que havíamos projetado para torná-lo um negócio rentável, mesmo sem um tostão para investir, aplicaríamos o conhecimento técnico dele para desenvolver *software* e o meu para torná-lo atrativo a nossos futuros clientes. Lembro até hoje quando fiz uma permuta com uma rede de farmácias no dia 4 de maio de 2006, com a permuta comprei fraldas e itens de necessidades básicas para o meu filho, que nasceria no dia 8 do mesmo mês. Dessa época em diante, aprendi o verdadeiro significado da palavra "problema", aprendi que se existe um problema, existe uma solução, que o único problema sem solução é a morte e que quando não tem solução, solucionado está. Através desse aprendizado, foquei minhas atitudes em sempre encontrar as soluções, por mais complexo que isso possa parecer em determinados casos, afinal, problemas sempre bateriam à minha porta de alguma forma.

Com o passar dos anos, fui melhorando essa técnica e, a cada situação de problema que tinha de enfrentar, acabava de fato encontrando as soluções, algumas acertadas, outras nem tanto, porém, no final das contas sempre tive a sensação de ter feito o que poderia ser feito naquele momento, naquela situação e naquelas condições. Isso foi se tornando cada vez mais maduro e por algum motivo estou aqui escrevendo este texto.

Mudei para o Rio de Janeiro, no início de março de 2020, agenda cheia, projetos em ritmo de cruzeiro, viagens que me permitiam dar um abraço na família por alguns finais de semana, assim seria o primeiro semestre do ano de acordo com cronograma elaborado ao final de 2019.

A Covid-19 chegou de fato ao Brasil e se tornou uma realidade, de uma hora para outra, me deparei com minha esposa e filhos em um quarto de hotel, definindo apartamento no Rio de Janeiro e mudança ainda por trazer de Porto Alegre, tudo mudando numa velocidade assustadora. No entorno do hotel, tudo começou a se fechar e a tensão com o que viria pela frente foi aumentando. Não era o começo de uma crise comum, algo me dizia que olhar para suas necessidades e estratégias, trabalhar algumas horas a mais, nãos seriam suficientes para contornar a situação. Era uma situação muito diferente, os voos foram sendo cancelados, as implantações de campo estavam sendo paralisadas, meu filho, que treina tênis entre 2 e 4 horas ao dia (além de estudar), estava "trancado" conosco, as escolas para minha filha se fecharam e, então, em um estalar de dedos estávamos diante de uma situação única e sem saber como agir. O que era urgente deixou de ser e tudo, absolutamente tudo, foi sendo realocado, não estávamos falando de uma crise econômica, estávamos diante de uma crise humana, sem precedentes, com muitas teorias, muitas notícias preocupantes do mundo todo, e agora isso tinha batido a nossa porta.

Apesar de estar atento à questão da Covid-19 e ao impacto mundo afora, é preciso que se recorde, que em outros casos pandêmicos, assistimos os impactos pela TV, mesmo com todo o impacto da H1N1, não conheço ninguém que tivesse vivenciado algo que tornava as pessoas intocáveis, onde o simples aperto de mão poderia sentenciar alguém a parar dentro de um hospital ou até mesmo vir a óbito, para nós brasileiros, isso era coisa de "lugares distantes", o mais perto que vimos disso foi a pandemia do Ebola, que como citei acima, assistimos pela TV. Não estou minimizando o impacto de problemas como a H1N1, Dengue e Zika, entre outros males de saúde que já aprendemos a conviver. Esse caso com certeza é muito diferente, desde a chegada até o presente momento vivenciamos uma enxurrada de informações que acabam sendo hora ou outra conflitantes, junta-se a isso uma administração pública em conflito direto entre poderes e formamos a receita perfeita para uma crise ímpar.

Para deixar o cenário um pouco mais complexo, desde o início da pandemia no Brasil, tudo virou responsabilidade da Covid-19, em vez de todos olharem em como se organizar para conviver com a realidade e seguir em frente dentro das possibilidades, grande parte dos gestores usou a crise para justificar suas fraquezas organizacionais e isso deu mais um tempero ao que já seria difícil por si só. Agora sinto que isso está mudando, todos estão buscando alternativas e formas de seguir em frente mesmo com as limitações impostas pela realidade. É verdade que o impacto econômico é enorme, mas também é verdade que isso tudo está mostrando a todos o quanto somos mais produtivos trabalhando baseado em demandas em vez de horas, o quanto podemos ser melhores quando não perdemos horas no trânsito e o quanto a tecnologia pode ajudar a tornar indivíduos e empresas mais eficientes em todos os sentidos. Entendo que os desafios iniciais já estão sendo superados por grande parte das organizações e percebo que o maior desafio talvez esteja de fato em cada ser humano, que precisou se readequar e vai passar a conviver com uma realidade impulsionada por um vírus, porém prevista já há algum tempo, a autodisciplina passou a ser premissa básica de qualquer profissional, o fato é que o tempo não volta e nada será como era até fevereiro de 2020.

2. Quais foram as ações implementadas?

Há pelo menos dez anos o trabalho *home office*, ou *hotel office*, faz parte do meu dia a dia, minha rotina de viagens constantes e a minha organização pessoal baseada em demandas sempre me levou a uma rotina de trabalho "flexível", as viagens de férias sempre tiveram um companheiro inseparável na mochila, meu *notebook*. Minha família conhece grande parte do Brasil e alguns lugares fora daqui em virtude dessa flexibilidade, quando a prática do tênis pelo meu filho foi ficando mais séria, associada à rotina de viagens a trabalho, passamos a ter a rotina de viagens a torneios de tênis, e com isso meu velho amigo passou a atuar também em clubes e academias esportivas. Baseado nessas experiências, começamos na *Conceitto* uma nova visão de organização, o desenvolvimento também virou *home office* e ainda mantínhamos em nossa sede uma equipe administrativa e uma equipe de suporte técnico 24 horas ao dia, 7 dias por semana. Esse time estava todo concentrado em Santa Maria (RS), isso por algumas vezes nos trazia algumas limitações e dificuldades, desde a contratação até o simples fato da companhia de energia em algum momento resolver trocar postes na região e toda sua estrutura ser engolida e paralisada por situações como essa. Mantínhamos um celular para cada colaborador e, caso surgisse uma situação de paralisação por um evento causado por terceiros, alocávamos os colaboradores em casa e o atendimento passava a ser realizado pelos celulares. Em 2018, começamos a mudar essa realidade, já tínhamos uma telefonia IP, mas queríamos que ela fosse flexível, jogamos para a nuvem e começamos aos poucos a deslocar nosso time para seus lares, no segundo semestre de 2019 tínhamos 100% do time trabalhando *home office* e nossa equipe se espalhou por sete cidades em cinco diferentes Estados do Brasil. Quando a Covid-19 chegou, nossa estrutura organizacional estava preparada e não sofremos nenhum impacto em nossa operação de atendimento ao cliente.

As demandas de campo, como implantações e atendimentos in loco, foram remanejadas e otimizadas, demandas que previam dois colaboradores e poderiam ser atendidas em conjunto com o cliente foram alteradas para que fossem executadas dessa forma, necessitando de no máximo um colaborador, aderimos a todos os controles que cada cliente implementou, como medições de temperatura e entrevistas prévias, a fim de identificar possíveis sintomas do vírus.
Estamos melhorando nossa base de conhecimento para que nosso time de atendimento remoto tenha cada vez mais condições de identificar causas de problemas que necessitam de presença física, para que essa presença seja com menor tempo e com mais objetividade, dessa forma conseguimos melhorar esse atendimento.
Toda demanda de campo passou a ser planejada com mais critério e estamos podendo contar com os clientes nesse planejamento, porém a exigência deles está cada vez mais criteriosa, estamos sendo empurrados a melhorar a cada dia e isso tem sido muito positivo para nosso negócio.

3. Quais foram os aprendizados para a sua vida nas áreas pessoal e profissional?

Pessoalmente falando, dividir meu escritório com meu filho tem sido algo fascinante, antes ele sabia que eu trabalhava muito, mas creio que pouco entendia meu dia a dia, pois meu filho tinha sua rotina fora e isso tomava bastante de seu tempo, quando ele tinha algo a fazer em casa, isso era feito no quarto, quando as aulas passaram a ser *on-line*, organizamos para que as fizesse no mesmo espaço em que trabalho, por uma questão de organização e separação de ambientes, no primeiro dia ele comentou com minha esposa que havia perdido as contas de quantas reuniões eu havia feito. Por mais incrível que possa parecer o que vou citar, o fato é que nossa família passou a se conhecer melhor, e olha que sempre fomos muito unidos. O fato de estarmos 24 horas ao dia dentro de casa aflorou sentimentos e personalidades que talvez fossem muito íntimas a cada um de nós, tivemos de lidar com uma tempestade de sentimentos e frustrações que jamais consideramos que pudessem existir, isso aflorou nossa essência e passamos a corrigir aquilo que escondíamos, mas que de alguma forma nos atrapalhava, nossas relações passaram a ser mais próximas e deixamos de ter medo de compartilhar nossas fragilidades, tenho amigos que eram durões e passaram a falar de sentimentos, e hoje parecem se sentirem mais leves. O que antes poderia soar como fragilidade ou fraqueza passou a mostrar que o "ser" é muito maior do que o "ter", e isso vai com certeza tornar a humanidade melhor.

Profissionalmente falando, mesmo que já me considerasse um pouco à frente na questão de execução de minhas demandas, aprendi que ainda haviam muitos paradigmas a ser quebrados, com certeza muitos "km" rodados são totalmente desnecessários, apesar de ser muito gratificante sentar a uma mesa com diversas pessoas para tratar de um assunto, sentir o clima de uma reunião de negócios, de um levantamento de demandas ou revisão de atividades, olhar no olho do seu cliente e ser retribuído, tudo isso pode trazer vantagens no entendimento de qualquer ocasião, no entanto, o tempo ao qual todas essas pessoas precisam desprender para chegar até essa mesa, que em alguns casos está a centenas de quilômetros, faz com que nosso tempo, que tem sido cada vez mais precioso, passe a ser consumido por outras demandas, e teremos de aprender cada vez mais a compensar a falta desse olho no olho para medir esse clima remotamente. Ainda existirão muitas demandas presenciais, mas essas certamente serão em muito menor volume e com muito mais objetividade. O planejamento, que já era importante, passou a ser requisito essencial em qualquer ação; apesar de sempre procurarmos agir com o máximo de planejamento, percebemos que ainda podemos melhorar nesse item, e estamos focados nisso.

4. Qual a sua visão e quais as suas expectativas para o pós-crise?

Infelizmente o impacto pós-crise tende a ser duro no aspecto social e econômico, no entanto ele vem recheado de oportunidades jamais imaginadas, muitas empresas estão aproveitando o momento para se reinventar e isso deverá deixá-las mais inteligentes, mesmo quando o convívio voltar ao normal. Novos hábitos de consumo surgiram com a pandemia e muitos deles se manterão no dia a dia das famílias por gerações, e isso traz muita oportunidade. Profissionais flexíveis estarão mais aderentes a esse novo mercado e muitas profissões se extinguirão mais rapidamente do que era estimado antes da crise, porém, muitas outras mais já surgiram e surgirão. Evoluímos 20 anos em algumas semanas e isso certamente tende a ficar mais evidente no pós-crise. Teremos, sim, um "novo normal", mas também teremos o diferente, mas igual. Não devemos resistir muito tempo sem o abraço, o aperto de mão, entre outros hábitos que nos aproximam de quem gostamos, amamos ou simplesmente admiramos, conforme formos nos sentindo seguros, isso vai voltar a nosso dia a dia, o "novo normal" com certeza estará muito mais voltado às profissões do que às relações.

5. Com base no que você vivenciou, quais recomendações e mensagens de esperança gostaria de compartilhar com outros líderes?

No meu ponto de vista, o líder é aquele que consegue chamar a responsabilidade para si, mesmo que isso possa pôr em risco sua posição ou tirá-lo de uma zona confortável, líder é aquele que não apenas delega, mas consegue ouvir e, se necessário, se inserir em determinada situação para conduzi-la, é aquele que sabe que nem sempre estará certo, mas que sempre está disposto a aprender, podendo aceitar sugestões e aplicá-las, mesmo que para isso seja necessário em alguma situação abrir mão de uma ou outra convicção, em prol do bem maior. No final das contas, crises sempre vão existir e nunca estaremos preparados para elas, mesmo que possamos em algum momento prevê-las.

A realidade está à sua frente, como você vai lidar com ela daqui para frente? Tenho certeza de que quando souber responder a essa pergunta de modo definitivo, estarei diante de novos horizontes.

Olhar para frente sempre será o foco, o passado traz aprendizados, o presente nos traz a oportunidade de tornar o futuro melhor, independentemente de qual seja o cenário em que se vive, sempre teremos oportunidade de olhar para frente e nos tornar melhores em todos os aspectos da vida.

Vamos aproveitar a oportunidade para tornar nossas organizações melhores, somos brasileiros, vamos corrigir vícios culturais e usar nossa essência criativa para criar um ambiente virtuoso de conquistas e superação, vivemos num país cheio de recursos, desde os naturais até o recurso humano, nenhum povo do mundo tem tanta habilidade para encarar adversidades e achar soluções criativas, vamos tornar o jeito brasileiro uma ferramenta de crescimento e transformação, creio que essa é a grande oportunidade que temos para isso, tenho certeza de que as próximas gerações nos agradecerão.
Acredite na sua capacidade de se reinventar sempre que vida impor isso, jamais deixe de sonhar, jamais deixe de querer estar melhor hoje do que ontem, pois isso é o que move pessoas, famílias, negócios, é de fato o que move o mundo, todos os dias.
Como diz Projota na música *Carta aos meus*, não importa se você escolheu um Deus, mas precisa acreditar em algo, mesmo que seja somente em você.
Quando você sonha alto, todos os passos parecem ser os primeiros, esse é mais uma vez o primeiro passo, ainda temos muito a aprender.

LIDERANÇA DA ALTA GESTÃO EM TEMPOS DE CRISE

Desafios e Aprendizados

Sandro Freitas Oliveira

Empresa:

Unigel

Cargo/Função:

Head de Auditoria Interna,

Gestão de Riscos e Compliance

1. Quais foram os principais desafios vivenciados neste momento de crise provocados pela Covid-19?

Comunicação. Mesmo sendo uma população cada vez mais digital, acho que esta crise está demonstrando cada vez mais que somos seres humanos e precisamos de contato físico.

Vejo que as reuniões que antes eram presenciais hoje são realizadas via ferramentas como *Skype* e *Zoom*, distanciam quando deveria aproximar. Claro que reuniões de caráter deliberativo ficam mais produtivas via conferência, porém quando existe a necessidade de debate com argumentos, percebo que as reuniões ficam mais polidas (por incrível que pareça) quando estamos via uma tela de *Skype*. Para gerar uma maior participação das pessoas, estou buscando enviar questionários antes para cada um, com perguntas sobre os temas que iremos debater. Algo que me facilitava nas reuniões presenciais com as expressões faciais ou respirações diferentes acerca de um comentário ou ideia, são minimamente resgatadas com uma primeira percepção das pessoas via questionários, fazendo que eu já enxergue possíveis discordâncias entre pares e pontos que precisaremos nos debruçar para evitar que as reuniões via *Skype* sejam apenas de caráter formal.

2. Quais foram as ações implementadas?

Além de enviar questionários pré-reuniões, estou convidando mais as pessoas para termos videoconferências. Enquanto nas reuniões presenciais, em um mesmo encontro, eu explanava sobre alguma metodologia e já aplicava o conceito, na forma digital estou optando em dividir em dois momentos, para me fazer presente e exercitar ainda mais a pessoa sobre o tema. Importante salientar que presencialmente isso era mais fácil, pois não existe uma distância de quilômetros entre uma tela de computador e outra.

3. Quais foram os aprendizados para a sua vida nas áreas pessoal e profissional?

Acho que podemos sim usar mais os recursos digitais, mas o ponto principal que aprendi nesta experiência é que somos muito mais assertivos quando estamos em encontros presenciais. Hoje é muito discutido que esta crise irá gerar mais reuniões digitais. Talvez sim para questões já maduras e deliberadas. Porém, sinto bastante a falta de uma roda de reunião e uma análise 360 graus que uma câmera de *laptop* não me ajuda a captar.

4. Qual a sua visão e quais as suas expectativas para o pós-crise?

Acho que iremos sentir mais falta das pessoas, do contato. Não sei se estou sendo otimista, mas acho que sairemos com menos desejo de celulares e encontros virtuais e mais desejo de contato físico e presencial.

Pode ser um desejo, mas acho que talvez isso possa ajudar na recuperação da economia de forma mais rápida, já que esse desejo de ver pessoas e contato físico deverá gerar mais oportunidades de negócio principalmente no setor que mais foi impactada pela crise: serviços.

5. Com base no que você vivenciou, quais recomendações e mensagens de esperança gostaria de compartilhar com outros líderes?

Acho que um gestor deve ser um eterno otimista. Mesmo o nosso cotidiano nos colocando em diversos desafios, estamos sempre confiantes nos resultados positivos. Neste caso, não vejo algo diferente disso. Já vivemos diversas crises e sempre aprendemos com elas, e saímos mais fortes e preparados para os desafios futuros.

Acredito que esta não será diferente. Existirão dificuldades e momentos em que realmente seremos impactados pessoalmente e profissionalmente, porém acho que no final teremos melhores dias e a recuperação será mais rápida do que estamos esperando.

LIDERANÇA DA ALTA GESTÃO
EM TEMPOS DE CRISE
Desafios e Aprendizados

Silvana Regitano de Lima

Empresa:
Nuseed

Cargo/Função:
Diretora Global de Supply Chain

1. Quais foram os principais desafios vivenciados neste momento de crise provocados pela Covid-19?

Os principais desafios vividos neste período de crise foram, a princípio, tomar decisões rápidas num ambiente de muitas incertezas. Identificar o equilíbrio entre manter o cuidado com as pessoas e a urgência de completar atividades críticas antes que as barreiras e os protocolos fossem estabelecidos. Então passou a ser como adequar a nova maneira de viver e operar gerenciando as limitações impostas, as frustrações, o estresse da falta de sociabilização.

Estávamos em momento de completar transações e movimentações logísticas internacionais, e a cada semana o cenário mudava. Estávamos dependentes de várias entidades, dependíamos de transporte local, transporte marítimo e aéreo, órgãos oficiais do governo em outros países para emissão de autorizações de importação de produtos fitossanitários, e os mesmos estavam sendo cancelados, com suas atividades reduzidas ou encerradas, para que a situação fosse avaliada. Como nossa área de atuação é a agricultura, foi considerada como essencial, porém tínhamos uma data-limite para movimentar os produtos, pois eram para plantio e uso nos meses de março e abril. O contato com provedores era diário e aproveitávamos todas as oportunidades para garantir que o produto saísse dos EUA para então ativar o plano dos países de destino, como Rússia, Hungria, Turquia, Argentina, Chile e Austrália.

Após os últimos três meses e mais "acostumados" a uma dinâmica de incertezas, o planejamento e as estimativas ficam bastante limitadas, com fator de risco de sucesso muitas vezes em 50/50%.

Interessante como tudo tem evoluído.

Há aproximadamente dez anos, preparávamos "*Long Rang Plans*", Planos de Negócios, análise das projeções de mercado e do negócio para os próximos 5-10 anos. Então passamos a fazer as projeções de um a três anos. Qual seria o horizonte de projeções neste momento? Planos de dois a doze meses?

2. Quais foram as ações implementadas?

No ambiente profissional, várias foram as ações implementadas, como: disponibilizar os recursos necessários para que os colaboradores não interrompessem suas atividades; manter o contato constante com as equipes; rever prioridades reforçando o direcionamento dos objetivos do ano; proporcionar documentos e materiais necessários para que atividades essenciais estivessem acontecendo dentro dos protocolos definidos. Para o bem-estar dos colaboradores, foram oferecidos *webinars* com temas como: "Como liderar em tempos de crise" e "Gerenciando ansiedade e estresse", onde participantes tinham a oportunidade de dividir como estavam superando os desafios e lidando com a mudança de maneira positiva.

Duas foram as iniciativas que pessoalmente achei muito válidas serem reforçadas: o foco nos objetivos do ano e a demonstração do respeito e do cuidado com nossos colaboradores. Foi conduzida uma revisão de onde estávamos no progresso das metas do ano e qual o plano para os próximos seis a doze meses. Em outro momento, os times de *supply chain* em cada região foram convidados para uma conversa informal, visando escutar como se adequavam à quarentena, como estavam as famílias, e proporcionar um ambiente aberto de troca de experiências.

No âmbito pessoal, houve significativos ajustes com a família. O primeiro e muito impactante foi o dos filhos expostos a uma nova maneira de aprender e monitorar suas responsabilidades. A parceria entre marido e esposa em minha casa foi o que permitiu não só enfrentar esse desafio com meu filho, mas também de nosso bem-estar. Vimos a importância de criar a lista de tarefas diárias com posterior monitoramento. Estimulá-lo a estudar e buscar respostas para novos assuntos por conta própria.

Rearranjamos o ambiente em nossa casa e montamos um calendário de atividades físicas em que todos participam, o que alivia e muito a ansiedade e o estresse. Aprendemos a nos relacionar de maneira diferente, praticando mais paciência, mais conversa, usando a criatividade para passar o tempo nos fins de semana.

3. Quais foram os aprendizados para a sua vida nas áreas pessoal e profissional?

O maior aprendizado em geral foi que, face à necessidade, nos adaptamos a uma nova maneira de viver, depende de cada um passar por essas mudanças de maneira positiva ou negativa, leve ou dura. Cabe a nós mesmos tomar ações que nos proporcionarão bem-estar.

Quando providos os recursos necessários para essas mudanças, a jornada passa a ter pouco desvio e conseguimos chegar a nossos objetivos.

Como aprendizado pessoal, ficou muito claro que nossa vida é feita de escolhas e priorizamos o que "parece" ter valor imediato em nossas vidas ou o que nos mantém na zona de conforto.

Ao não termos escolha, passamos a viver novas experiências que nos fazem ver que o real valor, aquele que poderá ser para a vida toda, que nos faz sentir mais plenos.

Essa quarentena tem desencadeado um processo de introspecção de grande valor para cada um de nós. Cuidados com a saúde para sentir-se mais energizado; o resultado danoso que o atual estilo de vida causa sobre os recursos naturais e a possibilidade e necessidade de serem preservados; o prazer de saborear a comida feita em casa de maneira mais elaborada; a beleza em ver de perto e participar do desenvolvimento dos filhos; os relacionamentos estreitados pela cumplicidade em viver um dia após o outro, com a paciência e a esperança de que tudo se resolva em breve.

A velocidade das mudanças e a intensidade de trabalho que estávamos vivendo talvez nos permitissem pouco observar e valorizar cada um desses momentos de reflexão e valorização do que é fundamental em nossas vidas.

4. Qual a sua visão e quais as suas expectativas para o pós-crise?

Se o período da crise tivesse sido mais reduzido, pouca mudança se observaria nos negócios e no comportamento das pessoas.

Com esse período prolongado, os impactos gerados na economia dos países, nas empresas e no comportamento dos indivíduos trarão uma nova realidade.

Os meios eletrônicos se fortaleceram, visando prover os serviços e produtos corporativos e de necessidade pessoal, cresceu o número de usuários das várias plataformas disponíveis e foi provada a viabilidade de serem mantidas as atividades e transações virtuais.

Escolas poderão estar incrementando novos modelos de ensino a distância, empresas devem minimizar a aquisição de ativos fixos, permitindo mais uso de *home office*, o número de negócios e a adoção da compra de serviços e produtos via internet deverão acontecer mais rapidamente do que se imaginava.

Por um lado, vemos o quanto as tecnologias vieram como solução para rápidas mudanças, como uma alternativa de viabilizar os negócios, conectar as pessoas e, nos casos mencionados acima, eventualmente minimizar custos e investimentos. Qual o efeito do distanciamento entre as pessoas?

Esta é uma pergunta curiosa para a minha geração e não mais para a do meu filho, que já tem sua vida embebida na tecnologia, guiada pelo imediatismo, pela rápida obsolescência dos produtos e serviços, pelo relacionamento virtual.

Essa é a nova era, de uma geração que participa do extensivo uso de tecnologias e da criação de soluções tão extraordinárias que fogem hoje ao nosso entendimento e visão.

Diante dessa pandemia, pode-se observar o quanto a ciência deverá ganhar em velocidade de descobertas e aprendizado para que o mundo não seja surpreendido com ameaças na proporção vivenciada neste momento. Outras doenças desafiadoras virão. Como poderão ser usados a inteligência artificial, as avançadas tecnologias de alta precisão e definição, as ferramentas e os produtos de tamanha eficácia na busca de soluções mais rápidas e globalmente disponíveis?

O dinheiro passa para diferentes "mãos", alguns negócios estáveis não sobrevivem, outros crescem exponencialmente, surgem novas oportunidades geradas pelas novas necessidades.

Só de uma coisa estou convencida: esta crise traz ainda mais a certeza de que viveremos cada vez mais o improvável, a inconstância, porém, com uma ampla gama de oportunidades e novos caminhos abertos.

5. Com base no que você vivenciou, quais recomendações e mensagens de esperança gostaria de compartilhar com outros líderes?

Em meu ambiente, tanto profissional como pessoal, vejo que tiramos muitos aprendizados, que nos dão mais confiança de que pelo bem comum, ou um mesmo objetivo, temos a capacidade de rapidamente alterar planos, ajustar processos, mudar a rotina, criar oportunidades de viver cada nova situação com a mente mais aberta e mais fortalecida.

Mudanças serão constantes e aprender a lidar com elas será a chave para vivermos motivados e com a capacidade de gerar novas ideias e soluções com saúde e felicidade.

LIDERANÇA DA ALTA GESTÃO EM TEMPOS DE CRISE

Desafios e Aprendizados

Silvano Dias

Empresa:

ODK TECH Soluções em Tecnologia

Cargo/Função:

Chief Operating Officer

1. Quais foram os principais desafios vivenciados neste momento de crise provocados pela Covid-19?

O desafio principal foi administrar, diante de um corte abrupto de ritmo, as atitudes mais adequadas frente à pandemia. Além disso, saber identificar qual seria a dimensão total do impacto, filtrando com sabedoria, dentre a enxurrada de informações, através de fontes adequadas e seguras.

Nesse equilíbrio, respirando frente a uma situação atípica, conseguimos conquistar lucidez. A partir desse ponto, adequando-se à nova realidade do ambiente, agrupamo-nos em base para definir qual seria o eixo da crise, preparando ferramentas para suportar o impacto e preservando o equilíbrio de toda equipe. Simultaneamente, buscamos estar mais próximos de clientes e fornecedores – pilares que foram fundamentais para amparar o desequilíbrio pontual –, fazendo uma leitura mais precisa da situação vigente.

A ordem primária foi a proteção e preservação da vida de nossos colaboradores, em segundo plano, conjugamos os conflitos de clientes, fornecedores e demais custos em pleno curso. Prezamos pela preservação da sensatez e do equilíbrio perante o caos anunciado, que impactou severamente a sociedade como um todo, diante de um ceticismo das consequências vigentes, aflorado bruscamente no cenário brasileiro.

Automaticamente nossas atividades foram cessadas literalmente em pleno voo. A Covid-19 tirou de cena o piloto, transferindo para o copiloto a responsabilidade de navegar. Como acrobatas, nos vimos impelidos a criar novos comandos em plena queda livre, a fim de não espatifarmos no chão. Evidente que ficaram passivos em detrimento de recebíveis não realizados, mas a transparência adotada permitiu que não ocorressem desconfortos. Adotamos o diálogo como ferramenta absoluta e com isso conseguimos transmitir segurança e confiança a todos os envolvidos; ferramenta natural para quem preserva a legitimidade dos atos.

Cabe dizer que os desafios ocorreram em amplitude sistêmica, onde núcleos homogêneos tiveram pluralidade de reflexos, considerando os pilares construídos em cada célula operacional, dentro dos princípios conceituais e tradicionais de cada organização.

Mas tivemos, em particular, um agravante durante esse cenário na primeira semana de março de 2020. Minha esposa, Simoni, fora diagnosticada e operada de câncer da pleura pulmonar. Nessa transcrição, atingimos os 70% das quimioterapias do tratamento. Vi meus desafios serem triplicados e acabei somatizando emoções. Contudo, o princípio do "parar e respirar" permitiu-me recalibrar as ações, assentando meu chão, atitude fundamental para exercer uma gestão profissional e humanitária na empresa. Nessa hora, o time realçou o apoio com atitudes nobres, diluindo minha sobrecarga.

2. Quais foram as ações implementadas?

Frente ao ambiente inesperado e conturbado, sinalizei pela necessidade de intensificar integração da equipe. A união nos blindaria a fim de suportar uma batalha que ainda não tínhamos a dimensão. Previamente e de forma gradativa, vínhamos introduzindo o conceito de *home office*, facilitando sensivelmente nossa performance, minimizando os impactos.

Com meu time envolvido na dinâmica da mudança de cenário, alinhamo-nos às necessidades dos clientes e, na sequência, dos fornecedores. Tínhamos diversas obras em plena execução, portanto, essa integração foi vital para a consolidação do domínio das tratativas, protegendo nossas fontes. Compreender as novas regras do jogo credenciou-nos a ter uma administração ativa e não passiva; de tal sorte, contrariando a crise, conquistamos um crescimento no faturamento superior ao ano de 2019.

Com ações simples, porém de base, preservamos a manutenção do quadro de funcionários. Com todos da equipe mobilizados, houve otimização na gestão da crise e, no epicentro das incertezas, conseguimos realizar fechamentos de novos contratos. Reformatamos e ajustamos algumas plataformas. Atualizamos integralmente nosso cadastro e banco de fornecedores, inclusive recuperando clientes remanescentes. Acabou sendo um momento oportuno para fazer upgrade em todas linhas. Revitalizamos, ainda, o relacionamento com clientes e fornecedores que já faziam parte de nosso rol. Houve uma expansão em nossa linha produtos não replicados à própria carteira, detectado uma falha de conexão interna de equalização dos objetos, detalhes que geravam reflexos em nossa produtividade.

Atuamos no mercado de Eficiência Energética, 50% de nossas ações são execuções remotas, elaborando projetos e captações prévias, alimentando dados às concessionárias. Ações que precedem a execução de fato, blindando o gerenciamento, reduzindo os impactos da Covid-19, naturalmente nossa plataforma carrega um *delay* entre as prévias e as execuções. O fato de termos absorvido com serenidade o impacto da crise credenciou-nos equilíbrio, calibrando esse norte a nossos clientes, colhendo bons frutos em meio a essa tempestade que assola o mercado.

3. Quais foram os aprendizados para sua vida nas áreas pessoal e profissional?

Esse choque da nova realidade que estamos vivenciando, profissionalmente, gerou uma maior clareza perante a metodologia já empregada. Esse novo status me permitiu lapidar e ajustar alguns mecanismos, em detrimento da nova roupagem. Tornou-se evidente que a condução profissional equivale ao alicerce de uma construção, se os pilares estão sob medida, suportam as tempestades com menos tensões. Fica claro que é fundamental no escopo exercer a lição de casa e, dessa forma, o preditivo sobrepõe o corretivo, blindando as quedas.

No pessoal, carrego em meu DNA uma franqueza e transparência na condução de meu time. Minhas raízes são ilibadas. Filho de caminhoneiro humilde e de D. Antônia, minha rainha Mãe, de candura tamanha que parecia feita de mel, recebi o ensinamento que a maior dádiva na terra é Ser Humano. Com essa receita, descobri que não há fronteiras nem muros que não possam ser transpassados. Naturalmente implementei essa essência em minhas gestões, credencial essa que contribuiu para evitar efeitos colaterais. Em breve retrospecto, trouxe-me à mente que tive professores humildes, porém ricos em saber.

Durante a reclusão, vi-me compelido a revisar meu tempo ocioso, reaprendendo a cadenciar melhor meu respirar. Despertou em mim o interesse por coisas mais simples. Passei a saborear, com maior propriedade, a luz do dia, o ato de lavar meu carro, a convivência de maior intensidade com minha esposa e filha. Observei também que parentes e amigos não podem acumular tanta poeira. Literalmente esses pequenos desleixos nos furtam dos princípios do viver.

Porém, confesso, estou profundamente triste com as posturas de algumas pessoas, lideranças institucionais e povos poluindo e gerando caos, muitos buscando fama e outros tentando impor poderes. Esquecem que o que está em jogo é algo muito superior, deixando para segundo plano o fator vida em prol do egocentrismo ou por cleros partidários. Infelizmente não temos um patriota máximo que pregue a união, a paz e a soberania dos princípios básicos como respeito, educação e amor ao próximo. Receita simples que teria protegido o povo desse desastre, reduzindo os efeitos colaterais.

Extraio, com isenção de dúvidas, o valor de cada passo e quão é saudável a liberdade, que outrora desprezávamos por ignorar a dimensão de tais atributos. Perdemos a referência da importância do ir e vir frente a uma causa frágil com ações por vezes passivas.

Essa quarentena retratou-me fielmente o item postura. Minha origem é Sertãozinho, interior de São Paulo, fonte de minhas inspirações. Consegui construir uma carreira de superações sem perder as minhas raízes. Meu *networking* é tecido contínuo, sem buracos de traças, pois, valores não se perdem. Conceito que fazem toda a diferença. Carrego, na minha boleia, amigos de 10, 20, 30 anos de forma ativa e bem participativa, pilares de sustentação em tempos de crise. Esse conjunto de valores formata lastros ocultos em função da postura empregada, equalizando exponencialmente o ponto de equilíbrio entre teoria e prática.

Sublinho esse ambiente recluso em *stand by*, o mundo ainda refém da Covid-19 na posição de copiloto, a maturidade me fez crer que o caminho mais curto é manter o equilíbrio, alimentar as esperanças com ações possíveis e fazer das impossíveis razões para o crescimento.

Importante ressaltar, na minha trajetória profissional, que fui premiado com gestores qualificados e sensíveis na ferramenta pessoas, me doutrinaram que o ambiente corporativo deve carregar o conceito família (respeito e trabalho colaborativo mútuos por um bem comum), esse fator carregamos no time da *ODK Tech Integradora*; garanto que foi um balizador para nosso sucesso frente à Covid-19, eventuais divergências são diluídas quando habita uma convivência saudável.

4. Qual a sua visão e quais as suas expectativas para o pós-crise?

Faço uma leitura de que extrairemos um grande aprendizado. No mínimo, cada qual irá respirar de forma mais cadenciada. Haverá sim reflexões contidas. Creio que os povos, de forma geral, entenderão o recado. Caiu a ficha de que o poder a ninguém é ilimitado.

Tanto profissional como pessoalmente, estou seguro de que subiremos um degrau no quesito maturidade. E mesmo com sequelas financeiras notórias, haverá espaço para humanização, menos intolerância e maior sabedoria no fator vida.

Em especial o Brasil, mesmo com as turbulências, ficou explícito que somos uma potência. Basta analisar as entrelinhas. Fica evidente a nossa representatividade no mundo, nossa capacidade natural é extraordinária para a ciência. Façam a busca de quantos cientistas e médicos brasileiros estão distribuídos pelo planeta. Enfim, vamos levantar nossa bandeira com confiança; o pós-crise abrirá horizontes fortuitos ao Brasil.

Para dimensionar nosso poder, diante dessa poderosa crise, temos o agronegócio nos ancorando, sinalizando que nossa pátria é abençoada de fato. Sempre teremos um setor que nos manterá de pé. Somos uma pátria pluralista e próspera em suas diversidades. Temos indústrias e reservas naturais consolidadas. E, independentemente da crise, devemos equalizar nossas atitudes, evitando alocar tempo em reclamações, para transformá-las em ações de fato.

Evidente que os efeitos da Covid-19 serão sentidos e terão que ser tratados. Creio que ocorrerá um filtro natural. Nesse sentido, o mercado estará mais enxuto e com alta oferta de mão de obra. O sucesso estará propenso aos que interpretarem os novos conceitos, abdicarem de hábitos e vícios de outrora. Essa expansão pós-crise exigirá novos preceitos de forma natural. Os intransigentes às adaptações estarão automaticamente reféns do fracasso.

5. Com base no que você vivenciou, quais recomendações e mensagens de esperança gostaria de compartilhar com outros líderes?

Tenho como princípio considerar, em qualquer cenário, fatores negativos e positivos. Cabe a cada qual subtrair dividendos às adversidades.

Considero a analogia do copo d'água pela metade: um olha e diz que o copo está quase vazio; o outro diz que está quase cheio. Essa metáfora espelha um divisor de águas perante o sucesso.

Em especial, deve-se retirar como aprendizado, deste momento ímpar, que tudo gira em torno dos pequenos detalhes. Essa pandemia realçou, em alta resolução, que 80% dos problemas nós que criamos. E mais, que a impaciência, o egocentrismo, a desumanidade, a discriminação, o desrespeito e a competitividade são meramente poluidores que ofuscam o que realmente importa. O que acaba nos levando à resignação absoluta.

Recomendo como receita básica, neste momento de adaptações, introduzir ferramentas simples, porém com roupagem dinâmica e versátil. Deve-se priorizar a inserção do sentimento de inclusão e pertencimento no time, pois o grau de fidelidade, nessas épocas, torna-se um prisma frágil que exige sensibilidade gerencial. Esses cuidados serão fundamentais, notoriamente, as estabilizações ocorrerão em curva no sistema U. Esse cenário exigirá adaptações gradativas com ajustes corporativos. Influências de reflexos internos e externos serão pontuais, resumindo, haverá em curto prazo uma mutação da quarentena na plataforma.

Considerando minha experiência e contínua busca de aprendizado, destaco que é fundamental, na caminhada, ouvir o que os colaboradores têm a dizer – desde a tia do café ao seu titular máximo na corporação. Há soluções que, por serem tão simples, às vezes ficam camufladas. Em uma das empresas que dirigi, um *office boy* me gerou a solução de um grande problema, no calor da crise ignoramos detalhes. Outro exemplo a ser citado originou de minha filha Michele, empreendedora em inicialização na sua loja de roupas; desabafando comigo sobre como driblar as dificuldades impostas pela pandemia, captei uma situação que contribuiu para a tomada de decisão referente a um contrato que estava em vias de fechamento em minha empresa. Enfim, ouvir é o caminho mais próximo para o sucesso.

Um bom exercício para se autoavaliar: ausente-se provisoriamente do comando e analise quais foram os reflexos gerados. Se os índices apontarem positivamente, é sinal que está de fato no comando, o inverso aponta para o caminho de rever suas ações.

Por fim, minha mensagem principal para gestão empresarial e pessoal é: exerça a integração conjugada com a empatia na sua essência de forma absoluta. Transmitir nomenclaturas corporativas é lindo, agora, exercitá-las é triunfal. Líder não pode ter uma postura tóxica. Teoricamente podemos ilustrar que praticamos o processo da meritocracia e outros adventos. Na prática, exercemos o periférico e induzimos o rudimentar, pois somos o poder – são preceitos cujos efeitos ilustram o insucesso.

Simone Feu

Empresa:

Topfour Consultoria e Healthbit Portugal

Cargo/Função:

Diretora

1. Quais foram os principais desafios vivenciados neste momento de crise provocados pela Covid-19?

Atuando em consultoria, tanto para benefícios corporativos, mais precisamente saúde, quanto recuperação tributária, apesar do conhecimento técnico que essas atividades exigem, a base das relações que estabelecemos com clientes é sempre a confiança, a transparência.

Historicamente, a presença do consultor era exigida para apresentar para as demais áreas da empresa o conteúdo que embasava alguma tomada de decisão, ou para relacionar empresas do mesmo setor que adotavam práticas similares e até mesmo levar a isenção necessária a determinado tema para conciliar divergências internas e fazer com que executivos conhecessem as tendências de mercado que tal decisão exigia. Repare que antes de quaisquer conhecimentos técnicos, primeiro é necessário que o cliente tenha plena confiança no profissional que irá "representá-lo" naquele tema. Minha intenção, ao destacar que confiança é a base de relacionamento, é justamente mostrar a dificuldade de estabelecer novos clientes e novas relações durante o período de isolamento que a pandemia impôs a todos os setores.

Internamente, não foi diferente. A proximidade com os colaboradores, pares e chefes sempre fez com que tendências de interpretação e acolhimento a determinadas medidas ocorressem de forma natural, divulgadas através das relações pessoais. Fomos pegos de surpresa. Ninguém podia acreditar que fôssemos viver algo tão inédito, algo jamais visto.

Diante desse aspecto, a maior dificuldade durante o isolamento foi buscar informações que, além de verídicas e confiáveis, tinham que ser adaptadas à realidade brasileira, conter o pânico gerado em muitas empresas cujos *headquarters* estão localizados em países em que os impactos da pandemia, muito adiantados, já causavam terror dentre os executivos.

Além disso, havia também as demandas de conquista de novos clientes, que conforme mencionado anteriormente, para estabelecer a relação de confiança sem contato pessoal, sem dúvida tornou todo o processo de crescimento das empresas muito mais complicado.

Nasciam assim, abruptamente, necessidades de adaptação, de superação, de reinvenção para que empresas, colaboradores e suas famílias, fornecedores, parceiros e clientes... sobrevivessem.
Aos poucos, o pânico causado pela desinformação, pelas notícias alarmantes da Itália onde o surto foi violento e ainda potencializado pela concentração de idosos em muitas regiões. Além disso, uma inundação de álcool gel e campanhas repetitivas, mas sem fundamento, faziam com que grande parte da população, ainda presa às necessidades para sobrevivência, mantivesse a rotina profissional inalterada.
No Brasil, todos esses fatos ocorreram durante uma guerra política. Lamentavelmente, o desafio maior ainda foi concentrar esforços voltados para ações de prevenção e gestão eficazes dos sistemas de saúde pública e privada.

2. Quais foram as ações implementadas?
Preocupados com a premissa de fornecer dados confiáveis aos clientes, buscamos referência em instituições renomadas e rigorosas com as práticas médicas, tanto no Brasil como no exterior. Naquele momento, diante de uma pandemia jamais vista, tornamo-nos todos reféns da desinformação ou de informações até mesmo contraditórias – tudo isso, acentuado pela guerra política que tornava os canais de TV, rádio e mídias digitais potencializadores de insegurança e medo, tornando os dias intermináveis durante as primeiras semanas de isolamento.
Surgiram então as "correntes" que recomendavam a suspensão total das operações das empresas e até mesmo as que atribuíam ao calor do nosso clima tropical a falência do vírus. Ninguém estava preparado para essa ameaça. Não uma ameaça dessa natureza. Não havia experiência similar, nada parecia lógico, pois nos colocava em situações que desafiavam tudo o que já foi vivido.
As tomadas de decisão colegiadas tornaram as ações mais aceitáveis, apesar de difíceis. As discussões consideraram impactos de diversas naturezas – desde financeiros até os de sobrevivência de colaboradores ou até mesmo da própria empresa. As ações mais impactantes surgiram a partir

de uma visão matricial que relacionava ação preventiva com os impactos financeiros da própria empresa. Essa simples planilha, que para ser preenchida requer a participação de praticamente todas as áreas da empresa, tornou possível que chegássemos a um denominador comum – dos riscos e impactos que cada ação proposta causaria, de forma coletiva e consensual para todos. A partir dessa análise conjunta, que já considerava o isolamento social, evoluímos diferentemente em cada empresa, seguindo as características de paternalismo ou não, de cada uma.

Algumas empresas externaram de imediato a intenção de reduzir o quadro de colaboradores, enquanto outras mencionavam cortes extremos de gastos em outras linhas de despesas para manter integralmente o grupo de colaboradores. Algumas trocaram seus benefícios de vale-restaurante por vale- alimentação. As empresas que utilizavam serviços de aluguel de veículos esgotaram todas as negociações possíveis para devolvê-los e eliminar custos diretos e indiretos do benefício.

Observar as diferentes reações ao "produto humano" diante da situação tão adversa foi intrigante para mim. Por que algumas pessoas desprezam a dor e o sofrimento alheios? A resposta demorou a vir, mas antes mesmo dela chegar, me deparei com exemplos de bravura, de coragem, de solidariedade e humanidade que superam o que testemunhei.

Após algumas semanas de adaptação, as demandas consultivas sofriam alterações. Se de um lado começava a demanda desenfreada por testes rápidos para a Covid-19, por outro, começavam a surgir demandas por análise de eficiência operacional através de inteligência artificial. Isso mesmo que você leu. Durante uma pandemia, empresas que empregam milhares de pessoas já iniciavam a busca por redução de fluxos, processos e pessoas não mais por questões situacionais, mas de forma definitiva. Plataformas tecnológicas de inteligência artificial foram contratadas para mapear a necessidade de alguns serviços, a duplicidade de ações e, por fim, a constatação de que em *home office*, através de plataformas para registro de atividades, concluíram que muitos cargos poderiam ser extintos.

Um dos fatores que mais trouxe sucesso comercial foi a antecipação na produção de materiais videográficos, justamente buscando a proximidade com os, até então desconhecidos, clientes.

O uso das plataformas para videoconferências, que era semanal, tornou-se diário. Antes mesmo do isolamento social, já percebíamos o aumento de uso dessas plataformas de videoconferência, sobretudo pela economia de tempo entre deslocamentos, preliminares de apresentações que tornam a reunião presencial mais simpática, mas invariavelmente consomem (e nos fazem perder) tempo.

As despesas com reservas de espaço, materiais, insumos, transportes e toda a estrutura dos escritórios começaram a fazer com que CFOs identificassem que custos antes inalteráveis surgiam com possibilidade de cortes representativos em detrimento de queda em vendas ou produção e ameaça à sobrevivência de alguns setores.

Enfim, com a mesma velocidade impactante que os problemas surgiram, descortinaram-se muitas oportunidades, e a revisão de conceitos de trabalho da organização, previamente estabelecidos como únicos, que passaram a ser questionados.

Surgiram empresas de tecnologia vendendo suas plataformas de controle de atuação, participação e performance (além do acompanhamento das atividades diárias) de colaboradores em *home office*.

Surgiam, assim, os serviços para adaptação rápida, ao que foi chamado de "novo normal".

3. Quais foram os aprendizados para a sua vida nas áreas pessoal e profissional?

Percebi que repetimos as características de personalidade mesmo em situações adversas. Testemunhei CEOs transtornados com a imposição de isolamento social, muito desequilíbrio e despreparo. Da mesma forma que vi áreas de Recursos Humanos sofrendo com as demandas desesperadas dos colaboradores, identifiquei que surgiam líderes naturalmente, independentemente de cargos ou funções exercidas, pois conseguiam conduzir os colaboradores com maestria pelos caminhos que, até então, o desconhecimento nos obrigou a ter receio. Em 20 dias, trocamos todo o material enviado com recomendações para prevenção, pois com o início do *lockdown*, algumas sugestões que tomamos como premissa já se comprovavam ineficientes – e novas informações e recomendações médicas chegavam a cada dia.

Aprendi que durante essas circunstâncias, temos que ouvir muito mais do que falar, não compartilhar informações por impulso, refletir e pesquisar antes de propagar, coletar dados e checar as fontes, para que somente então possamos emitir opinião equilibrada. No contexto corporativo, considerar invariavelmente a opinião dos demais, que mesmo por vezes equivocadas, revelam as angústias, medos e a própria realidade sócio-financeira de parte do grupo – considerá-las com transparência, na comunicação com os demais, torna a relação estabelecida entre empresa, colaboradores, clientes, fornecedores, investidores e matriz muito mais eficaz.

Aprendi que repetimos o padrão de comportamento mesmo durante a adversidade, quando constatei que sempre haviam grupos de afinidade: havia o grupo que desejava parar de trabalhar a qualquer custo, o grupo que preferia atitudes extremas para permanecer trabalhando, como até mesmo montar alojamento na própria empresa, talvez acreditando que seria uma restrição passageira, outro grupo desejava tirar férias – talvez ainda sem a percepção dos impactos que o isolamento traria e as dificuldades econômicas que os empregadores enfrentariam.

A falta de perspectiva governamental tornou impossível prever a duração das restrições, e o excesso de informações sensacionalistas inundou a população com notícias devastadoras, mesclando a realidade cruel de alguns países com o início de casos graves no Brasil.

Estávamos a passos largos para o paredão que a situação nos impunha: cortar despesas ao máximo, sem limites para os impactos secundários e, assim, deram início os desligamentos, a redução de salários, a busca por fornecedores que privilegiavam custos mesmo que em detrimento de qualidade, e tudo isso com uma forte influência da mídia sobre aspectos políticos que inundaram o país com *fake news*, excesso e dramatização de casos que conectavam os telespectadores com a situação mostrada, gerando empatia com o caso e aumentando os casos de crises de pânico, acessos aos serviços remotos de EAP (*employee assistance program*) e os relatórios das empresas de PBM (*pharmacy benefits management*) evidenciaram aumento considerável no uso de medicamentos para depressão, bipolaridade, ansiedade e várias outras doenças e/ou distúrbios psíquicos.

Os hospitais ficaram vazios para as cirurgias eletivas, programadas. Surgiram iniciativas de construção de hospitais em locais como estádios, sambódromos, muitas vezes apoiados por empresas do próprio setor, ou outras preocupadas em prestar serviços relevantes para a população, que doaram para o Ministério da Saúde quantias jamais vistas, destinadas à compra e distribuição em todas as prefeituras de testes para a Covid-19.

As empresas de telemedicina assistem ao aumento por demandas incrédulas. Hospitais de referência como o Hospital Israelita Albert Einstein não só auxiliam a implantação de hospitais de retaguarda, com protocolos e gestão médica, como fornecem tecnologia adaptada à telemedicina aos grandes *players* de saúde suplementar, os planos de saúde. Se por um lado as despesas médicas foram muito reduzidas durante o período crítico, aguarda-se altos índices de demanda pelos serviços médicos "represados" durante a pandemia. Todos esses aspectos vistos como obstáculos por uns, mas como oportunidade para outros.

4. Qual a sua visão e quais as suas expectativas para o pós-crise?

Acredito que as grandes mudanças ainda estão por vir, afinal, as grandes inovações de setores que fizeram surgir iniciativas como *Uber*, *Airbnb* e tantos outros que representavam uma reinterpretação dos bens de consumo, com a chegada do cenário de isolamento, foram severamente atingidas, nos fazendo revisitar tais conceitos e gerando novas perspectivas de solução para a nova realidade que nos assaltou abruptamente.

Acredito que o mercado imobiliário será bastante afetado quando comparados os lançamentos atuais que utilizam o padrão de metragens tradicionais aos desafios do distanciamento, entretanto, novas e rápidas adaptações também surgirão.

Acredito que haverá busca de qualidade de vida oferecida pelas cidades menores.

Investimentos em saúde serão cada vez maiores, tanto para o controle das patologias psicossomáticas, como para prevenção das doenças oportunistas, vacinas e toda a indústria acessória que sustenta os protocolos de atuação, como materiais e insumos em geral. Planos de saúde terão que se adaptar às novas regras da legislação e as parcerias entre setores públicos e privados serão cada vez mais necessárias para a gestão eficaz de investimentos.

Novas tecnologias são utilizadas no desenvolvimento de equipamentos de desinfecção, de acesso controlado, de aferição de temperatura, de limpeza de sistemas de ventilação e refrigeração, enfim, tantos novos negócios surgiram e, como sempre, a capacidade humana de resiliência, a criatividade e a superação nos levarão a patamares nunca antes vistos.

Mais do que minha visão e expectativa, esse é o meu desejo para nosso planeta.

5. Com base no que você vivenciou, quais recomendações e mensagens de esperança gostaria de compartilhar com outros líderes?

Até aqui, abordamos técnicas, procedimentos, tendências e tudo o mais que o mundo corporativo conhece bem.

Diante de uma pandemia pouco conhecida e sem perspectiva de cura em curto prazo, me lembrei da filosofia do Dr. Edward Bach, que se baseia na simplicidade, que se refletiu também no seu modo de vida e na conclusão de sua obra, que vou contar em poucas palavras.

Em 1929, aos 43 anos, muito respeitado pela classe médica europeia, atendendo a um chamado interior, abandonou todas as suas atividades e partiu para o campo em busca da cura simples e acessível para todos. Entre 1930 e 1934, descobriu 38 remédios florais e fundamentou uma nova medicina. Após concluir seus estudos, faleceu em 1936. Deixou-nos um legado profundo e simples a ponto de permitir a automedicação e a prescrição por leigos. Entretanto, isso exige autoconhecimento, capacidade de observação de si mesmo e do outro, empatia com o próximo e capacidade de percepção, mesmo que o indivíduo não se identifique com as próprias emoções.

Eu me permito recomendar esse sistema, que prefiro chamar de apoio para o equilíbrio emocional, por ser um sistema de saúde reconhecido pela OMS e considerado integrativo, pois não conflita com nenhum outro sistema medicinal.

Minha mensagem de esperança é um convite para a análise que começa com a unidade, com cada um de nós. Hierarquizar as emoções em desequilíbrio, selecionando as principais desarmonias que afetam nosso estado de felicidade, pode ser um bom começo.

Para que isso ocorra, meu convite se estende a conhecer quantos sentimentos existem? Quais são eles? Será que sabemos identificar o que realmente sentimos? Fomos preparados para isso em casa, na escola, na universidade, no trabalho? Fato curioso é que depois que Dr. Bach concluiu seu trabalho, nenhum novo sentimento foi descoberto ou identificado – costumo dizer que a cobiça e a inveja de carruagens luxuosas daquela época tornaram-se cobiça e inveja de carros importados atualmente. O objeto mudou, mas os sentimentos permanecem inalterados. A boa notícia é que isso evidencia que ao menos temos um universo limitado para conhecer nossos próprios sentimentos, e acreditem, esse conhecimento tão simples provoca um poder, um controle sobre nós mesmos inacreditável.

Não é raro encontrarmos pessoas que não têm a menor ideia do que sentem e reagem, repetindo a dinâmica estabelecida na infância com os pais e transferindo as desordens para outras relações. Não é errado ter um sentimento ruim, já que existe. Negá-lo torna todo o processo de autoconhecimento mais difícil, e distancia o que pode ser feito a partir dele. Dessa forma, muitos seguem suas vidas frustrando suas tendências, suas necessidades e habilidades, afastando-se do propósito da alma.

Durante esta pandemia e até mesmo após este período, recomendo fortemente a leitura do livro *Cura-te a ti mesmo*, onde será possível encontrar a simplicidade do sistema de cura tão aplicável ao que estamos vivendo.

Esse isolamento pode ser interpretado como um chamado ao autoconhecimento, um convite para prestarmos atenção aos erros que podemos estar cometendo, às deficiências de nosso caráter, e termos a oportunidade de transformar defeitos em virtudes através do equilíbrio de nossas emoções.
Acredito que o processo de cura necessite de minucioso estudo, seja por nós mesmos ou por alguém que tenha dedicado sua vida à humanidade, em cujo coração possa arder verdadeiramente a vontade de ajudar todo aquele que sofre a abrir os olhos para um novo caminho, inspirando-lhe esperança, fé e motivação que lhe capacitem dominar sua enfermidade.
Realização é sinônimo de acordar, significa parar de sonhar.
Parece simples, mas estamos falando de trocar o medo pela confiança. O medo nos mantém num lugar seguro ao preço alto que pagamos com nossa alegria, nossa saúde, nossa vida. Desejo que o leitor consiga seguir o comando do coração, resistindo à vontade de manter essa falsa ideia de segurança que nos adoece e fragiliza.
Enquanto não descobrimos a cura para o vírus, cabe-nos fortalecer os ditames de nossa alma e nos manter conectados com a realidade irreparável de que qualquer organização, por mais poderosa que seja, começa sempre com um. Um de nós.
Desejo profundamente que cada um seja a sua própria cura.

Simone Freire

Empresa:

Agência Nacional de Saúde Suplementar - ANS

Cargo/Função:

Ex-Diretora

1. Quais foram os principais desafios vivenciados neste momento de crise provocados pela Covid-19?

A atuação como diretor na Agência Nacional de Saúde Suplementar (ANS) impõe que muitas e complexas decisões sejam tomadas rotineiramente, uma vez que a agência é responsável por regular e fiscalizar todo o mercado de saúde privada no Brasil, o que significa atuar para manter o equilíbrio entre aproximadamente 47 milhões usuários de planos de assistência médica, 23 milhões clientes de planos odontológicos, 900 operadoras de planos e perto de 400.000 prestadores de serviços de saúde no Brasil, toda uma cadeia que, de alguma forma e em algum grau, é impactada pelo que determina a ANS. Trata-se de um órgão decisor colegiado, composto por cinco diretores que devem, via de regra, após a indicação pelo presidente da República, ser aprovados em sabatina no Senado Federal, que visa medir o preparo do candidato. Trata-se, assim, de um posto em que o ocupante deve desde o início estar preparado para agir com celeridade em ambiente complexo, de extrema pressão e amplo alcance. As decisões da ANS devem ser precedidas de uma análise técnica de impacto regulatório, reunindo o maior número possível de dados e cenários, para que se minimizem potenciais riscos, e são assim para garantir segurança jurídica e previsibilidade a todos os envolvidos nesse grande setor econômico. Sempre busquei atuar conservando os pilares da teoria das decisões (prospecção, concepção e decisão), nos meus seis anos como diretora de fiscalização.

Crises são momentos em que as referências se dissipam, perde-se a estabilidade; as de grande proporção, como a atual, simplesmente não podem ser previstas. Espera-se do líder que ele reconheça a dimensão do problema e reaja adequadamente, com serenidade e equilíbrio, mas principalmente de forma realista. Liderar sempre exige atributos que motivem o grupo a atingir os resultados pretendidos, de forma correta, agindo com respeito e em conjunto com a equipe. Ao enfrentar a pandemia, busquei colocar a situação em perspectiva e manter o grupo confiante, atuando com calma e positividade, o que de maneira nenhuma significou não encarar a realidade dos acontecimentos. Ao contrário, desde o início enfatizei o grande desafio que enfrentávamos, já que, em alguma medida, desconstruiríamos algumas coisas, e que precisaríamos do conhecimento de todos, ideias, soluções, todas as contribuições possíveis. Tive a grata felicidade de continuar contando com todos que trabalhavam comigo, com ainda mais dedicação e empenho, e muitas inovações foram propostas e aplicadas. É fato que esse foi um desafio maior do que liderar em tempos da agora chamada "normalidade", justamente porque nesse momento precisei priorizar a estabilidade e o equilíbrio de todos, para manter a equipe unida, tranquila e confiante, e isso requer grande dedicação e muito autocontrole.

Outro ponto que destaco foi a necessidade de rápida adaptação, de reinvenção mesmo, porque foi preciso abandonar práticas já testadas, tanto ao lidar com a equipe quanto em relação às decisões que precisavam ser tomadas rapidamente. A pandemia se mostrou um teste rígido para todos que exercem postos de comando, exigindo que muitas das qualificações fossem demonstradas na prática.

Embora a função de diretor numa agência reguladora se trate de posição que já demandava dinamismo ordinariamente, a chegada da crise da Covid-19 exigiu uma atuação diferenciada, exigindo o enfrentamento de vários desafios, como a ausência de informações e dados confiáveis, tanto específicos do mercado regulado, quanto gerais sobre a evolução da epidemia; a impossibilidade de se elaborar previsões ou cenários, num ambiente de total imprevisibilidade; extrema pressão dos atores econômicos afetados; a urgência na tomada de decisões estratégicas de amplo alcance, mantendo a serenidade; e o ineditismo de todo o cenário.

2. Quais foram as ações implementadas?

Como agência reguladora dos planos privados de assistência à saúde no Brasil, a ANS precisou agir sobre muitos dos assuntos de sua competência legal, uma vez que detém autoridade para direcionar o setor. Participei ativamente de todas elas até o final de meu mandato, respeitando minhas convicções e experiência.

Inicialmente, foi decidida a inclusão extraordinária do exame para detecção da Covid-19 no rol dos procedimentos de cobertura obrigatória pelas operadoras de planos de saúde, seguindo as diretrizes de utilização estabelecidas pelo Ministério da Saúde, ou seja: possibilitar que os clientes de planos de saúde, que apresentem o quadro médico estabelecido, possam fazer o exame através da rede de laboratórios de sua operadora, sem custo adicional. Essa é uma decisão que usualmente demanda estudos prévios, que não somente se relacionam com a eficácia do procedimento, mas também analisam o custo econômico dessa incorporação. No momento de pandemia, contudo, algumas exigências foram flexibilizadas para que o processo decisório em si não acarretasse demasiada demora.

Especificamente no âmbito da diretoria pela qual era responsável, determinei que se iniciasse, ainda no começo de março de 2020, um monitoramento diário das reclamações dos usuários que se relacionassem à Covid-19. Foi montado um importante painel com essas informações, onde é possível analisar a causa da reclamação, local em que ela ocorre (por Estado), um comparativo do total de demandas de usuários de planos de saúde frente aos dados oficiais de casos confirmados, permitindo acompanhar diariamente como o mercado se comporta frente à pandemia. Também propus, e foi assim determinado, que as operadoras de planos de saúde não fossem obrigadas a manter o atendimento presencial de seus clientes, face às recomendações de distanciamento social e isolamento de grupos de risco. Essa medida visa exclusivamente não penalizar operadoras que optarem por fechar postos de atendimento presencial, especialmente levando-se em consideração as muitas restrições impostas pelas autoridades estaduais e municipais (atendimento telefônico e por qualquer outra forma foram obrigatoriamente mantidos, tendo em vista o caráter de serviço essencial).

Pelas mesmas razões que embasaram a medida anterior, os prazos máximos de atendimento por parte das operadoras de planos de saúde às demandas de seus usuários foram prorrogados em alguns casos e suspensos em outros. Essa medida tinha o objetivo de retardar a realização de procedimentos eletivos, aqueles não enquadrados como urgência ou emergência, para evitar o deslocamento desnecessário de pessoas para hospitais, laboratórios, clínicas e consultórios, e, ao mesmo tempo, permitir que os recursos de saúde estivessem disponíveis para atendimento aos casos decorrentes do novo coronavírus. Assim, partindo desse pressuposto, os prazos para agendamento de cirurgias eletivas foram suspensos (o que não quer dizer que não se mantém a garantia para sua realização, mas sim que o prazo normativo a que a operadora estava sujeita foi suspenso). Foram mantidos, sem qualquer alteração, contudo, todos os prazos referentes a tratamentos continuados (como quimioterapia, radioterapia, hemodiálise, por exemplo), a pacientes do grupo de risco, bem como todo e qualquer procedimento que, a critério do médico assistente, não possa aguardar o prazo prorrogado ou suspenso. Essa medida teve curta duração e atualmente todos os prazos foram restabelecidos.

A partir do recebimento de muitas demandas do mercado regulado, a agência estruturou um termo de compromisso para liberar ativos garantidores das operadoras de planos de saúde. Propôs, porém, em contrapartida, que esses recursos fossem usados para garantir o pagamento da rede prestadora de serviços de saúde (hospitais, laboratórios, clínicas, consultórios), bem como que as operadoras iriam negociar com seus clientes inadimplentes, impedindo a saída desses da saúde privada. Esse termo, contudo, teve baixíssima adesão – apenas nove empresas o assinaram, e foi alvo de muitas críticas do mercado, que tinha a expectativa de poder movimentar livremente seus ativos em momento de crise. Também a partir de demandas externas, incluindo o próprio Ministério da Saúde, o órgão regulador precisou se manifestar sobre a utilização de leitos de hospitais privados pela rede pública, matéria extremamente sensível, onde a ausência de informações confiáveis e em tempo real foi um verdadeiro empecilho.

Paralelamente a essas medidas, também foram necessárias decisões de alcance interno, administrativas. Dessa forma, seguindo as recomendações das autoridades locais, o atendimento presencial prestado pela agência foi suspenso (nos núcleos existentes em 11 Estados brasileiros), bem como as atividades presenciais na sede, no Rio de Janeiro. Essa decisão visou resguardar os servidores e os colaboradores, principalmente quando considerado que as atividades exercidas por todos poderiam continuar de forma remota, contribuindo para a diminuição de pessoas em deslocamento diariamente.

3. Quais foram os aprendizados para sua vida nas áreas profissional e pessoal?

Foram muitos, valiosos e inesquecíveis aprendizados conquistados a partir do enfrentamento do pior momento da crise, exercendo a função de diretora em um órgão responsável por regular a saúde privada no país, parte do sistema brasileiro de saúde. Sem dúvida alguma, a experiência e o conhecimento foram fatores determinantes em todo o processo, que reforçaram minha crença na necessidade de que postos de altas lideranças devem ser preenchidos por pessoas que carreguem esses atributos. Passei a enfrentar a pandemia faltando poucos meses para completar seis anos no cargo de diretora, e a experiência acumulada nesse período foi essencial para manter o equilíbrio nas tomadas de decisões "no escuro", por assim dizer. Ainda assim, com todo o preparo e vivência anteriores, pude tirar muitas lições desse momento.

A princípio, compreende-se que a clássica divisão do processo de tomada de decisão (identificação do problema, elaboração de alternativas que o resolvam, análise dessas opções, implementação da decisão e acompanhamento dos resultados) fica altamente comprometida quando há um cenário como o da pandemia, e o processo lógico passa a dar espaço cada vez maior ao processo intuitivo: como não é possível antever riscos e consequências, a decisão passa a se basear muito no instinto guiado pela experiência. Dessa forma, prevalecem as chamadas decisões não programadas (Herbert Simon), face ao ineditismo da situação, que têm como subsídios apenas as informações que estão disponíveis – o líder precisa agir mesmo quando os elementos que lhe são apresentados são insuficientes para garantir os resultados que a empresa almeja. Essa atitude requer assumir o que virá na sequência, considerando-se principalmente que cada decisão é uma renúncia a outras alternativas postas, e estar pronto para reavaliar e redirecionar com rapidez, caso algo saia do esperado. Cito como exemplo dessa situação a decisão da agência pela prorrogação e suspensão dos prazos de atendimento. Embora a fundamentação tenha se dado em consonância com as políticas públicas de enfrentamento da crise, visando preservar a saúde dos usuários do sistema privado, consequências não previstas foram se apresentando conforme os efeitos da decisão ocorriam no tempo. Conforme foi noticiado pela mídia, e também pelas entidades representativas envolvidas, que oficiaram a ANS, houve uma queda brusca no atendimento pelos prestadores de saúde aos clientes de planos de saúde, impactando adversamente no equilíbrio econômico-financeiro desses estabelecimentos – o que pode, em alguns casos, significar o término das atividades, a depender do porte e solidez do local. Adicionalmente, e muito mais relevante e crítico, passaram a circular notícias e relatos sobre outro efeito não previsto: pessoas que retardaram seus atendimentos teriam também seus diagnósticos postergados, o que poderia ser fatal em alguns casos. Além disso, mesmo pessoas que tinham seu atendimento assegurado no prazo passaram a abandonar seus tratamentos (a imprensa noticiou queda de até 80% no atendimento de alguns centros oncológicos). Muito embora essas notícias tenham começado a chegar ao órgão regulador em meados de abril, a decisão somente foi revista na primeira quinzena de junho.

Duas grandes lições foram apreendidas nesse episódio. Em primeiro lugar, está a relevância de uma comunicação de qualidade e efetiva, que consegue identificar o público-alvo da mensagem e fazê-lo compreender o que se pretende transmitir – embora essa questão seja rotina para os que ocupam postos estratégicos. Ao comunicar a decisão tomada, de prorrogação e suspensão de prazos de atendimento, a agência continuou adotando seu linguajar tipicamente técnico, voltado para o mercado (empresas) que regula. Em minha opinião, desconsiderou que a população receberia a notícia via imprensa e entenderia que um órgão do governo estava dizendo para que não fizesse seus procedimentos, contribuindo, ainda que involuntariamente, para aumentar o medo. Assim, ficou evidenciado que uma mesma mensagem precisa ser adaptada, com manutenção de sua essência, para atingir com eficiência os diferentes públicos que a recebem. Ainda, ao lidar com essa situação, para mim ficou patente que órgãos ou empresas que possuem conselhos para tomada de decisão precisam assegurar que todos os integrantes estejam no mesmo patamar de conhecimento e/ou experiência, pois o contrário é fator inquestionável de risco. Isso fica ainda mais evidente em situações como a pandemia, onde não há tempo para aguardar curva de aprendizado ou processos de adaptação. Esse risco se potencializa quando é possível que se forme maioria de pessoas que não estejam adequadamente preparadas exatamente quando é necessário agir com celeridade, flexibilidade, serenidade e confiança. Rever decisões que se mostraram inadequadas é parte do processo de liderança e considero uma qualidade a capacidade de perceber rapidamente a necessidade de readaptação. Contudo, quando as estratégias são definidas em conjunto e há descompasso técnico entre os decisores, esse processo pode ser demasiadamente retardado, prolongando desnecessariamente efeitos que não eram previstos ou desejados inicialmente. Creio ser essa uma dura lição, mas a mim se mostrou como fato: colegiados ou conselhos precisam ser compostos por pessoas devidamente preparadas, o que resultará em ganho, ou minimamente em menos riscos, quando situações inesperadas surgirem e precisarem de enfrentamento.

Também aprendi que o medo é essencial e deve ser valorizado em situações extremas como essa que vivenciamos. Naturalmente, o medo funciona como uma barreira para a impulsividade, ajudando a evitar que se tome a parte pelo todo, porém em momentos como esse de crise, esse freio tende a ser ainda mais importante. No meio de uma tormenta de demandas, apelos, pressões, é razoável que tenhamos o ímpeto de agir rapidamente para "resolver" as situações. Recear as consequências é uma forma inteligente de se dar um tempo para realizar uma análise sistêmica, em especial quando não se tem informações confiáveis e/ou suficientes para agir. Essa pausa, guiada pelo cuidado, permite deixar que suas impressões, seu aprendizado, o que tirou de experiências passadas, construam um caminho ou um posicionamento de acordo com todo seu conhecimento, e, assim, mais elaborado, fundamentado, e menos reativo.

Pessoalmente, como não havia ainda realizado atividades remotamente, aprendi que acabamos trabalhando muito mais de casa. É essencial manter uma rotina organizada, com horários determinados para todas as atividades, ou sequer notamos que o dia todo (e boa parte da noite) está sendo dedicado exclusivamente para afazeres profissionais. O senso de urgência de tudo que deve ser feito em função da pandemia nos absorve de uma forma que pode comprometer até mesmo nossa saúde, daí a importância de deixar reservados momentos diários de lazer e convivência social – ainda que *on-line*. Aprendi, ainda, que não é um mero chavão que sentimos mais falta de algo quando o perdemos: o isolamento me ensinou que mesmo as coisas mais banais de nossa vida, como comprar pão ou simplesmente caminhar ao sol, são importantes em nossa jornada e parte relevante de quem somos. A privação é um grande ensinamento para a vida, que nos induz a lidar equilibradamente com sentimentos como frustração e impotência, um aprendizado significativo.

4. Qual a sua visão e quais as suas expectativas para o pós-crise?

Embora sempre tenha acreditado na capacidade humana de se reinventar, reerguer e melhorar após grandes adversidades, creio que ainda estamos no momento de ponderação. Vivemos a dor coletiva pela perda de tantas vidas e permanecemos sem certezas sobre como será restabelecida a normalidade, ou implementada a "nova" normalidade. É fato que os impactos econômicos da pandemia já são graves e podem ainda piorar. A instabilidade do fechamento/abertura das atividades econômicas agrava a situação no país e infelizmente parecemos distantes de uma solução que permita resguardar a saúde das pessoas, ao mesmo tempo que garanta que todos possam trabalhar para assegurar as necessidades básicas de suas vidas. Mantendo o foco no otimismo e considerando o fim da pandemia, contudo, creio que as mudanças de comportamento de toda a sociedade possibilitarão o surgimento de oportunidades, a partir de novas formas de se relacionar, de consumir, de novas necessidades (como as máscaras e procedimentos de higienização, por exemplo).

A área da saúde teve sua essencialidade mais uma vez provada e vejo como certa sua expansão, em muitas de suas vertentes. Todos os profissionais de saúde tendem a ser cada vez mais requisitados e são inúmeras as oportunidades, desde a prestação de serviços em si até a comprovada necessidade de investimento na indústria interna de equipamentos e insumos, para ao menos reduzir nossa dependência e garantir capacidade de reação em situações como a atual.

Por fim, tenho a expectativa de ver os líderes que enfrentaram esse difícil momento compartilhando cada vez mais seus conhecimentos, contribuindo com a formação de novas lideranças e tendo seu valor devidamente reconhecido. Em todos os segmentos, foram incontáveis casos de extrema dedicação, superação, inovação e rápida adequação, que indubitavelmente colaboraram para minimizar os impactos da crise e merecem ser exaltados.

LIDERANÇA DA ALTA GESTÃO EM TEMPOS DE CRISE

Desafios e Aprendizados

Susiane Pinkowski Santos

Empresa:

Grupo WDS

Cargo/Função:

Diretora Nacional

1. Quais foram os principais desafios vivenciados neste momento de crise provocados pela Covid-19?

É um desafio de proporção mundial, mas no Brasil todas as consequências sociais e econômicas ainda se somam à crise política que nos impacta diretamente no momento. Que me lembre, é a primeira vez que vivencio a fragilidade conjunta das três pernas desse tripé e isso certamente tem agravado ainda mais os efeitos colaterais da pandemia aos brasileiros.

Há algo ainda velado que todos nós temos enfrentado, mesmo para aqueles que possuem um ambiente familiar equilibrado, que é a hiperconvivência. Os breaks de trabalho, lazer e outros afazeres não intercalam mais a convivência doméstica, e haja criatividade para tirar bom proveito dessa rica experiência, mas é um presente e como tal o valorize.

Afinal, quem estava preparado para tamanha e repentina mudança de necessidades e hábitos? Nossa rotina profissional e pessoal nos foi arrancada, sobrando somente a sensação de que o direito de ir e vir é volátil e praticamente um ato irresponsável no momento. O mundo parou e a vontade pessoal teve que dar espaço ao direito coletivo, a vontade ou necessidade de viajar, comprar, ver, sentir, fazer, abraçar ficou em segundo plano.

Trabalhar em casa, ah, que delícia, mas não assim, com o monstro da insegurança do amanhã nos fazendo companhia, não é mesmo. Certamente a incerteza tem sido um pesadelo para todos, independentemente de você ser o empresário ou o trabalhador, nunca se teve tantas interrogações, "senãos" e "poréns" como no momento em que estamos.

A ordem agora é ter cautela, observar as novas necessidades, identificar oportunidades, se adequar rapidamente – "se reinventar".

2. Quais foram as ações implementadas?

Somos uma *holding* com segmentos diversos e isso acabou me proporcionando a oportunidade de participar e contribuir em diversas reuniões de avaliação de cenário e *brainstorming* de criação e desenvolvimento em segmentos como entretenimento, rádio, serviços...

Resiliência corporativa e velocidade de aplicação são itens cruciais na busca e implementação de inovações, e assim, por consequência, o sucesso no retorno financeiro. Dividimos equipes para pensar simultaneamente em SOLUÇÕES, uns focados em pescar no aquário – revisitando antigos projetos, ações e produtos que poderiam ser resgatados e adequados ao novo momento. Um segundo grupo avalia ações de terceiros e analisa ideias e estratégias de mercado, mesmo que de diferentes segmentos que pudessem ser aproveitados em nossos negócios. Outros, pensando fora da caixa, desarmados de preconceitos, funcionam muito com pessoas que não atuam efetivamente no segmento, mas que trazem provocações interessantes. Alguns exemplos...

1) Transformar a cozinha de uma casa noturna em centro de *delivery* pelo *Ifood*... abrimos diferentes CNPJ (hambúrgueres, comida japonesa e feijoada), saindo da mesma cozinha.

2) Produção de lives para grandes artistas e artistas locais.

3) *Drive-Thru*, projeto antigo de sucesso, rapidamente resgatado e adequado à necessidade atual, operamos na Pedreira Paulo Leminski, em Curitiba, um grande espaço de shows.

4) Compra antecipada de serviços com bônus especiais para uso posterior à Covid-19... forma rápida de fazer caixa e trazer o movimento de pessoas para o negócio após a liberação do comércio.

5) Rápida revisão em todas as linhas de custos, despesas e serviços contratados.

3. Quais foram os aprendizados para a sua vida nas áreas pessoal e profissional?

É assustador se deparar com a situação de acordar e de repente perceber que sua rotina profissional não faz mais sentido, suas estratégias não funcionam para esse novo cenário, saber que suas expectativas de receita sofrerão soluços consideráveis. Porém, passando essa primeira onda de choque, é momento de agir, e agir rápido... não há espaço para lamentações de longo prazo, vai beber água limpa quem chegar primeiro, então se movimente. Somos sedentos por informações 24 horas por dia e descobrimos que sabemos quase nada sobre as pessoas que estão ao nosso lado, se relacione com mais profundidade e de forma verdadeira com as pessoas que você ama.

4. Qual a sua visão e quais as suas expectativas para o pós-crise?

Algo é certo nisso tudo, o mundo mudou e mudou para absolutamente todos.

É como se uma nova largada fosse anunciada, onde não interessa quem antes estava na frente ou atrás, a grande maioria se nivela e terá que buscar se reinventar para uma nova realidade, isso é uma oportunidade ímpar – aproveite.

Um "novo normal" vai se estabelecer, afinal de contas, mexeram no nosso queijo e descobrimos que sustentávamos muitas falsas verdades por puro comodismo.

A natureza nos freou para redescobrirmos nossa família, natureza, corpo e espiritualidade, há sim como equilibrar o pessoal e profissional – revisitar nossa essência.

As empresas entenderam que a presença física demanda grandes espaços e altos custos, e que isso hoje é tolice... As organizações já perceberam que o seu valor humano está espalhado pelo mundo e será contratado independentemente de sua situação geográfica.

O desafio será se sobressair digitalmente e atingir a atenção do consumidor na sua preferência de navegação, esteja atento às novas ondas emocionais do seu consumidor.

Quanto ao pessoal, quero manter a hora do meu CPF... é assim que batizei os minutos que dedico exclusivamente a minha pessoa, amém e que assim seja.

5. Com base no que você vivenciou, quais recomendações e mensagens de esperança gostaria de compartilhar com outros líderes?

"Mar calmo nunca fez marinheiro bom", é na adversidade que a crise se transforma em oportunidade.

Nunca se inovou tanto, em todos os sentidos a resistência em se manter os antigos hábitos, ou do que achávamos dominar, caiu por terra e agora dá lugar ao novo.
Recebemos a licença poética para recomeçar, criar alternativas, abrir novas portas e ingressar em caminhos inusitados que sem dúvida nos empurram para um "novo normal". Paisagem nova, sem caminho de volta, que nos presenteia com uma nova maneira de se relacionar, viver e trabalhar.
A palavra resiliência nunca foi tão útil e sábia, pratique-a absolutamente todos os dias, não é difícil, basta você optar por ser feliz e não por ter razão – pronto, o caminho mudou de árduo para interessante.
O cronômetro zerou, abra a cabeça para o novo, deixe de ouvir muito de poucos e passe a colher mais informações de diferentes e inusitadas fontes... você pode se surpreender, afinal, é melhor administrar loucos que empurrar mortos.
Reveja seu *modus operandi*, esteja certo de que sua gestão, controles e processos estão em sintonia com a nova realidade de sua empresa, a sustentabilidade começa literalmente dentro de casa.

LIDERANÇA DA ALTA GESTÃO EM TEMPOS DE CRISE
Desafios e Aprendizados

Sylvio Sobreira Vieira

Empresa:
SVX Corporate

Cargo/Função:
CEO & Head Consulting

1. Quais foram os principais desafios vivenciados neste momento de crise provocados pela Covid-19?

Fundei a SVX em março de 2015, nosso foco sempre foi levar boas práticas e melhores resultados para nossos amigos, clientes e parceiros, tendo como base habilidades em governança, riscos, *compliance* e proteção de dados. Digamos que o ano de 2015 no Brasil não era o melhor momento para se investir devido à crise local que sofríamos, porém, acredito que nunca há o melhor ambiente e mais propício momento para se investir em algo, é preciso ter coragem, força de vontade, trabalhar e estudar muito para que as coisas comecem a dar sinais de vida, e com um esforço recorrente os resultados começam a florescer.

Durante o início de 2020, estávamos particularmente no melhor momento da empresa desde sua fundação, muitos clientes e projetos, a equipe aumentando a cada semana e as esperanças de que efetivamente o ano de 2020 seria o melhor momento da história da empresa, em minha cabeça, sinceramente, existia uma preocupação de crescer tanto em 2020 que imaginávamos que iríamos conseguir repetir esse mesmo crescimento nos anos seguintes. Infelizmente, em meados de março de 2020 (exatamente cinco anos após a fundação da SVX), fomos surpreendidos com a crise da Covid-19! No início, época em que as proporções de isolamento e recesso econômico foram latentes, estávamos envolvidos em algo de proporção e impacto mundial. Imaginei que por ser uma crise generalizada, os negócios ainda se sustentariam com os mesmos resultados durante pelo menos os próximos 60 dias, engano meu, logo nos primeiros 15 dias (ainda no mês de março/2020), perdemos 50% dos clientes e projetos, e os problemas estavam só começando! Em abril/2020, tivemos mais reduções e paralisações em projetos, mais 25% dos clientes e projetos que sustentamos a não parada ou congelamento se foram, tive que reduzir 40% do quadro de funcionários, e para os que eu consegui segurar na equipe, iniciei um programa de redução salarial para todos, essa seria a única forma de conseguir manter o time que restava, e montar um planejamento com esses clientes e projetos, que graças a Deus continuaram suas atividades em andamento. Em um desses dias de isolamento (por volta do fim do mês de abril), já havendo passado por diversos momentos em que me questionei do porquê de tudo isso, nascemos do zero, sem capital nem investimento, e conseguimos criar uma história de muita superação, persistência e vontade de vencer, percebi assim, novamente, que esse era o segredo. Durante os 45 dias iniciais de crise, tivemos as maiores perdas de pessoas, clientes e financeiro, as atividades do dia a dia eram enlouquecedoras, afinal, a rotina que construí de relação com o time e os clientes, as reuniões de pré-venda, negociações, soluções, projetos, desafios, vitórias e derrotas, tudo isso é o que faz realmente meu coração bater, ali tinha que lidar com todas essas mudanças somadas aos impactos na vida pessoal e com minha família, vivenciei momentos em que me senti em um cenário de guerra! Mas aos poucos consegui colocar as coisas em seus lugares, os projetos, as atividades, os estudos e principalmente novas formas de pensar em resultados.

2. Quais foram as ações implementadas?

Após o período de assimilação dos impactos e momento atual, consegui encontrar forças para retomar as atividades e principalmente a esperança de retornar às vitórias. Sempre fui muito focado no trabalho, em resultados e nos estudos, acredito que quanto mais bem preparado para as oportunidades você estiver, logo conseguirá extrair os melhores resultados. Criei uma mentalidade que chamo de "*Sharpening the AX*" ou "Afiando o Machado", a ideia consiste em desenhar sua área de atuação e procurar afiar cada vez mais suas habilidades! Todos somos formados de qualidades e defeitos e o método em si busca entender, aceitar e procurar melhorar suas fraquezas, mas também procura focar e aumentar muito suas forças e habilidades, basicamente, o raciocínio deve ser "preciso ser o melhor no que estou me propondo a fazer", criei metas e objetivos, e coloquei em prática, combinando comigo mesmo as medições (que não poderiam ser maiores do que 15 dias), afinal, estamos em um momento de crise e mudanças rápidas de cenários. Nessas ações, precisei criar mapas e planejamentos distintos – família, trabalho e estudo (minhas atividades), equipe (time SVX), clientes, faturamento, contas e retomada – para cada área de atuação, um plano de ação específico, dessa forma, com organização e um pensar diferente, novos resultados começaram a acontecer. Acredito que o cenário pelo qual passamos se assemelha muito à situação de uma planta nascendo em uma rachadura de cimento, é preciso acreditar e se empenhar, que você conseguirá resultados diferentes.

3. Quais foram os aprendizados para a sua vida nas áreas pessoal e profissional?

Tudo nesta vida se resume em aprender e ensinar, e essa crise veio como um ensinamento muito maior do que já imaginado, estamos vivendo mais um grande momento de transição para uma nova fase, em que os relacionamentos precisaram ser revistos e executados de outras formas. Pude aprender, como qualquer outro que passou por isso, que ficar em casa é bom, e de agora em diante você precisará pensar na sua residência como uma junção de atividades. A crise financeira é algo que infelizmente impactou todos, mas ninguém pensaria em fazer algo diferente, se não fosse pelo peso de uma crise, tenho fé e confiança de que conseguiremos retomar o sucesso nas atividades e voltar a enxergar a prosperidade pela frente.

Os aprendizados para minha vida pessoal: preciso dar mais atenção e conviver com minha família, além de cuidar cada vez mais de minha saúde física e mental, nós seres humanos somos muito frágeis, e há momentos na vida em que nos imaginamos como "homens de ferro".

No quesito profissional, pude explorar outros diversos aprendizados, como cuidar e treinar do meu time, reconhecer os clientes que realmente gostam e acreditam em nosso potencial, e que de agora em diante os momentos presenciais precisam ser melhor aproveitados; principalmente pude enxergar que sou um ser em constante mudança, a crise traz esse poder para nós, pegar as dificuldades e problemas decorrentes e transformar em motivação, novas ideias e mais vontade de vencer, como antes! Se eu fizer uma comparação, como em um campo de batalha, quem vence uma guerra é aquele que realmente deseja vencê-la, é quem arquiteta as melhores estratégias, sabe escolher as melhores armas para os devidos momentos, consegue extrair o máximo de cada membro da equipe, e que lá no fundo já enxerga sua vitória, aquele que realmente deseja vencer e ir a um próximo ponto e construir um futuro melhor!

4. Qual a sua visão e quais as suas expectativas para o pós-crise?

Para o pós-crise, acredito em um mundo onde o consumo será mais sustentável, e que de certa forma todos aprenderam com seus erros, a retomada será gradual nas atividades, economia, hábitos, etc. Nos negócios, acredito fortemente que conseguiremos ter bons resultados ainda em 2020, em que o mercado ainda precisa entender e reaprender novos hábitos, e com isso novas oportunidades surgirão e outras retornarão a sua normalidade. Precisamos lembrar que este caminho de transição não tem mais volta, e que será preciso adaptar negócios e que a velocidade de novas ideias será ainda maior, resumindo, a prosperidade voltará mais rápido do que imaginamos. Outro ponto que precisa ser analisado é que a maioria dos segmentos sofreu recessões, e esses necessitam de novas estratégias e ações; os segmentos que felizmente aumentaram vendas e resultados precisam apoiar essa retomada do mercado e aproveitar para rever seus planos de negócios, a transformação é necessária para todos. Em particular na SVX, nossos planos de retomada estão de vento em polpa, muitas atividades, replanejamentos e novas estratégias, métodos apurados, e o time todo engajado no crescimento, esse é um dos principais pontos, afinal, os primeiros a acreditar no seu potencial e seu negócio não são os clientes, mas sim seus funcionários, seu time, sua equipe! Para nós na SVX, nosso melhor patrimônio são as pessoas, e felizmente tenho um time fechado e fiel a nossos princípios e valores, que acredita no potencial da empresa, torce pelo crescimento e quer fazer parte de tudo isso; para mim, o meu time é motivo de muito orgulho e cada vez mais me empenho em guiá-lo pelo caminho da justiça, do trabalho, da boa prática e da prosperidade!

5. Com base no que você vivenciou, quais recomendações e mensagens de esperança gostaria de compartilhar com outros líderes?

Falar de motivação é algo complexo, pois os fatores motivacionais são constituídos de insumos particulares, ou seja, o que me motiva pode ser que para o outro desmotivador, e vice-versa. Felizmente, o processo de aprendizado nunca mudou, se você quer resultados diferentes é preciso fazer diferente. Outro ponto de vista importante é analisar que o peso de uma crise obriga a pensar, e que o vento de um sucesso acaricia a alma e o ego, portanto, se não fossem as crises, problemas e dificuldades, nós como seres vivos não teríamos evoluído como espécie. Sobre os negócios, é preciso que você líder acredite mais do que todos no potencial do seu produto ou serviço, avalie realmente o potencial dele no mercado, se você se propõe a corrigir algum problema ou entregar algo com mais qualidade, porém além disso é preciso pensar em modelos de construções e entregas novos, pensar como uma rede, e que sua empresa precisa de um líder, mas que ela se relaciona em todas as pontas, aprender e reaprender diariamente suas atividades. O modelo de *marketing* em sua empresa ou área deve ser simples, e você como líder tem que ser o rosto e garoto-propaganda. Neste mundo os negócios acontecem de pessoa para pessoa, alguém só irá se relacionar com alguma marca ou negócio se souber o rosto que tem por trás, vivemos em uma sociedade conectada e pulsante, seu negócio precisa ter e responder da mesma forma! Acredite e confie em Deus, estude, se aprimore e trabalhe cada vez mais e mais, seja persistente e aprenda com os fracassos, revisite suas estratégias de tempos em tempos, o dia a dia irá consumir você, precisa se manter alerta às movimentações do mercado e do seu negócio, mas acima de tudo precisa assumir uma postura transformadora, estar à frente das necessidades de seus clientes e das capacidades de seus concorrentes. Se você realmente deseja algo, e se esforçar para isso, você conquistará!

LIDERANÇA DA ALTA GESTÃO EM TEMPOS DE CRISE
Desafios e Aprendizados

Tânia Aparecida Fernandes Gurgel

Empresa:

TAF Consultoria Empresarial

Cargo/Função:

Sócia

1. Quais foram os principais desafios vivenciados neste momento de crise provocados pela Covid-19?

Jamais tivemos uma calamidade como essa no mundo. Vimos o quanto somos vulneráveis em todos os sentidos, o medo e a dor da perda vieram em uma proporção inimaginável; em instantes estávamos todos reféns de sentimentos, não houve distinção por classe social, todos e tudo foram impactados em grandes proporções, seja nos aspectos sociais, econômicos ou ambientais. Em meses, vimos uma pandemia contaminar mais de 203 países, presenciamos em todos os lugares do mundo a procura por soluções, vacinas, ou meios de se evitar, mas somente o isolamento social amenizou o problema maior. Na era da tecnologia, estamos vendo uma troca constante de informações e notícias, empresas se uniram, cientistas também, todos no mundo estão procurando compartilhar cada descoberta que nos livre dessa doença, todos estão querendo ajudar uns aos outros. Esses sentimentos, sim, devem ser perpetuados.

Também tornou mais evidente o que antes não queríamos enxergar ou menosprezávamos, que era a crise da saúde mundial. Sim, agora sentimos na pele a falta de investimento em todos os campos desse setor. Falta tudo: laboratório, equipamentos, remédios, materiais de proteção como EPI's e leitos de hospital.

Poderíamos ter evitado isso? Não sei, agora vem às redes sociais uma palestra no TED de Bill Gates, há cerca de cinco anos, em que ele já alertava a todos sobre o risco de uma epidemia global e sobre como a população não estava pronta para evitar a disseminação de um possível vírus mortal, mas pergunto: ele foi escutado?

Assim, questiono: será que era uma profecia? O mundo negligenciou o aviso. Por que não foram analisados os estudos que embasaram a palestra de Bill Gates?

Ficou evidente que já existiam sinais de que algo de ruim poderia vir, tão rápido como foi essa contaminação. Estamos em isolamento social, viajantes do mundo todo chegam e passam sem um exame nos aeroportos.

Será que foi esse o meio de transmissão? Aqui no Brasil, estava sem controle tanto no aeroporto como em fronteiras, as ações vieram, mas entendo que um pouco tarde demais. Recebíamos notícias da China da Covid-19, e com egoísmo autoridades pensavam: "Aqui não irá acontecer nada parecido". E para piorar, nessa época houve o Carnaval do Brasil, maior concentração anual de pessoas, mas pelo lado financeiro desprezaram o risco, e, como resultado, temos agora mais de 100.000 mortes (agosto/2020). Quero aqui deixar isso retratado, pois sei que um livro deve retratar a história real e mapear o caminho a ser estudado com profundidade.

Estamos aprendendo com muita dor e duras perdas. Devemos estar atentos a todos os alertas, redobrar o investimento em tecnologia, pesquisa em todos os lugares e povos, temos o dever de tratar a saúde e a natureza como o maior bem a ser protegido; sim, é o dever de todos evitar que se repita um fato como esse no futuro.

Feita esta introdução, meu campo de atuação é a consultoria empresarial e tributária. O principal desafio que enfrentamos foi elaborar um plano de contingência individualizado para cada cliente, pois cada um tem um histórico. Traçamos juntos as estratégias de como manter os negócios da empresa e evitar demissões, pois temos a certeza de que este é o seu maior patrimônio: tranquilizar e treinar todos para se proteger dos impactos da Covid-19. Distribuímos material de proteção, cartilhas, e colocamos nossa equipe à disposição para orientações.

Ainda sobre o plano, apliquei o que há anos vivenciei na pele: a crise do Plano Collor e a crise financeira de 2008, ensinamentos que hoje fazem muita diferença na tomada de decisão. Todavia, verifiquei que muitas empresas não tiveram reações acertadas e acho importante exemplificar.

Por mais que o governo crie medidas, devem ser estudadas quais decisões tomar, e essas, pelo pouco tempo, devem ser assertivas.

As medidas repassadas visam a postergação de tributos, ou seja: lá na frente, se pagará a do mês devido mais a parcela que foi postergada, ou seja, terá que haver saldo para todo esse desembolso. Nesse ponto, fazer um trabalho de fluxo de caixa é extremamente importante.

Já com relação às medidas trabalhistas, essas foram principalmente aplicadas pela maioria das empresas com foco na redução de salários e jornada, implementação de banco de horas, antecipação de férias e feriados. Entendo que fazer um banco de horas negativo e utilizar as horas para retomada é um diferencial, pois haverá 18 meses para compensar esse banco; assim, a economia de encargos e do percentual da hora extra e seus reflexos é um excelente negócio para as empresas. Assim como a tomada de empréstimo a uma taxa subsidiada, dessa forma, aconselhei as empresas a tomar esse crédito mesmo não precisando, pois, caixa é bom em qualquer situação, principalmente aos juros de 3,75% ao ano e uma carência de 6 meses, dá um folego importante nesse cenário. Outro ponto importante é a revisão dos custos, analisando o que pode ser cortado. Temos no teletrabalho uma boa alternativa de redução de custos indiretos, com locação de espaço, redução de custo de transporte, melhoria de qualidade de vida dos colaboradores – tudo isso impacta na economia da empresa.

2. Quais foram as ações implementadas?

Elaboramos um plano de contingência, dividido em tópicos. Primeiramente o mapeamento de riscos, enfocamos o patrimônio da empresa, colaboradores, contratos com terceiros, clientes, bancos, fornecedores, governo; enfim, desenhamos as estratégias e como executá-las.

Um dos pontos alvos foi também socorrer nossos clientes que em grande maioria tem como mercado o varejo. Esses sofreram muito com o isolamento do público, mas antes de pedirem ajuda, já estávamos estendendo a todos uma consultoria em todos os departamentos. Percebemos que muitos não tinham nem com quem conversar. Explicamos todas as tratativas que poderiam adotar, desde os colaboradores, a área tributária e financeira, orientamos a tentar a renegociação de aluguéis, enfim, toda ajuda possível, inclusive a postergação de pagamentos em aberto com nossa empresa. O impacto foi de grande fidelização com nossa organização, e elogios! Certos estamos que devemos tratar bem todo o universo que cerca a empresa.

A lição de casa para todos está somente começando. A ordem é: temos que economizar hoje para poder investir no futuro, estudando com afinco todas as oportunidades legais de redução de despesas e os custos, utilizando oportunidade que hoje já se tem e que ficavam paradas em cima de mesas, mas hoje se tornam essenciais. Entendo oportuno citar algumas linhas a serem seguidas pelos leitores.

Impacto cambial: estamos vivenciando o dólar sofrer grandes altas. Primeiro passo que recomendo é tentar nacionalizar os produtos; caso não seja possível, utilize a operação de *hedge* cambial. Proteger o caixa é medida a ser aplicada, sempre.

Ainda sobre variações monetárias, temos a análise da troca de dívidas bancárias. Pode ser tentado na mesma instituição ou procurar outras, pois muitas estão comprando dívidas; isso porque estamos presenciando a queda de juros há tempos, uma disputa de contas entre os bancos. Chegou a hora de fazer contas e cálculos. Procure trocar as dívidas de curto por longo prazo, com taxas mais atrativas e até com carência de pagamento; saiba que se forem analisados todos os contratos em vigor, com certeza irá encontrar algo que pode ser melhorado. Há, sim, taxas maiores que foram pactuadas, se comparadas ao que se tem hoje. O momento é para economizar em todas as frentes.

Também há possibilidades de redução em encargos tributários sobre a folha de pagamento. Estudando e aplicando as últimas teses sacramentadas nos últimos tempos no campo judicial, vejo empresas com receio de até analisar essas alternativas, onerando sua folha de pagamento e aumentando seu custo de produção ou de serviço, e pergunto: por que isso?

Poderia também falar sobre as oportunidades no campo do Direito Tributário, mas paro por aqui, pois nesse quesito há que se estudar com mais profundidade as operações da empresa. Aqui afirmo que amo fazer essa análise nas empresas, como é gratificante demonstrar aos gestores as oportunidades de melhoria de caixa e margens, meus clientes sempre ficam felizes com o retorno do investimento.

3. Quais foram os aprendizados para a sua vida nas áreas pessoal e profissional?

Começo pela vida pessoal. Devemos mudar nossas atitudes, pois nada será igual ao passado. Sim, saímos fortalecidos, é um consenso verificar em todos a valorização da família e do quanto somos gratos pelos amigos que possuímos, reaprendemos a orar com mais fé e acreditar que Deus está conosco, assim como há uma profunda reflexão do resultado desse isolamento e vamos tirar valiosas lições... sim, muitas.

Antes de adentrar em detalhes, quem me conhece sabe como sou cristã, sou católica e coloco Deus sempre acima de tudo, enalteço sempre minha gratidão a Deus, como é misericordioso comigo, com minha família e amigos. Estamos protegidos e felizes, e, embora estando em casas separadas e a distância física doa muito em nossos corações, fazemos questão de estar conectados pelas redes sociais – graças a Deus há esse meio de comunicação.

Aqui quero ressaltar o que me vem como aprendizado em geral. Tivemos que ter uma pandemia para que todos os nossos valores fossem postos à prova e reanalisados. Isso mesmo, acho que muitas pessoas pararam para refletir sobre tudo e todos.

Meu Deus, a coisa mais importante que vejo são pessoas dizendo que irão mudar suas atitudes. Eu mesma me coloco nessa situação: reconheço que meu dia a dia era muito empresarial, cheio de compromissos que agora vi que consumiram parte de minha vida! Sabe, ficamos exaustos de tantas atividades, de não se permitir dizer um NÃO para mais um convite, e de uma hora para outra, se cancela tudo, acaba o corre-corre da vida empresarial, e começa uma nova fase e realidade, fomos obrigados a parar!

Não sei se farei todas as viagens que me convidam e as quais percebo que me afastaram tanto de minha família e amigos.

Agora substituídos quase todos os trabalhos pelo teletrabalho (como mencionado acima, atuo na área empresarial e tributária), está sendo, em toda minha trajetória, o momento que mais trabalhei nessa última década. Foram centenas de publicações para ler, interpretar e operacionalizar, mas estou em casa, com a família me protegendo e eu a eles, mas também senti muita falta das pessoas e amigos que não estou vendo pessoalmente... poxa, não tinha noção da falta que faz esse contato diário.

Meus Deus, como um abraço, um sorriso, um tocar nas pessoas, uma brincadeira fazem falta, e mais: quem me conhece sabe como adoro expressar minha felicidade abraçando todos, sou muito carinhosa, e como adoro abraçar meus familiares, equipe de trabalho, porteiro do prédio, manobrista, clientes, alunos e os participantes dos eventos, adoro dizer BOM DIA, FILHO(A) de Deus perfeito, enfim, transmitir energia boa, tendo como reflexo os sorrisos que me contagiam de volta.

Tudo isso foi tirado repentinamente. Refletindo sobre isso, agora escrevendo este capítulo, me traz lágrimas nos olhos. Sim, afirmo que um simples gesto, um abraço bem apertado, torna-se um dos bens mais importantes para mim; a partir de agora, quero sempre ter perto de mim quem eu amo. Reviver a oportunidade de ter crianças correndo pela casa, brincando, chorando, enfim, sorrindo sem medo, adultos também brincando, se abraçando sem receio, um *happy hour*, um churrasco de final de semana, como é bom estar com que amamos, ter um mundo feliz do jeitinho simples e carinhoso, é o que precisamos na realidade.

Algo também fez ressurgir nesses dias a intensidade de orações transmitidas. O dever de orar, transmitir louvores e gestos de carinho, esse compartilhamento de mensagens demonstrou que estamos ligados às pessoas, colaborou para que pessoas não se sintam sós neste momento, todos nós com a missão de transmitir força, fé, e que logo estaremos bem, buscamos forças internas e a gratidão de Deus.

É possível sentir o abraço cósmico pela força do louvor que, entendo, transcendeu a quem estava enviando, de tão sincero que foi o sentimento de amor. Esta forma que encontramos de ajudar uns aos outros, sei que Deus sempre está comigo, hoje e sempre, mas sei também que Ele trabalhou ainda mais nesses tempos, pelos pedidos que fiz de proteção mais intensiva a todos.

Pedi muito ao Papai do Céu, ao final de minhas orações, só mais uma súplica: meu Deus, nunca mais me deixe longe das pessoas que tanto amo! Peço a Ressurreição a Ele todo dia.

Na Bíblia, a palavra traduzida como "ressurreição" vem do termo grego *anástasis*, que significa "se levantar" ou "ficar de pé novamente". Com nossa fé (e temos muita), em breve estaremos com todos que amamos.

Outro aspecto que aumentou a densidade foi a solidariedade, gratidão pelo dom de compartilhar, como eu e minha mãe somos grupos de risco, toda família ficou perguntando diariamente se precisávamos de algo; minha querida sobrinha Patricia logo de início veio em casa protegida, é claro, foi ao mercado para nós, as crianças Victoria e Gabriella, que moram comigo, logo compreenderam que não poderiam sair de casa e ficaram aqui. Prestativas e carinhosas, também foram esses sentimentos da Cristiana, Fatima, Priscilla e Beatriz, passavam para confortar minha mãe – essa sim, com 78 anos, é sem dúvida nosso maior tesouro. Assim, ficamos aqui do lado dela, protegendo-a. No começo, minha mãe ficou inconformada em não poder sair, mas aos poucos foi entendendo que essa pandemia fugia a tudo o que já vivenciamos.

De uma coisa estou certa: quando tudo isso acabar, iremos agradecer a Deus e procuraremos estar mais presentes fisicamente. Sei também que o mundo se tornará mais solidário e mais amoroso entre as pessoas, onde o estar junto será frequente em todas as famílias, pois se tornou a principal razão do viver, não que não fosse antes, mas nada como esse período de isolamento, para agora ressurgir com maior força o verdadeiro sentido do abraço.

Já sobre o aspecto profissional, meu maior zelo foi não expor minha equipe a qualquer risco da pandemia; assim, prontamente, coloquei todos em casa trabalhando, mas diariamente estava em contato com todos, primeiro tranquilizando e querendo saber deles e de suas famílias, o que estava acontecendo e se precisavam de algo. Permaneci à disposição de todos. Para mim, é primordial estar em contato, mostrando que eles podiam contar comigo em todos os aspectos; somos família, é com eles que passei nesses últimos 21 anos, com certeza as maiores horas de meu dia, sei do papel que um líder tem neste momento.

Agora sobre a vida profissional, nosso setor foi muito impactado, pois tivemos que nos desdobrar. A consultoria empresarial e tributária trabalhou muito neste cenário de pandemia, primeiro para ajudar todos a compreender e aplicar em suas empresas as diretrizes traçadas no plano de contingência que relatei acima, bem como analisar diariamente e individualmente todos os impactos nas áreas tributária e trabalhista, entre outras, assim temos que cuidar do que já é uma rotina em nossas vidas, e mais ainda: respaldar a todos da avalanche de coisas que estão surgindo a cada dia.

Mas posso afirmar que nós superamos nessa tarefa. A cada dia me orgulho muito de toda equipe, somos unidos e permanecemos juntos trabalhando como uma família, mesmo a distância, e os resultados que estamos alcançando enche de orgulho a todos em vários sentidos, e o maior é a preservação das empresas e dos empregos dos nossos clientes.

4. Qual a sua visão e quais as suas expectativas para o pós-crise?

Não resta dúvida de que o mundo irá mudar, irão surgir grandes oportunidades, mas temos que estar abertos para esses novos padrões de melhoria, de sustentabilidade e de comportamento, tudo isso vai depender de nós, o mundo estará com mais solidariedade, resiliência e superação, pois são os sentimentos mais despertados neste momento dentro de nós.

Como vivenciei na década de 1990 o Plano Collor, e depois a crise financeira em 2008, vi como agora uma onda de pessimismo generalizado tomou conta da economia do país. No entanto, trago para hoje a experiência vivida, assim sei que teremos muito trabalho pela frente, mas devemos utilizar todos ensinamentos para traçar o novo horizonte. Veja um exemplo do que a experiência pode ajudar: quando decretado isolamento social, elaborei um artigo e publiquei logo no começo da pandemia, mais precisamente em 20/3/2020: "OS REFLEXOS DA COVID-19 NO RAMO EMPRESARIAL" – https://www.linkedin.com/pulse/os-reflexos-do-covid-19-ramo-empresarial-taniagurgel-tania-gurgel/. Detalhei caminhos e alternativas legais que podiam ser implantados nas empresas, para evitar erros de conduta que impactariam em prejuízos no futuro próximo.

Como fiquei feliz em ajudar os profissionais e empresas! Grande parte do que mencionei foi implementado pelas medidas anunciadas pelo governo, atestando que o caminho estava alinhado, tanto sobre os aspectos na área trabalhista como na tributária. Foi ótimo colher esse fruto!

Agora vejo que devemos criar monitoramento constante, precisamos estar bem alinhados para preservar os empregos e empresas.

5. Com base no que você vivenciou, quais recomendações e mensagens de esperança gostaria de compartilhar com outros líderes?

Primeiro, viva com mais intensidade. Precisamos entender que a vida pode ser um sopro, então, ame mais, curta sua família e amigos.

Agora, sobre o aspecto empresarial, devemos sempre ter como meta a geração de caixa da empresa, pois com dinheiro dá para tomar decisões e aplicar estratégicas embasadas em estudos sólidos; investir na capacitação da equipe é fundamental, treinar todos em vários cenários pode contribuir para a tomada de decisão assertiva. Introduza sua equipe nas decisões, pois dá mais identidade ao projeto e tende a estimular todos frente ao novo cenário.

Com a carga tributária em constante elevação, procure trazer novos conselheiros – pode haver alternativas no mercado que a empresa não está aplicando; procure melhorias nas margens e efetue estudos de novos projetos. São atitudes importantes para a longevidade do negócio.

Trazer consultores experientes neste momento é um diferencial. A sinergia pode identificar oportunidades ou mesmos gargalos; mesclar os profissionais é um divisor. O remédio pode ser amargo, mas deve ser tomado.

Não é o momento de falar "não tenho dinheiro para pagar uma consultoria". Deve-se procurar parceiros que querem vê-lo crescer. É sabido que toda crise tem um começo, um meio e um fim, e saber ser capaz de superar é maravilhoso.

Tenha como foco o crescimento e a geração de valor na empresa. Entendo que todos nesse momento têm um sentimento de união e reconstrução. Teremos que nos reinventar todo dia. Esteja certo disso e como é bom ter desafios na vida!

Ayrton Senna tinha uma frase que entendo que se aplica neste momento: "No que diz respeito ao empenho, ao compromisso, ao esforço, à dedicação, não existe meio termo. Ou você faz uma coisa bem-feita ou não faz". Estamos presenciando negócios que foram fechados ou mesmo tiveram sua atuação impactada pelo isolamento da população. Com menos consumo, haverá uma desaceleração desses segmentos nas indústrias, com menos consumo haverá desemprego, enfim, um pouco de tudo. Demorará meses ou anos para a retomada do mercado, e a rotina, principalmente aqui no Brasil, onde os tributos, a carga de encargos financeiros e os encargos trabalhistas são muito altos e há anos travam o crescimento empresarial.

Para pequenos empresários, o mercado infelizmente está sendo desenhado como um fim para alguns negócios. Sim, é triste escrever isso, mas é uma realidade. Esse tipo de negócio dificilmente tem fluxo financeiro para bancar esse tempo parado e muitos não têm um plano B de contingências. Como qualquer crise, tenho certeza de que também aparecerão excelentes oportunidades de negócios e aquisições. Sim, nas crises, aparecem também oportunidades de crescimento.

Mas aqui também quero deixar um aprendizado: pense no que poderia ter investido e não o fez e o porquê. Temos um grande exemplo agora.

Vou lhe dizer: o estabelecimento fechou ou abriu com restrição ao público, não foi possível atender e vender com portas abertas e cadê seu investimento em redes sociais? Poxa, estamos no ano de 2020, a internet já é uma realidade há mais de 20 anos, cadê sua loja com vendas no *e-commerce*? Como estão os cadastros dos seus clientes? Veja, essa pode ter sido a maior razão do fechamento de vários estabelecimentos pós-Covid-19!

Sim, o fechamento do comércio de rua, com os cadastros, você não tem somente um problema financeiro, você tem mais problemas: tem o estoque ou serviço que pode ser prestado, mas não tem para quem vender! Ou mesmo, não se sabe onde está o seu cliente. Por outro lado, veja o que aconteceu, seu cliente se sentiu órfão, e acabou por procurar novas opções de compra nas redes sociais. Tenho certeza de que essa mudança de perfil de compra veio para ficar, as pessoas descobriram o *delivery* e estão gostando.

Reconquistar o cliente que já era seu pode ser um trabalho dobrado!
Sim, eu já citava esse cenário de mudança de perfil de compra em palestras que ministro pelo Brasil, o cuidado que as empresas têm que ter com o relacionamento com o cliente e a exposição de sua marca em redes sociais.
Tenha como meta se tornar conhecido e amado nas redes sociais.
O quanto é importante a gestão do CRM das empresas, o *Customer Relationship Management*, ou, em português, Gestão de Relacionamento com o Cliente, e o que representa nos seus processos, *softwares*, estratégias de negócio ou até mesmo uma cultura com objetivo de gerenciar a relação com os clientes para satisfazer e fidelizar, ajudando a reduzir custos e aumentar a qualidade e os lucros do negócio.
Pense nisso! Sempre procure saber das preferências e onde está seu cliente; seu cadastro é importantíssimo até para elaboração de parceria com outros fornecedores e produtos. Veja os exemplos das plataformas da Magalu e Americanas, dentre outras, que anunciam marcas de terceiros e recebem comissões. Por que você não pode fazer o mesmo?
Outro ponto que entendo deixar aqui também registrado é que nesses últimos dias tive oportunidade de negócio com novos clientes, e para minha surpresa, vi que muitos estão órfãos de dados. Sim, ficou evidente a falta da gestão do negócio. Por que cito isso aqui: não se ter em mãos os principais dados da empresa, tais como custos reais, margens de produtos, alternativas de fornecedores, o ponto de equilíbrio da empresa e na gestão de pessoal, controle de férias, custo de assistência médica, implementação de política de banco de horas... gente, tudo isso faz uma falta danada!
Dessa forma, no intuito de ajudar todos, dou um conselho, independentemente do cenário que esteja vivendo a empresa: tenha em mãos uma excelente gestão, mais ainda, uma contabilidade com prazo de fechamento em até dez dias após o fechamento do mês. Isso faz uma diferença enorme. Somente com dados reais é que podemos saber o caminho que a empresa está seguindo e aonde chegará. Não dá para estar em abril e muitos me trazerem o resultado de dezembro do ano passado. Gente, como tomar decisão desse jeito?

Calma, caros leitores, já peguei vários clientes dessa forma e a primeira ação foi alinhar esses dados e informações. Se você está vivenciando esse cenário, a primeira coisa é: coloque tudo isso em real time, tenha em sua empresa um sistema integrado e todas as áreas alimentando o sistema em tempo real; hoje, com o sistema em nuvem, é possível identificar sistemas com um custo interessante.

É necessário estar sempre com dados sólidos na mão, pois sem informação segura fica difícil traçar as alternativas e caminhos a serem seguidos. Podem ocorrer erros de estratégia que no cenário comentado demorará meses a serem vistos.

Fico feliz em afirmar que meus clientes estão alinhados com essas diretrizes, e podemos sempre traçar e analisar vários cenários, com o foco principal de gerar valores à empresa, aos colaboradores e aos parceiros que estão conosco há anos, e aos sócios, lucratividade.

Por fim, quero agradecer primeiro a Deus por mais esta oportunidade de compartilhar minhas experiências, à minha amada família, que sempre me apoia, aos amigos, pelo carinho constante, e à equipe da Alta Gestão, em especial ao nosso presidente Cristiano Lagoas! Meu Deus, que ideia brilhante coordenar este livro! Gente, neste cenário, convidar os profissionais para compartilhar suas experiências, estratégias e o que pensam para o futuro, sem dúvida, é perpetuar as empresas e os profissionais, que poderão se socorrer nesta obra e achar caminhos a serem trilhados. Meu "muito obrigada" por todo esse legado, como tenho mencionado, é uma honra estar neste capítulo. Sei que refletirá no novo Brasil e no novo mundo pós Covid-19.

> "O que leva as empresas a terem sucesso é tomar decisões corretas. E decisões corretas dependem de boa análise, boa informação e conhecimento."
>
> **Ricardo Amorim**

Tânia Gurgel – professora de pós-graduação, analista de sistemas, contadora e advogada tributarista. Sócia da TAF Consultoria Empresarial. Experiência de 40 anos em empresas nacionais e internacionais, dos quais 36 anos em controladoria, TI, inteligência fiscal e tributária. Referência no Brasil em temas de controladoria, gestão, tributos e previdência. Expertise no planejamento estratégico tributário no setor de serviços, indústria, atacado e varejo; realiza trabalho preventivo de análise dos impactos tributários nas empresas e em seus produtos, assim como no cruzamento de informações fiscais digitais no *Sped*.

LIDERANÇA DA ALTA GESTÃO EM TEMPOS DE CRISE

Desafios e Aprendizados

Thiago Isola Braga

Empresa:

Fundação ASSEFAZ

Cargo/Função:

Gerente Nacional de Saúde

1. Quais foram os principais desafios vivenciados neste momento de crise provocados pela Covid-19?

Entendo que houve um grande desafio, que sempre terá essa potencialidade de abalar a humanidade, por ser inerente à sua psique. Exatamente o medo do desconhecido. E houve desafios derivados em menor ou maior grau dessa premissa.

O medo do desconhecido fez com que todos nos tornássemos suscetíveis ao pânico, ansiedade, instinto de sobrevivência, manipulação e, pasmem, ao desenvolvimento da solidariedade.

Os desafios derivados foram escolher um lado, pois claramente as informações foram polarizadas, e consequentemente conflitantes. E não raro, grande número de pessoas oscilaram de um lado para o outro, tornando as ações muitas vezes recomeços, ocasionando um avanço lento. Outro desafio é questionar e quebrar paradigmas que nos impedem de avaliar os diversos cenários de maneira lógica e menos egoísta, pois os recursos se mostram escassos e seu uso racional é fundamental para abranger um maior número de pessoas.

E como esquecer o isolamento? De repente, em nossas vidas profissionais e sociais, fomos impedidos de estar próximos de pessoas que tanto amamos. A tecnologia é uma grande aliada nesse desafio. Embora tenha a plena convicção de que o ser humano se adapta a qualquer situação, fico pensando como seria passar por esse fato sem essas facilidades de interação. Pessoas que viveram períodos de colonização, guerras ou muros como de Berlim saberiam nos contar.

Na área de saúde, a soma dos desafios acima ao mesmo tempo que torna claro e transparente situações que precisam ser enfrentadas, como casos agudos psíquicos e físicos, requer dos gestores um olhar ampliado no intuito de antecipar e planejar a onda agravada de casos crônicos. E aqui fica um ponto de atenção para nossa sociedade. Decisões e ações fragmentadas e não coordenadas geram riscos e desperdícios. Tratamentos e procedimentos, necessários ou não neste momento, foram adiados, acertadamente ou não. Algumas consequências disso são: de maneira heterogênea no país, diminuição de despesas para fontes pagadoras, e de receita para prestadores de serviço. Essa constatação do senso comum, muito forte no que tange à saúde suplementar, requer cautela e seriedade. Pois pautar decisões tomando isso como verdade absoluta pode ser desastroso para todo o sistema. São 47 milhões de pessoas que necessitam dele. Nenhum *player* deste sistema sairá ileso. No entanto, existe uma onda de consequências posteriores, que virá em seguida, e ainda não foi mensurada, terá um impacto e desafiará nossa capacidade de solução em maior grau que o visível neste momento. Uma população maior, pois soma-se os novos quadros devido ao isolamento aos crônicos que estão em subtratamento. Quando voltarem a sentir segurança, ou se tornar inevitável, irão procurar o sistema de saúde com situações mais críticas e mais dispendiosas. Logo, aquele cenário de economia na fonte pagadora e retração na receita dos prestadores é imediatista e ilusória. Vamos precisar avançar e implementar uma cultura de prevenção/promoção da saúde, autocuidado, uso responsável dos recursos, diminuição dos desperdícios, rigidez com as fraudes, compromisso com a qualidade e os desfechos.

A Saúde Pública e a Suplementar precisam coexistir, devido ao complexo cenário brasileiro, para garantir o acesso a toda população. Os governos e seus agentes reguladores precisam nortear e integrar suas ações com esse objetivo, como uma de suas premissas.

2. Quais foram as ações implementadas?

Por ser gestor na área de saúde, fui diretamente posto à prova frente aos desafios mencionados acima. E senti visceralmente como esses desafios mexem com questões muito enraizadas em nosso *mindset*.

Um princípio que considero uma ferramenta essencial para qualquer pessoa, principalmente aquelas que se sentem compelidas a buscar e resolver problemas, é a obsessão em enxergar oportunidades em meio às crises. Assim, pude ver temas como *home office*, telemedicina, cuidado integral da saúde, interdependência entre os *players* que compõem o sistema serem colocados à luz da ribalta.

O que parecia ter pegado o planejamento estratégico do ano, tão cuidadosamente construído, e jogado no lixo, se mostrou um catalisador, se bem coordenado e compartilhado com parceiros com a mesma sinergia.
Assim, através do medo de se dirigir a hospitais, foi possível educar os usuários sobre a eficácia de buscarem a atenção primária de saúde, e por vídeo, o que é mais disruptivo.
O que levaria muito tempo, como treinar, instalar e coordenar mais de 600 funcionários trabalhando em casa, foi realizado em tempo recorde, evidenciando um incrível compromisso de todas as áreas, como RH, TI, Financeiro e Alta Gestão. A preocupação com a possível falta de comprometimento dos colaboradores fora do ambiente de trabalho e supervisão de seus gestores foi revertida na satisfação de constatar não só o comprometimento, mas a melhora na produtividade e o sentimento de gratidão para com a instituição, que prontamente se remodelou para proteger, conforme orientações governamentais, sua saúde e de seus familiares. Nenhum beneficiário deixou de ser atendido pelo fator do trabalho remoto.
E agora estamos implementando um protocolo de volta ao trabalho, pautado no tripé Triagem – Monitoramento – Testagem com critério. Iremos avaliar e levantar as informações necessárias, para poder evidenciar, e comprovar, um modelo que equilibra racionalidade dos recursos, individualização no cuidado e mitigação do impacto econômico na sociedade. Sonho alto. Que se torne um modelo nacional na ocorrência de novo caso. E fatalmente ocorrerá.

3. Quais foram os aprendizados para a sua vida nas áreas pessoal e profissional?

O momento que estamos vivendo devido à pandemia me forçou a colocar à prova não só a veracidade dos meus conceitos, como a coerência do meu discurso. E confesso que ambos foram pressionados no limite. Se por um lado constatei mais firmemente que "existem mais coisas entre o céu e a terra do que pode imaginar nossa vã filosofia", por outro, os princípios, aqueles universais, como integridade, humildade, fidelidade, temperança, coragem, justiça, paciência, diligência, simplicidade, modéstia e amor ao próximo, foram testados e como sempre se mostraram sendo atemporais e imutáveis. Percebi que pessoas e instituições que possuem esse escopo na construção do seu propósito se destacaram e estão saindo mais fortalecidas.

A separação entre a vida pessoal e a profissional é uma contradição quando se vive pautado por esses princípios. Pois faltará autenticidade, e a capacidade de influenciar e inspirar será comprometida.

Neste momento, essas duas esferas estão mais entrelaçadas do que nunca, pois uma invadiu a outra. Essa simbiose é novidade. Requer amadurecimento e tempo para a adaptação harmoniosa.

Estou passando por esse processo. Se antes tentei transformar minha casa na minha sala da empresa, impondo regras de silêncio, tolhendo minhas filhas pequenas, sem escola e alternativas outdoor, dos recursos audiovisuais mais barulhentos, agora tenho procurado aproveitar a oportunidade de dar um beijo nelas a qualquer momento. Assim como na minha esposa. Como o tempo antes gasto do trabalho para casa agora foi reduzido à velocidade de clicar no botão "*leave*" da última videoconferência, aproveito para migrar para os estudos, pesquisas e projetos. E isso tem agregado de forma notável, acelerando o planejamento e a execução das demandas profissionais. Aqui fica um ponto de atenção. Esse "êxtase produtivo" vicia. Devemos equilibrar com a assistência familiar. Ou seja, segue a jornada do amadurecimento. "Nada novo debaixo do sol".

Temos também, e me incluo, a tendência de menosprezar o medo dos outros, quando não são os nossos. Sem aprofundar numa discussão técnica, que daria um capítulo inteiro no mínimo, precisei buscar o equilíbrio nas tomadas de decisões, o que não vejo evidências para temor, mas outras pessoas sim. Acredito que isso é viver em sociedade. E quando se é gestor, ainda entra o componente sustentabilidade ou lucro, dependendo da natureza da instituição, para nos desafiar a tomar decisões muitas vezes impopulares, e assumir a responsabilidade do resultado. Essa dialética é como uma pedra de amolar para que uma pessoa se torne um líder relevante, capaz de "cortar" os costumeiros modelos ineficazes de bajulação ou autoritarismo. O processo não posso dizer que seja agradável, sai faísca, mas quando vislumbramos o resultado final, vale a pena. Tenho certeza.

4. Qual a sua visão e quais as suas expectativas para o pós-crise?

Como o medo do desconhecido permeia a existência, o outro lado da moeda é a atração por prever o futuro. Tenho visto muitas previsões que considero um tanto ousadas, pelo grau de subjetividade e variáveis. Focando na área da saúde, sem incorrer no mesmo risco que mencionei acima, e sem negar a herança que já existia antes da pandemia, alguns temas ganharam maior relevância, como telemedicina, monitoramento de populações, adoecimento psíquico e prevenção e promoção para um número maior de pessoas saudáveis.

Esses assuntos são antigos. Mas careciam de uma exposição – uma crise é extremamente aceleradora para tal. Como já estavam contemplados no planejamento estratégico de 2020, meu e da instituição que trabalho, estou aproveitando, com todo cuidado que esta palavra requer num momento tão doloroso, para executar e mensurar os resultados dessas estratégias, no intuito de contribuir com evidências robustas e assim validar alternativas a tempo defendidas como soluções para qualidade e sustentabilidade da saúde, seja pública ou suplementar.

O termo do momento é "novo normal". Não há como contestar. O que verifico mais uma vez, seja na minha experiência ou na História, é que não mudou quem vai sair realmente fortalecido de mais uma crise. Ressalto o termo "realmente". Pois também se analisando historicamente, alguns que aparentemente pareciam que haviam usado a crise como trampolim para o sucesso e relevância, na verdade apenas deram um pulo para o abismo do ostracismo. Confundiram oportunismo com oportunidade. O teste do tempo não perdoa. Somente pessoas e empresas que realmente entendem e vivem, como Simon Sinek ensina, seu PORQUÊ, e este seja forte o bastante para atrair pessoas que se identifiquem e queiram "tatuá-las" em si, conseguirão a virada de se tornarem "eternas". Isso se não esquecerem seu PORQUÊ, se não serem seduzidas

pelo caminho mais rápido e se tornem nada mais que nota de rodapé. E essas "aves de mesma plumagem", como diz meu amigo Eli Junior, vão se associar, vão gerar uma sinergia tal, que status quo nenhum será capaz de solapar. Não é possível. Não são elas que se adaptarão ao "novo normal". Este se adaptará à sua força transformadora e inquestionável.
Quero muito fazer parte disso.

5. Com base no que você vivenciou, quais recomendações e mensagens de esperança gostaria de compartilhar com outros líderes?

Acontecimentos desta natureza eram sempre regionalizadas, com abrangência no máximo continental. Nessa extensão global, nem as duas grandes guerras.

Mas a globalização está aí. Se não há barreiras mais para a cultura, informações e deslocamentos, uma hora o recorrente tema de vários filmes apocalípticos poderia se tornar real. Ou não. Ou apenas virtual. Ou pior, encenado. Ainda não sabemos exatamente, embora neste momento em que escrevo estas breves reflexões, "verdades científicas" de meses atrás desmoronam, ou melhor, são demolidas por seus próprios autores, sob circunstâncias no mínimo suspeitas.

Fica o alerta, não para a humanidade, mas para a individualidade. A massa não tem rosto. Não tem CPF. Num momento de catarse coletiva, vai do amor ao ódio, sem muita preocupação com a possibilidade de incoerência máxima.

O indivíduo é diferente. Precisa assumir seus direitos e responsabilidades, consigo e com os outros. Ele sente que existe um holofote permanente sobre ele, que alguns atribuem à consciência, outros à deidade. Precisamos ser indivíduos engajados com o próximo (esposa, filhos, vizinhos, colegas de trabalho, caixa do supermercado de sempre, pedinte do semáforo que sempre passamos etc.). Com um senso de gratidão pelo que temos, e de mordomia, que nos impulsione não somente a contribuir através de ligação para uma campanha pelas crianças do alto do Nepal, mas a nos envolver a ponto de "sorrirmos com os que sorriem, e chorar com os que choram".

Líder, estão todos olhando para você! Seja seu séquito composto de apenas um seguidor, ou milhões. A responsabilidade é a mesma. Como introduzi acima, não acredito em movimentos espontâneos de massa. Creio no trabalho de "formiguinha", um a um. Mesmo que a tecnologia possa escalar seu alcance, a verdadeira contribuição com a mudança da vida de alguém só se dá devotando tempo de maneira individual, particular. Precisa ouvir atentamente, se transportar para o lugar, em toda sua completude, da pessoa que busca por você.

Dessa forma, pode parecer um trabalho mais árduo que os 12 de Hércules. A boa notícia é que o *rollout* desse princípio não precisa ser desempenhado exclusivamente por você. O método historicamente mais eficaz de propagar uma mensagem da maneira íntima mencionada é fazendo discípulos. Muitos livros e cursos de liderança tocam nesse assunto. Precisa criar outros líderes. De preferência mais capacitados e influentes que você. Isso serve para eternizar uma tradição, uma família, uma empresa, uma nação. É bem diferente de manipular pessoas. Manipulação é facilmente trocada por outra mais atraente. Agora, se você despertar seu propósito em outras pessoas, e organizar meios eficientes de atraí-las, treiná-las e enviá-las, terá dado o que todo ser humano almeja, mesmo sem saber, que é algo "pelo que" viver, e até morrer.

Encerro minha mensagem deixando a seguinte reflexão: "Quando chegar o dia do seu funeral, e ele vai chegar, o que você gostaria que seus colaboradores, amigos e familiares lembrassem e falassem a seu respeito? Qual legado quer deixar?

LIDERANÇA DA ALTA GESTÃO EM TEMPOS DE CRISE

Desafios e Aprendizados

Thomaz Naves

Empresa:

RecordTV Rio

Cargo/Função:

Diretor Comercial e Marketing

1. Quais foram os principais desafios vivenciados neste momento de crise provocados pela Covid-19?

O principal desafio para a nossa área foi sem dúvida a questão do isolamento: entender que precisaríamos viver separados dos colegas e dos clientes. Foi necessário encontrar mecanismos para conseguir executar nossas tarefas e alcançar nossos objetivos empresariais, mesmo com o distanciamento social. Estávamos acostumados a fazer reuniões presenciais, a apresentar nossos produtos "olho no olho". Tivemos que criar uma nova forma de nos relacionar: esse foi o nosso principal desafio. Mas o ser humano é versátil. Incorporamos as videoconferências ao nosso dia a dia com uma velocidade impressionante. Acho, inclusive, que as videoconferências já podem ser encaradas como um legado favorável pós-pandemia. Certamente, no futuro, reuniões presenciais feitas em outras cidades, ou mesmo na mesma cidade, poderão ser substituídas por videoconferências, para evitar deslocamentos e aumentar a produtividade. Mas acho importante destacar que bons negócios e a cultura de empresa precisarão sempre desse olho no olho de que falei no início. A tecnologia nos ajudou muito neste momento, mas não é um modelo de negócio de longo prazo.

2. Quais foram as ações implementadas?

A emissora teve uma atitude exemplar, chegando inclusive a ser elogiada nos veículos de comunicação. Implementamos imediatamente o *home office* para aqueles em condições de risco e para todos aqueles profissionais que podiam realizar seu trabalho de casa, sem prejuízos dos resultados. Quanto ao time de jornalismo, reduzimos as equipes e reorganizamos as escalas para evitar maiores aglomerações. Na nossa Redação, que reúne quase 200 profissionais, reorganizamos os espaços físicos e reforçamos as equipes de higienização. Distribuição de máscaras, kits para jornalistas que iam para a rua (microfone para entrevistados, álcool gel e máscaras), higienização dos carros da emissora, foram mais algumas das medidas tomadas.

3. Quais foram os aprendizados para a sua vida nas áreas pessoal e profissional?

O principal aprendizado para a vida profissional teve a ver com o distanciamento. Passamos a conviver com a distância e a ter que confiar no trabalho remoto, vencendo a resistência ao *home office* e sem acompanhar a capacidade produtiva das pessoas da forma como fazíamos antes. Aprendemos a lidar com esta liberdade "não vigiada" e a confiar mais em nossas equipes. A tecnologia contribuiu muito com todos esses processos de aproximação. Foi curioso, porque antes dizíamos que a tecnologia isolava as pessoas e, nesta crise, foi a tecnologia que nos aproximou. Do lado pessoal, o isolamento nos aproximou: fez com que aumentássemos a convivência com esposa e filhos. E por esse aspecto não dá para dizer que foi ruim. Busco sempre olhar de maneira positiva para tudo. No caso da Covid-19, essa proximidade familiar impulsionada pelo isolamento foi maravilhosa.

4. Qual a sua visão e quais as suas expectativas para o pós-crise?

Sou um otimista por natureza. Acredito que teremos uma retomada do nosso negócio de maneira rápida. Acho, inclusive, que as companhias que tiveram problemas de venda, como o varejo, irão retomar suas atividades e comunicação com força, partindo para uma espécie de "tudo ou nada". As marcas terão que estimular o consumo. E só é possível fazer isso com comunicação. Teremos uma retomada do nosso negócio neste pós-crise. Quem se preparar para surfar nessa onda, poderá ter uma surpresa muito agradável. Claro que não chegaremos a um PIB positivo, mas acho que teremos algumas boas surpresas e que os resultados serão melhores do que vêm sendo anunciados pelos "profetas" da economia.

5. Com base no que você vivenciou, quais recomendações e mensagens de esperança gostaria de compartilhar com outros líderes?

Acho que vivemos o maior obstáculo, o maior desafio de toda a nossa geração. Todos nós, executivos, que estamos no mercado atualmente, passamos por um enorme desafio. Talvez meus filhos, que têm entre 15 e 18 anos, não passem por um desafio deste porte durante a vida profissional. Não temos registro histórico de outro episódio como este, da Covid-19. Minha recomendação de esperança é de que temos que tirar proveito e aprendizado de tudo. Durante esse processo, tivemos oportunidade de vivenciar não só dificuldades empresariais, mas também de acompanhar situações difíceis vividas por pessoas próximas a nós e que precisaram de nossa ajuda. Foi muito importante ajudar, neste momento. Essa onda de solidariedade deixou um rastro de coisas boas, independentemente do que vivemos. Acho que todos saímos pessoas melhores disso. Melhores em nossa visão, em colaboração, em solidariedade, no entendimento de que todos fazemos parte de um mesmo ecossistema e que não adianta estarmos bem se o outro, ao nosso lado, não estiver bem. Acho que saímos de tudo isso melhores e mais completos.

LIDERANÇA DA ALTA GESTÃO EM TEMPOS DE CRISE

Desafios e Aprendizados

Tiago Almeida

Empresa:

EDP

Cargo/Função:

Head Recruitment

1. Quais foram os principais desafios vivenciados neste momento de crise provocados pela Covid-19?

Em primeiro lugar, é importante ressaltar a importância da "não preparação" para o tema. Ou seja, além de difíceis por si só, os desafios que nos foram colocados a todos enquanto indivíduos e profissionais não eram de todo calculados e todos fomos apanhados "sem preparação". A pandemia que vivemos apanhou-nos a todos de surpresa e de um momento para o outro tivemos que conciliar vários fatores: emocionais, sociais, econômicos e até políticos, pois não havia memória (recente) de um estado de emergência a que estivemos sujeitos. Dessa forma, importa salientar que, ao nível do Grupo EDP, a primeira e principal preocupação foi com os colaboradores e com a sua saúde, pelo que, garantir que conseguíamos minimizar o impacto da Covid-19 era essencial e esteve sempre no centro de todas as decisões. Em seguida, o foco foi garantir o acesso de todos a condições de teletrabalho, mantendo bem presente a segurança de todos os profissionais e respectivas famílias. Outra das nossas preocupações foi imediatamente garantir as melhores condições para os restantes *stakeholders*: parceiros, clientes, negócio e acionistas, entre outros, garantindo na medida do possível que essas alterações ao nível dos processos, metodologias e ferramentas de trabalho tivessem o menor impacto possível na atividade social e econômica dos mesmos. Importante destacar que a EDP é um Grupo Internacional com cerca de 12.000 colaboradores e presente em 14 países (quatro continentes), onde observamos durante este período de pandemia diferentes ritmos de evolução do vírus e, por isso, foram tomadas medidas distintas em diversos locais, tendo em consideração as evoluções diárias nas diversas regiões onde atuamos.

Ainda sobre esse ponto, gostaria de realçar igualmente o enorme desafio que o Grupo EDP atravessou, nas mais diversas matérias: do ponto de vista logístico (mais de cem edifícios de escritórios), que exigiu um enorme esforço adicional às equipes para preparar e alterar as instalações, garantindo o cumprimento dos dispostos pela DGS e outras entidades reguladoras, ao nível dos recursos humanos com vários subsistemas de trabalho (incluindo a gestão de turnos, operações de terreno e operações administrativas, entre outras), medicina do trabalho, realização de exames médicos de admissão, ao nível das operações de terreno, onde se incluem equipes de terreno que trabalham em regime de turnos 24/7, operações laboratoriais de materiais químicos ou ciências vivas, entre outras. A diversidade de serviços do grupo exigiu uma rápida abordagem dos mais diversos temas e obrigou a tomadas de decisão céleres e muitas vezes complexas perante um momento que assim o exigia, e onde, na verdade, ninguém estava verdadeiramente preparado para enfrentar essa situação.

2. Quais foram as ações implementadas?

Diversas ações foram implementadas durante esse período no Grupo EDP a fim de minimizar o impacto da pandemia na atividade profissional, mas acima de tudo na vida pessoal dos seus profissionais. Tendo como primeiro objetivo a segurança dos seus colaboradores, o Grupo EDP de imediato acionou os mecanismos de teletrabalho como principal forma de proteção e evitar a contaminação, sendo que cerca de 80% dos colaboradores do grupo foram rapidamente colocados em regime de teletrabalho (com uma taxa de 97% nas atividades de escritório e/ou funções administrativas), ficando ativos os serviços mínimos e de extrema necessidade para o negócio ou público em geral tal como foi mencionado anteriormente. Após essa primeira fase de contenção direta, foi ativado um plano complexo gerido pela equipe interna de assuntos sociais, que disponibilizou uma série de ações e ferramentas de apoio psicológico a todos os colaboradores, criando igualmente uma equipe de suporte *on-line* (telefônico e *e-mail*), procurando manter sempre que os seus colaboradores sentissem a segurança e estabilidade não só com os seus postos de trabalho, mas também a confiança necessária de que iriam ter proteção empresarial neste

tempo complicado. A EDP, além das questões transversais a todo o grupo, enfrentou dificuldades muito específicas em cada um dos seus negócios, principalmente pela existência de uma grande diversidade de atividades, e que nem todos os seus colaboradores podem ser colocados em teletrabalho, e nesses casos em específico várias ações foram tomadas para o trabalho fluir, tais como: as etapas serem realizadas por diferentes especialistas devidamente qualificados que têm de circular obrigatoriamente pelos vários equipamentos, levantando dificuldades na prevenção de contaminações cruzadas, reforço da limpeza e de constante higienização das viaturas, distribuição e reposição de kits com material de segurança essencial neste contexto, a gestão de roteiros de modo a evitar que as equipes tivessem que dormir fora de casa, o que, nos casos de não se conseguir evitar essa situação, tornou-se essencial o recurso às casas EDP.
Outras ações foram tomadas a nível externo como forma de proteção dos restantes *stakeholders*, conforme foi mencionado, sendo que destaco desde logo uma medida levada a cabo pela EDP Comercial, que disponibilizou um plano de pagamento faseado (comumente chamado na gíria bancária de moratórias) aos seus clientes B2B e B2C como forma de garantir que os mesmos mantinham acesso às condições básicas de serviço sem impacto nos seus orçamentos. Ao nível do suporte a fornecedores, foi disponibilizada igualmente uma verba avultada a fim de fazer face aos compromissos contratuais assumidos e, dessa forma, garantir pagamento (no menor tempo possível) do serviço contratado, o que se traduziu num enorme "balão de oxigênio" para alguns parceiros com menor número ou volume de clientes.

3. Quais foram os aprendizados para a sua vida nas áreas pessoal e profissional?

Várias aprendizagens conseguimos extrair desta pandemia, não diretamente relacionadas com a mesma, mas porque nos levou para uma dimensão onde imperou uma gestão *VUCA*. Irei utilizar algumas vezes esse conceito, que na verdade ajuda bastante a descrever as dificuldades que se viveram neste período, onde existia uma enorme Volatilidade (*Volatility*), onde todos os dias surgiam notícias díspares sobre o tema da pandemia, Incerteza (*Uncertainty*), por desconhecermos os impactos de curto, médio e longo prazo, Complexidade (*Complexity*) porque na verdade existiam muitos fatores a ter em conta, e Ambiguidade (*Ambiguity*), que por se tratar de um tema desconhecido, pouco ou nada sabíamos da doença e dos impactos. Perante este cenário difícil, penso que o ser humano na sua maioria reagiu de uma forma estoica, e mesmo perante o nível de incerteza foram tomadas sempre as melhores decisões em prol da segurança, mas tendo em vista a minimização dos impactos na economia. Destacaria, no momento, algumas perspectivas de como o mundo depois da pandemia vai mudar e de que forma vejo as mudanças essencialmente tendo em vista um contexto profissional:

a) Alteração dos espaços de trabalho: reconhecer que hoje as fronteiras dos escritórios não existem e serão seguramente alvo de várias análises ao longo dos próximos meses. Estou certo de que CEO's e *C-Levels* de várias empresas irão analisar esse tema como forma de gerar *savings* ao nível dos custos de estrutura. Muitos farão seguramente esta pergunta: fará sentido ter um escritório e assumir os custos inerentes a limpezas, rendas, luz, água etc. etc.?

b) Novas ferramentas de trabalho: para produzir de forma integrada e colaborativa, é fundamental definir e aprimorar o uso de *softwares* de gestão, organização, criação e colaboração virtual. De certa forma, a combinação entre diversas ferramentas, cada uma com a sua finalidade, irá definir a capacidade de criar e produzir nas próximas semanas e ter sérios impactos na produtividade.

c) Atitudes e comportamento: compreendo que muitos profissionais possam sentir ou ter sentido (numa fase inicial da pandemia), que iriam passar um período de "férias prolongadas", mas rápido deverão ter compreendido que não era bem assim e que o aumento da quantidade de trabalho se revelou inversa a essa tendência. Fomos obrigados a adaptar os nossos processos de trabalho, as nossas metodologias, as nossas equipes, o nosso dia a dia, e esse desafio por si só alterou os nossos comportamentos e atitudes. E vejam que essa alteração é visível nas questões mais simples do nosso dia a dia, como por exemplo: empresas mais tradicionais irão seguramente questionar se fará sentido os seus colaboradores irem trabalhar de terno e gravata, quando neste período todos os meus colegas se viram de *T-Shirt* em *calls* e reuniões virtuais. Pode parecer um simples exemplo, mas a nossa atitude perante o teletrabalho marcou e vai marcar o futuro das práticas de trabalho que vão necessariamente alterar-se no futuro. As organizações passaram de um clima de desconfiança inicial, e até algum receio pelo desconhecido, para um entendimento lógico de que o teletrabalho pode inclusive aumentar os índices de produtividade e bem-estar pessoal e social do colaborador. No Grupo EDP, quando se iniciou o processo de desconfinamento, a própria administração perguntou-se várias vezes se faria sentido voltar, dado que os elevados índices de produtividade apontavam para um ótimo resultado. Esses temas serão seguramente alvo de várias análises no futuro.

No entanto, é importante observar que se tratam de temas novos, pouco testados e que nos geram ainda pouco conhecimento sobre o futuro, por isso, devemos tomar as devidas precauções quanto ao mesmo e tentar aprender, ir testando, escrever o caminho e não procurar mudar tudo apenas porque sim ou porque resultou. Por exemplo, podemos dizer que é fácil uma empresa mandar todos os seus colaboradores para teletrabalho, mas desconhecemos ainda os impactos psicológicos desta situação por um longo período. Durante quanto tempo os colaboradores aguentam estar em casa sem ver os colegas? Durante quanto tempo começam a evidenciar fadiga ou estresse laboral? Que impacto tem esta "inatividade" nos seus índices físicos e psicológicos? Muitas perguntas devem ser feitas e tal como em tudo na vida, penso que é importante ter um cuidado redobrado e não cair na tentação só porque sim.

4. Qual a sua visão e quais as suas expectativas para o pós-crise?

A evolução da pandemia do novo coronavírus teve um impacto mundial e com avultadas e até certo ponto incalculáveis (ainda) alterações um pouco por todo o mundo, sendo que é certo que conduziu a um aumento significativo do desemprego através da perda de inúmeros postos de trabalho, sendo que os impactos verdadeiros desses números ainda estão por conhecer. Se analisarmos com detalhes a evolução das empresas em vários setores de atividade, é fácil compreender que esta pandemia obrigou a uma enorme e rápida (com bastante sucesso) alteração de meios de produção, formas de trabalho e um pouco por todo o mundo numa escala 100% global, assistimos a uma inversão completa de metodologias de trabalho numa rapidez incrível (*Change Management Global*). Tive oportunidade de ler e reler vários documentos, vários artigos de opinião um pouco por todo o mundo e identifico-me bastante com uma corrente de pensamento que indica que esta pandemia não veio criar "mais" problemas, mas sim expor de uma forma massiva os problemas "já existentes" que se encontravam camuflados por uma sociedade já em si contaminada e desigual nas suas mais diversas vertentes. Temas como a desigualdade social, a precariedade do trabalho, as dificuldades econômicas do sistema de saúde e a dificuldade de sobrevivência das PME's ficaram mais evidentes e ganharam uma escala fora do comum e crítica neste período que, pelo fato de termos sido "postos à prova" do ponto de vista social, veio alterar os contextos sociais e familiares, obrigando os trabalhadores a assumir vários papéis na família que dificultaram e muito a atividade profissional. Dou-vos o meu exemplo pessoal que, em paralelo com o papel profissional num contexto exigente com várias reuniões profissionais e vários desafios resultantes das alterações necessárias, assumi igualmente o papel de "professor" acompanhando várias vezes os meus filhos em reuniões escolares, tele-escola etc., assumindo igualmente o papel de "cozinheiro" ou mesmo "empregado de limpeza" numa necessária, mas muito importante inversão do contexto familiar que, claramente, saiu reforçado no meu caso concreto. Conjugar todos esses papeis pode claramente levar a um aumento de estresse e potencialmente desfocar a atividade profissional com impacto na produtividade, mas nem tudo é negativo, e claramente que foi uma oportunidade única de fortalecimento dos laços familiares, onde consegui acompanhar de perto a educação dos meus filhos e entender melhor os métodos educativos dos seus professores. O passar tempo juntos obriga à criação e reforço de laços de amizade, de carinho, de cumplicidade, que na sociedade atual julgava perdidos em prol de uma vida profissional extremamente ocupada. Seguramente, milhões de pessoas pelo mundo todo terão passado por essa mesma experiência neste exato momento.

As primeiras semanas de isolamento social deixaram explícitos desafios que já existiam na maioria das empresas: falta de clareza nas decisões, dificuldade de comunicação, dificuldade de colaboração, produtos e serviços incompatíveis com a economia digital, e que pese o fato de que o Grupo EDP estivesse muito bem preparado do ponto de vista tecnológico, claramente a pandemia acelerou o processo de transformação digital nas empresas que, embora já estivesse no *mindset* da maioria das administrações, na realidade era um processo ainda lento e com planejamento de médio prazo. No meio de toda essa alteração, lidando com a nova rotina e um fluxo infinito de informação que recebemos sobre a evolução da doença (com especial foco nos números da pandemia, que deixaram todo o mundo perplexo), existe um claro sentimento de aumento da produtividade que derivou de muitos fatores, como a redução dos tempos de ineficiência diária e de fatores exógenos, como o tempo que perdemos no trânsito, ou para mudar de salas de reunião, passando pela eficiência das reuniões. Um claro sentimento de conhecimento de novas tecnologias de trabalho, mas acima de tudo um claro sentimento de que "tudo vai ficar bem" e que o ser humano tem efetivamente uma extraordinária capacidade de adaptação.

Após esta pequena introdução de aspecto mais emocional, destaco como principais alterações e impactos a nível internacional as seguintes:

1) A nível macroeconômico, creio que haverá claramente um reforço do poder econômico e social da China, e a nova ordem geopolítica internacional irá inclinar-se ao Oriente. Embora se entenda que a causa ou epicentro desta pandemia tenha surgido numa das suas províncias, a rapidez com que conseguiram responder foi descomunal, revelando claramente que tal capacidade de adaptação e resposta representa por si só uma vantagem competitiva, quando comparada com um continente europeu ainda débil e que, uma vez mais, mostrou a sua incapacidade de mostrar "união" ou quando comparado com os EUA que, com todo o seu poderio financeiro, se caracteriza por uma sistema político muito frágil e dividido, com constantes desalinhamentos ao nível do quadro político e social (demonstra ser na atualidade o país com maior exposição e dificuldade de combate à pandemia, bem como as constantes manifestações, fruto de temas étnicos e raciais).

Ainda nesse nível, penso que no nível econômico, tanto os países quanto as famílias vão atravessar um período complexo: segundo a edição de junho do jornal El Economista, a previsão de déficit na Espanha é um valor aproximado de 9,5% devido à Covid-19, com a dívida representando 113,4% do PIB espanhol (dados do FMI). Antecipa-se por isso uma subida dos impostos, com impacto nas empresas (multinacionais, endividamentos, etc.) e nas famílias (grandes fortunas, doações, heranças, patrimônio ou transações financeiras). Em paralelo, embora se verifique controle da inflação por parte do BCE, a subida inflacionária é uma realidade e essa situação vai retirar valor econômico das famílias no curto, médio e longo prazos.

2) No nível do mercado de trabalho, julgo que é está claro que o "novo normal" já é uma realidade. Ou seja, o teletrabalho, as conferências digitais e os escritórios virtuais passarão a ser uma realidade laboral nos países mais desenvolvidos. O trabalho remoto deixou claro que a presença física dos colaboradores nas empresas são uma utopia de produtividade e que em nada asseguram maior eficácia ou eficiência nos processos. No caso da EDP, os resultados foram assustadoramente positivos e, embora já estivéssemos de certa forma bem preparados para o tema (era uma realidade que já se verificava, mas com situações especificas), passou agora a ser visto por todos como uma realidade que vai continuar e que vai permitir aos colaboradores melhores índices de produtividade e um melhor *work life balance*. Não defendo, no entanto, um trabalho 100% remoto, apesar de saber que pode vir a ser uma realidade absoluta, porque acredito que existem benefícios no trabalho em equipe e em contato físico com colegas. Associado a esse tema, temos os escritórios virtuais e as conferências digitais que, embora tenham impacto direto (negativo) no setor imobiliário, permitirão às empresas realizar *savings* significativos no âmbito das despesas de renda, transferindo o espaço de trabalho para o mundo digital. Costuma-se dizer que as crises de uns são as oportunidades de outros e, como tal, a ascensão das conferências de vídeo (que existem desde o início do século) é igualmente uma oportunidade de minimizar esses impactos, que de acordo com os recentes dados da empresa *Gartner* aumentaram entre 300% e 700%, potencializando lucros significativos de várias tecnologias orientadas para esse setor.

Ainda ao nível do mercado de trabalho, importa refletir sobre o mercado do trabalho, que claramente ainda não nos mostrou os verdadeiros impactos desta pandemia. Sabemos que milhares de empresas entraram em *lay-off*, outros tantos milhares de empresas despediram porcentagens significativas de colaboradores, e como consequência, vamos assistir a uma guerra por talentos profissionais nos próximos tempos, com clara perda da procura de emprego (mercado) em prol da oferta de emprego (empresas). Tal como havíamos verificado em 2011, uma das piores fases da história de Portugal, com a entrada da Troika (programa de assistência financeira) no plano econômico e financeiro, o mercado de trabalho irá caracterizar-se por um crescimento exponencial de desemprego (em maio refletiu-se em 31,3% de aumento) e posterior redução dos salários nominais da população, com especial impacto nos profissionais menos qualificados e profissionais com idade mais avançada, que verão as suas oportunidades no mercado reduzir substancialmente. Por isso é muito importante que o governo prepare medidas de apoio às empresas desenvolvendo estratégias ativas de emprego (criação de postos de trabalho, apoio ao investimento, estímulos à produção), mas também posicionar-se junto à população mais necessitada, desenvolvendo estratégias passivas de emprego (subsídios e suporte formativo às classes mais carentes). É essencial que todos os *stakeholders* envolvidos tenham noção dessa situação, pois todos devemos ter um sentimento de responsabilidade social e indexar o recrutamento de quadros de acordo com as competências ou *skills* evidenciados pelos profissionais e não pelas suas idades ou outros fatores extras. Ainda na perspectiva do mercado de trabalho, importa salientar que vão seguramente emergir novas funções decorrentes desta pandemia e das novas práticas de trabalho, e as posições do digital (seja em nível do *marketing* digital ou no nível da implementação de *softwares* digitais) vão claramente ter uma maior procura e oferta de trabalho, bem como as áreas comercias que, por si só, são uma classe de recrutamento constante. Na área de recursos humanos (vertentes operacionais e administrativas: medicina no trabalho etc.), vamos igualmente, segundo a minha perspectiva, ter um impulso significativo na procura desses profissionais, bem como nas funções de engenharia e arquitetura, dado que essa pandemia veio expor igualmente algumas deficiências de engenharia na maioria dos setores empresariais. A necessidade de mais espaços abertos e maior circulação de ar obrigará uma revisão dos espaços imobiliários.

3) Negócios e alternativas emergentes. Gostaria de destacar igualmente este tema, como um dos principais ensinamentos que retiro dessa pandemia. Interligando todos os temas desenvolvidos até agora, percebemos facilmente que existirão novas empresas e novas oportunidades de negócio a emergir desta crise, tais como: análise de dados/comércio eletrônico e, claro, o setor de saúde. A análise das métricas já tinha um peso significativo na atividade econômica e servia como alavanca para melhoria das decisões de gestão das empresas, mas agora ganha ainda mais peso no panorama laboral, dado que uma correta análise de dados (*big data*) funcionará como um acelerador econômico crítico para as empresas: tomar as melhores decisões e de forma mais rápida será uma vantagem competitiva essencial para quem "chegar primeiro". Ou seja, mais do que decidir bem e tomar as opções corretas, é de extrema importância que a decisão seja rápida e tomada na posse de todos os números e dados existentes. Por outro lado, o *e-commerce* ou comércio eletrônico reveste-se hoje em dia de uma importância extrema e essencial na vida das empresas que conseguem de uma forma mais eficaz identificar oportunidades, parcerias, negócios e até dados que lhes permitem ser mais eficientes e competitivas num mundo por si só altamente veloz (*VUCA*): sabemos que vamos viver momentos de elevada Volatilidade (*Volatility*), Incerteza (*Uncertainty*), Complexidade (*Complexity*) e Ambiguidade (*Ambiguity*) por uma visão, uma orientação, deter os dados principais para uma tomada de decisão eficiente (análise de dados) mixados com uma rapidez na tomada de decisão, por vezes fazer um negócio de milhões à distância de um *click* (comércio eletrônico) será crítico para a sobrevivência das empresas. Penso que está claro para todos os gestores a necessidade de investimento que necessitam de fazer nas suas empresas para atingir esse patamar de evolução. Um inquérito da *Bi-Survey* mostra que 58% das empresas baseiam metade das suas decisões comerciais na intuição ou experiência, em vez de em dados e informação. No futuro, isso deixará de ser norma seguramente.

O setor da saúde, por último, devido à necessidade de tratamento e/ou criação da vacina para a pandemia, tem necessariamente de evoluir, e penso que não só os laboratórios internacionais, mas também as empresas de insumos médicos (zaragatoas, álcool gel, máscaras) deverão ter um acréscimo significativo de atividade, pois julgo que muitas medidas e alteração nos hábitos médicos vieram para ficar durante bastante tempo (em especial o uso de máscaras).

5. Com base no que você vivenciou, quais recomendações e mensagens de esperança gostaria de compartilhar com outros líderes?

Na minha humilde opinião, julgo que é muito importante que os líderes de hoje sejam capazes de repensar o seu posicionamento e as suas orientações estratégicas. Sabemos que não é fácil estar nessa posição e que a pressão a que estão sujeitos diariamente é imensa e, por esse fato, sendo um profissional da área de recursos humanos, não posso deixar de "puxar" esses temas que, infelizmente, em muitas situações do dia a dia acabam por ficar esquecidos em prol de decisões de gestão bastante mais "importantes". Ou seja, o líder assume igualmente vários papéis nas organizações, mas claramente todos terão em mente que um dos fatores que distinguem os bons dos maus líderes se prende com uma visão economicista da necessidade de obtenção de resultados/lucros. Apesar da evolução dos tempos ter mostrado que esta realidade hoje em dia é bem diferente, não podemos esconder que a essência de qualquer empresa se prende à maximização do investimento e obtenção de resultados, potenciando o valor da companhia.

No entanto, sei que a maioria dos líderes do mundo atual apresenta um quadro de objetivos bastante mais variado e que vai muito além dos objetivos puramente econômicos, como já foram mencionados: objetivos relacionados à responsabilidade social e sustentabilidade (reputação das organizações, bem-estar dos seus colaboradores, contribuição para um mundo mais sustentável etc.) ou objetivos como organização e procedimentos (melhoria nos processos, eficiência operacional etc.) ou objetivos estratégicos (desenvolvimento de negócio, criação de valor etc.). Perante todo esse conjunto cada vez mais extenso de desafios que fazem parte da prática diária dos líderes, é extremamente importante nesta fase que o foco seja "melhor distribuído" por todos os objetivos acima evidenciados. É importante que o bem-estar comum, a responsabilidade social, o apoio aos colaboradores e às respectivas famílias e o recrutamento inclusivo, entre outros, assumam um papel de destaque no seu *mindset* – muitas vezes, o "lucro" ou a obtenção de riqueza pode ser o caminho mais fácil, mas não é a única via. Entendo de forma muito simples e descomplicada que, perante a pressão cada vez mais acentuada dos mercados financeiros, as constantes alterações na estrutura acionista e necessidade de atingir e maximizar resultados, entre outros, a definição da estratégia da empresa seja orientada para a resposta a esses temas. Muitas vezes, seguir outro caminho tem impactos, tem custos, tem perda de valor etc.

É por isso que desafio todos os líderes a procurar o melhor equilíbrio possível entre as políticas e estratégias de sustentabilidade e responsabilidade corporativa e a maximização do lucro. A essência de um bom líder está aqui, na forma como consegue equilibrar todos os objetivos sob sua responsabilidade e na forma como consegue ser o timoneiro de um projeto ou uma empresa que, mais do que ser a mais lucrativa do seu setor, é a empresa que goza da melhor reputação, que trará seguramente incalculáveis ganhos no médio e longo prazos. Desafiem-se, procurem reinventar-se, procurem ser melhores, mas acima de tudo acreditem que, neste momento, o bem-estar social está e estará sempre acima de qualquer ganho operacional ou resultado positivo.

LIDERANÇA DA ALTA GESTÃO EM TEMPOS DE CRISE

Desafios e Aprendizados

Vânia Rodrigues Bezerra

Empresa:

Hospital Sírio-Libanês

Cargo/Função:

Superintendente de Responsabilidade Social

1. Quais foram os principais desafios vivenciados neste momento de crise provocados pela Covid-19?

Como sou da área da saúde, sei que outras áreas tiveram desafios, mas falando do meu segmento, as dificuldades foram imensas. Primeiro ponto fundamental para gestão de uma crise é a informação, esse ponto foi um dos primeiros empecilhos, porque você não gerencia sem dados, e a falta deles nos impediu de compreender como seria a situação da epidemia no Brasil. Não tínhamos clareza dos dados de infectados e óbitos, número de leitos, respiradores e necessidades do país. Isso fez com que muitas das visões que tínhamos caíssem por terra, a exemplo do comportamento da doença em outros países que estavam em pleno inverno, e nós no Brasil em pleno verão, se pensava que a doença teria um comportamento diferente, mas o nosso pior cenário ocorreu em Manaus, que teve o maior número de óbitos e letalidade no clima tropical do Brasil.

Para uma gestão mais assertiva, precisamos de dados oficiais e de confiança para tomar as melhores decisões e combater esse momento crítico. Ter uma grande catástrofe no país e ter um sistema de saúde universal, que no dia a dia já é colapsado, as estruturas hospitalares precisaram estar adaptadas para dar conta de uma pandemia como essa.

Outro ponto percebido é referente ao perfil da população brasileira, nós não possuímos disciplina/protocolos de comportamento para situações de catástrofe em comparação com outros países, que já vivenciaram a guerra ou desastres naturais. Não temos costumes para respeitar o isolamento e as regras de distanciamento social, e isso se agrava quando não temos uma liderança forte e um bom direcionamento do Estado, falo isso principalmente relacionado às diretrizes do Ministério da Saúde serem divergentes do direcionamento do Governo Federal.

Mudança de hábito se conquista com disciplina e longo prazo, esses novos hábitos serão percebidos no decorrer do tempo. Um exemplo que podemos utilizar é a campanha do cinto de segurança e a mudança de hábito nas grandes cidades, foi implantado primeiro com punição para quem não seguia as normas, para que a população se acostumasse e entendesse que é para a sua própria segurança. Daqui a pouco, irão aplicar multa para quem não estiver usando máscaras (em São Paulo), porque é a primeira maneira que a sociedade está acostumada a reagir, infelizmente.

2. Quais foram as ações implementadas?

O primeiro caso da Covid-19 no Brasil aconteceu no dia 26 de março, e antes disso, a minha área estava monitorando os casos e implantamos uma sala de situação que funcionou como um gabinete de crise, onde separamos as principais lideranças do meu time para monitorar mercado, os dados epidemiológicos e análise de emergência para compreendermos como era o comportamento da doença em nosso país e elaborar alguns planos de ação.
Com o intuito de mitigar a Covid-19 no Brasil, nós estivemos presentes nas 27 unidades federativas e implantamos gabinetes de crise. Desenvolvemos ações para hospitais referência no novo coronavírus, com o objetivo de monitorar capacidade instalada e de resposta à crise, que envolve equipe, material de proteção e equipamentos, entre outros.
Com ONGs (Organizações Não Governamentais), meu time de projetos sociais trabalhou as questões de responsabilidade social em comunidades. Nós temos uma série de atividades, como entrega de cestas básicas, que, ao meu ver, é uma das ações que menos gosto de desenvolver, nós perdemos quando distribuímos cestas básicas para comunidades, pois isso para mim é um sinal de fracasso, isso reflete que a sociedade falhou, que pecamos em educação e em desenvolvimento econômico.
Outra ação que implantamos foi a distribuição de mais de 70.000 máscaras de tecido, entregues por voluntários que chamamos de "Guardiões do Bairro", e trabalhamos com líderes comunitários da região central de São Paulo. Os nossos esforços foram voltados também para melhorar a comunicação entre o paciente e os seus familiares, porque quando uma pessoa com Covid-19 fica internada, elas perdem o contato com as famílias, que ficam aglomeradas nas portas dos hospitais em busca de notícias, nosso projeto visa trazer, na medida do possível, conforto para todos e evitar que as famílias fiquem expostas ao vírus.

Com essa crise, eu aprendi com um colega médico, que está no mesmo projeto que eu, uma reflexão sobre o nosso ofício: numa pandemia como essa, o que nos cabe é reduzir danos, proteger os sadios, cuidar dos doentes e gerenciar os óbitos. E o Brasil não conseguiu gerenciar os seus óbitos, vemos uma série de covas abertas e mortos sem identificação. Manaus viveu situações horríveis, onde não tinha onde colocar os seus mortos, e foi publicado um vídeo nas redes sociais de pessoas falecidas ao lado de quem estava vivo, aguardando atendimento. E devido ao risco de contágio, os corpos ficavam em sacos pretos inapropriados, pois não tinha em estoque sacos adequados, para óbitos. Um cenário triste e desumano.

O hospital em que trabalho firmou um termo de cooperação com a Fundação Itaú Unibanco e desenvolveu um projeto chamado Todos pela Saúde, meu papel nesse projeto foi desenvolver os Gabinetes de Crise estaduais, aportar gestão em saúde, além de apoiar na entrega de equipamentos de proteção individual para os profissionais de saúde, e esse projeto está trabalhando uma linha de comunicação com o profissional com atendimento psicológico para poder dar um suporte a quem trabalha na linha de frente.

Apesar das várias ações implantadas, o que nós estamos fazendo é uma gota no oceano muito poluído, para que no fim do dia não tenhamos frustrações, eu reforço com o time que o nosso papel é diminuir o sofrimento humano, mesmo sabendo que não iremos conseguir zerar ou evitar mortes, porque não sabemos nem ao certo quantos infectados existem, eu digo que o nosso objetivo é amenizar o sofrimento e tudo que pudermos fazer, faremos!

3. Quais foram os aprendizados para a sua vida nas áreas pessoal e profissional?

Eu acho que a vida pessoal tem muito a ver com "ressignificar", a importância das coisas. É uma doença que veio para ensinar para todo mundo, que reforça o conceito de humanidade, ela não escolheu por classe social, raça, cor ou credo, e nem país.

O que percebi muito foi a generosidade do povo, e esse foi um momento, mesmo que forçado, das pessoas ficarem mais generosas e solidárias.

O fato de repensar de como será o "novo normal", nós vamos aprender a dar valor a pequenas coisas, não que eu não fizesse isso, porque eu trabalho com projetos sociais e isso está em meu DNA, e tenho o privilégio de unir trabalho e propósito. Então, conseguimos reagir rápido, porque eu estava pronta e parece que eu me prepararei para este momento a vida toda, pelo fato de eu estudar sistemas de saúde há muitos anos, isso me ajudou em como agir de maneira estruturada em um cenário hostil.
A sensação que eu tenho é de gratidão, é como se eu pudesse retribuir com meu trabalho e conhecimento tudo que aprendi ao longo da minha carreira, defendendo um sistema de saúde e uma sociedade mais inclusivos. Tudo que desenvolvi para mitigar essa crise ficará gravado na minha carreira e imagino que daqui a 20 anos estarei em alguma conferência contando como foi ter passado pela pandemia e à frente de uma instituição e de um projeto tão relevante para o país.
Será um marco para minha carreira e, eu ainda, de alguma maneira, pude ajudar pessoas que estão passando por esse sofrimento hoje.
Ainda sobre o universo profissional, são nessas horas que você separa os homens dos meninos e as mulheres das meninas, eu percebo muita gente que na hora que precisa "não se apresenta para o jogo", não tem energia. Um líder tem que ser preparado o tempo todo para agir em momentos de conflito, seja para solucionar problemas ou enfrentar uma guerra, o que ele vai fazer agora é "lustrar a bota". Então, eu percebi que muitas pessoas que se diziam líderes não são líderes, porque não conseguiram em um momento como este confortar a sua equipe, mantê-la unida, problemas crônicos daquele time daquele líder, que não tem a sua equipe perto dele, ficaram mais acentuadas e agudas.
Na minha vida corporativa, aprendi a gerenciar crise, fazer gestão de pessoas, e a distância só reforçou a importância da resiliência e o quanto é importante você ser um líder próximo da equipe, porque eu sou jovem e lidero um grande time de pessoas com propósito e um orçamento gigante, em um cenário onde a minha equipe está indo a campo e está voltando doente. Eu tenho um perfil de liderança servidora, trabalhando ainda

mais a minha imagem e o meu papel de me colocar a serviço do meu time. Eu tive um colaborador que adoeceu em Palmas (TO) e nós acionamos até a FAB (Força Aérea Brasileira), para solicitar avião e tudo que foi necessário para trazê-lo com segurança. São pequenas coisas que eles veem e valorizam o cuidado que tenho com o time.

Fizemos parceria com as companhias aéreas e, em todo voo que tiver um profissional da saúde da minha equipe, a tripulação vai anunciar a presença deles e todos da aeronave darão uma salva de palmas, como uma forma de reconhecimento do trabalho deles.

E como é que a gente mantém esse time motivado? É com esse cuidado que temos com eles que só uma liderança servidora consegue fazer, e o mais importante, tenha pessoas com propósito no seu time, o FIT Cultural é de extrema importância, pois você consegue se conectar com sua equipe em qualquer lugar e em qualquer cenário.

4. Qual a sua visão e quais as suas expectativas para o pós-crise?

Acho que o Brasil e o mundo vão viver uma recessão muito grande, a saúde sem sombra de dúvida precisa ser reorganizada, porque o que vai ficar é uma saúde pública destruída, sem recursos, profissionais exaustos e com uma onda de pessoas com doenças crônicas ocupando o sistema de saúde, elas estão esperando para ir aos hospitais: são os hipertensos, diabéticos que estão em casa e não estão procurando os hospitais, isso aumentará a procura pelo SUS e não será um recomeço fácil.

A outra questão é a econômica, o Brasil é um país que não trabalha a educação financeira do seu povo, e temos a cultura de comprar e pagar parcelado, e não guardar dinheiro. Então, as pessoas têm muitos boletos e carnês, e em muitas conversas que tivemos sobre mercado financeiro, as pessoas dizem que este não é o cenário ideal para retomada da economia. Portanto, vamos viver um período muito nublado e com muitos desafios, por estarmos em um momento de crise e recomeço crítico, além do movimento político, principalmente municipal, porque este ano terá eleição para prefeito e estamos em um momento que iremos

discutir, ao mesmo tempo, saúde, economia e política.
A história do "novo normal", apesar do brasileiro ter memória curta, todo mundo sabe como agir e não faz porque acham que não vai acontecer com a pessoa. Um grande exemplo é a Dengue, todo ano fazemos campanha conscientizando a população e os casos só crescem. Tem muita gente que ainda acha que não é verdade, porque não conhece alguém próximo que faleceu para ter uma mudança de comportamento, mas ainda acho que será um desafio.
As empresas e as pessoas terão que se reinventar, e uma verdade é que todo mundo vai passar pela crise, agora como elas reagem e se comportam, para passar por esta crise, será o diferencial. Todos irão lembrar porque nesses momentos é que as pessoas são pressionadas, que elas mostram realmente quem são, o quanto têm medo, são agressivas, são *low profile*, e tudo isso vai aparecer.

5. Com base no que você vivenciou, quais recomendações e mensagens de esperança gostaria de compartilhar com outros líderes?

Precisamos trabalhar o conceito de gratidão, às vezes tenho a sensação de que as pessoas perderam esse sentimento, precisamos parar de reclamar de pequenas coisas, sermos gratos e trabalhar a vibração e a mensagem de esperança, outro ponto que gostaria de ressaltar é a importância da educação, para mim a educação é o maior ato de rebeldia contra o sistema, aqueles países que tiveram uma boa educação de berço tiveram outros impactos na crise porque eles são educados para isso, e eles têm a inteligência necessária para passar por cenários complexos.
A melhor maneira de investir em um país como o nosso, miscigenado e aberto ao novo, é pela educação. Foi pela educação que eu me projetei na carreira e hoje estou em uma posição que me permite entender com clareza o que está acontecendo. Foi por causa da educação que tive oportunidade de parar nas principais universidades do mundo e de estar em uma posição de ajudar o país inteiro, pessoas que têm uma baixa escolaridade são as mais propensas a pegarem o vírus, por muitas

vezes elas não fazem lavagem das mãos e uso de máscara corretamente, por falta de conhecimento, além de não terem consciência sobre a importância do isolamento, e muitas vezes não têm condições de se isolar por morarem em comunidades e lares inapropriados.

Faço um comparativo da vida como se fosse um controle remoto de uma televisão, nós temos o comando, mas se não soubermos o que é bom, não podemos escolher de uma forma assertiva. Então, um país só cresce quando a educação é tratada como prioridade.

Um sistema de saúde forte é consequência de um poder público de qualidade e de um povo consciente de seus direitos e deveres. Portanto, uma nação que valoriza o conhecimento vai amenizar os problemas que passamos hoje.

O Brasil não teve grandes guerras, mas seu povo tem uma capacidade enorme de se reinventar. É gente que acorda cedo para trabalhar, arregaça as mangas e vai. E somando com a orientação educacional, podemos chegar mais longe.

Como eu lido com muita gente da saúde com alto grau de escolaridade e gente muito simples, eu transito entre os dois ambientes. Eu me reúno todas as manhãs com as principais lideranças de saúde do país, e à tarde com uma líder da comunidade que cuida de uma ocupação do Bixiga, em São Paulo, e uma coisa fica muito clara, a diferença entre conhecimento e sabedoria. Então, a sabedoria, aquele jeitinho brasileiro para o lado positivo, deve ser assumido por nós numa boa, como uma qualidade.

E o que eu gostaria de compartilhar com os líderes é a liderança inspiradora e servidora. Para conseguir viver e sobreviver a tudo que tem acontecido, precisamos manter a humildade.

Tenho colaboradores com 20 anos de idade e tenho gente na minha equipe que tem 35 anos de Sírio-Libanês, e como são gerações muito diferentes, temos o desafio de unir essas pessoas e fazer com que elas trabalhem juntas. Um precisou ensinar ao outro como utilizar a tecnologia de forma adequada, eu mesma tive que aprender a lidar com as diferenças e aprendo coisas novas diariamente com minha equipe.

Eu acredito que o líder tem que saber trabalhar com cenários diferentes, com leitura de contexto, com um olhar analítico mais apurado, enxergando as oportunidades e os processos que podem melhorar, saber ouvir é um fator fundamental, com essa receita, venceremos essas e outras crises com muito aprendizado.

Lembrem-se, as pessoas são fontes e não recursos, recursos são finitos, já as fontes não... pessoas nos lugares certos e com autonomia são capazes de fazer entregas extraordinárias.

LIDERANÇA DA ALTA GESTÃO EM TEMPOS DE CRISE

Desafios e Aprendizados

Vania Thaumaturgo Capela

Empresa:
Associação Polo Digital de Manaus
e Instituto Eldorado

Cargo/Função:
Presidente da Associação Polo Digital de Manaus
e Gerente Executiva do Instituto Eldorado

1. Quais foram os principais desafios vivenciados neste momento de crise provocados pela Covid-19?

Entrar em uma nova empresa (*Instituto Eldorado*) em plena pandemia, como todos trabalhando em *home office*, auxiliando meus filhos Ana Paula e Paulo Victor nas aulas *on-line*, dividindo o espaço com o *home office* do meu marido Sérgio Capela e tendo que interagir remotamente conhecendo as pessoas e processos da empresa foi um desafio, porém facilitado pela ótima recepção do nosso superintendente Roberto Soboll, Ana Cabral e todo o time, pessoas fantásticas que me acolheram, me ajudaram, me treinaram e compartilharam experiência, pois nesse mesmo período eu estava trabalhando de forma ativa no Polo Digital de Manaus, ajudando as diversas frentes formadas por um grande voluntariado que reunia professores, pesquisadores, engenheiros, cientistas da computação, designers, médicos, enfermeiros, psicólogos, servidores públicos do município e do Estado, empresário e outros profissionais, que juntos buscavam soluções que ajudassem o governo e a sociedade a enfrentar a maior crise sanitária da nossa história pós-moderna. As frentes que se formaram, as quais chamamos Grupos de Trabalho (GT), cada uma com uma liderança específica e acompanhada também pelo diretor-executivo da *Associação Polo Digital de Manaus*, Lucas Simão, foram as seguintes:

1. GT Fornecedores

Mapeamento de fornecedores de itens de primeira necessidade ao combate da Covid-19.

Foi desenvolvida e disponibilizada uma plataforma colaborativa que já atende servidores das Secretarias de Saúde, possui atualmente 19 Distribuidores/Revendedores, 5 Fabricantes e 1 Importador, além de editais de dispensa de licitação.

http://polodigitaldemanaus.com/fornecedores

Líderes: Wallison Coutinho (Instituto CESAR) / Orange Marques dos Santos (*Instituto Transire*).

2. Tecnologia 3D

a) Produção de protetores faciais para área médica por: Fundação Universidade do Amazonas (FUEA), *startup Lazuz* e *Honda Motors*. Até o presente momento produziram mais de 80.000 protetores faciais para serem usados por profissionais da saúde, a fim de aumentar sua proteção. Esse grupo utiliza 20 impressoras 3D, e já consumiram mais de 200 kg de filamentos.

Toda a produção foi entregue a secretarias de saúde do município e do Estado, responsáveis por distribuir nos hospitais. Esse projeto foi liderado por uma equipe de professores e desenvolvido por vários alunos voluntários:

Professores

José Renato Sátiro Santiago Junior	Engenheiro/Doutor Coordenador da FUEA
Aristides Rivera	Engenheiro Mecânico /Mestre UEA/EST Desenvolvedor
Gisele Torrente	Enfermeira/Doutora UEA/ESA Elaboração de POPs Área da Saúde
Gisele Rocha	Enfermeira/Doutora UEA/ESA Elaboração de POPs Área da Saúde

Estudantes voluntários

Coordenação Startup Lazuz

Tania Ramchandani	Estudante/Medicina UEA
Ariel Amzalak Eremita	Estudante/Engenharia Mecânica

Coordenação/Qualidade

Daniel Barbosa Cabral	Estudante/Engenharia
José Antonio Riguete Capobiango	Estudante/Engenharia
Márcio Edson Lima Maciel	Estudante/Engenharia
Nicholas Victor Bastos Siqueira	Estudante/Engenharia

Felipe Abraão Lima de Oliveira	Estudante/Engenharia
Sofia Dehaini Garcia	Estudante/Engenharia
Thais Cristina Gadelha Figueiredo	Estudante/Engenharia
Willickson Matos Ferreira	Estudante/Engenharia
Priscila Moreira da Silva	Estudante/Engenharia
Selly Ferreira dos Anjos	Estudante/Engenharia
Thaís Amaral da Silva	Estudante/Engenharia
Vitoria aparecida Guedes de Oliveira	Estudante/Engenharia
Neirival Rodrigues Pedraça Júnior	Estudante/Engenharia
Hadriely Regina pessoa de Souza	Estudante/Engenharia
Bruna Maura silva Meireles	Estudante/Engenharia
Dayanna Lopes da Silveira	Estudante/Medicina
Fábio Rodrigo da Silva Pinheiro	Estudante/Medicina
Stanley Queiroz Fortes Neto	Estudante/Medicina
Itelvino Toscano de Queiroz	Estudante/Medicina
Ana Paula Ribeiro Gouvêa	Estudante/Medicina
Humberto Wérneck Araújo Moura	Estudante/Medicina
Greyce do Socorro Gondim Medeiros Soares	Estudante/Medicina
Klinger Gomes dos Santos Almeida	Estudante/Medicina
Lúcia Margareth Barreto Belmont	Estudante/Medicina
Andre Thierry do Nascimento Brasil	Estudante/Medicina
Synaha Rachel Romão de almeida	Estudante/Medicina
Fernanda Isabel Gonçalves Haydar	Estudante/Medicina
Yaagov Mesraym Pereira Veras	Estudante/Direito

b) LIGA contra a Covid-19 - MAO

A iniciativa envolve mais de 30 voluntários que realizaram a impressão em suas residências e depois centralizam no FabLab Manaus, para finalização e entrega.

Com essa estratégia, já produziram 3.200 protetores, 132 kg de filamentos, 15.100 de acetato e 1100m de elásticos. Atenderam diretamente cerca de 220 instituições (hospitais públicos, UPAS, UBS e hospitais particulares).

Líderes: Rodrigo Belem (KDE), Carlos Junio (FabLab Manaus) e Denys Cruz (*Sebrae Lab*).

c) Produção de Válvulas Exalatórias para Ventiladores - A

www.bezinternational.com – Ayty – IFAM acaba de desenvolver versões nacionais das válvulas para respiradores usados na rede pública do Amazonas. Essas válvulas serão aplicadas na reposição no momento da troca das atuais, pois elas estão em falta no mercado global e também serão aplicadas em cerca de 30 ventiladores que estavam parados devido à falta de manutenção. Foi feito um pool de empresas que financiaram o projeto e a produção inicial de 200 válvulas, para serem entregues à rede hospitalar do Estado. Na próxima etapa, serão distribuídos para todo o Brasil, através de um canal de vendas e distribuição estabelecido *on-line*.

A *startup Lazuz*, que trabalha com impressão 3D, modelou e prototipou válvulas de acordo com as especificações dos ventiladores, e também fio guia para entubação, e atualmente está trabalhando na confecção de um contêiner UTI que possibilita ventilação não invasiva, o primeiro protótipo já está quase finalizado e será, em breve, apresentado para a sociedade.

Líderes: Tania Ramchandani (Lazuz), Carlos Junior, Alexandre Damasceno.

d) Doação de Alimentos para FUEA

Como a maior parte da rede de fabricação dos protetores faciais na Fundação Universidade do Amazonas era composta por alunos voluntários que trabalhavam incansavelmente 24 horas por dia 7 dias por semana, uma rede se formou para fazer doação de refeições diárias. Essa rede contou com o apoio de Carlos Oshiro (*Targo Consultoria*), na sua formação, e liderança da Karol Saenz.

A ação se iniciou em março e conseguiu o apoio de empresas de diversos segmentos:

1 – TARGO; 2 - INFOCARD - CARTÕES EM PVC E EQUIPAMENTOS PARA CONTROLE DE PONTO, ACESSO E REFEITÓRIO; 3 - MARINARA PIZZARIA; 4 - GAÚCHOS CHURRASCARIA; 5 - COLISEU PIZZARIA; 6 - LILI & VIVI DELICIAS REGIONAIS; 7 - LULU PÃES E DOCES; 8 - TORTAS & TORTAS; 9 – MEDISOL; 10 - EXPANSÃO COMUNICAÇÃO VISUAL; 11 – SUPREME; 12 - LEK'S; 13 - EQUILIBRIUM SAÚDE E BEM-ESTAR; 14 - RESTAURANTE MORADA DO PEIXE; 15 – PARÁCABOS; 16 – IBRINK; 17 - CANTINA GHIOTTO; 18 - DISTRIBUIDORA PRIME; 19 - GRÁFICA AMAZONAS; 20 - PEIXARIA CLUBE DO PEIXE; 21 - MORADA DO SOL PIZZARIA; 22 - DABELA DESPACHANTES; 23 - SPLASH PIZZA; 24 - DEPYL ACTION; 25 - CLAUDIA NERLING ARQUITETURA; 26 - INSTITUTO DENIVARD RIVAIL; 27 - Q SABOR RESTAURANTE; 28 - FAST FRAME MOLDURA NA HORA; 29 - F12 CONTABILIDADE; 30 - ZEFINHA RESTAURANTE DELIVERY; 31 - MYLENA BONFIM ARQUITETURA E INTERIORES; 32 - TS SUPRIMENTOS; 33 - QUARTZO ENGENHARIA; 34 - LILICA & TIGOR; 35 - KALENA COFFEE Co.; 36 - PARAISO DO MDF; 37 - PICANHA MANIA; 38 - GRAFICA AMAZONAS; 39 - JESS CAKES; 40 - GRÃO EXPRESSO; 41 – POSTOS ATEM; 42 - GRUPO SIMOES; 43 - SANTA CLAUDIA; 44 - R PEPPER WINES.

Essas empresas, apesar sofrerem alto impacto financeiro por conta da pandemia, se juntaram a essa rede de solidariedade. O grupo forneceu quatro refeições diárias para os voluntários da FUEA.

Líder: Karol Saenz (Empresária da *Infocard*).

4. Chatbot Telegram

Esse projeto tratava-se do desenvolvimento de um *chatbot* via *Telegram* para triagem e atendimento *on-line* de crianças e adultos de Manaus, tendo como diferencial a indicação da Unidade Básica de Saúde (UBS) mais próxima do usuário.

A equipe do *chatbot* liderada pelo Prof. Dr. Fábio Santos da Silva (UEA/EST) contava com Erik Atílio Silva Rey (desenvolvedor de SW da UEA/EST), Oscar de Menezes Neto (desenvolvedor de SW do I*nstituto Eldorado*), Ramayana Menezes (desenvolvedor de SW da *Prodam*), Jorge Procópio (CTIC/UEA).

O código-fonte do *chatbot* via *Telegram* foi disponibilizado a quem precisar e quiser utilizá-lo por meio do repositório: https://github.com/erikatilio/Chatbot-Telegram-COVID-19.

Líder: Prof. Dr. Fabio Santos.

5. Mapeamento de Casos Confirmados e Suspeitos

Aplicativo Web Sensor Social Covid-19 – realiza o levantamento de dados dos casos confirmados, suspeitos, casos recuperados e verifica se não há casos de Covid-19 em Manaus por meio de geolocalização. Por meio desse aplicativo é possível saber se existem casos de Covid-19 próximos do usuário. Saber, por exemplo, se existem casos confirmados de Covid-19 na rua ou no quarteirão onde o usuário mora. Esse aplicativo será aprimorado para permitir que seja possível rastrear casos de Covid-19. O objetivo final é criar um "*Waze*" de casos de Covid-19.

O Sensor Covid-19 pode ser acessado neste local: https://covid19socialsensor.firebaseapp.com/#/

Líder: Prof. Dr. Fabio Santos.

6. Manutenção de Respiradores

A Universidade do Estado do Amazonas (UEA), em conjunto com a Moto Honda da Amazônia, dentro da iniciativa + Manutenção de Respiradores (rede voluntária que inclui Senai), já recuperou e devolveu para o sistema de saúde do Amazonas mais de 21 respiradores, enquanto outros mais estão em manutenção. Esses respiradores foram entregues para a Secretaria de Estado de Saúde do Amazonas (SUSAM), Secretaria Municipal de Saúde de Manaus (SEMSA), Exército Brasileiro e Marinha do Brasil. O projeto atendeu no Estado do Amazonas aos municípios de Manaus, Borba, Itacoatiara, Maués e São Gabriel da Cachoeira, e ainda Rio Branco, no Estado do Acre.

Líder: Prof. Dr. Edgard Luciano (UEA/EST).

7. Marketplace Solidário

Este grupo de trabalho focou em distribuição de alimentos e itens de primeira necessidade a pessoas carentes, adquirindo esses produtos de trabalhadores de agricultura familiar e pequenos comerciantes de bairros, a fim de ajudar também essas cadeias produtiva e comercial, tão afetadas pela pandemia. Mais de 11 toneladas de alimentos (entre não perecíveis, verduras, frutas e legumes) já foram doadas para mais de 50 instituições filantrópicas e para famílias em vulnerabilidade social de áreas de periferia e ribeirinhas de Manaus e cinco comunidades indígenas. Esse é o resultado da ação "Mercado Solidário" – uma parceria entre a *startup Onisafra, startup Navegam* e a Secretaria de Estado de Desenvolvimento Econômico, Ciência, Tecnologia e Inovação (SEDECTI). A iniciativa também contou com doações do *Global Shapers*, restaurante *Caxiri* e a *Rede de Solidariedade das Mulheres de Manaus.*

Líderes: Macaulay (*Onisafra*), Geferson (*Navegam*) e Leonardo (SEDECTI).

8. Equipamentos de Informática

Esse grupo de trabalho tinha como objetivo conseguir equipamentos de informática para aparelhar unidades de saúde e controle para tornar o trabalho mais ágil e possibilitar o uso de informações precisas para tomada de decisão. Foram arrecadados: 131 computadores, 160 *notebooks*, 60 *tablets*; outros 100 itens, como impressoras, *switches*, monitores e memórias foram arrecadados e recuperados para o Hospital de Campanha da Nilton Lins - SUSAM.

A ação foi coordenada pela empresa *Descarte Correto*, do empresário Alessandro Dinelli, e contou com doações de diversas instituições, como: *Sidia* (na pessoa do superintendente Chris Lee), *Positivo* (na pessoa do diretor de R&D José Goutier Rodrigues), *Sesc*, *Samsung* (na pessoa do vice-presidente Mario Laffitte), Receita Federal e Alfândega, *Hossokawa*, além dos equipamentos usados doados por vários cidadãos e que foram recuperados pela *Descarte Correto*, a esses cidadãos anônimos também somos muito gratos por sua solidariedade.

Líderes: Alessandro Dinelli (Descarte Correto) / Wescley Rabelo.

9. Ventilador Mecânico

A *FPF TECH* desenvolveu um ventilador pulmonar de respiração autônoma, onde o equipamento se adéqua ao paciente. O projeto já passou pela fase de calibração e está entrando na fase de testes junto à equipe médica do hospital SAMEL, para posterior homologação nos órgãos competentes.

Líder: Luís Braga (*Fundação Paulo Feitoza*).

10. Projeto Chamada Solidária 2020 - Covid-19

Este é um projeto desenvolvido pela *Global Shapers Manaus* em parceria com *Lojas Bemol*, cujo trabalho resultou na:

• Formação de uma rede de 44 voluntários de 24 cidades do Estado para compartilhar informações e auxiliar na logística de projetos;

• Criação de plataforma de fortalecimento às iniciativas de combate à crise que faz *link* entre demandantes de soluções e voluntários;

• Mapeamento e disseminação de 15 psicólogos que oferecem suporte emocional gratuito (em parceria com *Impact Hub Manaus* e *Fundação Rede Amazônica*);

• Distribuição de 3.000 *kits* de proteção básica, compostos por: sabonete, 2 máscaras de pano (seguindo orientações do Ministério da Saúde), guardanapos e cartilha informativa para pessoas sem acesso (em parceria com *Maricotas Craft, Instituto Ágape* e *Cruz Vermelha Brasileira* - Amazonas);

Líder: Guilherme Faleiros - *Global Shapers.*

11. Pandemic Hackfest

Iniciativa do MPE-AM na busca de soluções para ajudar governos e sociedade a atravessar a crise do novo coronavírus.

O primeiro *Amazon Hackfest* 100% *on-line* ocorreu de 11/3 a 25/4/2020 e contou com 452 maratonistas.

O 1º Lugar foi o projeto *Track&Map*, uma espécie de sensor da Covid-19. Já o 2º lugar foi compartilhado com os projetos *Psi para Todos* e *Agende.Me*.

Confira o resultado final: https://bit.ly/2WtRldI

E o *pitch* das equipes: https://bit.ly/2yWFFXY

Líder: Dr. Mauro Veras.

12. Força Varejo

A *Startup @eudireto* – que criou uma plataforma para facilitar as compras de mercadinhos, restaurantes e empresas em geral, junto aos distribuidores e às indústrias, lançou a campanha #ForçaVarejo, concedendo 90 dias gratuitos para as distribuidora entrarem no meio digital e assim ajudá-las a manter seus negócios neste período de pandemia.

Além disso, está doando R$ 30 para cada mercadinho, restaurante e empresa para ajudar no abastecimento.

Já são 11 distribuidoras cadastradas nessa nova plataforma.

https://www.eudireto.com.br/

Líder : Raphael Benfica (EuDireto).

2. Quais foram os aprendizados para a sua vida nas áreas pessoal e profissional?

Conheci muitas pessoas altamente competentes e com muita vontade de ajudar o próximo, formei uma grande *network* e ganhei como aprendizado a flexibilidade e resiliência que precisamos ter neste momento do trabalho remoto, além de nunca perder a capacidade de ajudar e realizar o trabalho voluntário. Na minha opinião, foi sempre de grande valia a autocrítica e o automonitoramento, para corrigir minha rota, sempre que um desequilíbrio se instala, esse aprendizado foi aprimorado neste momento em que vivemos situações críticas, de isolamento, mas também de conexões digitais intensas. Além disso, saio deste período bastante impactada por essa brilhante rede de solidariedade formada para combater a crise, todos essas pessoas, muitas que anonimamente, trabalharam arduamente, merecem nossos aplausos e nossa gratidão, pois salvaram vidas que nunca conheceram e que nem imaginam que foram ajudadas por elas.

3. Qual a sua visão e quais as suas expectativas para o pós-crise?

A crise acelerou o desenvolvimento das tecnologias da informação e comunicação e demonstrou sua importância, tornando-as muitas vezes imprescindível para continuar a movimentação econômica e relações sociais nestes tempos de isolamento. Minha expectativa é que as matrizes econômicas possam se desenvolver cada vez mais ancoradas por essas tecnologias, eu creio que este período de crise foi também de muitas descobertas: professores que aprenderam o ensino a distância, comerciantes que encontraram o *e-commerce*, reuniões de trabalho e interações estritamente virtuais e assim por diante. Além disso, creio que uma transformação de valores também se instalará, o valor da vida, da família, dos amigos, das relações, da solidariedade, o valor de pequenos momentos que nem imaginávamos quão importantes eram, até que sentimos grandemente suas perdas. Creio que este mundo novo encontrará novos caminhos e passará por uma transformação sem precedentes.

4. Com base no que você vivenciou, quais recomendações e mensagens de esperança gostaria de compartilhar com outros líderes?

Nunca se conforme com os problemas, nem pense que você não pode influenciar e mudar a situação ao seu redor. Lembre-se de que ninguém constrói nada sozinho, portanto mantenha a humildade e a capacidade de aprender sempre, consigo mesmo e com os outros, valorize o trabalho em equipe, as redes de relacionamento, movimentos que podem mudar muitas realidades. Lidere, puxe o carro, mesmo que dê muito trabalho e que exija sacrifícios, as coisas mais valiosas nunca são fáceis de serem construídas ou conquistadas.

Vera de Melo

Empresa:
SET GOALS

Cargo/Função:
CEO/Partner

1. Quais foram os principais desafios vivenciados neste momento de crise provocados pela Covid-19?

A Covid-19 congelou as nossas vidas, trouxe consigo um conjunto de desafios e mudanças que ninguém estava preparado. De um dia para o outro, sem aviso, fomos atirados para as teias da incerteza e da mudança radical. Já nada é como era. Já nada será como foi.

As dinâmicas familiares e organizacionais mudaram radicalmente em pouquíssimo tempo. Famílias e organizações tiveram a necessidade de se reinventar para acompanhar a realidade. O que era certo, tornou-se incerto, o presente é substancialmente diferente do passado. O futuro, esse tornou-se incerto e imprevisível.

O principal desafio a nível individual, admitir a vulnerabilidade do ser humano. Admitir que não é perfeito e que não controla o mundo.

Provavelmente quando pensa na palavra vulnerabilidade, imediatamente assola na sua mente palavras como fragilidade, fraqueza, pensa que se trata de uma situação de risco, algo que deveria a todo custo evitar. No entanto, digo-lhe que é exatamente o contrário. Menosprezamos o poder e o impacto que o reconhecimento da nossa vulnerabilidade pode ter na nossa vida. Num mundo em que a segurança, a eficácia e a força são tão valorizadas, aquele que se atreve, num determinado momento, a renunciar à sua armadura de aparente perfeição, e admitir a sua vulnerabilidade demonstra uma coragem notável.

Permitir-se ser vulnerável, mais do que um ato de coragem, é um ato de sabedoria e de autoconhecimento profundo. Nesta nova realidade, urge admitir ser vulnerável.

Ser vulnerável é assumir a imperfeição. É cansativo e desgastante carregar a necessidade de ter de ser perfeito sempre, em todas as situações, ter sempre de tomar a decisão certa e nunca poder falhar. Mas é fundamental encarar a realidade: não existe um ser humano que nunca erre. Somos imperfeitos e precisamos aceitá-lo, assumi-lo e viver de acordo com isso. Precisamos ser fortes para renunciar à "imposição social" de perfeição e assumir a vulnerabilidade.

Ser vulnerável é estar consciente, é conhecer-se.
Só aceita a vulnerabilidade quem está consciente de seus próprios sentimentos, quem conhece os seus pontos fortes e fracos. Ter autoconhecimento pressupõe ser honesto consigo, aceitar as suas limitações e lidar com elas.
Ser vulnerável é correr riscos e estimular a criatividade.
Admitir a vulnerabilidade origina que saia da zona de conforto e fique indiferente à opinião dos outros. Acredita que tem o direito de correr riscos para alcançar o seu propósito e corre-os. Predispõe a mente a estar receptiva a coisas novas, abrindo portas a oportunidades impensáveis, estimulando o lado mais criativo e originando uma vida mais autêntica.
Ser vulnerável é desenvolver uma comunicação empática.
A vulnerabilidade pressupõe autenticidade, revelar o seu "eu" sem medos, sem receios. Uma vez que está "desarmado" e não atua "na defensiva", eleva o seu nível de comunicação com os outros. Perde o vício de julgar as ações e opiniões dos outros, e consegue pautar a sua comunicação pela empatia.
Recorde, o guerreiro mais sábio é o que está armado com o conhecimento da sua própria vulnerabilidade.
A nível empresarial, o principal desafio é passar do paradigma da liderança centrada no controle, na posição do líder, para uma liderança a distância, com foco na liberdade, na confiança no colaborador.
Numa era de mudança, as estratégias utilizadas outrora não permitem alcançar os mesmos resultados, os líderes terão de fazer a diferença. Novas realidades, novos métodos de trabalho, exigem novos líderes, novas organizações.
Precisamos de organizações onde reine a *accountability*, em português, a responsabilidade proativa.
As pessoas que têm incorporado esse conceito na sua forma de trabalhar atingem o sucesso e não dependem de condições externas, não culpam os outros nem inventam desculpas para fugir das suas responsabilidades. Focam-se nas soluções e na melhoria do seu desempenho. Usam o erro como

forma de aprendizagem, assumindo os problemas e enfrentando os desafios. Há três fatores relacionados a esse tema: o compromisso individual, a iniciativa baseada na proatividade e a responsabilidade pessoal. Cabe ao novo líder estimulá-los, potenciando a sua expressão no dia a dia organizacional. Apesar da intensa mudança no tecido empresarial português, ainda há muitas organizações que insistem numa gestão inflexível, sem considerar a diversidade de perfis de competências dos seus colaboradores.

Esse novo líder precisa assegurar que os colaboradores se identificam com a cultura da empresa e a internalizam para um propósito maior, garantir a diferença nos resultados. Tal só é possível se o colaborador estiver motivado com o seu trabalho, tiver orgulho em pertencer à empresa, empresa essa que lhe proporciona experiências únicas e lhe permite adquirir múltiplos conhecimentos.

A missão do líder, assegurar que o colaborador sente que as suas ações são valiosas e significativas para a organização como um todo. O líder deve estar atento às desculpas do dia a dia para potencializar a responsabilização dos colaboradores pelos resultados da empresa, originando uma postura mais proativa do que reativa. Para tal é fundamental que o colaborador tenha bem definido quais os objetivos que a empresa pretende alcançar, permitindo que os colaboradores saibam o que realmente importa para o negócio.

O colaborador energizado vai além das suas tarefas cotidianas e procura aumentar a sua contribuição constantemente através de inovações e assumindo ações para potencializar a sua performance e a da organização.

No fim, uma organização focada nos seus objetivos, refletindo-se na sua produtividade e satisfação dos colaboradores. Numa palavra, uma organização *accountable.*

Lembre-se, pedir desculpas não é dar desculpas, e o grande empecilho de qualquer organização são os líderes sem causa.

2. Quais foram as ações implementadas?

Atuamos num território desconhecido. Informações essenciais sobre a Covid-19 e os seus impactos para os negócios são difíceis de avaliar e podem

mudar a qualquer momento. No entanto, tal como todos os líderes, precisei elaborar estratégias capazes de dar resposta a esta nova realidade.
A nível de atuação, considero que se dividiu em três grandes níveis:

1. Gestão da Crise

Os planos de negócio existentes não conseguiam lidar com as rápidas e desconhecidas variáveis inerentes à Covid-19. Foi fundamental desenvolver planos de gestão de incidentes e cenários específicos para esta nova realidade, minimizando o risco de disrupção do negócio. Paralelamente foi necessário criar uma equipe de gestão de crise, focada em avaliar o impacto desta crise em todos os níveis da organização, e elencar respostas que promovessem o bem-estar dos colaboradores e a vitalidade do negócio.

2. Capital Humano

As pessoas são o principal ativo de uma organização. Foi necessário assegurar o seu bem-estar, desenvolver uma nova forma de comunicação, pautada pela transparência e baseada na confiança. Paralelamente, motivar e energizar as pessoas, para que despertassem o otimismo, a criatividade, a persistência e empatia, ingredientes essenciais para enfrentar com sucesso esta realidade.

Além do bem-estar humano, houve outros desafios a serem enfrentados, como apoiar o trabalho virtual em larga escala. Desenvolver estratégias de acompanhamento à distância às diferentes equipes e maximizar os efeitos das novas tecnologias a serviço da produtividade.

3- Estratégia e marca

A sustentabilidade de uma empresa constrói-se através dos seus clientes. Nos nossos dias, o acesso à informação está cada vez mais fácil. Aproveitamos para fortalecer a nossa. O foco foi articular com os nossos clientes, reforçando a nossa relação e apoiando nos desafios que a pandemia nos colocou. Fortalecemos a nossa presença nos meios de comunicação social, através da produção de conhecimento e reflexões sobre a Covid-19, deixando bem claro a nossa mensagem de marca, inspiramos pessoas e mudamos mentalidades, afinal, somos mais que um logotipo, transmitimos integridade, inovação e entusiasmo.

3. Quais foram os aprendizados para a sua vida nas áreas pessoal e profissional?

Acredito que este momento único na vida das pessoas e no mundo nos ensinou a todos, sem exceção, a "parar". Mesmo os mais resistentes, que teimavam em não parar, tiveram que fazer a sua pausa e refletir sobre tudo o que estava a acontecer.

Vivíamos numa sociedade focada no imediato, no "para já", as pessoas que dela fazem parte tiveram de mudar a forma como se relacionavam com uma variável fundamental, o tempo. O que era para já passou a ser para "um desses dias".

Algumas pessoas tiveram que ficar em casa, olhar com mais atenção e com mais tempo para a sua família. Casais tiveram que conviver mais. Pais e mães desenvolveram estratégias criativas para ocupar o tempo em que passaram a estar com seus filhos, e em alguns casos, estratégias para conciliar com o teletrabalho. Talvez para alguns tenha sido também um momento de olhar para a sua carreira e família e repensar o seu papel e atuação em cada uma dessas áreas.

O mundo aprendeu a olhar para o mundo todo. Mesmo aqueles que usualmente não acompanhavam o que se passava além das suas fronteiras, passaram a olhar para o mundo, a perceber a evolução da pandemia e as estratégias que cada país usava e respectivos resultados.

Empresas e colaboradores foram obrigados a lidar com a mudança.

Eu, particularmente, reativei a paciência. Rapidamente percebi que a paciência colocada em prática diminuía a autocensura e os sentimentos de culpa. Assumi que nenhuma pessoa estava preparada para lidar com uma situação dessa natureza, de forma abrupta e sem tempo prévio de preparação, e que também nenhuma tinha a solução mágica para se adaptar às exigências,

aos desafios da nova realidade. A paciência permitiu saber esperar, refletir, adotar a melhor estratégia e escolher a melhor solução para cada situação.
A paciência trouxe a calma para ver tudo com maior nitidez, para saber reagir, de forma acertada, racional e responsável. Potenciou a serenidade, inteligência e prudência, ajudando a tolerar a incerteza e encarar com tranquilidade o futuro.
A paciência permitiu ter em mente que a vida só estava no botão "*pause*", e em breve, a poderia colocar no "*play*".

4. Qual a sua visão e quais as suas expectativas para o pós-crise?
O mundo como o conhecíamos não existe mais. Seria ingênuo não o assumir, as alterações já se sentem à nossa volta, pessoas que perderam os seus familiares, empresas que fecharam, rotinas alteradas.
O mundo não vai voltar a ser o que era, por isso, terá de ser criada uma nova realidade, que em médio prazo poderá ser melhor, mas que no curto prazo implicará desafios para todos. Para isso, é necessário repensar a forma como vivemos, trabalhamos e socializamos.
O trabalho virtual outrora visto com algum ceticismo por alguns líderes será uma realidade. Videoconferências substituirão as reuniões presenciais. A força de trabalho deixa de ser estática e passará a ser diversificada e móvel.
O mercado laboral não será um universo cheio de oportunidades, as oportunidades de emprego serão residuais, vingarão os que estiverem mais bem preparados do ponto de vista emocional. Nunca a curiosidade e agilidade serão tão valorizadas.
A cultura de liderança transformar-se-á, o controle dará lugar à liberdade, a desconfiança à confiança. Novos líderes emergem. Líderes otimistas, honestos, curiosos, sem receio de arriscar e, imagina, persistentes e empáticos.
As empresas viverão uma oportunidade única de se reinventarem, descobrirem novos segmentos de atividade, novas formas de concretizar o seu objetivo, e de se tornarem mais criativas. A sua prioridade deve ser assegurar o equilíbrio emocional dos colaboradores, preocupando-se coma sua saúde física e psicológica.

Novos planos de negócio precisam ser elaborados e validados.
Será fundamental estimular o otimismo. Precisamos nesta nova realidade de otimistas. O otimista não é um cego alienado da realidade, que não vê os problemas. O otimista reconhece os problemas, sabe que eles existem, avalia o seu impacto, mas procura encontrar uma solução. Em vez de ficar passivo, sem reação, o otimista procura, tem um papel ativo perante os problemas, vê a oportunidade no "mar de dificuldades".
As pessoas, no geral, terão receios, sentirão falta do toque e do abraço. Enfrentaremos um desafio emocional difícil, porque os abraços, os beijos que sempre curaram feridas, são agora fontes de contágio. Sem toque, sem proximidade física, teremos de encontrar novas formas de expressar os sentimentos. A empatia vai ajudar, será sem dúvida a competência do futuro. Não será a máscara, nem o distanciamento social, que impedirá os relacionamentos. O ser humano é que cria barreiras à vida, não é a vida que cria barreiras ao ser humano. Os relacionamentos serão sem dúvida diferentes, mas nós seremos pessoas diferentes, e o mundo, esse, também estará diferente.
A máscara terá de nos acompanhar diariamente, para além das chaves, carteira, telemóvel, reforçando a crença de que a "guerra" contra um inimigo invisível ainda não acabou. As máscaras, e o que elas escondem, afetarão a qualidade da comunicação e, por sua vez, dos relacionamentos que são estabelecidos entre os indivíduos nos vários contextos da sua vida. Essas restrições podem condicionar as relações no início, mas com o tempo surgirá uma "nova normalidade". O ser humano é um animal de hábitos, com uma capacidade de adaptação incrível, e esse será mais um desafio.
Haverá certamente algumas dificuldades de comunicação, alguns mal-entendidos, mas com criatividade encontrar-se-á forma de comunicar e de transmitir as emoções e demonstrar afeto.
Será um mundo diferente, mas igualmente apaixonante e desafiante.
O segredo é descomplicar. Eliminar a lente da comparação, fugir à teia da solidão e interagir, como pessoa diferente, num mundo diferente.

5. Com base no que você vivenciou, quais recomendações e mensagens de esperança gostaria de compartilhar com outros líderes?

A Covid-19 não foi algo planeado, assim como não estávamos preparados para um momento como este que estamos a viver. Mas, a vida dentro das organizações, embora de forma menos drástica, também acaba por ser um pouco assim.

Não conseguimos prever todos os problemas, preparar resposta para todos os cenários possíveis. Mas, perante a mudança, podemos sempre reinventar, criar novas estratégias e cuidar de quem faz a empresa continuar a existir, os colaboradores e os clientes.

O caminho que se avizinha não será fácil, o desgaste, os receios, as críticas, as contradições podem ser enormes. Não há uma receita certa.

No entanto, proponho sete ingredientes para que o percurso seja menos sinuoso:

1- **Não improvisar.** Não acreditar em ilusões e não seguir comportamentos narcisistas. A comunicação deve ser objetiva, promovendo certeza e confiança. Tenha em mente que a liderança agora é como atravessar um campo minado, qualquer passo em falso desequilibra a organização.

2- **Calma e honestidade.** Não importa a gravidade da situação e independentemente que as previsões de curto e longo prazos sejam negativas, o líder deve adotar uma postura calma e honesta. A calma confere segurança ao ouvinte e, num contexto de angústia, é uma atitude valiosa. A honestidade é fundamental em todos os momentos. Distorcer dados ou recorrer a mentiras mina a confiança e prejudica a relação líder-liderado.

3- **O líder deve tornar-se substituível.** O bom líder é uma figura entre outras numa equipe. Para que tal aconteça, deve promover nos seus colaboradores a autonomia, curiosidade e imaginação, componentes essenciais na ação estratégica para enfrentar qualquer problema na realidade atual.

4- **A comunicação deve ser eficaz.** Estou certa de que nas circunstâncias atuais não é tarefa fácil. Se o líder for excessivamente carismático, vai gerar desconfiança, se for excessivamente frio, vai despertar o medo e minar a confiança. O segredo é encontrar as palavras certas, para que não haja espaço para dúvidas. O líder deverá ser capaz de dar más notícias, fazer alertas com um sopro de esperança e de otimismo.

5- **Compaixão.** No momento atual, é mais necessária do que nunca uma capacidade de se conectar com a dor humana, uma demonstração diária de preocupação com as pessoas, uma estratégia que se concentre nas respostas para os problemas em vez de procurar culpados.

6- **Ação.** Toda a adversidade precisa de ação. Uma estratégia fundamental será ativar recursos e pessoas, criar pontes com outras comunidades, com outras regiões e outros países, agir. Paralelamente, toda a adversidade exige avanços diários. Se não houver progresso, algo está errado. Por isso, o líder e a sua equipe devem monitorizar os avanços, detectar e solucionar erros, antecipar riscos, inovar e apresentar alternativas todos os dias.

7- **Antecipar.** Quem não antecipa, improvisa, e quem improvisa aumenta o risco de falhar. Antecipar, prevenir, elaborar, desenvolver e planejar estratégias de resposta a situações semelhantes no futuro é uma obrigação estratégica de qualquer líder.

Em mente, tenha sempre o sorriso espelhado no rosto, a esperança refletida nos seus olhos, a paixão como bússola das suas decisões e o foco nos objetivos materializado nas suas ações.

LIDERANÇA DA ALTA GESTÃO EM TEMPOS DE CRISE

Desafios e Aprendizados

Vitor Ferreira da Silva Filho

Empresa:

FIDI

Cargo/Função:

Superintendente

1. Quais foram os principais desafios vivenciados neste momento de crise provocados pela Covid-19?

Foram vários os desafios vivenciados, mas gostaria de destacar especificamente cinco deles, não necessariamente nessa ordem: 1 - Garantir equipamentos de proteção individual aos colaboradores, nesse aspecto, às pessoas que atuaram na linha de frente para garantir que não faltasse atendimento nas atividades essenciais, além de serem verdadeiros guerreiros, não poderiam ficar para trás nessa hora. 2 - Cuidar da saúde psicológica das pessoas, o momento era de pânico total, a mídia noticiando mortos e mais mortos. 3 - Dar importância às vidas de todos. 4 - Estratégias de retomada. 5 - Cuidado com golpistas e especuladores na área de saúde.

2. Quais foram as ações implementadas?

Garantir os EPI's necessários para os profissionais desempenharem as atividades no *front* com segurança, foram adotadas compras imediatas, sendo que assim que percebemos o movimento de maior proteção, a área responsável pelas aquisições e controle manteve o estoque em um nível de pelo menos três meses de armazenamento, isso foi fundamental para os colaboradores se sentirem seguros. Para cuidar da saúde psicológica, foi criada uma rede de atendimento que contava com a participação de psicólogos, médicos e profissionais da saúde que auxiliaram no atendimento dos colaboradores e seus familiares. No aspecto de cuidar da vida, nosso mantra era "ninguém fica para trás", nesse sentido, todos os executivos tinham a missão de zelar pela vida do outro, procurando orientar e apoiar as equipes em todos os momentos para ficarem próximos e diminuir a distância entre a alta gestão e a operação. No tocante às estratégias de retomada, pensando em garantir o emprego e a renda das famílias ligadas direta e indiretamente à empresa, em meio à pandemia da Covid-19, visando o crescimento na retomada, estruturamos as equipes e frentes de trabalho com treinamentos e revisões de protocolos e procedimentos, criando oportunidades para todos. Neste momento, infelizmente também vimos que muitos se aproveitam, em vez de haver solidariedade e empatia, entram os charlatões de plantão e se aproveitam da situação; seguir os procedimentos nessa hora é fundamental, tomar todos os cuidados para não cair em fraudes com ofertas de ocasião, reforçar os cuidados é fundamental.

3. Quais foram os aprendizados para a sua vida nas áreas pessoal e profissional?

Como aprendizado na vida pessoal, que as situações podem mudar e mudam de uma hora para outra e temos que nos acostumar com as perdas e faltas, ausências e presenças, a vida muda muito rápido, e aproveitar cada minuto como se fosse o último passa a ser a nova regra ou, na verdade, a regra antiga para a nova era, o "novo normal".

Na vida profissional, as crises servem para rever nossos processos e nos reinventar como fornecedores, profissionais e consumidores, olhar para frente sempre, ditar as tendências de mercado e consumo é a nova ordem empresarial, as previsões e os números ajudam, mas precisamos mais, precisamos prever comportamento.

4. Qual a sua visão e quais as suas expectativas para o pós-crise?

O mundo já atravessou outras crises, vamos superar esta também, chegaremos a atingir patamares ainda maiores que aqueles que atingimos antes da crise, porque temos que olhar para frente e acreditar! As mudanças de comportamento ajudarão a não mais disseminarmos contaminações e epidemias, mas não tenho dúvida que outras dificuldades e contaminações virão, e teremos que enfrentá-las, e sempre me pergunto: o que será que estão tramando agora?

5. Com base no que você vivenciou, quais recomendações e mensagens de esperança gostaria de compartilhar com outros líderes?

As vivências sempre trazem bons conhecimentos! Eu recomendo sempre trocar ideias com outras pessoas de outras áreas, sempre estar atento aos movimentos ao redor do seu negócio e de outros negócios, se antecipar ao máximo, com muita cautela e consciência, não entrar em pânico ou tomar ações demasiadas, na verdade, numa crise repentina não resta tempo para fazer nada, se você não aplicar os conceitos hoje, investir em tecnologias, guardar o caixa, crescer de maneira sustentável, diversificar *business*, ser eficiente todo dia, na próxima crise não iremos estar lá para contar a história.

LIDERANÇA DA ALTA GESTÃO EM TEMPOS DE CRISE

Desafios e Aprendizados

Wellington Yogi

Empresa:

Access Negócios e Soluções Empresariais

Cargo/Função:

Founder / Consultor Empresarial

1. Quais foram os principais desafios vivenciados neste momento de crise provocados pela Covid-19?

A crise humana, social e econômica causada pela Covid-19 arrasou o planeta. Apesar da economia global caminhar para um fim de ciclo de crescimento, o Brasil também estava tentando respirar e em pequenos passos, dar esperança de tempos melhores a sua população. Neste contexto, chegou aqui o vírus, já comprovadamente perigoso. No primeiro momento, a ação foi minimizar o possível dano, mas o tempo de resposta e conhecimento sobre o vírus foi assim passando. Os veículos de comunicação reportavam números e tendências cada vez mais catastróficas, exibindo o colapso no sistema de saúde, isolamento social dos Estados e municípios, como fizeram outros países mundo afora, tardiamente ou tragicamente. Neste momento, empresas de vários setores tiveram suas receitas gravemente impactadas e as pessoas vivendo um momento de alta ansiedade com o desfecho da pandemia e quanto ao desfecho da manutenção de seus empregos, pois as empresas se veem forçadas a demitir para conseguir se sustentar. Realmente um cenário catastrófico. O governo, por sua vez, adotou a estratégia de isolamento completo para identificar, isolar os portadores do vírus e fechar as fronteiras de acesso ao país. Acredito que o maior desafio brasileiro era equacionar as quatro maiores frentes: Médica, equipamentos e mão de obra; Logística, materiais que garantam suportar o possível número de infectados; Assistencial, amparando os mais pobres que agora estão perdendo seus empregos; Empresas, subsidiando e ajudando com isenções para eminente ameaça de falência. O isolamento seria flexibilizado aos poucos à medida que se tenha sucesso no controle da pandemia e, assim, seriam minimizados os custos humanitários e econômicos. Neste contexto, as maiores lições para o futuro na minha opinião são: a importância do investimento em estrutura básica de saúde, principalmente o papel do SUS, e a desburocratização fiscal para priorização e agilidade na liberação de recursos para atendimento à população.

2. Quais foram as ações implementadas?

A crise provocada pela pandemia da Covid-19 entrará para a história como uma das piores que o mundo experimentou no século. Não só o efeito econômico causado pelo vírus, mas sim pelo efeito psicológico causado na população. Ações de fechamento de fronteiras, isolamento social, isolamento e cuidado com os mais idosos, estratégia de saúde básica e estratégia de recursos foram colocados em prática e tiveram que ser exercidas de forma rápida. Não só no Brasil, mas no mundo, tudo isso precisou ser coordenado e trabalhado de forma colaborativa e global, pois como num processo de pesquisa, inicia-se através de um problema, testes, tentativas e erros, lições apreendidas, até que atingimos o sucesso.

3. Quais foram os aprendizados para a sua vida nas áreas pessoal e profissional?

Como em um filme de suspense, vimos a pandemia fazer nossos hábitos mudarem rapidamente. Com aquele otimismo de que o problema nunca chegaria em nossas vidas, vimos as ações de outros países e não nos preparamos. Aquela ingênua e velha crença de que somos invencíveis. A mudança brusca e um curto espaço de tempo. Isso nos dava uma falsa sensação de que, dia após dia, tudo rapidamente retornaria a sua normalidade, dentro da nossa zona de conforto. No meu ponto de vista, as crises são grandes reveladoras de verdades, elas expõem as vulnerabilidades das pessoas e dos negócios, aceleram o processo de deterioração do que já não funcionava. Eu aprendi que nenhum plano de negócio sobrevive com adversidades que nos pegam de surpresa e que ninguém prevê essa fraqueza que afeta toda a cadeia comercial global, ou seja, clientes, parceiros e fornecedores são afetados. Portanto, a minha reflexão profissional daqui para frente é: como você pode minimizar os riscos do seu negócio no pós-pandemia? Primeiramente, eu diria para ter sempre um fundo de reserva de no mínimo de 6 meses para eventualidades, pois vivenciamos diretrizes governamentais lentas e ações que impactaram por completo muitos negócios, e ainda haverá um tempo para a retomada. Outra importante ação é dar opções de comercialização aos clientes de forma remota (*on-line e off-line*), isso ajuda muito em dar continuidade nas vendas e minimizar impactos nas receitas. Diversifique seus produtos ou serviços, "não deposite todos os ovos na mesma cesta". E, também, a elaborar um plano estratégico de forma mais profunda, ou seja, se dedique principalmente em criar o caminho "principal", na qual você gere ou ganhe dinheiro hoje e construa um segundo caminho na qual, como você destruiria a principal. Isso ajuda a colocar os "pés no chão" e saber que todo negócio tem seu limite de vida. E, por último, não menos importante que as anteriores, não tire de suas prioridades de negócio os assuntos inovação e transformação digital. O processo de inovação nos permite manter a nossa criatividade em criar novos modelos, novos processos e novas soluções que possam melhorar nossos produtos ou serviços. É um processo de oxigenação da alma da empresa que ajuda a manter a sua perpetuidade. Outro ponto nessa história é: quem eram as empresas que se diziam no processo de transformação digital? Aposto que aquelas que estavam resistentes à tecnologia com certeza tiveram um impacto maior nos seus negócios ou "quebraram". E isso contribuiu muito na modificação do nosso cotidiano e nossas vidas pessoais. O trabalho em *home office*, que em alguns casos já eram frequentes, tornaram-se permanentes, aquele contato direto com pessoas durante um dia normal de trabalho foi substituído por videoconferência. Tudo isso proporcionado pelo avanço da tecnologia e adaptação dos negócios.

Quanto ao aprendizado para minha vida pessoal, acredito que vale uma reflexão mais profunda, principalmente aquelas que moldam a realidade à nossa volta. Acho que o sentimento de vulnerabilidade é muito grande, pois o inimigo é invisível e nos impõe alguns costumes de higiene e inteligência psicológica. Estamos aprendendo a ser mais pacientes e a colaborar com o próximo. Outros pontos são o cuidado com a família, a rotina e a boa convivência.

4. Qual a sua visão e quais as suas expectativas para o pós-crise?

Acredito que o comportamento de consumo em geral irá mudar. Consumir só por consumir dá lugar para modelos mais racionalizados. Morar perto do trabalho e pensamento coletivo serão mais importantes, assim como refletir nossos valores familiares e como sociedade. Conexão, colaboração, solidariedade e generosidade são pontos positivos quanto ao nosso comportamento neste período, e a aproximação/conexão familiar é fundamental neste processo de mudança.

Em uma visão mais global, acredito que epidemias revelam nossas desigualdades e escolhas, ou seja, temos diversos outros problemas de doenças no Brasil e em outros países. Na minha opinião, doença não é moral, não escolhe a religião, cor ou classe social. É a sociedade que permite que doenças, muitas vezes não mortais, se tornem mortais através de escolhas em querer proteger ou direcionar recursos aos mais favorecidos economicamente. A desigualdade possibilita que pessoas morram por doenças que têm tratamento.

A expectativa é que há uma boa oportunidade de pavimentar uma estrada rumo a um país desenvolvido (Brasil), que consiga aproveitar tanta riqueza natural em benefício e desenvolvimento da população. Neste momento de pós-crise e retração do comércio global, soluções nacionais e principalmente de necessidades mais básicas devem ser priorizadas e incentivadas na produção interna. A população não pode ser impactada por falta de produtos básicos de saúde, à espera de recursos importados e por um burocrático processo de aquisição. É fato que a economia demore a retomar ao patamar de crescimento, mas isso já é um grande aprendizado da humanidade e a primeira etapa de evolução produtiva, do nosso modelo educacional e do sistema nacional de saúde. E uma outra expectativa é que haverá inúmeras empresas globais buscando maneiras ou soluções de não dependência do mercado chinês em sua cadeia de produção. Acredito que esse movimento global devolverá ao país a sua competência e importância em inovação.

5. Com base no que você vivenciou, quais recomendações e mensagens de esperança gostaria de compartilhar com outros líderes?

Acredito que liderar em tempos sombrios é uma arte. E tão importante quanto dominar essa arte, tornar os líderes ou executivos, pessoas e profissionais melhores em seu dia a dia. Há alguns ensinamentos que esse período de crise nos traz e nos faz refletir. A primeira é que, embora a crise pandêmica nós não possamos evitar, crises derivadas de decisões ou diretrizes erradas e inadequadas, sim. A segunda reflexão é a forma de que conduzimos e narramos os fatos, ou seja, sempre haverá vítimas, vilões e heróis. Acredito que a figura do herói são as medidas, boas ações, diretrizes, solidariedade e compaixão que contribuem para o bem-estar geral, sem pensar em outros interesses. Já os vilões são aqueles interesses paralelos, oportunistas que buscam contribuir de forma negativa ou usar a situação para um motivo político. Em meio disso, as vítimas como sociedade e empresas.

A mensagem de esperança e muito pontuada é que toda crise tem seu fim. E que todo fim é uma oportunidade para um grande recomeço.

Chamo a atenção de alguns pontos que vivenciei e deixo registrado, frente a esse acontecimento, como pontos fortes e como lição aprendida.

A capacidade adaptativa do ser humano e profissional. Coerência, ações executadas em série e coordenadas em buscar do sucesso de um plano nos mostram essa capacidade. Nas organizações, a união e a harmonia de times, muitas vezes precisando deixar a hierarquia de lado para ter ações mais ágeis. Uso, como exemplo, a adaptação das rotinas por videoconferência, que se tornaram frequentes, e antes eram esporádicas.

A estratégia. Uma ação bem-sucedida exige que um braço esteja bem dado numa ideia sólida, enquanto o outro braço dado numa nova direção. Durante turbulências causadas por uma crise, um compromisso sólido com os valores essenciais da organização cria um elo de segurança que facilita uma atitude mais fluida em relação à estratégia e tática. Se, por acaso, sua organização costuma mencionar que as pessoas estão em primeiro lugar, garanta que todas as suas decisões reflitam isso.

Reforce, na companhia inteira, para as pessoas que tomam decisões utilizando esse conceito, mesmo que haja consequências financeiras de curto prazo para isso. Valorize as contribuições nesse sentido, não importa quem as oferece, esse não é o momento de ser político. Resiliência. Embora muitos se coloquem na defensiva durante uma crise, existe a oportunidade de inspirar as pessoas também. A diversidade de uma situação faz com que sua equipe aja da melhor forma que poderia. Penso em como todos nós poderíamos sair desse incidente melhores do que entramos, ou seja, mais fortes, mais engajados e mais capazes do que antes. Criar ou reforçar uma cultura e condições como essas exige que os líderes acalmem e encorajem todos da empresa. Reforçar e inspirar que "juntos podemos vencer" e apoiar o time, tanto no trabalho quanto em suas casas.

LIDERANÇA DA ALTA GESTÃO EM TEMPOS DE CRISE

Desafios e Aprendizados

William Sousa

Empresa:

Kainos Soluções

Cargo/Função:

Presidente

1. Quais foram os principais desafios vivenciados neste momento de crise provocados pela Covid-19?

O principal desafio era o de planejar e executar a estratégia em tempos de incertezas. Ainda não sabíamos qual seria o impacto da pandemia, e muito menos a sua duração. Para tanto, exercitamos, em seu mais alto nível, a flexibilidade e capacidade de reação.

Os desafios vivenciados separamos em duas fases:

a) curto prazo (até o final da crise – hoje penso que esse prazo não deve acabar antes do final de 2020): nesse momento, todos os esforços estavam focados na gestão da crise. De forma geral, os planos foram em se concentrar em temas como (1) o que fazer para cuidar do capital humano, (2) como gerenciar o caixa da empresa, (3) como cuidar da marca e da reputação e (4) como garantir a cadeia de fornecimento da prestação do serviço durante a crise.

b) médio e longo prazo (após o final da crise, com toda a população imunizada ou vacinada): aqui já é possível, sim, antecipar quais mudanças acontecerão no contexto do nosso negócio. Quais clientes nossos serão profundamente impactados? Quais mudanças de comportamento serão irreversíveis? Nesse horizonte de tempo, é possível, sim, planejar eventuais mudanças no modelo de negócios da nossa organização (ou em parte do modelo).

2. Quais foram as ações implementadas?

Desde a confirmação do primeiro caso de coronavírus no Brasil, um dos termos mais pesquisados na internet passou a ser "*home office*", atividade regularizada pela nova lei trabalhista em 2017, também conhecida como "teletrabalho".

Em tempos de isolamento social, o *home office* se tornou uma das principais alternativas para a continuidade dos serviços de muitas organizações. Neste cenário, a *Kainos Soluções em Atendimento*, empresa do segmento de teleatendimento, se destacou pela aplicação de um complexo plano de contingência para garantir a saúde e o bem-estar dos colaboradores, assim como os interesses de clientes e parceiros de negócio.

Atualmente, mais de 90% dos colaboradores já operam em *home office* com a ajuda de custo com internet e fornecimento de todos os equipamentos necessários para as operações. É um número muito significativo para uma empresa com mais de 1.000 colaboradores, entre matriz e filiais fora da cidade de São Paulo.

As ações implantadas foram:

Colaboradores

O momento era de construir fortes vínculos com os colaboradores e trazer a eles segurança nesses momentos de angústia. Em primeiro lugar, vem a proteção da saúde, ou seja, montamos um plano de desmobilização para 100% deles trabalharem no modelo "*home office*". Recomendamos obedecer a critérios de segurança, orientamos as equipes, e no período de migração isolamos os grupos de risco.

Comunicação

Alinhamos com a nossa área de Cultura uma comunicação transparente, e de mão dupla, e foi fundamental. Era a hora de aflorar o lado humano e exercer empatia, reconhecendo que não estava sendo fácil para ninguém.

Dentro do processo e com o distanciamento, nossa principal implantação foi a ferramenta intranet, onde diariamente todas as áreas da empresa estavam sendo assistidas.

Tecnologia

Só foi possível migração a mais de 90% dos colaboradores para *home office* porque a *Kainos* investiu em 2017 na migração de seu sistema de atendimento para a nuvem (*Cloud Contact Center*), uma aposta tecnológica que detém inúmeras vantagens em relação às tecnologias convencionais.

O sistema na nuvem gerou altíssima praticidade em diversos aspectos, a começar pela logística, substituindo o armazenamento físico dos servidores. As implementações foram muito mais rápidas e dependiam apenas da conexão com a *internet*.

Com uma ferramenta concebida para operar na nuvem, a configuração das operações se tornou mais ágil, permitindo que o serviço de teleatendimento ocorresse em qualquer parte.

É outro conceito de tecnologia com recursos que criam uma facilidade instantânea de crescimento ou redução de posições de atendimento.

3. Quais foram os aprendizados para a sua vida nas áreas pessoal e profissional?

A cada dia que passa, nos aprofundamos cada vez mais em um fenômeno que capturou a atenção do mundo inteiro. Estamos vivendo um momento que vai trazer mudanças significativas para a humanidade. Quando tudo isso chegar ao fim, a Covid-19 ganhará seu próprio capítulo nos livros de história, ao lado de guerras mundiais e outros eventos que redefiniram a vida na Terra.

Pode ser incrivelmente difícil encontrar a luz no fim deste túnel escuro. Mas eu garanto que ela está lá. O mundo vai conseguir superar isso. Nossa sociedade vai conseguir superar isso. Porque todos os dias temos testemunhado o melhor da humanidade surgir. Mais importante ainda, vemos o retorno da compaixão humana. Todas as brigas e discussões que haviam se tornado comuns, quase da noite para o dia, desapareceram. As pessoas estão ajudando tanto familiares quanto estranhos. Milhões de pessoas jovens e saudáveis têm optado voluntariamente pelo autoisolamento para não correrem o risco de contaminar alguém mais vulnerável. Vemos um nível sem precedentes de apoio vindo de indivíduos e empresas, o que me dá uma enorme esperança de que as pessoas deste planeta vão se apoiar e cuidar umas das outras durante esta crise. Governos pelo mundo estão tomando ações significativas. Independentemente de sua inclinação política, governos de todas as formas, tamanhos e ideologias estão levando a sério essa ameaça. Alguns vão agir com mais rapidez, outros não rápido o suficiente. Mas políticas específicas não são o ponto principal. O importante é que eles estão tomando decisões difíceis e de grande impacto em um curto espaço de tempo. Não creio que isso se torne o novo normal, mas espero que essa experiência traga uma era de conciliação entre ideologias e fronteiras.

4. Qual a sua visão e quais as suas expectativas para o pós-crise?
Nos últimos dias, grande parte da população mundial precisou adaptar a maneira como conduz sua rotina diária. Muitos deixaram o trabalho físico para efetuar *home office*. Outros pararam de frequentar a academia e aprenderam novas formas de praticar exercícios em casa. Toda essa mudança repentina gera uma série de questões sobre como será o pós-pandemia.

Importância digital
A era digital já está nos rondando há um bom tempo, e agora, com a quarentena, ainda mais. O uso de aplicativos, redes sociais e tecnologias estão sendo ainda mais exploradas. Um exemplo é a frequência de transmissões ao vivo nas redes sociais, que aumentou em inúmeras cidades, se transformando em um dos principais recursos de comunicação. Após a pandemia, a tendência é que este cenário de importância digital ainda continue alto e marcas que não entendem como comercializar no mundo digital ficarão para trás.

Novos comportamentos
A mudança de comportamento que o coronavírus causou terá um efeito a longo prazo. Muitas pessoas tiveram um impulsionando de compras, principalmente nas categorias de dispensa e medicamentos. Enquanto outras passaram a consumir muito mais *delivery* e *e–commerce*. Diante disso, as marcas precisam ter sistemas para mudar no ritmo em que os consumidores estão mudando. Não será o fim das lojas físicas, mas o *omnichannel*, que já era uma estratégia cada vez mais utilizada, a partir de agora será praticamente parte da rotina. Trabalhos remotos e *home office* também tendem a crescer.

Liderança humana sem medo

Marcas que assumem uma liderança de categoria centrada no ser humano, destemidas e ousadas serão notadas e valorizadas. Humildade, novas formas de gerir e empatia serão qualidades cobradas pelos consumidores, que estão cada vez mais centrados em receber informações sobre impactos e origem dos produtos. Líderes e marcas que agirem como um exemplo e guiarem uma mudança passam credibilidade, bom relacionamento e confiança.

5. Com base no que você vivenciou, quais recomendações e mensagens de esperança gostaria de compartilhar com outros líderes?

O cenário "pandemia Covid-19" mudou nossas vidas completamente e acredito que novas formas de enxergar e atuar ocorreram, e isso faz com que possamos mudar nossos comportamentos, trazendo algumas reflexões, conforme a seguir:

Mostre empatia

Milhões estão sofrendo por causa da pandemia. Por isso, devemos mostrar solidariedade neste momento difícil. A grife Louis Vuitton, por exemplo, publicou uma mensagem simples e sensível aos seus consumidores chineses nas redes sociais: "*Every paused journey will eventually restart. Louis Vuitton hopes you and your beloved ones stay safe and healthy*" (algo como: "Toda jornada pausada continua eventualmente. *Louis Vuitton* deseja que você e seus entes queridos estejam bem e saudáveis", em tradução livre).

Adapte-se a novas rotinas

O coronavírus trouxe um território inspirador a ser desbravado: o de estar em casa. Devemos ter um novo olhar para ajudar as pessoas a fazer bom uso do tempo gasto dentro de seus lares, impulsionando a internalização de novos hábitos e ajudando-as a se sentir produtivas e confortáveis diante da nova rotina.

Acorde para o mundo virtual

Atualmente, até mesmo os museus mais renomados do mundo estão criando experiências virtuais para exibições de arte. A expectativa é que, mais do que nunca, os serviços ofertados – sejam eles das mais diversas áreas – migrem para o virtual.

Reconheça as novas normas sociais

Quando experimentamos novos comportamentos, muitas vezes nos sentimos deslocados ou constrangidos, como se fôssemos as únicas pessoas que os praticam. Esse sentimento de marginalização pode ser uma barreira para a mudança de comportamentos. Por isso, as marcas devem dar o exemplo. Se as pessoas sentem que os outros também estão reproduzindo tal hábito, elas ficam muito mais propensas a mantê-lo.

Inspire-se em grandes cases de sucesso

A história nos traz evidências de que podemos crescer em tempos angustiantes. No período de recessão do fim dos anos 2000 (crise financeira e imobiliária), nomes como *Netflix*, *Lego*, *Amazon* e *Domino's* expandiram seus horizontes através de investimento, inovação, atendimento ao cliente, modelos de preços alternativos e transparência em suas comunicações. Enquanto muitos de seus concorrentes pararam de se comunicar ou se ativeram ao modelo antigo de negócio, essas marcas trilharam um caminho árduo, porém bem-sucedido, para conquistar consumidores e entregar valor, em tempos de fluidez e mudanças comportamentais.

Quando o mundo todo se torna uma escola

A experiência de estudar *on-line* em tempos de quarentena e afastamento social é extremamente atípica e não deve ser entendida como uma base para o que pode ser o futuro da educação. Neste momento, trocamos o confinamento da sala de aula pelo confinamento das nossas casas, aprendendo com os mesmos professores e formatos de aula, só que intermediados por uma tela. O importante é notar que, aos poucos, nos damos conta de que o aprendizado pode ocorrer fora dos muros da escola ou da universidade, e isto é um grande avanço. Acredito que passados os primeiros meses de adaptação, no qual reproduzimos o mesmo modelo de educação em um contexto extremo, veremos uma explosão de novas soluções que busquem proporcionar jornadas de aprendizagem mais interessantes e integradas com o dia a dia das pessoas.

Acredito que a maioria das pessoas já percebe que o mundo será mudado para sempre por esta crise, mesmo que ainda não saibamos como. Temos medo daquilo que não conhecemos e nos perguntamos se, ou quando, isso nos impactará diretamente. Esse medo leva à autorreflexão e reavaliação das nossas prioridades. Um senso renovado do que é mais importante está surgindo: família, amigos, segurança, saúde e relacionamentos.

Muito do que estamos lendo todos os dias pode nos deixar preocupados, assustados e inseguros. É fácil se perder nas emoções do dia a dia, nos vários níveis de caos que estamos experimentando diariamente. Mas, neste momento, estamos todos juntos nisso. E, por esse motivo, tenho grandes esperanças para as pessoas e para o planeta quando chegarmos ao final desta crise. Espero que muitos de vocês se sintam da mesma maneira.

LIDERANÇA DA ALTA GESTÃO
EM TEMPOS DE CRISE
Desafios e Aprendizados

William Victor Kendrick de Matos Silva

Empresa:
Unicesumar

Cargo/Função:
Pró – Reitor Executivo EAD

1. Quais foram os principais desafios vivenciados neste momento de crise provocados pela Covid-19?

Vou responder esta pergunta de modo muito sincero, acredito que pode ajudar outros líderes:

Perspectiva, sem dúvida nenhuma. E não foi só uma mudança de perspectiva, mas um resgate dela. Porque a verdade é que toda essa crise me obrigou a voltar a enxergar as coisas do jeito que um dia eu vi: por visão e não por vista.

Em toda a minha carreira, e principalmente na última década, quando estive à frente de um gigantesco projeto de educação a distância, eu me diferenciei das demais pessoas por conta de uma visão. Ou seja, a capacidade de enxergar o que as pessoas geralmente não enxergam. Quando o projeto era pequeno, eu pensava em como se tornaria grande. Quando a situação era difícil, eu pensava em como sairia mais forte "quando" (e não "se") finalmente conseguisse resolvê-la. Quando os resultados ainda não haviam chegado, eu tinha a convicção de que em breve os clientes seriam nossos, era questão de tempo. Eu trabalhava duro focado nessa visão, convencia as pessoas ao meu lado a enxergar o que eu via, e confiava na bênção de Deus. E assim eu cresci.

Mas confesso que ultimamente eu estava confiando na minha vista, não na visão. Olhando para o que eu podia enxergar de modo palpável e focando nisso. E como todos sabemos, aquilo que se torna foco, para nós aumenta de tamanho. Então cada problema ficou maior e gerir negócios tão grandes ficou mais difícil. Conseguia ver os detalhes de cada dilema, mas não enxergava além deles.

E foi essa pandemia, onde aquilo que eu podia enxergar pela vista era um tanto quanto desanimador, que me obrigou a voltar a enxergar pela perspectiva da visão, e trazer todas as ações estratégicas para esse foco. Resgatei lembranças da minha própria trajetória, mas lembrei também da história bíblica de Moisés (em Números 13), que mandou doze homens para espiar a terra prometida e viu dez deles voltarem impactados pela vista das dificuldades, desanimados e abatidos, mas viu dois deles (Josué e Calebe) voltarem cheios de visão, animados e preenchidos de fé – "Subamos e tomemos posse da terra, é certo que venceremos!", disse Calebe.

Voltei a enxergar por visão tudo que ainda conquistaremos. Oportunidades estão à frente, e como disse outro visionário que todos conhecemos, Henry Ford, "o insucesso é apenas uma oportunidade para recomeçar com mais inteligência".

Consigo ver um futuro extraordinário pela frente, tenho de novo uma perspectiva correta.

2. Quais foram as ações implementadas?

O primeiro conjunto de ações foram motivacionais, porque eu acredito muito que o medo do que pode acontecer pode derrotar alguém muito antes da batalha chegar. Não poderíamos aceitar que nossos clientes ficassem tão apavorados a ponto de abandonar seus sonhos apenas pela perspectiva de que as coisas ficariam difíceis. Por isso lançamos a campanha #oaprendernãopodeparar para relembrar (a eles e a nós) quais são os valores e sonhos que nos impulsionam, além de incentivar a superação.

Também foi um momento de conversar muito com a rede de parceiros, em três principais pilares:

A primeira, o da fé. Já que somos uma empresa construída sobre valores cristãos e que frequentemente professa a sua fé em discursos, havia chegado a hora de viver essa fé na prática. Lembro-me do versículo ao qual nos apegamos: "De todos os lados somos pressionados, mas não desanimados; ficamos perplexos, mas não desesperados; somos perseguidos, mas não abandonados; abatidos, mas não destruídos. 2 Coríntios 4:8,9". Perplexos, mas não desesperados. A confiança em Deus pressupõe paz e fé. Não que não sejamos realistas, mas decidimos ter uma perspectiva esperançosa, de modo que as circunstâncias não têm a palavra final. Nós sairemos dessa!

A segunda, o da credibilidade. Não é a primeira crise que enfrentamos, certamente não será a última. Não perdemos as outras guerras e não perderemos essa. Aqui, o discurso foi simples: nós sempre demos provas de que somos confiáveis e agora nós precisamos que confiem. "Passaremos por isso juntos e sairemos de tudo isso mais fortes!"

E a terceira, o da informação. Reunimos nossas principais lideranças para munir toda a rede com as informações necessárias para a melhor tomada de decisão possível. Grandes personalidades financeiras, jurídicas e estratégicas se reuniram frequentemente para tirar dúvidas, indicar caminhos e assessorá-los em suas realidades.

Outro conjunto de ações foi estratégico e prático, o passo a passo do momento.

Antes de mais nada, fase um. A gestão da crise no seu espaço inicial, ou seja, orientações de saúde, ativar o *home office*, criar métodos de gestão e adequar sistemas. Depois, motivar o time e alinhar as expectativas para cada um dos setores.

Fase dois, análise dos fluxos financeiros. Aqui foi hora de entender o impacto na prática, olhar para os números e perceber as quedas reais de faturamento para então fazer planos e projeções. Foi a fase dos planos de retenção, readequação de metas e cortes de custos, uma das mais difíceis.

Fase três, pensar no futuro das vendas. Aqui começamos exercícios frequentes e desafiadores para entender o que poderíamos fazer para captar o máximo possível nos próximos meses. Precisávamos ser criativos para pensar em novas receitas alternativas sem deixar de fazer bem nossas melhores práticas.

Fase quatro, transformação digital. Há algum tempo vínhamos nos preparando para esse processo fundamental à sobrevivência de qualquer empresa, mas a Covid-19 acelerou a proposta. Criamos um setor específico para isso e demos início à etapa de aculturamento interno e externo. Como eu disse em muitas palestras: o futuro chegou mais cedo.

3. Quais foram os aprendizados para a sua vida nas áreas pessoal e profissional?

Acredito que essa pandemia mostrou a todos nós o quanto devemos valorizar cada momento. Somos de uma geração que corre muito e está sempre pensando à frente, o que por vezes nos deixa ansiosos já que, nas palavras de Rubem Alves, "ansiedade é sofrer fora de hora por um golpe que por enquanto só existe no futuro que imaginamos". Ou seja, vivemos ausentes do nosso próprio presente. Mas essa pandemia nos despertou, porque nos tirou a ilusão de um amanhã bem encaminhado. Essa sensação de um futuro quase que garantido faz com que a gente deixe para manhã momentos que deveriam ser vividos hoje. Mas e se não houver amanhã? E se hoje for a última oportunidade de curtir a família, de passar tempo com os filhos, de construir um legado no mundo, de ajudar o próximo, de estabelecer bases importantes na empresa?

Certa vez ouvi uma excelente reflexão que dizia que o segredo da velocidade não está no quanto se acelera (isso todos sabem fazer), mas na rara habilidade de frear no momento certo. Talvez essa pandemia tenha acentuado em nós um pouco essa habilidade. Quem sabe essa experiência não tenha servido para nos mostrar onde devemos reduzir a velocidade. Menos tempo na empresa, menos ansiedade com o amanhã, menos custos, menos procrastinação.

Outro aprendizado importante, e um dos assuntos mais discutidos das redes sociais profissionais no momento de quarentena, foi a respeito da adaptabilidade. Nossas direções estratégicas e profissionais precisam ser tão voláteis quanto as circunstâncias podem ser. Não há espaço para o apego, porque mudar não é uma questão de opção, mas de sobrevivência. Mais do que uma característica de personalidade, a adaptabilidade se mostrou uma habilidade a ser desenvolvida, ainda mais em um momento de crise. Na recessão eminente, um Darwinismo Profissional foi instaurado e uma das peneiras foi a capacidade de adaptação.

Por fim, o último aprendizado que quero destacar é justamente sobre o esforço consciente de aprender lições durante a crise. Nem sempre o professor mais adorado é o que ensina as melhores lições, às vezes, o professor menos divertido é o que ensina melhor. Assim é a vida. Claro que todos preferimos os momentos de paz divertidos e prazerosos, mas é comum que seja nos momentos de dificuldade e dor que aprendamos as melhores lições e tenhamos nossas fases mais frutíferas.

Sendo assim, a pergunta mais importante que devemos fazer no momento difícil é o que podemos aprender com tudo o que vivemos, para que possamos elaborar e sair da situação de crise melhores do que entramos, talvez não em um contexto mais fácil, mas pessoas melhores e mais preparadas.

Todo cuidado é pouco para resistir à tentação de apenas sobreviver ao momento difícil, torcendo desesperadamente para que ele passe logo. Somo desafiados a fazer mais do que isso, precisamos viver intensamente a batalha para extrairmos dela muito mais sabedoria e preparação.

4. Qual a sua visão e quais as suas expectativas para o pós-crise?

Tenho três expectativas: um "novo normal", a antecipação da transformação digital e crescimento.

Uma das frases que mais ouvimos durante a quarentena foi: "Não vejo a hora de tudo voltar ao normal". Mas, na minha opinião, precisamos tomar muito cuidado com essa expectativa, porque o normal não existe mais. Um novo mundo surgirá a partir dessa pandemia, e nós precisamos estar preparados para ele. Novas relações de trabalho, novos comportamentos dos consumidores e novas tecnologias exigirão novos profissionais, novas versões de nós todos. E que bom! O novo pode ser melhor do que o antigo, e nem tudo que é comum é bom, às vezes só é parte da nossa zona de conforto. Precisamos filtrar o que precisamos levar da realidade antiga e o que devemos deixar lá, no esquecimento.

E se desejamos estar preparados para o futuro, precisamos iniciar esse processo agora, pois como diz o ditado: o melhor dia para começar era ontem, mas o segundo melhor é hoje. Da mesma forma como se ilude quem começa a dieta e os exercícios em novembro tentando chegar em sua melhor forma no verão, se ilude quem acha que na última hora conseguirá preparar-se adequadamente para o futuro. O hoje é o melhor momento para começar a trabalhar em si mesmo, até porque o futuro chegou mais cedo.

E aqui abro a minha segunda expectativa: a antecipação da transformação digital em grande escala nas empresas. Boa parte das maiores empresas do país já vinham preparando-se e dando passos rumo à transformação digital, mas agora fomos obrigados a correr. Todo o mercado precisou pensar em soluções e estratégias tecnológicas e o consumidor foi impactado com isso – e quando muda o comportamento do consumidor, nós somos obrigados a nos transformar também.

Autogestão, *design thinking*, alfabetização em novas mídias, pensamento computacional, orientação centrada no cliente, inteligência emocional, curiosidade aguçada, mentalidade analítica, comunicação eficaz, empreendedorismo, agilidade, adaptabilidade, iniciativa, colaboração entre equipes, pensamento crítico, método de resolução de problemas... Só para começar. As chamadas habilidades do futuro (agora do presente) precisam ser desenvolvidas o mais rápido possível, porque são elas que farão a diferença na hora de escolher um profissional ou uma empresa. Transformação digital não é sobre tecnologias, é sobre pessoas.

Não podemos prever o futuro, mas podemos ser bem informados e bem preparados. Não conseguimos prever impactos com precisão, mas podemos ser ágeis nas decisões e rápidos no processo de convencimento das pessoas. Não podemos buscar a perfeição, mas podemos ser melhores.

E, por último, eu espero crescimento, simplesmente porque não estamos aqui para perder, e ter esperança é o começo de toda vitória. Sim, passaremos por tempos nebulosos. Sim, haverá uma recessão no PIB. Sim, teremos que tomar decisões drásticas e corajosas muitas vezes ainda. Mas não, não sairemos dessa situação enfraquecidos ou menores – encontraremos oportunidades em meio a tantas dificuldades e ofereceremos soluções para as lacunas que a Covid-19 deixará.

Como diz o versículo bíblico: o choro pode durar uma noite, mas a alegria vem pela manhã!

5. Com base no que você vivenciou, quais recomendações e mensagens de esperança gostaria de compartilhar com outros líderes?

Acredito que se existe algo que eu possa passar aos colegas, que são líderes em diferentes contextos, é que se preocupem em ter bases sólidas, convicções que os ajudem a permanecerem firmes mesmo quando tudo estiver agitado. Vou compartilhar algumas minhas, imaginando que possa ajudar quem precisa:

A primeira delas é: saiba que você precisa das pessoas, e muito.

Gosto muito de uma metáfora que usa como base uma árvore californiana chamada *Red Wood Tree*. Essa árvore é impressionante porque, apesar de ser muito alta, não possui raízes profundas. Porém, essa falta de profundidade é compensada pelo fato de que suas raízes se entrelaçam com as raízes das árvores vizinhas, impedindo que elas caiam. Isso é algo que precisamos entender: não temos todas as qualidades do mundo, mas nossas falhas podem ser compensadas pela união entre nós. Por isso é maravilhoso ter familiares próximos, uma equipe unida e profissionais diferentes de você ao seu lado.

Outra convicção que faz a diferença: tenha calma para vencer uma batalha por vez.

Jesus disse que basta a cada dia o seu mal. Isso é fundamental, porque pior do que enfrentar um problema é sofrer por antecipação com a possibilidade desse problema ficar maior no futuro ou até insolúvel. Ou seja, o medo do problema é pior do que o próprio problema. Estou batendo nessa tecla porque todas as lutas que enfrentamos só podem ser vencidas no hoje. Quando falamos de atitudes, você não faz nada amanhã nem ontem, você faz sempre hoje. Se você planeja fazer algo amanhã, quando chegar a hora de fazer, também será o seu hoje. Por isso, é preciso entender que na luta contra uma dificuldade, pagamos parcelado. Um dia de cada vez. O que você pode e deve fazer hoje deve ocupar seu pensamento.

E, por último, porém mais importante: tenha fé!

Se tem algo que pode dar esperança é a convicção do quanto Deus nos ama.

Ele tem planos de paz e não de guerra, a fim de nos dar esperança e futuro. Jamais nos esquece e é poderoso para fazer infinitamente mais do que pedimos ou pensamos, e pode transformar tudo que é ruim em algo bom para nós. Ainda que passemos por dificuldades, não estamos sozinhos. Aos seus amados, Ele dá enquanto dormem.

Essas são as verdades que me consolam e ajudam a ser otimista contra os prognósticos e ter fé diante das circunstâncias mais tenebrosas. Se Deus é por nós, quem será contra nós?

> "Coloquei toda minha esperança no Senhor; ele se inclinou para mim e ouviu o meu grito de socorro. Ele me tirou de um poço de destruição, de um atoleiro de lama; pôs os meus pés sobre uma rocha e firmou-me num local seguro e me pôs nos lábios um novo cântico, um hino de louvor ao nosso Deus; muitos verão essas coisas, temerão e confiarão no Senhor." **(Salmos 40:1,2,3)**